LEHRBUCH DES SCHWEIZERISCHEN STRAFRECHTS

ALLGEMEINER TEIL

VON

DR. ERNST HAFTER
ORD. PROFESSOR DER RECHTE IN ZÜRICH

1926
VERLAG VON JULIUS SPRINGER · BERLIN

ISBN-13: 978-3-642-93987-7 e-ISBN-13: 978-3-642-94387-4
DOI: 10.1007/978-3-642-94387-4

SOFTCOVER REPRINT OF THE HARDCOVER 1ST EDITION 1926

MEINEN LEHRERN UND FREUNDEN

CARL STOOSS

IN GRAZ

EMIL ZÜRCHER

IN ZÜRICH

ZUGEEIGNET

Vorwort.

Seit mehr als 30 Jahren arbeiten wir an einem einheitlichen schweizerischen Strafgesetzbuch. Vor dem Weltkrieg schien die Erreichung des Ziels in greifbare Nähe gerückt und auch in den Jahren 1914—1918 hatten wir in unserem vom Krieg verschonten Lande das Glück, die Arbeit fördern zu können. Seitdem aber ist ein gewisser Stillstand eingetreten. Die parlamentarischen Arbeiten an dem am 23. Juli 1918 der Bundesversammlung vorgelegten Entwurf eines schweizerischen Strafgesetzbuches schreiten nur langsam vorwärts. Die von föderalistischen Gedanken getragene Opposition gegen ein einheitliches schweizerisches Strafrecht tritt verstärkt hervor. So wird noch eine Reihe von Jahren vergehen, bis die Rechtseinheit erreicht, daß das umfassende eidgenössische Gesetzbuch in Kraft getreten sein wird.

Solange gelten neben den bereits bundesrechtlich geordneten Teilen die 25 verschiedenen kantonalen Strafrechte. Ihre Vielgestaltigkeit ist so groß, daß der Einzelne kaum zur völligen Beherrschung des Ganzen gelangt. Vor allem scheint es kaum möglich, im Rahmen eines Lehrbuchs den Besondern Teil der schweizerischen Strafrechte zu einer vertieften und einheitlichen Darstellung zu bringen. Anders steht es mit den allgemeinen Lehren. Trotz des Reichtums der kantonalen Verschiedenheiten bestehen heute in vielen strafrechtlichen Grundfragen übereinstimmende Anschauungen. Daran haben Praxis, Gesetzgebung und Wissenschaft der letzten Jahrzehnte in gleichem Maße ihr Verdienst.

Schon heute hat die Nebenstrafgesetzgebung des Bundes einen bedeutenden Umfang. Das Bundesgericht — als Kassationshof in Strafsachen und weiter bei Beurteilung staatsrechtlicher Rekurse — hat zu zahlreichen Fragen des Strafrechtes, insbesondere des Allgemeinen Teils, sich ausgesprochen und ist in einzelnen Punkten zu einer maßgebenden, auch in der kantonalen Rechtsprechung beachteten Praxis gelangt.

Bundes- und kantonale Strafgesetzgebung der letzten 30 Jahre standen unter dem immer deutlicher werdenden Einfluß der an den eidgenössischen Entwürfen geleisteten Arbeit. Ich hoffe, an manchen Stellen dieses Buches den Nachweis für diese Behauptung erbracht zu haben.

Vor allem aber hat die Beschäftigung mit den eidgenössischen Entwürfen die schweizerische Strafrechtswissenschaft gefördert. Nicht nur nach ihrem Umfang, auch nach ihrem Gehalt verdient heute die schweizerische Strafrechtsliteratur Beachtung. Sie ist in der Schweiz und im Ausland vielfach zu wenig bekannt. Ich habe sie mit dem Streben, eine gewisse Vollständigkeit zu erreichen, zu verarbeiten gesucht.

Der Plan dieses Buches war damit gegeben.

Es will ein Lehrbuch sein, das zunächst die geltenden schweizerischen Rechte zu dogmatischer Darstellung bringt. Daneben aber soll es, unter stetem Hinweis auf die eidgenössischen Entwürfe, die Fülle der kriminalpolitischen Fragen zur Erörterung bringen.

Die Bearbeitung des Besondern Teils behalte ich mir für die Zeit der erreichten Rechtseinheit vor.

Kilchberg bei Zürich, im April 1926.

E. Hafter.

Inhaltsverzeichnis.

Grundlagen.

Erster Abschnitt.

Strafrecht und Strafgesetz.

Zweiter Abschnitt.

Bereich des Strafgesetzes.

Die allgemeinen Lehren des Strafrechts.

Erster Teil.

Verbrechen und Rechtsbrecher.

Erster Abschnitt.

Die Elemente des Verbrechensbegriffes.

Erstes Kapitel.

Das Verbrechen ein menschliches Verhalten.

Zweites Kapitel.

Täterschaft und Teilnahme.

Zweiter Teil.

Strafen und sichernde Maßnahmen.

Erster Abschnitt.

Abgrenzungen. Grundzüge der Kriminalpolitik.

Zweiter Abschnitt.

Das Strafensystem.

Erstes Kapitel.

Hauptstrafen.

Vierter Abschnitt.

Sichernde und andere Maßnahmen.

Fünfter Abschnitt.

Wegfall von Strafen und Maßnahmen (Strafaufhebungsgründe).

Dritter Teil.

Besondere strafrechtliche Gestaltungen.

Erster Abschnitt.

Behandlung jugendlicher Rechtsbrecher.

Abkürzungen.

AargRSpr. = Vierteljahrschrift für aargauische Rechtsprechung.
Berner Z. = Zeitschrift des bernischen Juristenvereins.
BBl. = Bundesblatt.
BE. = Bundesgericht, Entscheidungen, Amtliche Sammlung.
BGes. = Bundesgesetz.
BStG. = BGes. vom 4. Febr. 1853 über das Bundesstrafrecht.
BStP. = BGes. vom 27. Aug. 1851 über die Bundesstrafrechtspflege.
BV. = Bundesverfassung.
v. Cleric: Leitfaden = Leitfaden der strafrechtlichen Rechtsprechung des Schweizer Bundesgerichtes (1925).
E. = Entwurf StGB. Wenn ohne Zusatz, ist der eidgenössische E. von 1918 gemeint.
Gef.-Verein = Verhandlungen des schweiz. Vereins für Straf-, Gefängniswesen und Schutzaufsicht.
GesSlg. = Gesetzessammlung.
IKV. = Internationale kriminalistische Vereinigung.
JZ. = Schweizerische Juristenzeitung.
MilStGB. = Militärstrafgesetzbuch.
OGBRPfl. = BGes. vom 22. März 1893 usw. über die Organisation der Bundesrechtspflege.
OR. = Obligationenrecht.
PolStG(B) = Polizeistrafgesetz(buch).
Praxis = Die Praxis des Bundesgerichtes, seit 1912.
Prot.ExpKom. = Protokolle der Expertenkommissionen (I. und II.) für das schweizerische StGB.
Répertoire vaudois — Répertoire des arrêts, rendus en matière pénale, par le tribunal cantonal vaudois, recueillis par A. Paschoud (Lausanne 1924).
StGB. = Strafgesetzbuch. Die Nennung eines Kantons mit nachfolgendem Zahlenzitat weist auf das betreffende StGB. hin; z. B. Zürich § 12.
StPO. = Strafprozeßordnung.
VD. = Vergleichende Darstellung des deutschen und ausländischen Strafrechts, Allgemeiner und Besonderer Teil und Registerband (Berlin 1905—1909).
VE. = Vorentwurf.
VO. = Verordnung.
Z. = Schweizerische Zeitschrift für Strafrecht, bis zum 8. Jahrgang: Zeitschrift für Schweizer Strafrecht.
ZGB. = Zivilgesetzbuch.
ZgesStRW. = Zeitschrift für die gesamte Strafrechtswissenschaft.
ZschwR.NF. = Zeitschrift für schweizerisches Recht, Neue Folge.
Zürcher Bl. = Blätter für zürcherische Rechtsprechung.

Grundlagen.

Erster Abschnitt.

Strafrecht und Strafgesetz.

§ 1. Aufgaben des Strafrechts.

Literatur: GAUTIER: Z. 27, 119ff., 136ff. — v. CLERIC: JZ. 13, 61ff.

I. Das Strafrecht umfaßt die Gesamtheit der Rechtssätze, nach welchen ein bestimmtes menschliches Verhalten staatliche Strafe nach sich zieht. Das ist das eigentliche, das materielle Strafrecht. In einem weitern Umfang verstanden bilden aber auch das Strafprozeßrecht und das Strafvollzugsrecht Teile des Strafrechts.

Das Strafprozeßrecht — formelles Strafrecht — hat die Feststellung und Verwirklichung des staatlichen Strafanspruches im Einzelfall zum Zweck. Dazu bedarf es staatlicher Organisationen und Regeln (Untersuchungsbehörden, Gerichte, Gestaltung der Parteiverhältnisse) und eines geordneten Verfahrens. Die moderne Gesetzgebung hat diese Rechtsteile verselbständigt und sie in den Rechtspflegegesetzen zusammengefaßt[1]).

Gesetzgeberisch weniger abgeklärt und durchgebildet ist das Strafvollzugsrecht. Seinem Gehalt nach gehört es zum Verwaltungsrecht. Der Strafvollzug ist die Realisierung des Prozeßergebnisses, des Urteils. In der Regel liegt er nicht in der Hand der Gerichte, sondern bei den Verwaltungsbehörden. Seine Ordnung erfolgt in der Verwaltungsgesetzgebung, in Strafvollzugsgesetzen- und Verordnungen, Strafanstaltsregelmenten usw. Doch zeigt die neuere Gesetzgebung die richtige Tendenz, wenigstens die Grundlinien des Strafvollzuges im

[1]) Frühere Zeiten führten wegen des engen Zusammenhangs beider Rechtsteile diese Trennung nicht durch, z. B. enthält der Zürcher Richtebrief aus dem Ende des 13. Jahrhunderts im 1. Buch materielles Strafrecht, in den nachfolgenden Büchern Organisations- und Verfahrensrecht. Die Constitutio Criminalis Carolina von 1532 stellt in den Art. 1—103 die Gerichtsorganisation und das Verfahren fest. Auch die Art. 181—219 enthalten Verfahrens- und namentlich Strafvollzugsbestimmungen. Zwischen hinein (Art. 104—180) ist das materielle Strafrecht, der Katalog der strafbaren Handlungen, gefügt. Vgl. THORMANN in der Festgabe für Lotmar (1920), 5f.

Strafgesetz selbst zu bestimmen. Die Strafen, die ein Strafgesetzbuch dem Richter zur Verfügung stellt, gewinnen erst dadurch Inhalt und Charakter, daß man auf die Art ihres Vollzuges hinweist[1]). Erst dadurch wird auch eine Differenzierung der einzelnen Freiheitsstrafen möglich. Es ist zweckmäßig, das im Strafgesetzbuch selbst zum Ausdruck zu bringen. Beispiele dafür gibt der eidg. E.: Art. 34 Zuchthausstrafe, Art. 35 Gefängnisstrafe, Art. 37 Haftstrafe, Art. 36 Möglichkeit der vorzeitigen bedingten Entlassung bei Zuchthaus und Gefängnis, ferner auch Art. 46 Vollzug der Buße (Einzelheiten unten §§ 58—60).

II. Die Strafe greift in die Rechtssphäre des von ihr Betroffenen ein, weil er schuldhaft die Rechtsordnung gestört hat. Das Verbrechen veranlaßt die Strafe. An diesem Gedanken ist die politische und kulturelle Aufgabe des Strafrechts orientiert. Ideell geht es darauf aus, das Verbrechen aus der Welt zu schaffen. Ein vergebliches Bemühen. Gesellschaft und Staat müssen sich bescheiden. Es ist schon Gewinn genug, wenn es dem Strafrecht gelingt, durch Bekämpfung das Verbrechen und die Zahl der Rechtsbrecher zu vermindern. Über die Wege, die zu diesem Ziel führen, hat nie Einigkeit geherrscht, wird nie Einigkeit herrschen. Deshalb muß die Kriminalpolitik, die den besten Weg der Verbrechensbekämpfung sucht, immer wieder zu neuem Anlauf ausholen. Deshalb kann aber auch die Strafrechtswissenschaft nicht dabei stehen bleiben, Gesetzgebung und Rechtsprechung nur nach der juristischtechnischen Seite zu fördern. Sie muß tiefer gehen. Neben der — in der ersten Linie stehenden — Aufgabe der dogmatischen Vervollkommnung des Strafrechts[2]), weist uns unsere Erkenntnis namentlich drei Forschungswege:

1. Wir müssen versuchen, tiefer in das Wesen und die Ursachen des Verbrechens und in die Persönlichkeit des Rechtsbrechers einzudringen (Kriminologie, Ätiologie des Verbrechens). Damit geht die Strafrechtswissenschaft weit über das Juristische hinaus. Sie muß sich von anderen Seiten, der Medizin, insbesondere der Psychiatrie, der Psychologie, der Soziologie beraten lassen.

2. Auf die Ergebnisse der Forschung über Wesen und Ursachen des Verbrechens gründen wir die Erkenntnis der besten Art zu strafen (Poenologie). Aber das ist nicht genug. Hinter der Frage nach der besten Art zu strafen, steht die andere, ob die Strafe überhaupt das geeignete Mittel zur Verbrechensbekämpfung ist, ob sie nicht durch andere Mittel, sichernde und vorsorgende Maßnahmen, wenigstens er-

---

[1]) Dazu Zürcher: Erläuterungen VE. 1908, 71ff. — Baumgarten: Z. 35, 256.

[2]) Dazu gut v. Cleric: JZ. 13, 61ff.

gänzt oder in gewissen Fällen ersetzt werden muß. Heute verneinen wenige mehr rundweg diese Fragen[1]). Der Streit geht um Art und Maß der Durchführung (unten §§ 49ff.).

Gewiß hat man zu allen Zeiten mehr oder weniger weitgehend derartige Überlegungen angestellt. Die Zeit etwa seit den 90er Jahren des vergangenen Jahrhunderts ist jedoch diesen Entwicklungen besonders günstig gewesen. Sie auf breiter Grundlage mächtig gefördert zu haben, ist das unvergängliche Verdienst der Internationalen Kriminalistischen Vereinigung (JKV.), die 1889 von FRANZ V. LISZT zusammen mit dem Belgier ADOLPHE PRINS und dem Holländer G. A. VAN HAMEL gegründet wurde. Ihr Programm wird im Art. 1 der Satzungen folgendermaßen umschrieben:

„Die JKV. vertritt die Ansicht, daß sowohl das Verbrechen als auch die Mittel zu seiner Bekämpfung nicht nur vom juristischen, sondern ebenso auch vom anthropologischen und soziologischen Standpunkt aus betrachtet werden müssen.

Sie stellt sich zur Aufgabe die wissenschaftliche Erforschung des Verbrechens, seiner Ursachen und der Mittel zu seiner Bekämpfung[2])."

3. Die anthropologisch-soziologische Betrachtungsweise des Verbrechens birgt die Gefahr der Zurückdrängung juristischer und namentlich auch ethischer Forderungen in sich. Strafe setzt Schuld voraus. Schuld aber ist ein ethischer Begriff. Ein Strafgesetzbuch ohne die Anerkennung einer menschlichen Schuld ist widerspruchsvoll in sich (unten §§ 20ff.). Es hätte vorläufig, mindestens in der Schweiz, auch keinerlei Aussichten, durchzudringen. Das Ziel von Wissenschaft und Gesetzgebung ist die Verfeinerung und Läuterung der Schuldlehre, die bessere Erkenntnis und die Heraushebung der Fälle, in denen — zur wirksamen und gerechten Verbrechensbekämpfung — nicht mehr die Strafe, sondern andere Behandlungsmittel tauglich erscheinen (unten § 50).

---

[1]) PFENNINGER: Grenzbestimmungen der kriminalistischen Imputationslehre (1892), 58 warnt davor, „das Strafrecht in die grünen Triften der Soziologie, der allgemeinen Weltverbesserung, der Gemeinnützigkeits- und Pastoralbestrebungen" zu führen. Gewiß sollen wir uns für die Erhaltung des Strafrechts als einer juristischen Disziplin einsetzen. Aber wir dürfen an anderen Quellen, aus denen wir Erkenntnis schöpfen können, nicht vorbeigehen.

[2]) Die der JKV. und ihren Landesgruppen erstatteten Berichte, ihre Verhandlungsprotokolle usw. finden sich in den „Mitteilungen der JKV.", 21 Bände (1889—1914). Sie sind für den Kriminalpolitiker und den Gesetzgeber eine unerschöpfliche Fundgrube. Siehe auch KITZINGER: Die JKV., Betrachtungen über ihr Wesen und ihre bisherige Wirksamkeit (1905). — Ferner GAUTIER: Z. 27, 119ff. — Auch die JKV. ist durch den Weltkrieg erschüttert worden. Von Frankreich aus ging 1924 die Gründung der Association internationale de Droit pénal mit ähnlichen Tendenzen wie die JKV.

§ 2. Das Strafgesetz.

Literatur: Stooss: Z. 7, 269ff.; 17, 1ff.; 23, 309ff. — Zeller: JZ. 15, 189ff. — Gross: Zentralbl. für Staats- und Gemeindeverwaltg. 24, 225ff. (Leges imperfectae der aargauischen Staatsverfassung).

I. Ausgesprochener noch als in den andern Rechtsteilen bestimmt sich heute das Strafrecht nach dem Gesetz, das Wort im weitesten Sinne verstanden. Nurmehr der Staat hat eine kriminelle Strafgewalt. Er allein erklärt, was in einem solchen Maße rechtswidrig ist, daß als Reaktion gegen eine Handlung oder eine Unterlassung Strafe eintreten soll (Strafrechtsmonopol des Staates). Daß er sich bei dieser Erklärung, im Interesse der Wahrung der Rechtssicherheit und einer gewissen Beständigkeit, regelmäßig der gesetzgeberischen Mittel bedient, leuchtet ein[1]).

Die eigentlichen Strafrechtssätze, die auf ein bestimmtes menschliches Verhalten eine Strafe setzen, sind der Typus der lex perfecta. Sie umschreiben regelmäßig im Vordersatz die Handlung oder Unterlassung, die als rechtswidrig stigmatisiert werden soll (Tatbestand). Sie fügen im Nachsatz die Strafdrohung (Sanktion) hinzu[2]).

Gesetzgeberisches Ziel ist eine möglichst genaue, alle in Betracht zu ziehenden Fälle umfassende, eindeutige Umschreibung des Tatbestandes. Der Richter, der das Gesetz anzuwenden hat, muß möglichste Klarheit haben[3]). Vor allem aber soll auch der Untertan, an den das Strafgesetz ebenfalls gerichtet ist, in der Lage sein, zu wissen, was ihm frommt und was ihm zum Nachteil gereicht[4]). Ältere Gesetze erklären

[1]) Scharfe Formulierung in der französischen Rechtswissenschaft; Roux: Cours de Droit pénal (1920), 17: „Le droit pénal moderne est un droit légal, c'est-à-dire qu'il a ses sources uniquement dans la loi, et dans les actes ayant valeur de loi.“ — Garraud: Précis de Droit criminel, Nr. 47. Über Ausnahmen im schweizerischen Recht unten § 5 II.

[2]) Wer einen Menschen tötet, wird mit . . . . . bestraft.

[3]) Das ist ein von der ältern Gesetzgebung oft nicht erfülltes Postulat; vgl. namentlich den § 1 des aargauischen Zuchtpol.-Ges., der sich mit der bloßen Nennung von Delikten — ohne Tatbestandsumschreibung — begnügt; dazu BE. 9, 71; 17, 430ff.; 27 I, 339f.; 35 I, 760ff. Die Anwendung eines solchen nicht näher umschriebenen Tatbestandes verletzt nach der bundesgerichtlichen Rechtsprechung nicht den Grundsatz nulla poena sine lege (unten § 4 II).

[4]) Der namentlich in der deutschen Literatur immer wieder entbrennende Streit über die sog. Adresse der Strafgesetze ist ganz unfruchtbar. Weil er eine — unverdient — große Rolle spielt, soll er hier immerhin berührt werden. Die wohl herrschende Anschauung adressiert das Strafgesetz an den Untertanen (namentlich die sog. Imperativentheorie). Eine andere, schon auf Ihering zurückgehende, neuerdings besonders von M. E. Mayer (StR. Allg. Teil, 33ff.), mit Temperament verfochtene Auffassung bezeichnet die Strafrechtssätze als Entscheidungsnormen, d. h. als abstrakte Befehle des Gesetzgebers an die Staatsorgane, den Strafanspruch (unter bestimmten Voraussetzungen und in bestimmten Grenzen) zu bejahen; zustimmend auch v. Cleric: JZ. 10, 267. Daß die im Straf-

ausdrücklich, daß sie sich mit ihren Vorschriften an die Untertanen wenden. Kaiser Karl V. schrieb 1532 in der Vorrede zur Carolina, „daß alle und jede unser und des Reichs underthanen sich hinfürter inn peinlichen sachen — — dem gemeynen rechten, billicheyt und löblichen herbrachten gebreuchen gemess halten mögen, wie eyn jetlicher on zweifel für sich selbst zuthun geneygt, und desshalben von dem Almechtigen belonung zu empfahen verhofft.“ Das war psychologisch gut gedacht und wirkungsvoll gesagt. Uns allen hat die Zeit des Weltkrieges mit ihrem Übermaß von Strafbestimmungen erneut zum Bewußtsein gebracht, wie sehr die Strafrechtssätze nicht nur Entscheidungsnormen für den Richter, sondern auch an die Untertanen gerichtete Befehle darstellen. Diese erneute Erkenntnis ist so stark geworden, daß sie den alten Satz, daß Unkenntnis des Gesetzes nicht vor Strafe schützt, zu erschüttern vermocht hat (unten § 36 V-VII).

II. Nicht immer verbindet der Gesetzgeber einen genau umschriebenen Tatbestand mit der Strafdrohung zu einem festgefügten Satz. Er kann es unter Umständen gar nicht. Die Lebensbedürfnisse, auch staats- und völkerrechtliche Notwendigkeiten können dazu führen, zunächst nur für einen ganz allgemein gehaltenen Tatbestand eine Strafdrohung aufzustellen, während die genaue Tatbestandsumgrenzung entweder durch die außerstrafrechtliche Gesetzgebung oder durch Verordnungen oder für Einzelfälle durch besondern behördlichen Akt, namentlich einer Verwaltungsbehörde, erfolgt. Diese Form des Blankett- oder Rahmengesetzes zeigen namentlich die Ungehorsamstatbestände zahlreicher Strafgesetzbücher, die ihren Inhalt erst durch die Verfügung einer zuständigen Behörde erhalten[1]).

Beispiele solcher Ungehorsamstatbestände zeigen Zürich § 80 und StPrO. § 328, Luzern PolStG. § 42, Baselstadt § 52, St. Gallen Art. 144,

---

gesetz aufgestellten Rechtssätze Entscheidungsnormen für den Richter sind, daß sie sich befehlsmäßig auch an ihn wenden, ist unbestreitbar. Unverständlich ist nur, weshalb damit die Auffassung, daß der Rechtssatz auch ein an den Bürger gerichtetes Verbot oder Gebot enthält, nicht vereinbar sein soll. Die gegenüber M. E. Mayer zutreffende Ansicht vertreten namentlich v. Bar: Gesetz und Schuld im Strafrecht, 1, 4ff. — v. Hippel: Deutsches StR. 1, 16f., 22ff. Neben dem Lehrbuch M. E. Mayers ist seine Schrift: Rechtsnormen und Kulturnormen (1903), 1ff., 30ff. zu vergleichen; siehe auch die Besprechung in der Z. 18, 109. Bemerkenswert die Auseinandersetzung mit der deutschen Literatur, insbesondere die Ablehnung der Anschauungen M. E. Mayers: bei Battaglini: Le norme del diritto penale e i loro destinatari (1910).

[1]) Das gesetzgeberische Vorbild ist Art. 471, Nr. 15 des französischen Code pénal: Seront punis .... ceux qui auront contrevenu aux règlements légalement faits par l'autorité administrative, et ceux qui ne se seront pas conformés aux règlememts ou arrêtés publiés par l'autorité municipale. — Vgl. Brunner: Die Lehre vom Verwaltungszwang, Zürcher Diss. (1923) 76ff.

schweiz. E. Art. 338[1]) und auch 248. Die Form des Blankettgesetzes findet sich besonders häufig bei Strafbestimmungen, mit denen verwaltungsrechtliche Gesetze ausgestattet sind. Beispiele aus dem Bundesrecht: Epidemiengesetz von 1886, Art. 9, Kranken- und Unfallversicherungsgesetz von 1911, Art. 66[2]), Lebensmittelpolizeigesetz von 1905, Art. 41 und 54[3]), Bahnpolizeigesetz von 1878, Art. 6[4]).

III. Die eigentlichen Strafrechtssätze, die Sätze, die ein bestimmtes Verhalten unter Strafe stellen, finden ihre Ergänzung durch Bestimmungen, wonach unter bestimmten Voraussetzungen, trotz äußerlicher Verwirklichung eines Deliktstatbestandes, die Strafdrohung entfällt (Notwehr, Notstand und andere Rechtfertigungsgründe, Schuldausschließungsgründe usw.) Daneben enthält namentlich der allgemeine Teil der Strafgesetzbücher zahlreiche andere Bestimmungen, die nicht in den Kategorien: Verbot, Gebot — Strafdrohung aufgehen. So z. B. die eigentlich staatsrechtlichen Vorschriften über den Bereich des Strafgesetzes, die Wort- und Begriffserklärungen (Umschreibung von Vorsatz und Fahrlässigkeit, z. B. in Art. 16 des schweizer E.), die Vorschriften über die Gestaltung der einzelnen Strafarten, die Bestimmungen über die Strafzumessung.

IV. Regelmäßig treten die Strafrechtssätze in der Form des verfassungsmäßig zustande gekommenen Gesetzes auf. Allein der Ausdruck „Strafgesetz“ umfaßt mehr. Auch Verordnungen können gültige Strafrechtssätze aufstellen, sofern sie von einem Staatsorgan im Rahmen des ihm zustehenden Verordnungsrechtes erlassen sind[5]).

---

[1]) Typische Formulierung: „Wer der von einer zuständigen Behörde oder einem zuständigen Beamten unter Hinweis auf die Strafdrohung dieses Artikels an ihn erlassenen Verfügung nicht Folge leistet, wird .... bestraft.“ Vgl. ferner Segesser v. Brunegg: Z. 29, 283, 287 (luzern. PolStG.). — Brunner: a. a. O. 93ff. — Lüchinger: Ungehorsam gegen amtliche Verfügungen, Zürcher Diss. (1924).

[2]) Zürcher Bl. 22, Nr. 149, 289.

[3]) BE. 42 I, Nr. 31; Praxis 2, Nr. 238. [4]) BE. 38 I, 178ff.

[5]) BE. 32 I, 106ff.; 41 I, 500ff. — Renold: Bundesverwaltungsstrafrecht, 32. Die Feststellung wird wichtig bei der Betrachtung der Tragweite des Satzes: Keine Strafe ohne Gesetz; unten § 4 I. Während des Weltkrieges haben wohl fast alle Länder ihre strafrechtlichen Bedürfnisse vornehmlich auf dem Verordnungsweg befriedigt. Schweizerische Kriegszustands-VO. vom 6. Aug. 1914, schweizerische Wucher-Verordnungen von 1914 und 1916! Über dieses eidgenössische Notverordnungs-Strafrecht vgl. Hafter: Z. 27, 235ff. — v. Waldkirch: Notverordnungen im schweiz. Bundesstaatsrecht, 7ff., 47ff. Über Notverordnungs-Strafrecht nach Zürcher Recht: Zürcher Bl., 16, Nr. 153. Besondere Aufmerksamkeit schenkt die italienische Literatur der Rechtfertigung der Notverordnung (decreto-legge, decreto d'urgenza); Daten bei Battaglini: Introduzione allo Studio del Diritto penale (1923), 40ff. Zu Unrecht behauptet Schmid: JZ. 18, 248, daß Polizeistrafen irgendwelcher Art nur auf Grund vorheriger gesetzlicher Ermächtigung, nicht aber auf Grund von Verordnungen ausgesprochen werden können.

Ebenso ist der Staatsvertrag, der Strafrechtssätze aufstellt, ein Strafgesetz[1]).

V. Der Gesetzgeber holt die Straftatbestände nicht aus der Luft. Auf was für Handlungen und Unterlassungen eine Strafe zu setzen ist, bestimmt sich nach kulturellen, ethischen, wirtschaftlichen Normen, nach der Gesamtheit der Lebensbedürfnisse. Sie lassen die rechtlich, namentlich auch die strafrechtlich zu schützenden Interessen erkennen. Aus ihrer Erkenntnis schöpft der Gesetzgeber. Die von ihm aufgestellten Strafrechtssätze haben zum Ziel, Interessen der Allgemeinheit — der Gesellschaft, des Staates — und des Einzelnen durch Bestrafung desjenigen, der sie verletzt oder gefährdet, zu schützen. Man hat versucht, die hinter dem Strafgesetz stehenden Normen als aus einer allgemeinen Rechtsordnung oder aus der Kulturordnung sich ergebende Verbote und Gebote zu erkennen und zu bestimmen (die Kulturnormen M. E. Mayers, in Weiterentwicklung der Normentheorie Bindings; unten § 18 I). Daß derartige Untersuchungen unsere Erkenntnis fördern, bestreitet niemand. Der juristische Gewinn ist gering. Die Lückenhaftigkeit, Unbestimmtheit, Wandelbarkeit eines hinter dem Strafgesetz stehenden Normensystems — wie immer es orientiert sein mag — ist so offensichtlich, daß diese Normen weder für die Gesetzgebung noch für die Anwendung und Auslegung des Gesetzes sichere Führer sind. Über die Binsenwahrheit, daß die schutzbedürftigen Interessen nach Zeit und Ort verschieden sind, und daß Gesetzgebung und Rechtsprechung sich darnach richten, kommt man nicht hinaus[2]).

§ 3. Stellung des Strafgesetzes in der Rechtsordnung.

Literatur: Pfenninger: Z. 32, 32ff. Thormann: Zivilgesetzbuch und Strafgesetzentwürfe, in der Festgabe für Eug. Huber (1919). — Burckhardt und Hafter: Kriminalpolitische Anforderungen an das schweizer. Zivilgesetzbuch, Z. 15, 233ff. und 262ff., auch 229ff. — Zürcher: Z. 24, 347ff. — Gmür und Corday: Verhandlungen des Schweizer. Juristenvereins 1903, ZschweizR. NF. 22, 587ff., 651ff., 732ff. — Zeller: Über die Beziehungen zwischen Strafrecht und Verwaltungsrecht, in der Festgabe für Zürcher (1920) 109ff. — v. Cleric: JZ. 7, 340f. — Farbstein: eodem 8, 263.

I. Ein doppelter Gesichtspunkt bestimmt die Stellung des Strafgesetzes in der Rechtsordnung: Das Strafrecht wahrt auch da, wo sein

---

[1]) BE. 7, 784 (Art. 31 und 32 der schweizerisch-französischen Übereinkunft vom 30. Juni 1864 zum gegenseitigen Schutze des literarischen, künstlerischen und gewerblichen Eigentums).

[2]) Nietzsche: Fröhliche Wissenschaft, Nr. 43: „...... Die Gesetze beziehen sich auf die Ausnahmen der Sittlichkeit der Sitte; und die härtesten Strafen treffen das, was der Sitte des Nachbarvolkes gemäß ist. So gibt es bei den Wahabiten nur zwei Todsünden: einen andern Gott haben als den Wahabiten-Gott und —

unmittelbarer Schutz den Rechten des Einzelnen zugute kommt, die Interessen der Allgemeinheit, der Gesellschaft, des Staats. Damit hängt das andere Moment, das Strafrechtsmonopol des Staates, zusammen.

Das Strafrecht muß daher öffentliches Recht sein.

Seine Zugehörigkeit zum öffentlichen Recht zeigt sich auch formal. Das Verbrechen erzeugt zunächst einen ausschließlich dem Staate zustehenden Anspruch gegen den Rechtsbrecher, den Strafanspruch. Das Verhalten des Rechtsbrechers begründet also ein Rechtsverhältnis, auf dessen einer Seite, als Berechtigter, immer der Staat steht. Das ist heute, im Gegensatz zu früheren Entwicklungsstadien des Strafrechts, unbeschränkt richtig. Die moderne Strafrechtskultur anerkennt nicht mehr, wenigstens nie als Regel, eine dem Einzelnen oder einer Gruppe von Einzelnen zustehende Selbsthilfe und Privatrache, sie weiß nichts mehr von strafrechtlichen Sühnverträgen und Sühnezahlungen, die der Verletzer dem Opfer zu leisten hat. Die namentlich die römische Rechtsentwicklung durchziehende Unterscheidung zwischen crimina publica und delicta privata — die der Verletzte vor dem Zivilrichter mit einer privatrechtlichen, auf Bußenzahlung gerichteten Strafklage zu verfolgen hatte[1]) — ist ihr fremd geworden[2]). Die Differenzierung zwischen dem aus einem Verbrechen sich ergebenden strafrechtlichen Anspruch und den gleichzeitig entstehenden privatrechtlichen Wirkungen ist grundsätzlich durchgeführt:

Nur der Staat hat — und zwar ausnahmslos, auch bei den sog. Antragsdelikten, — einen Strafanspruch. Ob daneben auch der Einzelne, gegen den das Verbrechen sich richtete, irgendwelche Ansprüche — auf Wiederherstellung, Schadensersatz, Genugtuung — erwirbt, ist eine völlig außerhalb des Strafrechts liegende Frage. Sie bestimmt sich nach den Normen des Zivilrechts (Deliktsobligationen)[3]).

---

rauchen (es wird bei ihnen bezeichnet als „die schmachvolle Art des Trinkens“). „Und wie steht es mit Mord und Ehebruch!“ — fragte erstaunt der Engländer, der diese Dinge erfuhr. „Nun, Gott ist gnädig und barmherzig!“ — sagte der alte Häuptling.“

[1]) Hitzig: Z. 13, 188ff. (Besprechung von Mommsen: Römisches Strafrecht). — Strachan-Davidson: Problems of the Roman Criminal Law (1912), 1, 36ff. — v. Hippel: Deutsches StR. 1, 32ff., 54ff.

[2]) Überreste immerhin, gerade im schweizer. Recht, bei den Ehrverletzungen; vgl. Staub: Der glarnerische Ehrverletzungsprozeß, Zürcher Diss. (1909), namentlich 31ff. — Heer: Die prinzipale Privatstrafklage im schweizer. Recht, Zürcher Diss. (1924).

[3]) Die Tatsache, daß die schweizer. Rechte durchgängig den Adhäsionsprozeß kennen, d. h. daß der Strafrichter im Anschluß an das Strafurteil unter bestimmten Voraussetzungen auch über privatrechtliche Ansprüche des Geschädigten entscheidet, beeinträchtigt die Scheidung zwischen Strafrecht und Privatrecht selbstverständlich nicht. Es handelt sich nur um eine Frage der Pro-

II. Da der Staat allein Herr über das Strafrecht ist, liegt die Schaffung von Straftatbeständen in seiner unbeschränkten Macht. Selbstbeschränkung ist hier das Gebot. Dafür allgemein gültige, gesetzgebungspolitische Richtlinien aufzustellen, hält schwer. Immerhin steht einiges Grundsätzliche fest: Der Strafgesetzgeber muß bei jedem Schritt, den er unternimmt, sich dessen bewußt sein, daß die Kriminalisierung eines menschliche Interessen verletzenden Verhaltens nur als letztes Mittel in Betracht zu ziehen ist, daß vorerst alle andern Mittel rechtlicher Hilfe erschöpft werden müssen[1]). Damit wird die subsidiäre, komplementäre Natur der Strafrechtssätze betont. Das Strafrecht hat den andern Rechtsgebieten gegenüber die Stellung eines höheren Schutzrechts (Kohler). Immer ist, namentlich vom Gesetzgeber, zu prüfen, ob nicht gegenüber einer Rechtsverletzung eine nichtstrafrechtliche Reaktion ausreicht — die zivilrechtliche Pflicht zur Leistung von Schadensersatz, zur Gewährung einer Genugtuung, der verwaltungsrechtliche Zwang. Die Vergleichung der verschiedenen Rechtsteile ergibt für die Richtigkeit und Zweckmäßigkeit dieser Auffassung Beispiele genug: Der Schutz der körperlichen Unversehrtheit und des menschlichen Lebens soll in erster Linie dem Verwaltungsrecht obliegen[2]). Die bloß fahrlässige Schädigung des Vermögens, des Kredites, der Ehre, der Freiheit eines andern zieht nicht Strafe, nur Pflicht zum Schadensersatz nach sich (OR. Art. 41 I). Gegenüber der Verletzung privatrechtlicher Verträge und der Nichtzahlung von Schulden genügen in der Regel die zivilrechtlichen Mittel und der betreibungsrechtliche Zwang. Der Schutz der Ehe und der Eltern- und Kinderrechte ist pri-

---

zeßökonomie. Soweit der Richter im Anschluß an das Strafverfahren über zivilrechtliche Ansprüche entscheidet, ist er Zivilrichter, sein Entscheid ein Zivilurteil; BE. 24 I, 457ff.

Art. 57 des schweizer. E. gibt dem Strafrichter die Möglichkeit, dem durch ein Verbrechen Geschädigten die Buße, die der Verurteilte zahlt, den Erlös aus der Verwertung eingezogener Gegenstände usw. ganz oder teilweise auf Rechnung des gerichtlich festgesetzten Schadensersatzes zuzuerkennen. Dadurch wird aber nicht etwa der Unterschied zwischen Strafe und Schadensersatz aufgehoben, der Strafcharakter der Geldstrafe verwischt. Der Strafanspruch und der Anspruch auf Zahlung der Geldstrafe liegen nur beim Staat. Wie er über die in seine Kassen fließenden Beträge verfügt, ist eine andere Frage. Einen Anspruch des Geschädigten gegenüber dem Verletzer begründet der Art. 57 nicht; Hafter: Z. 24, 364ff. — Vgl. auch Aargau: StGB. § 35: Der zuständige Richter ist verpflichtet, das Verbrechen der gesetzlichen Strafe zu unterstellen und darf diese niemals wegen einer Ausgleichung zwischen dem Verbrecher und dem Beschädigten fallen lassen oder wieder aufheben. — Zu dem Grundsatz, daß auch bei den sog. Antragsdelikten nur dem Staat ein Strafanspruch zusteht vgl. BE. 7, 736; 8, 288.

[1]) Gautier: Z. 27, 123. — v. Hippel: Deutsches StR. 1, 27ff. (teilweise abweichend vom Text).

[2]) Meier, W.: Der menschliche Körper als Schutzobjekt im Verwaltungsrecht, Zürcher Diss. (1923), namentlich 1ff., 41ff.

mär zivilrechtlich[1]). Die Durchführung der Steuerrechte und zahlloser anderer staatlicher Ansprüche muß soweit als möglich durch die Mittel des Verwaltungszwanges erfolgen[2]). Sie ist auf diesem Wege in der Regel auch aussichtsvoller. Namentlich in unruhigen Zeiten besteht die Gefahr, daß der Staat seine strafgesetzgeberischen Möglichkeiten überspannt. — Auch noch eine andere, freilich unsichere Richtlinie muß der Gesetzgeber beachten: Vielfach genügt gegenüber einem unmoralischen, ja gewisse Interessen verletzenden Verhalten die Reaktion der öffentlichen Meinung. Das gilt insbesondere bei gewissen Angriffen gegen die geschlechtliche Sittlichkeit. Selbstverständlich hat das Strafrecht moralische Tendenzen. Aber es kann nicht alles, was moralisch verwerflich ist, mit der Androhung einer staatlichen Strafe erfassen. Man kann, ohne daß diesem Satz mehr als eine erklärende Bedeutung beigemessen werden soll, die Formel aufstellen: Das Strafrecht hat sich nur um besonders schutzwürdige Güter und um besonders schwere Verletzungen dieser Güter zu kümmern.

§ 4. Keine Strafe ohne Gesetz. Analogie. Auslegung des Strafgesetzes.

Literatur: STOOSS: Strafgesetzbücher 1ff.; Grundzüge 1, 129ff.; Z. 10, 351ff. — PFENNINGER: StR. der Schweiz, 573ff. — GUGGENHEIM: Z. 1, 306ff. — v. CLERIC: JZ. 9, 329ff. und 15, 78ff. — HAFTER: Keine Strafe ohne Gesetz, Zürcher Rektoratsrede (1922).

I. Das Rechtssprichwort: Keine Strafe ohne Gesetz ist ein Glaubenssatz des heutigen Strafrechts. Zahlreiche Gesetze proklamieren ihn. Er steht bald im Strafgesetz selbst, bald in den Strafprozeßordnungen, vielfach auch in den Verfassungen (Glarus Art. 5, Aargau, Art. 19 II usw.). Die schweizerische Rechtsprechung, in der das Prinzip eine hervorragende Rolle spielt, hält — mit einer noch zu erörternden Ausnahme — unverbrüchlich an ihm fest[3]). England ist die Heimat des Satzes. Die Magna Charta König Johanns von 1215 stellte ihn auf als Garantie für jeden freien Bürger, daß Freiheits- und Vermögensstrafen nur auf Grund eines Gesetzes verhängt und nach Durchführung eines gerichtlichen Verfahrens vollzogen werden dürfen. Die Entwicklung vollzog sich im Staatsrecht, zunächst in den Verfassungen nord-

---

[1]) MÜLLER, H.: Das staatliche Eingreifen in die Elternrechte zum Schutze der Person des Kindes, Zürcher Diss. (1923), 29ff., 98f.; — THORMANN in der Festgabe für EUG. HUBER, 186ff.

[2]) BRUNNER, K.: Die Lehre vom Verwaltungszwang, Zürcher Diss. (1923), namentlich 42ff., 73ff., 107ff., 120ff.; — ZELLER: a. a. O. 124f.

[3]) Eine große Judikatur besteht. — v. CLERIC: Z. 24, 248 sagt, der Grundsatz n. p. s. l. stehe an erster Stelle unter den strafrechtlichen Entscheidungen des Bundesgerichts.

amerikanischer Staaten. Dann erhält der Satz seine scharfe Formulierung in der Erklärung der Menschen- und Bürgerrechte durch die französische Nationalversammlung von 1789 (Art. 8). Mitgestaltend wirkte die namentlich gegen einen zuchtlos gewordenen Richterstand sich richtende Lehre MONTESQUIEUS von der Gewaltentrennung und die Fiktion von der Vollständigkeit und Vollkommenheit der Gesetze. Mitbestimmend war endlich ANSELM FEUERBACHS Theorie des dem Strafrecht innewohnenden psychologischen Zwanges, wonach die Abschreckung durch das Strafrecht nur wirksam sein kann, wenn Jedermann gesetzliche Klarheit über die Folgen seiner Handlungen besitzt. Heute steht im Vordergrund die Bedeutung des Satzes als einer jedem einzelnen Bürger zukommenden Garantie der persönlichen Freiheit und Unverletzlichkeit gegenüber dem Staate[1]). Nur wenn ein gesetzlich festgestelltes, genau umschriebenes Delikt verübt wird, sollen Freiheit und Unverletzlichkeit entfallen.

Um den Umfang des Satzes zu erkennen, sind zwei Verdeutlichungen notwendig:

1. Der Ausdruck „Gesetz“ umfaßt alle geschriebenen strafrechtlichen Normen, die aus einer verfassungsmäßig anerkannten Rechtsquelle fließen und mit verbindlicher Kraft ausgestattet sind. Nicht nur Gesetze im engern Sinne, auch Verordnungen sind gemeint[2]). — Im übrigen gilt die Maxime für das ganze Gebiet des Strafrechts, auch für das Übertretungsstrafrecht. Gerade hier wird das Prinzip vielfach in besonderm Maße ein Postulat der Gerechtigkeit und der bürgerlichen Freiheit sein[3]).

2. Der Grundsatz schließt, richtig verstanden, auch die Norm ein, daß ein neu entstehender Strafrechtssatz, der ein bisher nicht strafbares Verhalten für strafbar erklärt, auf früher verübte Handlungen nicht anwendbar ist. Die rückwirkende Kraft neuen Strafrechts ist

---

[1]) Näheres zur Geschichte bei ELVERS: Die Bedeutung des Satzes nulla poena sine lege in seiner historischen Entwicklung (1909). — SCHOTTLAENDER: Die geschichtliche Entwicklung des Satzes n. p. s. l. (1911). — v. CLERIC: JZ. 9, 329. — HAFTER: a. a. O. 2ff. — Gegen den Satz BINDING: Handbuch des Strafrechts, 1, 28. Interessant ist, daß der Satz im kanonischen Recht keine Geltung hat. — HEIMBERGER: Aus dem StR. des Codex Jur. Canonici, Festgabe für ZITELMANN (1923), 60f. Auch das neue russische StGB. vom 1. Juni 1922 verwirft den Satz. Der § 10 proklamiert das Recht, nach Analogie zu strafen. — ZAITZEFF: ZgesStRW. 44, 343.

[2]) BE. 32 I, 107ff.; 41 I, 500; anders noch 7, 752. Bern Art. 2 spricht ausdrücklich von durch verfassungsmäßige Gesetze oder Verordnungen angedrohten Strafen.

[3]) BE. 16, 312; vgl. auch 49 I, 480f.; Zentralbl. für Staats- und Gemeindeverw. 25, 279; Zürcher Bl. 11, 246, 284; 15, Nr. 84. — ZÜRCHER: Z. 8, 180. — FARBSTEIN: (Lit. zu § 19) 37f. — STRÄULI: Zürcher StPO. Kommentar, 170 und § 328, Nr. 1.

also im Zusammenhang mit dem Satz nulla poena sine lege zu verneinen. Einige Gesetze sagen es, im Anschluß an das Vorbild im Art. 4 des französischen Code pénal, ausdrücklich — z. B. Zürich § 1 (eine Handlung ist nur strafbar, wenn die Strafe gesetzlich bestimmt war, „bevor diese Handlung begangen wurde“)[1]; Baselstadt PolStG. § 1; Genf StPO. Art. 1; Wallis Art. 3. Andere schweigen, ohne daß daraus auf die Nichtanerkennung dieser Regel zu schließen ist. Sie gehört zum Wesen des Satzes keine Strafe ohne Gesetz. Wenn er wirklich ein allgemeines Menschenrecht, ein Freiheitsrecht verbrieft, dann soll er auch nicht in einem Einzelfall durch die Gesetzgebung von einem Tag zum andern zu schanden gemacht werden können. Nur auf zukünftige Handlungen soll ein neues Strafgesetz zur Anwendung gelangen (unten § 10 I). In der leidenschaftlichen Sprache der Revolution hatte die französische Verfassung vom 24. Juni 1793 (Art. 14) den Satz verkündet: „La loi qui punirait des délits commis avant qu'elle existât, serait une tyrannie; l'effet rétroactif donné a la loi serait un crime[2].“

II. Der Satz n. p. s. l. bindet den Richter an das Gesetz. Er soll nicht wie zu frühern Zeiten in magistratischer Machtvollkommenheit frei darüber befinden können, ob und wie er auf ein menschliches Verhalten mit einer Strafe reagieren will. Das scheint klar und einfach. Aber über die Tragweite des Satzes, über seine Auswirkungen herrscht keineswegs Übereinstimmung. Eine oberflächliche Lehre behauptet, der Satz führe dazu, jede Analogie und darüber hinaus jede ausdehnende Auslegung bei der Anwendung der Strafgesetze auszuschließen.

Um darüber Klarheit zu gewinnen, ist eine möglichst scharfe Scheidung zwischen Analogie und ausdehnender Auslegung erforderlich. Sie ist im Strafrecht besonders wichtig.

Die Rechtsbildung auf dem Wege der Analogie stützt sich auf das bestehende Gesetz. Zeigt sich bei der Anwendung seine Ergänzungsbedürftigkeit, so versucht der Richter das allgemeinere Rechtsprinzip festzustellen, dem ein Gesetzessatz seine Entstehung verdankt und leitet daraus die das mangelhafte Gesetz ergänzende Rechtsnorm ab. Er deckt gewissermaßen einen latenten Rechtssatz auf. Er geht zwar über das bestehende Gesetz, nicht aber über den Rechtsgedanken

---

[1]) Dazu Zürcher Bl. 21, 252, auch JZ. 18, 327.

[2]) Treffend Binding: Normen 1, 173: „Wer eine Handlung begeht, bevor sie verboten ist, delinquiert nicht. Ein despotisches Strafgesetz, welches sich Rückwirkung auf solche Nicht-Delikte beizulegen versuchte, wäre insoweit mangels einer wesentlichen Voraussetzung nichtig.“ — Die neuere italienische Literatur fordert gelegentlich die absolute Rückwirkung neuer Strafgesetze; vgl. Battaglini: Introduzione 91 ff., der aber selbst diese Forderung ablehnt.

hinaus[1]). — Was dergestalt im Zivilrecht und andern Rechtsgebieten unbeschränkt zulässig, ja geboten ist, muß im materiellen Strafrecht starke Einschränkung erfahren. Dem Strafrichter ist die Rechtsbildung auf dem Wege der Analogie insoweit versagt, als er keine neuen Deliktstatbestände schaffen und auch keine Verschärfung gesetzlicher Tatbestände und Strafen vornehmen darf[2]). Tut er das, so verfehlt er sich gegen den Satz: Keine Strafe ohne Gesetz[3]). Dagegen ist die Analogie richtigerweise zuzulassen, wo es sich nicht um die Aufstellung neuer Straftatbestände handelt — bei Schuld- und andern Strafausschließungsgründen, bei Strafmilderungsgründen, auch hinsichtlich der Regeln über den Bereich des Strafgesetzes und bei den im Gesetz enthaltenen Wort- und Begriffserklärungen[4]). Die grundsätzlich sichere, wenn auch nicht immer leicht feststellbare Grenze ist darin zu finden, daß der Strafrichter niemals etwas bestrafen darf, was sich aus dem Gesetz nicht als strafbar ergibt[5]) — und ferner, daß er niemals auf eine

---

[1]) HUBER, E.: Recht und Rechtsverwirklichung (1921), 443f. — GMÜR: Kommentar ZGB. (2. Aufl.), Art. 1, N. 13 (teilweise abweichend); BE. 10, 284; 38 II. 794; 45 I, 92.

[2]) BE. 27 I, 339 (grundlegende Formulierung des Prinzips); 31 I, 511; 42 I, 232; 44 I, 213; 45 I, 92; 46 I, 172, 206 und 215f.; 48 I, 444. — Die berühmte Frage, ob die unrechtmäßige Entziehung elektrischer Kraft aus einer fremden Anlage in analoger Anwendung des Diebstahl-Tatbestandes bestraft werden kann, ist längst durch den Gesetzgeber erledigt: Art. 58 des BGes. v. 24. Juni 1902 betr. die elektrischen Schwach- und Starkstromanlagen (Bestrafung des sog. Elektrizitätsdiebstahles); siehe auch Art. 127 des schweiz. E. Über die Frage in der Literatur und der Rechtsprechung BLASS: Das Rechtsgut der Elektrizität im Zivil- und Strafrecht, Zürcher Diss. (1898), 24ff., der die Unterstellung unter die Diebstahlsnorm mit bloßer Interpretation rechtfertigten wollte. Vgl. auch v. CLERIC, JZ. 15, 79, ferner Prot. II. ExpKom. 2, 280ff., 308ff.

[3]) Eine andere Frage ist es, ob man das Prinzip aufgeben und damit der analogen Rechtsbildung im Strafrecht die Türe öffnen will. Das tut das dänische StGB. (§ 1), dem zwei neuere dänische Entwürfe von 1912 und 1917 und das neue russische StGB. (§ 10) folgen. Strafbar sind nach dänischem Recht „Handlungen, die gesetzlich mit Strafe bedroht oder mit solchen Handlungen gänzlich gleichzustellen sind." THYRÉN: Deutsche StRZ. 6, 212 rechtfertigt diese Lösung mit dem hohen Maß von Vertrauen, das dem Richter vom Gesetz entgegengebracht wird. Gegen das Verbot der Analogie im Strafrecht auch BINDING: Handbuch, 1, 28, wohl auch RUMPF: Der Strafrichter (1912/13), 2, 125ff., 187.

[4]) Kühn, aber wohl noch im Rahmen des Zulässigen Zürcher Bl. 21, Nr. 112: nachträgliche richterliche Umwandlung der Einweisung in eine Besserungsanstalt (StGB. § 11) bei Unmöglichkeit des Vollzuges in eine Freiheitsstrafe — Analogieschluß aus § 31 StGB. Französiche Praxis bei ROUX, 59f.

[5]) Voraussetzung einer sichern Praxis ist möglichst klare gesetzliche Umschreibung des Tatbestandes. Die Mangelhaftigkeit des viel erörterten § 1 des aargauischen Zucht-Pol.-Ges., der keine Tatbestandsbeschreibungen enthält, sondern nur Deliktsnamen nennt („Vergehen gegen die öffentliche Ruhe, Ordnung, Sicherheit und Sittlichkeit" etc.), macht der Praxis immer wieder Schwierigkeiten und hat zu zahlreichen staatsrechtlichen Rekursen an das Bundesgericht

Strafe erkennen darf, die im Widerspruch mit der auf ein bestimmtes Delikt gesetzten Strafdrohung steht[1]).

III. Die Grenzziehung wird deutlicher durch die Scheidung der Analogie von der bloßen Gesetzesauslegung, insbesondere von der sog. ausdehnenden Interpretation. Der Analogieschluß geht über den Rahmen des Gesetzes hinaus. Er schafft einen neuen Rechtssatz. Alle Auslegung bleibt dagegen im Kreise des Gesetzessatzes. Sie holt nur mit allen Mitteln juristischer Kunst aus ihm heraus, was nach Wortlaut und Sinn in ihm liegt. Dabei ist nach heutiger Auffassung nicht ausschlaggebend, meist auch gar nicht einwandfrei feststellbar, wie der Gesetzgeber seinerzeit über die Tragweite des von ihm aufgestellten Satzes gedacht hat. Maßgebend ist nur, ob es grammatikalisch und logisch überhaupt möglich ist, einen bestimmten Sinn in einen bestehenden Gesetzessatz hineinzulegen. Im Strafrecht müssen diese Auslegungslehren genau ebenso wie in jedem andern Rechtsteil gelten. Erkennt man sie richtig, so schwindet die Bedeutung der üblichen Unterscheidung zwischen ausdehnender und einschränkender Interpretation. Ausschlaggebend ist nur, daß der gesetzliche Rahmen nicht überschritten wird. Der Richter muß unter Umständen dazu kommen, einen Rechtssatz nicht auf Fälle zu beziehen, die auf den ersten Blick ihm zu unterfallen scheinen[2]). Er muß unter andern Umständen die Wirkung eines Rechtssatzes weiter ausdehnen, als der Wortlaut zunächst erkennen läßt. Das kann im Strafrecht nicht anders sein als z. B. im Zivilrecht. Die Lehre, im Strafrecht sei die ausdehnende Auslegung verpönt[3]), ist unhaltbar. Sie beruht auf einer ungenügenden Scheidung zwischen der über das Gesetz hinausgehenden, also verbotenen Analogiebildung und der im Rahmen des Gesetzes bleibenden

---

wegen Verletzung des aargauischen Verfassungssatzes: Keine Strafe ohne Gesetz geführt. Die aargauischen Gerichte treiben hier vielfach unzulässige richterliche Gesetzesergänzung. Die reiche bundesgerichtliche Praxis, die ich hier nicht für scharf genug halte, ist zusammengestellt bei v. Cleric, Leitfaden, 12f.; neuere aargauische Entscheide in AargRSpr. 22, 70—86, 176. Siehe ferner Guggenheim: Z. 1, 306ff., der gesetzgeberische Abhilfe fordert; ebenfalls scharf ablehnend v. Cleric: JZ. 9, 332. — Stooss: Grundzüge, 1, 130ff. — Hafter: a. a. O. 12f.

1) BE. 23, 1338.

2) Einschränkende Auslegung des § 108 Zürcher StGB. (falsches Zeugnis im Zivilprozeß oder einer Verwaltungsstreitigkeit); Zürcher Bl. 2, Nr. 243; 3, Nr. 105. — Zeller: Kommentar Zürcher StGB. § 108, Nr. 6.

3) So Stooss: Lehrbuch des österreich. StR. 2. Aufl. 64; auch noch BE. 10, 79; ferner de Mauro: Riv. penale (ital.), 102, 305. Zögernd in der Anerkennung der ausdehnenden Interpretation unter Hinweis auf den Satz: „In poenalibus causis benignius interpretandum est“ v. Bar: Gesetz und Schuld 1, 16ff.; zurückhaltend auch v. Cleric: JZ. 9, 333. Richtig Roux: Cours de Droit pénal, 58f. — Garraud: Précis de droit criminal Nr. 49. — Florian: Trattato di Diritto Penale (2. Aufl.), 1 I, 161f. — Battaglini: Introduzione, 58. — Köhler: Lehrbuch StR. 87.

ausdehnenden Auslegung. Die Praxis scheut denn auch je länger je weniger vor der ausdehnenden Interpretation zurück[1]). Instruktiv ist z. B., wie die zürcherischen Gerichte die Bestimmung des § 148 StGB., daß Eltern und Pflegeeltern, die ihre Pflichten „in bezug auf die Besorgung oder Verpflegung" ihrer Kinder gröblich verletzen, bestraft werden sollen, immer weiter ausgedehnt haben. Man bestraft nicht nur die Eltern, die ihr Kind schlecht behandeln, es in Kleidung, Unterkunft und Nahrung vernachlässigen. Man hat auch den geschiedenen Ehemann und den unehelichen Vater bestraft, die böswillig die ihnen auferlegten Unterhaltungsbeiträge für ihre Kinder nicht bezahlten[2]).

§ 5. Gewohnheitsrecht. Besonderheiten im schweizerischen Strafrecht.

Literatur: Angaben zu § 4. STOOSS: Grundzüge, 1, 71ff. — MUHEIM, G.: in den Verhandlungen des schweizer. Vereins für Straf- und Gefängniswesen 16 (1889), 13ff. — MUHEIM, FR.: Z. 3, 362ff. — PFENNINGER: StR. der Schweiz, 104ff., 112ff., 635f. — FELDMANN: Rechtmäßige Handlungen, Zürcher Diss. (1916), 51ff.

I. Der Schluß, daß neben dem Satz: keine Strafe ohne Gesetz die Bildung von Gewohnheitsrecht nicht zulässig sein kann, ist unabweisbar. Auch wenn in weiten Kreisen sich die Überzeugung gebildet hat, daß bestimmte, vielleicht in hohem Maße verwerfliche Handlungen eine Strafe verdienen, so darf der Richter, solange der Gesetzgeber nicht gesprochen hat, auch einer einheitlichen und sachlich berechtigten Volksüberzeugung nicht nachgeben.

Zwei Verdeutlichungen sind anzumerken:

1. Vom Strafrecht führen Verbindungswege zu den andern Rechtsteilen. Seine Sätze stehen in vielfacher Abhängigkeit von privatrechtlichen, verwaltungsrechtlichen und andern Normen und wenn in diesen Rechtsgebieten gewohnheitsrechtliche Bildungen ihre Wirkungen entfalten, so muß sie das Strafrecht gleichfalls anerkennen. Gewohnheitsrechtlich können neue amtsrechtliche Befugnisse, auch neue Berufsrechte entstehen. Es wäre denkbar, wenn auch nicht sehr wahrscheinlich, daß einmal ein sicheres Gewohnheitsrecht sich

---

[1]) BE. mit stets erneuter Betonung der Zulässigkeit: 27 I, 339; 44 I, 213; 46 I, 216.

[2]) Zürcher. Bl. 1, Nr. 69; 8, Nr. 93; 10, Nr. 51; 18, Nr. 163; anders noch 2, Nr. 115, wo in einschränkender Auslegung beim Delikt der Verletzung der Elternpflichten vorausgesetzt wird, daß die Eltern mit den Kindern zusammenleben. Vgl. auch STEINEMANN: Vernachlässigung familienrechtlicher Pflichten, Zürcher Diss. (1922) 2ff., ferner MÜLLER, H.: Das staatliche Eingreifen in die Elternrechte zum Schutze der Person des Kindes, Zürcher Diss. (1923) 99ff. — Ausdehnende Auslegung des Begriffes „Erregung öffentlichen Ärgernisses" durch das Bundesgericht gebilligt: BE. 19, 114; 31 I, 13; 33 I, 308.

bilden würde, wonach der Arzt unter bestimmten Umständen zur Vornahme einer Abtreibung berechtigt erklärt wird. Die gewohnheitsrechtliche Abänderung von Normen über Eigentum und Besitz liegt im Bereich der Möglichkeit. Derartige, auf einem andern Rechtsgebiet ergangene Wandlungen müssen in das Strafrecht hinüberwirken. Dabei wird es sich vielfach darum handeln, daß die Strafbarkeit eines Verhaltens entfällt.

2. Das weist auf die allgemeinere Frage hin, ob die Bildung eines einen Strafrechtssatz aufhebenden Gewohnheitsrechtes — desuetudo — möglich und zulässig ist. Jedenfalls stehen hier nicht die Hindernisse entgegen, die zufolge des Prinzipes: keine Strafe ohne Gesetz die gewohnheitsrechtliche Bildung eines neuen Straftatbestandes unmöglich machen. Der Satz nulla poena sine lege soll den Einzelnen gegen Willkürakte der Strafgerichtsbarkeit schützen. Die Unzulässigkeit einer eine Strafsatzung abschaffenden Gewohnheit kann man dagegen unmöglich aus ihm ableiten. Nur mit staatlichen Interessen ließe sich ein Verbot der desuetudo begründen. Allein wenn sich einmal in weiten Kreisen die Überzeugung von der Unnötigkeit und Unhaltbarkeit einer Strafsatzung festgesetzt hat, und wenn auch Polizei und Staatsanwalt eine Verfolgung unterlassen, so kann von einer gewohnheitsrechtlichen Aufhebung immerhin gesprochen werden. Ein Staatswesen, das auf Ordnung hält, sollte freilich zur formellen Beseitigung eines solchen tatsächlich untergegangenen Rechtssatzes schreiten. Aber der Staat hat gelegentlich zu einer solchen gesetzgeberischen Erledigung nicht die nötige Energie. — Das derogierende Gewohnheitsrecht wird im Strafrecht immerhin selten sein. Einwandfreie Beispiele sind nicht leicht zu finden. Als gewohnheitsrechtlich aufgehoben kann der § 97 des zürcher. StGB. gelten, der den Teilnehmer an einer Verbindung, die dem Duell Vorschub leistet, mit Strafe bedroht. Dieses Delikt ist trotz der Offenkundigkeit seines Vorkommens meines Wissens nie verfolgt worden[1]). Auch bei Polizeiübertretungen wird die desuetudo gelegentlich ihre Macht entfalten[2]). Im Wallis hat der Art. 27

[1]) ZELLER: Kommentar, N. zu § 97; Beispiele von desuetudo aus Nidwalden und Uri bei STOOSS: Grundzüge, 1, 95, 125f. Die Literatur ist uneinig. Gegen die Anerkennung eines derogierenden Gewohnheitsrechtes im Strafrecht M. E. MAYER: StR. Allg. Teil, 25, N. 12. — FELDMANN: a. a. O. 59ff. — ROUX: 18. — FLORIAN: 1, I 158; für die Anerkennung v. BAR: Gesetz und Schuld, 1, 13. — KÖHLER: Lehrbuch, 77f. (mit kaum zutreffenden Beispielen). — BINDING: Handbuch, 1, 210ff. (jedoch mit teilweise abweichenden Argumenten). — ALLFELD: Lehrbuch, 71. — LEHMANN: Zeitliches Herrschaftsgebiet der Strafrechtssätze, Berner Diss. (1896), 8.

[2]) Eigenartig und zweifelhaft die zürcher. Praxis, nach der gewohnheitsrechtlich in leichten Fällen von Polizeiübertretungen statt einer Buße eine bloße Verwarnung ausgesprochen werden kann; Zürcher Bl. 20, Nr. 198. — STRÄULI: Zürich StPO. Kommentar, 172f.

des StGB., der die öffentliche Ausstellung des zu lebenslänglichem Zuchthaus Verurteilten vorsieht, als gewohnheitsrechtlich aufgehoben zu gelten (unten § 54 II).

II. Man sollte meinen, daß bei der Entwicklung, die das Strafrecht heute erreicht hat, der Satz: keine Strafe ohne Gesetz in allen Kulturstaaten seine Geltung gefunden habe.

Für zwei schweizerische Länder, die Kantone Uri und Nidwalden, trifft das nicht zu. Sie besitzen keine Strafgesetzbücher. Es bestehen nur gewisse, aus den alten Landbüchern überkommene Strafbestimmungen und daneben spärliche Sondergesetze strafrechtlichen Inhalts[1]). Bei dieser Lage ist die Durchführung des Satzes nulla poena sine lege unmöglich. Wollte man auf ihm beharren, so müßten die beiden Kantone zu einem Dorado für das Verbrechertum werden. Die gefundenen Lösungen, bei denen man aus der Not eine Tugend gemacht hat, ergeben sich am deutlichsten aus der Praxis des Bundesgerichtes, das bei der Behandlung staatsrechtlicher Rekurse mehrfach Gelegenheit hatte, sich zu diesen Verhältnissen auszusprechen.

1. Das Bundesgericht hat anerkannt, daß in Uri und Nidwalden ungeschriebenes Gewohnheitsstrafrecht Anwendung finden dürfe, wo Gesetzesrecht fehlt. Einschränkend wurde gelegentlich hinzugefügt, eine Bestrafung dürfe in diesen Kantonen ohne Strafgesetzbuch nur eintreten, wenn sie „nicht über die vernünftigerweise noch denkbare Ausdehnung der Grenzen des strafbaren Unrechts hinausgehe[2])." Das ist, bei der einmal gegebenen Lage der Dinge, nicht unrichtig. Aber gerade der Hinweis auf die „vernünftige" Umgrenzung des strafbaren Unrechts zeigt, wie mangelhaft eine solche Gestaltung des Strafrechts ist, denn es ist ein aussichtsloses Bemühen, in jedem Falle einleuchtend zu bestimmen, wo die Grenze zwischen Vernunft und Unvernunft liegt. Nur der den Richter bindende Gesetzessatz gibt hier die sichere Lösung.

2. Neben der Anwendung des in den Ländern ohne Strafgesetzbuch entstandenen Gewohnheitsrechtes beschritt die Praxis noch einen andern Weg: die Anlehnung an fremde Strafgesetzbücher (deutsches, luzernisches StGB. eidgenössischer E.), das Abstellen auf die „allgemeine Strafrechtswissenschaft", in Uri auch die Berücksichtigung eines StG.-Entwurfes von 1894[3]). Das Bundesgericht hat auch diese grundsätzliche Praxis gebilligt. Es erklärte, ein Kanton ohne Gesetzgebung könne seinen Gerichten wenigstens empfehlen, sich in ihrer

[1]) Über die einzelnen Strafrechtsquellen in Uri und Nidwalden unten § 6 II B, Nr. 4 und 6. Ferner Stooss: Grundzüge, 1, 86ff., 105ff.

[2]) BE. 46 I, 106 (Nidwalden), ferner 19, 103 und 39 I, 42f. (Uri). Da der Kanton Appenzell J.-Rh. erst im Jahre 1899 sich ein StGB. gab, galt bis zu diesem Zeitpunkt Gleiches auch in diesem Land: BE. 4, 53 und 8, 482.

[3]) Pfenninger: StR. der Schweiz, 113. — Stooss: Grundzüge, 1, 97, 109f.

Rechtsprechung an die Gesetzgebung eines andern Kantons anzulehnen. Das Bundesgericht sieht darin eine gewohnheitsrechtliche Rezeption durch die Gerichtspraxis[1]).

An diesen Verhältnissen juristische Kritik zu üben, ist leicht. Sie ist in den beteiligten Ländern selbst am Werk. Der Urner G. Muheim schreibt[2]): „Unsere Richter sind in schweren Straffällen mehr denn je in der Lage, nach ihrem eigenen Ermessen zu handeln, ja sie können nicht einmal auf ein Gewohnheitsrecht sich stützen, das den Anschauungen der Gegenwart entspräche. Am übelsten steht bei derartigen Mängeln in der Gesetzgebung sicherlich der Bürger selbst da, der keinen zuverlässigen und dauernden Maßstab des schlimmsten Unrechts besitzt und die Würdigung der höchsten Güter des Menschen — der Ehre und Freiheit — den wandelbaren Ansichten und dem manchmal unzulänglich ausgebildeten Verständnisse einiger weniger Männer überlassen muß.“ Anderseits betont aber Muheim die relative Zuverlässigkeit und Güte der urnerischen Strafrechtspflege. Darauf kommt letzten Endes alles an. Man hört aus den gesetzlosen Kantonen kaum von Zuständen, die zum allgemeinen Aufsehen mahnen würden. Es sind kleine Länder, mit einer relativ geringen Kriminalität. Da Uri und Nidwalden die Kraft zur Schaffung eines Strafgesetzbuches nicht zu finden scheinen, kann nur das eidgenössische Strafgesetz die Erlösung bringen.

§ 6. Quellen und Literatur des schweizerischen Strafrechts.

Literatur. Stooss: Grundzüge, 1, 1ff. — Pfenninger: StR. der Schweiz, passim; Berichte über die Strafgesetzgebung des Bundes und der Kantone in zahlreichen Bänden der Z.; Berichte über die schweizerische Rechtsgesetzgebung und Jahresübersichten der Literatur über schweizer. Recht in der ZschwR. — Kronauer: Z. 26, 125ff.

I. Das Lehrbuch hat die Darstellung des geltenden Rechtes zum Ziel. In ihm kommen je länger je mehr die Gedanken der Strafrechtsreform zum Vorschein, die im schweizerischen Strafgesetzentwurf ihren vornehmsten Ausdruck finden. Die Einwirkungen des Entwurfes zeigen sich in der Gesetzgebung namentlich der letzten Jahre[3]). Aber auch der die geltenden Gesetze anwendende Richter steht, oft vielleicht unbewußt, unter den kriminalpolitischen Gedanken, die den Entwurf tragen. Gewiß, der Entwurf ist nicht Rechtsquelle, und die im Anschluß an ihn enstandene Literatur hat nicht direkte

---

[1]) BE. 7, 292ff., 299. Dagegen mit scharfer Kritik v. Cleric: JZ. 9, 234.

[2]) a. a. O. 42.

[3]) Segesser v. Brunegg: Z. 29, 281ff. und Meyer v. Schauensee: Gerichtssaal, 85, 341ff., 348 stellen das z. B. für die neuen Luzernergesetze ausdrücklich fest. Ferner Hafter: Z. 21, 356ff. für Obwalden. — Zürcher: JZ. 2, 49ff. — Hafter: JZ. 21, 233 (über Freiburg).

praktische Bedeutung. Allein die Darstellung des geltenden Rechtes und seiner Auswirkungen wäre ohne die Heranziehung der Arbeiten am Entwurf ganz unvollständig. Sie gehören indirekt zur Literatur des geltenden Rechts.

Das Lehrbuch beschränkt sich auf die Darstellung des geltenden Rechtes und der Kriminalpolitik des Entwurfes. Es läßt die reiche und in zahllosen Einzelheiten noch gänzlich unerforschte Geschichte der schweizerischen Strafrechte und ihre Literatur beiseite.

Die eidgenössischen und kantonalen Strafgesetzbücher erschöpfen das geltende Strafrecht nicht. Zahlreiche andere Bundes- und kantonale Gesetze — die sog. Nebenstrafgesetzgebung — enthalten strafrechtliche Bestimmungen[1]). Es handelt sich in der Hauptsache um Vorschriften, die in den Besondern Teil des Strafrechts gehören. Eine erschöpfende Aufzählung aller Nebenstrafgesetze des Bundes und der 25 Kantone unterbleibt.

II. Quellen, Gesetzesausgaben und Kommentare.

A. Bundesrecht.

1. Gesetz vom 4. Hornung 1853 über das Bundesstrafrecht der schweizer. Eidgenossenschaft. Gesetz vom 27. August 1851 über die Bundesstrafrechtspflege: Art. 174 (Begnadigung), Art. 175ff. (Rehabilitation). — Ergänzungen und Abänderungen des BStR. durch Gesetz vom 30. Juni 1859 betr. die Werbung und den Eintritt in den fremden Kriegsdienst;

BBeschl. vom 5. Juni 1902 betr. Revision von Art. 67 (Eisenbahngefährdung);

Gesetz vom 24. Juni 1902 betr. die elektrischen Schwach- und Starkstromanlagen (Art. 55—60);

Gesetz vom 8. Dezember 1905 betr. den Verkehr mit Lebensmitteln und Gebrauchsgegenständen (Art. 36—53, teilweise Übertretungsstrafrecht);

Gesetz vom 30. März 1906 betr. Ergänzung des BStR. in bezug auf die anarchistischen Verbrechen;

Gesetz vom 7. April 1921 über die schweizer. Nationalbank (Art. 66—74);

Gesetz vom 19. Dezember 1924 (Sprengstoffgesetz).

Vom BStG. von 1853 sind ferner aufgehoben bzw. abgeändert oder erweitert:

---

[1]) Das Doppelsystem Strafgesetzbuch — Nebenstrafgesetzgebung wird sich erhalten. Namentlich die Strafbestimmungen, die zur Durchführung von Verwaltungsgesetzen dienen, haben in den betreffenden Gesetzen selbst ihren richtigen Platz. — ZÜRCHER: Z. 8, 156f. — KRONAUER: Z. 26, 128f., 139ff. — v. CLERIC: JZ. 15, 221.

Art. 8 (Umwandlung von Geldbußen in Gefängnis), abgeändert durch Gesetz vom 1. Juli 1922 (dazu Z. 35, 285f., 292); Art. 10 und 26 (Schadensersatzpflicht), aufgehoben durch OR. Art. 41ff.; Art. 53 (passive Bestechung usw.), erweitert durch Art. 12 II des Gesetzes vom 15. Okt. 1897 betr. Erwerbung und Betrieb der Eisenbahnen für Rechnung des Bundes; Art. 54 (Vergehen von Postbeamten- und Angestellten usw.), aufgehoben durch Postverkehrsgesetz vom 2. Oktober 1924, Art. 69 Ziff. 4.

Ausgaben: KRONAUER: Kompendium des Bundesstrafrechtes, 2. Aufl. (1912). Der II. Teil enthält die Strafbestimmungen der hier nicht aufgezählten Bundespolizeigesetze (vgl. noch KRONAUER: Z. 26, 129ff.). — KREBS: Straf- und Strafprozeßgesetze für den Kanton Bern, 2. Aufl. (1923), 120ff., mit Hinweisen auf die Rechtsprechung des Bundesgerichtes.

2. Gesetz vom 24. Juli 1852 über die Auslieferung von Verbrechern oder Angeschuldigten mit Abänderungen vom 24. Juli 1867 und 2. Hornung 1872 (interkantonale Auslieferung).

Gesetz vom 22. Januar 1892 betr. die Auslieferung gegenüber dem Auslande (internationale Auslieferung). Dazu die von der Schweiz mit dem Ausland abgeschlossenen Auslieferungsverträge (unten § 11 III).

3. Militärstrafgesetz. Ursprünglich Gesetz vom 27. August 1851 über die Strafrechtspflege für die eidgenössischen Truppen. Art. 1—3, 36, 37, 204—449 (Bereich des Gesetz, Organisation der Rechtspflege, Verfahren) aufgehoben durch das Gesetz vom 28. Juni 1889: Militärstrafgerichtsordnung. Amtliche bereinigte Ausgabe des MilStG. 1917 mit den, z. Teil inzwischen wieder aufgehobenen, militärstrafrechtlichen Notverordnungen des Bundesrates aus der Zeit vom 6. August 1914 bis 30. November 1917. A. STOOSS: Kommentar der MilStGO. (1915).

B. Kantonale Rechte.

1. Zürich. StGB. vom 8. Januar 1871, neue Ausgabe vom 6. Dezember 1897. Novelle vom 26. April 1908 (dazu Z. 21, 91ff., 411f.; 31, 184f.) Kommentare von BENZ-ZÜRCHER: 4. Aufl. (1908) und ZELLER (1912). StPO. vom 4. Mai 1919 (Neuordnung des Jugendlichen-Strafrechts, Einführung der bedingten Verurteilung usw.; dazu H. F. PFENNINGER: Z. 32, 377, 381ff.). Kommentar von STRÄULI (1923/4). Gesetz vom 8. Januar 1871 betr. den Vollzug der Freiheitsstrafen.

2. Bern. StGB. vom 30. Januar 1866 mit Einführungsgesetz. Novellen vom 2. Mai 1880, 26. Februar 1888 (Wucher), 18. Okt. 1891 (Betreibungs- und Konkursvergehen), 5. Juli 1914 (örtliche Geltung), 4. Dez. 1921 (Erhöhung der Wertgrenzen). Ausgaben von STOOSS: 2. Aufl. (1896) und KREBS: Straf- und Strafprozeßgesetze für den Kt. Bern, 2. Aufl. (1923). Gesetz vom 3. November 1907 betr. den beding-

ten Straferlaß (Z. 20, 406ff., 423f.). Gesetz vom 1. Dezember 1912 über die Armenpolizei und die Enthaltungs- und Arbeitsanstalten (Z. 26, 108ff.).

3. Luzern. Kriminalstrafgesetz vom 22. Mai 1906 (dazu ZschwR. NF. 26, 431ff.). Gesetz vom 1. Dezember 1909 betr. den bedingten Straferlaß (Z. 23, 95ff.). Polizeistrafgesetz vom 29. November 1915 (dazu ZschwR. NF. 35, 376ff.; SEGESSER v. BRUNEGG: Z. 29, 281ff.; MEYER v. SCHAUENSEE: Gerichtssaal, 85, 340ff.; 88, 104f.). Zum frühern Recht: MEYER v. SCHAUENSEE: Z. 3, 195ff.

4. Uri. Kein StGB. (oben § 5 II). Landbuch des Eidgenössischen Kantons Ury (1823ff.) mit zahlreichen Ergänzungen und Abänderungen. Paternitätsgesetz vom 3. Mai 1857 (namentlich §§ 20ff., gewisse Vergehen gegen das Geschlechtsleben). Sittenmandat vom 29. Dezember 1859 (polizeistrafrechtliche Bestimmungen) usw. — Amtliche Ausgabe des Landbuches von 1902 (3. Band, namentlich 217ff.). — Entwurf eines StGB. (1894) von PFENNINGER.

5. Schwyz. Kriminalstrafgesetz vom 20. Mai 1881 (PFENNINGER: StR. der Schweiz, 482ff., 493, 679; RICKENBACHER: Z. 25, 362ff.; BE. 7, 292ff.). §§ 84 bis 118 des EG. vom 31. Mai 1912 zum Bundesgesetz über Schuldbetreibung und Konkurs (Z. 31, 196ff.).

6. Obwalden. Kriminalstrafgesetz vom 20. Weinmonat 1864 mit teilweiser Abänderung von 26. April 1908 (dazu HAFTER: Z. 21, 353ff.; ferner Z. 31, 202ff. und ZschwR. NF. 28, 434ff.). Polizeistrafgesetz vom 20. April 1870.

7. Nidwalden. Kein StGB. (oben § 5 II). Gesetzbuch für den Kanton Unterwalden nid dem Wald, Ausgabe von 1891. § 23 des Gesetzes vom 6. März 1886 über die unehelichen Kinder (Unzuchtsvergehen). §§ 27—59 der Einführungsverordnung vom 19. April 1913 zum Bundesgesetz über Schuldbetreibung und Konkurs (Z. 31, 215ff.).

8. Glarus. StGB. vom 7. Mai 1899 (dazu ZÜRCHER: Z. 11, 258ff.; ZschwR. NF. 19, 455ff.; STREIFF: Z. 13, 344ff.). Kommentar von KUBLI (1906). Revision des StGB., der StPO. usw. vom 1. Mai 1921 (ZschwR. NF. 42, 269). Ausgabe Strafrecht und Strafprozeßrecht von 1924. Gesetz vom 3. Mai 1925 über den bedingten Straferlaß (Z. 38, 230ff.).

9. Zug. Strafgesetz vom 20. Wintermonat 1876. Abänderung durch Gesetz vom 1. Juni 1882 (Wiedereinführung der Todesstrafe). PFENNINGER: Strafrecht, 673ff.

10. Freiburg. StGB. vom 9. Mai 1924 (Vorentwurf mit Motiven 1922; Entwurf vom 21. Dezember 1923). Dazu MEYER v. SCHAUENSEE: Der VE. zu einem StGB. für den Kt. Freiburg (1922) und Gerichtssaal, 89, 138ff.; SCHOETENSACK: eodem, 145ff.; DELAQUIS: Z. 35, 257ff.; STOOSS: Z. 36, 134ff.; HAFTER: JZ. 21, 233ff. — Zum freiburgischen

StR. vor 1924: Repond: Z. 3, 46ff.; Gleispach: Z. 17, 403ff., 469ff.; v. Overbeck: Z. 30, 305ff.; Schoetensack: Gerichtssaal, 88, 108ff.

11. Solothurn. StGB. vom 29. August 1885. Gesetz vom 29. Oktober 1911 betreffend den bedingten Straferlaß (dazu Z. 24, 409ff., 430ff.). Brosi: Gef.-Verein, 10 (1879), Beilage 1: Straf- und Gefängniswesen im Kt. Solothurn.

12. Baselstadt. Strafgesetz vom 17. Juni 1872, mit den Ergänzungen bis 1919 (Ausgabe 1919). Polizeistrafgesetz und Gesetz betreffend die Einführung des StG. und des PolStG. (Ausgabe 1919). Brenner: Gef.-Verein, 17 (1891), 24ff. (Entwicklung des Gefängnis- und Strafwesens in Basel). Gesetz vom 11. Januar 1906 betr. den bedingten Strafvollzug (Z. 19, 237f.; 17, 210; 18, 435ff.), jetzt §§ 19b—e des revidierten StGB. von 1919. Zu den Revisionen des StG. und des PolStG. vgl. Z. 32, 141ff., 183ff.; Schoetensack: Gerichtssaal, 87, 444ff.

13. Baselland. Strafgesetz vom 3. Februar 1873 (getreue Nachbildung von Baselstadt). Gesetz vom 10. März 1873 betr. die Einführung des Strafgesetzes. Gesetz vom 28. Sept. 1908 betr. den bedingten Strafvollzug (Z. 22, 103f., auch 20, 409f.). § 158 des Gesetzes vom 30. Mai 1911 betr. die Einführung des schweizer. ZGB. (Erhöhung des Strafmündigkeitsalters auf das vollendete 14. Altersjahr).

14. Schaffhausen. Strafgesetz vom 3. April 1859. Revision durch Gesetz vom 30. Januar 1916. Art. 254 der StPO. vom 27. Juni 1909: bedingte Verurteilung (Z. 32, 147f., 188; ZschwR. NF. 29, 445; 36, 417ff.); jetzt §§ 86—88 der StG.-Novelle von 1916.

15. Appenzell A.-Rh. Strafgesetz vom 28. April 1878. StPO. vom 26. April 1914 (Neuordnung des Jugendlichenstrafrechts, Einführung des bedingten Straferlasses usw.; Z. 32, 150, 189ff.; ZschwR. NF. 34, 401f.).

16. Appenzell i. J.-Rh. Strafgesetz vom 30. April 1899 (dazu Hautle: Z. 12, 232ff,; ZschwR. NF. 19, 457ff.). Polizeiverordnung (Polizeistrafgesetz) vom 19. September 1913 (dazu Z. 32, 152; ZschwR. NF. 33, 439f.).

17. St. Gallen. Strafgesetz über Verbrechen und Vergehen vom 4. Januar 1886. Nachtragsgesetz vom 27. Februar 1912 (Jugendstrafrecht, Klagerückzug). Nachtragsgesetz vom 29. November 1916 (Z. 30, 175ff., 183ff.; 34, 110; ZschwR. NF. 36, 419f.). Gesetz vom 24. November 1905 über den bedingten Straferlaß (Z. 20, 215f., dazu Z. 18, 472ff.). Art. 37—65 des Gesetzes vom 22. September 1911 betr. die Einführung des Bundesges. über Schuldbetreibung und Konkurs. Gesetz vom 27. Februar 1912 über die Strafrechtspflege (Bestimmungen über Begnadigung, Rehabilitation, bedingten Straferlaß; dazu Z. 34, 108; ZschwR. NF. 32, 234).

18. Graubünden. StGB. vom 8. Juli 1851. Polizeigesetz vom 17. Mai 1897. Teilrevision beider Gesetze vom 4. März 1923. Gesetz vom 9. November 1908 betr. den bedingten Straferlaß (Z. 22, 216ff.; 20, 407f.).

19. Aargau. Peinliches Strafgesetz vom 11. Hornung 1857. Ergänzungsgesetz vom 7. Juli 1886. Ergänzungsgesetze vom 25. November 1903 (Z. 17, 105ff., auch 15, 440ff,; 16, 207ff.) und vom 18. März 1922. Strafgesetz gegen den Wucher vom 26. Sept. 1887. Zuchtpolizeigesetz vom 19. Hornung 1868. Gesetz vom 13. Oktober 1919 betr. den bedingten Straferlaß und die Abänderung des Zuchtpolizeigesetzes (Z. 33, 193f.). Schneider: Aargauisches Rechtsbuch, 4. Aufl. (1925); Ausgabe StGB. von Huber (1904). Vgl. auch Gretener: Z. 6, 221ff. und Zürcher: eodem, 67ff.

20. Thurgau. Strafgesetz vom 15. Juni 1841, neue Ausgabe vom 23. März 1868 (dazu Z. 17, 354ff.; Hagenbüchle: Z. 33, 223ff.). Gesetz vom 25. Februar 1921 betr. den Wucher. Ausgabe: Thurgauisches Rechtsbuch, Gerichtliche Abteilung (1902).

21. Tessin. Codice penale del 25 gennaio 1873 con modificazioni del 18 maggio 1905, del 6 maggio 1909, del 22 novembre 1911 (contraffazione ed alterazione di monete e frode monetaria; dazu Z. 24, 413f., 432f.). Art. 60—81 della legge del 8 marzo 1911 concernente l'applicazione della legge federale sulla esecuzione e sul fallimento (Z. 33, 146ff.). Decreto legislativo del 14 novembre 1900 concernente la sospensione condizionale della pena; modificazione del 8 maggio 1906 (Z. 13, 483f.; 15, 58f.; 21, 499).

22. Waadt. Code pénal du 18 février 1843, édition annotée et mise à jour par H. Bonnard (1924); modifications vgl. Z. 10, 267ff.; 13, 482f.; 15, 305ff. Loi du 13 mai 1897 sur le sursis à l'exécution des peines (Z. 10, 286ff.). Loi du 22 mai 1901 sur l'organisation des établissements de détention (Z. 15, 308ff.).

23. Wallis. Code pénal du 26 mai 1858, III me édition 1918. Loi du 23. mai 1899 concernant le sursis à l'exécution des peines (Z. 13, 372f., 481). Vgl. ferner Z. 33, 154ff.; Couchepin: Gef.-Verein, 26 II (1910) 10ff.

24. Neuenburg. Code pénal du 12 février 1891; modifications: Z. 12, 409f., 455ff,; 18, 465ff.; 30, 301; 33, 161f., 167, 170 (vgl. Correvon: Z. 2, 139ff.). Loi du 28 mars 1904 sur le sursis à l'exécution de la peine (Z. 17, 115ff., 18, 497f.). Loi du 31. mai 1917 concernant la répression des délits commis par les mineurs (dazu Z. 33, 169f., auch 30, 302f.). — Guillaume: Gef.-Verein, 5 (1872), 1ff.

25. Genf. Code pénal du 21. octobre 1874, édition revisée 1924 (vgl. Z. 9, 134f., 163ff.; 20, 161f.; 30, 303f., 34, 116ff,). Loi du 29 octobre 1892 sur la peine conditionnelle (Z. 9, 164f., siehe auch Z. 5, 17ff.), modifiée par les lois du 10 février 1904 et 23 septembre 1905. Loi du

4 novembre 1911 sur la libération conditionnelle (Z. 34, 118). Loi du 4. octobre 1913 instituant une Chambre pénale de l'enfance (Z. 34, 119f.). — DUNANT: Z. 3, 178ff.

C. Anhang. Eidgenössische Strafgesetzentwürfe. 1. Bürgerliches Strafrecht. Vorentwurf 1893/94, mit Motiven, von STOOSS. Vorentwürfe 1896 (Bericht von STOOSS), 1903, 1908 (Bericht von STOOSS), 1916. Entwurf und Botschaft des Bundesrates vom 23. Juli 1918. Gegenüberstellung der Texte des Allgemeinen Teils von 1893 und 1918: Z. 31, 284ff. (Näheres über die Geschichte der Entwürfe unten § 7 III).

2. Militärstrafrecht. Vorentwurf 1916/18, mit Motiven, von HAFTER (Neudruck 1918, französische Übersetzung von LOGOZ 1919). Entwurf und Botschaft des Bundesrates vom 26. November 1918. Vgl. auch Bericht des Bundesrates vom 11. Dezember 1918 über das Volksbegehren betreffend Aufhebung der Militärjustiz (BBl. 1918 V, 660ff.).

III. Umfassende Darstellungen. TEMME: Lehrbuch des schweizer. Strafrechts nach den Strafgesetzbüchern der Schweiz, 1855 (auf Bundesrecht und 11 kantonale Rechte beschränkt; veraltet).

PFENNINGER: Das Strafrecht der Schweiz (1890).

STOOSS: Die schweizerischen Strafgesetzbücher, zur Vergleichung zusammengestellt (1890).

STOOSS: Die Grundzüge des schweizer. Strafrechts, 2 Bände (1892/93).

SIEGWART-MÜLLER: Das Strafrecht der Kantone Uri, Schwyz, Unterwalden, Glarus. Zug und Appenzell, 1833 (heute veraltet).

Die Strafgesetzgebung der Gegenwart in rechtsvergleichender Darstellung, herausgegeben von der JKV., 1. Band, Das Strafrecht der Staaten Europas, herausgegeben von v. LISZT (1894), 361ff.: Das Strafrecht der Schweiz (TEICHMANN, GAUTIER, GABUZZI).

Vergleichende Darstellung des deutschen und ausländischen Strafrechts, herausgegeben auf Anregung des deutschen Reichs-Justizamtes, Allgemeiner Teil 6 Bände, Besonderer Teil 9 Bände, Registerband (1905/09). Dazu Z. 19, 133ff.; 20, 105ff., 260ff.; 21, 60ff., 435ff.; 22, 49ff., 161ff. Vgl. auch v. HIPPEL: Deutsches StR. 1, 385ff.

HAFNER und ZÜRCHER: Schweizerische Gefängniskunde (1925). Vgl. auch v. HOLTZENDORFF und v. JAGEMANN: Handbuch des Gefängniswesens, 1, 206ff. (1888).

Zu den eidgenössischen Entwürfen besteht eine Bibliographie, in der die Literatur sowohl chronologisch wie auch artikelweise zusammengestellt und wiedergegeben ist. Die Bibliographie ist bearbeitet von TEICHMANN für die Jahre 1890—1898 (Z. 11, 189ff.), von HAFTER für die Jahre 1898—1907 (Z. 21, 97ff., auch separat erschienen) und für die Jahre 1908—1911 (nur separat erschienen, 1912), von ZÜRCHER für die Jahre 1912—1923 (Z. 37, 157ff. und separat). Als umfassende Erörterungen der Entwürfe sind hervorzuheben: ZÜRCHER: Erläuterungen zum VE. 1908, französ. Übersetzung von GAUTIER (1912/14). Protokolle der I. Expertenkomission, 4 Bände (1893—1896). Protokolle der II. Expertenkommission, 9 Bände (1912—1920). Dazu 2 Beilagenbände, Verhandlungen und Berichte der Expertenkommission für die Reform des Strafvollzuges (1916). — WACH: Gutachten über den VE. (1893); v. LISZT (1893), Strafrechtliche Aufsätze und Vorträge, 2, 94ff.; THURNEYSEN: Z. 6, 369ff. (1893); MERKEL und STOOSS: Z. 7, 1ff., 173ff. (1894); GAUTIER: Z. 7, 44ff. (1894); GARCON: Revue pénitentiaire (française), 18, 181ff. (1894); ALIMENA: Rivista penale (italiana), 40, 10ff. (1894); VAN HAMEL: Tijdschrift voor Strafrecht, 8, 168ff., 341ff. (1894); v. LILIENTHAL: ZgesStRW. 15, 97ff., 260ff. (1895); LAMMASCH: Z. 8, 121ff. (1895); GRETENER: Gerichtssaal, 51, 458ff. (1895) und 54, 314ff. (1898); CHICHERIO: Repertorio di giurisprudenza patria, 15, 529ff. (1895); LUCCHINI: Rivista Penale, 45, 5ff. (1897); ROLIN: Revue de droit international und de législation comparée, 29, 26ff., 126ff. (1897); MEYER v. SCHAUENSEE: Zur Geschichte und Kritik des STOOSSschen Entwurfes (1897); MERKEL: Z. 14, 240ff. (1901); GABUZZI: Repertorio di giurisprudenza, 1903, 561ff., 721ff.; 1904, 1ff,; HAFTER: Z. 16, 131ff. (1903); MEYER v. SCHAUENSEE: Strafrechtsreform in Deutschland und der Schweiz (1903); SIMONS: Tijdschrift vor Strafrecht, 16, 262ff. (1904); DELAQUIS: ZgesStRW. 25, 240ff., 778ff. (1905); v. OVERBECK: Z. 22, 226ff. (1909); COLLARD: Revue (belge) de Droit pénal et de Criminologie, separat erschienen (1910); HAFTER: ZgesStRW. 30, 613ff., 735ff. (1910); GABUZZI: Repert. di giurisprudenza patria, 45, 561ff. (1912); HAFTER: Z. 26, 253ff. und 27, 4ff. (1913/4); JIMÉNEZ DE ASÚA: La unificación del Derecho penal en Suiza (Madrid 1916); GAUTIER: Z. 30, 1ff. (1917); K. MÜLLER: Zur Frage der Strafrechtseinheit (1917); HAFTER: Das schweizerische Strafgesetzbuch, Polit. Jahrbuch der schweiz. Eidgenossenschaft, 31, 5ff. (1917); Derselbe, Deutsche StrR.-Zeitung, 4, 33ff, und 5, 259ff. (1917/8); THORMANN: Schweizer. Strafrecht, Rektoratsrede (1918/9); DELAQUIS: ZgesStRW. 40, 212ff., 404ff., 517ff., 623ff. (1919); BÄR. v. CLERIC, KAUFMANN, KÖPFLI, WÜST, ZELLER, ZÜRCHER, 12 Abhandlungen über den E. 1918, JZ. 15, 189ff., 221ff., 269ff., 305ff., 337ff., 383ff.; 16, 20ff., 59ff., 77ff., 121ff., 156ff., 189ff. (1918—1920); MEYER v. SCHAUENSEE: Gerichtssaal, 86, 27ff. (1919); NAGLER: ebenda, 86, 376ff. (1919); GRETENER: ebenda, 87, 29ff. (1920); DELAQUIS: Z. 34, 176ff. 253ff.; 35, 39ff.; 36, 111ff. (1921—1923). HAFTER: Z. 39, 84ff. (1925).

Zu den Mil.-Strafgesetzentwürfen von 1916/18: ZÜRCHER: Z. 30, 108ff.; LOGOZ: Z. 30, 237ff.; 31, 35ff.; 36, 195ff.; 37, 314ff.;

WÜST: JZ. 13, 353ff. DELAQUIS: ZgesStRW. 38, 539ff.; 39, 89ff.; DIETZ: ebenda, 39, 103ff.; MEYER V. SCHAUENSEE: Gerichtssaal, 88, 381ff.

IV. Zeitschriften und Spruchsammlungen. Schweizer. Zeitschrift für Strafrecht, 1888 begründet von STOOSS, herausgegeben von STOOSS, ZÜRCHER, HAFTER, DELAQUIS und LOGOZ. Zeitschrift für schweizer. Recht, Neue Folge seit 1882, herausgegeben von HIS u. a. Schweizer. Juristenzeitung, seit 1905, herausgegeben von LEEMANN, BAER und v. CLERIC. Schweizer. Zentralblatt für Staats- und Gemeindeverwaltung, seit 1900, herausgegeben von KELLER und FEHR (wichtig für Polizei- und Verwaltungsstrafrecht). Verhandlungen des schweizer. Juristenvereins, seit 1861. Verhandlungen des schweizer. Vereins für Straf-, Gefängniswesen und Schutzaufsicht, seit 1867. Zeitschrift des bernischen Juristenvereins, seit 1864, herausgegeben von GUHL. Repertorio di giurisprudenza patria, seit 1881, herausgegeben von GABUZZI.

Entscheidungen des schweizer. Bundesgerichtes, Amtliche Sammlung, seit 1876. Praxis des Bundesgerichtes, Monatliche Berichte über die wichtigsten Entscheide, seit 1912. v. CLERIC: Die Rechtsprechung des Bundesgerichts in Strafsachen, Z. 24, 241ff.; 27, 144ff.; 35, 53ff. und jetzt Leitfaden der strafrechtlichen Rechtsprechung des Schweizer Bundesgerichtes (1925). Blätter für zürcherische Rechtsprechung, seit 1902. Journal des Tribunaux et Revue judiciaire, Neue Folge seit 1877. PASCHOUD: Répertoire des arrêts, rendus en matière pénale par le Tribunal Cantonal Vaudois (1924). Semaine judiciaire, seit 1879. Vierteljahrsschrift für aargauische Rechtsprechung, seit 1901. Sammlung von Entscheiden der Militärgerichte (August 1914 bis Januar 1916), herausgegeben vom Armeeauditor. Zahlreiche militärgerichtliche Entscheide in der Z. Über ältere Zeitschriften und Spruchsammlungen s. STOOSS: Grundzüge, 1, 34ff.; PFENNINGER: Strafrecht, 5f.

§ 7. Das schweizerische Strafrecht im Überblick. Der eidgenössische Strafgesetzentwurf.

Literatur: Angaben zu § 6. ZÜRCHER: Die nationalen und kosmopolitischen Grundlagen des Strafrechts, Z. 4, 1ff. — Derselbe, Denkschrift über die Durchführung der Strafrechtseinheit, Z. 14, 217ff. — TEMME: Lehrbuch, 1ff. — STOOSS: Z. 4, 245ff. — THORMANN: Zivilgesetzbuch und Strafgesetzentwürfe, in der Festgabe für EUG. HUBER (1919). — v. HIPPEL: Deutsches StR. 1, 385ff.

I. Man muß ein Geständnis nicht scheuen: Niemand wird den ganzen Reichtum der schweizerischen Strafrechte jemals voll erfassen. Das Recht des Bundes zusammen mit den 25 kantonalen Rechten stellt in seiner Mannigfaltigkeit ein so ungeheures Gebiet dar, daß es verständlich wird, wenn der schweizerische Jurist regelmäßig nicht über das Bundesrecht und sein kantonales Recht hinaussieht. PFENNINGER hat in seinem 1890 erschienenen, an Material und Gedanken reichen Strafrecht der Schweiz die Existenz eines eigenartigen, national schweizerischen Rechtes auch für die Gegenwart darzutun versucht. Den Beweis ist er wohl schuldig geblieben. In den schweizerischen Gesetzbüchern kreuzen sich die verschiedensten in- und ausländischen Einflüsse in einem solchen Maße, daß man kaum von einer einheitlich schweizerischen gesetzgeberischen Entwicklung sprechen kann. Die Anlehnung auch an die ausländische Literatur und Rechtsprechung kommt hinzu. Die Gefahr bestand und besteht in geringerm Maße noch heute, daß der schweizerische Richter seine Gesetze nach ausländischen Mustern auslegt und anwendet. Der deutschschweizerische Richter wendet seine Augen nach Deutschland, der welschschweizerische orientiert sich an der französischen, der tessinische Richter an der italienischen Literatur[1]). PFENNINGER selbst führt an, daß seit dem Erscheinen des deutschen Strafgesetzbuches von 1870 die kantonalen Gesetzbücher sich mehr und mehr an dieses Gesetzbuch angeschlossen haben, ja daß gelegentlich seine einfache Übernahme mit der Erklärung angeregt wurde, „man könne nichts Besseres tun, und die Entscheidungen des (deutschen) Reichsgerichts in Strafsachen hätten in allen Gerichten von seiten der Parteien wie der Richter, in deren Urteil sie zitiert seien, entscheidende Autorität“ (X).

Das schweizerische Strafrecht muß sich in der Tat von den ausländischen Rechten und Literaturen befruchten lassen. Allein von einer autoritären Beeinflussung kann nicht die Rede sein. Das hat man, vielleicht etwa seit den 90er Jahren des letzten Jahrhunderts, immer mehr verstanden. Die Wirkung ist, daß man heute — bei aller Anerkennung der kosmopolitischen Grundlagen des Strafrechts — mehr als vor 30 Jahren, von einem selbständiger gewordenen schweizerischen Recht reden kann. Verschiedenes wirkte zusammen: Zunächst die zunehmende Rechtsprechung des Bundesgerichtes in Strafsachen, die sich namentlich auch bei der Behandlung staatsrechtlicher Rekurse auswirkt[2]). Vor allem aber die Arbeiten am eidgenössischen Strafgesetz und die große, zu diesem nationalen Werk entstandene Literatur. Die Gesetzgebung der letzten Jahrzehnte in Bund und Kantonen zeigt diese Einflüsse mit klarster Deutlichkeit (oben § 6). Aber auch die noch auf ältere Gesetze sich gründende Rechtsprechung läßt solche Einwirkungen erkennen. Dieses Buch soll den Beweis für diese Behauptungen leisten.

II. Ein Überblick über die Gesamtheit des schweizerischen Strafrechts läßt sich von verschiedenen Gesichtspunkten aus gewinnen.

---

[1]) Vgl. auch v. CLERIC: JZ. 13, 63.

[2]) v. CLERIC: Leitfaden der strafrechtlichen Rechtsprechung des Schweizer Bundesgerichts (1925), 1ff., 7ff.

Voran steht die Zweiteilung in Bundes und kantonales Recht. Das Verhältnis zwischen den beiden Rechtsgebieten muß besonders untersucht werden (unten § 8). Für eine allgemeine Charakterisierung des schweizerischen Strafrechts ist diese aus den staatsrechtlichen Verhältnissen sich ergebende Zweiteilung unfruchtbar. Dagegen ergibt sich eine solche Charakterzeichnung, wenn man die schweizerischen Rechte nach der Zeit ihrer Entstehung und namentlich nach den Einflüssen, die dabei im Spiele waren, zu gruppieren versucht:

Abgesehen von den Rechten der Kantone Uri und Nidwalden, die eine Klasse für sich bilden (oben § 5 II), lassen sich einige Gruppen aufstellen. Die Gruppierung ist jedoch nicht in dem Sinne zu verstehen, daß die einzelnen Gesetzbücher sklavisch ein bestimmtes Vorbild kopiert hätten. Einander durchkreuzende Einflüsse zeigen sich. Die Selbständigkeit ist mehr oder weniger gewahrt. Immerhin darf man schon wagen, den Grundcharakter der einzelnen Gruppen nach einem Muster zu bestimmen. Dabei ist keine Rede davon, daß im Strafrecht, etwa wie im Zivilrecht, gleichsam zwei Rechtswelten, eine germanische und eine romanische, sich gegenüberstehen. Das Strafrecht, dessen Zweck der Schutz bestimmter, der gesamten Menschheit teurer Güter gegen bestimmt geartete Angriffe ist, drängt überall nach gleicher oder wenigstens ähnlicher Gestaltung. Dem napoleonischen Strafrecht ist mit glänzender Methode und großer sprachlicher Kraft eine Gestaltung gelungen, die auf lange Zeit hinaus fast der ganzen Kulturwelt zum Vorbild wurde[1]).

1. An das helvetische StGB. von 1799[2]), das zum großen Teil wörtlich mit dem französischen Code Pénal von 1791/5 übereinstimmt, knüpfen an die Gesetzbücher der Waadt (1843), der Kantone Wallis (1858), Bern (1866), Freiburg (1868), Tessin (1873), Genf (1874). Selbständiger, namentlich in der Ausgestaltung von Reformgedanken, aber doch vorwiegend mit französisch-rechtlichem Einschlag ist Neuenburg (1891). Überall zeigen sich deutschrechtliche Einflüsse, z. B. im Gesetzbuch der Waadt, bei den neuern Gesetzen dieser Gruppe sicherlich auch eine Einwirkung des deutschen StGB. von 1870, bei dem nicht zu vergessen ist, daß es an das preußische StGB. von 1851 anknüpft, das seinerseits in den Hauptzügen als eine Nachbildung des französischen Strafrechts angesprochen werden muß[3]). Die genannten schweizerischen Gesetze zeigen mehr oder weniger die charakteristischen Merk-

---

[1]) Hafter: Politisches Jahrbuch der Schweizerischen Eidgenossenschaft, 31 (1917), 14f.

[2]) Über dieses Pfenninger: 142ff. — Temme: 26. — Stooss: Grundzüge, 1, 2ff. — Hafner und Zürcher: Schweizer. Gefängniskunde (1925), 14ff.

[3]) v. Bar: Geschichte des Deutschen Strafrechts (1882), 185f. — v. Liszt-Schmidt: Lehrbuch, § 12.

male des französischen Rechtes: kasuistische Gestaltung, ausgedehntes Strafmilderungsrecht, relativ weites freies Ermessen des Richters.

2. Eine weitere Gruppe älterer schweizerischer Gesetzbücher schließt sich an die deutsche Partikulargesetzgebung an, die ihren Ausgangspunkt von FEUERBACH (sein bahnbrechendes Lehrbuch des Peinlichen Rechtes von 1801[1]) und der sog. bayrischen Mustergesetzgebung von 1813 nahm. Die formale Durchbildung des Rechts, die gelehrte Konstruktion und Definition, die scharfe Systematik, die Beschränkung des Richterermessens können — im Gegensatz zur französischen Jurisprudenz — als ihre Merkmale gelten. In diese Gruppe gehören die Strafgesetze von Thurgau (1841/68), Graubünden (1851) und Schaffhausen (1859), die alle drei namentlich unter dem Einfluß des badischen StGB. und seines Entwurfes (1839 und 1845) stehen. Hierher gehört auch das eidgenössische MilStGB. von 1851 deshalb, weil es vielfach an das zürcherische Gesetzbuch von 1835 anknüpft, das seinerseits auf die deutsche Gesetzgebung (namentlich Hannover und Bayern) zurückweist. Das MilStGB. wiederum stand dem bürgerlichen Bundesstrafgesetz von 1853 zu Gevatter und von ihm gehen in zahlreichen Linien Einwirkungen auf die spätern kantonalen Gesetzgebungen aus.

Das StGB. des Kantons Aargau nimmt eine besondere Stellung ein. Das Gesetz von 1805 hatte das österreichische StGB. von 1803 zum Vorbild. Das heute noch geltende, allerdings 1903 ergänzte Peinliche Strafgesetz des Kantons Aargau von 1857 ist eine Weiterbildung des frühern Werkes.

3. Die Kodifikationen, die seit 1870 neu entstanden, stehen unter der mehr oder weniger starken Einwirkung des deutschen StGB. Das gilt von Zürich (1871), das freilich eine starke Tendenz zu selbstständiger Gestaltung zeigt, von beiden Basel (1872 und 1873), von Zug (1876) und von Solothurn (1885). Geringer ist der deutschrechtliche Einfluß in den Gesetzbüchern der Kantone Appenzell A.-Rh. (1878), Schwyz (1881), Appenzell I.-Rh. (1899) und Glarus (1899). Sie können wohl zu dieser Gruppe gezählt werden. Aber ihr Merkmal ist der Zug nach Selbständigkeit, vor allem die Tendenz, volkstümlich und einfach zu bleiben.

4. Soweit das 20. Jahrhundert noch neue Strafgesetzbücher oder wenigstens Revisionen zur Entstehung gebracht hat, sind vor allem die eidgenössischen Entwürfe zu Einfluß gelangt. Das trifft für das luzernische Kriminalstrafgesetz von 1906 und das Polizeistrafgesetz von 1915 zu. Das gilt für das neue freiburgische StGB. von 1924 und die weitausgreifende Revision des StGB. für Obwalden (1908), für die Revisionen in Schaffhausen (1916), St. Gallen (1912 und 1916) und Zürich

[1]) Über FEUERBACH: vgl. z. B. v. HIPPEL: Deutsches StR. 1, 292ff.

(1919). Die Einführung der bedingten Verurteilung und des bedingten Straferlasses und zahlreiche Einzelnovellen zu kantonalen Strafrechten — z. B. die Neugestaltung des Jugendlichen-Strafrechts — gehen zum großen Teil auf die eidgenössischen Entwürfe zurück. Eine neue Gruppe ist damit entstanden: die Gruppe der Strafrechtsreform.

III. Schon die geltenden Rechte haben so die Brücken zum eidgenössischen Strafgesetzentwurf geschlagen. Er ist seit Jahren eine Macht und wenn auch noch eine Zeit vergehen muß, bis er geltendes Recht geworden sein wird, so ist doch sein indirekter Einfluß heute schon von großer Bedeutung.

Die verfassungsrechtliche Grundlage für die Vereinheitlichung des gesamten Strafrechts bildet der Art. 64 bis der BV.[1]). Er ist durch die Partialrevision vom 13. November 1898 aufgestellt worden. Damit war wenigstens ein erstes Ziel erreicht. Schon 1848 hatte die solothurnische Gesandtschaft der Tagsatzung beantragt, die Gesetzgebung über Verbrechen und deren Bestrafung, sowie über das Verfahren in Kriminalsachen dem Bunde zu übertragen. Das wurde abgelehnt, ebenso wie der Verfassungsentwurf vom 5. März 1872, der die Gesetzgebungsbefugnis des Bundes auch für das Strafrecht und den Strafprozeß vorsah. Die Zeit der Erfüllung war damals noch fern. Der Gedanke der Vereinheitlichung wenigstens des materiellen Strafrechts ging aber nie verloren. Im Jahre 1868 sprach sich der ein Jahr zuvor gegründete Schweizerische Gefängnisverein (jetzt Verein für Straf-, Gefängniswesen und Schutzaufsicht) für die „Wünschbarkeit eines gemeinsamen schweizerischen Strafrechts" aus[2]). In der Jahresversammlung von 1869 trat der Schweizerische Juristenverein diesem Wunsche bei und in der Jahresversammlung von 1887 wurde fast einstimmig der Beschluß gefaßt: „Der Schweizerische Juristenverein, überzeugt, daß ein wirksamer und erfolgreicher Kampf gegen das Verbrechertum nicht möglich ist, solange die Zersplitterung der kantonalen Strafgesetzgebung fortbesteht, ersucht den Bundesrat, die Vorarbeiten für die Vereinheitlichung des Strafrechts an die Hand nehmen zu wollen." Die Zeit war damals dem Werke günstig. Schon am 13. Dezember 1887 brachte Nationalrat Forrer — der nachmalige Bundesrat — mit 41 Mitunterzeichnern im Rate die Motion ein:

---

[1]) „Der Bund ist zur Gesetzgebung im Gebiete des Strafrechts befugt. — Die Organisation der Gerichte, das gerichtliche Verfahren und die Rechtsprechung verbleiben wie bis anhin den Kantonen. — Der Bund ist befugt, den Kantonen zur Errichtung von Straf-, Arbeits- und Besserungsanstalten und für Verbesserungen im Strafvollzuge Beiträge zu gewähren. Er ist auch befugt, sich an Einrichtungen zum Schutze verwahrloster Kinder zu beteiligen. — Mit dem Zeitpunkt, in welchem das Strafgesetz in Kraft tritt, fallen die Absätze 2 und 3 des Art. 55 der BV. (Preß-Strafrecht) dahin."

[2]) Referat des Lenzburger Strafanstaltsdirektors Müller: Verhandlungen, 2, 14ff.

„Die Bundesverfassung wird revidiert und der bisherige Art. 65 durch folgenden neuen ersetzt: Dem Bunde steht die Gesetzgebung über das Strafrecht zu[1])."

Der Nationalrat erklärte am 21. März 1888 die Motion in dem Sinne erheblich, daß der Bundesrat zu Bericht und Antrag eingeladen wurde über die Frage der Revision des Art. 65 der BV. im Sinne der Übertragung der Gesetzgebung über das Strafrecht auf den Bund. Seitdem hat die intensive Arbeit an der Strafrechtsvereinheitlichung nie geruht. Die ersten wissenschaftlichen Unterlagen bilden die beiden, im Auftrage des Bundesrates von CARL STOOSS (damals Professor in Bern) bearbeiteten Werke: Die schweizerischen Strafgesetzbücher, zur Vergleichung zusammengestellt (1890) und die Grundzüge des schweizerischen Strafrechts, vergleichend dargestellt (1892/93). Diesen vorbereitenden Arbeiten folgte schon im Sommer 1893 der von Motiven begleitete erste Vorentwurf eines Allgemeinen Teils und am 1. August 1894 legte STOOSS den vollständigen Entwurf mit Begründung vor. Mit dem Namen CARL STOOSS bleibt das Werk der eidgenössischen Entwürfe für alle Zeiten verbunden. STOOSS hat für die damalige Zeit unerhört kühne kriminalpolitische Gedanken in die Sprache des Gesetzgebers übertragen. Schon 1893 stellte v. LISZT fest, daß der Vorentwurf den von der JKV. vertretenen Reformbestrebungen den schärfsten Ausdruck gegeben hat, den sie bisher in der Gesetzgebung gefunden haben[2]). Eine starke Anregung und Förderung des Strafrechts weit über die Grenzen der Schweiz ging schon von diesen ersten Entwürfen aus. Die Kriminalpolitik der letzten 30 Jahre führt immer wieder auf den schweizerischen Vorentwurf zurück, und es ist unbestritten, daß namentlich die spätern österreichischen und deutschen Entwürfe zu neuen Strafgesetzbüchern in wichtigen Teilen sich an das in der Schweiz entstandene Vorbild angeschlossen haben. — Seit 1893 setzten die Beratungen durch Expertenkommissionen ein. Das Ergebnis der Verhandlungen einer ersten Kommission war der VE. 1896. Im November 1898 erfolgte die schon erwähnte Verfassungsrevision. 1899 und 1901 erstattete STOOSS dem eidgenössischen Justizdepartement zwei (nur als Manuskript gedruckte) Berichte über den nach den Beschlüssen der Expertenkommission redigierten VE. 1896. Eine kleine, vom Departement bestellte Kommission führte die Arbeiten weiter. Ihre Frucht war der VE. 1903. Im Anhang enthält er zum erstenmal den E. eines Gesetzes betreffend die Einführung des schweizerischen StGB. E. ZÜRCHER (Professor in Zürich) verfaßte ihn[3]). Die folgenden Jahre waren

[1]) Dazu FORRER und RUCHONNET: Z. 1, 193ff., 204ff.
[2]) Strafrechtliche Aufsätze und Vorträge, 2 (1905), 101.
[3]) Näheres über Entstehung und Inhalt bei HAFTER: Z. 16, 131ff.

eine Zeit der Kritik und der Sammlung (siehe die Literaturangaben oben § 6 III). Die Arbeiten am Zivilgesetzbuch standen im Vordergrund. Immerhin erschien am 3. Juli 1909 der VE. in einer „neuen Fassung der (kleinen) Expertenkommission". Sie trägt als Zeichen ihrer Fertigstellung durch die Kommission das Datum: April 1908. Im Geleitwort, das diesem Text mitgegeben wurde, schrieb der damalige Vorsteher des eidgenössischen Justizdepartements, Bundesrat BRENNER, von der „Absicht, den definitiven Entwurf . . . dem Bundesrat zuhanden der gesetzgebenden Behörde vorzulegen, sobald die zahlreichen Einführungsarbeiten beendet sind, welche auf den Zeitpunkt des Inkrafttretens des schweizerischen Zivilgesetzes durchgeführt werden müssen." — Allein die Hoffnung auf eine rasche Verabschiedung des Gesetzes zerschlug sich wiederum. Ende 1911 entschloß sich das Departement, die Überprüfung nochmals von Grund aus durch eine große Expertenkommission von 29 Mitgliedern vornehmen zu lassen. Seit dieser Zeit hielt Bundesrat E. MÜLLER († 1919) die gesetzgeberische Arbeit in fester Hand[1]). Aus den Beratungen dieser zweiten großen Kommission ist der VE. 1916 hervorgegangen. Er wurde zur Grundlage des endgültigen bundesrätlichen Entwurfes vom 23. Juli 1918. Seitdem liegt die Arbeit bei den Kommissionen des National- und des Ständerates. — Von Beginn der Arbeiten an trat neben den deutschen Urtext die französische Fassung. Sie wurde von A. GAUTIER (Professor in Genf, † 1920)[2]) gearbeitet. Er hat seine geistreiche Jurisprudenz und seine hohe Sprachkunst während Jahrzehnten in den Dienst der Sache gestellt. Durch seine Übersetzerarbeit wurde in hohem Maße offenbar, wie sehr das ständige Streben, den gesetzgeberischen Gedanken von vornherein gleichzeitig in zwei Sprachen zu formulieren, einem Gesetzbuch zum großen Vorteil gereichen muß. Die strenge Logik und die große Eleganz, die dem Französischen eigen sind, hat vielfach die Redaktion des deutschen Textes vorteilhaft beeinflußt. — Dem VE. vom April 1908 war zum erstenmal auch ein italienischer Text beigegeben, den ST. GABUZZI (Ständerat und tessinischer Oberrichter) besorgte.

Seit dem Beginn der Vorarbeiten an den eidgenössischen Strafgesetzentwürfen sind mehr als 30 Jahre verflossen. Auch heute liegt das Ziel noch nicht nahe. Aber die lange Zeit der Vorbereitung und die große geleistete Arbeit waren nicht vergebens. Auf Schritt und Tritt zeigen sich die Einflüsse — in der Gesetzgebung des Bundes und der Kantone, der Rechtsprechung, der Strafrechtswissenschaft. Weil dieser Einfluß groß und unverlierbar ist, muß auch dieses Lehrbuch ständig den eidgenössischen Entwurf in den Kreis seiner Betrachtungen einbeziehen.

[1]) Über ihn ZÜRCHER: Bundesrat ED. MÜLLER als Strafgesetzgeber, Z. 33, 1ff.

[2]) Über ihn Z. 34, 1ff.

§ 8. Bundesrecht und kantonales Recht.

Literatur: Pfenninger: StR. der Schweiz 316ff., 544ff. — Stooss: Grundzüge, 1, 38ff. — Derselbe, Z. 36, 46ff. — Weber, Leo: Z. 1, 361ff. — Zürcher: Z. 8, 143ff. — Kronauer: Z. 21, 22ff.; 22, 219ff. 27, 161ff. — Hafter: Z. 16, 131ff. — v. Cleric: JZ. 15, 221. — Baer: JZ. 16, 189f. — Thormann: Schweizer. Strafgesetz und kantonale Strafprozeßordnungen, in der Festgabe für Ph. Lotmar (1920). — Nägeli: Die Entwicklung der Bundesrechtspflege seit 1815, Zürcher Diss. (1920).

I. Die BV. 1848/74 ging für die Gesetzgebungsgewalt auf dem Gebiet des Strafrechts von der Souveränität der Kantone aus. Jedoch bestanden von Anfang an Vorbehalte zugunsten des Bundes und bundesrechtliche Verbote, durch die der kantonalen Strafgesetzgebungsgewalt Schranken gezogen sind.

1. Die Vorbehalte. Sie gingen ursprünglich in erster Linie zurück auf Art. 107 lit. b der BV. von 1848: „Die Bundesgesetzgebung wird das Nähere bestimmen... b) über die Verbrechen und Vergehen welche in die Kompetenz des Bundesgerichtes fallen, und über die Strafgesetze, welche anzuwenden sind.“ Man muß davon ausgehen, daß auf Grund dieser Ermächtigung das Bundesstrafgesetz von 1853 entstanden ist[1]). Daß diese Ermächtigung nicht in die BV. von 1874 überging, mag man mit der Annahme erklären, der Art. 107 habe im Bundesstrafgesetz von 1853 seine Erfüllung gefunden[2]). Die heutigen Art. 112 und 114 der BV., die den Kreis der Bundesstrafgerichtsbarkeit umgrenzen, schließen jedoch nach richtiger Auffassung die Gesetzgebungsgewalt des Bundes auf dem Gebiet des materiellen Strafrechts nicht ohne weiteres ein. Es war fehlerhaft, daß der Art. 107 der BV. von 1848 nicht in die Verfassung von 1874 übernommen wurde. Immerhin kann man geltend machen, es liege im Geiste der Bundesverfassung, daß für die der bundesgerichtlichen Beurteilung übertragenen Fälle dem Bund auch nach der materiellrechtlichen Seite die Strafgesetzgebungsgewalt zusteht (Stooss). In der Praxis ist die Verfassungsmäßigkeit des Bundesstrafgesetzes von 1853 nicht mehr bestritten[3]). Das Gesetz ist auf den strafrechtlichen Schutz bundesstaatlicher Interessen beschränkt[4]). In seiner Systematik zeigt es die Züge eines eigentlichen StGB. mit einem Allgemeinen und einem Besondern Teil.

---

[1]) Über die staatsrechtlichen Verhältnisse im einzelnen und über die Verteilung der Gerichtsbarkeit zwischen Bund und Kantonen, vgl. Pfenninger: 316ff. — Stooss: Grundzüge, 1, 38ff. und Z. 36, 46ff. — Burkhardt: Kommentar BV. (2. Aufl.), 779ff. — Fleiner: Bundesstaatsrecht, 432ff. — Weber: Z. 1, 361ff.

[2]) So Stooss: Grundzüge, 1, 41 und Z. 36, 58.

[3]) Wohl aber die Berechtigung des Bundes zum Erlaß der Novelle vom 12. April 1894 (Sprengstoffgesetz): Burckhardt: Kommentar BV. 615; vgl. ferner Kronauer: Z. 21, 22ff., insbesondere 25.

[4]) Darstellung seines Inhaltes bei Pfenninger: 346ff. — Stooss: Grundzüge, 1, 41ff. — Nägeli: a. a. O. 77ff.

Strafgesetzgeberische Vorbehalte zugunsten des Bundes ergeben sich ferner aus zahlreichen andern Verfassungsbestimmungen, die dem Bund auf bestimmten Gebieten allgemein die Gesetzgebungsbefugnis gewähren. Zur Kennzeichnung genügt hier die Nennung von Beispielen: Art. 55 III der BV. berechtigt den Bund, Strafbestimmungen gegen den Mißbrauch der Presse zu erlassen, der gegen die Eidgenossenschaft und ihre Behörden gerichtet ist (BStG. von 1853, Art. 69ff.). Der Satz in Art. 20 der BV.: „Die Gesetzgebung über das Heerwesen ist Sache des Bundes" stellt die verfassungsrechtliche Grundlage für die Ordnung des Militärstrafrechts durch den Bund dar (MilStGB. von 1851, MilStGO. von 1889). Auf Art. 24 der BV. gründen sich die Strafbestimmungen im BGes. von 1902 betreffend die eidgenössische Oberaufsicht über die Forstpolizei (Art. 46ff.). Die Straftatbestände des BGes. von 1905 betreffend den Verkehr mit Lebensmitteln und Gebrauchsgegenständen (Art. 36ff.) haben den Art. 69 bis der BV. zur Grundlage. Auf Art. 39 der BV. stützen sich die Strafbestimmungen des Nationalbankgesetzes von 1921 betreffend die Banknotenfälschung (Art. 66ff.)

2. Zu den Vorbehalten kommen die strafrechtlichen Verbote des Bundes. Sie beschränken die kantonale Gesetzgebungsgewalt weiter nach folgenden Richtungen:

BV. Art. 49 II bestimmt, daß niemand „wegen Glaubensansichten mit Strafen irgendwelcher Art belegt werden darf".

Aus Art. 44 I und 60 der BV. ergibt sich das Verbot der Verbannung (Landesverweisung) von Schweizerbürgern (unten § 62 II).

Art. 65 verbietet körperliche Strafen und die Todesstrafe wegen politischer Vergehen (unten §§ 52 I, 54 II). Das auf Grund von Art. 66, 64 und 74 II der BV. ergangene BGes. vom 29. April 1920 betreffend die öffentlichrechtlichen Folgen der fruchtlosen Pfändung und des Konkurses untersagt den Kantonen, wegen fruchtloser Pfändung und wegen Konkurses als solcher die Einstellung im Stimmrecht zu verhängen[1]) (unten §§ 66 II, 90 II).

Art. 67 der BV. verbietet, bei politischen und bei Preßvergehen die interkantonale Auslieferung obligatorisch vorzusehen.

II. Der Art. 64 bis der BV., der am 13. November 1898 in der Volksabstimmung angenommen wurde, hat das Verhältnis zwischen Bund und Kantonen auf dem Gebiet der Strafgesetzgebungsgewalt von Grund aus geändert. Seitdem steht die Gesetzgebungsbefugnis des Bundes voran. Sie erstreckt sich grundsätzlich auf das gesamte Gebiet des materiellen Strafrechts. Davon ist nach dem Wortlaut der Verfassungsbestimmung — „Der Bund ist zur Ge-

---

[1]) Tanner: Die öffentlichrechtlichen Folgen (Ehrenfolgen) der fruchtlosen Pfändung und des Konkurses in der Schweiz, Zürcher Diss. (1924).

setzgebung im Gebiete des Strafrechts befugt" — wenigstens auszugehen[1]). Es geht kaum an, mit BURCKHARDT dem Bund schlechthin das Recht abzusprechen, Strafbestimmungen aufzustellen, die der Durchführung kantonaler Verwaltungseinrichtungen dienen. Bei der gesetzgeberischen Gestaltung des Verhältnisses zwischen Bundes- und kantonalem Strafrecht liegt jedoch das Hauptgewicht nicht nach der juristischen, sondern nach der politischen Seite. Soweit das Verwaltungsrecht kantonal bleibt, wird der Bund, in der Erkenntnis der subsidiären Natur des Strafrechts, richtigerweise die zum Schutze kantonaler Einrichtungen notwendigen Strafbestimmungen den Kantonen überlassen. Das muß insbesondere für das Disziplinarrecht in kantonalen Gewaltverhältnissen gelten. Das muß weiter für Fälle gelten, in denen die besondern Verhältnisse in einem einzelnen Kanton auch eine besondere Ordnung erheischen (Steuerstrafrecht, Bestimmungen über Sitten-, Kultus-, Gewerbepolizei usw.). Der E. zieht diese Grenzen in Art. 352. Er behält den Kantonen die „Gesetzgebung über das Polizeistrafrecht insoweit vor, als es nicht Gegenstand der Bundesgesetzgebung ist". Er läßt insbesondere den Kantonen die Befugnis, die Übertretung kantonaler Verwaltungs- und Prozeßvorschriften mit Strafe zu bedrohen[2]).

Zweifelhaft scheint, im Hinblick auf Art. 64 bis der BV., zunächst die Befugnis des Bundes zur Aufstellung von prozeßrechtlichen Normen und von Strafvollzugsbestimmungen, soweit es sich um Eingriffe in die kantonalen Rechte handelt. Der E. ordnet die Gerichtsstände (Art. 365ff.), die interkantonale Rechtshilfe (Art. 371ff.), das Strafregister, auch hinsichtlich der kantonalen Gestaltung (Art. 377ff.). Er stellt bestimmte Grundsätze des Verfahrens, namentlich des Rechtsganges gegenüber Kindern und Jugendlichen auf (Art. 384ff., 390ff.). Er ordnet in den Grundzügen den Strafvollzug und die Schutzaufsicht (Art. 34ff., 395ff.) und schreibt den Kantonen — unter Zusicherung von Bundesbeiträgen — die Errichtung und den Betrieb der erforderlichen Anstalten vor (Art. 406ff.). Endlich haben die Kantone im Begnadigungs- und im Wiederaufnahmeverfahren sich an bestimmte bundesrechtliche Normen zu halten (Art. 417ff.). — Das Maß dieser bundesrechtlichen Einwirkungen auf die kantonalen Prozeßrechte darf richtigerweise nicht nur in der Zweckmäßigkeit gefunden werden. Den

[1]) Nicht so weit wie der Text gehen BURCKHARDT: Kommentar BV. 616f. — ZÜRCHER: Erläuterungen zum VE. 1908, 1, der das gesamte, von den Trägern irgendeiner Amtsgewalt gehandhabte Disziplinar- und Ordnungsstrafrecht von der Verfassungsbestimmung unberührt bleiben läßt.

[2]) Dabei gilt die Einschränkung, daß die Kantone in dem ihnen vorbehaltenen Polizeistrafrecht als Freiheitsstrafe nur die Haftstrafe, wie sie der E. vorsieht, androhen dürfen (E. Art. 352 III). Das Freiheitsstrafensystem des E. ist also als unbedingt bindendes Recht gedacht.

Ausschlag gibt die Überlegung, daß prozessuale Bestimmungen im eidgenössischen StGB. soweit zulässig sein müssen, als die Durchführung des einheitlichen materiellen Rechtes durch verschiedenartiges kantonales Prozeßrecht unmöglich gemacht oder gefährdet würde[1]).

Solange und soweit der Bund von der ihm zustehenden Ermächtigung zur Strafrechtsvereinheitlichung keinen Gebrauch macht, solange namentlich das eidgenössische StGB. nicht zur Tat geworden ist, bleiben die kantonalen Gesetzgebungsgewalten unberührt.

III. Bundesrecht bricht kantonales Recht. Über den Grundsatz herrscht kein Zweifel (vgl. BV. Übergangsbestimmungen, Art. 2). Die Tragweite des Satzes ist oft nicht leicht zu bestimmen. Unbestritten tritt, sobald der Bund seine Strafgesetzgebungsgewalt auf einem Gebiete ausgeübt hat, widersprechendes kantonales Recht ohne weiteres außer Kraft, und die Entstehung neuen kantonalen Rechtes ist ausgeschlossen. Um den Bundesrechtssatz zur Wirkung zu bringen, bedarf es weder seiner ausdrücklichen Einführung in das kantonale Recht, noch ist es notwendig, daß die Kantone ihre bisherigen Rechtssätze ausdrücklich aufheben[2]). Art. 423 des Entwurfes spricht diese Aufhebung von Bundes wegen aus. Da der Satz: Bundesrecht bricht kantonales Recht feststeht, wäre auch das nicht notwendig gewesen.

Nach drei Richtungen ist die Auswirkung des Satzes besonders festzustellen:

1. Er gilt nicht in dem Sinne, daß der Allgemeine Teil der eidgenössischen Strafgesetzbücher (bürgerliches StGB. von 1853, MilStG. von 1851) bei der Anwendung kantonaler Rechte maßgebend wäre. Der Bund beschränkt in der Hauptsache die Kantone in der Aufstellung von Deliktstatbeständen. Er läßt den Allgemeinen Teil ihrer Strafgesetzbücher unberührt, solange nicht das einheitliche eidgenössische StGB. Tatsache geworden ist, oder soweit nicht heute schon durch andere Bundesrechtssätze allgemeine strafrechtliche Normen aufgestellt sind, z. B. das Verbot der Landesverweisung von Schweizerbürgern (BA. Art. 44 I und Art. 60), das Verbot der Prügelstrafe und die Einschränkung der Todesstrafe (BV. Art. 65).

---

[1]) Thormann: a. a. O. 7ff., der von diesem Standpunkt aus gegen die eidgenössische Ordnung der Gerichtsstände Bedenken äußert (24f.) Vgl. ferner Prot. II. ExpKom. 8, 57ff. — Däppen: Der örtliche Gerichtsstand im schweizerischen Strafprozeßrecht, Berner Diss. (1920), 71ff. — Zürcher: Erläuterungen, 2ff. — Hafter: Z. 16, 138ff. — Burckhardt: Kommentar (2. Aufl.), 618f. Die entsprechenden Fragen sind bei der Schaffung des ZGB. grundsätzlich gleich behandelt worden.

[2]) Stooss: Grundzüge, 1, 51f.; BE. 15, 164; Zürcher Bl. 24, 126, 141. Über die ähnlichen Verhältnisse zwischen Reichs- und Landesrecht in Deutschland vgl. z. B. Binding: Handbuch, 1, 280ff. (Reichsrecht geht vor Landesrecht). — v. Bar: Gesetz und Schuld, 1, 29ff. — v. Liszt-Schmidt: Lehrbuch, § 20.

2. Das Bundesgericht geht zutreffend von dem Satz aus, daß, sobald ein strafrechtliches Gebiet eidgenössisch geordnet sei, „das kantonale Strafrecht — im ganzen und im einzelnen — auf demselben keinen Platz mehr" habe (BE. 27 I, 541). Damit allein kommt man jedoch nicht aus. Bei Delikten gegen den Bund oder gegen Bundesbeamte fragt es sich im einzelnen Fall, ob das Bundesstrafrecht die Tat nach allen Richtungen erfaßt. Trifft das nicht zu, so gelangen neben dem Bundesrecht kantonale Rechte zur Anwendung. Daß wurde namentlich bei von Bundesbeamten begangenen Unterschlagungen praktisch. Der inzwischen durch das neue Postverkehrsgesetz aufgehobene Art. 54 lit. a des BStG. von 1853 umfaßte z. B. nur das besondere Amtsdelikt der Postunterschlagung — Unterschlagung eines Briefes oder eines Schriftpaketes durch einen Beamten oder Angestellten der Postverwaltung —, nicht dagegen das Eigentumsdelikt der Unterschlagung. Mit dem Bundesstrafrecht muß hier das am Begehungsort geltende kantonale Strafrecht in Konkurrenz treten[1]). Das ergibt sich schon aus Art. 75 des BStG. Er überweist die von Bundesbeamten oder -Angestellten in ihrer amtlichen Stellung verübten „gemeinen Verbrechen" dem kantonalen Recht. Über die aus der Konkurrenz eidgenössischen und kantonalen Rechts für die Straffindung sich ergebenden Verhältnisse unten § 79 II 6.

3. Aus den durch Gesetz und Praxis festgestellten Beziehungen zwischen Bundes- und kantonalem Recht heraus ist endlich die Frage zu entscheiden, ob der kantonale Gesetzgeber auf einem Gebiet, das bereits vom Bundesrecht erfaßt ist, über diese Regelung hinausgehen, sie ergänzen darf. Das Problem stellt sich auch so, ob schon bestehende kantonalrechtliche Bestimmungen zur Ausfüllung von wirklichen oder vermeintlichen Lücken des Bundesstrafrechts verwendet werden dürfen. Vom Boden des Bundesrechts aus muß die grundsätzliche Lösung gesucht werden:

Maßgebend ist, ob die Bundesgesetzgebung ein bestimmtes strafrechtliches Gebiet abschließend geordnet hat oder nicht[2]). Fehlt ein

[1]) BE. 30 I, 404f.; 34 I, 118ff. (Konkurrenz von Amtspflichtverletzung, Fälschung und Zerstörung von Bundesakten mit Geldunterschlagung); ähnlich 40 I, 443ff.; siehe auch JZ. 19, 27 N. 28; Répertoire vaudois, 73; ferner JZ. 17, 219, N. 40 (Konkurrenz eines dem Bundesrecht unterstehenden Sprengstoffdeliktes mit kantonalrechtlicher Brandstiftung); Geschäftsbericht Bundesrat 1923, 359 (Konkurrenz Sprengstoffdelikt mit kantonalrechtlicher Eigentumsbeschädigung). Kronauer: Z. 27, 161 ff. — Stämpfli: Z. 38, 72f. — Dagegen umfaßt Art. 67 II des BStG. (qualifizierte Gefährdung der Sicherheit des Eisenbahnverkehrs) auch eine mitverübte fahrlässige Tötung oder Körperverletzung. Konkurrenz des Bundesrechtes mit einem kantonalrechtlichen Tatbestand liegt nicht vor; Geschäftsbericht Bundesrat 1923, 358.

[2]) Klar ist die Lage, wenn ein BGes. selbst auf die Möglichkeit der Erweiterung eidgenössischen Rechtes durch den kantonalen Gesetzgeber hinweist, z. B. BGes. vom 24. Juni 1904 über Jagd und Vogelschutz (Eidg. GesSlg. n. F. 20, 133ff.),

Vorbehalt zugunsten der Kantone, so ist abschließende bundesrechtliche Regelung anzunehmen (BE. 43 I, 317; 50 I, 342ff., ferner Répertoire vaudois, 44, Urteil vom 29. Juni 1920). Das trifft insbesondere für das im BStG. von 1853 aufgestellte Strafensystem zu. Es kennt weder die Strafumwandlung, noch die bedingte Entlassung, noch die bedingte Verurteilung oder den bedingten Straferlaß. Bei einer durch die kantonalen Gerichte erfolgenden Verurteilung auf Grund des Bundesstrafrechts sind daher entsprechende Normen des kantonalen Rechtes nicht anwendbar[1]). Die Ergänzung eidgenössischen Rechts durch kantonale Normen ist dagegen namentlich im Polizeistrafrecht zulässig und geboten; vgl. E. eidg. Art. 352. Die kantonalen Polizeistrafgesetze werden also auch neben dem künftigen eidgenössischen StGB. Bestand haben, soweit sie ihm nicht widersprechen[2]).

§ 9. Verhältnis zwischen den Strafgesetzbüchern und der Nebenstrafgesetzgebung.

Literatur: Meili: Z. 8, 34ff. — Stooss: eod. 249ff. — Zürcher: eod. 143ff. — Wolf: JZ. 15, 37ff.

Aus dem Nebeneinander von Strafgesetzbüchern und Nebenstrafgesetzgebung (oben § 6 I) ergeben sich bestimmte Beziehungen. Sie bedürfen nach drei Richtungen der Abklärung:

I. Das Verhältnis der allgemeinen Bestimmungen des BStG. zu den Nebenstrafgesetzen des Bundes. Die grundsätzliche Frage geht dahin, ob der Allgemeine Teil des BStR. von 1853 nicht nur auf die im Besondern Teil dieses Gesetzes enthaltenen Delikte, sondern auch auf die in der Nebenstrafgesetzgebung des Bundes aufgestellten Delikte — es handelt sich namentlich um Übertretungen — anwendbar ist. Die Frage kompliziert sich dann, wenn gemäß OGBRPfl. Art. 125 II und Art. 146 die Anwendung des Bundesstrafrechts durch die kantonalen Gerichte erfolgt. Man hat geltend gemacht, daß in solchen Fällen

---

Art. 7 II und dazu Zürcher Bl. 17, Nr. 49; 24, Nr. 67; ferner Art. 65 II des neuen BGes. vom 10. Juni 1925 über Jagd und Vogelschutz (Eidg. GesSlg., 41, 742): Die Kantone sind zum Erlaß von Strafbestimmungen insofern berechtigt, als ihnen nach Maßgabe dieses Gesetzes die Befugnis zur Ordnung des Jagdrechtes zusteht.

[1]) BE, 431 I, 317; BBl. 1921 II, 204; 1923 III, 229f.; Zürcher Bl. 24, 143; vgl. auch Stooss, A.: Kommentar MilStGO. Art. 209, N. 2. Ausnahmen in bestimmten Fällen der Konkurrenz eidgenössischen und kantonalen Strafrechts, unten § 72 III.

[2]) Weitere Fälle: Ergänzung von Art. 55 des BGes. über Schwach- und Starkstromanlagen durch kantonalrechtliche Bestimmungen über böswillige Eigentumsschädigung; JZ. 13, 265, Nr. 238. Ergänzung des sog. Sprengstoffgesetzes — BGes. vom 12. April 1894, jetzt BGes. vom 19. Dezember 1924 — durch kantonalrechtliche Bestimmungen über Tötung, Brandstiftung usw. — Kronauer: Z. 21, 25ff.; JZ. 17, 219, Nr. 40. — Stämpfli: Z. 38, 72f.

kantonalrechtliche Bestimmungen, z. B. Verjährungsnormen, zur Ergänzung von Lücken heranzuziehen sind[1]). Das ist unhaltbar. Wenn ein Nebenstrafgesetz des Bundes keine Vorschriften über Schuld, Versuch, Teilnahme, Verjährung usw. enthält, so ist die Ergänzung grundsätzlich aus der gleichen Rechtsquelle zu gewinnen, die dieses Gesetz erlassen hat, also aus dem Bundesrecht[2]). In der Durchführung dieses Satzes zeigen sich Schwierigkeiten. Die maßgebende bundesgerichtliche Praxis weist Schwankungen auf. Ursprünglich ging das Bundesgericht von der Geltung der allgemeinen Bestimmungen des BStR. von 1853 für alle in der Nebenstrafgesetzgebung enthaltenen Verbrechen und Vergehen aus (E. 22, 411). Später engte es dieses Prinzip ein. Der Allgemeine Teil des BStR. sollte für die Nebenstrafgesetze nur anwendbar sein, „soweit das der Natur der Sache nach angeht" (E. 33 I, 201 und 42 I, 398)[3]). Das Abstellen „auf die Natur der Sache" soll aber nur gelten, wenn das Spezialgesetz nicht ausdrücklich auf den Allgemeinen Teil des BStR. hinweist. Enthält dagegen das Nebenstrafgesetz einen solchen Hinweis, so kann nicht mehr auf die „Natur der Sache" abgestellt werden. Das Bundesgericht mußte in diesen Fällen für die uneingeschränkte Anwendung der allgemeinen Vorschriften des BStR. eintreten. Es konnte namentlich, im Hinblick auf Art. 11 und 12 dieses Gesetzes, die Fahrlässigkeit nur bestrafen, wenn der besondere strafrechtliche Erlaß das ausdrücklich vorsieht (BE. 43 I, 232f und 328)[4]). Im Hinblick auf die während des Weltkrieges er-

[1]) Namentlich Meili: Z. 8, 36ff.

[2]) Stooss: Grundzüge, 1, 49 und Z. 8, 249ff. — Zürcher: Z. 8, 146, 159. — Kronauer: Z. 26, 129; BE. 27 I, 540ff.

[3]) Anwendung im einzelnen: BE. 22, 411 (die Teilnahmebestimmungen des BStR. gelten nicht bei Übertretungen — mit Abweichung für das Fischereigesetz, E. 31 I, 699); E. 33 I, 201 (Strafbarkeit von Markenrechtsdelikten nur bei vorsätzlicher Begehung gemäß Art. 11 BStG.); E. 27 I, 540ff. und 34 I, 135 (Anwendung von Verjährungsbestimmungen des BStG. auf das Patenttaxengesetz und das Urheberrechtsgesetz); Praxis 1, 580 und BE. 38 I, 185 (Geltung der Rückfallsbestimmungen des BStR. für das Jagdgesetz und das Auswanderungsagenturgesetz). Anderseits erklärte das Bundesgericht, trotz Art. 11 und 12 des BStG., auch die fahrlässige Verübung für strafbar bei gewissen Übertretungen des Fabrikgesetzes (E. 45 I, 333) und bei der unerlaubten Besitzesentäußerung von Pikettpferden nach Art. 213 der Militärorganisation (E. 42 I, 397f. und 43 I, 121). Weitere Daten bei v. Cleric: Leitfaden, 22ff. Über die Behandlung des Versuches bei Übertretungen unten § 40 II 1.

[4]) Die neuere Nebenstrafgesetzgebung zeigt die Tendenz, die allgemeinen Bestimmungen des BStR. ausdrücklich auf die in den Nebengesetzen aufgestellten Tatbestände als anwendbar zu erklären. In erweitertem Maße wird jedoch ausdrücklich auch die fahrlässige Verübung unter Strafe gestellt, z. B. Postverkehrsgesetz vom 2. Okt. 1924 (Eidg. GesSlg. 41, 329ff.), Art. 56 und besonders Abs. 2: „Die in Art. 59 bis 62 genannten strafbaren Handlungen sind auch bei fahrlässiger Begehung strafbar." Ferner BGes. vom 10. Juni 1925 über Jagd- und Vogelschutz (Eidg. GesSlg. 41, 727ff.), Art. 53 und 55.

lassenen strafrechtlichen Notverordnungen hat aber der Bundesrat am 26. Dezember 1917 eine authentische Interpretation dieser Erlasse gegeben. Danach bezogen sich die Strafdrohungen der sog. Kriegsverordnungen auch auf die fahrlässigen Verfehlungen, „soweit die fahrlässige Begehung nach der Natur der Übertretung nicht ausgeschlossen ist.[1]")

In einem Einzelfall hat das Bundesgericht noch ausdrücklich festgestellt, daß allgemeine Bestimmungen, die ein Bundesspezialgesetz — z. B. das Fiskalstrafgesetz von 1849 — enthält, keineswegs auf andere, nicht in seinen Kreis gehörende Nebenstrafgesetze Anwendung finden dürfen[2]).

Die immer wieder auftretenden Unsicherheiten im Verhältnis des BStG. zu den Nebenstrafgesetzen des Bundes erfordern eine klare gesetzliche Ordnung. Der Entwurf sieht sie in Art. 350 vor[3]).

II. Das Verhältnis der allgemeinen Bestimmungen des BStR. zu den Nebenstrafgesetzen der Kantone. Allgemeine strafrechtliche Bestimmungen des Bundes kommen in der kantonalen Nebenstrafgesetzgebung nicht zur Anwendung. Für das geltende Recht steht das fest. Der VE. 1915 des III. Buches des eidgenössischen StGB. sah die subsidiäre Anwendung des Allgemeinen Teils auch für die Übertretungen, die der kantonalen Gesetzgebung vorbehalten bleiben sollen, vor (Art. 358). Die Expertenkommission strich diese Bestimmung, weil auf diesem Gebiet die absolute Selbständigkeit der kantonalen Rechte gewahrt werden sollte[4]). Immerhin bestimmt Art. 352 III des endgültigen E., daß im kantonalen Übertretungsstrafrecht als Freiheitsstrafe nur die Haftstrafe, so wie das eidgenössische StGB. sie vorsieht, zulässig sein soll.

III. Das Verhältnis der allgemeinen Bestimmungen der kantonalen StGB. zu den kantonalen Nebenstrafgesetzen. Die Ordnung in den kantonalen Rechten geht weit auseinander:

---

[1]) Eidg. GesSlg. 33, 1122; BBl. 1917 IV, 1012f. und daraufhin BE. 44 I, 89ff. Dazu kritisch Wolf: JZ. 15, 37ff. und v. Cleric: eod. 82.

[2]) BE. 27 I, 539f.

[3]) „Die allgemeinen Bestimmungen dieses Gesetzes (des StGB.) finden auf Taten, die in andern Bundesgesetzen mit Strafe bedroht sind, insoweit Anwendung, als diese Bundesgesetze nicht selbst Bestimmungen aufstellen. — Ist in einem andern Bundesgesetz die Tat mit Freiheitsstrafe von mehr als drei Monaten bedroht, so finden die allgemeinen Bestimmungen über Vergehen Anwendung, andernfalls die allgemeinen Bestimmungen betreffend Übertretungen, wobei statt auf Gefängnis auf Haft zu erkennen ist. — Der Vollzug der Bußen, die Verjährung und die Begnadigung richten sich stets nach den Vorschriften dieses Gesetzes." Dazu Prot. II. ExpKom. 8, 7ff. — Zürcher: Z. 8, 158ff. — Kronauer: Z. 26, 155ff. — v. Cleric: JZ. 15, 221.

[4]) Zürcher: Erläuterungen zum III. Buch des VE., 6 und Prot. II. ExpKom. 8, 24ff.

Zürich StGB. § 2 schließt die Anwendung des Allgemeinen Teils auf Polizeiübertretungen und damit namentlich für die Nebenstrafgesetze grundsätzlich aus. In den §§ 327ff. der StPO. sind für das Übertretungsrecht allgemeine Vorschriften aufgestellt[1]). Auf dem Standpunkt der Ausschließung stehen ferner Glarus § 1, Zug § 1, St. Gallen Art. 2, Waadt Art. 12[2]) und Neuenburg Art. 7.

Diese Ordnung bildet aber die Ausnahme. Die Mehrzahl der Kantone bestimmt, daß die allgemeinen Bestimmungen des StGB. bei den Übertretungen und damit namentlich auch bei den Nebenstrafgesetzen subsidiäre Geltung haben. Das trifft sowohl für Kantone zu, die gewisse Übertretungen in das StGB. selbst aufgenommen haben — z. B. Bern Freiburg, Tessin —, wie auch für Kantone mit besondern Polizeistrafgesetzen[3]).

Einige Kantone lösen die Frage nicht ausdrücklich (Schwyz, Appenzell A-Rh., Schaffhausen, Aargau, Thurgau). Auch hier muß, gleich wie im Bundesrecht (siehe oben I), angenommen werden, daß die allgemeinen Sätze der Strafgesetzbücher für das Übertretungsrecht und die Nebenstrafgesetze subsidiäre Geltung beanspruchen[4]). Das ist die richtige Lösung. Die Tendenz muß sein, daß die im Allgemeinen Teil eines StGB. aufgestellten Grundsätze für das gesamte Strafrecht eines Landes gelten, für Verbrechen, Vergehen und Übertretungen, auch wenn die Ordnung in Nebengesetzen erfolgt. Der Besonderheit von Einzelfällen, bei denen die Anwendung der allgemeinen strafrechtlichen Regeln nicht möglich oder nicht richtig erscheint, hat der Gesetzgeber durch Ausnahmenormen Rechnung zu tragen. Er soll es aber nie ohne Not tun. Jedes Abgehen von den allgemeinen Grundsätzen gefährdet die einheitliche Durchführung und Anwendung des Strafrechts.

---

[1]) Rechtsprechung: Die §§ 327ff. der StPO. enthalten materielles Recht: Zürcher Bl. 14, 52. Nichtanwendung der Bestimmung über Einziehung nach § 24 StGB. auf Nebengesetze: eod. 17, Nr. 147. Verjährung von Polizeiübertretungen: eod. 17, Nr. 156, 157. Nichtanwendung der allgemeinen Bestimmungen des StGB. im Steuerstrafrecht: Zentralbl. Verwaltung, 23, 86f. — ZELLER: Kommentar Zürcher StGB. § 2, N. 2 hält die Anwendung des Allg. Teils des StGB. auf Nebenstrafgesetze für gegeben, soweit sie „Verbrechen“ enthalten; dazu ein zweifelhafter Entscheid: Zürcher Bl. 23, 192.

[2]) Dazu Répertoire vaudois, 118f.: Nichtanwendung der Verjährungsbestimmungen aus Art. 75ff. StGB.; 260f.: Nichtanwendung der Bestimmungen über Konkurrenz und Rückfall (Art. 64, 67ff.)

[3]) Typisch z. B. Obwalden, Pol.StG. Art. 2: „Die allgemeinen strafrechtlichen Grundsätze, wie solche zumal im ersten Teil des Kriminalstrafgesetzes ... normiert sind, haben Anwendung auf die Polizeivergehen, inwieweit das Gegenteil nicht ausdrücklich bestimmt ist oder aus dem Zusammenhange der gesetzlichen Bestimmungen zweifellos hervorgeht“. Ähnlich Graubünden, Polizeiges. § 10.

[4]) STOOSS: Grundzüge, 1, 169f. — ZÜRCHER: Z. 8, 149ff. Die Lösung des Textes wird vom Bundesgericht für den Kanton Aargau bestätigt: E. 27 I, 323; 29 I, 209f.

Die Anschauung namentlich, daß die für Verbrechen und Vergehen aufgestellten allgemeinen Bestimmungen für das Übertretungsstrafrecht nicht gelten könnten (Zürich usw.), ist heute nicht mehr richtig. Die strafrechtliche Übertretung unterscheidet sich ihrem Grundcharakter nach nicht von den andern Deliktsarten, den Verbrechen und Vergehen. Nur Quantitätsunterschiede bestehen (unten § 19 II). Sie können allerdings dazu führen, daß einzelne Normen, die im Allgemeinen Teil der Kriminalstrafgesetzbücher stehen, für die Nebenstrafgesetzgebung ausgeschaltet oder modifiziert werden müssen.

Zweiter Abschnitt.

Bereich des Strafgesetzes.

§ 10. Zeitliche Geltung.

Literatur. Lehmann: Das zeitliche Herrschaftsgebiet der Strafrechtssätze, Berner Diss. (1896). — Traeger: VD. Allg. Teil, 6, 317ff. — Wolff: JZ. 15, 37ff. — v. Cleric: JZ. 15, 222. — Delaquis: ZgesStRW. 40, 517ff.

I. Kein von Menschen erdachtes Gesetz hat Ewigkeitsdauer. In der Regel ist die Geltungszeit eines Rechtssatzes, oder wenigstens der Anfang seiner Geltung, direkt aus dem Gesetz ersichtlich. Es bestimmt ausdrücklich den Tag, an dem es in Kraft tritt[1]). Ausnahmsweise — etwa in der zu unruhigen Zeiten nicht vermeidbaren Gelegenheitsgesetzgebung — kann es auch vorkommen, daß in einem Erlaß die Zeit seiner Dauer von vorneherein bestimmt wird oder sich aus den Umständen ergibt[2]). Jedenfalls endet die Geltung eines Gesetzes, gleichgültig ob das ausdrücklich erklärt wird oder nicht, mit der Neuordnung des gleichen Gegenstandes durch ein neues Gesetz. Lex posterior derogat priori. Ob die Neugestaltung strafrechtlicher Verhältnisse durch ein Strafgesetz oder indirekt durch einen andern gesetzgeberischen Erlaß erfolgt, bleibt sich gleich.

Als Regel ergibt sich der Satz, daß ein Strafgesetz auf alle während

[1]) Für das Bundesrecht gilt Art. 36 des BGes. vom 9. Okt. 1902 über den Geschäftsverkehr zwischen Nationalrat, Ständerat und Bundesrat:

„Ist der Zeitpunkt des Beginnes der Wirksamkeit eines Gesetzes, eines Bundesbeschlusses oder einer Verordnung in denselben nicht festgesetzt, so wird er vom Bundesrate bestimmt und gleichzeitig mit dem Gesetze, dem Bundesbeschlusse oder der Verordnung veröffentlicht. — Dieser Zeitpunkt soll in der Regel nicht früher angesetzt werden, als fünf Tage nach der Veröffentlichung. — Sollte über den Zeitpunkt der Wirksamkeit nichts bestimmt worden sein, so tritt der betreffende Erlaß fünf Tage nach seiner Veröffentlichung in Wirksamkeit. Ist die Veröffentlichung der verschiedenen Texte nicht gleichzeitig erfolgt, so läuft die fünftägige Frist von der letzten Veröffentlichung an."

[2]) Ein Fall in BE 23, 1499ff.

seiner Herrschaftszeit verübten Delikte anzuwenden ist[1]). Grundsätzlich darf weder eine Nachwirkung alten Rechts, noch eine Rückwirkung neuen Rechts auf früher begangene Delikte angenommen werden[2]). Das letztere gilt, im Zusammenhang mit der Maxime: Keine Strafe ohne Gesetz, insbesondere für den Fall, daß durch einen neu geschaffenen Rechtssatz ein bisher nicht strafbares Verhalten für strafbar erklärt wird (oben § 4 I 2). — Die schweizerischen StGB. folgen im allgemeinen diesen Regeln. Besonders prägnant ist die in mehreren welschen Texten wiederkehrende Formel: La loi pénale ne dispose que pour l'avenir; elle n'a point d'effet rétroactif (Freiburg, StGB. von 1868, Art. 7, Waadt Art. 3, Wallis Art. 4, Genf Art. 2). Nur drei Kantone (Zug, Übergangsbest. § 1, Schaffhausen § 265 und Novelle 1916 Art. 14, Appenzell A.-Rh. Schlußbestimmung) lassen das neue Gesetz auch auf die vor dem Inkrafttreten verübten Delikte, soweit eine rechtskräftige Beurteilung noch nicht erfolgt ist, zurückwirken[3]).

II. Von der Regel, die sowohl Rück- wie Nachwirkung ausschließt, wird fast allgemein eine Abweichung für den Fall gefordert, da ein Delikt unter der Herrschaft des frühern Rechtes begangen, aber erst unter der Herrschaft des neuen — abgeänderten — Rechtes zur Beurteilung gelangt. Die Lösung erfolgt nach dem Grundsatz des mildern Gesetzes. Je nachdem wirkt das alte Recht nach oder das neue zurück[4]). Nach diesem Prinzip lösen sich zunächst die Fälle, in denen nach beiden aufeinander folgenden Gesetzgebungen eine Tat strafbar ist, wobei entweder das frühere oder das spätere Gesetz milder ist. Gleiches muß aber auch gelten, wenn das alte Gesetz Strafe vorsah, das neue auf den Straftatbestand verzichtet, oder wenn umgekehrt eine Tat erst durch die neue Gesetzgebung für strafbar erklärt wird. Ferner kann zwischen Tatbegehung und richterlicher Beurteilung ein mehrfacher Wechsel der Gesetzgebung erfolgen. Die Konsequenz fordert, daß in einem solchen Falle das mildeste, das für den Täter günstigste Gesetz zur Anwendung kommt[5]).

---

[1]) Über den Zeitpunkt der Deliktsverübung bei den sog. Distanzverbrechen, unten § 17.

[2]) Eigenartiger Fall einer gesetzlich bestimmten Nachwirkung alten Rechts in einer bundesrätlichen VO. aus der Kriegszeit vom 26. Dezember 1917 (Eidg. GesSlg. 33, 1122), ferner: BE. 44 I, 207f. Dazu Wolf: JZ. 15, 37ff.

[3]) Obwalden, das Stooss: Grundzüge, 1, 140 in dieser Gruppe noch nennt, folgt seit der Novelle von 1908 (§ 7) der vorherrschenden Ordnung.

[4]) Zur Geschichte des Grundsatzes vgl. v. Bar: Gesetz und Schuld, 1, 61ff.; — Seeger: Über die rückwirkende Kraft neuer Strafgesetze (Tübingen 1862), 1ff.

[5]) Herrschende Auffassung; s. v. Bar: 1, 73ff. Ausdrücklich z. B. das italienische StGB. Art. 2 III; das ungarische StGB. § 2. Ablehnend Gautier: Prot. II. ExpKom. 1, 16. Zweifelhaft ist, ob nach Art. 2 des E. ein milderes Zwischengesetz berücksichtigt werden könnte; vgl. Delaquis: ZgesStRW. 40, 518f.

Mit juristischen Argumenten kann der Satz vom mildern Gesetz nicht gestützt werden. Seine Begründung ergibt sich aus psychologischen und kriminalpolitischen Erwägungen: Ist bei einem Wechsel in der Gesetzgebung das neue Recht milder — weil die Anschauungen über eine Tat sich geändert haben, oder weil eine allgemeine Tendenz zur Milderung zum Durchbruch kam — so läßt es sich mit Billigkeitsgründen rechtfertigen, jedermann die neue Auffassung zugute kommen zu lassen[1]). Ist umgekehrt das neue Recht härter, so ist es verständlich, wenn für eine Übergangszeit auf ein früheres Gesetz zurückgegriffen wird. In einzelnen Fällen mag hier auch die Tatsache berücksichtigt werden, daß der Täter sich unter der Herrschaft des frühern, für ihn günstigeren Rechtes zu seiner Tat entschloß. Besonders deutlich kommt der Billigkeitsstandpunkt in Art. 8 § 1 des tessinischen StGB. zum Ausdruck: La legge non é mai retroattiva in pregiudizio dell' accusato, e nel dubbio si fa luogo all' interpretazione più benigna.

Die schweizerischen Gesetzbücher bringen im allgemeinen den Grundsatz des mildern Gesetzes zur Geltung. Die schon erwähnten Gesetze von Zug, Schaffhausen und Appenzell A.-Rh. bilden die Ausnahme. Da sie grundsätzlich die Rückwirkung des neuen Rechtes vorsehen, hat bei ihnen das Prinzip der mitior lex keinen Raum. Das BundesStGB. von 1853 schweigt. Die Praxis hat aber auch für das Bundesstrafrecht die Geltung des Satzes vom mildern Recht angenommen[2]).

III. Ist der Richter vor die Aufgabe gestellt, von zwei Gesetzen das mildere zur Anwendung zu bringen, so hat er sich für das Gesetz zu entscheiden, das als Ganzes genommen für den Täter günstiger erscheint. Er darf nicht aus beiden Gesetzen je die mildern Momente zur Geltung bringen. Die vergleichende Prüfung muß sich erstrecken auf sämtliche Momente des alten und des neuen Rechts, auf die Umschreibung des Tatbestandes und namentlich auf die Strafdrohung, dann auch auf die Verjährung und gegebenen Falles auf die Frage, ob nach dem einen oder dem andern Gesetz die Bestrafung von Amtes

---

[1]) Ablehnend v. Cleric: JZ. 9, 335 und 15, 222, der die Rückwirkung des neuen mildern Rechts als ungerecht und unzweckmäßig bezeichnet. Gegen die Rückwirkung neuer Strafgesetze auch der englisch-amerikanische Rechtskreis; VD. Allg. Teil, 6, 323f., 328, 367. — Traeger: eod., namentlich 373f., 386, 435, vertritt den Standpunkt, daß stets das Gesetz zur Zeit der Aburteilung angewendet werden sollte, gleichviel ob dieses milder oder strenger ist als das frühere. Ebenso Binding: Normen, 1 (2. Aufl.), 167ff. Vgl. auch BE. 44 I, 91f. Über gleiche Tendenzen in der italienischen Literatur Battaglini: Introduzione, 91ff.

[2]) BE. 20, 354f. Weitere Entscheide zum Grundsatz der mitior lex: BE. 10, 226f.; JZ. 19, 188f., Nr. 36f. (Zürich); Zürcher Bl. 22, Nr. 64 und 169; JZ. 22, 234, Nr. 204 (Thurgau). Einzeldaten aus der schweizer. Gesetzgebung bei Lehmann: a. a. O. 18ff.

wegen oder nur auf Antrag erfolgt usw. Die Entscheidung, welches von zwei Gesetzen das mildere ist, mag im Einzelfall schwer fallen. Allein die Aufgabe ist nicht schwieriger, als sie in andern Fällen richterlicher Prüfung und richterlichen Ermessens gestellt ist[1]).

Teilweise regeln die Gesetze Einzelfragen, in denen die Tragweite des Satzes von der Anwendung des mildern (für den Täter günstigeren) Strafgesetzes zweifelhaft erscheint. Namentlich St. Gallen stellt solche Einzelbestimmungen auf: Für die Verfolgungsverjährung gilt das mildere Recht, für die Vollstreckungsverjährung dagegen das neue Gesetz (Art. 206 Ziff. 2 lit. d und g); bei Delikten, die nach dem neuen Recht einen Strafantrag erfordern, wird dem Antragsberechtigten zur nachträglichen Antragstellung eine Frist von einem Monat gesetzt, wobei Aufhebung des Verfahrens vorgesehen ist, wenn die Antragstellung unterbleibt (Art. 206 Ziff. 2 lit. f.). Basel läßt bei neuen Antragsdelikten, deren Untersuchung unter dem alten Recht bereits von Amtes wegen begonnen hatte, das Verfahren einstellen, wenn der Antragsberechtigte sich damit einverstanden erklärt (Einf.-Ges. StGB. Art. 3 II) Ausführlich ordnet auch der eidgenössische E. Art. 354 bestätigt den Grundsatz des günstigeren Gesetzes für die Verfolgungs- und die Vollstreckungsverjährung. Art. 356 berechnet bei neuen Antragsdelikten die Frist zur Antragstellung vom Inkrafttreten des neuen Gesetzes an, läßt dabei allerdings der Verfolgung von Amtes wegen ihren Lauf, wenn das Verfahren schon unter der Herrschaft des alten Rechtes eingeleitet worden war (Ziff. 2). Beim Wechsel der Gesetzgebung zugunsten der Amtsverfolgung bleibt das Antragserfordernis für Antragsdelikte, die unter der Herrschaft des alten Rechtes begangen wurden, bestehen (Ziff. 3)[2]).

IV. Fast wichtiger als diese, im wesentlichen das Prinzip des mildern Strafgesetzes bestätigenden Einzelregeln ist die Lösung der Frage, ob und wie weit der Grundsatz auch im Strafprozeß- und namentlich im Strafvollstreckungsrecht zur Geltung gelangen soll. Für das Prozeßrecht kommt man zur Verneinung. Die kriminalpolitischen Überlegungen, die im materiellen Recht den Grundsatz der mitior lex tragen, haben im Prozeßrecht keine Berechtigung. Ein neues Prozeßgesetz ist mit dem Tage seines Inkrafttretens grundsätzlich sofort im ganzen Umfang auch auf die schon hängigen Prozesse anwendbar. Nur aus organisatorischen Gründen, die aber mit dem Grundsatz des

---

[1]) Die hier einsetzenden Einwendungen v. Clerics: JZ. 9, 334 erscheinen nicht durchschlagend. Übereinstimmend mit dem Text v. Bar: 1, 93ff. — Battaglini: Introduzione, 90f. — Lucchini: Elementi di Procedura Penale (4 ed., 1902), 105f. — Lehmann: 24ff.

[2]) Vgl. Prot. II. ExpKom. 8, 42 und 143ff.; 9, 317ff. — Delaquis: ZgesStRW. 40, 520f.

mildern Gesetzes nichts gemein haben, können sich Abweichungen ergeben[1]). — Anders im Vollstreckungsrecht. Orientiert man, was allein haltbar ist, den Satz von der mitior lex an Billigkeitsgründen, so drängt sich seine Anwendung bei einem Gesetzeswechsel für die Strafvollstreckung geradezu auf. Bei der im allgemeinen auf Milderung abzielenden Tendenz der neuen Strafgesetze kommt praktisch besonders die Rückwirkung in Frage. Im geltenden Recht bestimmt namentlich Tessin Art. 8 §§ 5 und 6: Alle pene in corso d'espiazione per conseguenza di sentenze definitive, saranno sostituite le pene piu miti corrispondenti, ove la specie della pena sia mutata dalla legge posteriore. — Gli effetti punitivi delle precedenti condanne vengono pure ridotti o mitigati a seconda della legge posteriore. Ausführlich regelt der eidg. E. Art. 353 zählt die Beschränkungen auf, der die Vollziehung von Strafurteilen unterliegen, die auf Grund der alten Gesetze ergangen sind, aber erst nach Inkrafttreten des neuen Gesetzes zur Vollstreckung gelangen können[2]). Allerdings liegt in diesen Fällen ein rechtskräftiges Urteil vor. Allein die Tatsache der Rechtskraft kann für den Gesetzgeber kein Hindernis sein, nachträglich z. B. den Vollzug der Todesstrafe zu verbieten. Unterläßt es der Gesetzgeber jedoch, bei einem Gesetzeswechsel über die Vollziehung früherer Strafurteile zu bestimmen, so müßte der Vollzug grundsätzlich nach dem alten Rechte erfolgen. Nur eine Begnadigung könnte hier helfen. — Zutreffend läßt Art. 355 des E. die Rehabilitation nach den Bestimmungen des neuen Gesetzes auch zu bei Urteilen, die auf Grund eines früheren Strafgesetzes ausgefällt worden sind[3]).

V. Der Grundsatz der mitior lex kann bei sichernden Maßnahmen keine Geltung haben. Das ergibt sich aus ihrem Wesen. Die sichernde Maßnahme stellt auf den Zustand des Täters, z. B. auf seine

---

[1]) Vgl. Glaser: Handbuch des Strafprozesses, 1, 306ff. — Gleispach: Das deutschösterreich. Strafverfahren (1924), 27f.; siehe auch Zürcher Bl. 19, 367. — Zutreffend verneint das Bundesgericht die Geltung des Satzes vom mildern Recht auch in dem Falle, da ein neuer Auslieferungsvertrag die Auslieferung für ein Delikt vorsieht, das unter dem frühern Recht, dem die Auslieferungspflicht fremd war, begangen wurde; E. 1, 412; 4, 410ff.; 5, 64f. und 231. Auslieferungsverträge sind Prozeßrecht, Rechtshilferecht, nicht materielles Strafrecht; vgl. auch Bernard: Traité de l'extradition (deuxième ed.), 2, 340ff.

[2]) Dazu Prot. II. ExpKom. 1, 16f.; 8, 35ff. — v. Bar: Gesetz und Schuld, 1, 89ff. — Traeger: VD. Allg. Teil, 6, 387ff., 437f. — Delaquis: ZgesStRW. 40, 519f.

[3]) Entsprechend schon Zürich, VO. vom 2. Juli 1921 über die Strafregister (GesSlg. 32, 119ff.). Nach § 17 wirken die Bestimmungen der StPO. von 1919 über Streichung von Strafregistereintragungen (Rehabilitation) auf die vor dem Inkrafttreten des neuen Gesetzes erkannten Strafen zurück; vgl. auch Zürcher Bl. 20, Nr. 203, 22, Nr. 104.

Heil- oder Pflegebedürftigkeit ab (unten § 49 III/IV). Die Momente der Milde und der Härte spielen keine Rolle[1]).

§ 11. Räumliche Geltung.

Literatur. STOOSS: Grundzüge, 1, 144ff. — SCHAUBERG: Das interkantonale StR. der Schweiz, ZschwR. 16 (1869), 107ff. — FERVERS: Das sog. internationale StR. in der Schweiz, Z. 4, 271ff. — KUBLI: Die räumliche Kompetenzabgrenzung staatlicher Strafgewalt, Lausanner Diss. (1901). — MEILI: Lehrbuch des internationalen StR. und StPR. (1910), mit reichen Literaturangaben. Ferner MEILI: Bartolus als Haupt der ersten Schule des internationalen Strafrechts (1908); Die hauptsächlichsten Entwicklungsperioden des internationalen Strafrechts (1908); Die Doktrin des internationalen Strafrechts und ihre heutigen Aufgaben, Festgabe zum Schweizer Juristentag 1908, 1ff.; Z. für Völkerrecht und Bundesstaatsrecht 1, 148ff. — MENDELSSOHN BARTHOLDI: VD. Allg. Teil, 6, 85ff., 169ff. (Lit.-Angaben über die Schweiz: 92ff.). — BOLLE: Das interkantonale Recht, Zürcher Diss. (1907). — KOENIG: Grundzüge des internationalen StR., Berner Diss. (1915). — LEHNER: Der Rechtsgüterschutz (Realprinzip) im sog. internationalen StR. der Schweiz, Freiburger Diss. (1917). — GERMANN: Die Bestimmungen über das internationale StR. im schweizer VE. 1908, Leipziger Diss. (1918). — WILLE: Z. 17, 42ff. — HUNGERBÜHLER: JZ. 9, 21ff. — v. CLERIC: JZ. 14, 369ff.; 15, 222ff.; 16, 345ff.; Z. 37, 52ff.; ferner v. CLERIC: Das sog. stellvertretende Strafrecht (Strafverfolgungsübernahme), in der Festgabe für E. ZÜRCHER (1920). — KRONAUER: Z. 19, 351ff. — THORMANN: Z. 29, 37ff. — HAFTER: Z. 32, 315ff. — DELAQUIS: ZgesStRW. 40, 623ff.

I. Wie die Geltungszeit, so ist auch der Wirkungsraum der Strafgesetze beschränkt. Da die Strafgewalt und die Gesetzgebungen der verschiedenen Staaten sich im Raume stoßen, ergeben sich interkantonale und internationale Konflikte, die der Lösung bedürfen. Man nennt die Normen über die räumliche Geltung herkömmlich internationales (interkantonales) Strafrecht. Das ist mindestens mißverständlich. Von internationalem Recht sollte man nur sprechen, wenn eine Mehrzahl von Staaten durch Vertrag oder auf andere Weise über einen einheitlichen strafrechtlichen Güterschutz und die Vermeidung räumlicher Kollisionen sich verständigen. Das ist bisher nur in geringem Umfang erfolgt[2]). Ein intensiverer Ausbau dieses internationalen

---

[1]) Richtig v. CLERIC: JZ. 9, 335. Österreichischer E. 1912, § 82 II: Die Anwendung von Sicherungsmitteln richtet sich stets und ausschließlich nach dem neuen Gesetze. Ebenso der ital. VE. 1921, Art. 1 II. Die ausdrückliche gesetzliche Feststellung ist wünschenswert.

[2]) Beispiele für derartiges echtes internationales StR. und StPR. sind die Auslieferungsverträge, ferner gewisse internationale Abkommen, z. B. das Abkommen vom 4. Mai 1910 zur Bekämpfung des Mädchenhandels, die Übereinkommen des Völkerbundes vom 30. Sept. 1921 zur Unterdrückung des Frauen- und Kinderhandels (abgedruckt in der Z. 37, 282ff.) und vom 12. September 1923 zur Bekämpfung der Verbreitung unzüchtiger Veröffentlichungen (vgl. Z. 37, 362ff.); dazu BBl. 1924 III, 1018ff. S. auch die kriegsstrafrechtlichen Vorschriften im Haager Landkriegsabkommen vom 18. Okt. 1907, Anlage Art. 22ff. Diese Vereinbarungen begründen allerdings nur eine völkerrechtliche Pflicht der beteiligten

Rechtes ist zu erstreben[1]). Er wird jedoch nie vollständig werden. Es wird immer dabei bleiben, daß der einzelne Staat selbständig Bestimmungen aufstellt, wonach die Wirkung seiner Strafgewalt und seiner Strafgesetze sich ausdehnt auf außerhalb seines Gebietes verübte Delikte, selbst auf die Gefahr hin, mit dem Strafrecht anderer Staaten zu kollidieren. Bei diesen Bestimmungen handelt es sich um nationales Recht.

II. Eine gewisse Übereinstimmung in den Grundsätzen über die räumliche Geltung der Strafgesetze besteht[2]):

1. Das Territorialprinzip. Der Strafgewalt eines Staates unterstehen alle innerhalb seines Territoriums verübten Delikte[3]). Auf die Staatsangehörigkeit des Täters und des Verletzten kommt nichts an. Ausnahmen ergeben sich aus der völkerrechtlichen Exterritorialität bestimmter Personenkreise (unten § 13 II). Eine Ausnahme ergibt sich auch für Staaten, in denen eine Konsulargerichtsbarkeit besteht, weil regelmäßig die ihr unterworfenen Personen auch nicht von dem materiellen Strafrecht des Landes, auf dessen Gebiet sie ein Delikt verüben, erfaßt werden[4]).

2. Das Realprinzip. Würde das Territorialprinzip überall in vollem Umfange durchgeführt, wäre ferner die Gesetzgebung aller Staaten übereinstimmend und auch in zureichendem Maße auf den Schutz ausländischer Interessen eingestellt, so könnte man eine einheitliche und lückenlose Verbrechensbekämpfung erwarten. Die genannten Voraussetzungen treffen aber keineswegs zu. Das führt dazu,

---

Staaten, in einem bestimmten Rahmen nationale Strafrechtssätze aufzustellen. Weitere Daten bei MEILI: Lehrbuch, 95ff.; s. auch Geschäftsbericht Bundesrat 1922, 377f.; 1923, 365f. (Bekämpfung der Verbreitung unzüchtiger Veröffentlichungen).

[1]) Über Bestrebungen zur Schaffung eines solchen internationalen StR., namentlich über die Aufstellung von Kollisionsrechtssätzen, s. MEILI: Lehrbuch, 161ff; Doktrin, 31ff. — v. LISZT: Strafr. Aufsätze und Vorträge (1905), 1, 90ff. — MENDELSSOHN-BARTHOLDI: a. a. O. 6, 96ff.

[2]) Hier erfolgt die kurze Darstellung dieser Grundsätze. Über die gesetzgeberische Ausgestaltung und die Praxis siehe unten § 12. — Vgl. MEILI: Lehrbuch, 69ff.

[3]) Über den Ort der Deliktsverübung bei den sog. Distanzverbrechen unten § 17.

[4]) Die Schweiz besitzt eine Konsulargerichtsbarkeit in China, gemäß dem zwischen den beiden Ländern abgeschlossenen Freundschaftsvertrag vom 13. Juni 1918 (Eidg. GesSlg. 37, 65ff.; BBl. 1918 V 654ff.). Das Konsulargericht hat den eidg. StGE. anzuwenden (Instruktionen des Bundesrates vom 3. April 1922 und 18. August 1923; BBl. 1923 II 761 ff., auch Z. 36, 261ff). — Daten über das von den Konsulargerichten anzuwendende Strafrecht bei MEILI: Lehrbuch, 337f. Ferner BE. 17, 80ff. — Eigenartig sind die strafrechtlichen Bestimmungen des sog. Zollvertrages zwischen der Schweiz und dem Fürstentum Liechtenstein vom 29. März 1923 (Eidg. GesSlg. NF. 39, 551ff.). Darnach gilt für gewisse, auf liechtensteinischem Territorium verübte Delikte schweizerisches Strafrecht; vgl. v. CLERIC: JZ. 20, 251f.

daß die einzelnen Staaten über das Territorialprinzip hinausgehende Bestimmungen aufstellen, durch die sie ihre Strafgewalt auf gewisse im Ausland verübte Taten ausdehnen. Der Staat beansprucht eine Strafgewalt gegenüber Personen, die im Ausland gegen ihn oder gegen seine Untertanen gewisse Delikte verüben. Der Staat versucht dadurch, sich selbst und seine Angehörigen zu schützen, ohne Rücksicht darauf, wo das Delikt begangen wurde. Neben dem Ausdruck Realprinzip werden auch die Bezeichnungen Schutzprinzip und — für den Fall, daß die Tat im Auslande sich gegen die Person eines Inländers richtete — passives Personalitätsprinzip verwendet. Der leitende Gedanke ist, daß der strafrechtliche Schutz im Ausland oder gar auf einem staatenlosen Gebiet versagt oder nicht ausreicht. Das Realprinzip begründet einen selbständigen Strafanspruch des Inlandes. Zur Anwendung kann nur inländisches Strafrecht gelangen. Wenn wegen der gleichen Tat eine Bestrafung im Ausland erfolgte, so braucht das inländische Recht grundsätzlich darauf keine Rücksicht zu nehmen[1]). Nur Billigkeitsüberlegungen können den Gesetzgeber dazu führen, eine wegen der Tat im Ausland erstandene Strafe anzurechnen, ja sogar im Hinblick auf die Behandlung des Täters im Ausland, auf die Bestrafung zu verzichten[2]).

3. Das Heimatprinzip (aktives Personalitätsprinzip). Es ruht heute in der Hauptsache, doch nicht ausschließlich auf der Grundlage, daß nach den auf dem europäischen Kontinent herrschenden Anschauungen der Staat seine Angehörigen nicht an das Ausland ausliefert. Unerträglich wäre jedoch, wenn der Rechtsbrecher, der im Ausland delinquiert hat, durch die Flucht in seinen Heimatstaat jedem strafrechtlichen Zugriff sich zu entziehen vermöchte. Das sog. stellvertretende Strafrecht als eine Art Gegenstück zu der nicht erfolgenden Auslieferung entfaltet hier seine Wirkung. Das inländische Recht, das Strafgesetz des Heimatstaates des Rechtsbrechers, kommt — unter bestimmten, noch zu erörternden Kautelen — zur Anwendung. Allein die Lage ist völlig anders als bei einem Strafrecht, das sich auf das Territorial- oder das Realprinzip gründet: Bei der Anwendung des stellvertretenden Strafrechts übt der Staat keine eigene Strafgewalt. Er ist nur Statthalter. Er übernimmt lediglich für einen andern die

---

1) Typisches Beispiel die Art. 227/8 des Versailler Friedensvertrages von 1919: Beanspruchung eines Strafrechts der alliierten und assoziierten Mächte gegenüber dem ehemaligen deutschen Kaiser und anden Deutschen wegen der sog. Kriegsverbrechen. Die Berücksichtigung von Beurteilungen dieser Delikte, die durch Gerichte Deutschlands oder seiner Verbündeten erfolgt, wurde ausdrücklich ausgeschlossen (Art. 228 II). Vgl. Hafter: Z. 25, 315f.

2) Kaum haltbar v. Cleric: JZ. 14, 372, wonach das Inland die verbüßte Auslandsstrafe auf die von ihm selbst zu erkennende Strafe anrechnen muß.

Strafverfolgung[1]). Daraus jedoch den Schluß zu ziehen, der inländische Richter habe grundsätzlich das Strafrecht des Auslandes, in dem das Delikt verübt wurde, anzuwenden (Fremdrechtsprinzip), wäre verfehlt. Das Strafrecht ist Ausdruck der Staatsgewalt. Das Strafgesetz ist den Anschauungen und Bedürfnissen des Landes angepaßt. Es bestimmt, in Unabhängigkeit von ausländischen Einflüssen, was und nach welchem Maße eine Missetat strafbar sein soll. Das schließt bei der Geltendmachung stellvertretenden Strafrechts immerhin eine gewisse Rücksichtnahme auf die ausländische Ordnung nicht aus[2]). Da der stellvertretendes Strafrecht übende Staat keine eigene Strafgewalt zur Geltung bringt, ist es ein Gebot der Konsequenz, daß die ausländische strafrechtliche Behandlung eines Delikts die Angelegenheit auch für das Inland abschließt (Erledigungsprinzip). Ist im Ausland wegen der dort verübten und zur Behandlung gelangten Tat eine Verurteilung und Strafvollziehung, oder eine Freisprechung oder eine Begnadigung erfolgt, so ist für die Anwendung stellvertretenden Strafrechts im Inland vernünftigerweise kein Raum mehr[3]). Ist dagegen unter sonst gleichen Voraussetzungen die im Ausland ausgesprochene Strafe nur teilweise vollzogen, so muß wenigstens eine Anrechnung der Auslandsstrafe im Inland erfolgen (Anrechnungsprinzip).

Das Heimatprinzip gilt auch gegenüber den nach Völkerrecht exterritorialen Personen, z. B. gegenüber einem diplomatischen Vertreter der Schweiz, der im Ausland ein Delikt verübt[4]). Es gilt ferner für die dem schweizerischen Militärstrafrecht unterstehenden Personen, die ihre Tat im Ausland begehen (MilStGO. Art. 2)[5]). Bei diesen beiden

---

[1]) So v. Cleric: in der Festgabe für Zürcher, 130ff.; JZ. 14, 371ff., 376f., auch Z. für Völkerrecht, 11, 362, ferner Thormann: Z. 29, 47 und 67; a. M. Meili: Lehrbuch, 140f. und wohl auch Stooss: Grundzüge, 1, 161. Vgl. ferner BE. 22, 942ff., insbesondere 954ff. und dazu v. Cleric: Leitfaden, 20f.; BE. 47 I, 338ff.

[2]) Sie geschieht namentlich so, daß der das stellvertretende Strafrecht übende Staat nur straft, wenn die Tat auch nach dem Rechte des ausländischen Begehungsortes strafbar ist; vgl. v. Cleric: Z. 37, 55ff. Gesetzgeberische Daten unten § 12 II 4; vgl. ferner Kohler: Internat. StR. 68f. — v. Cleric: In der Festgabe für Zürcher, 157 und 160ff., ferner JZ. 14, 371ff. — Über den Grundsatz, daß jeder Staat nur sein Strafrecht zur Anwendung zu bringen hat, s. Meili: Lehrbuch, 136ff., 140ff. — Thormann: Z. 29, 67 — v. Cleric: Z. 30, 63ff. Auslieferungsgesetz von 1852 (interkantonal) Art. 1, II; Auslieferungsgesetz von 1892 (international) Art. 2, II. Ausnahmen (direkte Anwendung ausländischen Strafrechts) unten § 12 II 4.

[3]) Kohler: Internat. StR. 69; — v. Cleric: JZ. 14, 373 (Bindung des Staates, der stellvertretendes Strafrecht übt, an die nach dem ausländischen Recht eingetretene Straftilgung) und in der Festgabe für Zürcher, 158.

[4]) Kronauer: Z. 19, 354ff. mit weitern Einzeldaten.

[5]) Stooss: Z. 1, 279. — Meili: Lehrbuch, 334ff. — Hafter: VE. Militär-StGB. 11f.; E. Militär-StGB. Art. 6. Besonderer Anwendungsfall der Art. 25 des sog. Zollvertrages zwischen der Schweiz und Liechtenstein vom 29. März 1923

Kategorien handelt es sich aber nicht um stellvertretendes Strafrecht, um eine Übernahme der Strafverfolgung, sondern um eigene Strafgewalt des Inlandes. Dieser Unterschied — im einen Falle eigener Strafanspruch des Inlandes, im andern stellvertretende Anwendung inländischen Rechts zur Durchführung eines ausländischen Strafanspruches — ist streng festzuhalten. Er zwingt aber nicht dazu, wie v. CLERIC lehrt, beim stellvertretenden Strafrecht von einer Anwendung des aktiven Personalitätsprinzipes (Heimatprinzipes) nicht mehr zu sprechen. Letzten Endes bedeutet dieser Grundsatz immer nur, daß der Schweizer, der im Ausland delinquierte, unter bestimmtem Voraussetzungen nach schweizerischem Recht beurteilt wird. Ob es sich um bloß stellvertretendes Strafrecht oder um eigene Strafgewalt des Inlandes handelt, ist eine sekundäre Frage.

4. In großenteils utopische Sphären weist das Universalitäts- oder Weltrechtsprinzip. In strenger Durchführung würde es zu dem Satze führen, daß jeder Staat einen Strafanspruch (eigene Strafgewalt) gegenüber jedem irgendwo in der Welt verübten Delikte besitzt, also auch dann, wenn jede räumliche, sachliche oder persönliche Beziehung des Deliktes zu dem das Strafrecht ausübenden Staate fehlt. Nur die eine Einschränkung wird regelmäßig beigefügt, daß der Täter in dem die Strafgewalt beanspruchenden Staat ergriffen werden muß, daß also nicht gestützt auf das Universalitätsprinzip Kontumazialurteile gefällt werden sollen. Das Weltrechtsprinzip beruht auf dem Gedanken der internationalen Solidarität, die zur internationalen Bekämpfung des Verbrechens verpflichtet[1]). Seine Durchführung in großem Maße ist — mindestens auf absehbare Zeit — unmöglich. Sie würde eine Gleichheit der Kultur und eine weitgehende Übereinstimmung der Strafgesetze der verschiedensten Länder voraussetzen, von der unsere Zeit weit entfernt ist. Nur mit Bezug auf einige wenige Delikte, die, wo immer sie verübt werden, eine besonders große internationale Gefahr bedeuten, ist die Durchführung des Gedankens einigermaßen aussichtsreich (über gesetzgeberische Gestaltungen unten § 12 III). Praktisch darf man sich keinen Illusionen hingeben. Auch wenn die einzelnen Gesetzgebungen bei sog. Weltrechtsverbrechen das Universal-

(Eidg. GesSlg. NF. 39, 551ff.): die in Liechtenstein stationierten schweizerischen Grenzwächter unterstehen dem schweizerischen Militärstrafrecht. Das Strafgesetz ist hier Personalstatut. Es begleitet den Menschen überall hin. Das ursprüngliche Strafrecht war auf den Kreis der Volksgenossen bezogen, ohne auf ein Territorium beschränkt zu sein. — MAKAREWICZ: Einführung in die Philosophie des StR. (1906), 281f. — MEILI: Doktrin des internat. StR. 23.

[1]) Daß der Gedanke immer wieder zum Vorschein kam, ist begreiflich und an sich erfreulich. Über seine Geschichte namentlich KOHLER: Internat. StR. im Geschichtlichen Teil, 19ff. — v. CLERIC: JZ. 16, 345ff. — v. BAR: Gesetz und Schuld, 1, 125ff. — MEILI: Doktrin, 24ff.

litätsprinzip anerkennen, wird der Staat vorerst alle andern Mittel (Auslieferung, Ausweisung, ev. stellvertretendes Strafrecht) ausschöpfen, bevor er aus Eigenem einen Strafanspruch zur Geltung bringt.

Bei einer auf das Weltrechtsprinzip sich gründenden Beurteilung hat der die Strafgewalt beanspruchende Staat sein eigenes Recht anzuwenden. Mit der Erledigung in einem Staat muß vernünftigerweise der Strafanspruch untergehen[1]).

III. Die Auslieferung ist hier nur anzudeuten. Sie ist Rechtshilfe-, also Strafprozeßrecht, nicht materielles Strafrecht. Auslieferung tritt unter bestimmten Voraussetzungen dann ein, wenn ein Staat einem Delikt gegenüber seine Strafgewalt und die Anwendung seines Strafgesetzes verneint, anderseits aber einem andern Staat behilflich sein will, seine Strafgewalt zur Geltung zu bringen. Dieses Rechtshilfeverfahren wird allerdings durch gewisse materielle Normen beeinflußt: Beschränkung des Kreises der Auslieferungsdelikte und der auszuliefernden Personen, Grundsatz der identischen Norm[2]) usw. Allein es handelt sich nicht etwa um ein selbständiges und für sich darzustellendes materielles Auslieferungsrecht. Die Erörterung des sog. materiellen Auslieferungsrechtes ist richtigerweise mit dem Verfahren zu verbinden[3]).

Für die Schweiz sind zunächst zwei Bundesgesetze maßgebend: Das die interkantonalen Verhältnisse ordnende Gesetz vom 24. Juli 1852 (mit Novellen vom 24. Juni 1867 und vom 2. Februar 1872) über die Auslieferung von Verbrechern oder Angeschuldigten. Der eidg. E. sieht seine Aufhebung vor. An die Stelle der interkantonalen Auslieferung tritt die grundsätzliche Plficht jedes Kantons, die Zuführungsbefehle außerkantonaler Behörden zu vollziehen (Art. 371, 422 II lit. c)[4]). Die Grundlage für die Ordnung der internationalen Beziehungen bildet das Bundesgesetz vom 22. Januar 1892 betreffend die Auslieferung gegenüber dem Auslande. Soweit mit den andern Staaten Auslieferungsverträge bestehen, gehen sie den Bestimmungen des Bundesgesetzes vor[5]).

---

[1]) v. Cleric: JZ. 16, 351f. — Kohler: a. a. O. 98;

[2]) Auslieferungsgesetz von 1892, Art. 3: „Die Auslieferung kann ... bewilligt werden, wenn sie (die Handlungen) sowohl nach dem Rechte des Zufluchtsortes, als nach dem des ersuchenden Staates strafbar sind ...“ Dazu BE. 41 I, 510. — Langhard: Auslieferungsrecht, 11ff.

[3]) Die Lehrbücher des Strafrechts verzichten regelmäßig auf eine Darstellung des Auslieferungsrechts oder skizzieren es nur. Eingehender z. B. v. Liszt-Schmidt: § 23. — Finger: Lehrbuch (1904), 173ff. — Garraud: Précis, 126ff. — Battaglini: Introduzione, 81ff.

[4]) Prot. II. ExpKom. 8, 82ff.

[5]) Schweizerische Literatur zum Auslieferungsrecht: Langhard: Das schweiz. Auslieferungsrecht nebst den Auslieferungsverträgen der Schweiz

§ 12. Fortsetzung. Die schweizerische Gesetzgebung. Der eidgenössische Entwurf.

KOHLER schrieb (Internat. StR. 75): Die Betrachtung der schweizerischen kantonalen Strafgesetzbücher bei der Ordnung der räumlichen Gesetzesgeltung mutet an „wie das Bild eines Kubisten, in dem plan- und regellos einzelne Stücke zusammengeworfen sind, bald das Prinzip der aktiven Personalität mit vollem oder teilweisem Fremdrechtsprinzip, mitunter auch mit einigen Fetzen des Erledigungsprinzipes, hineingesprenkelt wieder einiges aus dem Prinzip der passiven Personalität.“ Diese drastische, die schweizerische Rechtszersplitterung grell beleuchtende Kritik ist zutreffend. Eine alle Einzelheiten berücksichtigende Darstellung der schweizerischen Bestimmungen über die räumliche Geltung der Strafgesetze ist im Lehrbuchrahmen nicht durchführbar. Eine zusammenfassende Kennzeichnung soll versucht werden[1]).

I. Das Bundesrecht. Das BStG. von 1853 geht vom Territorialprinzip aus (Art. 1 I). Im Abs. 2 dieses Artikels wird es durch die Bestimmung ergänzt, daß bestimmte Verbrechen auch dann, wenn sie auf „fremdem Gebiete“ verübt werden, dem Bundesstrafrecht unterstehen. Es handelt sich vor allem um den Landesverrat — Art. 36—40: Verbrechen gegen die äußere Sicherheit und Ruhe der Eidgenossenschaft —, um einen vom Ausland aus betriebenen Hochverrat (Art. 45) und um die Fälschung und Zerstörung von Bundesakten (Art. 61). Das Realprinzip kommt hier zur Geltung[2]). Es ist auch maßgebend in Art. 3 des BGes. vom 30. Juni 1859 betr. die Werbung und den Eintritt

(1910). Verhandlungen des Schweizer. Jur.-Vereins 1887: Die Auslieferung in Straf- und Polizeisachen im interkant. Verkehr (Referate COLOMBI und KRONAUER). — BERNEY: De la procédure suivie en Suisse pour l'extradition des malfaiteurs aux pays étrangers (1889). — TÖNDURY: Die Auslieferungsverträge der Schweiz und die Bundespraxis in Auslieferungssachen (1890). — SCHWARZENBACH: Das materielle Auslieferungsrecht der Schweiz, Leipz. Diss. (1901). — WELTI: Auslieferungswesen und Auslieferungsverkehr zwischen der Schweiz und Deutschland, Basler Diss. (1904). — WETTSTEIN: Die Staatsangehörigkeit im schweiz. Ausl.-Recht, Zürcher Diss. (1905). — MEILI: Grundriß zu Vorlesungen über das internat. und interkant. Auslieferungsrecht (1910). — STIFFLER: Beitrag zur Begriffsbestimmung und Beurteilung des politischen Verbrechens im Auslieferungsrecht, Berner Diss. (1909). — DOKA: Die Stellung der Gerichte im Auslieferungswesen, Zürcher Diss. (1920). — TSACONAS: L'extradition des nationaux, Freiburger Diss. (1922). — NESSI und MARTIN: Revue de droit internat. et de législation comparée, 13, 304ff. — LARDY: ZschwR. NF. 38, 265ff. — BRÜSTLEIN: Z. 3, 113ff.; Z. 12, 360ff. (Verhandlungen des Zürcher Jur.-Vereins). — ZÜRCHER: Z. 13, 323ff.; 22, 323ff. — WILLE: Z. 17, 42ff. — KRONAUER: Z. 19, 365ff. — PFENNINGER: JZ. 10, 62ff. — v. CLERIC: JZ. 10, 135ff. — METTGENBERG: JZ. 18, 237ff. — Derselbe: Z. 36, 222ff.

[1]) Die Gesetzestexte bei STOOSS: Strafgesetzbücher, 7ff. Dazu STOOSS: Grundzüge, 1, 144ff. und namentlich 158ff.

[2]) Bei Art. 36 — landesverräterische Waffenhilfe eines Schweizers — schwingt

in den fremden Kriegsdienst (Beteiligung bei Falschwerbung von Schweizerbürgern auf fremdem Territorium). Ebenso ist der Art. 4 des sog. Sprengstoffgesetzes vom 19. Dezember 1924, wie der Art. 6 des früheren Gesetzes vom 1. April 1894 vom Realprinzip getragen: Auch die im Ausland verübten Sprengstoffdelikte unterstehen dem Bundesstrafrecht, „sofern sie gegen die Eidgenossenschaft, die Kantone oder ihre Angehörigen gerichtet sind[1]).“

Auf das Heimatprinzip weisen die beiden Auslieferungsgesetze des Bundes hin, das die interkantonale Auslieferung ordnende von 1852 (Art. 1 II) und das die internationale Auslieferung bestimmende von 1892 (Art. 2 II). Sie bringen das stellvertretende Strafrecht zur Geltung. Es tritt auch in einer Reihe von Auslieferungensverträgen hervor[2]). Das Universalitätsprinzip ist dem geltenden Bundesstrafrecht fremd[3]).

Die bundesgerichtliche Praxis ist nicht ausgiebig. Sie betont die grundsätzliche Geltung des Territorialprinzipes und läßt eine Ausdehnung des Strafrechts gestützt auf das Realprinzip nur zu, wenn die Gesetze es ausdrücklich vorsehen[4]).

II. Die kantonalen Rechte. 1. Das Territorialprinzip bildet überall den Ausgangspunkt, Auch da, wo die Gesetze eine ausdrückliche Bestimmung unterlassen (Waadt und Wallis), trifft das zu.

2. Teilweise sehr intensiv entwickelt ist neben dem Territorialprinzip das Realprinzip. Vor allem beanspruchen die Kantone allgemein ein Strafrecht bei Delikten, welche außerhalb des Kantons gegen das kantonale Staatswesen gerichtet sind. Wie im Bundesrecht ist das zu schützende Rechtsgut in erster Linie die Staatssicherheit. Zahlreiche Gesetze gehen aber viel weiter. Sie beschränken sich nicht darauf, dem internen Strafrecht die außerhalb des Kantons verübten eigentlichen Staatsdelikte zu unterwerfen. Auch die Fälschung öffentlicher Urkunden, öffentlicher Siegel, die Geldfälschung usw. werden erfaßt. So bestimmen nach dem Vorbild des französischen Rechtes (Art.

auch das Heimatprinzip mit; v. Cleric: JZ. 16, 347. Dieses Prinzip gilt rein für die im Ausland delinquierenden „eidgenössischen Repräsentanten“ (BStG. Art. 53, letzter Abs.) und die unter militärischem StR. stehenden Personen; oben § 11 II 3. Zum Ganzen Kronauer: Z. 19, 351ff. — Meili: Lehrbuch, 203ff.

[1]) Dazu v. Cleric: JZ. 16, 347. — Lesch: Die Anarchistengesetze der Schweiz, Leipz. Diss. (1919), 58ff. — Stämpfli: Z. 38, 67f.; BE. 40 I, 564.

[2]) Daten bei v. Cleric: in der Festgabe für Zürcher, 139ff.

[3]) Unzutreffend Kohler, der bei Art. 38—40, 45 und 61 des BStG. die Geltung des Universalitätsprinzipes annimmt.

[4]) Zum Territorialprinzip: BE. 48 I, 526; zum Realprinzip: Z. 5, 100ff. (ein Beschluß der Anklagekammer des BGer.); Praxis, 3, 36f. Nach BE. 41 I, 195f. kann auch das aktive Personalitätsprinzip nur zur Geltung gebracht werden, wenn eine ausdrückliche Vorschrift besteht, wonach das Strafrecht eines Staates auf Staatsangehörige auch für außerhalb verübte Delikte anwendbar ist. Vgl. ferner BE. 22, 942ff.; 47 I, 338ff.; JZ. 21, 341, Nr. 79.

5/6 des Code d'Instruction Criminelle) namentlich die welschen Gesetze, z. B. Waadt (Code de procédure pénale Art. 14), Wallis (Art. 8 und 10), Neuenburg (Art. 6 Ziff. 1). Bern hat in seinem Gesetz vom 5. Juli 1914 betreffend den örtlichen Geltungsbereich des Strafgesetzbuches diese gegen den Staat, seine Urkunden usw. gerichteten Delikte besonders sorgfältig aufgezählt (Art. 3)[1]). In Ziff. 5 nennt dieser Artikel überdies noch die qualifizierte gewerbsmäßige Kuppelei (Mädchenhandel). Ein „bescheidenes Stück Weltrechtsprinzip" sollte damit zur Geltung gebracht werden[2]). — Mit Ausnahme der Kantone Basel, Graubünden, Waadt und Genf beanspruchen die kantonalen Rechte überdies eine Strafgewalt, wenn sich ein außerhalb des Kantons verübtes Delikt gegen Schweizer richtete. Das ist das Schutzprinzip in der besondern Gestalt der passiven Personalität. Die Ausgestaltung ist sehr verschieden — Schutz aller Schweizer, oder nur der Kantonsangehörigen, oder der Bürger und Einwohner eines Kantons, ferner bald nur Schutz gegen Verbrechen, bald Schutz im weitesten Umfang gegen Auslandsdelikte jeder Art[3]). Regelmäßig wird die Durchführung des Realprinzipes eingeschränkt. Die Verfolgung des Auslandsdeliktes im Inland unterbleibt z. B., wenn der Täter wegen derselben Handlung bereits im Ausland beurteilt wurde oder „wenn die in einem zivilisierten Staate begangene Handlung nach dortigem Gesetze straflos ist" (bernisches Ges. Art. 4). Zürich setzt dagegen nur die Bedingung, daß die Verfolgung durch den auswärtigen Staat nicht erhältlich ist (§ 3 lit. b)[4]). Das sind nur Beispiele. Die einzelnen einschränkenden Voraussetzungen der kantonalen Rechte weichen weit voneinander ab[5]).

3. Nicht minder verschieden gestalten die Kantone die Fälle der aktiven Personalität. Die neuere Entwicklung zeigt zwar die Ten-

---

[1]) Der Gesetzestext bei Krebs (2. Aufl.), 159ff. und Z. 27, 436ff., dazu Thormann: Z. 29, 37ff., insbesondere 50ff.

[2]) Thormann: a. a. O. 52. — v. Cleric: JZ. 16, 347.

[3]) Übersichten bei Fervers: Z. 4, 276ff. — Stooss: Grundzüge, 1, 151ff. — Mendelssohn Bartholdi: a. a. O. 6, 184ff.

[4]) Aus der zürcher. Praxis: Die in einem andern Kanton erfolgte Anstiftung zu einer im Kanton Zürich zu begehenden Brandstiftung fällt unter § 3 lit. b, wenn der andere Kanton die Verfolgung ablehnt (Zürcher Bl. 9, Nr. 130). Bestrafung wegen Verletzung der Elternpflichten (StGB. § 148), begangen vom Kt. Thurgau aus, der den Tatbestand nicht kennt, gegenüber einem Einwohner des Kts. Zürich (Bl. 18, 310). Die Strafbarkeit der gegen einen Kantonsangehörigen in einem andern Kanton verübten Tat nach dortigem Recht ist nicht erforderlich (Bl. 22, Nr. 83). Außerhalb des Kantons verübtes Vergehen gegen die zürcher. Staatsautorität: eodem Nr. 112; gegen zürcher. Gläubiger: eod. 24, 55. Ablehnung der Beurteilung auf Grund des § 3 lit. b, wenn der Nachweis fehlt, daß die gerichtliche Verfolgung durch den auswärtigen Staat nicht erhältlich ist (eodem 10, 132; JZ. 15, 231).

[5]) Daten bei v. Cleric: Z. 37, 55f.

denz, den Kantonsangehörigen, der im Ausland ein Delikt verübte, im Inland nur dann zu bestrafen, wenn eine Auslieferung nicht stattfindet und die auswärtige Behörde um die Beurteilung im Inland ersucht (z. B. Zürich § 3 lit. c[1]); bernisches Gesetz von 1914 Art. 5/6; Glarus § 2 lit. c; St. Gallen Art. 4 lit. c). Das ist typisches stellvertretendes Strafrecht. Andere Kantone fordern zwar nicht, daß die auswärtige Behörde um die Übernahme der Strafverfolgung ersucht, aber sie setzen voraus, daß die begehrte Auslieferung verweigert wird (z. B. Luzern § 2 lit. b; Aargau § 2 lit. b). Auch hier kommt der Gedanke des stellvertretenden Strafrechts zum Ausdruck. Der das Strafrecht übende Staat übernimmt lediglich für einen andern die Strafverfolgung. Er bringt nicht eigene Strafgewalt zur Geltung. — Noch heute steht aber eine große Zahl kantonaler Rechte auf dem andern Standpunkt, der Staat habe seinen Angehörigen gegenüber eine Strafgewalt auch hinsichtlich der außerhalb des Staatsgebietes begangenen Delikte — entweder überhaupt oder wenigstens für den Fall, daß der Täter im Ausland noch nicht bestraft worden ist. Hier offenbart sich das Strafgesetz als Personalstatut, das den Staatsbürger überall hin begleitet. Typisch ist für diese Ordnung z. B. Schaffhausen § 3 lit. b, dessen Strafgesetz „die von Inländern außer dem Gebiete des Kantons begangenen Verbrechen oder Vergehen" schlechthin unterstellt sind. Thurgau § 2 lit. b bestimmt gleiches für die „Angehörigen des Kantons", jedoch mit der Einschränkung, daß die Tat im Ausland noch nicht bestraft worden ist[2]). Der Grundsatz der aktiven Personalität gilt also nur subsidiär. Auf dem gleichen Standpunkt stehen u. a. Basel §§ 2 und 3, Obwalden Art. 2 lit. c, Aargau, Zuchtpol.-Ges. § 29[3]), ferner, mit Abweichungen in Einzelpunkten Freiburg Art. 3 III, Tessin Art. 4, Waadt Art. 1 des décret du 29 juin 1872, Genf Art. 3 Ziff. 3 und 4.

Mit diesen, das Strafrecht als Personalstatut betrachtenden Bestimmungen stehen die genannten Rechte auf einem Boden, den die neuere Doktrin im allgemeinen verlassen hat[4]).

---

[1]) Dazu JZ. 21, 341f. (Regierungsrat Zürich).

[2]) Die Praxis versteht sehr weitgehend unter „Angehörigen des Kantons" nicht nur den Kantonsbürger, sondern jeden Kantonseinwohner; Thurg. Rechtsbuch, Gerichtliche Abteilung, 445, N. 468. — Eigenartig die Sonderbestimmung beim Zweikampf in Luzern, § 176: „Wenn sich die streitenden Teile und ihre Sekundanten oder Zeugen zur Ausführung eines im hiesigen Kantons verabredeten Zweikampfes außer Landes begeben und denselben auf fremdem Boden vollbringen, sollen sie nichtsdestoweniger alle nach Vorschrift dieses Gesetzes behandelt und bestraft werden."

[3]) Dazu BE. 14, 494f.

[4]) Stooss: Grundzüge, 1, 161 rechtfertigt die Ordnung mit der Begründung, jeder Kanton besitze ein selbständiges und unbedingtes Interesse daran, daß verbrecherische Angehörige auch wegen ihrer im Ausland verübten Hand

4. Hervorzuheben sind kantonale Ordnungen noch in einer andern Richtung. Sie schreiben für die Fälle, da kantonale Gerichte Auslandsdelikte zu beurteilen haben, die Anwendung des am ausländischen Tatort geltenden Gesetzes vor, wenn es milder ist (Fremdrechtsprinzip). Andere Rechte berücksichtigen das fremde Recht wenigstens insofern, als sie die Strafbarkeit einer Tat auch nach dem Rechte des ausländischen Begehungsortes voraussetzen. Die letztere Bedingung ist gerechtfertigt, die erstere — direkte Anwendung des mildern ausländischen Rechtes — nicht. Abgesehen von praktischen Schwierigkeiten, die sich z. B. aus der ganz verschiedenen Gestaltung der Strafensysteme ergeben können, ist daran festzuhalten, daß das Strafrecht Ausdruck der Staatsgewalt ist und von ausländischen Einflüssen unabhängig sein muß[1]). Die Anwendung des mildern ausländischen Gesetzes schreiben z. B. vor Luzern § 2 lit. b; Solothurn § 4 II; Schaffhausen § 3 lit. b; Aargau § 2 II; Tessin Art. 6 § 1[2]). Die Strafbarkeit der Tat auch nach dem Recht des ausländischen Begehungsortes machen zur Voraussetzung Freiburg Art. 3 III, Basel § 2 Ziff. 1, Tessin Art. 6 § 2, ferner das bernische Gesetz von 1914, Art. 4 IV.

III. Der eidgenössische Entwurf[3]). An die Stelle der in den heutigen Rechten herrschenden Verworrenheit läßt der E. Klarheit und Folgerichtigkeit treten. Ausgeschlossen ist nach dem E. 1918 die Anwendung fremden Strafrechts durch den schweizerischen Richter[4]).

Das Territorialprinzip bildet den Ausgangspunkt (Art. 3). Es wird durch das Realprinzip ergänzt. Zunächst in Art. 4, wonach dem schweizerischen Strafrecht auch untersteht, wer im Ausland ein Delikt gegen den schweizerischen Staat oder die Landesverteidignng (dreizehnter Abschnitt des E.) verübt[5]). In der Form des passiven Personalitätsprinzipes zeigt sich der Grundsatz in Art. 5: Das gegen einen Schweizer

---

lungen bestraft werden und daß ihnen das Betreten des heimatlichen Bodens nicht Straflosigkeit sichert. Mendelssohn Bartholdi: VD. Allg. Teil, 6, 173ff. weist nach, daß diese Anschauung zum Universalitätsprinzip — mit seinen praktisch kaum durchführbaren Konsequenzen — führt. Vgl. ferner das Prot. II. ExpKom. 1, 22ff., namentlich 37ff.

[1]) Oben § 11 II 3.

[2]) Näheres bei v. Cleric: Z. 30, 65, 74ff., der fakultative Berücksichtigung des Auslandsrechtes bei der Strafzumessung vorschlägt.

[3]) Dazu besonders Zürcher: Erläuterungen VE. 1908, 22ff.; Prot. I. ExpKom. 1, 29ff.; Prot. II. ExpKom. 1, 22ff. — Meili: Lehrbuch, 212ff. — Koenig: Grundzüge des internat. StR. 108ff. — Ferner Lehner, Germann, v. Cleric, Delaquis (s. Lit.-Angaben zu § 11).

[4]) Änderungsvorschläge der nationalrätlichen Strafrechtskommission s. Delaquis: Z. 34, 177f.

[5]) Delaquis: a. a. O. 624f. macht hier auf die Notwendigkeit einschränkender Auslegung aufmerksam. Ein Teil der Delikte gegen den Staat und die Landesverteidigung wird nur im Inland begangen.

im Ausland begangene Delikt ist nach schweizerischem Recht strafbar, wenn der Täter in der Schweiz gefaßt werden kann und nicht ausgeliefert wird[1]). Das aktive Personalitätsprinzip, das im Art. 6 zutage tritt, ist durchaus unter den Gesichtspunkt des stellvertretenden Strafrechts gebracht: Strafbarkeit des Schweizers, der im Ausland delinquierte, nach schweizerischem Recht, wenn er in der Schweiz gefaßt wird. Voraussetzung ist, daß die Tat auch am Begehungsorte strafbar ist und daß sie zum Kreis der Auslieferungsdelikte gehört[2]). Im Besondern Teil, bei den Tatbeständen des Mädchenhandels, der Gefährdung durch Sprengstoffe und der Geldfälschung, übernimmt der E. das Universalitätsprinzip (Art. 177 Ziff. 4; 190 III, 206 III)[3]). Es kommt richtigerweise nur subsidiär zur Geltung — wenn der Täter „in der Schweiz betreten und nicht ausgeliefert wird[4])."

Alle diese Bestimmungen sind als bloße Rechtsanwendungsnormen gefaßt („nach schweizerischem Gesetz ist strafbar"). Die theoretische Frage, um wessen Strafanspruch es geht, löst der Gesetzgeber nicht. Überall wird auf eine der Behandlung in der Schweiz vorgängige Beurteilung des Falles im Ausland Rücksicht genommen. Teilweise gilt Erledigung (z. B. Art. 3 III, Art. 6 II), teilweise erfolgt wenigstens Anrechnung der im Ausland erstandenen Strafe (z. B. Art. 4 II und III[5]). Nach dem Vorbild Basels (StGB. § 17) sieht Art. 7 des E. vor, daß der im Ausland zu Zuchthaus oder zu einer ebenso schweren Strafe verurteilte Schweizer durch ein besonderes Verfahren für zwei bis zehn Jahre in der bürgerlichen Ehrenfähigkeit eingestellt werden kann.

§ 13. Persönliche Geltung.

Literatur. Dumont: Über sog. Nebenrechte der diplomatischen Agenten, Berner Diss. (1908). — Jnganni: Die strafrechtliche Exterritorialität der diplomatischen Personen, Zürcher Diss. (1921). — Eugster: Die persönliche und sachliche Zuständigkeit der schweiz. Militärgerichte, Zürcher Diss. (1913). — A. Stooss: Kommentar MilStGO. 2ff. — Zürcher: Z. 30, 113ff. — Logoz: Z. 30, 238ff.; 36, 200ff. — Delaquis: ZgesStRW. 38, 539f.; — Dietz: eodem, 39, 105f.

I. Ist die Geltung der Strafrechtssätze eines Staates nach Zeit und Raum bestimmt (oben §§ 10—12), so gilt zunächst: J e d e r Rechts-

[1]) Praktisch hat diese Bestimmung geringe Bedeutung. Gautier: Prot. II. ExpKom. 1, 36 erhob Bedenken gegen sie. Sinn hat sie nur im Hinblick auf halbzivilisierte Länder, wenn gegenüber einem schweren Verbrechen, durch das ein Schweizer betroffen wurde, nicht eingeschritten wird.

[2]) Neben der Auslandstat besonders noch das auf staatenlosem Gebiete von einem Schweizer verübte Delikt zu nennen, erübrigt sich. Diese Fälle sind zu selten. Die Bestimmung im E. 1916, Art. 5 II wurde fallen gelassen. Dazu Gautier: Z. 30, 4f.

[3]) Dazu Prot. II. ExpKom. 1, 34ff., 42ff.

[4]) Vgl. v. Cleric: JZ. 16, 351f.

[5]) Einzelausführungen namentlich bei v. Cleric: JZ. 14, 374ff.

brecher untersteht diesen Strafgesetzen nach Maßgabe ihrer zeitlichen und räumlichen Umgrenzung.

Die Lehre von der persönlichen Geltung würde sich in diesem Satz erschöpfen, wenn sich nicht namentlich unter zwei Gesichtspunkten Ausnahmen ergäben. Die eine Ausnahme ruht auf Sätzen des Völkerrechtes. Die andere ergibt sich im schweizerischen Bundesstaat aus dem Nebeneinander von eidgenössischem und kantonalem Strafrecht. Dabei spielt das Verhältnis zwischen bürgerlichem und militärischem Strafrecht noch eine besondere Rolle.

Bei der Betrachtung dieser Beziehungen ist davon auszugehen, daß heute noch das Strafrecht im wesentlichen bei den Kantonen liegt. Von ihrem Standpunkt aus sind die Ausnahmen zu werten. Damit erklärt sich der vielfach in den kantonalen Gesetzbüchern bei den Bestimmungen über die räumliche Geltung wiederkehrende Satz, daß Völkerrecht und eidgenössisches Recht vorbehalten sein sollen. Typisch ist z. B. Zürich § 3 II: „Vorbehalten bleiben Ausnahmen (von den Regeln über die räumliche Geltung), die durch das eidgenössische Recht, völkerrechtliche Grundsätze oder Staatsverträge festgesetzt werden[1]." Notwendig ist ein solcher Gesetzessatz nicht. Die darin enthaltene Norm gilt ohnedies, da Völkerrecht und Bundesrecht kantonalem Recht vorgehen.

II. Ausnahmen auf Grund des Völkerrechts. Die anerkannte Lehre des Völkerrechts schaltet für die sog. Exterritorialen die Regeln über die Geltung der inländischen Strafrechtssätze aus. Als exterritorial gelten insbesondere fremde Landesherrn (Staatshäupter), ihre Familien und ihre Gefolge, im Inland zugelassene fremde Truppenkörper und, was praktisch am wichtigsten ist, Vorstand, Mitglieder, Familien und Geschäftspersonal von im Inland beglaubigten ausländischen diplomatischen Missionen[2]. Die Exterritorialität hindert die Entstehung eines Strafanspruches für den Staat, dessen Strafgewalt die ein Delikt verübende Person nach allgemeinen strafrechtlichen Grundsätzen unterworfen wäre. Es handelt sich, vom inländischen Recht aus gesehen, um einen persönlichen Strafausschließungsgrund[3]. Das kann natürlich nicht Straflosigkeit des Täters überhaupt bedeuten. Ein Strafanspruch entsteht nach dem Prinzip der aktiven Personalität für den Heimatstaat des Täters[4].

---

[1]) Weitere gesetzgeberische Daten bei INGANNI: a. a. O. 37ff.

[2]) Einzelheiten in den Darstellungen des Völkerrechts. Vgl. ferner JNGANNI: a. a. O. 17ff. — FLEINER: Bundesstaatsrecht, 732. — KRONAUER: Z. 19, 354.

[3]) Das ist das Primäre. Die Exemtion von der Gerichtsbarkeit des Begehungsstaates ist nur eine Folge. Maßgebend ist, daß dem Täter zur Zeit der Tat das Privileg der Exterritorialität zukam. Das nachträgliche Erlöschen der Exterritorialität läßt nicht den Strafanspruch erstehen; Geschäftsbericht des Bundesrates 1921, 352, Nr. 13; JZ. 19, 154, Nr. 129 und eodem, 320.

[4]) BBl. 1905 I, 734, Nr. 11 und dazu KRONAUER: Z. 19, 355. — v. CLERIC: JZ. 19, 320; Geschäftsbericht Bundesrat 1923, 356f. Oben § 11 II 3.

III. Ausnahmen auf Grund des Verhältnisses zwischen Bund und Kantonen. Der Ausgangspunkt ist hier: Ein Delikt wurde auf dem Gebiete eines Kantons begangen, oder es wäre sonst nach allgemeinen Grundsätzen dem kantonalen Strafrecht unterstellt. Für bestimmte Personenkreise und bestimmte Delikte beansprucht aber der Bund die Strafgewalt. Das trifft

1. gemäß Art. 53—58 des BStG. von 1853 für die Beamten und Angestellten des Bundes zu, wenn sie in ihrer amtlichen Eigenschaft sich bestimmter Delikte — Amtspflichtsverletzung, passive Bestechung usw. — schuldig machen. Nur für den Bund entsteht hier ein Strafanspruch[1]). Nur er hat infolgedessen auch das Begnadigungsrecht (OGBRPfl. Art. 125 II)[2]). Man spricht hier gelegentlich von sachlicher Geltung des Bundesrechts. Der Ausdruck wird besser vermieden. Den Ausschlag gibt das auf dem Bundesstaatsrecht ruhende Verhältnis zwischen Bundes- und kantonalem Strafrecht.

2. Auf dem Bundesrecht beruht auch die regelmäßige Exemtion der sog. Militärpersonen vom Strafrecht des Kantons, in dem sie ein Delikt begehen. Im Vordergrund steht hier der Gedanke, daß die sog. Militärpersonen unter ein besonderes Strafrecht — und eine Sondergerichtsbarkeit, was mit Ausnahmegerichtsbarkeit nicht zu verwechseln ist[3]) — gehören. Da nach Art. 20 BV. die Gesetzgebung über das Heerwesen Sache des Bundes ist, hat er schon am 27. August 1851 ein Militärstrafgesetz erlassen. Die in Art. 1 und 3 aufgestellten Bestimmungen über den persönlichen Geltungsbereich des Gesetzes sind durch Art. 1—7 der Militärstrafgerichtsordnung von 1889 ersetzt worden.

---

[1]) Geschäftsbericht Bundesrat 1923, 358. Unabhängig davon ist die Frage der Gerichtsbarkeit. Grundsätzlich steht auch sie dem Bunde (Bundesgericht) zu. Der Bundesrat kann jedoch bestimmte Straffälle zur Untersuchung und Beurteilung den kantonalen Behörden überweisen; OGBRPfl. Art. 125 II, Art. 146ff.; BE. 45 I, Nr. 15; 46 I, Nr. 48; JZ. 18, 50, Nr. 12; 19, 27, Nr. 31. Vgl. Nägeli: Entwicklung der Bundesrechtspflege seit 1815, Zürcher Diss. (1920), 89. — Fleiner: Bundesstaatsrecht, 270. — Lüthi: JZ. 20, 3f.: Es handelt sich um Jurisdiktionsbefugmis des Bundes, der ihre Ausübung im Wege bundesrechtlicher Delegation den Kantonen zuweist.

[2]) Unten § 89 II. — Lüthi: a. a. O. 1ff.

[3]) Von einer Ausnahmegerichtsbarkeit, die grundsätzlich abzulehnen ist, kann nur gesprochen werden, wenn bestimmte Personenkreise dem ordentlichen Richter entzogen werden, um sie — je nach der Tendenz — zu bevorrechten oder schlechter zu stellen. Die Sondergerichtsbarkeit will dagegen, unter voller Wahrung des Grundsatzes der Rechtsgleichheit, bestimmte Lebensverhältnisse einem besonders sachverständigen Richter zur Beurteilung überweisen. Was für Handelsgerichte, Gewerbegerichte, Fachgerichte gilt, muß auch für militärische Gerichte gerechtfertigt erscheinen; vgl. den Bericht des Bundesrates vom 11. Dezember 1918 zur Initiative betr. Aufhebung der Militärjustiz, BBl. 1918 V, 664ff.

Sie ordnen nicht nur die Unterstellung unter die militärische Gerichtsbarkeit, sondern auch unter das materielle Militärstrafrecht.

Unter dem militärischen Strafrecht stehen in der Hauptsache die militärdienstpflichtigen Personen im Dienst und außerhalb des Dienstes mit Bezug auf ihre dienstlichen Pflichten (MilStGO. Art. 1 Ziff. 1, 2, 4 und 5). Dazu kommen die Beamten und Angestellten der Militärverwaltung in Bezug auf Handlungen, welche die Landesverteidigung gefährden, ferner die dauernd oder zu besondern Verrichtungen bei der Armee angestellten Personen, die letztern nur wegen Handlungen, die sich auf diese Verrichtungen beziehen (Art. 1 Ziff. 3, 6 und 7). Endlich gehören Zivilpersonen, die sich der Spionage oder der Falschwerbung schuldig machen, unter das Militärrecht (Ziff. 11). In Kriegszeiten mit Einschluß anderer Fälle eines aktiven Dienstes erweitert sich der Kreis auf Zivilpersonen, welche im Aktivdienst stehende Militärpersonen zur Verletzung wichtiger militärischer Pflichten verleiten, ferner auf die der Armee folgenden Personen, auf Zivilisten, die strafbare Handlungen gegenüber Angehörigen der Armee oder an der Armee dienenden Sachen verüben, endlich auf Kriegsgefangene und Internierte (Art. 1 Ziff. 8—10). Soweit diese grundsätzlich unter das militärische Recht gestellten Personen Delikte begehen, die das Militärstrafrecht nicht vorsieht, kommt bürgerliches Strafrecht auf sie zur Anwendung (MilStGO. Art. 6)[1]. — Bestehen im Einzelfall Zweifel, ob militärisches oder bürgerliches Strafrecht anzuwenden ist, so muß die Entscheidung zugunsten des letztern fallen. Es bildet die Regel, das militärische Strafrecht die Besonderheit[2].

Der E. zu einem neuen MilStGB. vom 26. November 1918 ändert dieses Verhältnis zwischen dem bürgerlichen und dem militärischen Strafrecht grundsätzlich nicht. Aber er bringt zwei Gedanken zur Geltung, die das heutige Recht nicht oder wenigstens nicht ausreichend berücksichtigt:

Es sollen ohne Not keine Zivilpersonen dem militärischen Recht unterstellt werden. Das wird für die Zeit, da kein Aktivdienst ge-

---

[1]) Zu dieser Ordnung im Ganzen vgl. namentlich EUGSTER: a. a. O. passim. — SCHNEIDER: Die Zuständigkeit der militärischen Gerichte in der Schweiz (1901); — STOOSS: Z. 1, 270ff. — MARTIN: Z. 23, 313ff. — HAFTER: JZ. 11, 18ff. — A. STOOSS: Kommentar der MilStGO. 2ff. — BE. 13, 380ff.; 25 I 11ff.; Sammlung von Entscheiden der Militärgerichte (1914—1916), herausgegeben vom Armeeauditor, 67ff. — HAFTER: VE. MilStGB. mit Motiven (1918), 2ff.; Botschaft des BR. zum E. MilStGB. vom 26. November 1918, BBl. 1918 V, 343ff., 349ff. — LOGOZ: Z. 30, 238ff.; 36, 200ff. — Über die weitere Ausdehnung der persönlichen Geltung des Militärstrafrechts während des Weltkrieges vgl. insbesondere die VO. des BR. vom 6. August 1914 betreffend die Strafbestimmungen für den Kriegszustand (GesSlg. NF. 30, 370ff.) und dazu HAFTER: Z. 27, 235ff.

[2]) BE. 1, 126; 5, 485; 6, 5f. — ACHERMANN: Die Stellung des Wehrmannes im bürgerlichen Recht, Berner Diss. (1924), 92ff.; JZ. 8, 211, Nr. 61.

leistet wird, streng durchgeführt (Art. 2). Erst in Zeiten eines aktiven Dienstes erweitert sich der Geltungskreis auf bestimmte Gruppen von Zivilisten und auf Zivilpersonen allgemein, die gewisse Delikte verüben. Dabei werden die Kriegszeiten von den Zeiten eines andern aktiven Dienstes unterschieden. In Kriegszeiten reicht das militärische Strafrecht am weitesten (Art. 3 und 4). An die Stelle der Zweiteilung — Friedenszeiten, Kriegszeiten — tritt also die Dreiteilung: Friedenszeiten, Zeiten eines aktiven Dienstes außerhalb der Kriegszeiten und Kriegszeiten[1]). Wie im geltenden Recht bleiben die dem Militärstrafrecht unterstehenden Personen für Delikte, die das MilStB. nicht vorsieht, dem bürgerlichen Strafgesetz unterworfen (E. bürgerliches StG. Art. 9 und E. MilStG. Art. 7).

IV. Nicht unter die Lehre von der persönlichen Geltung gehören die Normen über die sog. parlamentarische Immunität und die mit ihr zusammenhängenden Vorschriften. Zum Teil handelt es sich um persönliche Strafausschließungsgründe (unten § 37), zum Teil müssen wenigstens bestimmte prozessuale Voraussetzungen erfüllt werden, bevor die Strafverfolgung eintreten kann (unten § 27 III).

---

[1]) Hafter: VE. MilStG. 2ff.; Botschaft des BR. zum MilStGE., BBl. 1918 V, 343ff., 349ff.; Ständerat, Stenogr. Bull. 1921, 220ff.

Die allgemeinen Lehren des Strafrechts.

Erster Teil.

Verbrechen und Rechtsbrecher.

Erster Abschnitt.

Die Elemente des Verbrechensbegriffes.

Literatur. BAUMGARTEN: Der Aufbau der Verbrechenslehre (1913) und Z 34, 58 ff.

Das Verbrechen ist ein bestimmtes, im Gesetz umschriebenes menschliches Verhalten, auf das Strafe gesetzt ist. Eine allgemein gültige, über den einzelnen Tatbestand hinausreichende Synthese des Begriffes muß versucht werden. Sie hat die Erforschung dreier Voraussetzungen zur Grundlage: Das Verbrechen muß als menschliches Verhalten, als rechtswidriges Verhalten und als schuldhaftes Verhalten erwiesen werden. An dieser Methodologie ist festzuhalten[1]). Unter Umständen kommen weitere, außerhalb des menschlichen Verhaltens liegende Voraussetzungen dazu, die erfüllt sein müssen, damit ein Strafanspruch entsteht.

Erstes Kapitel.

Das Verbrechen ein menschliches Verhalten.

§ 14. Der Mensch als Täter. Das sogenannte Körperschaftsdelikt.

Literatur. HAFTER: Delikts- und Straffähigkeit der Personenverbände (1903); dazu ZÜRCHER: Z. 16, 311 ff. und KLEINFELLER: Krit. Vierteljahrsschrift, 9, 595 ff. — v. LILIENTHAL: VD. Allg. Teil, 5, 91 ff., 97 ff. — HAFTER: Strafrechtlicher Patentschutz gegenüber Aktiengesellschaften, als Manuskript gedrucktes Gutachten (1919); dazu ZÜRCHER: Z. 35, 18 ff., vgl. auch Z. 36, 118 f.

I. Das Verbrechen ist Menschenwerk. Mehr als es früher geschah, bekümmert sich das heutige Strafrecht um die Person des Täters. Die Frage, wer Verbrechen begehen kann, steht im Vordergrund. Ihre abschließende Lösung ist freilich nicht hier, sondern in der Schuldlehre

[1]) BAUMGARTEN stellt bei der Synthese des Verbrechensbegriffes den verbrecherischen Entschluß voran. Seine Verbrechensformel, aus der die Fahrlässigkeit ausgeschlossen wird, lautet: „Verbrechen ist eines zurechnungsfähigen Menschen Willensakt, der sich vorsätzlich auf einen Tatbestand richtet, diesen Tatbestand verwirklicht und unter den erforderlichen objektiven Voraussetzungen der Strafbarkeit erfolgt" (Z. 34, 58 f).

und in der Lehre von der Straffähigkeit zu suchen. Um diese Zusammenhänge haben sich frühere Rechte vielfach nicht bekümmert. Von einer andern Wertung der Funktionen des Strafrechts aus ist man dazu gelangt, auch Tiere und leblose Gegenstände zu strafen[1]). Die strafende Rache als Reaktion gegenüber Schädigungen kümmerte sich nicht darum, ob ein Schaden schuldhaft oder ohne Schuld von einem nicht willensbegabten Wesen verursacht wurde. Das heutige Strafrecht dagegen zieht nur den willens- und handlungsfähigen Menschen unter der Annahme, er habe frei von innerm und äußerm Zwang gehandelt, zur strafweisen Verantwortung.

II. In der Frage, ob nicht nur der einzelne Mensch, sondern auch der Personenverband, die Körperschaft, Verbrechen begehen und bestraft werden kann, gehen die Anschauungen auseinander. Die Geschichte des Strafrechts bis auf den heutigen Tag zeigt die verschiedenen Auffassungen[2]). Die Lösung wird für das heutige schweizerische Recht dadurch erschwert, daß durch die Art. 54 und 55 des ZGB. die Deliktsfähigkeit der juristischen Personen — im Zivilrecht — ausdrücklich festgestellt wird. Soll, was im Zivilrecht gilt, auch für das Strafrecht anerkannt werden?

Meine frühere Auffassung von der strafrechtlichen Deliktsfähigkeit und der (naturgemäß beschränkten) Straffähigkeit der Verbände kann ich nicht aufrecht halten: Deutlicher als je zuvor proklamiert das heutige Strafrecht den Grundsatz: keine Strafe ohne Schuld. Psychologisch aber gelingt der Nachweis, daß eine Körperschaft als solche schuldhaft gehandelt hat, nicht. Richtig ist auch, daß dem Personenverband als solchem die Sinnesorgane fehlen, die notwendig sind, um eine Strafe zu erleiden[3]). Eine Bestrafung der Körperschaft für von ihr verübte

---

[1]) 2. Buch Mose, 21. Kapitel, 28. Vgl. z. B. MAKAREWICZ: Einführung in die Philosophie des Strafrechts (1906), 358f. — ALIMENA: Dir. penale, 1, 272. — v. HENTIG: Strafrecht und Auslese (1914), 58f. — SONDEREGGER: Die strafrechtliche Behandlung der Frau, Berner Diss. (1924), 28.

[2]) BARTOLUS hat im Mittelalter die Lehre von der Deliktsfähigkeit der Verbände fixiert. — FEUERBACH und SAVIGNY zerstörten diese Anschauung. Seit GIERKES Genossenschaftsrecht hat dagegen die Auffassung von der Deliktsfähigkeit der Körperschaft neuerdings Anklang gefunden. Über die dogmengeschichtliche Entwicklung vgl. namentlich GIERKE: Genossenschaftsrecht (insbesondere Bd. II und III), Genossenschaftstheorie (1887) 603ff., 743ff. und Deutsches Privatrecht, 1, 518ff., 528ff.; ferner HAFTER: Delikts- und Straffähigkeit, 1—42. — v. BAR: Gesetz und Schuld, 2, 133ff. Auf teilweise anderer Grundlage ruht die Anerkennung des Körperschaftsdeliktes im englisch-amerikanischen Recht (HAFTER: 40ff.). Aus der französischen Literatur: MESTRE: Les personnes morales et le problème de leur responsabilité pénale (1899), auch Revue pénitentiaire, 44 (1920), 238ff.

[3]) KOHLER: Kritische Vierteljahrsschrift 36, 518f. schrieb, es fehle an den Nervensträngen, die das Leid für die juristische Person zur Empfindung brächten; „sie zählt nicht zu den Wesenheiten, die lachen und weinen.“

Verbrechen ist daher abzulehnen. Anderseits sind aber die Fälle häufig, in denen im Betriebe von Verbänden — Handelsgesellschaften, Berufs- und andern Gemeinschaften — Delikte verübt werden. Oft sind einzelne Schuldige nicht zu fassen oder ihre Schuld ist nicht festzustellen. Das Bedürfnis kann sich ergeben, gegen den Verband selbst, abgesehen von zivilrechtlicher und eventuell verwaltungsrechtlicher Reaktion, einzuschreiten. Hier können sichernde Maßnahmen, die das moderne Strafrecht je länger je mehr entwickelt, fruchtbar gemacht werden (unten § 49 III)[1]).

III. Die Stellungnahme des geltenden Rechtes zum sog. Körperschaftsdelikt ergibt sich aus vereinzelten Gesetzesstellen, namentlich jedoch aus der Rechtsprechung. Von den Strafgesetzbüchern bestimmt darüber im Allgemeinen Teil z. B. Luzern[2]). Ferner findet sich in den Vorschriften über die Schuldbetreibungs- und Konkursdelikte vielfach die Regel, daß, wenn diese Vergehen im Geschäftsbetriebe einer juristischen Person verübt werden, die Strafbestimmungen nur auf die schuldigen Einzelpersonen der Verwaltungs- und Aufsichtsorgane anzuwenden sind[3]). Damit erscheint wenigstens auf diesem Gebiet eine strafrechtliche Haftung der Körperschaft ausgeschlossen. Zu einer als allgemeingültig anzuerkennenden Lösung hat dagegen erst die bundesgerichtliche Praxis der letzten Jahre geführt. Das Bundesgericht ging von der völligen Verneinung der Deliktsfähigkeit — auch der zivilrechtlichen — einer Körperschaft aus (E. 16, 814; 20, 356). In E. 23, 1336 wies es dagegen auf die Umstrittenheit der Frage hin und zog daraus den Schluß, in der Anerkennung der körperschaftlichen Deliktsfähigkeit durch ein kantonales Gericht könne jedenfalls keine Verfassungswidrigkeit gesehen werden[4]). Das Urteil vom 15. Dezember 1905 in der Angelegenheit Société coopérative des pharmacies populaires de Genève gegen das Syndikat für die Interessen der schweizerischen

---

[1]) Einzelvorschläge bei Hafter: Patentschutz gegenüber Aktiengesellschaften, 33ff. — Wenn bei völkerrechtlichen Delikten unter gewissen Umständen neben Einzelpersonen der Staat verantwortlich gemacht wird, so liegt darin keine Bestätigung der Lehre von der strafrechtlichen Deliktsfähigkeit der Körperschaften. Die Verantwortlichkeit ruht hier auf völkerrechtlichen, nicht auf strafrechtlichen Überlegungen; — a. M. v. Liszt-Schmidt: Lehrbuch, § 28. Vgl. Burckhardt: Die völkerrechtliche Verantwortlichkeit der Staaten, Berner Rektoratsrede (1924).

[2]) § 34: „Wenn einzelne oder sämtliche Mitglieder einer Gemeinheit (Korporation usw.) ein Verbrechen gemeinsam verüben, so ist nicht diese, sondern sind nur die schuldigen Einzelnen strafbar.“

[3]) z. B. Zürich § 205; Bern, Einführungsges. zum SchKG. Art. 55; Basel § 154a; Aargau, Einführungsges. zum SchKG. § 52; Schaffhausen § 228 b; Neuenburg Art. 413 bis; eidg. E. Art. 149 und dazu Prot. II. ExpKom. 2, 418ff. Vgl. ferner Zürcher: Z. 2, 333f. — Hartmann: Der leichtsinnige Bankrott, Zürcher Diss. (1919), 78ff. — Brehse: Der leichtsinnige Bankrott, Zürcher Diss. (1920), 61ff.

[4]) Auch in E. 39 I, 399 ist die Frage noch offen gelassen.

Pharmazie bekannte sich für das Gebiet des Zivilrechts unbeschränkt zu der Anschauung von der deliktsfähigen juristischen Person (E. 31 II, 707ff.; vgl. ferner 32 II, 518f.). Das ZGB. hat in Art. 55 diese Auffassung festgelegt[1]). Das Problem der strafrechtlichen Deliktsfähigkeit blieb offen. Erst das Urteil vom 7. Juli 1915 in Sachen Corboz & Fischlin A.-G. gegen den Kanton Wallis brachte die Lösung: grundsätzliche Ablehnung (E. 41 I, 214f.). Doch läßt das Bundesgericht die Bestrafung juristischer Personen auf dem Gebiet des Polizei- und Verwaltungsrechts zu (216f.)[2]). Diese Meinung findet darin ihre Bestätigung, daß in mehreren Bundesgesetzen eine verwaltungsrechtliche Geldstrafe auch gegenüber Körperschaften angedroht wird[3]). — Dieser unterscheidenden Lösung ist nicht zuzustimmen. Wer mit der heute herrschenden Anschauung die Delikts- und Straffähigkeit der Körperschaften nicht anerkennt, muß sie auch für das Gebiet des Übertretungsstrafrechts verneinen. Abgesehen davon, daß die Grenzen zwischen Verbrechen und Vergehen einerseits, Übertretungen anderseits unsicher sind, fordert die schweizerische Rechtsprechung je länger je deutlicher auch bei Fiskaldelikten und andern Übertretungen eine Schuld des Täters (unten § 21 II 2). Bei dieser heute sich befestigenden Anschauung verliert die Argumentation, juristische Personen könnten im Übertretungsrecht bestraft werden, weil die Schuldfrage keine Rolle spiele[4]), ihre Kraft. Nur sichernde Maßnahmen, bei denen auf die Schuld nicht abgestellt wird, sollten gegenüber Körperschaften zur Geltung gebracht werden können. Doch bleibt eine solche Lösung erst der kommenden gesetzgeberischen Entwicklung vorbehalten.

Die kantonale Rechtsprechung ist teilweise noch unsicher. Deutlich haben sich die zürcherische und die bernische Praxis gegen die Annahme der Deliktsfähigkeit von Personenverbänden ausgesprochen[5]).

---

[1]) Dazu HUBER: Erläuterungen zum VE. ZGB. 1, 58f. — EGGER: Kommentar ZGB. Art. 55, N. 4. — HAFTER: Kommentar ZGB. Art. 55, N. 6.

[2]) Siehe schon ein Urteil vom 29. März 1902 in Z. 15, 178, ferner BE. 41 I, 538; 45 I, 334. Ebenso die zürcherische Praxis, Zürcher Bl. 23, N. 119, insbesondere 188ff., andere Auffassung jedoch Bl. 14, 116; vgl. auch BE. 49 I, 139.

[3]) Art. 34 des BGes. vom 23. Dezemder 1872 über den Bau und Betrieb der Eisenbahnen (GesSlg. vor 1874, 11, 15); Art. 10 des BGes. vom 25. Juni 1885 betr. Beaufsichtigung von Privatunternehmungen im Gebiet des Versicherungswesens (GesSlg. 8, 171); Art. 65 des BGes. vom 29. März 1893 betr. den Transport auf Eisenbahnen und Dampfschiffen (GesSlg. 13, 644). Anders jetzt Art. 45 des BGes. vom 8. Juni 1923 betr. die Lotterien (GesSlg. 39, 363): „Werden Widerhandlungen . . . im Geschäftsbetriebe einer juristischen Person oder Gesellschaft begangen, so sind die handelnden Organe oder Gesellschafter strafbar." Daten über die ausländische Gesetzgebung und Literatur bei HAFTER: Patentschutz gegenüber Aktiengesellschaften, 30ff.

[4]) So noch ein waadtländischer Entscheid von 1906, Répertoire vaudois, 43.

[5]) Zürcher Bl. 2, 346; 5, 1; 10 Nr. 172 (Nichtzulassung einer Beschimpfungs-

§ 15. Menschliches Verhalten. Begehung. Unterlassung.

Literatur. STOOSS: Z. 9, 223ff. — MENTHA: Les délits de commission par omission (1898). — v. ROHLAND: VD. Allg. Teil, 1, 365ff. — GRAESEL: Die Unterlassungsdelikte im ausländischen StR. Göttinger Diss. (1909), 50ff. — PEDOTTI: Unterlassung der Nothilfe, Zürcher Diss. (1911), namentlich 100ff. — PFISTER: (Lit.-Angaben zu § 18).

I. Das Verhalten, auf das die Rechtsordnung eine Strafe folgen läßt, setzt zunächst voraus, daß ein Mensch frei von innerm und äußerm Zwang einen bestimmt gearteten Entschluß in die Tat umsetzt. Es liegt nahe, vom menschlichen Handeln auszugehen. Darin liegt das persönliche, das Willensmoment, das die erste Voraussetzung einer strafrechtlichen Zurechnung bildet. Alles nicht auf einen menschlichen, von der Rechtsordnung beachteten Willen zurückzuführende schädigende Geschehen soll keine Strafwirkungen auslösen. Es ist „Zufall", den das Strafrecht grundsätzlich nicht erfassen darf[1]).

Der gemeine Sprachgebrauch versteht jedoch unter dem Ausdruck „Handlung" nur die auf eine Willensentschließung zurückzuführende menschliche Körperbewegung. Das Strafrecht muß sich aber unter bestimmten Umständen auch mit der Unterlassung einer als pflichtgemäß vorausgesetzten Körperbewegung befassen. Um bei der Synthese des Verbrechensbegriffes auch diese Fälle zu erfassen, ist es zutreffender, von einem menschlichen Verhalten als von einem Handeln zu sprechen[2]). Das Verbrechen kann daher — immer unter der

---

klage gegenüber einer Behörde); 14, 116 (Verein nicht strafbar wegen Übertretung einer Lotterieverordnung); 17, 84. Berner Z. 40, 571; 44, 340.

Anders hat das Kantonsgericht Wallis die Delikts- und Straffähigkeit einer A.-G. bejaht (BE. 41 I 212f.).

[1]) BINDING: Normen II (2. Aufl.), 86: Zufall ist „alles Geschehende, was eine einzige ganz bestimmte Ursache nicht hat: die freie menschliche Handlung."

[2]) Man muß sich in diesen Fragen vor einem Streit um Worte hüten. Gesetzgebung und Literatur gehen immer wieder vom Handlungsbegriff aus und erfassen vielfach mit dem Ausdruck der strafrechtlich erheblichen Handlung auch die Unterlassung. So ausdrücklich St. Gallen Art. 1V Unter „Handlungen" sind überall auch „Unterlassungen" verstanden. Vgl. ferner v. LISZT-SCHMIDT: § 28. — M. E. MAYER: StR. Allg. Teil, 102, 108ff.: Handlung ist motivierte Willensbetätigung in Körperbewegung oder Körperruhe mitsamt ihrem Erfolg. — BINDING: Normen II (2. Aufl.), 99ff., 108. Anders RADBRUCH: Der Handlungsbegriff in seiner Bedeutung für das Strafrechtssystem (1904), namentlich 131ff.: Die Unterlassung kann dem Handlungsbegriff nicht unterstellt werden. Sie erschöpft sich in der Negation einer bestimmten Handlung. — Bei diesem vielleicht doch wesentlich terminologischen Streit wird besser vermieden, den Handlungsbegriff gleichsam zur Grundlage des Strafrechts zu machen. Als Oberbegriff, der Begehung und Unterlassung gleichzeitig umfaßt, scheint dagegen der Ausdruck menschliches Verhalten nicht anfechtbar; ebenso FRANK: Kommentar deutsches StGB. (15. Aufl.), 12; vgl. namentlich auch SAUER: Grundlagen des StR. 406ff. — PFISTER: a.a.O. 5f. — Uneinigkeit über die Begriffe „action, acte et fait" besteht auch in der französischen Literatur; vgl. ROUX: Droit pénal, 70f.: action =

Voraussetzung, daß auch die noch zu erörternden Momente der Rechtswidrigkeit und der Schuld erfüllt sind — in einem tätigen oder in einem untätigen Verhalten bestehen.

Darauf beruht die Unterscheidung zwischen dem Begehungs- und dem Unterlassungsverbrechen. Das Wesen der beiden Arten ist gesondert zu untersuchen. Bei beiden spielen — jedoch in verschiedener Weise — zwei Fragen eine bedeutende Rolle: die Frage nach dem Kausalzusammenhang (unten § 16) und die Frage nach dem Ort und der Zeit der Verbrechensverübung (unten § 17).

II. Begehungsverbrechen. Durch eine Körperbewegung, durch ein handelndes Verhalten eines Menschen wird eine vom Strafrecht bewertete Veränderung in der Welt außerhalb des Handelnden bewirkt[1]. Selbstverständlich unterliegt der rechtlichen Würdigung nicht das Hauen, Stechen, Schießen, Reden an sich. Die Handlung interessiert nur dann, wenn angenommen werden kann, daß eine erkennbare Wirkung auf sie zurückzuführen ist. Die Lehre vom Kausalzusammenhang gibt Auskunft darüber, unter was für Voraussetzungen diese Annahme zutrifft. Aber auch das genügt juristisch noch nicht. Dazu kommen muß, daß die eingetretene Wirkung einem strafgesetzlichen Tatbestand entspricht (Tatbestandsmäßigkeit) und daß eine bestimmt geartete persönlich-innerliche Verbindung der menschlichen Handlung mit dem bewirkten Erfolg — die Schuld — erwiesen wird. Diese weitern Elemente des Verbrechensbegriffes erfahren ihre nähere Deutung erst in der Lehre von der Rechtswidrigkeit (§§ 18, 29ff.) und in der Lehre von der Schuld (§§ 20ff., 33ff.). Man muß sie aber schon hier, wenn auch nicht in ihren Einzelheiten, ins Auge fassen. Der Verbrechensbegriff ist eine Einheit. Die Zerlegung in die Elemente: menschliches, rechtswidriges, schuldhaftes Verhalten ist nur ein Notbehelf, um durch die gesonderte Betrachtung die einzelnen Begriffsteile deutlicher zu erkennen.

Aufschluß über das Wesen des Begehungsverbrechens und seinen Unterschied gegenüber der Unterlassung gibt noch eine andere Feststellung. Die Rechtssätze sind entweder Verbote oder Gebote. Die erstern untersagen. Sie verpflichten den Menschen, sein Verhalten in bestimmter Weise zu begrenzen. Ihr Zweck ist, zu verhüten, daß durch menschliches Handeln gewisse unerwünschte Veränderungen in der

---

manfestation de la volonté criminelle, acte=mouvement du corps (synonyme de fait matériel); fait soll aber gleichzeitig bedeuten „délit=l'action criminelle, en tant qu'on l'envisage... dans la violation de la loi pénale." Anders GARRAUD: Droit criminel, Nr. 36, der acte (délictueux) als Oberbegriff verwendet und zwischen délit d'action (faire) und délit d'inaction (ne pas faire) unterscheidet. Über die Verwendung der entsprechenden Begriffe in der italienischen Literatur Alimena, Dir. penale, 1, 350f.

[1]) MENTHA: 8f. kennzeichnet das Begehungsdelikt als acte extérieur, als une activité perceptible.

Außenwelt herbeigeführt werden. Daraus folgt, daß die Verletzung eines Verbotes in einem menschlichen Handeln liegen muß. Das Begehungsverbrechen ist daher die Verletzung eines strafgesetzlichen Verbotes durch menschliche Tätigkeit[1]).

III. Unterlassungsverbrechen. Ihm kommt, an der Häufigkeit gemessen, gegenüber dem Begehungsverbrechen die kleinere Rolle zu[2]). Sein Wesen ist dagegen schwerer zu erfassen, nicht zuletzt deshalb, weil bei ihm die Frage nach dem Kausalzusammenhang zwischen menschlichem Verhalten und Erfolg scheinbar größere Schwierigkeiten bietet als beim Begehungsdelikt (unten § 16 IV).

Die strafrechtlich zu bewertende Unterlassung besteht darin, daß ein schädigender Erfolg eintritt, der durch ein Handeln hätte verhindert werden können. Selbstverständlich kann es keine unbedingte Pflicht geben, schädigende oder gefährdende Erfolge zu verhindern[3]). Eine strafrechtliche Haftung kommt nur in Frage, wenn eine Rechtspflicht bestand, durch ein Handeln die Änderung eines bestehenden Zustandes herbeizuführen[4]). Sie ist in dreierlei Fällen, aus deren Umgrenzung sich auch der Unterschied zwischen dem echten und dem unechten Unterlassungsdelikt ergibt, anzunehmen:

1. Am klarsten ist der Fall, wo im Strafgesetz selbst eine Unterlassung, ein Nichthandeln, zum Deliktstatbestand erhoben wird. Das Strafgesetz stellt hier ein Gebot, einen Befehl zum Handeln auf. Der Gegensatz zum Begehungsverbrechen zeigt sich bei dieser Gruppe am reinsten. Das Unterlassungsverbrechen ist die (schuldhafte) Nichtbefolgung eines strafgesetzlichen Gebotes durch Untätigkeit. Es dient mindestens der systematischen Klartellung, hier von einem echten Unterlassungsdelikt zu reden[5]). — Die gesetzgeberische

---

[1]) Vgl. namentlich Binding: Normen I (2. Aufl.), 108ff., II 101, auch Handbuch, 166f. Mit ihm ist die Sachunterscheidung zwischen Verbot und Gebot und ihre Verwertung für die Abgrenzung der Begehungs- von den Unterlassungsverbrechen festzuhalten. Der Unterscheidung von Verbot und Gebot steht die Tatsache nicht entgegen, daß im Verbot sekundär das Gebot liegt, etwas zu unterlassen und daß in dem Gebot das Verbot steckt, nichts zu tun, um den Eintritt eines erwünschten Erfolges zu verhindern. Weiteres dazu bei der Lehre vom unechten Unterlassungsdelikt, unten III 2.

[2]) Geschichtliche Daten über die größere Zahl von Unterlassungsdelikten im alten Recht, namentlich über die Bestrafung der Nichtanzeige begangener Verbrechen, bei Pfenninger: StR. der Schweiz, 40ff.

[3]) BE. 16, 199: Eine Unterlassung, auch wenn sie eine Schädigung Dritter zur Folge hat, ist der Regel nach nicht rechtswidrig; ähnlich E. 21, 645.

[4]) Zürcher Bl. 9, 248; 13, 25; 15, 340.

[5]) Die strenge Scheidung zwischen echten und unechten Unterlassungsdelikten führt namentlich Binding: Normen, II 102ff. durch; vgl. ferner Merkel-Liepmann: Verbrechen und Strafe, 49ff., 133ff.; M. E. Mayer: StR. 133; Stooss: Lehrbuch (2. Aufl.), 110ff. — Pfister: a. a. O. 19ff.

Entwicklung zeigt neuerdings, aus einer verstärkten ethischen Einstellung heraus, eine Zunahme von echten Unterlassungstatbeständen. Das heutige Strafrecht verlangt mehr als es zu Zeiten der Fall war ein Tätigwerden, ein Helfen zugunsten anderer und der Gemeinschaft. Besonders zahlreich sind die Unterlassungstatbestände im modernen Polizeirecht. Eine Tendenz, an strafrechtlichen Geboten hier zuviel des Guten zu tun, ist nicht zu leugnen. Aus dem Verbrechens- und Vergehensrecht sind beispielsweise zu nennen die Dienstverweigerung nach Art. 97 des MilStGB., die Verletzung der Anzeige- und Verhinderungspflicht bei geplanten oder begangenen Verbrechen[1]), die Vernachlässigung der Elternpflichten in bezug auf die Besorgung und Verpflegung der Kinder[2]). Zahlreich sind die Unterlassungstatbestände im Übertretungsteil des eidgenössischen Entwurfes, besonders typisch der Art. 296: Unterlassung der Nothilfe[3]).

2. Rechtspflichten, in bestimmter Weise tätig zu werden, ergeben sich aber nicht nur aus dem direkt im Strafgesetz abzulesenden Geboten, wie das beim echten Unterlassungsdelikt zutrifft. Die Pflicht zum Handeln kann durch außerstrafrechtliche Gebote — namentlich des Zivil- und des Verwaltungsrechtes — normiert sein, sie kann insbesondere auf vertraglicher Grundlage ruhen. Seinem subsidiären Charakter getreu hat sich das Strafrecht mit einer Nichterfüllung dieser Gebote zunächst nicht zu befassen. Der Bewährung der Rechtsordnung dienen hier primär die für den betreffenden Rechtsteil zur Verfügung stehenden Mittel (Verwaltungszwang, Verpflichtung zum Schadensersatz usw.). Das Strafrecht greift dagegen ein, sobald es zu der Annahme gelangt, daß infolge der Nichterfüllung z. B. einer zivilrechtlichen Pflicht zum Handeln ein strafrechtlich bewerteter Erfolg eingetreten, ein Deliktstatbestand verwirklicht worden ist. So können Tötungen, Körperverletzungen und eine große Zahl anderer Delikte, die man zunächst als Begehungsverbrechen anspricht, durch Unterlassung verübt werden. Das ist die eine Gruppe der unechten Unterlassungsdelikte. Sie ruhen auf außerstrafrechtlicher Grundlage. Der heute namentlich

---

[1]) Besonders deutlich St. Gallen Art. 164 unter den Vergehen gegen die öffentliche Ordnung. Ferner Tessin Art. 163: Strafbarkeit der Medizinalpersonen, wenn sie die Anzeige von Verbrechen, die ihnen bei der Berufsausübung bekannt werden, unterlassen. Häufig wird die Unterlassung der Anzeige als Begünstigung bestraft, z. B. Zürich § 41, Graubünden §§ 40—43 (unten § 47 II 3); vgl. ferner STOOSS: Strafgesetzbücher, 71ff. und Grundzüge, 1, 242f. — GRÄSEL: a. a. O. 54ff.

[2]) Z. B. Zürich § 148, Schaffhausen §§ 175 und 190; vgl. die Zusammenstellung bei STOOSS: Strafgesetzbücher, 488ff., ferner eidg.E. Art. 184. Die Fassung dieser Bestimmungen (Verletzen, Vernachlässigen, Nichterfüllen von Pflichten) führt zu der Annahme, daß diese Delikte auch durch ein Handeln begangen werden können. Im Vordergrund steht jedoch die Unterlassung.

[3]) Dazu PEDOTTI: a. a. O. namentlich 105ff.; — v. ROHLAND: a. a. O. 368ff.

noch in der französischen Literatur verwendete Ausdruck délits de commission par omission ist weniger bezeichnend. Man kann immerhin sagen, daß der Täter in diesen Fällen durch seine Unterlassung nicht nur ein Gebot, sondern auch ein im Tatbestand eines Begehungsdeliktes enthaltenes Verbot übertritt[1]).

3. Schwieriger zu umgrenzen ist eine weitere Gruppe von unechten Unterlassungsdelikten, weil die rechtliche Grundlage unsicher ist: Man überlegt: Wer eine gefährliche Handlung vornimmt, die an sich nicht rechtswidrig zu sein braucht, in der Folge aber eine Tätigkeit unterläßt, durch die das Weitergreifen der Gefahr oder der Eintritt eines Schadens abgewendet werden könnte, wird strafrechtlich zur Verantwortung gezogen, wenn der Enderfolg einen Deliktstatbestand erfüllt. Aus einem vorangegangenen Verhalten kann die Rechtspflicht zu einer komplementären Tätigkeit (STOOSS) folgen. Wann diese Pflicht anzunehmen ist, läßt sich allgemeingültig nicht leicht bestimmen. Sich hier, solange das Gesetz schweigt, auf sittliche oder allgemein staatsbürgerliche Pflichten zu berufen, ist zu unsicher[2]). Tauglicher ist der Hinweis auf Amts-, Berufs- und andere speziell gebotene Pflichten, deren Erfüllung von jedermann erwartet wird. So wird niemand die Verpflichtung des Arztes, eine Operation kunstgerecht zu Ende zu führen, auch wenn sie nicht vertraglich übernommen wurde, bestreiten. Führt schuldhafte Untätigkeit zum Tode des Patienten, so entsteht strafrechtliche Verantwortlichkeit. Sie ist auch anzunehmen bei dem militärischen Kommandanten, der eine Schießübung leitet und dabei sich ergebende Sicherungsmaßnahmen nicht

---

[1]) Vgl. FRANK: Kommentar deutsches StGB. (15. Aufl.) 12. — M. E. MAYER: StR. Allg. Teil, 133. — Zwischen einem echten und einem unechten Unterlassungsdelikt ist Konkurrenz möglich, z. B. in dem Falle JZ. 14, 271 Nr. 241: Der Vater verweigerte dem neugebornen Kind Nahrung und Pflege. Das Kind starb infolgedessen. Erfüllt sind der Tatbestand der Verletzung der Elternpflichten und der Tatbestand der Tötung (eventuell der Körperverletzung mit tödlichem Ausgang). Die Bestrafung nur unter dem letztern Gesichtspunkt ist richtig. Es liegt Gesetzeskonkurrenz vor (unten § 75 III). — Über das unechte Unterlassungsdelikt namentlich auch PFISTER: a. a. O. 24 ff.

[2]) SAUER: Grundlagen, 459 f. der soziologisch die Rechtswidrigkeit als ein menschliches Verhalten auffaßt, das nach seiner allgemeinen Tendenz der staatlichen Gemeinschaft mehr schadet als nützt, nimmt, auch ohne speziellen Rechtssatz, ein allgemeines Gebot der Gefahrabwendung an für den, der die Gefahr geschaffen hat. Auf dieser Grundlage ist allerdings eine gesetzliche Bestimmung zu erwägen, etwa wie im deutschen E. von 1919, § 16: „Wegen Herbeiführung eines Erfolges durch Unterlassung ist nur strafbar, wer rechtlich verpflichtet war, den Eintritt des Erfolges durch Handeln zu verhindern. Diese Pflicht besteht auch für den, der durch seine Tätigkeit die Gefahr des Eintritts des Erfolges herbeigeführt hat.“ Vgl. auch PFISTER: a. a. O. 32ff. (Verkehrssicherungspflicht).

trifft, wenn daraus Schaden — Erfüllung eines Deliktstatbestandes — entsteht[1]).

4. Gesetzgebung und Rechtsprechung sind für die Erkenntnis des Unterlassungsverbrechens nicht ausgiebig. Unnötig ist es, wenn namentlich deutschschweizerische Gesetzbücher in den Eingangsbestimmungen neben der Handlung die Unterlassung als Art der Deliktsverübung nennen (z. B. Luzern § 1, Schaffhausen §§ 1 und 2, Aargau § 1, Thurgau § 1). Regelmäßig wird beim Tatbestand der Kindstötung die Verübung durch Unterlassung hervorgehoben. Gerechtfertigt ist das nur bei den welschen StGB., die mit Ausnahme von Neuenburg (Art. 301) durchgängig auf die Kindstötung durch Unterlassung eine geringere Strafe setzen als auf die durch Handlung verübte Tat (Freiburg, altes StGB. Art. 134, dagegen nicht mehr StGB. 1924, Art. 57; Waadt Art. 218, Wallis Art. 221, Genf Art. 257)[2]). — Einiges Grundsätzliche läßt sich aus zivilrechtlichen Urteilen des Bundesgerichts herauslesen. In E. 16, 199 wird davon ausgegangen, daß eine allgemeine Rechtspflicht, im Interesse anderer tätig zu werden und Schaden zu verhindern, nicht besteht. Das ist anders, wenn sich eine Pflicht zum Handeln aus einem Vertragsverhältnis oder aus einem „besondern Gebot der Rechtsordnung" ergibt. Das Urteil in E. 21, 625 geht weiter. Es verpflichtet zu einer eine Gefahr abwendenden Handlung, wenn jemand „einen Zustand herstellt, der in erkennbarer Weise die Gefahr einer Schädigung anderer bewirkt". In E. 24 II, 211f. werden diese Grundsätze bestätigt, während in dem Urteil E. 22, 564 die Rechtspflicht zu handeln noch umfassender formuliert wird: sie kann in einer Rechtsvorschrift oder in einem vorangegangenen Verhalten „oder sonst in der besondern Gestaltung der Verhältnisse ihren Grund haben". Was das Bundesgericht dergestalt im Hinblick auf die zivilrechtliche Haftpflicht bestimmt, ist auch für das Strafrecht verwertbar.

§ 16. Lehre vom Kausalzusammenhang.

Literatur. Stooss: Z. 9, 223ff. — Guex: La relation de cause à effet dans les obligations extra-contractuelles, Lausanner Diss. (1904). — Becker: Kommentar OR. 166ff. — Häberlin: Das eigene Verschulden des Geschädigten im schweizer. Schadensersatzrecht, Berner Diss. (1924), 24ff.

I. Menschliches Handeln und Unterlassen werden vom Strafrecht nur soweit bewertet, als angenommen werden kann, daß die Erfüllung eines Deliktstatbestandes auf sie zurückzuführen ist. Daß der Lehre vom Kausalzusammenhang, die auf diese Fragen die Antwort erteilt,

[1]) Zu einem ähnlichen Fall BE. 25 II, 47f.; vgl. ferner BE. 21, 625; 28, II 229f.; 36 II, 21f.; 45, 647ff.; JZ. 6, 337, Nr. 88.

[2]) Die Forderung einer geringeren gesetzlichen Strafdrohung für die Unterlassungsdelikte findet sich auch in der neuern Literatur, z. B. bei Höpfner: ZgesStRW. 36, 131. Dazu (ablehend, — trotz der Annahme, daß Tun und Nichttun juristisch nicht gleichwertig sind) Sauer: Grundlagen, 457f.

nicht allein mit juristischen Erörterungen beizukommen ist, steht fest. Die Kausalität spielt bei jeder Betrachtung von Lebensvorgängen, gleichgültig von was für einem Standpunkt aus sie erfolgt, ihre Rolle. Was aber naturwissenschaftlicher Betrachtung frommt, braucht für die juristische Wertung von Lebensvorgängen noch nicht maßgebend zu sein. Von der Zweckbestimmung des Rechtes aus stellt sich die Frage so: Wann muß ein menschliches Verhalten als Ursache eines rechtlich erheblichen Erfolges gelten?

Darauf geben die Gesetze keine Antwort. Wissenschaftliche Überlegung muß die Lösung finden. Sie muß von folgender Anschauung, die als unbestritten gelten kann und mindestens von der Erfahrung des täglichen Lebens bestätigt wird, ausgehen:

Jeder dem Menschen erkennbare Erfolg ist das Produkt vieler zusammenwirkender Bedingungen, deren Gesamtheit kaum je von einem Menschen überblickt zu werden vermag. Die sämtlichen Bedingungen eines Erfolgs, die als Gesamtheit seine Ursache darstellen, sind an und für sich gleichwertig. Jede war notwendig. Wäre sie nicht vorhanden gewesen, so wäre kein Erfolg oder ein anderer Erfolg eingetreten. Dieser sog. MILLsche Ursachenbegriff[1]) ist aber für eine praktische Kausalitätslehre unbrauchbar[2]). Je nach dem Zweck, den man mit einer Betrachtung und Wertung von Lebensvorgängen verfolgt, tritt aus der Unzahl der Bedingungen bald die eine bald die andere hervor. Die Heraushebung einzelner Bedingungen unter dem Einfluß des Zweckgedankens gestaltet sich anders für die naturwissenschaftliche als für die juristische Betrachtung. Der Arzt erblickt die Todesursache in einem physiologischen Vorgang, für den Juristen tritt die Frage in den Vordergrund, ob das bestimmt geartete Verhalten eines Menschen den Tod des andern herbeigeführt hat.

II. Wenn die einzelne Wissenschaft und hier im besondern die Wissenschaft vom Recht aus der Unzahl der für das Zustandekommen eines Erfolges notwendigen Bedingungen eine oder auch mehrere als für ihre Betrachtung entscheidend heraushebt, so ist es erlaubt, sie als Ursache (conditio sine qua non) zu bezeichnen. Ein qualitativer Unterschied gegenüber den andern, den Erfolg mitbewirkenden Bedingungen soll damit nicht gemacht, sondern nur das für die rechtliche Beurteilung Maßgebende in den Vordergrund gestellt werden. Dieses

[1]) JOHN STUART MILL: (1806—1873), System der deduktiven und induktiven Logik; Übersetzung von GOMPERZ: Gesammelte Werke, 3, 20f.: „Die Ursache ist daher, im philosophischen Sinne, der Inbegriff der Bedingungen, positiver und negativer zusammengenommen, die Gesamtheit der Eventualitäten jeder Art, bei deren Verwirklichung die Konsequenz unvermeidlich erfolgt."

[2]) ADOLF MERKEL: Kriminalistische Abhandlungen, 1, 56: „Der bloße objektive Kausalzusammenhang ist an und für sich juristisch unfruchtbar."

Maßgebende ist ein bestimmt geartetes menschliches Verhalten. Es kann ein Handeln, eine Körperbewegung oder, wie noch gezeigt werden soll, auch eine Unterlassung sein. So gelangt man zunächst zu dem Satz: Jede menschliche Tätigkeit (Verhalten), ohne welche ein rechtlich erheblicher Erfolg nicht eingetreten wäre, ist Ursache[1]). Die strenge Durchführung dieses Satzes bei der strafrechtlichen Bewertung eines menschlichen Verhaltens würde aber zu ganz unhaltbaren Ergebnissen führen. Die strafrechtliche Verantwortlichkeit müßte unerträglich weit ausgedehnt werden. Wenn man dabei stehen bleibt, jedes menschliche Verhalten, ohne das der strafrechtliche Erfolg nicht eingetreten wäre, als maßgebende Ursache zu betrachten, so ergeben sich folgende Konsequenzen: Wer einen andern zu einer Reise veranlaßt, die diesem durch ein Eisenbahnunglück den Tod bringt, müßte riskieren, die Verantwortung dafür zu tragen. Wer einem Brillenträger einen leichten Schlag versetzt, der die Brille zertrümmert und dadurch das Auge des Angegriffenen verletzt, müßte für den Schaden, vielleicht den Verlust des Auges, verantwortlich gemacht werden[2]). Man hat geglaubt, derartige Folgerungen durch den Hinweis auf die Schuldlehre ausschalten zu können, weil der Täter die eingetretene Folge nicht voraussah, ja gar nicht voraussehen konnte. Diese Überlegung ist nicht unrichtig. Aber

---

[1]) Der deutschen Literatur gehört das Verdienst, die (straf-) rechtliche Kausalitätslehre in ausgezeichneter Weise gefördert zu haben. Freilich ist dabei auch viel Unfruchtbares zu Tage gefördert worden. Dazu gehört der Streit darüber, ob nicht, im Gegensatz zu der Anschauung von der grundsätzlichen Gleichwertigkeit aller wirkenden Bedingungen, eine auch qualitativ hervorzuheben und als Ursache zu bezeichnen sei. So stellte man den Bedingungen eine von ihnen verschiedene, den Erfolg erzeugende Ursache (causa efficiens) gegenüber (z. B. Kohler). Noch bildhafter ist die bekannte sog. Übergewichtstheorie Bindings, wonach Ursache die menschliche Handlung ist, die den vorhandenen, dem Erfolge teils günstigen, teils ungünstigen Bedingungen die entscheidende Richtung gibt. Man hat auch von der wirksamsten Bedingung gesprochen und sie als Ursache bezeichnet (Birkmeyer). — Nicht in diesen Erklärungsversuchen liegt der große Wert der deutschen Literatur, sondern in der Entwicklung der Lehre von der adäquaten Verursachung (siehe den Text). Sie hat die schweizerische Rechtsprechung entscheidend beeinflußt. — Aus dem umfangreichen deutschen Schrifttum über das Kausalitätsproblem sind hervorzuheben: v. Buri: Über Kausalität und Verantwortung (1873, grundlegend). — v. Bar: Die Lehre vom Kausalzuzusammenhange im Recht, besonders im Strafrecht (1871). — Derselbe, Gesetz und Schuld, 2, 161ff. (mit reichen Literaturangeben). — M. E. Mayer: Der Kausalzusammenhang zwischen Handlung und Erfolg (1899). — Radbruch: Die Lehre von der adäquaten Verursachung (1902). — v. Rohland: Die Kausallehre des Strafrechts (1903). — Traeger: Der Kausalbegriff im Straf- und Zivilrecht (1904). — Liepmann: Zur Lehre von der adäquaten Verursachung, Goltdammer Archiv, 52, 326ff. (1905). — Sauer: Grundlagen des StR. (1921), insbesondere 406ff.; vgl. ferner Givanovitch: Du principe de causalité efficiente (1908). — Häberlin: a. a. O. 26ff. (wesentlich von der deutschen Literatur beeinflußt).

[2]) Beispiel aus M. E. Mayer: StR. 146f.

die Heranziehung der Schuldlehre ist nicht notwendig, weil die Lösung direkt aus der weiter entwickelten Lehre von der rechtserheblichen Kausalität gewonnen werden kann.

III. Diese Weiterentwicklung liegt in der Theorie von der adäquaten Verursachung, die nur dann richtig orientiert ist, wenn man sie nicht mit der Schuldlehre verquickt[1]). Um eine Weiterentwicklung des Gedankens, daß dasjenige menschliche Verhalten, ohne welches der rechtlich erhebliche Erfolg nicht eingetreten wäre, Ursache (conditio sine qua non) ist, handelt es sich, nicht um eine neue, selbständige Kausalitätstheorie: Ein menschliches Verhalten soll nur dann für einen eingetretenen Erfolg als rechtlich kausal gelten, wenn das Verhalten erfahrungsgemäß geeignet war, den Erfolg herbeizuführen. Man hat dagegen, unter Berufung auf die natürliche Kausalität, eingewendet, maßgebend könne nur die tatsächliche, wenn auch noch so ungewöhnliche Gestaltung des Verlaufes im Einzelfalle sein[2]). Allein dieser Einwand vergißt, daß es der Rechtswissenschaft nicht nur freisteht, aus der Unzahl der einen Erfolg bewirkenden Bedingungen diejenige oder diejenigen als Ursachen herauszuheben, die der rechtlichen Bewertung frommen, sondern daß sie von diesem Ursachenbegriff auch diejenigen Momente fernhalten muß, die zu juristisch unerträglichen Ergebnissen führen. Aus einem leichten Schlag, den einer einem andern versetzt, können sich Folgen entwickeln, an die niemand gedacht hat, die niemand erwartet hat. Die naturwissenschaftliche Betrachtung mag hier zwischen dem menschlichen Verhalten und dem Endereignis Kausalität annehmen. Der das menschliche Verhalten juristisch wertende Richter darf es nicht. Gewiß kann diese dem Richter zugemutete Ausscheidungstätigkeit im Einzelfall schwierig sein. Die Regel von der erfahrungsgemäßen Eignung eines menschlichen Verhaltens zur Herbeiführung eines Erfolges (typische Verursachung) leidet an der Unbestimmtheit, daß sie anstatt auf Tatsachen auf abstrakte Überlegungen, gleichsam auf Berechnungen, abstellt. Wenn aber das Recht in hundert andern Fällen den Richter vertrauensvoll auf das freie, vernünftige, von der Erfahrung geleitete Ermessen verweist, so darf das auch in diesem Falle geschehen[3]).

---

[1]) Darüber treffend v. Bar: Gesetz und Schuld, 2, 177ff.; gut auch BE. 41 II, 93 f., dagegen unrichtig E. 36 II, 22. Richtig Guex: a. a. O., 119. — Häberlin: a. a. O. 39. Was hier für das Zivilrecht festgestellt wird, gilt auch dür das Strafrecht.

[2]) Namentlich v. Liszt-Schmidt: Lehrbuch, § 29, VI. — Guex: a. a. O. 101ff. Siehe dazu die Entwicklung des Dogmas von der adäquaten Verursachung bei v. Bar: Gesetz und Schuld, 2, 178ff., auch Häberlin: a. a. O. 30ff.

[3]) Dazu besonders v. Bar: a. a. O. 2, 192ff., wo der tröstliche Satz steht: „In den meisten Fällen diktiert uns das Gefühl die Entscheidung mit einer Sicherheit, die anzuzweifeln in der Praxis als Verrücktheit gelten könnte“ (194). Vgl. auch Becker: Kommentar OR. Art. 41, N. 15ff. — v. Cleric: Leitfaden, 48f.

Erst die Verfeinerung des juristischen Ursachenbegriffs durch die Theorie von der adäquaten Kausalität gibt dem Richter die Möglichkeit, einem Täter gerecht zu werden.

IV. Die juristische Orientierung der Kausalitätslehre ermöglicht auch eine zutreffende Lösung der Frage nach dem Kausalzusammenhang bei den Unterlassungsdelikten. Vom Standpunkt der natürlichen Kausalität aus ist die Annahme nicht zu bestreiten, daß nur positiv wirkende Bedingungen, wobei hier namentlich an ein menschliches Handeln zu denken ist, einen Erfolg zustande bringen. Das Nichthindern kann, mechanisch betrachtet, nicht Verursachung eines Erfolgs sein. Beim Unterlassungsdelikt fehlt der äußere Kausalzusammenhang zwischen menschlichem Verhalten und Erfolg. Juristisch aber ist Kausalität vorhanden, wenn ohne die — pflichtwidrige (oben § 15 III) — Untätigkeit der schädigende Erfolg nicht eingetreten wäre und wenn zugleich angenommen werden muß, daß die Untätigkeit erfahrungsgemäß geeignet war, die schädliche oder gefährliche Wirkung auszulösen (adäquate Verursachung). Diese juristische Deutung des Kausalitätsbegriffes und seine Anwendung auch auf die Unterlassungsdelikte ist gerechtfertigt. Es entspricht den Anschauungen des täglichen Lebens und dem Sprachgebrauch, wenn man erklärt, daß der Bahnwärter, der Bergführer, der Soldat, der pflichtvergessen untätig geblieben ist, den eingetretenen Schaden verursacht hat[1]).

V. Unzutreffend ist es, in bestimmten Fällen von einer Unterbrechung des Kausalzusammenhanges zu reden. Man nimmt sie an, wenn ein verletzendes oder wenigstens gefährdendes Verhalten zwar vorliegt, der Enderfolg — z. B. der Tod eines Menschen — jedoch auf eine neue, von der erstern unabhängigen Kausalreihe zurückgeführt werden muß. In solchen Fällen wird aber nicht ein Kausalzusammenhang „unterbrochen", sondern die Kausalität zwischen dem verletzenden oder gefährdenden Verhalten und einem bestimmten Enderfolg ist nicht vorhanden. Die allgemeinen Regeln über den Kausalzusammen-

---

[1]) Vgl. auch BE. 28 II, 229f. — v. TUHR: Schweizer. OR. 80. PFISTER: (Lit. zu § 18), 25ff. Die deutsche Literatur über diese Frage bietet ein merkwürdiges Bild. — v. LISZT, der selbst die Kausalität der Unterlassung leugnet und nur ein, „der Kausalität des Tuns analoges Merkmal" gelten lassen will, sagt mit Recht, daß der Streit über diese Frage einer der unfruchtbarsten ist, den die strafrechtliche Wissenschaft je geführt hat (Lehrbuch § 30). Über die zahlreichen — aussichtslosen — Versuche, den „natürlichen" Kausalitätsbegriff auch für das Unterlassungsdelikt zu retten, vgl. außer den Zitaten bei v. LISZT namentlich TRAEGER: a. a. O. 61ff. — v. BAR: a. a. O. 2, 248ff. — STOOS: Z 9, 224ff. hat Bedenken, bei den Unterlassungsdelikten einen „besondern Ursachenbegriff" anzuwenden, „der zwar den Zwecken des Rechtes dient, aber mit den Gesetzen des Denkens in Widerspruch steht". Daher sein Vorschlag, im Gesetz zu bestimmen: Die (pflichtwidrige) Unterlassung wird der Handlung, gleichgestellt. So der eidg. VE. 96 in Art. 1. Die spätere Streichung des Satzes war richtig.

hang gelten. Die — unlogische — Annahme einer Unterbrechung führt zu Mißverständnissen[1]). Aus der (zivilistischen) Rechtsprechung des Bundesgerichts sind dazu folgende Erörterungen verwertbar: Ein Verletzter weigert sich absichtlich oder leichtfertig, sich einer Operation zu unterziehen oder überhaupt ärztliche Hilfe in Anspruch zu nehmen und vereitelt damit schuldhaft seine Heilung (E. 18, 238f., 554f.; vgl. ferner E. 7, 350; 12, 590f.; 21, 653). Damit entfällt die Verantwortung des Verletzers für den Enderfolg. In E. 29 II, 692 erklärt das Bundesgericht weiter, daß auch das schuldhafte Verhalten eines Dritten, überhaupt ein äußeres Ereignis, den Kausalzusammenhang „unterbricht", so, daß der adäquate Kausalzusammenhang zwischen dem zunächst ins Auge gefaßten Verhalten und dem Enderfolg nicht mehr gegeben ist[2]).

VI. Die Praxis der schweizerischen Strafgerichte hat das Kausalitätsproblem kaum gefördert[3]). Jedoch sind zahlreiche zivilistische Urteile des Bundesgerichtes, die sich mit der Frage beschäftigen, auch für das Strafrecht verwertbar. Die Entwicklung der bundesgerichtlichen Rechtsprechung ist bemerkenswert. Sie führte zur Anerkennung der Theorie von der adäquaten Verursachung[4]).

Ältere Urteile nehmen Kausalzusammenhang an, sobald ein menschliches Verhalten (Ereignis) als Ursache des Erfolges erscheint, wobei nichts darauf ankommt, „ob zum Eintreten des Erfolges noch andere vom Beklagten nicht zu vertretende Umstände mitwirkten" (E. 6, 273; 7, 349f.; vgl. auch noch 25 II, 48f., 823). Das ist die uneingeschränkte Theorie von der conditio sine qua non, aus der sich eine zu weit gespannte Verantwortlichkeit ergibt (oben II). Die Vertiefung der Kausalitätslehre beginnt damit, daß das Bundesgericht nicht mehr nur eine verursachende Bedingung, sondern darüber hinaus einen normalen Ablauf der Ereignisse fordert (z. B. E. 22, 172; 26 II 99). Adäquate Verursachung wird vorausgesetzt in E. 33 II, 571 und in E. 35 II, 245 wird Kausalität abgelehnt, wenn zwischen Bedingung und Erfolg kein

[1]) Gut darüber Häberlin: a. a. O. 35, dessen Stellung zur Theorie der adäquaten Verursachung freilich nicht befriedigt.

[2]) Gerade diese Überlegung zeigt, daß man die unschöne Lehre vom unterbrochenen Kausalzusammenhang nicht nötig hat. In allen diesen Fällen ist eine (adäquate) Kausalität überhaupt nicht vorhanden — unter der Voraussetzung, daß das Verhalten des Dritten nicht mit dem frühern Verhalten des andern zusammenhängt.

[3]) Gut Appellat.-Ger. Baselstadt, JZ. 20, 182 Nr. 141: Der Verletzte, der sich schuldhaft einer ungefährlichen Operation, die ihm Heilung bringen würde, widersetzt, „verändert den dem Täter zuzurechnenden Verlauf". Der Ausdruck „Unterbrechung des Kausalzusammenhangs" ist glücklich vermieden. Dagegen verwendet ihn die zürchersche Praxis; vgl. Zürcher: Kommentar (4. Aufl.), 119, 132. — Zeller: Kommentar, § 1 N. 5, ferner etwa Zürcher Bl. 9, 167 (zivilistischer Entscheid).

[4]) Dazu v. Cleric: Leitfaden, 48ff.

„adäquater, dem ordentlichen Verlauf der Dinge entsprechender Zusammenhang“ besteht. Ganz deutlich nach dieser Richtung ist die neuere Praxis: E. 38 II, 254ff.; 41 II, 94[1]); 42 II, 365 und 660f.; 48 II, 150f.[2]) und 477; 49 II, 262f. Die Lehre von der Kausalität sollte damit auch für das Strafrecht zu einem Ruhepunkt gekommen sein.

§ 17. Ort und Zeit der Verbrechensverübung.

Literatur. MEILI: Internat. Strafrecht, 113ff., 299ff. — HUNGERBÜHLER: Der Ort der begangenen Tat in seiner Anwendung auf die Preßdelikte, Zürcher Diss. (1911) und JZ. 9, 21ff. — DÄPPEN: Der örtliche Gerichtsstand im schweizer. Strafprozeßrecht, Berner Diss. (1920), dazu Z. 35, 84f. — v. CLERIC: JZ. 11, 201ff.; 15, 80 und 224; 22, 73ff. — THORMANN: Z. 29, 47ff. — KITZINGER: VD. Allg. Teil, 1, 163ff.

I. Wenn Ursache und Wirkung — menschliches Verhalten und strafrechtlich bewerteter Erfolg — räumlich und zeitlich auseinanderfallen, so ergibt sich die Frage, an welchem Ort und zu welchem Zeitpunkt das Delikt als verübt zu gelten hat. Dieses Problem des sog. Distanzverbrechens muß untersucht werden, weil seine Lösung die Antwort auf die Frage vermittelt, unter welches Strafgesetz und auch unter welche Gerichtsbarkeit (Gerichtsstand der begangenen Tat) ein Delikt fällt[3]). Bei den 25 verschiedenen kantonalen Strafrechten ist die Frage für das schweizerische Recht von besonderer Bedeutung[4]). Eine gesetzliche Ordnung durch den Bund ist zu erstreben.

II. Abgesehen von Zürich, Bern, Freiburg und dem eidgenössischen E. (unten III 2) schweigen die Gesetze. Die Frage ist zum Tummelplatz der Theorie geworden. Die Folge ist große Unsicherheit, nament-

---

[1]) „... d'après la théorie de la causalité adéquate... on ne doit regarder comme la „cause“ d'un dommage que les actes qui, d'après les données de l'expérience, étaient généralement propres à amener le résultat dommageable et l'on doit dénier la qualité de cause (au sens juridique de ce mot) aux conditions qui ont contribué, il est vrai, à la survenance de l'effet, mais qui objectivement, dans le cours ordinaire des choses, n'étaient pas de nature à le produire.“

[2]) Der Kausalzusammenhang ist gegeben, „auch wenn die streitigen Tatsachen nur Glieder einer ganzen Kausalreihe sind, sofern wenigstens ... nach allgemeiner Lebenserfahrung diese Tatsachen an sich geeignet waren, den schädigenden Erfolg herbeizuführen.“ — Instruktiv ist das zivilrechtliche Urteil in Zürcher Bl. 23, Nr. 193.

[3]) Die Frage hat nur Bedeutung bei Delikten, deren Beurteilung nach dem Territorialprinzip erfolgt, nicht dagegen wenn das Realprinzip oder das Heimatprinzip zur Geltung kommen (oben § 11 II); vgl. BE. 40 I, 16f.

[4]) Interkantonale Kompetenzkonflikte sind häufig; vgl. z. B. Aarg. RSpr. 19 Nr. 48: Aargau und Zürich lehnten eine Strafverfolgung ab, weil jedes von beiden annahm, ein Betrug sei auf dem Staatsgebiet des andern Kantons begangen; ferner BE. 40 I, 8ff. (Genf und Bern); BE. 36 I. 340ff. und JZ. 9, 21 (Baselstadt und Zürich).

lich in interkantonalen und internationalen Verhältnissen. Insbesondere drei Ansichten[1]) treten hervor:

1. Die Handlungs- oder Tätigkeitstheorie. Ort und Zeit der Handlung entscheiden[2]). Wenn der ehrverletzende Brief in Basel geschrieben wird, aber erst nach Tagen in Genf dem Adressaten zur Kenntnis kommt, so ist das Delikt nach der Handlungstheorie in Basel verübt. Wird auf zürcherischem Staatsgebiet geschossen, während die tödliche Wirkung im Kanton Aargau eintritt, so ist die Tötung in Zürich begangen. Handelt es sich um ein Unterlassungsverbrechen, so entscheidet der Ort, wo hätte gehandelt werden sollen[3]).

2. Die Erfolgstheorie. Ort und Zeit des Erfolgseintritts sind maßgebend[4]). Die reine Erfolgstheorie wird heute wenig mehr vertreten. Man hat ihre Nachteile erkannt: Es gibt Delikte, bei denen es schwer hält, Ort und Zeit des Erfolgseintrittes zu bestimmen (Ungehorsam, Versuch). Der Ort des Erfolgseintrittes, der Vollendung des Deliktes, kann zufällig sein. Der Erfolg kann an mehreren Orten eintreten, woraus sich die Möglichkeit neuer Kollisionen ergibt. — Die Erkenntnis dieser Nachteile hat eine Zeitlang die sog. Zwischenwirkungstheorie [auch Theorie der „langen Hand" oder des „erweiterten Handlungsbegriffes"[5]) genannt] in den Vordergrund gerückt. Entscheidend ist darnach der Ort, wo der für das Verbrechen wesentliche Teil der Tätigkeit zur Geltung kommt, wo die Wirkung des Verhaltens beginnt. Das soll z. B. der Ort sein, wo ein Adressat einen auf Betrug

---

[1]) v. Cleric: JZ, 22, 74ff. zählt 6 verschiedene Auffassungen.

[2]) Namentlich die Literatur ist für diese Auffassung eingetreten: Meili: Internat. StR. 113, 118, 299ff. — Hungerbühler: Ort der begangenen Tat, 40ff. und JZ. 9, 22. — v. Cleric: JZ. 11, 201. — Lang: Prot. II. ExpKom. 1, 50f. — Kitzinger: VD. Allg. Teil, 1, 142ff., 186ff.; mehrheitlich auch die deutsche Literatur, vgl. z. B. v. Liszt-Schmidt: Lehrbuch, § 31; ferner Garraud: Précis de Droit crim. (dixième éd.), 110, 634; Leitsatz des Institut de droit international (1883): „La compétence territoriale de la loi pénale est celle du pays où se trouve le coupable lors de son activité criminelle. — La justice pénale d'un pays dans le territoire duquel se réalisent ou devaient se réaliser, selon l'intention du coupable, les effets de son activité, n'est pas compétente à raison de ces effects seuls" (Annuaire de l'Institut, 7, 156). — Die schweizerische Praxis lehnt diese Auffassung in der Haupsache ab; vgl. immerhin Zürcher Bl. 12, Nr. 71, ferner — nicht ganz klar — JZ. 10, 292 Nr. 265 (Oberger. Solothurn).

[3]) Zürcher Bl. 18, 310.

[4]) Dieser Auffassung folgte während vieler Jahre das Bundesgericht, s. die Zusammenstellung v. Clerics: Leitfaden, 77 f., auch JZ. 11, 201 und 22, 74. Bei Unterlassungsdelikten entscheidet der Schadenseintritt. Diese Auffassung vertritt z. B. Aargau beim Vergehen der Vernachlässigung der Elternpflichten (Nichtzahlung von Unterhaltsbeiträgen): Aarg. RSpr. 22 Nr. 28; JZ. 20, 152 Nr. 29 und schon BE. 26 I, 307ff.

[5]) Insofern kann man sie auch als eine erweiterte Handlungstheorie bezeichnen. — v. Cleric: Leitfaden, 75 und JZ. 22, 75.

abzielenden Brief liest und dadurch in einen Irrtum versetzt wird[1]). Auch diese Theorie ist unbefriedigend. Ein sicheres Kriterium gibt sie dem Richter nicht. Über das, was maßgebende „Zwischenwirkung" ist, kann man verschiedener Meinung sein.

3. Die sog. Ubiquitätstheorie. Ihr gehört, wenigstens für das schweizerische Recht, die Zukunft. Nach ihr ist das Verbrechen sowohl da verübt, wo das deliktische Verhalten erfolgt, als auch da, wo der Erfolg eintritt[2]). Das ist nicht nur eine Verlegenheitslösung. Die Annahme, das Verbrechen sei überall da begangen, wo gehandelt wurde und wo Wirkungen sich zeigten, läßt sich dogmatisch und sachlich rechtfertigen[3]). Vor allem ist aber diese Theorie praktisch wertvoll. Sie kann dem Elend der negativen Kompetenzkonflikte ein Ende machen. Allerdings erfordert sie eine prozessuale Ergänzung. Da bei einem Distanzdelikt mehrere Deliktsorte — mindestens zwei — angenommen werden, ergeben sich Gerichtsstände der begangenen Tat in entsprechender Zahl. Die nächstliegende Lösung dieser Kollision liegt darin, daß die Behörden des Ortes, wo die Untersuchung zuerst aufgenommen wurde, für zuständig erklärt werden (forum praeventionis).

Die Bestimmung des Begehungsortes bei den Unterlassungsverbrechen macht keine Schwierigkeiten. Das Delikt ist verübt, wo hätte gehandelt werden sollen und da, wo der Erfolg (Schaden) eintrat.

III. Neue bundesgerichtliche Rechtsprechung. Neue Gesetze und Entwürfe. 1. Das Bundesgericht kommt häufig dazu, die Frage nach dem Deliktsort zu prüfen — bei der Anwendung des Bundesstrafrechts, das keine Lösung aufstellt, bei Auslieferungsfällen, bei (negativen) Kompetenzkonflikten usw.[4]). Es neigt in neuern Urteilen der Ubiqui-

---

[1]) So Urteile zürcherischer Gerichte, die sich nur allmählich von der reinen Erfolgstheorie losmachten, z. B. Zürcher Bl. 6, 354; 8, 13: als Begehungsort gilt der Ort, „an dem der Täter den für das Verbrechen wesentlichen Teil seiner Tätigkeit entwickelt hat, und wo also der strafbare Tatbestand der Hauptsache nach verwirklicht worden ist" und eod. 14: Der Betrug ist dort als verübt zu betrachten, „wo der Betrogene getäuscht und durch die Täuschung bestimmt worden ist", die schädigende Handlung vorzunehmen. Vgl. dazu kritisch Hungerbühler: JZ. 9, 22. — v. Cleric: JZ. 11, 203. Ähnlich wie Zürich die bernische Praxis: Berner Z. 38, 282; 42, 684, auch in BE. 40 I, 11f.; vgl. ferner Thormann: Z. 29, 47. — Krebs: Bern. Straf- und Strafprozeßgesetze (2. Aufl.), 163f.

[3]) In konsequenter Durchführung der Theorie wären auch die Orte der „Zwischenwirkung" zu berücksichtigen. — v. Cleric: JZ. 15, 224; 22, 75f., 83 und Leitfaden, 75: Die Ubiquitätstheorie ist die Kombination der Tätigkeits-, der Zwischenwirkungs- und der Erfolgstheorie. Praktisch führt das sehr weit. Vgl. dazu Hungerbühler: Ort der begangenen Tat, 32.

[3]) Vgl. Däppen: a. a. O. 123ff. — v. Cleric: Leitfaden, 75f. und JZ. 22, 77f.

[4]) Dazu v. Cleric: Leitfaden, 72ff. mit beachtlichen Ausführungen über die Entwicklung der Praxis.

tätstheorie zu[1]). Da nach dieser Auffassung Gerichtsstände sich in mehreren Kantonen ergeben können, hat das Bundesgericht die eidgenössische Kollisionsnorm aufgestellt, für die Durchführung des Strafprozesses sei demjenigen Begehungsort der Vorzug zu geben, „für den Gründe der Zweckmäßigkeit sprechen" (E. 40 I, 21; Aarg. RSpr. 19, 169).

2. Bern hat in Art. 1 des Gesetzes vom 5. Juli 1914 betreffend den örtlichen Geltungsbereich die neue Anschauung festgelegt: „Der Täter begeht die strafbare Handlung da, wo er sie ausführt, und da, wo der Erfolg eingetreten ist." Gerichtsstandskonflikte werden durch die Bestimmung gelöst, daß das Verfahren an dem Orte durchzuführen ist, „wo es zuerst in gesetzlicher Form eröffnet wurde[2])."

Zürich hat den gleichen Grundsatz in § 1 II der neuen StPO. von 1919 übernommen (sowohl Ort der Handlung wie des Erfolges). Die Lösung von Gerichtsstandskonflikten liegt in § 7, wonach von mehreren gleichmäßig zuständigen Behörden in der Regel diejenige weiterhandeln soll, welche zuerst eingeschritten ist oder zum Einschreiten aufgefordert wurde[3]).

Gleiches bestimmt endlich das neue StGB. von Freiburg (Art. 3 VII)[4]).

Diese Bestimmungen haben in erster Linie innerkantonale Bedeutung. Sie beanspruchen aber auch interkantonale und internationale Wirkung. Der Kanton wendet also sein Strafrecht auch dann an, wenn nur entweder Handlung oder Erfolg auf seinem Gebiete liegen, während der andere Teil sich in einem andern Kanton oder im Ausland ereignete[5]). Interkantonale und internationale (positive) Kompetenzkonflikte sind daher möglich. Wenigstens die erstern werden verschwinden, wenn das Strafrecht des Bundes den neuen Grundsatz übernimmt. Der eidg. Entwurf sieht ihn vor (Art. 8) und ergänzt die materiellrechtliche Vorschrift durch eine Bestimmung über den Gerichtsstand des Ortes der Be-

---

[1]) Dazu schon BE. 40 I, 20f.; deutlicher 43 I, 75f. und namentlich der (in der amtlichen Sammlung nicht abgedruckte) Entscheid vom 26. Juni 1916, veröffentlicht in Aarg. RSpr. 19, Nr. 48 (S. 169); vgl. auch BE. 43 I, 249ff. Übersicht über die Entwicklung bei v. Cleric: a. a. O. 77ff.

[2]) Dazu Thormann: Z. 29, 47.

[3]) Vgl. jetzt Zürcher Bl. 19, Nr. 215; 24, 117f. — Sträuli: Kommentar StPO. § 1 N. 4. — v. Cleric: JZ. 22, 73, 79ff.

[4]) Eigenartig St. Gallen, StPO. Art. 18 II und III: „Als Ort der Begehung gilt der Ort, an dem die strafbare Handlung zur Vollendung gelangt ist. Wurde sie mit Benutzung von Boten, der Post oder der elektrischen Leitung begangen, oder liegen sonstwie Ort der Tat und des Erfolges auseinander, so ist der für die Strafverfolgung zweckmäßigere Ort zu wählen" (Einfluß der neuern bundesgerichtlichen Rechtsprechung); vgl. JZ. 19, 172 Nr. 34.

[5]) Vgl. JZ. 21, 143; Zürcher Bl. 24, 117f.

gehung (Art. 365)[1]). Die neue Ordnung in Bern, Zürich und Freiburg geht auf den eidgenössischen E. zurück.

IV. Einzelfragen. Sie sind vom Standpunkt der Theorie aus, für die man sich entschieden hat, zu lösen. Nach der sog. Ubiquitätstheorie, die natürlich auch in den Kantonen, denen eine gesetzliche Lösung fehlt, durchgeführt werden kann, ergibt sich:

1. Der Verbrechensversuch ist begangen da, wo der Täter ihn ausführt und da, wo der Erfolg hätte eintreten sollen[2]).

Bei Mittäterschaft, Anstiftung, Beihilfe und auch bei der Begünstigung, soweit sie nicht als selbständiges Delikt, sondern als Teilnahmeform aufgefaßt wird (unten § 47), muß nach der Ubiquitätstheorie gelten, daß das verbrecherische Verhalten sowohl dem Gesetz des Ortes, wo die deliktische Tätigkeit erfolgte, untersteht, als auch dem Gesetz des Ortes, wo der schließliche Erfolg eintrat. Die in Basel oder im Ausland zu einem in Zürich verübten Verbrechen geleistete Beihilfe könnte darnach dem zürcherischen Recht, aber auch dem Basler oder ausländischen Recht unterstellt werden[3]). Eine Lösung der hieraus sich ergebenden Konflikte ist zu erstreben. Sie weist auf das Prozeßrecht hinüber, das vielfach für diese Fälle einen Gerichtsstand des Zusammenhanges aufstellt. Maßgebend für die prozessuale und die materiellrechtliche Behandlung der Teilnehmer (im weitesten Sinne) soll das Recht des Ortes sein, dem der Haupttäter untersteht[4]). Dieser an der prozessualen Zweckmäßigkeit orientierte Satz wirkt sich interkantonal in Art. 4 II des Bundesgesetzes vom 24. Juli 1852 über die (interkantonale) Auslieferung aus. Darnach hat, wenn sich eine Verbrechensbegehung über mehrere Kantone erstreckt, der Kanton, „in welchem die Haupthandlung verübt wurde, das Recht, die Auslieferung aller Mitschuldigen in andern Kantonen zu verlangen[5]).“ Mit

---

[1]) Zum E.: Zürcher: Erläuterungen VE. 1908, 25f.; Prot. II. ExpKom. 1, 49ff.; 8, 64ff.; 9, 39f. Ein Antrag, auch für die Unterlassungsverbrechen den Deliktsort ausdrücklich zu umschreiben, wurde abgelehnt (9, 40). Vgl. ferner Kitzinger: VD. Allg. Teil, 1, 163ff.

[2]) So ausdrücklich eidg. E. Art. 8 II und das bernische Gesetz von 1914, Art. 1 II. St. Gallen, StPO. Art. 18 III bestimmt: Beim Versuch „stellt der Ort der Gefährdung den Ort des Erfolges dar“.

[3]) Ebenso v. Cleric: Leitfaden, 83. Zahlreiches Material bei Meili: Internat. StR. 126ff.

[4]) So Zürich, StPO. §§ 5—7 und dazu Sträuli: Kommentar zu § 6 (mit Hinweisen auf die Rechtsprechung); Bern, StPO. Art. 25 (Der Gerichtsstand des Urhebers erfaßt auch die „Mitschuldigen“); weitere kantonale Daten bei Däppen: a. a. O. 52ff., 59, 61ff.; eidg. E. Art. 368 und dazu Däppen: 78ff., 95ff. Vgl. noch BE. 31 I, 689; 35 I, 346; Zürcher Bl. 12, 279.

[5]) Dazu BE. 3, 664ff.; 34 I, 291f.; 44 I, 177ff. (der Ausdruck „Mitschuldige“ umfaßt auch den Anstifter). Vgl. ferner Hungerbühler: Ort der begangenen Tat, 123; Zürcher Bl. 12, 278. Der Grundsatz wird in Art. 51 des eidg. Lebensmittelpolizeigesetzes bestätigt; vgl. hierzu BE. 39 I, 370ff.

dieser — praktischen — Ordnung ist allerdings das Problem des Begehungsortes beiseite geschoben. Maßgebend ist nurmehr der für prozessuale Zwecke konstruierte Zusammenhang zwischen Haupttäter und Teilnehmern.

2. Der Begehungsort bei Preßdelikten kann mit den bisher erörterten Regeln, namentlich auch mit der Ubiquitätstheorie, nicht zutreffend bestimmt werden[1]). Deutlich tritt folgende Sonderordnung in den Vordergrund: Maßgebend ist der Ort, wo das Preßerzeugnis erschienen ist, herausgegeben wurde. Das nimmt namentlich die bundesgerichtliche Praxis je länger je entschiedener an[2]). Damit ist der sog. fliegende Gerichtsstand der Presse, der ein forum überall da annahm, wo die Druckschrift zur Verbreitung gelangte, von Bundesrechtswegen beseitigt. Auch auf den Druckort, der vom Ort der Herausgabe verschieden sein kann, kommt es nicht, jedenfalls nicht in erster Linie an[3]).

Die kantonalen Rechte enthalten keine direkten Bestimmungen über den Begehungsort bei Preßdelikten. Vereinzeltes ergibt sich indirekt aus Gerichtsstandsnormen. Ausführlich regelt Zürich, StPO. § 4: Der Erscheinungsort begründet den Gerichtsstand. „Im Zweifel gilt der Druckort als Erscheinungsort.“ Bei unbekanntem oder im Ausland liegendem Druckort ist der Ort der Verbreitung maßgebend. Bei Verbreitung an mehreren Orten gilt das forum praeventionis[4]). Bern, Einführungsgesetz StGB. Art. 10 erklärt das Gericht für zuständig, in dessen Bezirk die Druckschrift „herausgekommen“ ist; subsidiär gilt der Gerichtsstand des Wohnortes. Art. 5 des grau-

---

[1]) v. Cleric: JZ. 22, 78.

[2]) BE. 27 I, 448f.; 44 I, 223ff. und namentlich 46 I, 253ff.; 47 I, 74ff.; 51 I, 133ff. Über die Entwicklung der bundesgerichtlichen Rechtsprechung vgl. v. Cleric: Leitfaden, 79ff., auch JZ. 15, 80. Über die Frage im ganzen und insbesondere über die Gestaltungen im schweizer. Recht Hungerbühler: a. a. O. 70ff. Dieser Autor entscheidet sich für den Handlungsort (Theorie der körperlichen Tätigkeit). Er liegt nach ihm da, wo der Täter den Inhalt der Druckschrift dem Publikum zugänglich macht (118). Man kann sich freilich fragen, ob das nicht schon der Erfolg ist, wie in BE. 27 I, 448 und 35 I, 347 angenommen wird. Vgl. ferner Däppen: a. a. O. 122ff. und dazu Z. 35, 84f. — Burckhardt: Kommentar BV. (2. Aufl.), 534f. — Fleiner: Bundesstaatsrecht, 375.

[3]) Am Ort der Herausgabe der Druckschrift entsteht auch der grundsätzlich ausschließliche Gerichtsstand (forum delicti commissi). Das Bundesgericht betrachtet den damit erreichten Ausschluß des „fliegenden Gerichtsstandes“ als einen Teil der verfassungsmäßig garantierten Preßfreiheit (BV. Art. 55). Immerhin ist eine Verfolgung des preßrechtlich Verantwortlichen an seinem Wohnsitz (forum domicilii) nicht verfassungswidrig. Kantonale Bestimmungen, wonach bei Ehrverletzungen wahlweise oder subsidiär die Gerichtsstände der Begehung und des Wohnsitzes des Beschuldigten zur Verfügung stehen, sind daher zulässig; BE. 27 I, 37; 35 I, 347. — Hungerbühler: 115.

[4]) Dazu Sträuli: Kommentar StPO. § 4.

bündnerischen Gesetzes wider den Mißbrauch der Preßfreiheit läßt dem „Kläger“ die Wahl zwischen dem Gericht des Ortes, „wo die Druckschrift oder bildliche Darstellung herausgekommen“ ist und dem Richter des Wohnortes des „Beklagten“. Aargau stellt in § 28 des Zuchtpolizeigesetzes auf den Druckort ab[1]).

Der eidgenössische E. (Art. 366) stimmt im wesentlichen mit der geltenden zürcherischen Ordnung überein: maßgebend ist der Erscheinungsort, subsidiär der Druckort, weiter subsidiär der Ort der Verbreitung mit Anerkennung des forum praeventionis. In letzter Linie, wenn der Täter an keinem dieser Orte vor Gericht gestellt werden kann, ist der Wohnort des Täters entscheidend[2]).

V. Die Bestimmung des Zeitpunktes, an dem ein sog. Distanzverbrechen begangen worden ist, kann bei einer Gesetzesänderung von Bedeutung werden. Zeit und Ort der Deliktsverübung sollten einheitlich bestimmt werden. Die analoge Anwendung der hier vertretenen Ubiquitätstheorie ergibt, daß das Distanzdelikt sowohl in dem Zeitpunkt des verbrecherischen Verhaltens, als auch in dem Zeitpunkt des Erfolgseintrittes begangen wird[3]). Bei einer in der Zeit zwischen Handlung und Erfolg eingetretenen Gesetzesänderung muß die Lösung der Frage, ob altes oder neues Recht anzuwenden ist, nach dem Grundsatz des mildern Gesetzes gefunden werden (oben § 10 II und III)[4]).

Unabhängig von diesen Fragen des intertemporalen Rechtes ist die Frage nach dem Zeitpunkt des Verjährungsbeginnes zu lösen (unten § 87 IV). Die besondern dafür aufgestellten Rechtssätze unterstehen einem andern Zweckgedanken[5]).

Zweites Kapitel.

Das Verbrechen ein rechtswidriges Verhalten.

§ 18. Rechtswidrigkeit.

Literatur. STOOSS: Z. 10, 351ff.; 37, 23ff. — Derselbe: ZgesStRW. 24, 319ff. — BAUMGARTEN: Z. 34, 81ff. — KOHLRAUSCH: eod. 171ff. — v. CLERIC: Der rechtswidrige Vorteil im StR. und sein Verhältnis zur allgemeinen Rechts- und Pflichtwidrigkeit, Zürcher Diss. (1910), namentlich 209ff. — HOLER: Die

---

[1]) Dazu Aarg. RSpr. 20, 103ff.: Liegt der Druckort außerhalb des Kantons, so ist der Erscheinungsort maßgebend.

[2]) Zum E.: ZÜRCHER: Erläuterungen VE. 3. Buch, 12f.; Prot. II. ExpKom. 8, 67ff,; 9, 323ff.

[3]) So der erste eidg. E. von 1893, Art. 4 § 2. Die Bestimmung wurde später fallen gelassen.

[4]) Anders nach der Erfolgstheorie. Nach ihr wäre das Verbrechen nur dem neuen Gesetz zu unterstellen, obschon das deliktische Verhalten noch im Zeitraum des alten Gesetzes erfolgte; dazu BINDING: Handbuch, 1, 246f. Auf dem Boden der Handlungstheorie, wonach sich der Zeitpunkt der Deliktsverübung nach der körperlichen Tätigkeit bestimmt, steht LEHMANN: (Lit. zu § 10), 49f.

[5]) Zutreffend BINDING: Handbuch, 1, 246.

Einwilligung des Verletzten, Zürcher Diss. (1906), namentlich 12ff. — PFISTER: Fragen aus dem Gebiete der Widerrechtlichkeit, Zürcher Diss. (1925).

I. Ausgangspunkt muß ein allgemeiner Begriff der Rechtswidrigkeit, ohne spezifisch strafrechtliche Note, sein. Bei dieser Begriffsbestimmung ist die Schuldfrage auszuschalten. Diese sog. objektive Rechtswidrigkeit[1]) kann nur formal bestimmt werden. Rechtswidrig ist die Verletzung eines rechtlich geschützten Interesses, die Übertretung eines rechtlichen Verbotes oder Gebotes. Ob die rechtliche Norm sachlich gerechtfertigt ist oder nicht, ist eine hier abseits liegende Frage.

Nur die Rechtsnorm — eine Norm des Zivilrechts, des Strafrechts, des Staatsrechts, des Völkerrechts usw. — ist Quelle der Rechtswidrigkeit. Diese Rechtsnorm ist zunächst dem gesetzten Recht zu entnehmen. Wo es lückenhaft erscheint, kann eine Norm unter Umständen aus einer andern anerkannten Rechtsquelle (Gewohnheit) gewonnen werden. Immer aber kann es nur eine Rechtsnorm sein, nach der die Entscheidung, ob Rechtswidrigkeit oder Rechtmäßigkeit vorliegt, zu treffen ist[2]).

Diese Feststellung ist deshalb notwendig, weil immer wieder der Versuch unternommen wird, den Begriff der Rechtswidrigkeit nicht an den einzelnen rechtlichen Verboten und Geboten zu orientieren, sondern ihn durch außerhalb des Rechtes liegende Prinzipien zu erklären. Solche Erklärungen haben zu der Unterscheidung zwischen formeller und materieller Rechtswidrigkeit geführt. Jene soll ein menschliches Verhalten, das als Übertretung einer staatlichen Norm in die Erscheinung tritt, kennzeichnen. Diese wird, unabhängig von der Rechtsnorm, als gesellschaftsfeindliches, antisoziales, gegen das allgemeine Wohl gerichtetes Verhalten erklärt (v. LISZT, STOOSS u. a.). Die Nebeneinanderstellung von zwei Begriffen der Rechtswidrigkeit, die bei der Wertung des Einzelfalles zu Konflikten führen muss, ist juristisch unerträglich, ganz abgesehen davon, daß das Moment der Gesellschaftsfeindlichkeit viel zu unbestimmt ist, um dem Richter als sicherer Maßstab zu dienen. Auch den Versuch M. E. MAYERS, zwar nicht zwei Begriffe der Rechtswidrigkeit, wohl aber zwei Begriffsbestimmungen

---

[1]) Auch das Bundesgericht vertritt die objektive Rechtswidrigkeitstheorie; E. 33 II, 567f.; 47 II, 179. Vgl. ferner HÄBERLIN: Das eigene Verschulden des Geschädigten im schweiz. Schadensersatzrecht, Berner Diss. (1924), 8ff., 14.

[2]) In zivilrechtlichen Entscheiden, die hier verwertbar sind, erklärt das Bundesgericht: Eine Handlung ist dann rechtswidrig, „wenn sie gegen eine bestimmte (gesetzte oder ungesetzte) allgemein verbindliche Rechtsnorm verstößt oder in die Rechtssphäre eines andern in der Weise eingreift, daß sie eine Verletzung eines privaten Rechtes desselben oder eines rechtlich geschützten Interesses, eines Rechtsgutes, enthält“ (E. 25 II, 624); ferner E. 22, 183; 23, 211; 27 II, 164. Vgl. auch v. HIPPEL: Deutsches StR. 1, 26f.

— eine Nominal- und eine Realdefinition — aufzustellen, halte ich für verfehlt. Die letztere konnte nur von einem außerhalb des Rechtes liegenden Standpunkt aus gefunden werden. Sie bezeichnet als rechtswidrig dasjenige Verhalten „das staatlich anerkannten Kulturnormen widerspricht[1]." Metajuristisch ist auch die von Anschauungen STAMMLERS beeinflußte Umschreibung SAUERS: „Rechtswidrig ist ein Verhalten, das nach seiner allgemeinen Tendenz dem Staate und seinen Gliedern mehr schadet als nützt[2])."

In der Verschiedenartigkeit der Lösungsversuche liegt ein Beweis ihrer Unzulänglichkeit. Nur die Rechtsnormen bestimmen, ob ein Verhalten rechtswidrig ist, oder ob es, auch wenn ein Rechtsgut verletzt oder gefährdet wird, gerechtfertigt erscheint (über die einzelnen Rechtfertigungsgründe, das notwendige Gegenstück der Lehre von der Rechtswidrigkeit, unten §§ 29—31). Daran ist festzuhalten. Soziologische Überlegungen und kulturelle Erwägungen haben, soweit sie nicht bereits in das Recht Eingang gefunden haben, bei der Entscheidung der Frage nach der Rechtswidrigkeit oder Rechtmäßigkeit eines Verhaltens keinen Raum. Um so mehr wird sie der Gesetzgeber beherzigen müssen, wenn er sich auch klar darüber sein wird, daß die Begriffe der Schädlichkeit, der Nützlichkeit, der Gesellschaftsfeindlichkeit viel zu vag sind, um für sich allein eine gesetzgeberische Lösung zu bestimmen (oben § 2 V).

II. In besonders starkem Maße offenbart sich die Wichtigkeit dieser Grundsätze im Strafrecht. Strafrechtswidrig ist die Erfüllung eines Deliktstatbestandes, immer natürlich unter der Voraussetzung, daß nicht aus der Rechtsordnung sich ergebende Rechtfertigungsgründe einer Bestrafung des Täters entgegenstehen[3]). Wenn in der Gesetzgebung eines Staates Normen gegen den Wucher, gegen den unlautern Wettbewerb, gegen den Ehebruch fehlen, so kann das eine solche Handlung erfüllende Verhalten nicht rechtswidrig sein[4]). Der Zu-

---

[1]) M. E. MAYER: StR. Allg. Teil, 180, 37ff. — Derselbe: Rechtsnormen und Kulturnormen (1903); und dazu Z. 18, 109ff.; siehe auch oben § 2 V und jetzt v. HIPPEL: Deutsches StR. 1, 22ff.

[2]) Grundlagen des StR. 286, mit einer Orientierung über den Stand des Problems in der deutschen Literatur; vgl. auch den Aufsatz desselben Autors: Gesetz und Rechtsgefühl, ZgesStRW. 33, 785ff., insbesondere 801; ferner PFISTER: a. a. O. 27ff., 105ff.

[3]) Dazu in einem speziellen Fall das Bundesgericht: „Rechtswidrig ist eine Verhaftung nur dann, wenn dabei die bestehenden Gesetze mißachtet worden sind" (E. 15, 918). Neuenburg leitet sein StGB. mit dem Satze ein: „Le délit est une violation des devoirs imposés par la loi dans l'intérêt de l'ordre social" (Art. 1 I).

[4]) Die Anhänger einer materiellen Rechtswidrigkeit neben der formellen gelangen zu einem andern Resultat. — STOOSS: Z. 37, 24 schreibt: „Die Rechtswidrigkeit des Ehebruchs hört keineswegs auf, wenn er, wie z. B. in Genf, aus dem

sammenhang der Rechtswidrigkeitslehre mit dem Grundsatz: Keine Strafe ohne Gesetz (oben § 4) wird hier offenbar. Wenn umgekehrt ein Gesetz ein Verhalten für strafbar und damit für rechtswidrig erklärt, das nicht nur nicht schädlich, sondern vielleicht nützlich oder wenigstens sittlich wertvoll ist, so kann der Richter dennoch nicht mit der Berufung auf Kulturnormen oder etwas Ähnliches freisprechen. Dagegen entsteht dann für die Wissenschaft und die Gesetzgebung die heilige Pflicht, die Änderung eines veralteten, vielleicht unsittlichen Rechtssatzes herbeizuführen[1]).

III. Dadurch, daß das Gesetz ein menschliches Verhalten für strafbar erklärt, begründet es seine Strafrechtswidrigkeit[2]). Die Rechtswidrigkeit ist daher Erfordernis des Straftatbestandes. Sie ist eines der Elemente des Verbrechensbegriffes. Ist das richtig, so läßt sich schwer rechtfertigen, daß namentlich ältere Gesetze bei zahlreichen Tatbeständen das Moment der Rechtswidrigkeit noch ausdrücklich hervorheben; z. B. Zürich § 130 (Mord), § 140 (Abtreibung), § 144 (Körperverletzung) usw.; aber auch noch eidgenössischer E. Art. 127 (unrechtmäßige Entziehung von Energie), Art. 161 (Hausfriedensbruch) usw. Die verschiedensten Erklärungsversuche liegen vor[3]). Befriedigend ist nur der Hinweis darauf, daß es sich um ein Mittel der gesetzgeberischen Technik handelt. Durch die Aufnahme des Wortes „rechtswidrig“ (oder „widerrechtlich“ oder „unrechtmäßig“) in die Umschreibung einzelner Deliktstatbestände — z. B. beim Hausfriedensbruch — soll lediglich hervorgehoben werden, daß die fragliche Handlung auch rechtmäßig erfolgen kann[4]). Ein Vergleich zwischen den geltenden kantonalen Ge-

---

Strafgesetz ausscheidet.“ Wenn sich dieser Satz auf die Strafrechtswidrigkeit bezieht, was nach dem Zusammenhang anzunehmen ist, so ist er unhaltbar. Vgl. auch Kaufmann: Das Züchtigungsrecht der Eltern und Erzieher (1910), 22ff., der, trotzdem er formelle und materielle Rechtswidrigkeit unterscheidet, zu richtigen Schlüssen gelangt.

1) Vgl. Stooss: Z. 10, 353f.

2) Die „Normentheorie“ Bindings nimmt dagegen an, daß die Rechtswidrigkeit sich nicht aus der Erklärung der Strafbarkeit eines Verhaltens ergibt. Die Verbote und Gebote, die den Strafgesetzen zugrunde liegen, sind außerhalb des Strafrechts liegende gesetzte oder ungesetzte Sätze des öffentlichen Rechtes, durch die der Staat sein Recht auf Botmäßigkeit zur Geltung bringt; Binding: Handbuch, 1, 164ff.; Die Normen und ihre Übertretung, namentlich Bd. 1 (2. Aufl.). — Wahr ist natürlich, daß nicht nur durch die Strafbarkeitserklärung die Rechtswidrigkeit eines Verhaltens begründet werden kann, sicher aber ist, daß eine Strafbestimmung unmittelbar ein Verbot enthält, auch wenn der Gesetzessatz nicht in die Verbotsform gekleidet ist. Für die Einzelheiten der „Normentheorie“ und die an ihr geübte Kritik muß hier auf die deutsche Literatur verwiesen werden. Vgl. auch Pfister: a. a. O. 17.

3) Eine Zusammenstellung gibt Frank: Kommentar StGB. (15. Aufl.), 5f.

4) Stooss: Z. 10, 363. — v. Cleric: JZ. 10, 267. — v. Bar: Gesetz und Schuld, 2, 420f. — Zürcher: Erläuterungen VE. 1908, 50; vgl. auch Lang: Prot. II.

setzbüchern und dem eidg. E. ergibt, daß er den ausdrücklichen Hinweis auf die Rechtswidrigkeit in zahlreichen Fällen wegläßt, in denen das geltende Recht ihn enthält. Eine sachliche Änderung ist damit weder erstrebt noch erreicht. Für die Annahme des Vorsatzes und die Behandlung des Rechtsirrtums ergeben sich bei den Tatbeständen, in denen die Rechtswidrigkeit ausdrücklich genannt wird, keine Unterschiede (unten §§ 25 IV und 36 V).

§ 19. Einteilung der Verbrechen.

Literatur. Stooss: Strafgesetzbücher, 18 ff. (Gesetzestexte); Grundzüge 1, 164ff. — Zürcher: Z. 8, 143ff. — Farbstein: Die Polizeiübertretung im zürcher. Recht, Zürcher Diss. (1919). — Baer: Das Verfahren bei Polizeiübertretungen in der schweizer. Gesetzgebung, Zürcher Diss. (1905) und JZ. 16, 189ff. — Renold: Das schweizer. Bundesverwaltungsstrafrecht, Materieller Teil, Leipziger Diss. (1905) 1ff. — Busch: Die verfahrensrechtlichen Bestimmungen bei der Übertretung fiskalischer und polizeilicher Bundesgesetze, Berner Diss. (1923).

I. Im Anschluß an die Lehre von der Rechtswidrigkeit lassen sich bestimmte Einteilungen der Verbrechen erklären. Das Strafrecht ist Rechtsgüterschutz. Mit seinen differenzierenden Strafdrohungen stellt das Gesetz einen Wertungstarif für die einzelnen geschützten Interessen auf. Je schwerer die Strafdrohung, je schwerer auch die im Einzelfall ausgesprochene Strafe ist, desto wertvoller erscheint das geschützte Gut, desto größer zugleich auch die mit seiner Verletzung oder Gefährdung erfüllte Rechtswidrigkeit.

Aus diesen Überlegungen ergaben sich an der Intensität der Rechtswidrigkeit orientierte Einteilungen[1]).

II. Für die Gesetzgebung des 19. Jahrhunderts ist in weitem Umfange die Dreiteilung des französischen C. p. von 1791 in crimes, délits und contraventions — Verbrechen[2]), Vergehen und Übertretungen — Vorbild geworden. Die Schwere der Strafe bildet das Einteilungsprinzip (C. p. français Art. 1). In der französischen Wissenschaft ist bestritten, ob maßgebend ist die im Einzelfalle vom Richter aus-

---

ExpKom. 2, 509 zum Tatbestand des Hausfriedensbruches: notwendig ist das Wort „widerrechtlich" überhaupt nicht, „da sich der darin geäußerte Gedanke von selbst versteht"; ebenso Heimberger: VD. Allg. Teil, 4, 13. — Kaufmann: a. a. O. 24ff.

[1]) Einteilungen nach der Schwere der Missetat zeigen sich mindestens seit dem Mittelalter, das zwischen causae majores (Malefiz, peinliche Sachen), auf die Strafen an Hals und Hand standen und causae minores (Frevel) mit Strafen an Haut und Haar unterschied; reiches Material bei His, StR. des deutschen Mittelalters, 1, 37ff.

[2]) Wenn man, wie es in meiner Darstellung, dem Sprachgebrauch entsprechend, vielfach geschieht, den Ausdruck „Verbrechen" als Oberbegriff verwendet, muß man bei der Dreiteilung vom „Verbrechen i. e. S." reden. Über den Ausdruck „Verbrechen" als Oberbegriff vgl. auch BE. 24 I, 183; 26 I. 203.

gesprochene, die verwirkte Strafe, oder die vom Gesetz für das einzelne Delikt angedrohte Strafe[1]. Spätere Gesetze, z. B. schweizerische Gesetze und das deutsche StGB., stellen zweifelsfrei auf die Strafdrohung ab.

Von den schweizerischen Gesetzbüchern[2] folgen Bern Art. 1, Glarus § 1[3], Appenzell A.-Rh. Art. 4, St. Gallen Art. 1, Tessin Art. 1 und Genf Art. 1 dem französischen System. Auch Solothurn § 2 zähle ich zu dieser Gruppe. Einige Gesetze verzichten überhaupt auf eine gesetzliche Abgrenzung (Bund, Thurgau, Waadt und das neue StGB. von Freiburg[4]). In der Mehrzahl der Kantone, namentlich in denjenigen, die neben dem Kriminalstrafgesetz ein Polizeistrafgesetz besitzen, ergibt sich eine Zweiteilung zwischen Verbrechen und Polizeiunrecht (besonders deutlich z. B. Baselstadt). Die Dreigliederung klingt aber vielfach nach. Häufig ist neben den Übertretungen von Verbrechen und Vergehen die Rede (z. B. Zürich §§ 2, 52; Luzern, Kriminal-StG. § 1; auch BStG. Art. 2 und BGes. über die interkantonale Auslieferung Art. 1). Doch ist hier jede strenge Scheidung verschwunden.

Die Dreiteilung führt in der Tat leicht zu willkürlichen Grenzziehungen. Sie hätte nur dann einen tiefern Grund, wenn es gelänge, die drei Kategorien ihrem Wesen nach zu unterscheiden. Ein aussichtsloses Bemühen. So hat sie lediglich einen gewissen Ordnungswert, namentlich wenn sie mit der Zuständigkeit der Gerichte in Zusammenhang gebracht wird (BE. 5, 346).

Aus der Verschiedenheit der geltenden Rechte und auch aus einer gewissen volkspsychologischen Bedeutung erklärt sich, daß die Einteilungsfrage bei den Beratungen des eidgenössischen E. eine große Rolle spielte[5]. Der Bundesrats-E. spricht nurmehr von Vergehen und Übertretungen und zwar ohne daß eine begriffliche Scheidung der beiden Kategorien versucht würde. Sie könnte auch nur formal ge-

---

[1] Die letztere, zutreffende Anschauung vertritt z. B. ROUX, Cours de droit pénal, 62ff.

[2] Zusammenstellung bei STOOSS: Strafgesetzbücher, 18ff. und dazu Grundzüge 1, 164ff.

[3] Jedoch ohne konsequente Durchführung; vgl. KUBLI: Kommentar, § 1 N. 2.

[4] In den Motiven zum freiburgischen E. (6 f.) wird das Aufgeben der Dreiteilung ausdrücklich hervorgehoben. Der Allgemeine Teil des StGB. bezieht sich grundsätzlich auch auf die sog. Übertretungen, die soweit sie „mehr kriminellen" Charakter haben, bei den Vergehen eingestellt werden. Nur der XVI. Titel (Art. 192ff.) führt eine Anzahl „polizeilicher" Übertretungen besonders auf. — Allgemeines über die Frage der Geltung des Allgemeinen Teils der Strafgesetzbücher für die Übertretungen oben § 9.

[5] ZÜRCHER: Erläuterungen VE. 1908, 16ff.; Prot. II. ExpKom. 1, 10ff., 2, 78. — HAFTER: Z. 26, 260. — GRETENER: Gerichtssaal, 87, 33. — ZÜRCHER: Bibliographie zum E. (1924), 31.

schehen[1]) Die Versuche, Verbrechen und Vergehen einerseits, Übertretungen anderseits ihrem Wesen nach zu unterscheiden, sind als mißlungen zu betrachten[2]). Weder die Anschauung, die Übertretungen seien keine Erfolgs- und keine Gefährdungsdelikte, sondern bloßer Ungehorsam[3]), noch das Moment der geringern Gefährlichkeit von Tat und Täter geben taugliche Abgrenzungsmaße. Verbrechen, Vergehen und Übertretungen gehören unter einen gemeinsamen Oberbegriff. Nicht qualitative, nur quantitative Unterschiede trennen sie[4]). Das praktische Bedürfnis nach der gesetzlichen Abscheidung der Übertretungen von den Verbrechen und Vergehen ist damit nicht verneint. Sie ist notwendig, um die geringfügigere Kriminalität einem besondern, einfachern Prozeßgang zuzuführen und — damit zusammenhängend — dem Täter das odium der kriminellen Bestrafung zu ersparen. Aus alledem folgt aber auch, daß es allein im vernünftigen Ermessen des Gesetzgebers liegt, zu entscheiden, ob ein Delikt der Gruppe der Verbrechen und Vergehen oder den Übertretungen zuzuteilen ist[5]). Der eidgenössische E. zeigt deutlich diese Überlegungen. Er hat in das zweite, das Übertretungsstrafrecht enthaltende Buch neben sog. Ungehorsamstatbeständen (Polizeiübertretungen) leichtere Vergehensformen — Entwendung (Art. 298), geringfügige Fälle von Veruntreuung, Unterschlagung, Sachbeschädigung (Art. 300, 301) usw. gestellt. Für das Übertretungsrecht gilt grundsätzlich, von einigen Änderungen abgesehen, der Allgemeine Teil des Vergehensrechtes (Art. 288ff.). Auch für die Nebenstrafgesetze trifft das zu (Art. 350)[6]).

[1]) Etwa wie Zürich, StPO. § 327: „Als Polizeiübertretung gilt jedes schuldhafte (vorsätzliche oder fahrlässige) Verhalten, durch welches ein Polizeigesetz oder eine Polizeiverordnung übertreten wurde, ferner das schuldhafte Zuwiderhandeln gegen andere, von zuständigen Behörden unter Androhung von Strafe erlassene Befehle, Verbote und Anordnungen, wenn sie... nicht gegen eine bestimmte Person gerichtet sind." Vgl. auch Baselstadt, Polizei-StG. § 1; Luzern, Pol.-StG. § 1 und dazu v. Segesser: Z. 29, 282f. Unsere Erkenntnis vom Wesen der Übertretung wird damit nicht gefördert.

[2]) Über die aufgestellten Theorien Farbstein: a. a. O. 11ff. — Sträuli: Zürcher StPO. Kommentar, 170ff. — Frank: Kommentar (11.—14. Aufl.), 649ff., wo im Anschluß an das Verwaltungsrecht das Polizeidelikt als eine Handlung, die der Staat wegen ihres Widerspruches mit der guten Ordnung verbietet, gekennzeichnet wird. Die neuere, 15. Aufl. verneint jedoch den begrifflichen Gegesatz zu andern Delikten. Die Übertretungen werden nurmehr als eine besondere Gruppe betrachtet (S. 322). Bemerkenswert Ollandini: Rivista penale (italiano), 96, 420ff. und 98, 201ff.

[3]) Über die Schuldfrage bei diesen sog. Ungehorsamsdelikten unten § 21 II 2.

[4]) Gut Zürcher: Z. 8, 153ff.; bemerkenswert Stienen: ZgesStRW. 35, 637ff., insbesondere 648ff.; vgl. ferner Farbstein: a. a. O. 22, 78; — Zeller: (Lit. zu § 3), 116ff. — v. Hippel: Deutsches StR. 1, 36f.; vgl. ferner unten § 49 I 3.

[5]) Sträuli: Zürcher StPO. Kommentar, 171f.

[6]) Die schweizerische Rechtsentwicklung zeigt somit die Tendenz, Verbrechen (Vergehen) und Übertretungen den gleichen strafrechtlichen Grundsätzen zu unter-

III. Eine Unterscheidung nach dem Grade der Rechtswidrigkeit ist auch schon in der Abgrenzung der *Verletzungs- oder Erfolgsdelikte* i. e. S. von den *Gefährdungsdelikten* gesehen worden. Man kann die erste Gruppe dahin kennzeichnen, daß der Täter durch sein Verhalten einen erkennbaren Erfolg, eine Veränderung in der Außenwelt (Tötung, Verletzung eines Menschen, Sachschädigung usw.) bewirkt, während die Delikte der zweiten Gruppe (z. B. die Aussetzung, der Zweikampf, die gemeingefährlichen Verbrechen) nur einen Gefahrzustand herbeiführen. Allein auch die bloße Gefahr, die Möglichkeit eines schädigenden Ereignisses, ist ein Erfolg. Auch die Gefahr bedeutet hier juristisch eine Veränderung in der außerhalb des Täters liegenden Welt. Die Zweiteilung in Erfolgs- und Gefährdungsdelikte steht mit der juristischen Logik auf gespannten Fuße. Im Zusammenhang mit der, Lehre von der Rechtswidrigkeit ist sie auch deshalb unbrauchbar, weil sog. Gefährdungsdelikte — z. B. gewisse Sprengstoffverbrechen[1]) — eine viel schwerere Störung der Rechtsordnung sein können als manches sog. Verletzungsdelikt. Nur im Besondern Teil mag man, zur Kennzeichnung zweier vom Gesetzgeber verschieden gestalteter Tatbestandstypen, die Scheidung zwischen Verletzungsverbrechen und Gefährdungsverbrechen (Individual- und Gemeingefährdung) aufrecht erhalten.

Lediglich für den Besondern Teil ist weiter von Bedeutung die *Einteilung der Verbrechen im Hinblick auf das verletzte oder gefährdete Rechtsgut.* Auch die dem italienischen E. 1921 zugrunde gelegte Zweiteilung: *gemeine Verbrechen und politisch-soziale Verbrechen*[2]) ist kein taugliches, für die strafrechtlichen Lehren allgemein verwertbares principium divisionis. Für die Erkenntnis der einzelnen Deliktstatbestände und eventuell für die Gestaltung des Strafensystems ist diese Zweiteilung immerhin wertvoll.

---

werfen. Die Aufstellung einiger Sonderregeln in der Sondergesetzgebung und auch im eidgenössischen E. (Art. 288ff.) — über den Versuch und die Verjährung — spricht nicht dagegen. Die in Deutschalnd namentlich von Goldschmidt (Verwaltungsstrafrecht (1902) und Mitteilungen der JKV. 12, 217ff.) aufgestellte Lehre, in Praxis, Gesetzgebung und Theorie müsse eine besondere Behandlung der Polizeiübertretungen, ihre Loslösumg vom Strafrecht, angestrebt werden, kann — mindestens für die schweizerische Rechtsgestaltung — nicht als richtig anerkannt werden. — Neuerdings tritt Busch: a. a. O. 1ff., 17ff. für eine Trennung der Fiskaldelikte vom allgemeinen Strafrecht ein. Die Begründung: „Ein Verstoß gegen die Fiskalgesetze verletzt (anders als bei den Strafgesetzen) keinen naturrechtlichen Satz" ist unhaltbar. Auch die Fiskaldelikte gehören zum Strafrecht. Dagegen zeugt nicht, daß sich bei ihnen die Notwendigkeit einiger besonderer Regeln ergibt.

[1]) Dazu Stämpfli: Z. 38, 62ff.

[2]) Genauer, gemäß den Grundgedanken des italienischen E., der den „Verbrecher an Stelle des Verbrechens" setzt: Urheber von gemeinen und Urheber von politisch-sozialen Verbrechen. Jene werden von egoistischen, diese von altruistischen Motiven bestimmt; ital. E. Art. 13; Relazione sul Progetto, 9ff.; — Ferri: Z. 33, 31ff.

Drittes Kapitel.

Das Verbrechen ein schuldhaftes Verhalten.

§ 20. Der Schuldbegriff.

Literatur. Außer den in den Anmerkungen dieses Paragraphen genannten Schriften: PFENNINGER: Grenzbestimmungen zur kriminalistischen Imputationslehre (1892). — ROSENFELD: VD. Allg. Teil, 3, 104ff. — KRAUS: Z. 10, 290ff. — HAFTER: Strafrecht und Schuld, Rektoratsrede (1923). — GIVANOVITCH: Z. 22, 257ff. — BAUMGARTEN: Z. 34, 58ff. — E. ZÜRCHER: JZ. 15, 337ff. — HÄBERLIN: (Lit.-Angaben zu § 16), 40ff.

I. Die Frage nach der Schuld ist die Schicksalsfrage des Strafrechts. Wer die Möglichkeit einer menschlichen Schuld nicht anerkennt, muß für die Abschaffung des Strafrechts eintreten. Strafe ohne Schuld wäre Unsinn, Barbarei.

Der Satz: Keine Strafe ohne Gesetz und die Lehren von der Rechtswidrigkeit stellen schließlich nur äußere Rahmen dar, aus denen der Richter bei der Beurteilung eines menschlichen Verhaltens nicht hinaustreten darf. Erst hinter diesen Lehren erheben sich die großen strafrechtlichen Zweifelfragen: Gibt es ein schuldhaftes Handeln? Unter was für juristisch zu erfassenden Voraussetzungen steht es? So steht die Schuldfrage im Mittelpunkt der strafrechtlichen Lehren und an ihrer immer feinern Ausgestaltung bemißt sich der Fortschritt des Strafrechts.

Die Schwierigkeiten häufen sich. Wenn das Schuldproblem die Hauptfrage des Strafrechts darstellt, so sollte Klarheit über den Schuldbegriff erstes Erfordernis sein. Davon sind wir weit entfernt. Mit juristischer Kunst läßt sich der Schuldbegriff nie restlos erfassen, und der Philosophie, die hier die Helferin des Juristen sein muß, ist es ebensowenig gelungen, das Wesen der menschlichen Schuld so zu erklären, daß die Rechtswissenschaft mit einem feststehenden, allgemein anerkannten Begriff zu rechnen vermöchte.

Die in der juristischen Literatur aufgestellten allgemeinen Schulddefinitionen haben unter diesen Umständen problematischen Wert. Die Kennzeichnung der Schuld als der subjektiven Beziehung zwischen Tat und Täter, wobei die Tat Ausdruck der Eigenart des Täters sein soll (v. LISZT), ist nichtssagend. Tiefer geht die Auffassung, nach der die Schuld die durch ein menschliches Verhalten bekundete Rücksichtslosigkeit gegen schutzwürdige Interessen, ein pflichtwidriges, anethisches Wirken oder Nichtwirken, ein vorwerfbares Verhalten ist (MERKEL, FRANK, GRETENER u. a.)[1]. Richtig ist jedenfalls, daß das Wesen der

---

[1]) BINDING: Normen (2. Aufl.), 2, 1. Hälfte, 281ff. stellt zahlreiche Umschreibungen des Schuldbegriffes aus der deutschen juristischen Literatur zusammen; vgl. auch KITZINGER: Juristische Aphorismen (1923), Nr. 35ff. — Viel weniger als die deutsche hat sich die romanische Strafrechtsliteratur mit dem allgemeinen Schuldproblem abgemüht.

Schuld letzten Endes nur metajuristisch erfaßt werden kann. Da aber auch die Ethik keine sichere Bestimmung zu geben vermag und die Jurisprudenz sie nicht aus Eigenem leisten kann, ist es verständlich, daß die Gesetze einen allgemeinen Schuldbegriff in der Regel nicht feststellen. Sie supponieren ihn und gelangen nur dazu, bestimmte Schuldformen zu umschreiben (namentlich der eidgenössische E. Art. 16; unten §§ 23—26).

II. Die Wissenschaft kann dabei nicht stehen bleiben. Auch wenn es ihr nicht gelingt, einen allgemein anerkannten Schuldbegriff zu bilden, so hat sie doch eine Lösung der Frage zu versuchen, ob das Recht, das Strafrecht insbesondere, von der Möglichkeit, daß Menschen schuldhaft handeln können, ausgehen darf. Hier scheiden sich die Anschauungen:

1. Der streng naturwissenschaftlich orientierte Determinismus verkündet, daß das Kausalgesetz ohne Einschränkung auch für das menschliche Verhalten gilt. Die einzelne Handlung eines Menschen ergibt sich aus seiner innern Veranlagung. Er muß so handeln, wie er ist, ohne sein Zutun geworden ist. Wenn aber der Mensch in allem, was er tut und läßt, unter einem Zwang steht, dann kann er auch nicht schuldhaft handeln. Für ein Strafrecht ist, wenn diese Anschauung richtig ist, kein Raum mehr. Es bleibt nur übrig, daß der Staat an die Stelle der Strafe sichernde Maßnahmen zur Bekämpfung gefährlicher Menschen setzt. LOMBROSO, der Begründer der anthropologischen Strafrechtsschule, hat diese Anschauung zu den letzten Konsequenzen geführt: Der Verbrecher ist biologisch zu erklären. Sein Handeln ist die Folge einer besonders gearteten Gehirnbildung und bestimmter körperlicher Defekte. Unter ihrem Zwang steht sein Tätigwerden. Wer das Recht bricht, ist ein geborener Verbrecher. Der Kampf gegen ihn muß mit einem System sichernder Maßnahmen geführt werden[1]).

Ihre weitere Entwicklung und auch eine gewisse Milderung haben die Lehren LOMBROSOS in der anthropologisch-soziologischen oder positiven Schule gefunden: Das Verbrechen ist nicht allein aus der individuellen Veranlagung des Rechtsbrechers zu erklären. Mitbestimmend sind äußere, physikalische und gesellschaftliche, insbeson-

---

[1]) Über LOMBROSO seien — neben seiner eigenen kriminalistischen Hauptschrift: L'uomo delinquente, 5. Aufl. (1896), deutsche Bearbeitung von FRÄNKEL: 2. Abdruck (1894) — aus einer überreichen Literatur hervorgehoben: SOMMER: ZgesStRW. 31, 125ff. — GINA LOMBROSO: Revue belge de Droit pénal et de Criminologie, 1 (1921), 907ff. — ZÜRCHER: Z. 5, 6ff. — RÜHL: Cesare Lombroso (1910). — LANZA: Cesare Lombroso e la Scuola Antropologica Criminale (1913). — ferner HOEGEL: Die Einteilung der Verbrecher in Klassen (Krit. Beiträge zur Strafrechtsreform, 1908), 121ff. — FRANK: Vergeltungsstrafe und Schutzstrafe. Die Lehre LOMBROSOS. Zwei Vorträge (1908). — EBERMAYER: Schuld und Gefährlichkeit (1923), 31ff.

dere wirtschaftliche Verhältnisse. Auch die anthropologisch-soziologische Schule gelangt, soweit ihre Vertreter einem streng naturwissenschaftlich orientierten Determinismus anhangen, zur Verneinung einer menschlichen Schuld und damit zur Abschaffung des Strafrechtes[1]). Gesetzgeberisch hat als erster der italienische Strafgesetzentwurf von 1921 diese Gedanken zu realisieren versucht. Er geht von

---

[1]) Um den Gegensatz zwischen der am Vergeltungsgedanken festhaltenden klassischen und der anthropologisch-soziologischen Schule, namentlich in ihrer extremen Richtung, dreht sich der wissenschaftliche Meinungsstreit, der seit den achtziger Jahren des letzten Jahrhunderts die Kriminalisten in gegnerische Lager teilte. Zeugnis dafür ist die gesamte kriminalpolitische Literatur der letzten 40 Jahre. Aus der Überfülle des Schrifttums seien hier zur Orientierung hervorgehoben: FERRI: I nuovi orrizonti del diritto e della procedura penale (1881), von der 3. Aufl. ab: Sociologia criminale; deutsche Bearbeitung von KURELLA: Das Verbrechen als soziale Erscheinung (1896). — GAROFALO: Criminologia, 2. Aufl. (1890). — JIMÉNEZ DE ASÚA: La pericolosità, nuovo criterio per il trattamento repressivo e preventivo, Übersetzung aus dem Spanischen mit Vorwort von FERRI (1923). Im Gegensatz zu den Anschauungen LOMBROSOS steht mit rein soziologischer Einstellung (le crime un phénomène social) TARDE: Philosophie pénale (8. Aufl.), (1904), auch Les lois de l'imitation (2. Aufl.) (1895); vgl. ferner ROUX: Cours de Droit pénal, 2ff. Um v. LISZT gruppiert sich die deutsche soziologische Strafrechtsschule, in der die anthropologische Auffassung des Verbrechens zugunsten der sozialen Faktoren zurücktritt; vgl. neben v. LISZTS Lehrbuch, §§ 3—5 namentlich seine Abhandlungen: Kriminalpolitische Aufgaben (Strafrechtliche Aufsätze und Vorträge 1, 290ff.); Das Verbrechen als sozial-pathologische Erscheinung (eod. 2, 230ff.); Die Aufgaben und die Methode der Strafrechtswissenschaft (eod. 2, 284ff.); Die gesellschaftlichen Faktoren der Kriminalität (eod. 2, 433ff.). Ferner ASCHAFFENBURG: Das Verbrechen und seine Bekämpfung, 3. Aufl. (1923) und dazu Z. 37, 23ff.; Die Zukunft des StR. herausgegeben von F. DEHNOW (1920). — v. LISZT, BIRKMEYER, KRAEPELIN und LIPPS: Vergeltungsstrafe, Rechtsstrafe, Schutzstrafe, vier Vorträge (1906). Weitere Literaturangaben, namentlich über das deutsche Schrifttum, bei BEROLZHEIMER: Strafrechtsphilosophie und Strafrechtsreform (Band V des Systems der Rechts- und Wirtschaftsphilosophie, 1907) 21ff., 36ff. Vgl. auch STOOSS: Z. 4, 245ff. — Derselbe: Der Kampf gegen das Verbrechen, Vortrag (1894). — ZÜRCHER: Z. 5, 1ff. (Die neuen Horizonte im StR.). — GAUTIER: Z. 5, 57ff. — Ferner A. MEYER: Die Verbrechen in ihrem Zusammenhang mit den wirtschaftlichen und sozialen Verhältnissen im Kt. Zürich, Zürcher Diss. (1895). — Von der soziologischen Auffassung des Verbrechens ist auch die JKV. getragen (oben § 1). — Bedeutungsvoll für die Erkenntnis der anthropologischen und der soziologischen Auffassung sind die, namentlich in der deutschen Literatur, zahlreichen gegnerischen Auseinandersetzungen mit ihr: namentlich BINDING: Vorwort zum Grundriß des deutschen StR. 8. Aufl. (1907). — BIRKMEYER: Was läßt v. LISZT vom Strafrecht übrig? (1907). — Derselbe: Studien zu dem Hauptgrundsatz der modernen Richtung im StR. „Nicht die Tat, sondern der Täter ist zu bestrafen" (1909). — v. ROHLAND: Die soziologische Strafrechtsschule (1911). — GRETENER: Die italienische positive Schule des StR. (1884) und: Die neuen Horizonte im StR. (1909). — Derselbe: Ursprung und Bedeutung der soziologischen Schule des StR., in der Festschrift für BINDING (1911). — Derselbe: Gerichtssaal, 87, 29ff., 45ff.; 90, 197ff. — NAGLER: eod. 86, 376ff.; auch schon PFENNINGER: Grenzbestimmungen, namentlich 46ff.

LOMBROSO aus und trägt FERRIS geistige Signatur. Zwar ist der Name „Codice penale" beibehalten. Aber die Unterscheidung zwischen Menschen, die schuldhaft handeln und solchen, die keine Schuld auf sich laden können, zwischen Zurechnungsfähigen und Unzurechnungsfähigen, ist fallen gelassen. Jeder haftet, wenn er objektiv einen Verbrechenstatbestand erfüllt. Er haftet nach dem Maße seiner Gesellschaftsfeindlichkeit und Gefährlichkeit. Sichernde Maßnahmen (sanzioni), nicht Strafen treffen ihn[1]).

2. Nicht nur der neues Recht schaffende Gesetzgeber, auch der das geltende Recht anwendende Richter muß in der Schuldfrage zu einer klaren Auffassung kommen und zu ihr stehen. Die geltenden Strafgesetze stellen den Schuld- und den Strafbegriff in den Mittelpunkt. Daß es in absehbarer Zeit anders werden wird, ist unwahrscheinlich. Gegen ein Gesetzbuch zur Verbrechensbekämpfung ohne Schuld und Strafe, gegen die Abschaffung des Strafrechts würde sich die Volksüberzeugung machtvoll auflehnen.

Die Gründe der scheinbar unüberbrückbaren gegensätzlichen Auffassungen liegen zunächst in einer falschen Problemstellung: Man ist immer wieder davon ausgegangen, daß nur der Indeterminismus, die Annahme der menschlichen Willensfreiheit, den Schuldbegriff zu retten im Stande sei[2]). Und auf der andern Seite hat ein strenger Determinismus geglaubt, menschliche Schuld und Verantwortlichkeit leugnen zu müssen. Beides ist unrichtig — schon im Ausgangspunkt. Man darf das Geständnis nicht fürchten, daß es noch nie gelungen ist, einen exakten, allgemein anerkannten Beweis der Freiheit oder der Unfreiheit des menschlichen Willens zu führen. Mit Hypothesen läßt sich jedoch der Schuldbegriff weder halten noch ablehnen. Vor allem aber: Man kann von der Richtigkeit des deterministischen Prinzipes überzeugt sein und trotzdem die Möglichkeit einer menschlichen

---

[1]) Dem Vorentwurf, der auch in deutscher und französischer Übersetzung vorliegt, ist eine Denkschrift beigegeben. Über ihn zahlreiche Aufsätze in der von FERRI u. a. herausgegebenen Scuola Positiva, neue Folge seit 1921, und in der gegnerischen, von LUCCHINI redigierten Rivista Penale. Ferner FERRI: Z. 33, 17ff. (La réforme de la justice pénale en Italie). — COLLIN: Enrico FERRI et l'Avant-Projet de Code pénal italien (1925). Programmatisch über die Ziele der Reform namentlich auch FERRI: Scuola Positiva, N.F. 5, 1ff. (Scuola criminale positiva e filosofia idealista). — GRETENER: Gerichtssaal, 90, 197ff. — LENZ: Ein StGB. ohne Schuld und Strafe (1922). — JIMÉNEZ DE ASÚA: Estudio Critico del Proyecto de Código Penal italiano (1922). — CUCHE: Revue pénitenciaire et de Droit pénal, 45, 299ff., 426ff. — ROSENFELD: Deutsche StR.-Zeitung, 9, 76ff. — ELIOPOULOS: L'Avant-Projet du Code pénal italien (1922). — EBERMAYER: Schuld und Gefährlichkeit im E. zu einem ital. StGB. (1923). — KANTOROWICZ: Der ital. Strafgesetzentwurf und seine Lehre (1923).

[2]) PFENNINGER: Grenzbestimmungen, 1, 15ff., 84f. Auf der Willensfreiheit ruhen Schuld und Verantwortlichkeit.

Schuld und die Berechtigung des Strafrechts anerkennen[1]). Es ist das große Erlebnis, das jedem seiner selbst bewußten Menschen immer wieder zuteil wird, daß innert den Grenzen der individuellen Eigen tümlichkeit eine gewisse Freiheit, so oder anders wirksam zu werden, besteht. Das Recht, aber auch die Ethik können nicht davon ausgehen, daß alles Handeln des körperlich und geistig reifen Menschen, der sich bei vollem Bewußtsein befindet, unter einem psychischen Zwang steht. Das pochende Gewissen, das Bestehen eines Verantwortlichkeitsgefühles sind Erfahrungstatsachen, deren Nichtvorhandensein wohl gelegentlich behauptet, aber nie bewiesen worden ist. Die Berufung auf die Determination allen menschlichen Handelns reicht zum Beweis nicht aus. Nur der Schwächling wird jede Wahlfreiheit leugnen.

III. Es gibt eine menschliche Schuld und die ihr gemäße Reaktion ist die Strafe. Die anthropologisch-soziologische Auffassung des Verbrechens hat uns aber den Weg zur Verfeinerung der Schuldlehre gewiesen. Sie hat deutlicher als es je zuvor der Fall war, die Notwendigkeit gezeigt, diejenigen Kategorien von Rechtsbrechern zu erkennen, die, weil sie nicht schuldhaft handeln konnten, auch von einer Strafe nicht getroffen werden dürfen. Die Entwicklungslinie des Strafrechts zeigt daher das Streben nach einer immer feinern Unterscheidung zwischen Zurechnungsfähigkeit und Unzurechnungsfähigkeit, womit — wesentlich aus praktischen Gründen — der dritte Begriff der verminderten Zurechnungsfähigkeit verbunden worden ist (unten §§ 33/34). Im engen Zusammenhang damit steht die besondere strafrechtliche Behandlung der jugendlichen Rechtsbrecher (unten §§ 92ff.). Diese Unterscheidungen führen zu dem der modernen Kriminalpolitik eigenen Dualismus zwischen Strafe und sichernder Maßnahme (unten §§ 49, 50)[2]).

---

[1]) Dazu etwa MERKEL-LIEPMANN: Lehre von Verbrechen und Strafe, 89ff.; — BLEULER: Psychiatrie (2. Aufl.), 38f. geht nicht zutreffend davon aus, die Juristen halten (noch heute) am Indeterminismus fest, weil sie glauben, daß sonst das Strafgesetz ins Wanken käme. Dann schreibt er aber: „Das Strafgesetz brauchte bei deterministischer Voraussetzung keine einzige seiner Bestimmungen, sondern nur ein paar Ausdrücke zu ändern.“ Welche und wie?

[2]) Diesen Anschauungen steht in Italien die sog. „Terza scuola“ nahe. Ihr Hauptvertreter ist ALIMENA, aus dessen Schriften hervorzuheben sind: Naturalismo critico e diritto penale (1892); I limiti e i modificatori dell imputabilità, 3 Bände (1894—1899); Imputabilità e causalità (1904); Note polemiche intorno alla teoria dell' imputabilità (1906); Principii di Diritto penale, 2 Bände (1910, 1912). Vgl. GAUTIER: Z. 5, 57ff. (über Carnevale, Una terza scuola di diritto penale) und ZÜRCHER: Z. 9, 44ff.

§ 21. Erfolgshaftung und Schuldhaftung.

Literatur. GRETENER: Z. 2, 399ff. — MITTERMAIER: Z. 14, 424f. — EXNER: Z. 24, 167ff. — SCHEITLIN: Die Ausscheidung des Verbrechens der schweren Körperverletzung, Diss. (1890), namentlich 88ff. — GRÜEBLER: Die Körperverletzung im E. eines schweizer. StGB. Zürcher Diss. (1921), namentlich 83ff. — LIEBER: Über die durch den Erfolg qualifizierten Delikte, Zürcher Diss. (1925). — MEYER V. SCHAUENSEE: Gerichtssaal, 86, 46ff. und ZgesStRW. 34, 78ff. — v. ROHLAND: VD. Allg. Teil, 1, 374ff. — RADBRUCH: eod. 2, 227ff., 247f. — LÖFFLER: eod. Bes. Teil, 5, 272f.

I. Das Ziel ist die Durchführung des Satzes: keine Strafe ohne Schuld. Er soll sich dahin auswirken, daß nur strafbar ist, wer schuldhaft den Tatbestand eines Deliktes verwirklicht, also in seiner Person neben der objektiven Rechtswidrigkeit auch das subjektive Moment der Schuld erfüllt[1]). Das Nähere darüber bestimmen die Lehren über die Zurechnungsfähigkeit und die Schuldformen — Vorsatz und Fahrlässigkeit (unten §§ 22—26) — und über die persönlichen Entschuldigungsgründe (unten §§ 33—36). Daneben steht noch die hier schon zu behandelnde Frage der strafrechtlichen Erfolgshaftung i. e. S. Soll das Gesetz bei bestimmten Rechtswidrigkeiten eine strafrechtliche Haftung ohne Rücksicht auf schuldhafte oder nicht schuldhafte Verübung anordnen? Die Antwort liegt in der Voranstellung des Satzes: Keine Strafe ohne Schuld. Die geltenden Rechte stehen jedoch noch keineswegs auf dem Standpunkt des völligen Ausschlusses der Erfolgshaftung.

II. Eine Entwicklungslinie ist erkennbar. Eine Periode der reinen Erfolgshaftung hat es zwar in der Entwicklung des Strafrechts wohl nie gegeben. Dagegen steht namentlich für das deutsche Mittelalter fest, daß Verurteilungen, z. B. zur Zahlung des strafrechtlichen Wergeldes und zu Buße, auch bei bloß zufälliger Schadenszufügung nicht selten waren[2]). Auch die Blutracheordnung trifft nicht nur den schuldhaften Täter, sondern ebenfalls den schuldlosen Stammes- und Familienangehörigen. Keineswegs war jedoch den alten Rechten die Idee der Schuld im rechtlichen und im ethischen Sinne fremd[3]). Die großartige Entwicklung liegt aber darin, daß je länger je deutlicher die strafrechtliche Haftung für Zufall eingeschränkt wird. Trotzdem ist auch heute der Satz: keine Strafe ohne Schuld noch nicht restlos zur Geltung gelangt. Untersuchungen ergeben sich nach folgenden Richtungen:

---

[1]) Das Bundesgericht hat gelegentlich Strafurteile, in denen die Prüfung der Schuldfrage unterblieb, wegen Willkür aufgehoben (BV. Art. 4), z. B. E. 24 I, 421f. Vgl. auch Répertoire vaudois, 118, 120, 129f., 137.

[2]) HIS: StR. des deutschen Mittelalters, 1, 40, 88, 93ff. — ROUX: Cours de Droit pénal, 105f. — LÖFFLER: Schuldformen des StR. 1 (1895) 19ff.

[3]) v. BAR: Geschichte des deutschen StR. 62ff. — BINDING: Die Schuld (1919), 10ff.

1. Die durch den Erfolg qualifizierten Delikte. Bei gewissen Delikten tritt um einer bestimmten Wirkung willen, die weder vom Vorsatz noch von der Fahrlässigkeit des Täters umfaßt wurde, schwerere Strafe ein[1]). Die Theorie ist zumeist der Abschaffung dieser Überreste der Erfolgshaftung zugeneigt[2]). Auch die geltenden Gesetze zeigen teilweise die Tendenz, sie wenigstens abzuschwächen. Zürich §§ 135 und 145 sieht fakultative Strafmilderung vor, wenn der Täter bei Körperverletzung mit tödlichem Ausgang oder mit erheblichem bleibenden Nachteil nur eine geringere Mißhandlung beabsichtigt hat. Ähnlich bestimmt Waadt Art. 237. Weiter geht Glarus § 106 lit. a, das den Richter zur Strafmilderung verpflichtet, wenn der Täter „nur Mißhandlung, nicht aber eine ernstliche Verletzung... beabsichtigte, dieselbe mithin wider seinen Willen entstanden ist[3]).“ Ähnlich mildern Appenzell A.-Rh. Art. 82 und 91 und Neuenburg Art. 318 die Strafe, wenn der Erfolg weitergeht als der Vorsatz[4]).

Der eidgenössische E. beseitigt grundsätzlich die Erfolgshaftung[5]). Der Grundsatz der reinen Schuldhaftung kommt zwar nicht in einer Bestimmung des Allgemeinen Teils, wohl aber im Art. 110 (Zufällige Folgen einer Körperverletzung) zum Ausdruck: „Hat der Täter die schwere Folge, die er verursacht, weder verursachen wollen, noch voraussehen können, so gilt für ihn die Strafe der Körperverletzung, die er verursachen wollte[6]).

---

[1]) Hauptbeispiele: qualifizierte Fälle der Körperverletzung, der Abtreibung, der Aussetzung, der Notzucht, des Raubes, der Brandstiftung und anderer gemeinfährlicher Verbrechen; vgl. die entsprechenden Zusammenstellungen der schweizerischen Rechte bei Stooss: Strafgesetzbücher. Typisch BStG. Art. 67 (Gefährdung der Sicherheit des Eisenbahn-, Dampfschiff- oder Postwagenverkehrs).

[2]) Zürcher: Erläuterungen VE. 1908, 132f. — Exner: Z. 24, 167ff. — Mittermaier: Z. 30, 228. — Radbruch: VD. a. a. O. 227ff.; Mitteilungen der JKV. 11, 137f., Beschluß des St. Petersburger Kongresses: „Personne n'est punissable à raison des conséquences de ses actes que dans la mesure de celles qu'il a prevues ou pu prévoir.“ Für die Beibehaltung schärferer Haftung bei den durch den Erfolg qualifizierten Delikten dagegen v. Rohland: VD. a. a. O. 374ff. — Calame (mit dem Hinweis auf die Bedürfnisse der Praxis), Prot. II. ExpKom. 2, 236ff. — Meyer v. Schauensee: JZ. 15, 100; Gerichtssaal, 86, 46ff.; ZgesStRW. 34, 78ff. Siehe auch die Zusammenstellung bei Grüebler: a. a. O. 92ff.

[3]) Vgl. ferner § 90 (Körperverletzung mit tödlichem Ausgang) und den Kommentar Kubli: zu §§ 90, 104—106.

[4]) Weitere Daten bei Stooss: Grundzüge 2, 38f., 43. — Grüebler: a. a. O. 90ff.

[5]) Reste bleiben, z. B. in Art. 111 II (fahrlässige Körperverletzung); s. ferner Exner: Z. 24, 169ff.

[6]) Daneben stellen Art. 108 Ziff. 2 und 109 Ziff. 2 und 3 (Körperverletzung) besondere Strafdrohungen auf für die Fälle, in denen der verursachte schwere Erfolg zwar nicht gewollt, aber voraussehbar war (Fahrlässigkeit). Ebenso Freiburg Art. 61, 62. — Zum eidg. E. s. die grundsätzlichen Erörterungen über Schuld- und Erfolgshaftung im Prot. II. ExpKom. 2, 225ff., 277ff. — Exner: a. a. O. —

2. Vielfach wird im Übertretungsstrafrecht, namentlich bei den Verwaltungs- und besonders bei den sog. Finanzdelikten (Zoll-, Steuergesetze usw.), nach dem Prinzip der Erfolgshaftung gestraft. Die Bezeichnung als „Formaldelikt" ist üblich. Man hat diese Behandlung insbesondere der Finanzdelikte mit ihrem verwaltungsrechtlichen Charakter zu rechtfertigen versucht. Diese Anschauung ist abzulehnen. Der Grundsatz der Schuldhaftung soll ausnahmslos bei Übertretungen jeder Art gelten. Nicht qualitative, nur quantitative Unterschiede trennen sie von den Verbrechen und Vergehen (oben § 19 II), und diese Differenzen genügen keineswegs zur Aufgabe des Satzes: keine Strafe ohne Schuld[1]). — Auch die Verwaltungsbehörden haben, wenn sie das Strafrecht ausüben, die Schuldfrage zu prüfen. Die Ergründung des subjektiven Tatbestandes ist nicht nur eine richterliche Funktion[2]). Der Stand der schweizerischen Rechte ist noch unsicher. Die Entwicklung zeigt aber deutlich die Tendenz, das alte Erfolgshaftungsprinzip aufzugeben. Zu beachten ist die Rechtsprechung des Bundesgerichts: Es hat früher, insbesondere bei Zollübertretungen, den Standpunkt vertreten, daß der Mangel einer Schuld die Bestrafung nicht ausschließt (E. 19, 683; 26 I, 340). Die neuere Praxis fordert dagegen die Prüfung der Schuldfrage (E. 39 I, 402f.[3]). Richtig ist nur, daß ganz besonders beim Fiskaldelikt aus praktischen Gründen die Bestrafung auch schon der fahrlässigen Verübung die Regel — nicht wie bei Verbrechen und Vergehen die Ausnahme — bildet und ferner, daß hier unter Umständen Schuldpräsumptionen eine Rolle spielen (unten 3). Unantastbar aber soll das Prinzip sein, daß die Strafe Schuld erfordert[4]).

Zürich anerkennt den Satz, daß auch bei Übertretungen aller Art die Schuld Voraussetzung der Strafe ist, uneingeschränkt. Mindestens muß dem Täter eine Fahrlässigkeit bewiesen werden[5]). § 327 der StPO.

GRÜEBLER: namentlich 83ff. — MEYER v. SCHAUENSEE: Gerichtssaal, 86, 46ff. — E. ZÜRCHER: JZ. 15, 337.

1) Die neueste Literatur geht durchaus in dieser Richtung: ZÜRCHER: Z. 8, 163ff. — v. SEGESSER: Z. 29, 286. — v. CLERIC: JZ. 10, 271 und Leitfaden, 60ff. — LANG: Prot. II. ExpKom. 1, 147. — FARBSTEIN: (Lit. zu § 19), 55ff. Aus der französischen Literatur, die früher besonders stark die Auffassung des fait materiel (Formaldelikt) betont hat, jetzt bezeichnend ROUX: Cours de Droit pénal, 103, 107; vgl. ferner OLLANDINI: Riv. penale, 98, 201ff., auch DEHMAL: Deutsche StR.-Zeitg. 9, 264 (für das österreichische Verwaltungs-StR. zurückhaltend).

2) BE. 5, 348.

3) Vgl. auch BE. 42 I, 397f. und 51 I, 61 (beide Urteile noch mit Anklängen an das „Formaldelikt"); ferner BE. 33 I, 801f.; 34 I, 623ff. — SCHWEGLER: Das eidg. Zollstrafrecht, Zürcher Diss. (1920) 60ff. — RENOLD: Bundesverwaltungsstrafrecht, 50f. — BUSCH: (Lit. zu § 19), 15, 21f., ferner 26 (Alkoholgesetz), 32 (Postgesetz), 34ff. (Stempel- und Couponsteuergesetz).

4) v. CLERIC: Leitfaden, 55, 60ff.

5) Zürcher Bl. 11, Nr. 59 und 148; 14, Nr. 20; 21, Nr. 124 und namentlich 23,

von 1919 hat jetzt diesen Satz kodifiziert[1]). Bezeichnend ist Basel, PolStG. § 10: „Polizeiübertretungen sind strafbar, auch wenn sie nur aus Fahrlässigkeit begangen werden, sofern nicht nach Wortlaut oder Sinn der Vorschrift nur die vorsätzliche Begehung mit Strafe bedroht ist." Gleich bestimmt Freiburg Art. 192. Das sind deutliche Beweise der Anerkennung reiner Schuldhaftung. Aber auch Gegenstimmen kommen noch vor. Das aargauische Obergericht und die waadtländischen Gerichte haben erklärt, die Schuldfrage spiele im Übertretungsstrafrecht (z. B. in der Jagdgesetzgebung) keine Rolle, schon die „Verursachung der Polizeiwidrigkeit" begründe die Strafbarkeit, „ohne Rücksicht auf die gute oder schlechte Beschaffenheit" des Täterwillens[2]).

Der eidgenössische E. beseitigt alle Zweifel. Nach Art. 288 finden die allgemeinen Bestimmungen des Verbrechens- und Vergehensrechtes auch auf die Übertretungen Anwendung. Das gilt nicht nur für die im E. selbst aufgestellten Tatbestände, sondern gemäß Art. 350 I wenigstens dem Grundsatz nach auch für die Nebenstrafgesetzgebung des Bundes[3]). Nach Art. 352 besteht allerdings die Möglichkeit, daß die kantonale Übertretungsgesetzgebung noch an der Erfolgshaftung festhält.

3. Keine Abweichung vom Grundsatz der Schuldhaftung stellen die namentlich im Übertretungsstrafrecht noch häufig vorkommenden Schuldpräsumptionen dar. Dem Beschuldigten steht der Gegenbeweis offen. Gelingt er, so entfällt die Strafe[4]). Diese Ordnung widerspricht der prozessualen Regel, daß der Staat den Schuldbeweis zu erbringen hat. Im Fiskalstrafrecht — aber wohl nur da — kann man sich aus praktischen Gründen schließlich mit der Abweichung von der Regel abfinden[5]).

190ff. — Farbstein: a. a. O. 57ff. — Roeder: Die Steuervergehen des zürcher Gesetzes etc., Zürcher Diss. (1921), 61ff. Vgl. auch Zürcher Bl. 15, 366: Polizeiurteile sind Strafurteile.

[1]) Dazu Sträuli: Kommentar, § 327, insbesondere N. 2; — Zeller (Lit. zu § 3), 111f.

[2]) Aarg. RSpr. 21, 140; Répertoire vaudois, 42ff. und 46f. in zahlreichen Entscheiden; doch scheint die neuere Praxis sich von der alten Auffassung abzuwenden; vgl. das Urteil des Waadtländischen Kassationshofes vom 12. Februar 1918, a. a. O. 44.

[3]) Zürcher: Erläuterungen VE. 1908, 429f., 437f. und Erläuterungen zum 3.Buch (Anwendung und Einführung des Gesetzes), 6; Prot. II. ExpKom. 5, 408ff., 415f.; 8, 7ff. Siehe auch unten § 23 II.

[4]) Schwegler: a. a. O. 61f. — Roeder: a. a. O. 61ff., wo unzutreffend gesagt wird, die Schuldpräsumption verletze den Satz: Keine Strafe ohne Schuld — Busch: a. a. O. 22, 35.

[5]) Alle andern strafrechtlichen Schuldpräsumptionen sind vom Übel, z. B. die mehrfach in der Gesetzgebung wiederkehrende praesumtio juris des Bewußtseins der Unwahrheit beim Verleumder: Zürich § 155 II und dazu Zürcher Bl. 9,

4. Die Frage, ob und wieweit — neben der Schuld — der Erfolg, den der Täter verursachte, zu berücksichtigen ist, kehrt wieder beim Problem der richtlichen Strafzumessung (unten § 76 I, III).

§ 22. Zurechnungsfähigkeit. Zurechenbarkeit.

Literatur. Stooss: Strafgesetzbücher, 21ff.; Grundzüge, 1, 171ff.; Z. 9, 417ff. — Pfenninger: (Lit. zu § 20). — Gretener: Die Zurechnungsfähigkeit als Gesetzgebungsfrage (1897); dagegen Zürcher: Z. 11, 51ff.; Replik von Gretener: Die Zurechnungsfähigkeit als Frage der Gesetzgebung (1899). — Derselbe: Die Zurechnungsfähigkeit im VE. zu einem deutschen StGB. usw. (1910). — Lüscher: Die Behandlung der verminderten Zurechnungsfähigkeit usw., Berner Diss. (1922), namentlich 39ff. — Strasser: Z. 34, 49ff., — Baumgarten: eodem, 34, 71ff. — Kohlrausch: eodem, 34, 158ff. — Bleuler: Lehrbuch der Psychiatrie (2. Aufl., 1918), 476ff., 480ff. — v. Lilienthal: VD. Allg. Teil, 5, 1ff., 55ff. Siehe ferner die Lit.-Angaben unten zu §§ 33, 34.

I. Das Resultat, daß nur der Mensch, der schuldhaft einen Deliktstatbestand erfüllt hat, bestraft werden kann, führt zu der weiteren Frage, unter welchen Umständen die Annahme eines schuldhaften Verhaltens zulässig ist. Diese Lehre gehört nicht zum Schuldbegriff. Sie handelt von einer Schuldvoraussetzung[1]). Herkömmlich spricht man von Zurechnungsfähigkeit. Damit soll auf einen bestimmten Geisteszustand des Täters zur Zeit der Verübung der Tat hingewiesen werden. Die Kennzeichnung dieser persönlichen Eigenschaften mit dem Worte „Zurechnungsfähigkeit" ist eigentlich verfehlt. Der Zurechnung fähig kann — sprachlich richtig — nur ein menschliches Verhalten, nicht der Mensch selbst sein. Zutreffender sind die Ausdrücke: Verantwortlichkeit, strafrechtliche Handlungsfähigkeit (Deliktsfähigkeit) und namentlich Schuldfähigkeit. Die Worte Zurechnungsfähigkeit, Unzurechnungsfähigkeit, verminderte Zurechnungsfähigkeit stehen aber im juristischen Sprachschatz so fest, daß man ihrer nicht mehr entraten kann.

Obschon die Zurechnungsfähigkeit nicht zum Schuldbegriff selbst gehört, sondern Schuldvoraussetzung ist, muß mit ihrer Erörterung hier — bei der Synthese des Verbrechensbegriffes — eingesetzt werden. Erst mit der Klarstellung der Schuldvoraussetzung wird der Schuldbegriff selbst verständlich. Ihren Abschluß findet die Lehre durch die Besprechung der Fälle, in denen Unzurechnungsfähigkeit oder verminderte Zurechnungsfägigkeit anzunehmen sind (unten §§ 33, 34).

Nr. 127, Glarus § 152 II, Solothurn § 129 II, St. Gallen Art. 106 II; vgl. Schenk: Der Wahrheitsbeweis bei Injurien nach schweizer. Recht, Zürcher Diss. (1908), 104ff., ferner Wach: VD. Allg. Teil, 2, 35f. Anders liegt die Frage bei der besondern Gestaltung der Verantwortlichkeit für Preßdelikte (unten § 95).

[1]) Gut Baumgarten: Z. 34, 73f.: Feststellung der Zurechnungsfähigkeit ist Feststellung der Schuldmöglichkeit.

Der positive Begriff der Zurechnungsfähigkeit muß aber den Ausgangspunkt bilden.

Die Zurechnungsfähigkeit durch die freie Bestimmbarkeit des Willens zu kennzeichnen, wie es gelegentlich in zivilrechtlichen Urteilen des Bundesgerichtes geschah (E. 15, 451; 35 II, 157), ist unhaltbar. Davon abgesehen sind die zivilrechtlichen Normen über die Urteilsfähigkeit (namentlich ZGB. Art. 16) für die Bestimmung der strafrechtlichen Begriffe: Zurechnungsfähigkeit und Unzurechnungsfähigkeit nicht verwertbar[1]). Nach dem ZGB. ist urteilsunfähig nur, wer in bezug auf ein bestimmtes zivilrechtliches Geschäft nicht vernunftgemäß handeln konnte. Für das Strafrecht ist das viel zu eng. Es muß andere Wege gehen, eine Umschreibung suchen, die den psychischen Zustand eines Menschen im ganzen umfaßt[2]). Das kann nicht mit einer nur juristischen Formel geschehen. Juristisch mag die Formel lauten: Zurechnungsfähig ist, wer schuldhaft handeln (ein Delikt verüben) kann. Dahinter aber steht die Frage, wem die Fähigkeit, schuldhaft zu handeln, zukommt. Um ihre Lösung bemühen sich Psychologen. Psychiater und Juristen — freilich mit dem Bewußtsein, daß jede Umschreibung der Zurechnungsfähigkeit und ihre Abgrenzung von Unzurechnungsfähigkeit und verminderter Zurechnungsfähigkeit nicht frei von Künstelei ist, da die Tatsachen zu wenig sichere Anhaltspunkte geben. Für den Richter aber, der das Schuldstrafrecht anzuwenden hat, ist eine Norm wünschenswert. In der Gesetzgebung werden regelmäßig nur die Zustände der Unzurechnungsfähigkeit und — neuerdings — der verminderten Zurechnungsfähigkeit umschrieben (unten IV und §§ 33, 34). Daraus ergibt sich der Schluß auf den Begriff der Zurechnungsfähigkeit. Er lautet z. B. auf Grund von Art. 10 und 11 des eidgenössischen Entwurfes: Zurechnungsfähig ist, wer zur Zeit der Tat fähig ist, das Unrecht seiner Tat einzusehen und gemäß seiner Einsicht sich zu verhalten. Das wird näher dahin erklärt, es müsse die Fähigkeit, sich durch richtig erkannte Motive richtig bestimmen zu lassen, vorhanden sein (Frank), oder es müsse die Bestimmbarkeit durch die Normen des sozialen Verhaltens aus den Gebieten der Religion, der Sittlichkeit, des Rechtes, der Klugheit usw.

[1]) Zutreffend Egger: Kommentar ZGB. zu Art. 16. Die Forderung einer übereinstimmenden Begriffsumschreibung für Zivil- und Strafrecht, die von Hafter Z. 15, 270f. und Gmür: ZschwR. N.F. 22, 631ff. aufgestellt wurde, ist nicht haltbar. Richtig jetzt auch Hafter: Kommentar ZGB. (2. Aufl.), Art. 16, N. 14, ferner Bleuler: Psychiatrie (2. Aufl.), 492; — v. Tuhr: Schweizer. OR. 342f. — Thormann: Festgabe an Eug. Huber (1919), 181ff.; — Stooss: Z. 18, 170. — Verfehlt Häberlin: (Lit.-Angaben zu § 16), 45f.

[2]) Bleuler: Monatsschrift für Kriminalpsychologie und Strafrechtsform, 1, 622: Eine Definition (der Zurechnungsfähigkeit), die nicht verlangt, daß der ganze Mensch beurteilt wird, ist unbrauchbar.

gegeben sein (v. LISZT). Die motivierende Kraft dieser Vorstellungen muß einem Durschschnittsmaß entsprechen, das wir mit dem aus der Erfahrung abstrahierten menschlichen Typus gewinnen. Daraus ergibt sich der Begriff der normalen Bestimmbarkeit durch Motive[1]).

II. Bei der Aufstellung einer Zurechnungsfähigkeitsformel muß man sich ihrer Relativität bewußt sein. Zwischen geistiger Gesundheit und geistiger Krankheit, zwischen der Einsicht in das Unrecht einer Tat und dem völligen Fehlen dieser Einsicht, zwischen einem dieser Einsicht gemäßen und einem ihr völlig widersprechenden Verhalten gibt es unzählbare Zwischenstufen. Für das Recht, insbesondere das Strafrecht, ist daher der Begriff der verminderten Zurechnungsfähigkeit unentbehrlich (unten § 34).

III. Bei der Rechtsanwendung wird die Zurechnungsfähigkeit des Täters vermutet. Sie muß nicht besonders bewiesen werden[2]). Aber jeder Zweifel an ihr zerstört die Vermutung. Das wirkt sich so aus, daß, sobald der Untersuchungsbeamte oder der urteilende Richter über die Zurechnungsfähigkeit eines Beschuldigten Zweifel hegen, die prozessuale Pflicht entsteht, die Untersuchung des Geisteszustandes durch Sachverständige zu veranlassen[3]). Das muß auch für diejenigen Rechte gelten, die eine solche Bestimmung nicht ausdrücklich aufstellen. Sie ergibt sich aus der Offizialpflicht, daß im Strafprozeß Sachverständige zuzuziehen sind, wenn es zur Feststellung oder tatsächlichen Würdigung eines zweifelhaften Sachverhaltes besonderer Kenntnisse bedarf[4]).

IV. Nur wenige Gesetze umschreiben die Zurechnungsfähigkeit

---

[1]) v. LISZT: Lehrbuch, § 37: „Normaler Inhalt und normalmotivierende Kraft der Vorstellungen machen das Wesen der Zurechnungsfähigkeit aus“. — STRASSER: Z. 34, 51: Zurechnungsfähig ist, wer „seine Sinne und Gedanken in der festgelegten (?) Weltordnung richtig zu orientieren imstande ist“; ferner ZELLER: Zürcher StGB. Kommentar, § 44, N. 1, 2, 8. — ZÜRCHER: Erläuterungen VE. 1908, 39ff. Über den „Normalmenschen“, den es im Grunde ja nicht gibt, s. auch die schönen Ausführungen C. CHR. BURCKHARDTS über den für das Recht notwendigen Durchschnittsmaßstab: ZschwR. N. F. 22, 521f. — Zur Entwicklungsgeschichte des Zurechnungsfähigkeitsbegriffes PFENNINGER: Grenzbestimmungen, 28ff., dazu 86: „Normal ist der Mensch, der dem Durschschnitt von Anforderungen entspricht, welche (vor Gericht) im bürgerlichen Verkehr und Leben gestellt werden.“

[2]) BAUMGARTEN: Z. 34, 75, 80; Zürcher Bl. 22, 217. — v. BAR: Gesetz und Schuld, 2, 32; Répertoire vaudois, 73.

[3]) Eidg. E. Art. 12 I; Art. 81 und 87 (beschuldigte Kinder und Jugendliche); Art. 12 II: „Ist der Beschuldigte taubstumm oder epileptisch, so findet diese Untersuchung in jedem Falle statt.“ Im geltenden Recht ähnlich Zürich, StPO. § 157 und dazu STRÄULI: Kommentar, ferner Zürcher Bl. 9, Nr. 151. — v. CLERIC: JZ. 12, 89ff.; ferner Freiburg StGB. Art. 12; vgl. auch Luzern § 60: richterliche Pflicht, „in den geeigneten Fällen“ ein Gutachten von Sachverständigen einzuholen (dazu v. OVERBECK: Z. 33, 245); BE. 47 II, 126; 50 II, 93.

[4]) ZÜRCHER: Bibliographie zum E. (1924), Z. 37, 191.

positiv. Luzern (§ 45) bestimmt: „Die Strafbarkeit einer an sich verbrecherischen Handlung setzt Vernunft und Willensfreiheit des Täters zur Zeit ihrer Verübung voraus.“ Ebenso geht Aargau (§ 45 I und II) von der Willensfreiheit aus: „Ein Verbrechen setzt den freien Willen des Täters voraus. Der freie Wille wird als Regel angesehen.“ Im Anschluß an diese positive Bestimmung umschreiben dann beide Gesetze die Fälle, in denen Vernunft oder Willensfreiheit nicht anzunehmen sind. Alle andern schweizerischen Gesetze beschränken sich darauf, die Fälle der Unzurechnungsfähigkeit zu kennzeichnen, woraus der positive Begriff der Zurechnungsfähigkeit abgeleitet werden kann. Deutlich ergeben sich die zwei Gruppen: Fähigkeit freier Willensbestimmung (Selbstbestimmung) und Fähigkeit der richtigen Beurteilung der Handlung (Unterscheidungsvermögen)[1]).

V. Die Zurechnungsfähigkeit muß im Zeitpunkt der verbrecherischen Willensbetätigung vorhanden gewesen sein. Tritt später Unzurechnungsfähigkeit ein, so ergeben sich höchstens prozessuale Folgen (Verfahrenseinstellung). Auf Grund der Regel, daß für die Beurteilung der Zurechnungsfähigkeit der Augenblick der Willensbetätigung maßgebend ist, entscheidet sich die Streitfrage nach der sog. actio libera in causa. Sie wird dann angenommen, wenn jemand im Zustand der Zurechnungsfähigkeit durch ein schuldhaftes Verhalten die Ursache eines deliktischen Erfolges setzt, während er im Zeitpunkt der Herbeiführung des Erfolgs sich in unzurechnungsfähigem Zustand befindet. Solche Fälle kommen vor: Ein Soldat betrinkt sich, um sich seinen Wachtpflichten zu entziehen (Vorsatz), oder obschon er hätte wissen können und müssen, daß ihm in der Trunkenheit die Erfüllung von dienstlichen Pflichten nicht möglich sein werde (eventuell strafbare Fährlässigkeit). Ein Anderer trinkt sich Mut an oder greift zu andern toxischen Anregungsmitteln, um ein geplantes Verbrechen zu verüben. Im Moment der Taterfüllung ist er in einem Zustande der Unzurechnungsfähigkeit oder wenigstens der verminderten Zurechnungsfähigkeit. Die volle Zurechnung der Tat erfolgt trotzdem. Zwischen Verhalten und Enderfolg besteht Kausalzusammenhang. Aber auch die innerliche Verknüpfung zwischen der Ursachensetzung und dem deliktischen Erfolg, die Schuld, ist nicht zu leugnen, obschon die direkt den Erfolg auslösende Betätigung unfrei ist[2]). Ein Bedürfnis nach einer

[1]) Vgl. Stooss: Strafgesetzbücher, 21ff. (Texte). — Stooss: Grundzüge, 1, 171ff. — Bleuler: Psychiatrie (2. Aufl.), 480ff. Das Nähere in der Lehre von der Unzurechnungsfähigkeit und der verminderten Zurechnungsfähigkeit, unten §§ 33, 34.

[2]) Die Frage der Behandlung der actio libera in causa hat ihre berühmte Geschichte. Teilweise wird Straflosigkeit angenommen (neuerdings namentlich von Katzenstein: Die Straflosigkeit der a. l. i. c., 1901). Zur Geschichte der Frage namentlich v. Bar: Gesetz und Schuld, 2, 104ff. — Vgl. ferner Massari: Il mo-

gesetzgeberischen Regelung dieses Problems besteht kaum. Die Fälle sind, wenn sie den Richter beschäftigen, an den Grundsätzen der Lehre vom Kausalzusammenhang und der Schuldlehre zu prüfen[1]).

Nicht zu verwechseln mit der Frage der actio libera in causa ist die andere, ob und wie selbstverschuldete Trunkenheit, wenn der Täter in diesem Zustande ein zuvor gar nicht bedachtes Delikt verübt, zu berücksichtigen ist[2]). Davon ist in den Lehren von der Unzurechnungsfähigkeit und der verminderten Zurechnungsfähigkeit zu handeln (unten §§ 33 II 3 und 34).

VI. Von der Zurechnungsfähigkeit (Schuldfähigkeit) des Täters ist die Zurechenbarkeit der Handlung zu unterscheiden. Dieser Begriff weist darauf hin, daß der Richter im Einzelfall einem Täter sein Verhalten zuzurechnen hat, wenn der Nachweis der Schuld erbracht ist. Die Zurechnung wird aber nicht nur durch die Unzurechnungsfähigkeit des Täters ausgeschlossen, sondern auch dann, wenn eine Tat aus andern Gründen nicht auf den schuldhaften Willen ihres Urhebers zurückgeführt werden kann (Irrtum, Zwang). In diesen letztern Fällen ist beim Täter der psychische Zustand der Zurechnungsfähigkeit vorhanden. Die Entschuldigung tritt trotzdem, aus andern Gründen, ein. Einzelne Gesetze vernachlässigen diesen Unterschied zwischen der Zurechnungsfähigkeit, der abstrakten Schuldfähigkeit, und der Zurechenbarkeit. Bezeichnend z. B. Graubünden § 45, wo mangelnde Zurechnungsfähigkeit auch bei demjenigen angenommen wird, der durch unwiderstehliche körperliche Gewalt oder durch solche Drohungen zur Tat gezwungen wurde, die mit einer gegenwärtigen auf keine Art abzuwendenden Gefahr für Leib und Leben des Täters oder dritter Personen verbunden waren[3]). Solche Verwechslungen beeinträchtigen die

---

mento esecutivo del reato (1923), 215ff. — Vannini: Rivista penale (italiano), 99, 249ff., 341ff. — v. Lilienthal: VD. Allg. Teil, 5, 34ff.

[1]) Das norwegische StGB. bestimmt in § 45: „Hat jemand, um eine strafbare Handlung zu verüben, sich in einen vorübergehenden Zustand (der Bewußtlosigkeit) versetzt, so bleibt dieser Zustand ohne Einfluß auf die Strafbarkeit. — Ist er sonst durch eigene Schuld in einen solchen Zustand geraten und nimmt er in demselben eine Handlung vor, die auch bei fahrlässiger Begehung strafbar ist, dann wird die für fahrlässige Begehung angedrohte Strafe angewendet.“ Die letztere Bestimmung ist nur zu billigen, wenn der schuldhaft sich Betrinkende hätte wissen können und müssen, daß die Trunkenheit ihn zur Verbrechensverübung disponiert. — Auf die actio libera in causa weisen auch St. Gallen Art. 23 Ziff. 1 und Appenzell J.-Rh. Art. 25 hin, ferner Wallis Art. 88 II: „L'ivresse, même complète, n'est pas une cause de justification, lorsque l'auteur du fait s'est mis dans cet état dans l'intention directe de commettre un délit.“

[2]) Lehrreich die Beratungen des Ständerates zu Art. 9 und 10 des neuen Mil.-StGB.: Stenogr. Bulletin, 1921, 230ff. (Geel, Häberlin, Wettstein, Brügger) und 1922, 151ff.

[3]) Ähnlich Obwalden Art. 34 Ziff. 3; Glarus § 30 lit. b; s. auch unten § 30 I (Notstandslehre).

Klarheit. Praktisch sind sie ungefährlich, da bei allen diesen Umständen — Unzurechnungsfähigkeit, übermächtiger Zwang usw. — das Resultat die Straflosigkeit des Täters ist[1]).

Der Begriff der Zurechenbarkeit bildet sowohl die Grundlage der Lehre von den Schuldformen (unten §§ 23ff.) wie der Lehre von den Entschuldigungsgründen (unten §§ 33ff.).

§ 23. Die Schuldformen im allgemeinen.

Literatur. Angaben zu §§ 20, 21. — STOOSS: Strafgesetzbücher, 38ff.; Grundzüge, 1, 197ff. — E. ZÜRCHER: JZ. 15, 337ff. — MEYER v. SCHAUENSEE: ZgesStRW. 34, 72ff. — SEGESSER v. BRUNEGG: Berner Z. 50, 345ff. 401ff. — BAUMGARTEN: Z. 34, 62ff. — KOHLRAUSCH: eod. 158ff. — HAFTER: eod. 14, 302ff.; 17, 182ff. — v. HIPPEL: VD. Allg. Teil, 3, 373ff., 421ff. und Mitteilungen der JKV. 18, 206ff.

I. Erstes Gebot im Strafrecht ist die Reinhaltung der Schuldlehre, die Ausschaltung einer strafrechtlichen Erfolgshaftung und — was innerlich damit im Zusammenhang steht — der Ausschluß einer Strafe, wenn der Zustand des Täters zur Zeit der Tat eine Schuld nicht annehmen läßt (Entschuldigungsgründe: unten §§ 33, 35). Das nächste Gebot ist die Differenzierung innerhalb des Schuldbegriffes selbst, die Entwicklung der Schuldformen. Die heute allgemein übliche Unterscheidung[2]) zwischen Vorsatz und Fahrlässigkeit soll nicht darüber hinwegtäuschen, daß weder die Umschreibung beider Begriffe für sich allein, noch ihre Abgrenzung voneinander feststehen. Wenn über den allgemeinen Schuldbegriff keine Einigkeit herrscht, so darf man sich nicht wundern, wenn auch die Auffassungen über die Formen der Schuld auseinandergehen.

II. Schon vorgängig der Erörterung der einzelnen Schuldformen ist die Feststellung zulässig, daß im allgemeinen jedes Verhalten, das der Gesetzgeber zu einem Straftatbestand gestempelt hat, vorsätzlich wie fahrlässig erfolgen kann. Vorsatz und Fahrlässigkeit sind nur quantitativ verschiedene Spielarten des einen Schuldbegriffes. Kriminalpolitisch aber gilt, daß in der Regel nur die vorsätzliche, nicht auch die fahrlässige Deliktsverübung bestraft werden soll. Gegenüber der letztern wird regelmäßig die zivilrechtliche Reaktion, insbesondere die Pflicht zur Leistung von Schadensersatz, als ausreichend angesehen. Der subsidiäre Charakter der Strafrechtssätze ist hier bestimmend (oben § 3 II).

In den Gesetzen wirkt sich das so aus, daß die Strafbarkeit auch der fahrlässigen Verübung beim einzelnen Deliktstatbestand ausdrück-

[1]) STOOSS: Grundzüge, 1, 171f. — PFENNINGER: Grenzbestimmungen, 89.

[2]) Über die geschichtliche Entwicklung dieses Unterscheidungsprozesses namentlich LÖFFLER: Die Schuldformen des Strafrechts, 1 (1895). — v. BAR: Gesetz und Schuld, 2, 275ff., 436ff. Die grundsätzliche Unterscheidung setzt erst mit der italienischen Jurisprudenz des Mittelalters ein.

lich hervorgehoben werden muß. Damit verbindet sich in zahlreichen Gesetzbüchern die im Allgemeinen Teil aufgestellte Regel, daß, wenn das Gesetz nicht ausdrücklich anders bestimmt, nur strafbar ist, wer ein Vergehen vorsätzlich verübt[1]).

Schwierigkeiten bereitet die Frage im Übertretungsstrafrecht. Der Satz, daß auch hier Strafe Schuld voraussetzt, gewinnt zwar mehr und mehr die Herrschaft (oben § 21 II 2). Jedoch ist die Auffassung vorwiegend, daß, anders als bei Verbrechen und Vergehen, auch die Fahrlässigkeit immer strafbar sein soll, es sei denn daß Wortlaut oder Sinn einer Vorschrift Vorsatz voraussetzen[2]). Für das Übertretungsstrafrecht ergibt sich bei dieser Ordnung die grundsätzliche Gleichstellung von Vorsatz und Fahrlässigkeit. Eine Differenzierung im Strafmaß und durch die Strafzumessung im Einzelfall ist damit nicht ausgeschlossen. Auch Zürich StPO. § 327, Basel PolStG. § 10, Freiburg Art. 187 und Neuenburg Art. 68 II stellen für das Übertretungsrecht vorsätzliche und fahrlässige Begehung grundsätzlich einander gleich[3]). Anders der eidgenössische E. Nach ihm gilt die Beschränkung, daß die Fahrlässigkeit nur strafbar ist, wenn das Gesetz ausdrücklich so bestimmt, auch für die Übertretungen (vgl. Art. 310, 321, 322, 324, 330, 333, 350 I[4]).

Die Verschiedenheit in den Lösungen zeigt die Unabgeklärtheit der Frage (siehe auch oben § 9 I). Das gesetzgeberische Ziel ist vom eidgenössischen E. vorgezeichnet: Strafbarkeit der fahrlässigen Übertretung nur bei ausdrücklicher gesetzlicher Bestimmung. Das soll sowohl für die in die Strafgesetzbücher selbst übernommenen wie für die

---

[1]) Bund Art. 12; Zürich §§ 32, 33: Bern Art. 29; Freiburg Art. 13; eidgenössischer E. Art. 16 I usw. Der Grundsatz gilt unbestritten, auch da, wo in den Strafgesetzen eine ausdrückliche Vorschrift fehlt. — Stooss: Grundzüge, 1, 206. — Erkennbar ist in der modernen Gesetzgebung die Tendenz, die Zahl der Fahrlässigkeitsdelikte zu vermehren. Das gilt namentlich für das Gebiet der gemeingefährlichen Verbrechen. Die Einzelheiten gehören in den Besondern Teil.

[2]) Bezeichnend Obwalden: einerseits Kriminal-StG. Art. 20 II „Übertretungen der Strafgesetze aus Fahrlässigkeit sind nur in den Fällen zu bestrafen, in welchen der zweite Teil dieses Gesetzbuches es ausdrücklich vorschreibt“, anderseits PolStG. Art. 15 V „Um die Fahrlässigkeit korrektionell zu bestrafen, braucht dies nicht ein besonderes Strafgesetz auszusprechen“.

[3]) Neuenburg Art. 68 II: „En matière de contraventions, l'intention coupable n'est pas un facteur nécessaire de la pénalité“; zum Ganzen siehe schon oben § 21 II 2.

[4]) Abweichend noch der E. 1894, Art. 184: „Wer eine Vorschrift aus Fahrlässigkeit übertritt, wird bestraft, wenn nicht ausdrücklich nur die vorsätzliche Übertretung mit Strafe bedroht ist.“ In den Motiven bemerkte Stooss dazu (237): „Die Bestimmung findet nicht auf alle Übertretungen Anwendung, sondern nur auf den Ungehorsam gegen staatliche Anordnungen.“ Aus dem Text des E. ergibt sich das nicht, abgesehen davon, daß der Begriff des sog. Ungehorsamsdeliktes unsicher ist. Über die Entwicklung des Problems in den eidgenössischen E. siehe Prot. I. ExpKom. 2, 480ff., 717f. — Ruegg: Berner Z. 35, 139. — Zürcher: Erläuterungen VE. 1908, 437f.; Prot. II. ExpKom. 5, 415f.

Übertretungsnormen der Nebenstrafgesetzgebung gelten. Der Gesetzgeber hat also in jedem Einzelfall zu prüfen, ob er durch eine Strafnorm auch die Fahrlässigkeit treffen will. Schweigt er, so ist nur die vorsätzliche Verübung strafbar. — Diese Lösung gründet sich auf die in diesem Buch vertretene Anschauung, daß zwischen Verbrechen, Vergehen und Übertretungen nicht qualitative, sondern nur quantitative Unterschiede bestehen (oben § 19 II).

III. Einige Gesetze bestimmen ausdrücklich, daß ein verletzendes Verhalten, dem weder Vorsatz noch Fahrlässigkeit zu Grunde liegen, straflos ist (Obwalden Art. 33 I, Glarus § 28 I, Thurgau § 29). Besonders genau versucht Aargau § 21 das schuldhafte Verhalten vom Zufall abzugrenzen[1]). Derartige Bestimmungen sind angesichts des Satzes: Keine Strafe ohne Schuld völlig überflüssig. Die Aufgabe liegt in der Ausbildung der Lehre von den Schuldformen, in ihrer positiven Umschreibung. Dann ergibt sich von selbst, was straflos zu bleiben hat.

§ 24. Schuldform des Vorsatzes.

Literatur zu §§ 24 und 25: Angaben zu §§ 20, 21, 23. — Rüegg: Berner Z. 35, 129ff., 607ff. — Stooss: ZgesStRW. 15, 199ff.; Z. 12, 1ff. — v. Cleric: JZ. 10, 265ff. — Rittmeyer: Der Irrtum in der Äußerung, Zürcher Diss. (1923), 25ff.

I. Drei Gruppen lassen sich unterscheiden:

1. Bund, Zürich, Glarus, Zug, Freiburg, Solothurn, beide Basel, Appenzell, Tessin, Waadt, Wallis, Neuenburg und Genf geben keine Begriffsbestimmung des Vorsatzes. Die Umgrenzung des Begriffes bleibt Wissenschaft und Praxis überlassen. Hier kommt der Rechtsprechung des Bundesgerichtes (unten II) Bedeutung zu.

2. Die übrigen geltenden Rechte geben eine mehr oder weniger schulmäßige Umschreibung des Vorsatzbegriffes. Zum Teil unternehmen sie es, die Fälle des Vorsatzes kasuistisch zu bestimmen, um dadurch die Grenze gegenüber der Fahrlässigkeit zu gewinnen. Im Zusammenhang damit stehen Normen über die Berücksichtigung des Irrtums. Von Einzelheiten wird bei der Besprechung der verschiedenen Vorsatzfälle die Rede sein.

3. Lehrsatzmäßig bestimmt der eidg. E. (Art. 16 II): „Vorsätzlich verübt ein Vergehen, wer die Tat mit Wissen und Willen ausführt."

II. Gerade weil das geltende Bundesrecht keine Vorsatzdefinition enthält, hat sich das Bundesgericht in zahlreichen Entscheidungen mit dem Begriff auseinandergesetzt, freilich ohne zu einer sichern Lösung zu gelangen:

---

[1]) „Wenn der üble Erfolg einer Handlung oder Unterlassung nach der bekannten (?) natürlichen Ordnung der Dinge nicht vorausgesehen werden konnte, sondern seinen Grund in einem bloßen Zufalle oder Ungefähr hat, so ist eine solche Handlung oder Unterlassung kein Verbrechen."

In E. 31 I, 705 stellt es auf die „allgemein in der Strafrechtswissenschaft geltenden Grundsätze“ ab und unterscheidet drei Theorien:

Vorsatz ist der bewußt rechtswidrige Wille, das Wollen der Tat im Bewußtsein ihrer Rechtswidrigkeit (Berufung auf BINDING);

Vorsatz ist das Begehen der Tat in Voraussicht des Erfolges mit der Vorstellung von der Kausalität des Tuns oder Unternehmens[1]) (Berufung auf v. LISZT);

Vorsatz ist das Ausführen der Tat mit Wissen und Willen (Berufung auf den eidgenössischen E.).

Eine deutliche Stellungnahme zu diesen Theorien erfolgt hier nicht. Dagegen wird in E. 16, 43; 18, 99; 20, 362; 24 I, 421; 30 I, 132; 32 I, 698; 33 I, 201; 40 I, 568; 50 I, 327 als Voraussetzung des Vorsatzes immer wieder das Bewußtsein der Rechtswidrigkeit bezeichnet und — im letztgenannten Urteil — gleichzeitig das Bewußtsein der Strafbarkeit einer Handlung für nicht entscheidend erklärt. Nach einem ältern (zivilrechtlichen) Urteil (E. 9, 389) hat eine Vermögensschädigung dann als vorsätzlich zu gelten, wenn sie als Folge einer rechtswidrigen Handlung gedacht und gewollt war[2]). Ganz unergiebig ist die Praxis der kantonalen Gerichte zum allgemeinen Vorsatzbegriff[3]).

III. Das aus der Rechtsprechung zu gewinnende Resultat ist dürftig. Für den allgemeinen Vorsatzbegriff, dessen Festlegung vor allem erforderlich ist, wenn die Lösung der Einzelfragen gelingen soll, sind auch die Rechte mit ausdrücklichen Bestimmungen wenig wertvoll. Zu erwähnen ist St. Gallen Art. 22 lit. a II: „Als vorsätzlich verübt ist sie (die Handlung) dem Täter zuzurechnen, wenn seine Absicht auf deren Verübung selbst, oder auf die Herbeiführung ihrer Hauptwirkung, oder wenn sie auf die Verübung einer andern mit Strafe bedrohten Handlung gerichtet war, und der Täter dabei den eingetretenen Erfolg, ohne ihn selbst zu beabsichtigen, doch als wahrscheinlich voraussehen konnte.“ Graubünden § 19 bestimmt: „Vorsatz wird

[1]) Es soll wohl „Unterlassens“ heißen.

[2]) Zum Begriff der schuldhaften Absicht nach OR. Art. 41 I vgl. die Kommentare von BECKER: namentlich 184ff. und von FICK. Häufig wird „Absicht“ gemäß OR. Art. 41 mit „Vorsatz“ identifiziert. — HOLLIGER: JZ. 2, 289. — v. TUHR: Schweizer. OR. 339f. Die zivilrechtlichen Eröterungen über diese Begriffe haben die strafrechtliche Erkenntnis wenig gefördert.

[3]) Vgl. etwa Berner Z. 22, 5: Vorsatz schließt das Bewußtsein der Rechtswidrigkeit der Handlung nicht in sich, abgesehen von dem Falle, da das Gesetz dieses Merkmal in einen Deliktstatbestand aufgenommen hat (eod. 42, 683). Ferner ein baselstädtisches Urteil, das für den Vorsatz bei Blutschande darauf abstellt, daß den Angeklagten bekannt war, ihre Beziehungen seien unerlaubt und strafbar (Gerichtssaal, 89, 315ff., mit kritischen Bemerkungen von SCHOETENSACK). Die zürcher. Praxis hat das Bewußtsein der Widerrechtlichkeit bei böswilliger Eigentumsschädigung (Bl. 13 Nr. 128) und bei Freiheitsberaubung (Bl. 18, 151f.) gefordert.

als vorhanden angenommen bei jeder den Strafgesetzen zuwiderlaufenden Handlung oder Unterlassung, zu welcher sich jemand absichtlich und mit dem Bewußtsein ihrer Rechtswidrigkeit bestimmt hat, sowie bei jedem strafbaren Erfolg, welcher entweder geradezu beabsichtigt, oder doch als wahrscheinliche Folge der beabsichtigten Handlung oder Unterlassung vorausgesehen werden mußte.“ Aargau erklärt (§ 18): „Böser Vorsatz ist vorhanden, wenn vor oder bei der gesetzwidrigen Handlung oder Unterlassung das daraus entstehende Übel überdacht und beschlossen, folglich die gesetzwidrige Handlung oder Unterlassung in der Absicht, daß das Übel erfolge, unternommen wurde[1]).“

Gesetzgeberisch ist nicht eine kasuistische Umschreibung wünschenswert, sondern eine allgemeine Formel, aus der alle Einzelfälle des Vorsatzes und damit auch die Abgrenzung gegenüber der Fahrlässigkeit sich ergeben. Dem soll Art. 16 II des eidg. E.: „Vorsätzlich verübt ein Vergehen, wer die Tat mit Wissen und Willen ausführt“ genügen[2]). Er bekennt sich damit zur sog. Willenstheorie und lehnt die Vorstellungstheorie ab. Vorsatz ist nach der Willenstheorie gegeben, wenn der Täter die Tat, in der das Delikt besteht, in allen ihren gesetzlich umschriebenen Momenten erkannt und den Erfolg gewollt hat. Die Vorstellung der einzelnen Tatumstände, das Wissen, genügt noch nicht. Das Wollen — namentlich auch des Erfolges — muß dazu kommen. Dem gegenüber sieht die Vorstellungstheorie (Hauptvertreter: FRANK, v. LISZT) den Vorsatz schon in der die Willensbetätigung begleitenden Vorstellung des Erfolges. Der Unterschied der beiden Auffassungen kann praktische Bedeutung haben: Nach der Vorstellungstheorie genügt der Beweis, daß der Täter um seine Willensbetätigung (das Schießen, Wegnehmen) und um die Umstände, unter denen sie erfolgte, gewußt, daß er ferner den Erfolg und den Kausalzusammenhang zwischen Verhalten und Erfolg erkannt hat. Darüber hinausgehend erfordert die Willenstheorie den Nachweis, daß der Wille des Täters den Erfolg mitumfaßte — ein Nachweis, der freilich vielfach schwer direkt zu leisten, sondern nur durch Schlußziehung aus den Umständen zu gewinnen ist (unten IV 3). Beachtet man das, so reduziert sich der Gegensatz der beiden Theorien wohl in den meisten Fällen auf einen Wort-

[1]) Beide Gesetze — Graubünden § 20, Aargau § 19 — gestalten diese Formel durch Aufzählung von Einzelfällen weiter aus.

[2]) Zu der Frage, ob das Gesetz Vorsatz (und Fahrlässigkeit) überhaupt definieren soll, erklärte STOOSS: Prot. I. ExpKom. 1, 88: Erklärungen sollten für die Begriffe aufgestellt werden, „die unsern Richtern nicht ohne Definition geläufig sind.“ Vgl. ferner ZÜRCHER: Erläuterungen VE. 1908, 47; Prot. II. ExpKom. 1, 144ff. Anders die Motive zum freiburgischen StGB. (1922), 12: Diese Begriffe sollen der Rechtsprechung überlassen bleiben, „anstatt den Richter zu sehr zu binden oder neue Streitfragen zu veranlassen.“ Sind sie beim Fehlen einer Definition weniger zahlreich?

streit. Die Aufnahme der Willenstheorie in den E. erscheint jedoch richtig, weil ihre Anschauung dem Sprachgebrauch, von dem sich das Gesetz nicht ohne Not entfernen soll, besser entspricht. In der Umgangssprache bedeutet „einen Vorsatz fassen" einen Erfolg sich vorstellen und ihn wollen[1]).

IV. Wenn Vorsatz im Sinne der Willenstheorie und des E. die Ausführung eines Deliktes mit Wissen und Willen ist, so ist jetzt die Hauptfrage, wann der verursachte Erfolg als gewollt zu betrachten ist. Aus der Lösung dieser Frage ergibt sich die Bestimmung der einzelnen Vorsatzarten und zugleich die Grenzziehung zwischen Vorsatz und Fahrlässigkeit.

1. Unbestritten liegt Vorsatz vor, wenn der Täter mit Absicht gehandelt hat. Sie ist die schärfste Vorsatzart. Wohl in Übereinstimmung mit dem allgemeinen Sprachgebrauch versteht man unter Absicht, daß für den Täter die Vorstellung des Erfolges das Motiv seines Verhaltens war[2]). In einem solchen Falle ist der Erfolg bezweckt, begehrt, erstrebt, also unzweifelhaft gewollt. Wer darauf ausgeht, einen andern zu töten, fremdes Gut zu schädigen, einem Mitmenschen die Ehre abzuschneiden, handelt absichtlich. Die geltenden Rechte, die den Vorsatz definieren, stellen durchgängig die Absicht in den Vordergrund, ja sie scheinen teilweise den Vorsatzbegriff in der Absicht zu erschöpfen (Bern, Obwalden, Thurgau[3]). Dabei spielt wohl auch die mangelhafte begriffliche Unterscheidung zwischen der Absicht und den andern Vorsatzarten eine Rolle[4]).

Von der Absicht als der bei jedem Delikt möglichen Vorsatzart sind

---

[1]) Stooss: Motive VE. 1893, 26; Motive VE. 1894, 143f., auch Grundzüge, 1, 200f. — Hafter: Z. 17, 182ff. — Zürcher: Erläuterungen VE. 1908, 47. — E. Zürcher: JZ. 15, 388; vgl. auch Merkel-Liepmann: Lehre von Verbrechen und Strafe, 102f. — v. Hippel: VD. Allg. Teil, 3, 487ff. (mit reichen Literaturangaben). — M. E. Mayer: StR. Allg. Teil, 113. Über Vorstellungs- und Willenstheorie auch Rittmeyer: Der Irrtum in der Äußerung, Zürcher Diss. (1923), 25ff.

[2]) BE. 31 I, 705.

[3]) S. die Zusammenstellung bei Stooss: Strafgesetzbücher, 38ff. und Grundzüge, 1, 198.

[4]) So wenn z. B. Thurgau § 29 zwar den rechtswidrigen Vorsatz nennt, in den erklärenden §§ 30 und 31 aber nur von der Absicht redet. Der Schluß, daß Thurgau nur die absichtliche Deliktsverübung bestrafen will, wäre kaum zutreffend. — Noch unsicherer erscheint die Terminologie in den romanischen Rechten; vgl. z. B. Roux: Cours de Dr. p. 111ff., der darauf hinweist, daß der dolus malus im französischen Recht mit folgenden Ausdrücken wiedergegeben wird: sciemment, à dessein, en connaissance de cause, volontairement, au mépris des lois et des règlements, frauduleusement, méchamment, dans la vue de nuire. Neuenburg Art. 68 und die französische Fassung des E. Art. 16 II bezeichnen den dolus malus mit intention, auch die italienische Fassung spricht von intenzione. Die französische Ausgabe der Erläuterungen zum VE 1908 gibt dann die besondere Vorsatznüance der Absicht mit „dessein" wieder (47).

die Fälle zu unterscheiden, in denen das Gesetz das Merkmal der Absicht in einzelne Deliktstatbestände eingefügt hat (sog. Absichtsdelikte). Hier muß bewiesen werden, daß dem Täter die Erreichung eines besondern, im Gesetze umschriebenen Erfolges vorschwebte (Bereicherungsabsicht bei Diebstahl und Betrug[1]); Schädigungsabsicht bei Urkundenfälschung, z. B. eidg. E. Art. 217 Ziff. 1; bei der Münzfälschung die Absicht, die Fälschungen in Umlauf zu setzen, z. B. Zürich § 98; die gewinnsüchtige Absicht bei der Kuppelei usw.). Das Gesetz setzt hier entweder voraus, daß das Verhalten des Täters von der Absicht beherrscht wird, einen weitern Akt vorzunehmen — z. B. bei der Münzfälschung —, oder es handelt sich um eine Absicht, deren Verwirklichung regelmäßig ohne weiteres als Folge der Handlung einzutreten pflegt[2]).

2. Direkter Vorsatz (Vorsatz schlechthin) wird angenommen, wenn der Täter den verursachten Erfolg für sicher gehalten und ihn bewußt als Folge seines Verhaltens in Kauf genommen hat. Ist das festgestellt, dann ist auch der Schluß zulässig, daß der Erfolg gewollt war[3]).

3. Die crux der Vorsatzlehre ist der sog. eventuelle Vorsatz. Seine Bestimmung ergibt zugleich die Grenzlinie gegenüber der Fahrlässigkeit. Beispiele mögen das Problem veranschaulichen: Ein von spielenden Kindern belästigter Arbeiter wirft die von ihm benutzte schwere Schaufel mitten unter sie. Er verletzt ein Kind. Ferner: „Till Eulenspiegel — das war ein arger Kobold — auf zu neuen Streichen! Wartet nur, ihr Duckmäuser! Hop! zu Pferde mitten durch die Marktweiber" (in der Originalpartitur zu Richard Strauß „Till Eulenspiegel"). Eine Frau wird dabei zu Tode geritten. In diesen und ähnlichen Fällen[4]) wird man zwar nicht von vornherein sagen können, daß der Täter den von ihm verursachten Erfolg für sicher gehalten oder ihn gar erstrebt hat. Aus den Umständen einer solchen Tat läßt sich zunächst zwar feststellen, daß der Täter den Erfolgseintritt für möglich hielt. Aber das allein genügt noch nicht zu der Annahme eines Vorsatzes. Dazu muß kommen, daß der Richter zu der Überzeugung gelangt, der Täter habe trotz der Voraussicht der Möglichkeit des Erfolges sich vom Handeln nicht abhalten lassen. Dann ist der Schluß erlaubt, der Täter habe den Erfolg gebilligt. Aber weiter muß es bei dieser Sach-

[1]) Bemerkenswert auch der Raubtatbestand des eidg. E. Art. 121 Ziff. 1: „Wer in der Absicht, einen Diebstahl zu begehen, . . an einer Person Gewalt verübt" usw.

[2]) Dazu M. E. Mayer: StR. Allg. Teil, 123, 267f. — Wach: VD. Allg. Teil, 6, 57ff.

[3]) BE. 31 I, 705: Vorsatz unterscheidet sich insofern von der Absicht, „als diese den Zweck und Beweggrund des Tuns des Täters im Auge hat".

[4]) Zürcher Bl. 3, 89 (Ehrverletzung); 23, 44f. (böswillige Eigentumsschädigung); JZ. 20, 327f. und Zürcher Bl. 23, Nr. 174 (Körperverletzung, begangen durch Ansteckung mit Geschlechtskrankheit); siehe auch JZ. 19, 251, Nr. 212 und E. Zürcher: eod. 15, 338; Aarg.RSpr. 21, 138f. (Jagdwilderei).

lage juristisch auch zulässig sein, anzunehmen, der Erfolg sei gewollt oder wenigstens mitgewollt[1]). Als Erkenntnismittel wertvoll ist die bekannte Formel FRANKS (Kommentar deutsches StGB. 15. Aufl. 176): Kommt man zu dem Ergebnis, daß der Täter auch bei bestimmter Kenntnis der Tatumstände gehandelt hätte, so ist der Schluß auf den Vorsatz gerechtfertigt; kommt man zu dem Ergebnis, daß er bei bestimmter Kenntnis die Handlung unterlassen hätte, so ist der Vorsatz zu verneinen.

Entgegen der Auffassung von STOOSS, v. BARS u. a. ist der Begriff des dolus eventualis unentbehrlich. STOOSS (ZgesStRW. 15, 199ff.) wollte den Begriff zugunsten eines besondern Gefährdungsvorsatzes und besonderer Gefährdungstatbestände fallen lassen: In den Fällen des sog. eventuellen Vorsatzes liege kein Wollen des Erfolges, sondern nicht mehr als ein Wollen der erzeugten Gefahr, eine vorsätzliche Gefährdung. Die Fiktion eines Wollens des Erfolges sei unzulässig. Das ist jedoch nur richtig, wenn ein Gesetzestext in der Formulierung einer Vorsatzdefinition eine solche an sich juristisch zulässige Annahme ausschließt[2]).

Aus einzelnen Gesetzestexten kann die Anerkennung des eventuellen Vorsatzes direkt herausgelesen werden:

Luzern § 23 nimmt absichtliche (vorsätzliche) Übeltat an, „wenn der eingetretene rechtswidrige Erfolg einer Handlung von dem Täter als möglich vorausgesehen wurde, er aber die Tat verübte, indem es ihm gleichgültig war, ob dieser oder ein anderer Erfolg eintrete". Graubünden § 20 lit. a rechnet einen Erfolg zum Vorsatz zu, wenn die Absicht (?) des Täters „nicht ausschließlich auf einen bestimmten Erfolg, sondern unbestimmt auf einen oder den andern von mehreren möglichen Erfolgen gerichtet war". Ähnlich bestimmt Aargau § 19 lit. a und b. In diesen Gesetzen wird freilich der dolus eventualis mit dem sog.

---

[1]) Genauer: der als möglich vorausgesehene und gebilligte Erfolg muß — juristisch — als gewollt behandelt werden. Psychologisch mag man zweifeln, ob beim Täter der auf den Erfolg gerichtete Wille vorlag. Allein auch in diesen Fällen trifft der Vorwurf der Gleichgültigkeit gegenüber dem Pflichtmotiv den Täter so schwer, daß die Zurechnung zur bloßen Fahrlässigkeit keineswegs ausreicht (unten § 26 I); vgl. BE. 46 I, 173f. Sehr weit hat das Bundesgericht den Vorsatzbegriff bei der Beurteilung von Patent- und Markenrechtsdelikten und beim Vergehen der falschen Herkunftsbezeichnung von Waren ausgedehnt: Vorsatz, wenn der Täter nicht der redlichen und gewissenhaften Überzeugung sein konnte, kein fremdes Recht zu verletzen; vgl. die Zusammenstellungen bei v. CLERIC: Leitfaden, 57ff., ferner PFENNINGER: ZschwR. N.F. 37, 158f. (zu bundesger. Urteilen über das Vergehen des unerlaubten Nachrichtendienstes.) Vgl. ferner EXNER: Wesen der Fahrlässigkeit (1910), 128ff. — Die Schwierigkeiten dadurch zu lösen, daß man eine dritte Schuldform — etwa die „Wissentlichkeit" (LÖFFLER, MIŘIČKA) — begründet, ist praktisch durchaus abzulehnen.

[2]) Z. B. § 1 des österreichischen StGB. und dazu STOOSS: Lehrbuch (2. Aufl.), 89ff. — EXNER: a. a. O. 134f.

unbestimmten Vorsatz vermengt. Den Ausschlag in diesen Bestimmungen gibt aber die Norm, daß die Zurechnung zum Vorsatz schon dann erfolgt, wenn der Täter bei der Verübung der Tat auch nur die Möglichkeit des Eintrittes eines von ihm bewirkten Erfolges voraussah.

Nach den Gesetzen, denen eine Vorsatzdefinition fehlt, ergibt sich die Zulässigkeit einer Annahme des dolus eventualis aus den bereits entwickelten allgemeinen Grundsätzen. Streitig ist, ob der eventuelle Vorsatz in der Formel des eidgenössischen E. Art. 16 II: Vorsätzlich verübt ein Vergehen, wer die Tat mit Wissen und Willen ausführt, Raum findet[1]). Wäre das nicht der Fall, so müßte eine besondere Bestimmung erwogen werden, denn das Recht kann dieser besondern Vorsatzform keineswegs entraten[2]). Nach richtiger Anschauung wird sie jedoch von der Formel des E. mitumfaßt. Wenn juristisch die Annahme zulässig ist, daß unter bestimmten Voraussetzungen der als möglich vorausgesehene Erfolg als gewollt zu betrachten ist, dann steht ernstlich nichts entgegen, diesen Gedanken auch bei der Formel des E. anzuwenden[3]).

§ 25. Schuldform des Vorsatzes. Fortsetzung.

I. Der Täter hat vorsätzlich gehandelt, wenn er die Tat, in der das Delikt besteht, in allen ihren gesetzlich gekennzeichneten Momenten erkannt und gewollt hat. Auch beim dolus eventualis ist dieses Erkennen vorhanden, nur hat der Täter irgendeinen Tatumstand nicht sicher gewußt. Er ist z. B. beim Diebstahl im Zweifel, ob es sich um eine fremde Sache handelt, schlägt aber den Zweifel in den Wind und eignet sich trotz der erkannten Möglichkeit das fremde Gut an.

Anderseits genügt aber auch das Wissen um die sämtlichen gesetzlichen Tatumstände. Der Dieb hat erkannt, daß es sich um eine fremde bewegliche Sache handelt, die er aus dem Gewahrsam eines andern wegnimmt. Ohne Bedeutung ist die Kenntnis der Person des Gewahrsamsinhabers oder die nähere Kenntnis des weggenommenen Gegenstandes, z. B. seines Wertes. Bedeutungslos ist auch, ob sich der Täter den Ablauf der Ereignisse genau so, wie er erfolgt, vorgestellt hat:

---

1) Bestritten von Stooss: Motive zum VE. 1894, 151. — Zürcher: Erläuterungen VE. 1908, 48f. und Prot. II. ExpKom. 1, 149. — Gautier: eodem, 146: Le dol éventuel est éliminé du projet en ce sens qu'il n'est plus reconnu comme une des catégories de l'intention. Il rentre, en thèse générale, dans la négligence. — Exner: Z. 24, 168f.

2) v. Hippel: Mitteilungen der JKV. 18, 207, schlägt folgende Bestimmung vor: „Der Vorsatz umfaßt auch solche Tatumstände, mit deren als möglich vorgestelltem Vorliegen oder Eintreten der Täter einverstanden war"; vgl. auch Wüst: JZ. 7, 43.

3) Hafter: Z. 26, 276f. — v. Hippel: VD. Allg. Teil, 3, 429; vgl. ferner Gretener: Prot. I. ExpKom. 1, 346 und Gerichtssaal, 87, 37; — Geel: Prot. II. ExpKom. 1, 148. — Meyer v. Schauensee: ZgesStRW. 34, 72ff. — v. Overbeck: Z. 23, 19f.

Wenn jemand mit Tötungsabsicht einen andern über die Ufermauer stößt, damit er im See ertrinke, das Opfer aber beim Aufschlagen auf den Ufersteinen den Tod findet, so liegt vorsätzliche Tötung vor[1]). Der Erfolg muß nur in dem vom Gesetz bezeichneten „Umrissen" erkannt und gewollt sein.

Mit diesen Grundsätzen erledigen sich gewisse Unterscheidungen, die in der ältern Lehre üblich waren, z. B. diejenige zwischen dolus determinatus und indeterminatus, soweit sie auf die Bestimmtheit des Erfolges hinwies: Ob der Dieb es auf ein bestimmtes Schmuckstück abgesehen hatte oder auf Schmuck überhaupt, ist belanglos. Auch der dolus alternativus als besondere Form des unbestimmten Vorsatzes, wonach dieser auf den einen oder den andern von mehreren möglichen Erfolgen gerichtet war, steht nicht unter besondern Normen. Die allgemeinen Vorsatzregeln reichen aus[2]).

II. Aus der Lehre, daß der Vorsatz sich auf alle zum Tatbestand eines Deliktes gehörigen Momente — aber auch nicht auf mehr — erstrecken muß, ergibt sich: Alles, was nicht zum (objektiven) Deliktstatbestand gehört, braucht nicht vom Wissen und Willen des Täters umfaßt zu werden. Der Täter braucht nicht zu wissen, ob er als Täter, Anstifter oder Gehilfe handelt, ob er einen bloßen Versuch begeht oder die Tat vollendet, ob sie von Amtes wegen oder nur auf Antrag strafbar ist, ob außerhalb der Tat liegende Bedingungen der Strafbarkeit (unten § 27) oder Prozeßvoraussetzungen erfüllt sein müssen usw.

III. Die — namentlich in der deutschen Literatur — am meisten umstrittene Frage ist, ob Merkmal des Vorsatzes auch das B e w u ß t s e i n d e r R e c h t s w i d r i g k e i t ist[3]).

Die Meinungen gehen weit auseinander. Vier verschiedene Hauptanschauungen lassen sich erkennen:

---

1) Graubünden § 20 lit. c. nimmt ausdrücklich Zurechnung zum Vorsatz an, „wenn die eingetretene Rechtsverletzung einer Ursache beizumessen ist, welche der Täter zwar nicht berechnet, jedoch durch eine auf den gleichen (beabsichtigten) Erfolg gerichtete Handlung in Wirksamkeit gesetzt hat". Vgl. BAUMGARTEN: Z. 24, 65, der hier, entgegen der herrschenden Terminologie mit dem dolus generalis operiert.

2) Ausdrücklich erwähnen den alternativen Vorsatz Luzern § 23, Obwalden Art. 20 III, Graubünden § 20 lit. a, Aargau § 19 lit. a, Thurgau § 30; vgl. BE. 46 I, 173f.: Fall eines alternativen Vorsatzes. — Auch der sog. dolus generalis bedarf keiner besondern Regelung. Er soll z. B. gegeben sein, wenn jemand töten will, den Erfolg aber nicht erreicht und in der irrigen Meinung, die Tötung bewirkt zu haben, den scheinbar Leblosen an einem abgelegenen Ort verbirgt, wo er an Hunger und Kälte stirbt. Die zweite Handlung ist hier nicht mehr vom Tötungsvorsatz beherrscht. Die richtige Lösung wird lauten: Tötungsversuch in Konkurrenz mit fahrlässiger Tötung. Vgl. v. BAR: Gesetz und Schuld, 2, 357ff. — M. E. MAYER: StR. Allg. Teil, 330. — v. LISZT: Lehrbuch, § 40 II.

3) Zur Orientierung der Vortrag v. HIPPELS: Das Bewußtsein der Rechtswidrigkeit (1924).

1. Das Bewußtsein der Rechtswidrigkeit gehört zum Vorsatz;

2. Es ist nicht Merkmal des Vorsatzbegriffes (die vielfach noch herrschende Meinung);

3. Gefordert wird das Bewußtsein der Normwidrigkeit (im Anschluß an die Normentheorie BINDINGS);

4. Verlangt wird das Bewußtsein der Pflichtwidrigkeit.

Die schweizerische Gesetzgebung, die Rechtsprechung und die Literatur zeigen Unklarheit und Unsicherheit:

Ausdrücklich wird das Bewußtsein der Rechtswidrigkeit nur in der Vorsatzdefinition von Graubünden (§ 19) erwähnt[1]).

Das Bundesgericht hat in zahlreichen Urteilen, die sich namentlich mit Vergehen gegen die Patent- und Markenschutzgesetzgebung befassen, zum Vorsatz das Bewußtsein der Rechtswidrigkeit gefordert (oben § 24 II). In früheren Entscheiden hat es gelegentlich den Satz aufgestellt, Unkenntnis der Gesetze entschuldige niemals, bei jedem handlungsfähigen Bürger dürfe und müsse vorausgesetzt werden, daß er die Gesetze kenne (E. 1, 534; 6, 16). In einem neuern Urteil (E. 40 I, 568: Vergehen gegen das Sprengstoffgesetz) wird dagegen wieder auf das Bewußtsein der Rechtswidrigkeit abgestellt, während das Bewußtsein der Strafbarkeit einer Handlung für nicht erforderlich erklärt wird[2]).

Unbefriedigend ist auch der Stand der schweizerischen Literatur. Mehrfach hat man ausdrücklich das Bewußtsein der Rechtswidrigkeit als Merkmal des Vorsatzes abgelehnt[3]). Diese Meinung und überhaupt die herrschende Unsicherheit ist vor allem darauf zurückzuführen, daß man sich von dem Lehrsatz error juris nocet noch nicht hat loslösen können[4]). Er ist in der Lehre von Irrtum zu erörtern (unten § 36 V—VII). Aber die Stellungnahme zu ihm hängt in erster Linie davon ab, ob das Bewußtsein der Rechtswidrigkeit ein V o r s a t z e l e m e n t sein muß oder nicht. Aus der Lösung dieses Problems ergibt sich dann die zutreffende Gestaltung der Lehre vom Rechtsirrtum.

---

[1]) STOOSS: Grundzüge, 1, 202 kritisiert: „Der Staat verfolgt den Missetäter nicht wegen Ungehorsams gegen Gesetzesverbote, sondern weil er eine Handlung beging, die dem Rechte zuwidergeht.“ Welchem Rechte? Doch wohl nur demjenigen, das sich aus den Gesetzesverboten ergibt.

[2]) Vgl. noch oben S. 86, Anm. 3.

[3]) STOOSS: Grundzüge, 1, 202 und namentlich Z. 12, 1ff. — GAUTIER: Prot. II. ExpKom. 1, 146: „Il n'est pas néccssaire qu'il (l'auteur de l'acte) se rende compte de ce que son acte est interdit“. — THORMANN: eod. 1, 154. Anderer Meinung: RÜEGG: Berner Z. 35, 129ff., 607ff. — HAFTER: Prot. II. ExpKom. 1, 153. — LANG: eod. 1, 153f., 157 (erforderlich das Bewußtsein der Pflichtwidrigkeit); ebenso v. CLERIC: JZ. 10, 269; ferner GRETENER: Gerichtssaal, 87, 38ff., der das Bewußtsein der Unerlaubtheit der Handlung verlangt. — BAUMGARTEN: Z 34, 77f. (Bewußtsein der Normwidrigkeit im Sinne BINDINGS). — RITTMEYER: (Lit. zu § 24), 34ff.

[4]) Drastisch dazu BINDING: Die Schuld im deutschen StR. (1919), 34.

IV. Eine folgerichtige Behandlung muß darauf zurückgehen, daß jedes Verbrechen ein rechtswidriges Verhalten darstellt. Die Rechtswidrigkeit ist ein Element des Deliktsbegriffes, ganz gleichgültig, ob sie im einzelnen Gesetzestatbestand genannt ist oder nicht (oben § 18 III). Fügt man zu diesem Satz den andern hinzu, daß der Vorsatz sich auf alle zum Tatbestand eines Deliktes gehörigen Momente beziehen muß, so ist der Schluß unabweisbar, daß der Täter auch um die Rechtswidrigkeit seines Verhaltens gewußt haben muß. Daß dies zu leugnen versucht wurde, ist, wie gesagt, nur dem unheilvollen Einfluß des Satzes von der Unerheblichkeit des Rechtsirrtums zuzuschreiben.

Eine Präzisierung ist freilich nötig. Das Bewußtsein der Rechtswidrigkeit kann nicht bedeuten, daß der Täter sich bewußt war, gegen einen ganz bestimmten Gesetzessatz, gegen den § X des StGB., zu verstoßen[1]) und noch viel weniger braucht er sich über die juristisch-technische Subsumption seines Verhaltens unter eine bestimmte Gesetzesnorm klar zu sein[2]). Ebensowenig gilt das Erfordernis, daß der Täter um die Strafbarkeit seiner Tat gewußt oder gar Art und Maß einer angedrohten Strafe gekannt haben muß[3]). Dazu brauchte es die — allerdings früher gelegentlich aufgestellte — geradezu groteske Voraussetzung, daß jeder Bürger die Gesetze kennen müsse. Von den einzelnen Normen des Strafgesetzes braucht der Täter nichts zu wissen. Notwendig aber ist, daß ihm seine Laienvorstellung, sein Rechtsempfinden sagt, daß er Unerlaubtes tut[4]). Beim Mörder, beim Landesverräter, beim Dieb, beim Betrüger, ja bei der übergroßen Mehrzahl der Verbrechen, ist dieses Bewußtsein selbstverständlich vorhanden, und der Täter wird gar nicht daran denken, es zu leugnen. Infolgedessen wird auch regelmäßig der besondere Beweis dieses Vorsatzelementes gar nicht notwendig sein. Damit erledigt sich der gelegentlich erhobene Einwand, man mute dem Richter mit der Forderung des Bewußtseins der Rechtswidrigkeit eine besonders schwierige

---

[1]) Ausnahmsweise, namentlich bei gewissen Übertretungen, wird allerdings das Bewußtsein der Gesetzeswidrigkeit gefordert werden müssen. So bei Blankettgesetzen, die bestimmen, daß strafbar ist, wer den in Ausführung des Gesetzes erlassenen Verordnungen zuwiderhandelt. Solche Verordnungen — z. B. die auf Grund von Art. 54 des Lebensmittelpolizeigesetzes ergangenen — wenden sich regelmäßig an bestimmte Kreise. Bei den Angehörigen dieser Kreise kann angenommen werden, daß ihnen die erlassenen Verbote und Gebote bekannt sind; vgl. Binding: Die Schuld, 41.

[2]) BE. 50 I, 327: „l'inesatta valutazione giuridica dell atto commesso non esclude il dolo.“

[3]) BE. 37 I, 541; 40 I, 568: Das Bewußtsein der Strafbarkeit einer Handlung gehört nicht zum Vorsatz.

[4]) Vgl. Binding: Normen, 3, 146ff.: „Unterschied zwischen der Subsumption des Täters und des Richters“; ferner v. Cleric: JZ. 10, 271.

Beweisführung zu[1]). Das kann nur sagen, wer den Begriff: Bewußtsein der Rechtswidrigkeit zu speziell faßt, ihn mit Bewußtsein der Gesetzeswidrigkeit oder gar der Strafbarkeit identifiziert. Um solche Mißverständnisse auszuschalten und um zugleich dem Bewußtseinsinhalt, wie er sich im Kopfe des Täters zeigt, besser gerecht zu werden, ist vielleicht der Ausdruck Bewußtsein der Pflichtwidrigkeit tauglicher. Der die Zusammenhänge überblickende Jurist mag jedoch beruhigt an der überlieferten Bezeichnung: Bewußtsein der Rechtswidrigkeit festhalten.

Nur wenn dieses Bewußtsein vorhanden ist, darf der Richter wegen vorsätzlicher Verübung eines Deliktes verurteilen[2]). Das fordert die Maxime: keine Strafe ohne Schuld. Wenn, was bei der Verübung eines Verbrechens selten genug vorkommen wird, wirklich der Nachweis erbracht werden kann, daß der Täter das Bewußtsein von der Pflichtwidrigkeit, der Unerlaubtheit seines Verhaltens nicht hatte, ja nach seiner ganzen Persönlichkeit nicht haben konnte, dann ist seine Verurteilung auch zur geringsten Strafe eine Schmach[3]). Zu beachten ist auch, daß bei der grundsätzlichen Ausschaltung des Bewußtseins der Rechtswidrigkeit aus dem Vorsatzbegriff ein unerträglicher Dualismus in das geltende Recht hineingetragen wird: Wo das Strafgesetz das Merkmal der Rechtswidrigkeit im einzelnen Tatbestand erwähnt, wäre zu beweisen, daß der Täter sich ihrer bewußt war. Wo das Gesetz schweigt, wäre Vorsatz auch ohne das Bewußtsein der Rechtswidrigkeit gegeben. Der Vorsatzbegriff muß aber einheitlich sein[4]).

Nicht notwendig ist, in der gesetzlichen Umschreibung des Vorsatzes, z. B. in der Formel des E. Art. 16 II das Moment: Bewußtsein der Rechtswidrigkeit ausdrücklich zu nennen[5]). Erforderlich ist nur

[1]) So Thormann: Prot. II. ExpKom. 1, 154: Ein Ausländer glaubt, bei uns ungestraft mit Minderjährigen Päderastie treiben zu können. Wir können in einem solchen Falle unsern Richtern nicht den Beweis zumuten, daß der Täter das Bewußtsein der Rechtswidrigkeit hatte. Die Analyse dieses Beispiels ergibt: Das Bewußtsein der Strafbarkeit mag gefehlt haben, sicher nicht das Bewußtsein, etwas Unerlaubtes, Pflichtwidriges getan zu haben. Das aber ist unschwer darzutun und es genügt zur Verurteilung. Gut die Entgegnung von Lang: eod. 1, 157.

[2]) Ob beim Fehlen des Bewußtseins der Rechtswidrigkeit eine Bestrafung wegen Fahrlässigkeit erfolgen kann, ist eine Frage für sich (unten § 36 VII).

[3]) Dazu Rüegg: a. a. O.: „Der gute Glaube des Täters, weder gegen das Rechtsgesetz noch gegen das Sittengesetz zu verstoßen, schließt den Vorsatz aus"; ferner Gretener: Gerichtssaal, 87, 41f. — Nagler: eod. 86, 403.

[4]) Binding: Die Schuld, 35, 39; s. auch oben § 18 III, ferner JZ. 9, 149 (Eingabe des Vereins zürcher. Rechtsanwälte zum schweizerischen E.).

[5]) Gretener: Gerichtssaal, 87, 38 schlägt die Formel vor: „Vorsätzlich verübt ein Vergehen, wer bei Begehung der Tat im Bewußtsein der Unerlaubtheit der Handlung die gesetzlichen Tatbestandsmerkmale zu verwirklichen beabsichtigt oder in deren Verwirklichung einwilligt." Die Schlußworte sollen auch den dolus eventualis unter den Vorsatz bringen. Vgl. ferner v. Cleric: Der rechtswidrige Vorteil (1910), 400, 414 und JZ. 10, 272.

die strenge Durchführung der Regel, daß der Vorsatz sich auf alle Tatbestandsmomente eines Deliktes, also auch auf die Rechtswidrigkeit, beziehen muß.

§ 26. Schuldform der Fahrlässigkeit.

Literatur. Angaben zu § 20, 21, 23, 24. — Stooss: Grundzüge, 1, 205ff.

I. Anders als der Vorsatzbegriff, der an sich rechtlich und ethisch farblos ist und erst durch Adjektiva, wie bös, rechtswidrig usw. seine juristische Note erhält, weist der Ausdruck Fahrlässigkeit von vorneherein auf die Schuldqualität eines Verhaltens hin[1]).

Vorsatzarten und Fahrlässigkeit müssen zusammen alle für das Recht erheblichen Schuldmöglichkeiten lückenlos erfassen. Die unterste Grenze des Vorsatzes (dolus eventualis) berührt sich mit der obersten Fahrlässigkeitsgrenze. An der untersten Grenze der Fahrlässigkeit steht der Zufall.

Es liegt nahe, nach erfolgter positiver Umgrenzung des Vorsatzbegriffes die Fahrlässigkeit negativ zu bestimmen. Das tut z. B. Binding, der sie als das unvorsätzliche Wollen einer vermeidbaren rechtswidrigen Handlung, als das unbewußt rechtswidrige Wollen, kennzeichnet[2]). Aber abgesehen davon, daß ein Wollen ohne Wissen unerklärlich bleibt, befriedigt eine bloß negative Abgrenzung gegenüber dem Vorsatz keineswegs. Als negative Feststellung mag man vorangehen lassen, daß der fahrlässige Täter — entgegen Binding — den von ihm bewirkten Erfolg nicht gewollt hat. Den Ausschlag gibt aber positiv, daß er den Erfolg durch pflichtwidrige Unvorsichtigkeit oder Gleichgültigkeit herbeigeführt hat. Die Schuld, das zum Vorwurf gereichende Verhalten, liegt in der Nichtanspannung des Könnens und Wollens nach dem Pflichtgemäßen hin. In diesem Sinne liegt eine Willensschuld vor[3]). Deshalb befindet sich der Täter in einem schuldhaften Irrtum. Er berücksichtigt die Folgen seines Verhaltens nicht, oder er erkennt sie gar nicht.

---

[1]) Über die Entwicklung des Begriffes seit dem Mittelalter s. His: StR. des deutschen Mittelalters, 1, 90ff.

[2]) Normen 4, 451ff.; Die Schuld, 129. Da steht der nicht gerechtfertigte Satz: „Die Bezeichnung dieser Schuldart ist, was regelmäßig verkannt wird, in Wahrheit eine negative." Fahrlässig soll nach Binding das altgermanische „varelos" sein; s. dagegen die Quellenuntersuchungen bei His: a. a. O. 90ff.: fahrlässig bedeutet wie das mittel- und oberdeutsche „hinlässig": Die Dinge fahren lassen, wie sie wollen.

[3]) Darüber namentlich Exner: Das Wesen der Fahrlässigkeit (1910), 58ff. dazu Stooss: Z. 23, 391ff. Unbegreiflich Baumgarten: Z. 34, 66ff., der erklärt, nur das vorsätzliche Verbrechen sei Schuld im ethischen Sinne, nur ihm gegenüber habe die Strafe den Charakter einer durch ethisches Empfinden geforderten Reaktion, die fahrlässige Handlung sei „höchstens Quasiverbrechen."

Das weist auf die beiden, in ihrer Psychologie durchaus verschiedenen Arten der Fahrlässigkeit hin.

1. Die bewußte Fahrlässigkeit (luxuria). Sie ist das Grenzgebiet des eventuellen Vorsatzes. Der Täter hat die Möglichkeit des Erfolgseintrittes erkannt, aber im Vertrauen darauf, der Erfolg werde nicht eintreten, trotzdem gehandelt. Gebilligt, gewollt hat er den Erfolg nicht, aber das Urteil, er werde nicht eintreten, war unrichtig und vermeidbar. Ob im Einzelfall eventueller Vorsatz oder Fahrlässigkeit vorliegt, ist Tatfrage[1]).

2. Die unbewußte Fahrlässigkeit (negligentia). Der Täter hat die Möglichkeit des Erfolgseintrittes nicht erkannt. Er hätte sie jedoch erkennen können.

Durchaus unrichtig wäre es, die eine oder die andere Fahrlässigkeit als die schwerere Art zu bezeichnen. Der gelegentliche Hinweis in den Gesetzen auf leichte und schwere Fahrlässigkeit[2]) bezieht sich nicht auf diese Unterscheidung.

II. Besonderer Erörterung bedarf das Moment, daß die Vermeidung und die richtige Vorstellung des Erfolges möglich gewesen wäre. Es tritt namentlich bei der unbewußten Fahrlässigkeit, der weitaus häufigeren Spielart, hervor. Dabei wird unterschieden:

1. Die Voraussicht des Erfolges war nach den (objektiven) Umständen möglich. Nach menschlicher Erfahrung, nach den Leben und Verkehr beherrschenden Gepflogenheiten war die Folge eines Verhaltens allgemein erkennbar und vermeidbar. Dieses objektive Moment ist insofern von Wert, als für den Richter, wenn er zu dem Schluß gelangt, daß in einem bestimmten Fall niemandem die Voraussicht des Erfolges hätte zugemutet werden können, von vorneherein die Annahme einer Schuld entfällt: Wenn der Bauer, der fahrlässig seine Scheune in Brand steckt, nicht wissen konnte, daß ein Landstreicher darin sein Lager gefunden hat, so ist er für den Flammentod des fahrenden Gesellen nicht verantwortlich. Wenn der Jäger nachts auf dem Anstand liegt und einen Spaziergänger, der sich unberechtigt im Revier herumtreibt, tödlich trifft, so entfällt von vornherein die Fahrlässigkeit.

2. Ausschlaggebend ist jedoch letzten Endes immer, daß die Voraussicht des Erfolges für den Täter nach seinen persönlichen

[1]) Da es sich um innere Vorgänge handelt, ist sie oft schwer zu entscheiden: Ein Geschlechtskranker verkehrt in Kenntnis seiner Krankheit geschlechtlich mit einer andern Person und infiziert sie. Die Möglichkeit der Ansteckung sieht er voraus. Billigt er sie, was durchaus vorkommen kann, so liegt dolus eventualis vor. Lehnt er sie im Vertrauen auf das gute Glück ab, so ist bloße Fahrlässigkeit anzunehmen; siehe den Fall JZ. 20, 327f., Nr. 66; auch Z. 36, 138.

[2]) Z. B. Zürich §§ 143, 147 (fahrlässige Tötung und Körperverletzung); auch Bern Art. 127 und 147.

Verhältnissen möglich war. Der Täter war seiner Geistesbeschaffenheit, seiner Bildung, seiner Persönlichkeit nach zur Voraussicht und zur erforderlichen Willensanspannung befähigt. Umgekehrt gilt: ultra posse nemo tenetur. Wer sich einer Aufgabe, die über seine individuellen Kräfte geht, unterziehen muß, kann nicht verantwortlich gemacht werden, wenn er den verletzenden Erfolg nicht voraussah: Der junge Assistenzarzt, den sein Chef mit einer schwierigen Operation beauftragt, nimmt einen falschen Eingriff vor. Fahrlässigkeit kann hier nur beim Auftraggeber erwogen werden. Mangelndes Wissen, Unbildung kann auch in andern Fällen entschuldigen: Die Magd schließt den Ofen vorzeitig ab und verursacht dadurch eine Kohlenoxydvergiftung. Sie kennt die Möglichkeit des Gasausströmens nicht, hat von solchen Vergiftungen nie etwas gehört (Beispiel nach Exner, a. a. O. 163f.)

III. Die psychologisch-juristische Erfassung des Fahrlässigkeitsbegriffes mußte vorausgehen, weil die Wissenschaft ihn in erster Linie entwickelt hat.

Die gesetzlichen Ordnungen sind dürftig. Nur sechs kantonale Gesetzbücher bestimmen die Fahrlässigkeit: Bern Art. 29 umschreibt mit verwandten Ausdrücken: Ungeschicklichkeit, Unvorsichtigkeit, Unachtsamkeit, Nachlässigkeit oder Nichtbeobachtung von Verordnungen[1]). Ähnlich ordnet Neuenburg Art. 68 I. Eine begriffliche Bestimmung unternehmen Schwyz § 31 lit. c; Obwalden, PolStG. Art. 15 II; St. Gallen Art. 22 lit. b; Graubünden § 22[2]). Bemerkenswert ist Obwalden: „Fahrlässigkeit liegt dann vor, wenn... sich ergibt, daß zwar kein rechtswidriger Vorsatz obgewaltet, jedoch ein Mangel an gehöriger Wachsamkeit oder Aufmerksamkeit stattgehabt. Je natürlicher und gewöhnlicher der Erfolg aus der Handlung entsteht, je leichter der Zusammenhang vorausgesehen werden konnte, und je gefährlicher oder unerlaubter die Handlung oder Unterlassung an sich ist, um so mehr muß die dabei begangene Fahrlässigkeit bestraft werden.“ — Die eidgenössischen Entwürfe haben seit der ersten Vorlage den Begriff umschrieben. Der E. 1918 Art. 16 III gelangte zu der Formel: „Ist die Tat darauf zurückzuführen, daß der Täter die Folge seines Verhaltens aus pflichtwidriger Unvorsichtigkeit nicht bedacht[3]) oder nicht berücksichtigt[4]) hat, so begeht er das Vergehen fahrlässig. Pflichtwidrig ist die Unvorsichtigkeit, wenn der Täter die Vorsicht nicht beobachtet, zu der er nach den Umständen und nach seinen persön-

---

[1]) Das letzte kritisiert Stooss: Grundzüge, 1, 206: Solche Nichtbeobachtung kann, aber muß nicht Fahrlässigkeit begründen.

[2]) Die früher von Schaffhausen gegebene Umschreibung (Stooss: Strafgesetzbücher, 40) ist durch die Novelle von 1916, § 29, aufgehoben.

[3]) Unbewußte Fahrlässigkeit.

[4]) Bewußte Fahrlässigkeit.

lichen Verhältnissen verpflichtet ist." Die Formel ist brauchbar und wurde wenig angefochten[1]).

Die Rechtsprechung bietet reicheres Material als bei der Vorsatzlehre. Das Bundesgericht hat sich namentlich in zivilistischen Entscheidungen mit dem Fahrlässigkeitsbegriff befaßt, wobei zu beachten ist, daß entsprechend der verschiedenen Zweckbestimmung von Zivil- und Strafrecht der Begriff in den beiden Rechtsteilen sich nicht immer deckt. Die Tendenz des Privatrechts, den Begriff weiter zu spannen, als das Strafrecht es tun muß, ist verständlich. Im Zivilrecht genügt die Voraussehbarkeit des unmittelbaren Erfolgs des schädigenden Verhaltens, auch wenn der Schaden nicht erkennbar war. Ferner ist die Pflichtwidrigkeit mehr als im Strafrecht nach objektiven Massen — Verhalten ordentlicher Leute, bonus pater familias — zu bestimmen[2]). Auch für das Strafrecht beachtlich sind: E. 18, 340ff. (Vernachlässigung einer Krankenbehandlung durch den Arzt, Kunstfehler; dagegen begründet irrtümliche Diagnose an sich noch keine Fahrlässigkeit). Ähnlich E. 34 II, 36, 41 (falsche Diagnose infolge unsorgfältiger, nicht pflichtgemäßer Prüfung des Falles). Grundsätzlich erörtert E. 23, 1681f. den Fahrlässigkeitsbegriff. Dieses Urteil fordert ähnlich wie Art. 16 III des eidg. Entwurfes ein Abstellen sowohl auf die objektiven Umstände wie auf die Individualität des Täters, während E. 30 II, 309 mehr nur den objektiven Maßstab verwendet. Die strafrechtlichen Urteile E. 47 I, 126ff. und 49 I, 473 stellen bei der Untersuchung der Fahrlässigkeit direkt auf die in Art. 16 III des Entwurfes aufgestellte Formel ab und bezeichnen sie als den Ausdruck der heutigen Doktrin[3]).

IV. Einige Gesetze bestimmen im Allgemeinen Teil, daß die Fahrlässigkeit milder als das vorsätzliche Delikt zu bestrafen ist; so Graubünden § 22. Luzern § 22, Schwyz § 31, Aargau § 20[4]) schließen bei Fahrlässigkeit „Kriminalstrafen" aus. Obwalden, PolStG. Art. 15 III bestimmt, daß den Fahrlässigen in der Regel keine schärfere Strafe

[1]) Vgl. Zürcher: Erläuterungen zum VE. 1908, 48; Prot. II. ExpKom. 1, 144ff. — v. Hippel: Mitteilungen der JKV. 18, 210 will den Unterschied zwischen bewußter und unbewußter Fahflässigkeit noch deutlicher durch die Fassung betonen, „daß der Täter die Folge... nicht voraussah oder auf deren Ausbleiben vertraute."

[2]) Vgl. Becker: OR. Kommentar, 184ff. — Oser: OR. Kommentar, 180f.; weniger weitgehend Gmür: ZschwR. N. F. 44, 628. — v. Tuhr: Schweiz. OR. 341f.; vgl. auch Berner Z. 39, 526. — Häberlin: (Lit. Angaben zu § 16), 44f.; BE. 29 II, 4 („Außerachtlassung derjenigen Vorsicht, die jeder ordentliche Eisenbahnbedienstete unter den gegebenen Verhältnissen beobachtet hätte).

[3]) Aus der kantonalen Rechtsprechung: Zürcher Bl. 6, Nr. 93; 20, Nr. 72; Berner Z. 36, 482; 41, 167; 43, 42; 49, 424; 50, 42; JZ. 2, 94, Nr. 490 (Schaffhausen); eod. 8, 107, Nr. 109 (St. Gallen). Es ergibt sich, daß der Fahrlässigkeitsbegriff — im Sinne von E. Art. 16 III — leidlich feststeht.

[4]) Aarg. RSpr. 25, 117f.

treffen kann, als die Hälfte des für das entsprechende vorsätzliche Delikt festgesetzten Maximums.

Solche schematische Vorschriften sind nicht zu befürworten. Das Strafmaß soll im Besondern Teil der Gesetze für die einzelnen fahrlässigen Delikte besonders ausgesetzt werden.

Mehrfach findet sich im Besondern Teil bei fahrlässiger Tötung und Körperverletzung die Norm, daß schwerere Strafe eintritt, wenn der Täter durch die Fahrlässigkeit eine Pflicht verletzt, die ihm durch sein Amt, seinen Beruf oder sein Gewerbe auferlegt ist[1]).

Zweiter Abschnitt.

Weitere Voraussetzungen für die Entstehung des Strafanspruches.

§ 27. Die sogenannten Strafbarkeitsbedingungen.

Literatur. Vgl. die Angaben zu § 28.

I. Regelmäßig ist der staatliche Strafanspruch entstanden, wenn der Täter rechtswidrig und schuldhaft einen im Strafgesetz umschriebenen Deliktstatbestand erfüllt hat. Ausnahmsweise macht das Gesetz die Strafbarkeit weiter abhängig von Umständen, die außerhalb des Tatbestandes liegen und zumeist vom Willen des Täters unabhängig sind. Das sind die besondern (objektiven) Strafbarkeitsbedingungen.

Beispiele: Nach Art. 42 BStG. ist die öffentliche Beschimpfung eines fremden Volkes oder seines Souveräns, oder einer fremden Regierung nur strafbar, wenn der Eidgenossenschaft Gegenrecht gehalten wird[2]). Zahlungsunfähigkeit bzw. Konkurseröffnung sind Bedingungen für die Strafbarkeit des betrügerischen und des leichtsinnigen Konkurses und der Gläubigerbegünstigung; z. B. Zürich §§ 200—202, eidg. E. Art. 140, 142, 144[3]). Bedingung der Strafbarkeit des Ehebruches

---

[1]) Die Erörterung dieser Qualifikationen gehört in den Besondern Teil; vgl. die Zusammenstellungen bei Stooss: Grundzüge, 2, 35 und 54 und namentlich den eidg. E. Art. 104 II, 111 II.

[2]) Genauer eidg. E. Art. 266: Zusicherung des Gegenrechts ist erforderlich. Über die Voraussetzungen des Gegenrechts Z. 1, 150f., 304ff., 314ff. (Fall Schill). — v. Salis: Bundesrecht, 1 Nr. 129 (Silvestrelli-Handel).

[3]) Vgl. Zeller: Zürcher StGB. Kommentar, § 200, N. 7; Zürcher Bl. 24, 117, ferner eod. Nr. 58: fruchtlose Auspfändung des Schuldners als Voraussetzung für die Strafbarkeit der Gläubigerbegünstigung nach Zürich § 207. Daß es sich hier um sog. Strafbarkeitsbedingungen handelt, ist allerdings, jedoch zu Unrecht, umstritten: s. Zürcher: Erläuterungen VE. 1908, 174; Prot. II. ExpKom. 2, 397ff.; ferner Willi: Der betrüger. Bankerott, Zürcher Diss. (1917), 43ff. — Hartmann: Der leichtsinnige Bankrott, Zürcher Diss. (1919), 39ff. — Brehse: Der leichtsinnige Bankerott, Zürcher Diss. (1920), 23ff.

ist, daß wegen desselben die Klage auf Scheidung oder Trennung der Ehe anhängig gemacht worden ist (eidg. E. Art. 181, Zürich § 117 III), oder daß — nach andern Gesetzen — die Ehe wegen Ehebruchs geschieden worden ist (Basel § 88, Solothurn § 102)[1]). Wenn zwischen dem Entführer und der Entführten eine Ehe geschlossen wurde, so kann Strafe nur erfolgen, wenn die Ehe als nichtig erklärt worden ist (Zürich § 152 II). Vielfach ist Voraussetzung der Strafbarkeit wegen Teilnahme an einem Raufhandel, daß dabei ein Mensch getötet oder verletzt worden ist; z. B. Zürich §§ 134 I, 146 I[2]).

Das alle diese Fälle verbindende Moment liegt darin, daß es sich um vom Deliktstatbestand unabhängige Umstände handelt.

II. Daraus ergibt sich:

1. Ort und Zeit der Deliktsverübung und die Frage der Vollendung müssen vom Eintritt der Bedingung unabhängig sein[3]). Infolgedessen beginnt auch der Lauf der Verjährungsfristen mit der Erfüllung des Tatbestandes, nicht erst mit dem Eintritt der Bedingung.

2. Die Schuld des Täters unfaßt die sog. Strafbarkeitsbedingungen nicht, denn die Schuld bezieht sich nur auf die zum Deliktstatbestand gehörigen Momente.

3. Da, solange die Bedingung nicht erfüllt ist, keine strafbare Handlung angenommen werden kann, ist die Einleitung einer Strafverfolgung unzulässig.

4. Ist irrtümlich Anklage erhoben worden und stellt sich heraus, daß es an der Erfüllung einer Strafbarkeitsbedingung fehlt, so hat der Richter freizusprechen.

III. Von den Strafbarkeitsbedingungen sind die Prozeßvoraussetzungen zu unterscheiden. Bei jenen handelt es sich um die Ent-

---

[1]) S. die Zusammenstellungen bei Stooss: Grundzüge, 2, 274f. — Keller: Der Ehebruch, Zürcher Diss. (1923), 34f.

[2]) Auch das ist objektive Strafbarkeitsbedingung; vgl. Zeller: Kommentar, § 134, N. 2 und Zürcher Bl. 14, Nr. 114.

[3]) Oben § 17. In der Praxis ergeben sich besonders bei den Konkursdelikten Schwierigkeiten. Wenn zutreffend ist, daß z. B. die Konkurseröffnung für die Strafbarkeit des betrügerischen Bankerotts nur eine Bedingung ist, so kann es konsequent auf Ort und Zeit der Konkurseröffnung nicht ankommen. Aus praktischen Gründen wird aber meist das Gegenteil angenommen: BE. 11, 111f. anerkennt zunächst, daß die Konkurseröffnung bezw. die Zahlungseinstellung beim Bankerott Strafbarkeitsbedingung sei, erklärt dann aber trotzdem, das Delikt sei erst mit dem Konkursausbruche vollendet und am Orte des Konkursausbruches als begangen anzusehen. Für diese Auffassung auch Meili: Internat. Konkursrecht, 236ff. und Internat. Strafrecht, 297f. — Zeller: Kommentar zürcher. StGB. § 200, N. 9; Zürcher Bl. 24, 55, 117 und Nr. 68; JZ. 21, 175, Nr. 15; 378, Nr. 85. Kritisch gegenüber dieser Anschauung Hafter: Z. 22, 207. Namentlich zugunsten der Auffassung: Ort der Konkurseröffnung als Begehungsort v. Cleric: Leitfaden, 84 und JZ. 22, 81 ff., der aber eine ausdrückliche gesetzliche Bestimmung fordert.

stehung des Strafanspruches, bei diesen um die Geltendmachung und die Prozeßdurchführung. Die hier nur anzudeutende Lehre gehört in das Prozeßrecht. An einer Prozeßvoraussetzung fehlt es, wenn ein zuständiges Gericht nicht vorhanden ist, oder wenn der Beschuldigte im Zeitpunkt der Hauptverhandlung, z. B. wegen eingetretener Geisteskrankheit, nicht verhandlungsfähig ist. Prozeßvoraussetzungen sind die Vorentscheide, die gemäß Art. 17ff. des BGes. vom 9. Dezember 1850 über die Verantwortlichkeit der eidgenössischen Behörden und Beamten von der Bundesversammlung zu treffen sind. Darnach kann gegen Mitglieder der Bundesversammlung, des Bundesrates usw. wegen Verbrechen, die mit der amtlichen Stellung des Beschuldigten im Zusammenhang stehen, eine Strafverfolgung nur eintreten, wenn das Parlament sie zuläßt. Darüber hinaus bestimmt das sog. Garantiegesetz vom 23. Dezember 1851, daß gegen Mitglieder der Bundesversammlung während einer Session eine Strafverfolgung nur mit Zustimmung der Behörde, welcher sie angehören, stattfinden kann (Art. 1 I)[1]. Bei diesen Vorentscheiden handelt es sich um sog. Ermächtigungen. Sie kommen überdies allgemein bei einzelnen bestimmten Delikten (sog. Ermächtigungsdelikte) in Frage. So fordert Art. 4 BStP. für die Verfolgung politischer Vergehen eine „vorläufige Entscheidung" des Bundesrates und nach Art. 266 des eidg. E. werden die Vergehen gegen fremde Staaten (Art. 261—265) nur auf Verfügung des Bundesrates verfolgt. — In allen diesen Fällen ist der Strafanspruch durch die Tat entstanden. Aber der Prozeß kommt erst durch die amtlich zu bewirkende Ermächtigung in Gang. Solange sie nicht vorliegt, ruht das Verfahren, ohne daß jedoch eine Vernichtung des Strafanspruches eintritt.

§ 28. Strafantrag.

Literatur. Stooss: Strafgesetzbücher, 91ff.; Grundzüge, 1, 275ff. — Staub: Über den Geschädigten nach zürcher. Strafprozeßrechte, Zürcher Diss. (1905), 107ff. — Kuhn: Vererbung und Übertragung des Strafantragsrechtes, Zürcher Diss. (1906). — Stalder: Der Strafantrag im schweizer. Recht, Freiburger Diss. (1915). — Derselbe: JZ. 11, 4f. — Hefti: Der Strafantrag (1916). — Zoller: Der Schweigevertrag, ein Beitrag zur Lehre von den Antragsdelikten, Zürcher Diss. (1916); dazu v. Cleric: JZ. 13, 239. — v. Albertini: Die rechtliche

[1]) Ein Fall BBl. 1919 I, 544ff. Über Strafverfolgungen gegen Mitglieder des Bundesrates und andere hohe eidgenössische Funktionäre s. Garantiegesetz Art. 1 II. Die Einzelheiten gehören dem Staatsrecht an; vgl. Fleiner: Bundesstaatsrecht, 160ff., 189. Art. 386 des eidg. E. verweist ausdrücklich auf das Verantwortlichkeits- und das Garantiegesetz und erklärt die Kantone für berechtigt, für ihre Gebiete entsprechende Garantien aufzustellen. Dazu Zürcher: Erläuterungen zum 3. Buch des VE. 20f.; Prot. II. ExpKom. 8, 151ff.; vgl. auch oben § 13 IV, unten § 37 (parlamentarische Immunität). Vgl. als weiteres Beispiel St. Gallen, StPO. Art. 16 IV (Strafverfolgung gegen Beamte wegen mit ihrer Amtsführung zusammenhängender Vergehen) und dazu Zentralbl. für Staats- und Gem.-Verwaltg. 26, 248f.

Natur der Antragsdelikte und des Strafantrags, Leipz. Diss. (1917). — v. Cleric: JZ. 18, 113ff. — Brodbeck: Z. 1, 475ff. — Pfenninger: Z. 31, 97ff. — Ludwig: Gerichtssaal, 89, 432ff. — Allfeld: VD. Allg. Teil, 2, 164ff.

I. Die Lehre vom Strafantrag gehört in diesen Zusammenhang, weil der Antrag bei den sog. Antragsdelikten eine Voraussetzung für die Entstehung des Strafanspruches bildet. Diese Anschauung ist bestritten. Vielleicht ist heute sogar die Auffassung herrschend, daß es sich nicht um eine Strafbarkeitsbedingung, sondern um eine Prozeßvoraussetzung handelt. Die Auswirkungen sind, wenigstens in einzelnen Punkten, verschieden, je nachdem man das eine oder andere annimmt.

Man muß auf die Gründe zurückgehen, die den Gesetzgeber veranlassen, für bestimmte Delikte das Antragserfordernis aufzustellen. Namentlich zweierlei Momente sind bestimmend[1]):

1. Gewisse verletzende Handlungen betrachtet der Staat nicht ohne weiteres als strafwürdig. Er stellt auf den Verletzten ab, überläßt es ihm, zu entscheiden, ob eine strafrechtliche Reaktion eintreten soll oder nicht. Bei Ehrverletzungen, unlauterm Wettbewerb, Ehebruch z. B. ist das öffentliche Interesse in den seltensten Fällen so stark berührt, daß über den Kopf des Verletzten hinweg eine Reaktion gegenüber dem Täter angezeigt erschiene. Erst wenn der Verletzte durch die Antragstellung zeigt, daß ihm die Sache nicht gleichgültig ist, erwacht auch das staatliche Strafbedürfnis.

2. Bei einer andern Gruppe verletzender Handlungen liegt zwar eine so schwere Verfehlung vor, daß das staatliche Strafbedürfnis an sich geweckt wird. Allein Interessen des Verletzten oder auch seiner Familie stehen entgegen: Nur auf Grund eines gerichtlichen Verfahrens wäre die Bestrafung des Täters erhältlich. Die Durchführung eines Prozesses würde aber vielleicht für den Verletzten das Übel verschlimmern. Wiederum stellt daher der Staat auf ihn ab. Deshalb wird regelmäßig die Entführung nur auf Antrag der Entführten oder ihrer Eltern bestraft (z. B. eidg. E. Art. 158 Ziff. 1). Deshalb besteht vereinzelt auch noch bei der Notzucht das Antragserfordernis (Solothurn § 95 II, Waadt Art. 202, Wallis Art. 206 und das neue StGB. von Freiburg Art. 109 und 133[2]). Rücksichten auf Familienverhältnisse haben die Gesetzgeber auch dazu geführt, Diebstahl, Unterschlagung und Betrug zum Nachteil von Angehörigen oder Familiengenossen nur auf Antrag zu bestrafen (z. B. E. Art. 120, 122, 123, 129, je Ziff. 2[3]).

[1]) Teilweise abweichend vom nachfolgenden Text Stooss: Grundzüge, 1, 278f.; vgl. auch Brodbeck: Z. 1, 476f. und namentlich Pfenninger: Z. 31, 99ff.

[2]) Heute nicht mehr das bei Stooss: Grundzüge, 2, 214 noch genannte Zürich — neue Fassung des StGB. von 1897, § 109.

[3]) Bezeichnend Neuenburg, StPO. Art. 232 II: „La partie publique n'enquête, pour les délits qui ont lieu dans l'intérieur d'une famille ou d'un domicile, et lorsqu'ils ne présentent en eux-mêmes aucun caractère de publicité, que sur la plainte à elle portée par la partie lésée.“

Für die Frage, ob der Antrag als Strafbarkeitsbedingung oder als Prozeßvoraussetzung aufzufassen ist, ergibt sich aus den beiden Gruppen kein Unterschied. In allen Fällen gilt, daß der Staat es — wenn auch aus verschiedenen Gründen — nicht für ratsam hält, eine Strafe zu verhängen, solange sich der Verletzte nicht bei ihm meldet. Der Schluß, daß daher vorläufig gar kein Strafanspruch entsteht, ist viel natürlicher als die Annahme, er sei zwar entstanden und nur seiner Geltendmachung ständen prozessuale Hindernisse entgegen.

II. Gesetzgebung, Rechtsprechung und Literatur zeigen, wie umstritten die Frage ist. Die Rechtsprechung des Bundesgerichtes ist nicht einheitlich. In E. 10, 226 wird erklärt, die Bestimmungen über den Strafantrag seien „nicht oder doch nicht bloß prozessualer Natur", sie gehören „zum mindesten in gewisser Richtung dem materiellen Strafrecht an". Ähnlich sprach sich das Bundesgericht zum frühern Urheberrechtsgesetz von 1883 aus (E. 41 I, 514). In E. 21, 80 und 34 I, 364 wird dagegen der Antrag wohl als Prozeßvoraussetzung aufgefaßt: Das Bundesgericht nimmt hier an, der Strafanspruch erlösche, wenn der Verletzte den Strafantrag nicht geltend mache. Der Anspruch muß also nach dieser Auffassung schon durch die Verübung des Deliktes entstanden sein.

Schwierigkeiten ergeben sich scheinbar aus der Tatsache, daß die Bestimmungen über den Antrag bald in den Strafgesetzbüchern, bald in den Prozeßordnungen aufgestellt sind. In einzelnen Kantonen sind die Regeln auf beide Gesetze verteilt[1]). Aus der gesetzlichen Einordnung den Schluß zu ziehen, daß der Antrag von den einen Kantonen als Strafbarkeitsbedingung, von den andern als Prozeßvoraussetzung aufgefaßt wird, wäre verfehlt. Bezeichnend ist das zürcherische Beispiel. Zürich bestimmt in den §§ 53 und 54 StGB. über die Antragsverwirkung und die Unteilbarkeit des Strafantrages, während die §§ 36, 182 II und 290 StPO. Regeln über den Rückzug des Antrages aufstellen. Aus § 53 StGB., wo vom Erlöschen der Strafbarkeit eines Vergehens die Rede ist, wenn der Antragsberechtigte die Antragsfrist versäumt, könnte der Schluß gezogen werden, es handle sich um eine bloße Prozeßvoraussetzung. Allein die Praxis ist ganz uneinheitlich: Als Strafbarkeitsbedingung wird der Antrag bezeichnet in Zürcher Bl. 15, 120, wo der Satz steht: „Das Antragsdelikt ist, wenn ein Antrag fehlt, ein nicht zu bestrafendes Unrecht", ferner in Bl. 22, 216 und schon in einem ältern Urteil (Sträuli, Kommentar Rechtspflegegesetz, Supplementband, § 1091, N. 15). Betont wird, daß der Mangel eines Antrages einen Strafausschließungsgrund bilde. Anderseits behauptet ein neueres Urteil (Bl. 23, 12f. und JZ. 20, 247), die Auffassung des Antrages als

[1]) Zusammenstellung bei Stooss: Strafgesetzbücher, 91ff.; vgl. ferner Brodbeck: a. a. O. 475ff. — Stooss: Grundzüge, 1, 279. — Stalder: Strafantrag, 26ff.

einer bloßen Prozeßvoraussetzung sei von jeher herrschend gewesen[1]). — Schwankungen zeigt auch die Entstehung der eidgenössischen Entwürfe: Die Fassung des ersten VE. von 1893, Art. 2: „Ist die Strafbarkeit einer Handlung durch einen Antrag bedingt . . .", nimmt deutlich eine Strafbarkeitsbedingung an. Der vorläufig am Ende der Entwicklung stehende Art. 27 des E. 1918 erklärt dagegen: „Ist eine Tat nur auf Antrag zu verfolgen . . .". Damit sollte der Antrag als Prozeßvoraussetzung gekennzeichnet werden[2]).

III. Klarheit ist erforderlich, denn in der Auswirkung ergeben sich Verschiedenheiten, je nachdem man der einen oder der andern Anschauung folgt. Hält man die Auffassung fest, daß der Antrag eine Bedingung der Strafbarkeit ist, so gelten die oben § 27 II entwickelten Regeln über die Fragen der Deliktsverübung und die prozessuale Behandlung auch für den Strafantrag[3]). Handelt es sich um eine Strafbarkeitsbedingung, also um materielles Recht, so kann eine Mißachtung der gesetzlichen Bestimmungen über den Antrag mit dem Nichtigkeitsgrund: Verletzung materieller Gesetzesvorschriften angefochten werden, während das bei der prozessualen Auffassung des Strafantrages nicht möglich ist[4]). Auch bei der Anwendung der Bestimmungen über die bedingte Verurteilung können sich aus der Verschiedenheit der Auffassungen über den Strafantrag Differenzen ergeben: Nach § 461 der zürcher StPO. z. B. ist die bedingt ausgesprochene Strafe zu vollziehen, wenn der Verurteilte während der Probezeit ein vorsätzliches Vergehen verübt. Handelt es sich um ein Antragsdelikt, unterbleibt jedoch die Stellung des Antrages oder wird er zurückgezogen, so kann es nicht zum Vollzug der bedingt erkannten frühern Strafe kommen[5]).

---

[1]) Ähnliche Unklarheit herrscht in andern Kantonen. Ein solothurnisches Urteil (JZ. 9, 322 Nr. 304) erklärt, beim Fehlen des Antrages sei ein staatlicher Strafanspruch nicht entstanden. Im gleichen Atemzuge wird dann aber behauptet, der Antrag sei Prozeßvoraussetzung.

[2]) Noch der VE. 1908, Art. 24, sagt: „Ist eine Tat nur auf Antrag strafbar." — Zürcher: Erläuterungen VE. 1908, 55f. bezeichnet den Antrag denn auch ausdrücklich als Strafbarkeitsbedingung; vgl. ferner Prot. I. ExpKom. 1, 20ff.; Prot. II. ExpKom. 1, 173ff. — In der Literatur wird der Antrag als materiellrechtliche Strafbarkeitsbedingung betrachtet von Kuhn: 15ff. — Stalder: Strafantrag, 20. — v. Albertini: 55ff. — Baumgarten: Z. 35, 245ff. — v. Overbeck: Freiburger Festgabe für den Schweiz. Jur.-Verein (1924), 232. Als Prozeßvoraussetzung sehen den Antrag an Hefti: 13. — Staub: 108ff. — v. Cleric: JZ. 13, 239 und 18, 116. — Pfenninger: Z. 31, 118.

[3]) Freisprechung und nicht bloß Einstellung des Verfahrens hat zu erfolgen, wenn nach erhobener Anklage der Strafantrag zurückgezogen wird; vgl. Gretener: Prot. I. ExpKom. 1, 21; Zürcher Bl. 23, 12.

[4]) Dazu im Hinblick auf den Nichtigkeitsgrund aus § 430 Ziff. 6 der zürcher. StPO. Zürcher Bl. 15, 120.

[5]) So Zürcher Bl. 22, 216: Der Antrag ist „Bedingung der Strafbarkeit, und § 461 StPO. hat doch wohl nur strafbare Vergehen im Auge." Die Entscheidung

Auch wenn nach der hier vertretenen Auffassung bei einem Antragsdelikt der staatliche Strafanspruch erst mit der Antragstellung entsteht, läßt sich rechtfertigen, daß in dringenden Fällen sichernde Maßnahmen, z. B. durch die Polizei oder die Untersuchungsbehörde, getroffen werden, schon bevor die Stellung eines Strafantrages erfolgt ist[1]). Durch solche rein polizeilich-prozessuale Vorkehren wird die Frage, ob und wann ein Strafanspruch entsteht, nicht berührt. Das eigentliche Strafverfahren beginnt erst, wenn ein rechtmäßiger Antrag vorliegt (vgl. eidg. E. Art. 385 I).

IV. Ausgestaltung. Die Verschiedenheit in der Gesetzgebung ist groß. Für die Darstellung ist eine Konzentration auf die Hauptlinien Gebot.

1. Antragsberechtigung. Sie steht regelmäßig dem Verletzten zu. Da es sich um die Ausübung eines Rechtes handelt, das dem Verletzten um seiner Persönlichkeit willen zukommt, hat die Praxis aus ZGB. Art. 19 I/II grundsätzlich gefolgert, daß auch unmündige oder entmündigte Personen zu selbständiger Antragstellung berechtigt sind, sofern sie die Urteilsfähigkeit besitzen[2]). Wo diese nicht angenommen werden kann, muß der Antrag durch den gesetzlichen Stellvertreter erfolgen.

Als antragsberechtigter Verletzter hat nur zu gelten, wer Träger des unmittelbar angegriffenen Rechtsgutes ist[3]).

Da es sich um ein persönliches Recht des Verletzten handelt, ist die Übertragung des Antragsrechtes auf andere, namentlich die Vererblichkeit, grundsätzlich auszuschließen. Die ausnahmslose Durchführung dieses Satzes befriedigt jedoch nicht. Schon geltende kantonale Gesetze sehen die Vererblichkeit des Antragsrechtes bei bestimmten Delikten — namentlich bei den Ehrverletzungen — vor[4]). Der eidg. E. Art. 27 II bestimmt jetzt allgemein: „Stirbt ein Verletzter, bevor ihm die Tat oder der Täter bekannt geworden ist oder kann glaubhaft gemacht werden, daß der Verletzte die Absicht hatte, den Strafantrag zu stellen, so treten die Angehörigen an seine Stelle[5])."

müßte anders lauten, wenn man den Antrag als bloße Prozeßvoraussetzung ansieht.

[1]) Ausdrücklich Zürich, StPO. § 24 II und dazu Sträuli: Kommentar, § 24, N. 4, ferner Kuhn: a. a. O. 16f. — v. Albertini: 69f.

[2]) Aarg. RSpr. 14, 39; JZ. 10, 103, Nr. 86. Eidg. E. Art. 27 I bestimmt: „Ist der Verletzte handlungsfähig, so ist sein gesetzlicher Vertreter zum Antrag berechtigt. Ist der Verletzte sechzehn Jahre alt und urteilsfähig, so kann er auch selbständig einen Antrag stellen"; dazu Stalder: 57ff.

[3]) Richtig Zürcher Bl. 22, 150f. und JZ. 19, 282, Nr. 236: Antragsberechtigt bei der Unterschlagung, die nach zürcher. Recht Antragsdelikt ist, kann nicht der mittelbar geschädigte Bürge sein, der für den unterschlagenen Betrag aufkommen muß; vgl. auch Zürcher: Erläuterungen VE. 1908, 56. — Kuhn: 23ff.

[4]) Einzelheiten gehören in den Besondern Teil; vgl. namentlich Kuhn: 47ff., ferner Brodbeck: Z. 1, 483f. — Stalder: 147f.

[5]) Der Kreis der Angehörigen ist in Art. 97 Ziff. 2 gesetzlich umschrieben; vgl. ferner Prot. II. ExpKom. 1, 174ff. — Kuhn: 66f. — Hafter: Z. 26, 283.

Im Besondern Teil bezeichnen die Strafgesetzbücher vielfach neben dem Verletzten noch andere Antragsberechtigte, etwa das Familienhaupt bei Diebstahl, Unterschlagung, Betrug, die zum Nachteil von Familiengenossen verübt werden oder bei der Entführung neben der Entführten selbst Eltern und Vormünder[1]).

Auf die Geltendmachung des Antrages kann der Berechtigte selbstverständlich verzichten. Eidg. E. Art. 27 III bestimmt, daß der ausdrücklich erfolgte Verzicht endgültig ist.

2. Art der Geltendmachung. Die Mehrzahl der Rechte enthält keine Formvorschriften. Aus dem Wesen des Antrages folgt, daß er eine von einem Berechtigten ausgehende Willenserklärung sein muß, die das Verlangen enthält, wegen eines bestimmt bezeichneten, nur auf Antrag strafbaren Deliktes eine Strafverfolgung zu bewirken. Grundsätzlich nicht erforderlich ist die Nennung einer beschuldigten Person.

Schaffhausen (StPO. Art. 148) fordert schriftliche Antragstellung bei der Polizeidirektion oder wenigstens unterschriftliche Erklärung zu Protokoll. Schriftlichkeit verlangen auch Wallis (StPO. Art. 47, 48—51), Neuenburg (StPO. Art. 241), Genf (StPO. Art. 19).

3. Antragsfrist. Das Strafantragsrecht ist regelmäßig befristet. Die Frist muß, allgemein ausgedrückt, in dem Zeitpunkt beginnen, da der Berechtigte zu der Antragstellung Veranlassung hat. Das wird regelmäßig an dem Tage der Fall sein, an dem die Tat dem Antragsberechtigten bekannt wird[2]). Keineswegs ist die Kenntnis aller Einzelheiten erforderlich[3]). Die Gesetze bemessen die Fristdauer verschieden: drei Monate bestimmen z. B. Zug (StGB. § 32 I), Baselstadt (StGB. § 38 I), eidg. E. Art. 28; sechs Monate sehen Zürich (StGB. § 53), Schaffhausen (StGB. § 80 III) u. a. vor; eine Frist von einem Jahr gilt in Graubünden (StGB. § 54 Ziff. 3) und Thurgau (StGB. § 53 lit. d). Neben diese relative Frist setzen einige Rechte noch eine absolute, die von der Begehung der Tat an zu rechnen ist (z. B. Zürich und Thurgau 2 Jahre).

Alle diese Fristen sind Verwirkungsfristen. Innerhalb des bestimmten Zeitraumes soll der Berechtigte durch die Antragstellung zum Ausdruck bringen, daß er eine Strafverfolgung wünscht. Unter-

---

[1]) Beispiele: Zürich §§ 152 I, 176; Bern Art. 214. Die Erörterung von Einzelheiten gehört in den Besondern Teil; vgl. noch STALDER: 113f., 161ff. — v. ALBERTINI: 86, 99ff. (kumulatives Antragsrecht Nichtverletzter).

[2]) So Graubünden (StGB. § 54 Ziff. 3), während andere Gesetze und auch der eidg. E. Art. 28 den Fristenlauf mit dem Tage beginnen lassen, an dem die Tat und der Täter dem Antragsberechtigten bekannt werden. Das widerspricht dem grundsätzlich festzuhaltenden Satz, daß die Kenntnis und die Nennung einer bestimmten Person — eines Beschuldigten — zur Geltendmachung eines Strafantrages nicht gefordert werden sollten.

[3]) JZ. 12, 74, Nr. 53.

bleibt die Antragsstellung, so ist, nach richtiger Anschauung, überhaupt kein Strafanspruch entstanden. Unzutreffend ist es, von einer Antragsverjährung zu sprechen, unrichtig namentlich, die Antragsverwirkung mit der Deliktsverjährung zu vermengen, wie das gelegentlich geschieht[1]). Beides ist grundsätzlich zu trennen. Die Verjährung bezieht sich auf die strafbare Handlung, die Antragsfrist auf ein Recht des Verletzten. Für das Delikt müssen, unter der Voraussetzung, daß der im Einzelfall erforderliche Strafantrag gestellt wird, die allgemeinen Verjährungsbestimmungen gelten. Dabei ist es richtig, nach der allgemeinen Regel auch bei den Antragsdelikten den Lauf der Verjährungsfrist mit der Verübung der Tat und nicht etwa erst mit der Antragstellung[2]) beginnen zu lassen.

Keine Befristung des Strafantrages (plainte) kennen außer den westschweizerischen Rechten die Gesetze von Appenzell A.-Rh. und Tessin. Bei dieser Ordnung ist anzunehmen, daß das Antragsrecht solange wie die Verjährungsfrist dauert[3]).

4. Unteilbarkeit. Das Antragsrecht ist in doppelter Hinsicht unteilbar: Da es sich, namentlich beim Verletzten, um ein Persönlichkeitsrecht handelt, so muß von mehreren Antragsberechtigten jeder die volle und selbständige Befugnis haben. Der Verzicht des einen schließt das Recht der andern nicht aus. Das gilt auch, wenn die Antragsbefugnis einem nicht direkt Verletzten, z. B. bei der Entführung dem Vater des Opfers, zusteht. Der eidg. E. Art. 27 I gibt das Antragsrecht jedem, der durch die Tat „verletzt" worden ist, eine Formulierung, die deshalb gerechtfertigt ist, weil der E. eine Antragsbefugnis Nichtverletzter nicht kennt. Kantonale Gesetze — z. B. Zürich, StGB. § 54 I, Basel, StGB. § 39, St. Gallen, StGB. Art. 44 II — stellen ausdrücklich fest, daß der Verzicht eines Berechtigten die Befugnis der übrigen nicht berührt.

Auf der andern Seite bewirkt die Antragstellung gegen einen von mehreren an einem Delikt Beteiligten die Verfolgung auch der andern[4]). Darüber herrscht in der Gesetzgebung grundsätzlich Einig-

[1]) Etwa St. Gallen, StGB. Art. 44, das bei Delikten, „welche nur auf Klage des Beschädigten verfolgt werden", Verjährung eintreten läßt, wenn der zur Klage Berechtigte nicht „innerhalb sechs Monaten von dem Tage an gerechnet, seit welchem er von der Handlung und von der Person des Täters Kenntnis gehabt hat und spätestens zwei Jahre nach der Tat" die Klage einbringt.

[2]) So St. Gallen Art. 44 I Ziff. 2. — Über die Scheidung zwischen Deliktsverjährung und Antragsverwirkung s. BE. 8, 287ff.; 21, 79f.; 30 I, 400ff.; 34 I, 364; dazu v. Cleric: Leitfaden, 28f.; vgl. ferner Zürcher Bl. 9, Nr. 136; 15, Nr. 213.

[3]) Vom Bundesgericht für das BGes. betr. den Schutz der Fabrik- und Handelsmarken ausgesprochen (E. 10, 225; 30 I, 401ff.). Die ergänzende Anwendung kantonalrechtlicher Bestimmungen über die Verwirkung des Antragsrechtes ist hier unzulässig.

[4]) Zürcher Bl. 2, 269ff.; abweichend mit Bezug auf Art. 24 des BGes. betreffend den Schutz der Fabrik- und Handelsmarken (Privatstrafklage) Zürcher Bl.

keit (vgl. z. B. eidg. E. Art. 29). Gelegentlich kommt dieser Satz auch noch in Bestimmungen des Besondern Teils zum Ausdruck[1]). Immerhin gestatten Zürich § 54 III und St. Gallen Art. 44 III, den Strafantrag auf diejenigen zu beschränken, welche die andern Teilnehmer zu der strafbaren Handlung verführt haben[2]).

5. Rückzug. Hat der Berechtigte den Strafantrag gestellt, so entwickelt sich das prozessuale Verfahren gleich wie bei den von Amtes wegen zu verfolgenden Delikten. Dem Antragsteller bleibt immerhin eine Einwirkungsmöglichkeit. Er kann den Antrag zurückziehen. Dabei kommt, wiederum in doppelter Auswirkung, der Grundsatz der Unteilbarkeit zur Geltung: Da jedem von mehreren Berechtigten die volle Befugnis zusteht, bleibt der Rückzug durch einen Berechtigten ohne Wirkung. Da anderseits alle „Beteiligten" gleich gehalten werden sollen, muß der Rückzug zugunsten nur eines von mehreren Beschuldigten entweder wirkungslos bleiben oder sich auf alle erstrecken. Das letztere bestimmen ausdrücklich Zug § 32 V, Freiburg Art. 23 II, Solothurn § 45 II und der eidg. E. Art. 30 III. Gleich ist Zürich § 54 II auszulegen. Bemerkenswert sind eidg. E. Art. 30 IV und ihm folgend Freiburg Art. 23 II, wonach der Rückzug für den Beschuldigten, der dagegen Einspruch erhebt, nicht gilt[3]). Für die Gesetze, denen derartige Vorschriften fehlen, muß gelten, daß der Rückzug des Antrages, wenn er nur im Hinblick auf einen von mehreren Beschuldigten erfolgt, überhaupt rechtsunwirksam bleibt[4]).

Mehrfach findet sich die Bestimmung, daß der einmal zurückgezogene Antrag nicht mehr erneuert werden kann; z. B. Zürich, StPO. § 36 II, Freiburg, StGB. Art. 23 III, Schaffhausen, StPO. Art. 149 II, eidg. E. Art. 30 II.

Sehr weit gehen die Gesetzgebungen in der Frage auseinander, bis zu welchem prozessualen Zeitpunkt der Rückzug zulässig ist[5]). Die neuere Auffassung — eidg. E. Art. 30 I und Freiburg Art. 24 I —

23 Nr. 32 und JZ. 20, 32 Nr. 4. Vgl. Ludwig: Gerichtssaal, 89, 434: Die strafbare Handlung an sich wird zum Gegenstand des Antrages gemacht und die Teilung untersagt; vgl. ferner 446ff. — Der Kreis der „Beteiligten", auf die sich der Antrag nach dem Grundsatz der Unteilbarkeit erstreckt, ist unsicher. Basel § 40 III bezieht ausdrücklich auch den Begünstiger und den Hehler ein. —Stooss: Prot. I. ExpKom. 1, 26 schließt den Begünstiger aus. Das hat, da die Begünstigung in der neuern Gesetzgebung ein selbständiges Offizialdelikt ist, zur Folge, daß der Begünstiger von Amtes wegen zu verfolgen ist.

[1]) Namentlich beim Ehebruch; vgl. Stooss: Grundzüge, 2, 274. — Zimmermann: Ehebruch und mehrfache Ehe, Berner Diss. (1914), 31.

[2]) Zum Ganzen noch Stalder: 84ff. — v. Albertini: 151ff.

[3]) Zu dieser Frage namentlich v. Albertini: 148ff., auch Stooss: Grundzüge, 1, 284.

[4]) Für Baselstadt festgestellt von Ludwig: a. a. O. 435.

[5]) Die kantonalen Bestimmungen sind zusammengestellt bei Brodbeck: Z. 1, 480f. — Stooss: Grundzüge, 1, 282f. — Stalder: 74ff. — Hefti: 53f. — v. Albertini: 143f.; vgl. ferner Zürcher Bl. 12 Nr. 74; 13 Nr. 73.

läßt den Rückzug zu, solange das Urteil des Gerichtes erster Instanz noch nicht verkündet ist[1]).

Eine merkwürdige Vermengung zivil- und strafrechtlicher Überlegung kommt in Art. 4 und 244 der bernischen StPO. zum Ausdruck: Bei einem zwischen den Zivilparteien abgeschlossenen Vergleich oder bei einem Verzicht auf die Zivilklage entfällt bei Antragsdelikten ohne weiteres die Strafverfolgung. In einem Entscheid (Berner Z. 43, 280) wird dazu erklärend ausgeführt, bei einem Verzicht auf die Zivilklage oder bei einem Vergleich über den Zivilpunkt sei der Wille des Klägers, auch auf die strafrechtliche Verfolgung Verzicht zu leisten, zu präsumieren[2]).

V. Die sog. Privatklagedelikte sind materiellrechtlich den Antragsdelikten gleich zu halten. Die Abweichungen liegen nur auf dem prozessualen Gebiet. Während der durch ein Antragsdelikt Verletzte, wenn er den Antrag eingebracht hat, in die prozessuale Stellung des Geschädigten zurücktritt, erhebt der Privatkläger selbst die Anklage und führt an Stelle der staatlichen Anklagebehörde den Prozeß durch[3]). In der Form des Privatstrafklageprozesses gelangen namentlich die Ehrverletzungen zur Durchführung. Die Erörterung von Einzelheiten gehört in das Prozeßrecht[4]). Soweit es nicht für die Privatklagedelikte im Interesse ihrer besondern prozessualen Behandlung abweichende Vorschriften aufstellt, müssen materiellrechtlich die gleichen Regeln — über Befristung, Unteilbarkeit, Rückzug usw. — wie beim Strafantrag gelten[5]).

Aufschlußreich für die Abgrenzung zwischen Offizial-, Antrags- und Privatklagedelikt ist eidg. E. Art. 385: „Die Strafverfolgung ist durch die zuständige Behörde von Amtes wegen zu betreiben; ist jedoch eine Tat nach diesem Gesetz nur auf Antrag zu verfolgen, so tritt die Strafverfolgung erst ein, nachdem ein Berechtigter den Antrag gestellt hat. — Die Kantone dürfen keine Strafverfolgung auf den Weg des Zivil-

---

[1]) Vgl. auch Répertoire vaudois, 242, ferner zum eidg. Urheberrechtsgesetz von 1883: BE. 41 I, 541f.

[2]) Weitere Angaben über die Rechtsprechung bei Krebs: Straf- und Strafprozeßgesetze für den Kt. Bern, 154f., 227f., ferner Stooss: Z. 3, 23ff. und Matti: Zivilklage aus strafbaren Handlungen im erstinstanzlichen Strafverfahren des Kts. Bern, Berner Diss. (1916), 128ff.

[3]) Vgl. Staub: a. a. O. 24ff. — Oettinger: Anklagetätigkeit des Privaten im Strafprozeß (1914). — Derselbe: ZschwR. N.F. 40, 456ff. — Ludwig: eodem, 357ff. — v. Albertini: 70ff. — Heer: Die prinzipale Privatstrafklage im schweiz. Recht, Zürcher Diss. (1924). — Pfenninger: Z. 31, 99: Die Privatanklage ist „eine vom hierzu Berechtigten ausgehende Willenserklärung, gerichtet auf selbständige Geltendmachung des Rechtes auf staatliche Strafe bei bestimmten Verbrechen"; ferner 119ff.

[4]) Vgl. namentlich die oben Anm. 3 angegebene Literatur.

[5]) Zutreffend Ludwig: Gerichtssaal, 89, 446ff., 452.

prozesses verweisen[1]). Sie können jedoch für die Verfolgung von Tätlichkeiten und Ehrverletzungen ein Privatstrafklageverfahren vorsehen[2])."

Dritter Abschnitt.

Ausschluß von Rechtswidrigkeit, Schuld und Strafbarkeit.

Vorbemerkung.

Die Synthese (oben §§ 14—28) ergibt: Ein Verbrechen liegt vor: wenn eine im Gesetz mit Strafe bedrohte (strafrechtswidrige) Handlung von einem zurechnungsfähigen Menschen vorsätzlich oder, wenn das Gesetz ausdrücklich so bestimmt, fahrlässig begangen wird. Unter Umständen müssen noch außerhalb des menschlichen Verhaltens liegende Voraussetzungen — sog. Strafbarkeitsbedingungen — erfüllt sein, damit ein Strafanspruch entsteht.

Häufig scheint ein menschliches Verhalten einen Deliktstatbestand zu erfüllen: Ein Mensch ist getötet oder verletzt worden, in fremdes Eigentum wurde eingegriffen. Die nähere Prüfung ergibt jedoch, daß es an einem oder mehreren Deliktsmomenten fehlt. So muß die Rechtswidrigkeit eines Verhaltens abgelehnt werden, wenn der Täter lediglich zum Schutze höherer Interessen in eine fremde Rechtssphäre verletzend eingegriffen hatte. Wann das anzunehmen ist, bestimmt regelmäßig das Gesetz[3]). Bei der Prüfung der Einzelfälle ergibt sich die Unterscheidung, daß die Rechtsordnung entweder einfach dazu gelangt, die Rechtswidrigkeit oder wenigstens die Strafbarkeit eines Verhaltens zu verneinen oder aber, daß sie das verletzende Verhalten für direkt rechtmäßig erklärt, ja es sogar gebietet (Rechtfertigungsgründe)[4]). In andern Fällen ergibt die Untersuchung des Sachverhaltes, daß es an der Schuld fehlt (Entschuldigungsgründe). Beim Fehlen von Rechtswidrigkeit oder Schuld, wie das gelegentlich geschieht[5]), von

---

[1]) Heute erfolgt noch in einer Reihe von Kantonen die Erledigung von Ehrverletzungen im zivilprozessualen Verfahren; vgl. HEER: Privatstrafklage, passim, namentlich 141ff., ferner BE. 14, 29f.; 23, 538. Der strafrechtliche Charakter der Ehrverletzung wird davon nicht berührt.

[2]) Über die weitere Figur des Ermächtigungsdeliktes oben § 27 III. — Zum eidg. E. Art. 385 ZÜRCHER: Erläuterungen zum 3. Buch des VE. 19f.; Prot. II. ExpKom. 8, 144ff.; 9, 341f.

[3]) BE. 47 II, 179.

[4]) Dazu STOOSS: Z. 10, 355ff. und ZgesStRW. 24, 323ff. Hier spricht STOOSS: von „tatbestandsmäßigen Nichtverbrechen". Vgl. auch die eindringlichen Erörterungen bei M. E. MAYER: StR. Allg. Teil, 269ff., ferner FELDMANN (Lit. zu § 31), 4ff.

[5]) Z. B. BAUMGARTEN: Z. 34, 85ff. in Anlehnung an die deutsche Literatur.

negativen Tatbestandsmerkmalen zu sprechen, ist nicht unrichtig, aber gesucht. Ausreichend ist die Erklärung, daß immer dann, wenn es an einem der Elemente, die den Verbrechensbegriff ausmachen, fehlt, eine Bestrafung nicht in Betracht kommt. Es handelt sich um Strafausschließungsgründe, eine Kategorie, die allerdings außer den Rechtfertigungs- und Entschuldigungsgründen noch andere Fälle, z. B. die aus dem Privileg der parlamentarischen Immunität sich ergebende Straflosigkeit (unten § 37), umfaßt.

Die Lehre von den Gründen, die Rechtswidrigkeit oder Schuld ausschließen, ist die Kehrseite der Lehre von der Rechtswidrigkeit und von der Schuld. Es liegt daher nahe, schon in die Lehre von der Rechtswidrigkeit auch die Untersuchung der Notwehr, des Notstandes usw. einzubeziehen und mit der Schuldlehre die Betrachtung der Begriffe Unzurechnungsfähigkeit, Irrtum usw. zu verknüpfen. Das geschieht hier nicht, aus der systematischen Überlegung heraus, daß bei getrennter Darstellung sowohl die Synthese des Verbrechensbegriffes wie auch die Lehre von den Strafausschließungsgründen klarer und eindringlicher gestaltet werden können.

Erstes Kapitel.

Fehlen der Rechtswidrigkeit.

§ 29. Notwehr.

Literatur. Stooss: Strafgesetzbücher, 80ff., Grundzüge, 1, 251ff. — Tobler: Die Grenzgebiete zwischen Notstand und Notwehr, Zürcher Diss. (1894). — Baumgarten: Notstand und Notwehr (1911). — Trüeb: Notwehr und Notstand im allgemeinen und nach schweizer. Recht (wesentlich zivilrechtlich), Zürcher Diss. (1924). — Heberlein: Exzeß der Notwehr, Berner Diss. (1895). — Berli: Notstand und Notwehr im schweizer. Militärstrafrecht, Zürcher Diss. (1925). — Oetker: VD. Allg. Teil, 2, 320ff. Vgl. auch die Angaben zu § 30.

I. Die Notwehrhandlung setzt einen — bestimmt gearteten — Notstand voraus. Die Notwehrlehre ist daher ein Ausschnitt aus dem Notstandsgebiet, so daß es nahe liegen würde, die Lehre vom Notstand vorangehen zu lassen. Das geschieht regelmäßig nicht[1]). Es rechtfertigt sich, den Spezialfall der Notwehr vorgängig zu behandeln, weil seine Dogmatik abgeklärter ist als diejenige der Notstandslehre. In der Praxis stehen ferner Notwehr und Notstand nicht selten im Verhältnis einer gewissen Subsidiarität: Die Frage, ob für einen Täter eine Notwehrlage gegeben war, stellt sich in erster Linie. Wird sie verneint,

[1]) Wenigstens nicht in den Lehrbüchern. Anders zum Teil die monographische Literatur (Tobler, Baumgarten, Berli). — Baumgarten: 97 leitet seine Darstellung der Notwehr mit dem Satz ein: „Die Notwehr ist ein spezieller Fall des Notstands.“ Diese Anschauung wird von Trüeb: 33, zu Unrecht als grundfalsch bezeichnet.

so ist unter Umständen noch zu untersuchen, ob nicht ein — anderer Notstand vorlag.

Notwehr ist die zur Verteidigung erforderliche Abwehr eines gegenwärtigen oder unmittelbar drohenden rechtswidrigen Angriffes von sich oder einem andern durch Verletzung von an sich rechtlich geschützten Interessen des Angreifers. Notwehr ist verteidigende Selbsthilfe, im Rahmen der Rechtsordnung anerkannt für bestimmte Fälle, in denen die staatliche Rechtshilfe oder andere Hilfen nicht zur Verfügung stehen (sog. Subsidiarität der Notwehr)[1]).

In diesen Hauptlinien steht der Begriff in der Wissenschaft[2]) und der Gesetzgebung wohl fest. In der Ausgestaltung weichen dagegen die schweizerischen Rechte vielfach voneinander ab. Sowohl das Bundesstrafrecht (BStG. Art. 29, MilStG. Art. 31)[3]) wie die kantonalen Rechte bestimmen über die Notwehr. Die Vorschriften stehen im Allgemeinen Teil. Nur Tessin (Art. 293, 298 und 318) behandelt sie im Zusammenhang mit den Tötungs- und Verletzungsdelikten. Sie werden dort, allzu eng, als Fälle strafloser Tötung oder Körperverletzung gekennzeichnet.

Art. 52 I des OR. verneint, wenn jemand „in berechtigter Notwehr einen Angriff abwehrt", die Ersatzpficht für den der Person oder dem Vermögen des Angreifers zugefügten Schaden. Darin wird eine vom Strafrecht unabhängige zivilrechtliche Notwehrbestimmung erblickt. In der Frage der privatrechtlichen Haftpflicht ist daher für die Entscheidung, ob Notwehr vorliegt, nicht auf die kantonalen Strafgesetze und Strafurteile abzustellen. Anderseits muß die eidgenössische Bestimmung des Art. 52 I OR., wenn nach ihr der Notwehrbegriff weiter ist als nach einem kantonalen Strafrecht, dieses letztere beeinflussen: war nach Bundesrecht die Notwehr „berechtigt", so ist eine Bestrafung nach kantonalem Recht nicht mehr denkbar. Übereinstimmung zwischen dem zivil- und dem strafrechtlichen Notwehrbegriff ist daher zu erstreben. Von jeher hat sich das Strafrecht intensiver mit ihm beschäftigt. Die Anerkennung der in Art. 32 des eidg. E. enthaltenen Umschreibung auch im Zivilrecht empfiehlt sich für die Zukunft[4]).

---

[1]) Der Hinweis darauf, daß Notwehr nur zulässig ist, wenn obrigkeitliche oder andere Hilfe nicht erhältlich oder nicht ausreichend sind, findet sich mehrfach auch in den gesetzlichen Bestimmungen, z. B. Luzern § 54 I, Graubünden § 46, Waadt Art. 57 I. — Eine Rechtspflicht, sich einem Angriff durch mögliche Flucht zu entziehen, besteht jedoch nicht; BE. 18, 345. — Krebs: zum bernischen StGB. Art. 52, N. 5.

[2]) Vgl. auch BE. 25 II, 29f.; 29 II, 618; 32 II, 370f.

[3]) Zu MilStG. Art. 31 Berli: namentlich 70ff., 77ff., 83ff., 96ff.

[4]) Über diese Beziehungen zwischen dem straf- und dem privatrechtlichen Notwehrbegriff: Hafter: Z. 15, 264. — Gmür: ZschwR. N.F. 22, 622ff. —

II. Ausgestaltung. 1. Notwehr setzt einen gegenwärtigen Angriff voraus. Dem gegenwärtigen muß der unmittelbar drohende Angriff gleichgehalten werden[1]). Eine nähere juristische Umschreibung ist kaum möglich. Der richterlichen Tatsachenwürdigung bleibt ein weites Feld. Immerhin steht zweierlei fest: Es ist unzulässig, unter dem Gesichtspunkt der Notwehr gegenüber erst für die Zukunft befürchteten Angriffen verletzende Sicherungsmaßregeln zu treffen. Dagegen muß erlaubt sein, Sicherungen aufzustellen, die erst im Moment eines Angriffes wirksam werden (Fußangeln, Selbstgeschoße usw.). Nur dürfen sie nicht eine Gefährdung der Allgemeinheit darstellen. Ebensowenig deckt der Notwehrbegriff eine Reaktion gegenüber dem bereits zum Abschluß gelangten Angriff. Rache, Retorsion sind keine Notwehrakte[2]). Deshalb ist auch in den Bestimmungen zahlreicher Gesetze, die denjenigen straflos lassen, der verletzende Handlungen verübt, um die seinem Besitze widerrechtlich entzogenen Sachen wieder zu erhalten oder um einen widerrechtlich Eingedrungenen zu vertreiben[3]), keine Notwehr zu erblicken. Das sind Fälle erlaubter aggressiver Selbsthilfe (unten § 31 I 1).

2. Der Angriff muß rechtswidrig sein. Jede objektive Rechtswidrigkeit genügt. Daß der Angriff einen Straftatbestand erfüllt, ist nicht erforderlich. Ein Schuldner darf sich z. B. gegen jede nicht erlaubte Selbsthilfe seines Gläubigers zur Wehr setzen. Ein schuldhaftes Handeln des Angreifers ist nicht Voraussetzung. Auch gegenüber dem Unzurechnungsfähigen, dem Irrenden, muß Notwehr erlaubt sein. Bestritten ist die Zulässigkeit der Notwehr gegenüber einem von einem Tiere ausgehenden Angriff. Ist freilich das Tier von einem Menschen zum Angriff gehetzt, so hat dieser als der Angreifer zu gelten. Das Tier selbst aber kann kaum „rechtswidrig" angreifen. Nur im Verhältnis von Mensch zu Mensch kann von einer Rechtswidrigkeit die Rede sein. Der Angriff des Tieres begründet eine außerhalb des

---

Becker: OR. Kommentar, Art. 52, N. 2ff. — Trüeb: Notwehr und Notstand, läßt diese Fragen leider fast ganz beiseite, vgl. immerhin 47f. Siehe auch BE. 19, 769.

[1]) Der eidg. E. Art. 32 sagt „angegriffen oder unmittelbar mit einem Angriff bedroht"; vgl. den Fall BE. 29 II, 614ff., 618f.

[2]) BE. 23, 1717: Nachdem „die Angreifer sich zur Flucht gesetzt hatten, durfte der Beklagte nicht mehr mit der Schußwaffe gegen sie vorgehen". Eine andere Frage ist, ob das Gesetz die Retorsion unter einem andern Gesichtspunkt berücksichtigt, z. B. unter Umständen bei auf der Stelle erwiderten Beschimpfungen und Tätlichkeiten; Daten aus der kantonalen Gesetzgebung bei Stooss: Grundzüge, 1, 468; 2, 305; eidg. E. Art. 154 Ziff. 2 II. Es handelt sich hier um Strafaufhebungs- oder -milderungsgründe, nicht um einen Ausschluß der Rechtswidrigkeit.

[3]) Zürich § 48 I; Bern Art. 53; Luzern § 54 II; Obwalden Art. 35 II; Glarus § 32 I; St. Gallen Art. 26 I; Thurgau § 26 II. Bern scheidet diese Fälle ausdrücklich der erlaubten Selbsthilfe außerhalb der Notwehr zu.

Notwehrinstitutes stehende Gefahr, auf welche die Bestimmungen über den Notstand zur Anwendung gelangen (unten § 30 II 1)[1]).

Alles das weist darauf hin, daß man die Notwehr richtig als den staatlich gebilligten verteidigenden Selbstschutz gegen das Unrecht charakterisiert. Notwehr gegenüber einem rechtmäßigen Angriff kann es nicht geben[2]). Ebenso ist Notwehr gegenüber der Notwehrhandlung eines andern begrifflich nicht möglich. Das Wahrzeichen: Selbstkampf gegen das Unrecht ist eines der hauptsächlichen Unterscheidungsmerkmale gegenüber der Notstandshandlung i. e. S. (unten § 30 I).

3. Aus der an die Spitze gestellten Umschreibung ergibt sich, daß die Notwehr zu eigenem wie zu fremdem Schutze zulässig ist. Jedem zu Unrecht Angegriffenen zu helfen, ist zwar nicht Pflicht, aber hohes Menschenrecht, dem die Rechtsordnung auch in diesem Zusammenhang die Anerkennung nicht versagen darf. Die Gesetze bringen das Recht zur Notwehrhilfe regelmäßig zum Ausdruck[3]). Glarus § 32 und Appenzell A.-Rh. Art. 39 erwähnen es nicht ausdrücklich. Der Gedanke liegt aber auch in diesen Bestimmungen.

4. Erhebliche Abweichungen zeigen sich bei der Frage nach dem Kreis der Rechtsgüter, denen der Notwehrschutz zuteil wird[4]):

Bei Tessin Art. 293 und Genf Art. 54/55 kann man sich fragen, ob diese Gesetzgebungen nicht im Anschluß an die ältere, heute wohl aufgegebene französische Auffassung[5]) davon ausgehen, daß die Notwehr nur zum Schutz persönlicher Güter (Leib und Leben) berechtigt sei. Die Auslegung dieser Bestimmungen läßt jedoch auch eine weitere Auffassung zu. Tessin Art. 293 § 1 nennt übrigens ausdrücklich auch das Geschlechtsleben (pudore) als Schutzobjekt.

Alle andern Gesetze lassen über eine weitere Ausdehnung des Not-

---

[1]) Dazu, im Resultat abweichend (Notwehr auch gegenüber Tieren), Tobler: 59ff. — Trüeb: 16ff. Übereinstimmend mit dem Text Michailoff: (Lit. zu § 30), 55; die zürcher. Praxis, Zürcher: Kommentar StGB., § 48, N. 2. Zum Stand der Frage vgl. namentlich Oetker: VD. Allg. Teil, 2, 263ff., 324f. Die französische Praxis scheint Notwehr gegenüber dem Tierangriff anzuerkennen; vgl. Roux: Cours de Droit pénal, 134. Anderseits verhält sich die italienische Literatur wiederum ablehnend, z. B. Alimena: Principii, 1, 562. — Florian: Trattato (sec. ediz.), 1, 416.

[2]) JZ. 16, 88 Nr. 50.

[3]) In verschiedener Formulierung, z. B. Zürich § 44: „um sich oder andere ... zu schützen"; Bern Art. 52: „um sein oder anderer Leben usw.... zu schützen"; der eidg. E. Art. 32 erklärt den „Angegriffenen und jeden andern" für berechtigt, Notwehr zu üben.

[4]) Vgl. die ausführliche Darstellung bei Stooss: Grundzüge, 1, 252ff., auch Oetker: VD. Allg. Teil, 2, 320f.

[5]) Dazu Stooss: Grundzüge, 1, 252f. und Neubecker: (Lit.-Angaben zu § 30) 312. Jetzt gut Roux: a. a. O. 135. — Garraud: Précis de Droit criminel (dixième éd.), 227f.

wehrschutzes keinen Zweifel: BStG. Art. 29, Bern Art. 52, Aargau § 46 nennen Leib, Leben, Freiheit und Eigentum[1]). Andere Gesetzbücher, z. B. Luzern § 54, Glarus § 32, nennen umfassender als Schutzobjekte Personen oder Güter. Im Resultat bedeutet diese Formel das gleiche wie die Fassung der Gesetze, die eine Notwehr gegenüber einem Angriff auf irgendein Rechtsgut zulassen (Zug § 29 II, Solothurn § 39 II, beide Basel § 35 II und die Novelle von Schaffhausen § 35 II)[2]). Das trifft auch zu bei Art. 32 I des eidg. E.: „Wird jemand ohne Recht angegriffen oder unmittelbar mit einem Angriff bedroht." Die dogmatische Entwicklung dieser Einzelfrage ist damit zum richtigen Abschluß gelangt.

5. Am meisten Schwierigkeiten bereitet die Feststellung der Notwehrgrenzen mit Bezug auf die Art der Abwehr. Zunächst scheint klar: Notwehr dient zum Schutz gegenüber einem rechtswidrigen Angriff. Die zur Abwehr erforderliche Verteidigung muß also das Maßprinzip sein[3]). Von diesem Gedanken aus gelangt man zu der Annahme, daß es nicht so sehr auf Art und Wert des angegriffenen oder bedrohten Gutes, als auf die Heftigkeit des Angriffes ankommt. Wenn ein wild aussehender Kerl sich an den Kohlköpfen in meinem Garten zu schaffen macht, meiner guten Zureden und meiner Drohungen spottet — darf ich dann, um den Diebstahl abzuwehren, auf ihn schießen, ihn töten oder verletzen? Das muß, wenn die „erforderliche Verteidigung" das Maßprinzip ist und keine andere Hilfe zur Verfügung steht, erlaubt sein. Man hat eine solche Ordnung mit einer gewissen Berechtigung als Totschlägermoral bezeichnet. Deshalb versuchen schon geltende Rechte durch Aufstellung eines andern Maßstabes eine andere Lösung: Waadt Art. 57 I und ganz ähnlich Wallis Art. 95 I rechtfertigen die Notwehr nur, „lorsqu'il y avait urgence et que les moyens de défense ont éte proportionnés au danger". Damit ist das Prinzip der Proportionalität zwischen dem angegriffenen oder gefähr-

[1]) Bern stellt in Art. 95 II und III noch besondere Normen für die Abwehr bei Hausfriedensbruch auf.

[2]) Wörtliche Nachbildung von § 53 II des deutschen StGB.: „Notwehr ist diejenige Verteidigung, welche erforderlich ist, um einen gegenwärtigen, rechtswidrigen Angriff von sich oder einem andern abzuwenden." — Vgl. BE. 32 II, 370f. (zivilrechtliches Urteil): wirtschaftlicher Angriff und wirtschaftliche Abwehr (Boykott) unter dem Gesichtspunkt der Notwehr.

[3]) Das sagen zahlreiche Gesetze ausdrücklich. So mit der Formel in § 53 II des deutschen StGB. Zug, Solothurn, beide Basel und Schaffhausen. Ferner z. B. Zürich § 48 I: Der Notwehr Übende ist straflos, „insofern er hierbei die Grenzen der Verteidigung nicht überschritten hat" oder Graubünden § 46: „wenn die Verteidigung nicht weiter ausgedehnt wird, als zur Abwehr des Angriffs durchaus notwendig war." Vgl. ferner Neuenburg Art. 73 II: „La légitime défense est limitée à l'emploi des moyens nécessaires pour protéger ..." Vgl. auch BE. 29 II, 619.

deten Gut und dem Gut, das der Notwehr Übende verletzt, eingeführt[1]). Es kommt nicht mehr, jedenfalls nicht mehr ausschließlich, auf die Heftigkeit des Angriffes an. Den gleichen Gedanken will der eidg. E. Art. 32 I mit den Worten, daß der Angriff „in einer den Umständen angemessenen Weise" abzuwehren sei, zum Ausdruck bringen[2]). Freiburg Art. 19 I hat diese Formel übernommen.

Die Einführung des Gedankens der Proportionalität in den Notwehrbegriff ist vielfach, namentlich auch im Hinblick auf den eidg. E.[3]), kritisiert worden. OETKER (a. a. O. 323) meint, der Grundsatz der Verhältnismäßigkeit führe zur „Privilegierung von Dieben, die nur wenig oder nur wenig auf einmal stehlen", und BINDING (Handbuch 1, 752) sagt drastisch, die Proportionalität fordern, heiße „dem energischen Angreifer auf geringere Güter den Sieg offiziell in die Hand spielen". Eine gewisse Berechtigung kommt dieser Kritik zu. Wenigstens theoretische Bedenken weckt die Fassung des E. namentlich auch deshalb, weil nach ihr dem Notwehr Übenden, wenn er straflos bleiben soll, die kühle Abwägung aller Umstände zugemutet werden müßte. Das ist gegenüber dem unrechtmäßig Angegriffenen fast zu viel verlangt[4]).

Trotzdem ist die Einführung des Proportionalitätsgedankens zu billigen. In der Praxis wird vernünftiges richterliches Ermessen vor Mißgriffen bewahren. Der Richter, namentlich auch der Geschworene — dem hier trotz allem ein gewisses Vertrauen entgegengebracht werden muß —, wird sich gerade mit der Formel, daß die Abwehr den Umständen angemessen sein muß, zu helfen wissen[5]).

6. Die Beurteilung der in der Literatur häufig besprochenen sog. Aberrationsfälle sollte juristisch keine Schwierigkeiten bieten: Die zwei Gegner, der Angreifer und der Angegriffene, stehen sich gegenüber. Bei der Abwehr trifft der Angegriffene nicht oder nicht nur seinen Angreifer, sondern einen gänzlich unbeteiligten Dritten. Rechtmäßig,

[1]) Dazu Répertoire vaudois, 147. Eigenartig Aargau § 50: Bei Angriffen auf Eigentum von „geringem Wert" wird Notwehr nicht zugelassen, „außer wenn der Bedrohte Grund hatte, aus der Eigenschaft des Angreifers, aus der Art des Angriffes oder aus andern Umständen zugleich Gefahr für sich selbst zu besorgen".

[2]) STOOSS: Motive 1893, 31f. nennt ausdrücklich das waadtländische StGB. als Vorbild. Vgl. ferner Prot. I. ExpKom. 1, 106ff. — TEICHMANN: Bibliographie, Z. 11, 220f. — HEBERLEIN: Exzeß der Notwehr, 20ff. — BERLI: 79ff., 95ff.

[3]) TOBLER: 80ff. — TRÜEB: 40f. — OETKER: VD. Allg. Teil, 2, 323, 325.

[4]) Irrtum über die den Umständen entsprechende Angemessenheit wird häufig sein. Das weist zur Putativnotwehr und zur Irrtumslehre hinüber; unten § 36. Die korrigierende juristische Lösung ist dort zu suchen.

[5]) Vgl. auch BAUMGARTEN: 117f. Im Resultat ähnlich, aber in der Konstruktion unbefriedigend, TRÜEB: 41: Notwehr ist ein Recht. Mißbrauch eines Rechtes ist Rechtsverletzung. Mißbrauch aber liegt vor, wenn an der Ausübung eines Rechtes kein oder nur ein ganz minimes Interesse besteht. Verletzung oder Tötung eines Menschen um einer Kleinigkeit willen ist daher nicht mehr Ausübung des Notwehrrechtes.

wenigstens unter dem Gesichtspunkt der Notwehr, kann die Verletzung des Dritten nicht sein. Einzelne Texte betonen auch ausdrücklich, daß die Abwehrhandlung gegen den Angreifer gerichtet sein muß (Zürich § 48 I, Appenzell A.-Rh. Art. 39, St. Gallen Art. 26 I, Aargau § 47, Thurgau § 26 I). Aus dem Notwehrbegriff ergibt sich, daß gleiches auch für die andern Rechte gelten muß. — Für die Lösung, die auf Grund allgemeiner Rechtsregeln zu treffen ist, ergibt sich eine Unterscheidung: War bei der Verteidigung die Verletzung eines Dritten objektiv unvermeidbar, so liegt ihm gegenüber eine Notstandshandlung vor. Die Bestimmungen über den Notstand (unten § 30) sind anzuwenden. Hätte dagegen der Eingriff in die Rechtssphäre des unbeteiligten Dritten vermieden werden können, so ergibt sich die Lösung aus der Prüfung der Schuldfrage. Dabei kann nach der Lage der Dinge nur eine Fahrlässigkeit in Frage kommen[1]).

III. Überschreitung der Notwehr. Ihre dogmatische Würdigung kann eigentlich restlos auf dem Wege der Schlußziehung aus den Notwehrregeln gewonnen werden. Damit ist der gelegentlich auftauchende Vorschlag, von besondern gesetzlichen Bestimmungen abzusehen[2]), zu erklären. Notwehrexzeß liegt vor, wenn der Angegriffene die Grenzen der Verteidigung überschreitet, wenn er den bereits kampfunfähigen Angreifer weiter züchtigt, wenn er von vorneherein mit Kanonen auf Spatzen schießt, oder — bei den Rechten, die das Prinzip der sog. Proportionalität aufstellen — wenn er im Hinblick auf das angegriffene oder gefährdete Gut in einer den Umständen nicht angemessenen Weise abwehrt.

Überall hier entsteht Rechtswidrigkeit und grundsätzlich Verantwortlichkeit. Aber diese starre Lösung hat den Gesetzgeber fast allgemein nicht befriedigt. Nie ist zu vergessen, daß im Hintergrund stets die rechtswidrige Handlung des Angreifers steht und ferner, daß nur wenige in eine Notwehrlage geratene Menschen kühles Blut und temperamentlose Überlegung zu bewahren vermögen. Die besondere gesetzgeberische Erfassung dieser Verhältnisse ist daher, wenigstens im Strafrecht, notwendig, während allerdings das Privatrecht einer besondern Berücksichtigung des Notwehrexzesses entraten kann[3]). Nach zwei Richtungen ergeben sich strafgesetzliche Normen:

1. Die Überschreitung der Notwehr wird wegen des vorausgegangen Angriffes milder bestraft. Dieser Grundsatz kehrt, allerdings in

---

[1]) Gut TRÜEB: 48f.; ausführliche Erörterungen bei TOBLER: 102ff.; auch BERLI: 69.

[2]) BAUMGARTEN: 126. Das Genfer StGB. z. B. erwähnt die Notwehrüberschreitung nicht. Zum ganzen Problem s. namentlich HEBERLEIN: 26ff.

[3]) Es entsteht Schadensersatzpflicht gemäß Art. 41ff. OR. Für das Maß gewinnen Art. 43 I und 44 I (richterliche Berücksichtigung der Umstände, des Verschuldens, der Mitverantwortlichkeit des Verletzten) Bedeutung; vgl. TRÜEB: 66f. — GMÜR: ZschwR. N.F. 22, 623f.

verschiedener Ausgestaltung, in der Gesetzgebung immer wieder[1]). Besonderer Hervorhebung wert sind folgende Bestimmungen: Bern Art. 54 straft selbst bei Notwehrüberschreitung überhaupt nur, wenn die Verletzung den Tod, einen bleibenden Nachteil oder eine mehr als 20 Tage dauernde Arbeitsunfähigkeit des Angreifers zur Folge hatte (Art. 139—141). Dabei kann der Richter unter das niedrigste Strafmaß hinabgehen. Luzern §§ 56/7, Schwyz § 39, Obwalden Art. 36 II und Graubünden § 47 weisen den Richter auf die Prüfung der Schuldfrage hin. Die schuldhafte Überschreitung wird je nachdem — Vorsatz oder Fahrlässigkeit — kriminell oder korrektionell bestraft (Luzern § 57). Auch in diesen Bestimmungen liegt der zur Milderung führende Gedanke, daß die Tatsache des vorausgegangenen Angriffes besonders gewürdigt werden muß. Appenzell A.-Rh. Art. 40 II schränkt, mit ähnlicher Hervorhebung der Schuldfrage, die Strafmilderung bei Notwehrexzeß auf die Handlungen ein, denen „kein kaltblütiger feindseliger Vorsatz zugrunde liegt." Der eidg. E. Art. 32 II sieht bei Notwehrüberschreitung schlechthin die Strafmilderung nach freiem richterlichen Ermessen (Art. 63) vor.

2. Eine besondere Prüfung des psychischen Zustandes des in einer Notwehrlage Befindlichen, der die Abwehrgrenzen überschreitet — also der Schuldfrage — drängt sich in der Tat auf[2]). Gelingt es, die Schuldlosigkeit der Überschreitung darzutun, so muß Straflosigkeit des Handelnden eigentlich die selbstverständliche Folge sein. Deshalb sind, wenigstens theoretisch, die Bestimmungen von Schwyz § 39 und Graubünden § 47 am richtigsten: „Wenn die Grenzen erlaubter Notwehr überschritten worden sind, so hat der Richter nach den obwaltenden Umständen zu beurteilen, ob und in welchem Maße diese Überschreitung zum Vorsatz oder bloß zur Fahrlässigkeit *oder auch gar nicht zuzurechnen* und zu bestrafen sei." Die meisten Gesetze begnügen sich aber nicht mit einem schlichten Hinweis darauf, die Schuldfrage sei zu prüfen. Entweder versuchen sie eine Umschreibung, wann Schuld oder Nichtschuld bei Notwehrexzeß anzunehmen sei[3]), oder sie geben eine ausdrückliche Beschränkung des schuldlosen und daher straflosen Notwehrexzesses auf bestimmte Fälle. Diese letztere Ordnung ist besonders häufig in der Form, daß Straflosigkeit eintreten soll,

---

[1]) Vgl. die Zusammenstellung bei Stooss: Grundzüge, 1, 258.

[2]) Vgl. Heberlin: 40ff.: subjektive Beurteilung des Exzesses, d. h. Beurteilung im Hinblick auf die persönliche Lage des Angegriffenen.

[3]) Namentlich Luzern § 56: „Die Überschreitung der Grenzen der Abwehr ist nicht als schuldhaft zu erachten, wenn sich aus der Beschaffenheit des Orts, der Zeit, der Persönlichkeit der Beteiligten, aus der Art des Angriffs oder aus andern Umständen ergibt, daß der Angegriffene aus Überraschung, Furcht, Schrecken, oder überhaupt im Zustande gestörter Besonnenheit jene Überschreitung begangen habe." So auch Obwalden Art. 36 I und ähnlich Aargau § 48.

wenn die Überschreitung „aus Bestürzung, Furcht oder Schrecken" erfolgte[1]).

3. Die Bestimmungen über den Notwehrexzeß stellen persönliche Strafmilderungs- oder Strafausschließungsgründe dar. Notwehrüberschreitung ist immer Rechtswidrigkeit. Daher ist gegenüber dem Exzeß wiederum Notwehr zulässig.

IV. Häufig ist in den kantonalen Gesetzen die Bestimmung, daß, wer in der Notwehr verwundet oder getötet hat, zur Anzeige bei einer Behörde verpflichtet ist. Die Unterlassung ist strafbar (Zürich § 50, Luzern § 59, Thurgau § 28 usw.). Das ist ein typisches echtes Unterlassungsdelikt (oben § 15 III 1). Die Beachtung der Vorschrift liegt im Interesse des Notwehrtäters selbst. Sie soll auch verhindern, daß Unschuldige in Untersuchung gezogen werden.

V. Die Notwehr ist ein subjektives Recht des Angegriffenen. Notwehrhandlung ist Rechtsausübung. Sie ist nicht nur straflos. Die meisten geltenden Strafgesetze beschränken sich allerdings darauf, die Straflosigkeit zu konstatieren. Sie lassen damit die namentlich für die zivilrechtliche Haftpflicht wichtige Frage, ob Rechtmäßigkeit oder Rechtswidrigkeit anzunehmen ist, offen. Durch Art. 52 I OR. ist die Frage jedoch bundesrechtlich entschieden: Wer „berechtigte Notwehr" übt, ist nicht schadensersatzpflichtig. Wünschenswert ist, daß auch das Strafgesetz den Gedanken des Notwehrrechts unzweideutig zum Ausdruck bringt. In den welschen Rechten geschieht das bereits durch die Bezeichnung als légitime défense[2]). Unmißverständlich erklärt jetzt der eidg. E. Art. 32 I und ihm folgend Freiburg Art. 20 I: „Wird jemand ohne Recht angegriffen..., so ist der Angegriffene und jeder andere berechtigt, den Angriff... abzuwehren." Die Straflosigkeit ergibt sich daraus von selbst[3]).

---

[1]) Zürich § 48 II, Basel § 35 III usw., auch Tessin Art. 293 § 3: „quando ...risulti che l'imputato non ne abbia ecceduto i confini che per effetto di sbigottimento, spavento o terrore" und Neuenburg Art. 73 IV: „si l'auteur a agi sous l'empire d'une crainte ou d'une émotion causée par l'attaque dont il était l'objet." Der eidg. E. Art. 32 II präzisiert: „Überschreitet er (der Abwehrende) die Grenzen der Notwehr in entschuldbarer Aufregung oder Bestürzung über den Angriff, so bleibt er straflos."

[2]) Dazu z. B. auch im Text Waadt Art. 57 I: „La défense ... est légitime et non punissable ..."

[3]) Die Auffassung vom Notwehrrecht muß heute als unbestritten gelten; vgl. TOBLER: passim, TRÜEB: 45; trefflich C. CHR. BURCKHARDT: ZschwR. N.F. 22, 517: Notwehr ist rechtsgemäß, „weil sie gegenüber dem widerrechtlichen Angreifer der Bewährung des Rechts und damit der Rechtsordnung selber dient, und weil sie in häufigen Fällen, nicht nur als Nothilfe, sondern oft auch zur Selbsterhaltung in dem, was man ist und hat, vom Sittengebot direkt zur Pflicht erhoben sein kann."

§ 30. Notstand.

Literatur. Angaben zu § 29. STOOSS: Strafgesetzbücher, 87ff.; Grundzüge, 1, 259ff.; Z. 12, 330ff. — MORIAUD: Du délit nécessaire et de l'état de nécessité, Genfer Diss. (1889). — NEUBECKER: Zwang und Notstand in rechtsvergleichender Darstellung 1 (1910). — MICHAILOFF: Der strafrechtliche Notstand, Zürcher Diss. (1911). — GOLDSCHMIDT: Der Notstand ein Schuldproblem (1913), namentlich 45 ff. — MINTSCHEW: Der strafrechtliche Notstand, Neuenburger Diss. (1914). — OETKER: VD. Allg. Teil, 2, 329 ff., 388 ff. — JIMÉNEZ DE ASÚA: El estado de necesidad (1922), namentlich 21ff., 62f. GYSIN: ZschwR. NF. 45, 44ff.

I. Der Notstand im weiteren Sinne umfaßt auch die Notwehrlage. Hier ist jedoch nur zu untersuchen, wie weit die Rechtsordnung einen Notstand außerhalb der Notwehrsituation berücksichtigt. Der vom kanonischen Recht geprägte Satz: necessitas non habet legem — Not kennt kein Gebot — kann in der Absolutheit, die in diesen Worten liegt, nicht anerkannt werden. Eine befriedigende juristische Umgrenzung bietet größere Schwierigkeiten als die Umschreibung des besondern Falles der Notwehr. Auszugehen ist von dem Satz:

Notstand ist ein Zustand gegenwärtiger oder unmittelbar drohender Gefahr, die nur durch Verletzung von an sich rechtlich geschützten Interessen anderer abgewendet werden kann. Diese — weite — Umschreibung würde die Notwehr mitumfassen, wenn die Gesetzgeber nicht für sie eine lex specialis gebildet hätten. So aber ergeben sich schon aus der Tatsache der besondern Ordnung der Notwehr für den Notstand bestimmte Begrenzungen:

Notwehr ist Kampf gegen das Unrecht, gegen den rechtswidrigen Angriff eines Menschen. Der Notstand dagegen ist eine aus anderer Quelle entstandene Gefahr, die zugunsten des im Notstand Befindlichen gewaltsam abgewendet werden darf[1]). Die Notstandshandlung ist nicht Unrechtsbekämpfung. Immer handelt es sich um eine Kollision berechtigter Interessen. Aus diesen Verschiedenheiten ergeben sich sowohl für die Ausgestaltung der Notstandsbestimmungen wie auch für die juristische Konstruktion der Notstandslehre wichtige Folgen (unten, namentlich II 1: Subsidiarität, V: zivilrechtliche Folgen).

Wie für die Notwehr enthält das OR. auch für den Notstand eine eidgenössische zivilrechtliche Bestimmung (Art. 52 II). Sie ist jedoch beschränkt auf die Kollision mit fremden Vermögensinteressen; vgl. auch ZGB. Art. 701. Eine volle Übereinstimmung zwischen Zivil- und Strafrecht ist hier im Hinblick auf die verschiedene Zweckbestimmung der beiden Rechtsteile kaum denkbar[2]).

---

[1]) Dazu, teilweise abweichend, TRÜEB: (Lit. zu § 29), 29 ff.

[2]) OSER: OR. Kommentar, Art. 52, N. IV 2: Der strafrechtliche Notstandsbegriff muß weiter sein als der zivilrechtliche; vgl. auch HAFTER: Z. 16, 445f.

Ein Überblick über die kantonalen Strafgesetze[1]) führt zu dem mißlichen Resultat, daß vielfach die Ordnung des Notstandes mit den Bestimmungen über den Zwang durch unwiderstehliche Gewalt und Drohungen, ja auch mit den Normen über die Unzurechnungsfähigkeit verbunden ist[2]). Erstes Gebot für eine richtige Erfassung der Notstandslehre ist aber die Scheidung: Beim Handeln unter einem Zwang liegt ein Schuldproblem vor — Schuldausschließung oder Schuldminderung (unten § 35). Die Erörterung auch des Notstands unter diesem Gesichtspunkt ist abzulehnen. Vielmehr ist die nahe Beziehung zum Notwehrrecht aufrecht zu erhalten, wobei zunächst die Frage offen bleibt, ob auch von einem eigentlichen Notstands**recht** gesprochen werden kann (unten V). Jedenfalls ist die den gesetzlichen Bestimmungen gemäße Notstandshandlung ebenso wie die Notwehr nicht strafrechtswidrig. Wenn das aber feststeht, braucht nicht erst untersucht zu werden, ob der Täter schuldhaft oder nicht schuldhaft gehandelt hat[3]).

Nur folgende Gesetze haben echte Notstandsbestimmungen aufgestellt, sie allerdings mehrfach von der Schuldlehre nicht deutlich genug losgelöst: Zürich § 47, Bern Art. 55, Luzern § 58, Schwyz § 37 II, Zug § 28 i. f., Freiburg Art. 21, Solothurn § 40, beide Basel § 34, Schaffhausen (Novelle 1916) § 33, St. Gallen Art. 25, Neuenburg Art. 74, endlich der eidg. E. Art. 33. Auch Aargau § 45 III lit. h und Thurgau § 24 lit. c behandeln den Notstand ausdrücklich, aber sie betrachten ihn mit der Gewalt, dem Irrtum usw. zusammen als einen Schuldausschließungsgrund, ja Aargau erklärt, bei Notstand sei der „freie Wille" als nicht vorhanden anzunehmen.

Bei den weit auseinander gehenden Ordnungen der kantonalen Rechte ergeben sich in der Durchführung des Notstandsinstitutes große Verschiedenheiten. Eine umfassende einheitliche Darstellung ist hier nicht möglich. Die folgenden Erörterungen beschränken sich auf den Versuch, die Lehre auf Grund derjenigen Gesetze, die echte Notstands-

---

1) Das BStG. enthält keine Notstandsbestimmung; bedenklich Zürcher Bl. 17 Nr. 116, wo angenommen wird, daß die Notwehrbestimmung des Art. 29 den Notstand mitumfasse. Das MilStGB. berücksichtigt in zwei Bestimmungen des besondern Teils (Art. 57 u. 81) den sog. Notstand der Disziplin. Eine allgemeine Notstandsbestimmung fehlt auch hier; vgl. HAFTER: VE. MilStGB. mit Motiven, 27ff., ferner JZ. 14, 124 Nr. 102. — BERLI: (Lit. zu § 29), 1ff.

2) Auch STOOSS: Strafgesetzbücher, 87ff. und Grundzüge, 1, 260ff. und OETKER: VD. Allg. Teil, 2, 388ff. lösen in ihren Darstellungen die Notstandsbestimmungen nicht immer genügend von der Schuldlehre los. Gut jedoch STOOSS: Grundzüge, 1, 171f., 259f. und 263 und besonders ROUX: Cours du Droit pénal, 140, auch GAUTIER: Z. 7, 115.

3) Namentlich in der deutschen Literatur ist die Streitfrage, ob der Notstand Rechtfertigungs- oder Entschuldigungsgrund ist, lebhaft; vgl. M. E. MAYER: StR. Allg. Teil, 300ff. und besonders GOLDSCHMIDT: a. a. O. passim.

bestimmungen aufstellen, dogmatisch zu entwickeln. Das Bild ist so noch bunt genug.

II. Ausgestaltung. Zum Teil ergeben sich die gleichen Fragen wie in der Notwehrlehre.

1. Voraussetzung einer Notstandshandlung ist eine gegenwärtige oder unmittelbar drohende Gefahr. Auch hier zählen nicht Gefahren, die erst für die Zukunft befürchtet werden[1]). Ebensowenig ist eine Notstandshandlung zulässig, wenn der Gefahrzustand bereits vorüber ist.

Was aber bedeutet hier Gefahr? Sicher ist es nicht der Zustand, in dem sich der zu Unrecht von einem andern Angegriffene befindet, denn ihm steht das Notwehrrecht zu. Aber auch wer pflichtmäßig sich einer Gefahr aussetzen muß (Rechtspflichterfüllung), der Soldat, der Polizist, der Feuerwehrmann, kann sich auf die Notstandsbestimmung nicht berufen[2]). Nach Ausscheidung dieser Fälle bleiben grundsätzlich für die Notstandsnorm alle andern, einem Menschen drohenden Gefahren übrig, die von Menschen, Tieren oder Sachen ausgehen, oder die sich aus Ereignissen oder Zuständen irgendwelcher Art ergeben[3]). Ob der Gesetzgeber alle diese Notstände ausnahmslos als schutzbedürftig anerkennen will, ist bei der weitern Ausgestaltung der Notstandsnorm erst noch zu prüfen (namentlich unten 3—5). Schon hier ist aber die Subsidiarität der Notstandsbefugnis zu betonen: Die Notstandshandlung ist immer die gewaltsame, einen andern verletzende Lösung einer Interessenkollision. Daraus folgt die Forderung, daß die Gewaltanwendung nur zulässig sein darf, wenn kein anderer Rettungsweg sich eröffnet. Auch die — mögliche — Flucht aus der Gefahr ist ein solcher Weg. Sie darf nicht als schimpflich gelten[4]). In den meisten

[1]) Die Notstandsbestimmung deckt eine (ärztliche) Abtreibung, wenn sie als das einzige Mittel erscheint, um die Schwangere aus einer unmittelbaren Lebens- oder Leibesgefahr zu erretten. Die Berufung auf den Notstand versagt, wenn die Unterbrechung der Schwangerschaft lediglich damit begründet wird, für die Zukunft sei ein Schaden oder die Verschlimmerung einer Krankheit, an der die Schwangere leidet, zu befürchten. Nur eine besondere Bestimmung kann hier die Straflosigkeit gewähren. Der eidg. E. Art. 107 (straflose Abtreibung) stellt sie auf. Dazu Prot. II. ExpKom. 8, 224ff., namentlich 228ff.

[2]) Deshalb gestaltet sich z. B. im Militärrecht das Notstandsproblem teilweise anders; vgl. Hafter: VE. MilStGB. mit Motiven, 27f. — Berli: (Lit. zu § 29), 9ff. Der E. des neuen MilStGB. Art. 26 Ziff. 1 III schließt die Anwendung der Notstandsbestimmung ausdrücklich aus, „wenn der Täter aus Feigheit eine Dienstpflicht verletzt.“ Vgl. Berli: 30ff., auch Zürcher: Erläuterungen VE. 1908, 53. — M. E. Mayer: StR. Allg. Teil, 302, N. 6.

[3]) Gute Beispiele aus der französischen Rechtsprechung bei Roux: Cours de Droit pénal, 139.

[4]) Anders bei der Notwehrlage. Dort ist sie dem rechtswidrig Angegriffenen nicht zuzumuten (oben S. 136, Anm. 1). Über das Prinzip der Subsidiarität beim Notstand Gautier: Prot. II. ExpKom. 1, 187: „Le droit tiré de l'état de nécessité est strictement subsidiaire“. — Trüeb: 38.

Gesetzen ist das Prinzip der Subsidiarität ausdrücklich hervorgehoben. Zürich § 47 z. B. spricht von einem „auf andere Weise nicht zu beseitigenden Notstande“, der eidg. E. Art. 33 von einer „nicht anders abwendbaren Gefahr“, usw.

2. Man sollte erwarten, daß, gleich wie bei der Notwehr, die Notstandshandlung zu eigenem wie zu fremdem Schutze als zulässig betrachtet würde. Das geltende Recht anerkennt aber die Notstandshilfe noch keineswegs allgemein. Nur die Notstandsbestimmungen von Zürich §§ 46 47, Luzern § 58, Zug § 28, Freiburg Art. 21, Solothurn § 40, Basel § 34, Schaffhausen (Novelle 1916) §§ 32/3 und Neuenburg Art. 74 II lassen die Hilfe für jedermann zu. Gleiches bestimmt der eidg. E. Art. 33. Schwyz § 37 II verleiht die Notstandsbefugnis nur dem „Genötigten“ selbst. Auf die eigene Not und die naher, im Gesetzestext bezeichneter Verwandter beschränken die Notstandshandlung Bern Art. 55, Aargau § 45 III lit. h und Thurgau § 24 lit. c. Daß derartige Beschränkungen unbillig sind, wird heute wohl nicht mehr bestritten. Das neue Recht entwickelt ja auch den Gedanken der Nothilfe zugunsten von jedermann noch nach einer andern Richtung: Es stellt die Unterlassung einer möglichen und zumutbaren Nothilfe unter Strafe[1]), schafft also für gewisse Fälle eine Rechtspflicht, einem andern in der Not beizustehen. Nicht selten wird es sich dabei um eine Notlage handeln, die nur durch den Eingriff in eine fremde Rechtssphäre gewendet werden kann. Sobald die Gesetzgebung derartige, zugunsten von jedermann wirkende Rechtshilfepflichten schafft, muß aber auch die allgemeine Nothilfe im Notstands- und im Notwehrrecht anerkannt und straflos gelassen werden[2]).

3. Die Gesetze ziehen auch den Kreis der Rechtsgüter, die durch eine Nottat geschützt werden dürfen, sehr versch eden. Nur Leib und Leben bezeichnen als notstandsfähige Güter Zürich § 46/7, Bern Art. 55, Zug § 28, Solothurn § 40, Basel § 34, Schaffhausen (Novelle 1916) § 32 und Thurgau § 24 lit. c. Aargau § 45 III lit. h berücksichtigt sogar nur die Lebensgefährdung. Neuenburg Art. 74 geht

---

1) Insbesondere eidg. E. Art. 296, dessen Grundtatbestand (Abs. 1) lautet: „Wer es unterläßt, einem Menschen in Lebensgefahr zu helfen, obwohl es ihm den Umständen nach zugemutet werden könnte, wird ... bestraft.“ Ebenso jetzt Freiburg Art. 66. Ähnlich schon Obwalden, PolStG. Art. 136/7, Tessin Art. 170, Neuenburg Art. 307 u. 443 Ziff. 6.

2) Über diese Zusammenhänge zwischen dem Deliktstatbestand „Unterlassung der Nothilfe“ und den Notstandsbestimmungen s. STOOSS: Grundzüge 1, 271ff. — NEUBECKER: 313 und namentlich PEDOTTI: Unterlassung der Nothilfe, Zürcher Diss. (1911), 70ff., 146ff.; 146: Ein sorgfältiges Gesetz muß „die Vorschriften über die straflose Notstandshandlung zugunsten eines Dritten und die Nothilfepflicht in Einklang miteinander bringen.“ Unbefriedigend über die Umgrenzung der Nothilfe GOLDSCHMIDT: a. a. O. 66f.

weiter (personne et vie), ebenfalls Schwyz § 37 II (Freiheit, Gesundheit und Leben). Freiburg Art. 21 bestimmt: „Die Tat, die jemand begeht, um sich oder einen andern aus einer ... Gefahr für die Person zu erretten"[1]). Die moderne Gesetzgebung hält derartige Beschränkungen nicht mehr für gerechtfertigt. Luzern § 58 nennt als notstandsfähig Leben, Leib, Freiheit, Ehre und Vermögen. Der Art. 33 des eidg. E. endlich läßt alle Schranken fallen. Er bestimmt: „Die Tat, die jemand begeht, um sein oder eines andern Gut, namentlich Leben, Leib, Freiheit, Ehre, Vermögen ... zu erretten"[2]). Diese schrankenlose Anerkennung aller Rechtsgüter als notstandsfähig ist allerdings nur erträglich, wenn das Gesetz gleichzeitig den Grundsatz der Proportionalität durchführt (unten 5). Darin liegt die notwendige Korrektur. G r u n d s ä t z l i c h soll ich jedoch mich und andere aus jeder irgendwie gearteten unmittelbaren Notlage befreien dürfen, ohne Strafe fürchten zu müssen.

4. Muß aber, damit die Nottat Anspruch auf Straflosigkeit erheben kann, die Gefahr u n v e r v e r s c h u l d e t sein? Der Taschendieb, der in einer Schaubude eine Panik verursacht, um im Gedränge stehlen zu können, gerät dabei selbst in Lebensgefahr. Darf er, um sich zu retten, ungestraft andere niederschlagen? Viele Gesetze (Zürich § 47, Bern Art. 55, Luzern § 58, Schwyz § 37 II, Freiburg Art. 21 II, Solothurn § 40, Thurgau § 24 lit. c, Neuenburg Art. 74) fordern eine unverschuldete Gefahr. Dagegen verzichten Zug § 28, Basel § 34, Aargau § 45 III lit. h und der eidg. E. Art. 33 auf diese Voraussetzung. Die für alle Fälle einheitlich richtige Lösung zu geben, hält schwer[3]). Beachtenswert ist die bei der Beratung des eidg. E. vorgeschlagene Unterscheidung zwischen der Nottat zum eigenen und zum fremden Schutz. Hat der Täter seine Gefahr selbst verschuldet, so befreit ihn die Nottat nicht von der Strafe, während bei der N o t s t a n d s h i l f e für den Befreier nichts darauf ankommen soll, ob der andere seine Gefahr verschuldet hat oder nicht[4]). Aber auch diese Lösung befriedigt noch nicht. Sie muß grundsätzlicher gesucht werden. Wer schuldhaft, namentlich wer v o r s ä t z l i c h einen Notstand herbeiführte, um die geschaffene Gelegenheit zu einer Übeltat auszunutzen, muß nach den Grundsätzen über den Kausalzusammenhang und die Schuldlehre strafbar sein,

[1]) Dazu die Motive 14: „Handelt es sich also etwa um Freiheit, Ehre, Vermögen, so wird der Notstand nicht ohne weiteres für alle Fälle anerkannt." Dem freien Richterermessen wird hier fast zuviel zugemutet.

[2]) Über die besondere militärrechtliche Frage: Notstand der militärischen Disziplin, BERLI: 47ff.

[3]) Die Literatur ist geteilter Meinung. Vgl. über den Stand der Frage namentlich v. BAR: Gesetz und Schuld, 3, 266ff. Außer v. BAR treten für das Moment der Unverschuldetheit auch TOBLER: 55ff. und BERLI: 26ff. ein.

[4]) Dazu DELAQUIS: Z. 36, 121f.; vgl. auch GOLDSCHMIDT: 51.

wenn er mit der aus der Gefahr befreienden Handlung einen Deliktstatbestand erfüllt[1]). Bei dieser Auffassung erübrigt es sich, in der Notstandsbestimmung selbst das Problem noch zu lösen. Die Weglassung des Wortes „unverschuldet“ in neuern Gesetzen ist daher zu billigen. Das führt dann zu der richtigen Lösung, daß z. B. ein Mensch, der fahrlässig sein Leben in Gefahr brachte und sich daraus nur durch Verletzung fremden Vermögens erretten konnte, keiner Strafe verfällt.

5. Ungleich wichtiger als bei der Notwehr (oben § 29 II 5) ist bei der Notstandshandlung die Frage der Proportionalität. Da es sich beim Notstand immer um eine Kollision berechtigter Interessen handelt, wird der Beurteiler einer Nottat zu einer Interessenabwägung, zur Berücksichtigung des überwiegenden Interesses, geradezu gedrängt. Niemand zweifelt, daß ich nicht um einiger Silberlinge willen ein fremdes Leben opfern darf. Deshalb beschränken namentlich ältere Rechte die notstandsfähigen Güter (oben 3). Läßt aber das Gesetz, wie z. B. Art. 33 des eidg. E., diese Beschränkungen fallen, so muß es zur Betonung des Proportionalitätsgedankens gelangen.

Besonders zu beachten ist hier von den geltenden Gesetzen St. Gallen Art. 25, der eine an sich strafbare Handlung „wegen Not“ straffrei läßt, wenn der Täter „von einem mindestens so schweren Übel bedroht war, als dasjenige ist, zu welchem er sich gegen andere bestimmen ließ“. Das gleich- oder minderwertige fremde Interesse darf also dem wertvollern oder gleichwertigen eigenen Interesse geopfert werden. Das Wertverhältnis hat der Richter im Einzelfall nach freiem Ermessen zu bestimmen[2]). Während das St. Galler-Recht deutlich einen objektiven Wertmaßstab aufstellt, verneint Art. 33 des eidg. E. die Straflosigkeit, „wenn dem Täter den Umständen nach nicht zugemutet werden konnte, das gefährdete Gut preiszugeben.“ Das ist ein subjektives oder vielleicht besser gesagt ein subjektiv-relatives Maß. Der Richter hat festzustellen, was man vom Standpunkt des Täters aus im Augenblick der Tat verlangen konnte. Auch hier liegt die Entscheidung im freien Ermessen des Richters[3]).

---

[1]) Baumgarten: a. a. O. 46ff. — Goldschmidt: 52f.

[2]) Zu der st.gallischen Bestimmung Stooss: Grundzüge, 1, 268ff., vgl. auch Prot. I. ExpKom. 1, 119ff. Gegen die im st.gallischen Art. 25 liegende Werttheorie allgemein Trüeb: 24ff. Über die Interessenabwägung im MilStR. s. Berli: 14ff., 20f.

[3]) Dazu Goldschmidt: 47 und 66, auch Neubecker: 309, Zürcher: Erläuterungen VE. 1908, 53: Berücksichtigung namentlich auch einer Amts- und Berufsstellung des Täters. Ferner Gautier: Z. 7, 116f.: Il faut résoudre les difficultés „non par des règles de droit rigides, mais à force de mesure et de tact. Nous sommes ici sous le règne de la tolérance.“

III. Die Parallele zum Notwehrexzeß ist die Überschreitung der für die Gefahrabwendung erforderlichen Tätigkeit. Die wenigsten Gesetze reden ausdrücklich von ihr. Dagegen erklärt der eidg. E. Art. 33 am Schluß der Notstandsbestimmung: „Andernfalls mildert der Richter die Strafe nach freiem Ermessen[1].“ Das kann nur heißen: eine Notlage war gegeben, aber sie entsprach nicht völlig der Notstandsbestimmung, oder der Täter hat die Proportionalität nicht gewahrt — deshalb tritt nur Strafmilderung, nicht Straflosigkeit ein. Zahlreiche Gesetze kommen auf einem andern Wege zum gleichen Resultat. Sie nennen die ein Verbrechen mitbestimmende Not des Täters bei den allgemeinen Strafminderungsgründen (z. B. Zürich § 60 lit. c; unten § 76 I 4).

IV. Luzern § 59 und Freiburg Art. 192 I gebieten, gleich wie bei der Notwehr, daß, wer im Notstand einen andern getötet oder körperlich verletzt hat, zur Anzeige an die Behörde verpflichtet ist. Thurgau fordert eine solche Anzeige gar von jedem, der im Notstand „irgendeine Beschädigung verübt hat“. Das ist zu weit gegriffen.

V. Die größte Uneinigkeit herrscht über die juristische Natur der Notstandshandlung. Ist sie rechtmäßig? Besteht ein Notstandsrecht? Oder ist sie rechtswidrig und bloß entschuldbar und daher straflos? Oder ist sie wenigstens nicht verboten, also nicht rechtswidrig und rechtlich neutral[2])? Die Gesetzestexte vermitteln regelmäßig keine Lösung. Sie begnügen sich im allgemeinen mit der Konstatierung der Straflosigkeit der Nottat, woraus ein Schluß auf ihre Rechtmäßigkeit oder Rechtswidrigkeit noch nicht gezogen werden kann. Schon deutlicher sagt Neuenburg Art. 74: „Il n'y a pas délit . . .“ Aber auch damit wird wohl nur negativ erklärt, daß die Notstandshandlung nicht strafrechtswidrig sei. Gleich farblos sagt auch der eidg. E. Art. 33, die Nottat sei kein „Vergehen“ (ne constituera pas un delit). Dagegen bezeichnet das die Art. 31—33 zusammenfassende Marginale die Notstandshandlung gleich wie die Notwehr als eine rechtmäßige Handlung. Damit ist für den E. die Frage zugunsten der Annahme eines Notrechtes entschieden.

Das ist die richtige Lösung. Wenn der Staat durch die Aufstellung einer Notstandsnorm dem Einzelnen erlaubt, eine bestehende Interessenkollision gewaltsam zu lösen, so verleiht er ihm damit ein Recht,

---

[1]) Zum MilStR. Berli: 44ff.

[2]) Über den Stand der Frage vgl. etwa Frank: Kommentar deutsches StGB. (15. Aufl.), 146. — Sauer: Grundlagen des StR. 324ff. — Goldschmidt: 1ff., 45ff. — Tobler: 36ff. In der schweizerischen Literatur lehnen z. B. Stooss: Motive VE. 1893, 33, Gretener: Prot. I. ExpKom. 1, 120f., Berli: 22ff. ein Notstandsrecht ab. Gegen die Auffassung von Stooss v. Liszt: Strafrechtliche Aufsätze und Vorträge, 2, 114.

und die gesetzgeberische Aufgabe besteht nur noch darin, dieses Recht so zu umschreiben und zu begrenzen — namentlich durch das Moment der Proportionalität —, daß die Ausübung für die Rechtsordnung nützlich oder wenigstens erträglich ist[1]).

Ganz verfehlt wäre es, die Frage nach dem Bestehen eines strafrechtlichen Notrechtes im Hinblick auf die möglichen privatrechtlichen Folgen einer Notstandshandlung zu lösen. OR. Art. 52 II bestimmt: „Wer in fremdes Vermögen eingreift, um drohenden Schaden oder Gefahr von sich oder einem andern abzuwenden, hat nach Ermessen des Richters Schadensersatz zu leisten." Für einen Spezialfall erklärt überdies ZGB. Art. 701 einen Dritten für verpflichtet, einen Eingriff in sein Grundeigentum zu dulden, wenn nur dadurch drohender Schaden oder gegenwärtige Gefahr abgewendet werden kann, und Gefahr oder Schaden ungleich größer sind als die durch den Eingriff entstehende Beeinträchtigung. Auch hier hat der Nottäter für den gestifteten Schaden „angemessenen Ersatz" zu leisten. — Die Frage, ob die Nottat rechtmäßig oder rechtswidrig ist, lassen auch diese Bestimmungen offen. Jedenfalls darf aus der (eventuellen) Verpflichtung zum Schadensersatz nicht auf Rechtswidrigkeit geschlossen werden. Die Erklärung genügt, daß, wer das Glück hatte, sich aus einer Gefahr befreien zu können, unter Umständen auch einen Preis dafür zahlen soll[2]).

Nimmt man die Rechtmäßigkeit der Notstandshandlung an, so ergibt sich, daß ihr gegenüber Notwehr ausgeschlossen ist. Man hat sich an dieser Konsequenz gestoßen. Allein man muß sie in den Kauf nehmen und eine Lösung auf anderm Wege suchen. Sie kann an einer Variation des klassischen, von Cicero stammenden Beispiels von den zwei Schiffbrüchigen, die sich an der einen, für die beiden nicht stark genugen Planke halten, gezeigt werden. Wenn der eine, um sich zu retten, den andern in den Tod stößt, so ist das rechtmäßige Nottat. Gegenüber dem Angriff des einen (A) kann der andere (B) nicht die Notwehr zur Geltung bringen, weil A nicht rechtswidrig angreift. Wohl

[1]) Gut SAUER: Grundlagen, 330: „Rechtmäßig ist ein Verhalten, das seiner allgemeinen Tendenz nach der Gemeinschaft mehr nützt als schadet. — Soweit diese Voraussetzungen (Interessenabwägung) vom Gesetz wörtlich oder doch nur mit solchen Modifikationen aufgestellt sind, die sich unschwer auf das zugrunde liegende Prinzip zurückführen lassen, liegt ein Notrecht vor." Auch die französische Rechtswissenschaft spricht von einer „justification du délit". — ROUX: a. a. O. 142f. Dagegen nimmt z. B. ALIMENA: Diritto penale, 1, 598 Widerrechtlichkeit, aber Straflosigkeit der Notstandshandlung an.

[2]) Übereinstimmend mit dem Text OSER: Kommentar OR. Art. 52, N. IV 5b. — BECKER: Kommentar OR. Art. 52, N. 10—12 (Notstandsrecht); — LEEMANN: Kommentar Sachenrecht, Art. 701, N. 20f. — v. TUHR: Allg. Teil des schweizer. OR. 1, 336f.; vgl. auch W. BURCKHARDT: Z. 15, 246; abweichend HÄBERLIN: Das eigene Verschulden des Geschädigten, Berner Diss. (1924), 13f.

aber ist auch dem B, im Rahmen des Notstandsrechtes, die Verteidigung erlaubt. Aus dieser Kollision gleichwertiger Interessen geht der Stärkere als Sieger hervor, und der Richter wird den Überlebenden nicht zur Rechenschaft ziehen. Ein Notrecht auch gegenüber einer aggressiven Notstandshandlung muß grundsätzlich zulässig sein.

§ 31. Andere Rechtfertigungsgründe.

Literatur. Zum Ganzen: Feldmann: Rechtmäßige Handlungen im Sinne des Art. 25 (31) des schweizer. Strafgesetzentwurfes, Zürcher Diss. (1916). — Stooss: Z. 10, 355ff. und 23, 309ff. — Heimberger: VD. Allg. Teil, 4, 1ff. — Selbsthilfe: Stooss: Strafgesetzbücher, 80ff., 365ff.; Grundzüge, 2, 461ff. — Lauterburg: Z. 1, 97ff.; 2, 153ff. — Amtshandlungen: Kaegi: Der Waffengebrauch des Militärs in der Schweiz, Zürcher Diss. (1913). — Erziehungs- und Zuchtgewalt: Kaufmann: Das Züchtigungsrecht der Eltern und Erzieher, Zürcher Diss. (1910). — Derselbe: Z. 25, 329ff. und Schweiz. Bl. für Schulgesundheitspflege, 1911, Nr. 3. — Gobat: Z. 10, 257ff. — Stooss: Z. 10, 381ff. — Lüthy: Pädagogische Blätter, 1911, Nr. 21ff. (Separatabdruck). — Duensing: Verletzung der Fürsorgepflicht gegenüber Minderjährigen, Zürcher Diss. (1903). — Wild: Die körperliche Mißhandlung von Kindern usw. (1907). — Schoch: Die körperliche Mißhandlung von Kindern, Zürcher Diss. (1907). — Häberli: Die Disziplinarstrafen in den schweizer Gefängnissen, Zürcher Diss. (1911). — Merckling: Die körperliche Züchtigung, Zürcher Diss. (1922). — Hafner-Zürcher: Schweiz. Gefängniskunde, 136ff. — Sog. Berufsrechte: Stooss: Chirurgische Operation und ärztliche Behandlung (1898), ferner Z. 6, 53ff.; 7, 192ff.; 12, 24ff., 330ff. — Oppenheim: Das ärztliche Recht zu körperlichen Eingriffen (1892), ferner Z. 6, 332ff. — Spohr: Z. 18, 182ff. — Kaufmann: Z. 28, 349ff. — Kollbrunner: Die rechtliche Stellung des Arztes, Zürcher Diss. (1903). — Arieff: Die ärztliche Tätigkeit und das Strafrecht, Berner Diss. (1910). — Spinner: Ärztliches Recht (1914). — Schenker: Die strafrechtliche Natur des ärztlichen Eingriffes, Berner Diss. (1922). — Schuler: Das Recht des Arztes (1924). — Heimberger: VD. Allg. Teil, 4, 15ff.

I. Selbsthilfe außer Notwehr und Notstand. Grundsätzlich ist die heutige Rechtskultur der Selbsthilfe abgeneigt. Ja die Mehrzahl der kantonalen Strafgesetze bedroht denjenigen, der — außer den gesetzlich erlaubten Fällen — eigenmächtig ein wirkliches oder vermeintliches Recht geltend macht, mit Strafe[1]). Da, wo der Gesetzgeber einen besondern Deliktstatbestand der unerlaubten Selbsthilfe nicht geschaffen hat, ist zu prüfen, ob nicht ein anderes Vergehen, z. B. Hausfriedensbruch, Sachbeschädigung, Nötigung, gegeben ist.

Außer der Notwehr und der Notstandshandlung sind zweierlei Arten erlaubter Selbsthilfe besonders hervorzuheben.

1. In Verbindung mit der Notwehrbestimmung oder im Anschluß an sie erlauben einige Gesetze, daß der Bestohlene dem Dieb seine

---

[1]) Vgl. die Zusammenstellung bei Stooss: Strafgesetzbücher, 365ff. und Grundzüge, 2, 461ff., ferner Lauterburg: Z. 1, 97ff.; 2, 153ff. und namentlich 177ff. Die Erörterung der Einzelheiten gehört in den Besondern Teil. Ein eigenartiger Fall JZ. 3, 316, Nr. 109 (Luzern).

Beute durch Eigenmacht wieder abjagt, oder auch, daß der Besitzer einen Eindringling in sein Besitztum eigenmächtig vertreibt. Juristisch korrekt löst Bern Art. 53 diese erlaubte Selbsthilfe von der Notwehrbestimmung los. Die andern Gesetze (Zürich § 48 I, Luzern § 54 II, Obwalden Art. 35 II, Glarus § 32 I, St. Gallen Art. 26 I, Thurgau § 26 II) verbinden sie mit der Notwehrnorm. Überall hier ist ein rechtmäßiges, nicht nur ein strafloses Handeln anzunehmen. Über diese gesetzlich bestimmten Fälle hinaus besteht kein Selbsthilferecht. Ich darf den ertappten Ehebrecher nicht töten. Ich darf nicht mit der Waffe meine verletzte Ehre reparieren.

2. Mehrere zivilrechtliche Selbsthilfebestimmungen wirken auf das Strafrecht hinüber: OR. Art. 52 III stellt den allgemeinen Satz auf, daß nicht ersatzpflichtig ist, wer zur Sicherung eines berechtigten Anspruches sich selbst Schutz verschafft, „wenn nach den gegebenen Umständen amtliche Hilfe nicht rechtzeitig erlangt und nur durch Selbsthilfe eine Vereitelung des Anspruches oder eine wesentliche Erschwerung seiner Geltendmachung verhindert werden konnte". Dieses Prinzip wirkt sich aus in der Tierpfändung (OR. Art. 57) und in der Bestimmung über den Besitzesschutz ZGB. Art. 926, namentlich Abs. 2[1]). In allen diesen Fällen ist die Eigenmacht berechtigt. Eine Bestrafung des Täters ist ausgeschlossen.

II. Amtshandlungen. Die Handlung eines Staatsorganes, die kraft Amtes und innerhalb der gegebenen Zuständigkeit vorgenommen wird, ist immer rechtmäßig. Zwangsvollstreckungen aller Art, prozessuale Durchsuchungen und Beschlagnahmen, Verhaftungen, der Waffengebrauch des Militärs, der Polizei, der Zollorgane usw. sind keine Delikte[2]). Regelmäßig besteht hier nicht nur ein Recht, sondern eine Pflicht zum Handeln. Die Straflosigkeit ist selbstverständlich. Ihre Konstatierung im Strafgesetz ist nicht notwendig. Zum Überfluß stellt Genf Art. 53 ausdrücklich fest: „Il n'y a pas d'infraction lorsque le fait était ordonné par la loi et commandé par l'autorité légale." Spezieller bestimmt, im Anschluß an Art. 327 des französischen Code pénal, Wallis Art. 227: „Il n'y a pas de délit lorsque l'homicide est ordonné par la loi et commandé par l'autorité légitime." Eine gewisse Wendung gegen das Notrecht zu zeigt Graubünden § 101 Ziff. 2, der demjenigen Straflosigkeit zusichert, „der vermöge seines Amtes in der

[1]) Über diese Bestimmungen vgl. die Kommentare von Oser: OR. Art. 52, N. 5 und Art. 57. — Becker: OR. Art. 52, N. 13 und Art. 57. — Ostertag: ZGB. Art. 926. — Wieland: ZGB. Art. 926; auch v. Tuhr: Schweiz. OR. 335f. — Lauterburg: a. a. O. Z. 1, 110; 2, 175ff.

[2]) Zur ganzen Frage Feldmann: a. a. O. 41ff., 61ff. — Meier: Der menschliche Körper als Schutzobjekt im Verwaltungsrecht, Zürcher Diss. (1923), namentlich 34ff. — Häberlin: Das eigene Verschulden des Geschädigten, Berner Diss. (1924), 11f.

Verfolgung eines gefährlichen Verbrechers begriffen ist, denselben, insofern er seiner sonst auf keine Weise habhaft werden kann, nach vergeblicher Aufforderung, sich zu ergeben, tötet[1])."

In der Praxis kann die Begrenzung der Rechtmäßigkeit einer verletzenden Amtshandlung Schwierigkeiten bereiten. Über diese Fragen hat sich das Bundesgericht mehrfach ausgesprochen, zum Teil bei der Erledigung staatsrechtlicher Rekurse, zum Teil bei der Beurteilung von Schadensersatzklagen wegen behaupteter ungerechtfertigter Eingriffe: BE. 23, 1715f. befaßt sich unter Hinweis auf eine „Instruktion für das aargauische Polizeikorps" mit dem Waffengebrauch der Polizei[2]). Nach BE. 8, 487ff. ist das Eindringen staatlicher Organe in die Wohnung eines Bürgers nur dann berechtigt, wenn es sich auf einen — richtig ausgelegten — Satz des geschriebenen Rechtes stützt und unter Beobachtung der gesetzlichen Formen geschieht. Von der Rechtmäßigkeit eines auf das Gesetz gestützten Strafvollzuges handelt BE. 8, 490ff. Nach BE. 15, 918 ist eine Verhaftung nicht deshalb rechtswidrig, weil der Verhaftete unschuldig war. Rechtswidrigkeit liegt nur vor, wenn bei einer Verhaftung die Gesetze mißachtet werden, wenn sie z. B. durch eine unzuständige Stelle erfolgte, oder in einem Falle, wo die Gesetze die Untersuchungshaft nicht gestatten. Von einer den gesetzlichen Vorschriften nicht entsprechenden Verhaftung handelt BE. 16, 244ff.

Umstritten ist die Frage, ob der Befehl des Vorgesetzten an den Untergebenen für diesen die Rechtswidrigkeit der befehlsmäßig vorgenommenen Handlung ausschließt. Das darf in keinem Fall angenommen werden. Der Befehl kann höchstens schuldausschließend oder schuldmildernd wirken[3]).

III. Anderweite Berechtigungen. Neben den trotz ihres verletzenden Charakters rechtmäßigen Amtshandlungen steht eine unübersehbar große Zahl von Handlungen, die, auch wenn sie in eine fremde Rechtssphäre eingreifen, nicht rechtswidrig sind. Das gilt für jedermann, auf den eine besondere Bestimmung paßt. Was irgendein Gesetz für erlaubt erklärt oder gar gebietet, ist kein Vergehen.

Klar ist, daß der Arzt, der einer gesetzlichen Anzeigepflicht nachkommt, nicht wegen Verletzung des Berufsgeheimnisses bestraft wer-

---

[1]) Kein Zweifel besteht, daß auch bloße Verletzung und Gewaltanwendung straflos bleiben. In majore minus.

[2]) Über die bei einer polizeilichen Festnahme zulässigen Mittel vgl. JZ. 16, 65, Nr. 12 und Zürcher Bl. 19, Nr. 35, ferner JZ. 16, 88 Nr. 50 (Notwehr gegenüber einer rechtmäßigen gewaltsamen Verhaftung unzulässig). — Vom Recht des Militärs zum Waffengebrauch handelt namentlich Kaegi: a. a. O., insbesondere 15ff.; vgl. ferner BE. 47 II, Nr. 31. Über den Waffengebrauch des Aufsichtspersonals in den Strafanstalten vgl. Hafner-Zürcher: Gefängniskunde, 144f.

[3]) Die Lehre ist daher im Kapitel: Fehlen der Schuld — Verminderte Schuld (unten § 35 V) behandelt.

den kann. Wer mit redlichen Motiven zur Wahrung berechtigter Interessen einen andern in seiner Ehre verletzt, handelt rechtmäßig (vgl. z. B. Zürich, Verfassung Art. 3 II und StGB. § 157)[1]. Häufig erlauben auch die Gesetze Privatpersonen die Festnahme eines auf frischer Tat betroffenen Verbrechers oder die Beschlagnahme von Gegenständen, die bei einem Verbrechen zur Entdeckung der Wahrheit dienen können[2].

Zwei Probleme bedürfen der besondern Erörterung:

1. Die Frage der Erziehungs- und Zuchtgewalt[3]. Mit dem Hinweis auf den Satz, daß rechtmäßig ist, was ein Gesetz erlaubt oder gebietet, reicht man hier nicht aus. Namentlich bei der Lösung von Einzelfragen lassen die Gesetze im Stich. Fest steht, daß den Eltern gegenüber dem Kind, dem Lehrer gegenüber dem Schüler, dem militärischen Vorgesetzten gegenüber dem Untergebenen, gewissen Anstaltsleitern gegenüber den Anstaltsinsassen, vielfach auch dem Lehrherrn gegenüber dem Lehrling eine Erziehungsgewalt zusteht. Aber wie weit reicht sie? Sind namentlich Einsperrung und körperliche Züchtigung zulässig? Gibt es überdies ein Züchtigungsrecht auch gegenüber Personen, die in keinem der genannten Abhängigkeitsverhältnisse stehen? Darf ich auf der Straße ein fremdes Kind, das sich schlecht aufführt, züchtigen?

Abgesehen vielleicht vom modernen Militärstrafrecht, das die Tendenz zeigt, die disziplinarischen Zuchtmittel und die Art der Ausübung der Zuchtgewalt möglichst scharf zu umgrenzen[4], besteht Unsicherheit. ZGB. Art. 278 bestimmt: „Die Eltern sind befugt, die zur Erziehung der Kinder nötigen Züchtigungsmittel anzuwenden", und Art. 405 II verleiht dem Vormund die gleichen Befugnisse. Wann und wie gezüchtigt werden darf, ist nicht gesagt. Die Worte „zur Erziehung nötige Züchtigungsmittel" stellen die Entscheidung des Einzelfalles völlig in das richterliche Ermessen[5]. Für das Züchtigungsrecht der Volks-

---

[1]) Weitere Daten aus der kantonalen Gesetzgebung bei Stooss: Grundzüge, 2, 302f.; vgl. auch BE. 30 II, 442f.

[2]) Z. B. Zürich § 48 I, Glarus § 32 I gestatten dem rechtswidrig Angegriffenen über die eigentliche Notwehr hinaus, „sich der Person des Angreifers zu versichern." Weiter gehen strafprozessuale Bestimmungen. Jeder Bürger ist unter bestimmten Umständen zur Festnahme eines Verbrechensverdächtigen und zur Beschlagnahme von Beweisstücken berechtigt; z. B. Zürich, StPO. §§ 69 u. 97.

[3]) Zum Ganzen namentlich Kaufmann: Das Züchtigungsrecht der Eltern und Erzieher (1910), auch Feldmann: a. a. O. 45ff.

[4]) Vgl. E. eidgenössisches MilStGB. Art. 182ff. und namentlich Art. 191: „Andere Disziplinarstrafen, als dieser Abschnitt sie vorsieht und Strafverschärfungen sind unzulässig"; dazu die Sanktion durch den Deliktstatbestand: Überschreitung der Strafgewalt (Art. 68). Vgl. auch Häne: Das militärische Beschwerderecht, insbesondere gegen Disziplinarstrafen, Zürcher Diss. (1923).

[5]) Dazu Kaufmann: a. a. O. 73ff. — Al. Müller: Die elterliche Gewalt nach dem schweizer. ZGB, Zürcher Diss. (1909), 76ff. — Silbernagel: Kommentar

schullehrer ist, um ein anderes Beispiel zu nennen, die kantonale Schulgesetzgebung maßgebend. Sie zieht zum Teil festere Grenzen. Die zürcherische VO. vom 7. April 1900 betreffend das Volksschulwesen (Sammelwerk der zürcher. Gesetzgebung, 2, 705ff.) zählt z. B. in § 86 die Disziplinarmittel auf und fügt in § 87 bei: „Bei Ausübung seiner Strafbefugnis soll der Lehrer gerecht und ohne Leidenschaft verfahren. Körperliche Züchtigung darf nur in Ausnahmefällen zur Anwendung kommen, in jedem Falle aber soll der Lehrer dabei sich nicht vom Zorne hinreißen lassen und sorgfältig sich alles dessen enthalten, was das körperliche Wohl oder das sittliche Gefühl des Schülers gefährden könnte[1])." So einläßliche Bestimmungen über das Züchtigungsrecht der Lehrer bilden aber die Ausnahme. Unbrauchbar für die Grenzziehung zwischen Rechtmäßigkeit und Rechtswidrigkeit sind die Tatbestände kantonaler Strafgesetzbücher über den Mißbrauch des Züchtigungsrechtes (Bern, Art. 146[2]), Tessin Art. 330, Waadt Art. 239, Neuenburg Art. 208, auch Genf Art. 292). Sie verzichten alle darauf, den „Mißbrauch" näher zu bezeichnen[3]).

Schon aus diesen Hinweisen, die leicht vermehrt werden können, ergibt sich, daß es für den Strafrichter in zahlreichen Fällen schwierig ist, aus der Gesetzgebung ein sicheres Maß zu gewinnen, nach dem er das Bestehen eines Züchtigungsrechtes feststellen kann. So bliebe die Berufung auf Gewohnheitsrecht. Auch sie führt nicht zu sichern Ergebnissen. Abgesehen von den Schwierigkeiten der Feststellung, befriedigt auch die materielle Begründung nicht. Sie lautet regelmäßig dahin, daß, wenn einem Menschen — den Eltern, dem Lehrer — eine Erziehungspflicht obliegt, ihm auch die Befugnis zu allen Maßnahmen eingeräumt ist, die für die Erfüllung dieser Pflicht erforderlich sind. Das ist an sich richtig. Sehr zweifelhaft aber ist, ob sich auf dieser Grundlage durch die Gewohnheit ein richterlich anzuerkennendes Recht, z. B. zur körperlichen Züchtigung von Schülern, zu bilden

---

Familienrecht, Art. 267, N. 1ff. — Egger: Kommentar Familienrecht, Art. 278: „Der Umfang des Züchtigungsrechtes ergibt sich aus seinem Zweck." Zu beachten ist die besondere Bestimmung im StGB. von Schwyz, § 70 III Ziff. 1, wonach die Bestimmung über Freiheitsberaubung nicht anzuwenden ist, wenn eine Einsperrung durch den Inhaber der väterlichen Gewalt in den Schranken seiner Befugnisse erfolgt.

[1]) Weitere kantonale Daten bei Kaufmann: a. a. O. 40ff., 114f., 125ff. und in Schweiz. Bl. für Schulgesundheitspflege, 1911 Nr. 3. Besonders bemerkenswert das neuenburgische Gesetz vom 25. September 1893 betreffend la discipline scolaire et les arrêts de discipline (Z. 12, 227ff.).

[2]) Zu Bern Art. 146 mit Bezug auf Körperstrafen in der Schule Z. 10, 257ff. — Stooss: Z. 10, 381ff.: Das Strafgesetz setzt das Bestehen von Züchtigungsrechten voraus; es bestimmt auch nicht die Grenzen dieser Befugnis, sondern setzt voraus daß diese anderweitig festgestellt seien.

[3]) Vgl. dazu Kaufmann: a. a. O. 176ff.

vermag[1]). Der Rechtssicherheit, aber auch dem sittlichen Empfinden genügt daher nur die Regel: Ein Züchtigungsrecht besteht, wenn es auf dem Wege der Auslegung aus Bestimmungen des Gesetzes (mit Einschluß von Verordnungen) abgeleitet werden kann[2]). Dem freien Richterermessen muß, namentlich bei der Bestimmung von Art und Umfang der Züchtigung, breiter Spielraum gelassen werden.

Soweit nicht gesetzliche Bestimmungen etwas anderes ergeben, ist auch die Rechtmäßigkeit einer Züchtigung von Personen, die in keinerlei Abhängigkeitsverhältnis zu dem Züchtigenden stehen, abzulehnen. Keine juristischen Konstruktionen helfen hier. Unhaltbar ist insbesondere die Anschauung, daß in manchen Fällen (Züchtigung eines ungezogenen Knaben auf der Straße durch Vorübergehende) die Zustimmung des Berechtigten vorausgesetzt werden darf[3]). Dagegen kann kein Zweifel bestehen, daß auch gegenüber einem Kinde jede Notwehr zulässig ist[4]).

Bei der strafrechtlichen Beurteilung von Fällen mißbräuchlicher Anmaßung und Ausübung des Züchtigungsrechtes zeigen sich Wichtigkeit und Schwierigkeit der Grenzziehung. Trotz aller Freiheit, die im Einzelfall dem Ermessen eingeräumt werden muß, ist die Aufstellung von Grundsätzen zu erstreben. In einem vormundschaftlichen Entscheid erklärte die zürcherische Justizdirektion, das Züchtigungsrecht sei überschritten, „wenn an sich erlaubte Züchtigungsmittel zu nicht erlaubtem Zwecke oder wenn überhaupt unrichtige Züchtigungsmittel angewendet werden. Die Reitpeitsche muß (gegenüber Kindern) als ein unter allen Umständen unzulässiges und verwerfliches Züchtigungs-

---

[1]) Ablehnend zwei bernische Urteile: Z. 12, 135ff.; ferner KREBS: N. 3 zu Bern, StGB. Art. 146. Dagegen sprechen sich RÜEGG: Berner Z. 35, 38 u. KAUFMANN: a. a. O. 48ff. für die gewohnheitsrechtliche Rechtfertigung der Züchtigung aus.

[2]) Ebenso STOOSS: Z. 10, 383ff.

[3]) v. LISZT-SCHMIDT: Lehrbuch, § 35 II 2. Auch abgesehen von diesem Fall, in dem ein Recht zu stellvertretender Züchtigung supponiert wird, soll man mit der „stellvertretenden“ Züchtigung vorsichtig umgehen. Das Züchtigungsrecht ist ein persönliches Recht. Auch die Züchtigung durch Drittpersonen auf Grund einer Übertragung, z. B. durch die Mutter auf die Dienstmagd, sollte wenigstens nicht als rechtmäßig bezeichnet werden. Andere Auffassungen bei KAUFMANN: a. a. O. 90ff. Ausdrücklich spricht Graubünden § 128 (Widerrechtliches Gefangenhalten) vom Mißbrauch der elterlichen oder der an Elternstatt übertragenen Gewalt. Gut die Luzerner VO. zum Erziehungsgesetz, vom 27. April 1904, § 65 II: „Die Überweisung von Schülern an Schulabwarte, Polizisten usw. behufs körperlicher Züchtigung ist verboten.“ Vgl. auch MERCKLING: a. a. O. 37ff. — GRIOT: (Lit. zu § 32), 73f. Zum Glück werden harmlose Fälle solcher Züchtigungen kaum je den Richter beschäftigen.

[4]) KAUFMANN: 95ff. Bemerkenswert ein auf S. 98 wiedergegebenes, sonst nicht veröffentlichtes zürcherisches Urteil. Ein Entscheid in Zürcher Bl. 16, Nr. 74 unterscheidet nicht genügend zwischen Züchtigungsrecht und Notwehr.

mittel bezeichnet werden. Daß ihre Verwendung nicht zu einer Gesundheitsstörung geführt hat, ist völlig gleichgültig. Sicher sind solche Schädigungen möglich und schon deshalb erscheint die Anwendung der Reitpeitsche unzweckmäßig. Dazu kommt, daß die Verwendung von Züchtigungsmitteln, die für Tiere bestimmt sind, Kindern gegenüber verrohend und erniedrigend wirken muß, irgendeinen positiven erzieherischen Zweck also nicht erzielt" (JZ. 16, 193 Nr. 120; Rechenschaftsber. des zürcher. Regierungsrates 1918, 621f.)[1]. Auf allgemeine Grundsätze verweist auch — mangels gesetzlicher Unterlagen — das zürcherische Urteil in Zürcher Bl. 18, Nr. 80. Es handelt von der Fesselung renitenter Pfleglinge durch einen Anstaltsleiter: Maßgebend seien bei Disziplinarmaßnahmen in Anstalten die Regeln, die „als ungeschriebenes Recht unter den Fachgenossen geübt werden und in Geltung stehen[2]." Die Freisprechung des Angeklagten erfolgte schließlich wegen mangelnden Bewußtseins der Rechtswidrigkeit[3].

2. Noch mehr Unsicherheit als in der Frage der Erziehungs- und Zuchtgewalt besteht in der andern der sog. Berufsrechte. Die Hauptschwierigkeit zeigt sich bei der Umgrenzung der ärztlichen Berufsrechte. Wo liegen bei ärztlichen Eingriffen die Grenzen zwischen Rechtmäßigkeit und Rechtswidrigkeit? Noch mehr als bei der Lösung der Frage des Züchtigungsrechtes versagen die Gesetze. Teilweise sind ähnliche Überlegungen zur Geltung zu bringen:

Kein vernünftiger Richter denkt daran, einen Arzt z. B. wegen Körperverletzung zur Rechenschaft zu ziehen, der in Anwendung allgemein anerkannter ärztlicher Regeln zu Heilzwecken einen Eingriff in die körperliche Integrität eines andern vornimmt. Diese Eingriffe sind rechtmäßig. Die staatliche Anerkennung und Förderung der ärztlichen Berufsausübung bildet den Rechtfertigungsgrund[4]. Juristisch klar sind auch alle Fälle, die durch die Bestim-

---

[1]) Zu diesen Fragen vgl. namentlich Duensing: a. a. O. 22ff. — Schoch: a. a. O. 17ff. — Wild: a. a. O. 7ff. (mit reichem Tatsachenmaterial) — Kaufmann: a. a. O. 161ff. Für das Verhältnis zwischen Lehrmeister und Lehrling JZ. 17, 267, Nr. 206.

[2]) Das ist ein unsicheres Kriterium, weil in diesen Fragen der Nachweis einer einheitlichen Überzeugung kaum je zu erbringen ist; vgl. gerade in diesem Falle das abweichende Gutachten eines andern Anstaltsleiters (S. 151); s. auch Kaufmann: Z. 25, 331f.

[3]) Zu dieser Frage im Zusammenhang mit dem Züchtigungsrecht Kaufmann: a. a. O. 189ff. — Über die Züchtigung als Disziplinarstrafe in den Strafanstalten: Häberli: a. a. O. 55ff. — Merckling: a. a. O. 15ff.

[4]) Gut Roux: Cours de Droit pénal, 148. Alle andern Begründungen entbehren nicht der Spitzfindigkeit. Es ist nicht nötig, den Begriff der Körperverletzung zu leugnen, weil Heilbehandlung etwas anderes sei als Gesundheitsschädigung und Mißhandlung (Stooss, v. Bar u. a.; vgl. die Literaturzusammenstellung bei Frank: Kommentar deutsches StGB. 15. Aufl. II, 27f.). — Grundsätzlich ver-

mungen über die Notstandshilfe gedeckt werden (oben § 30 II 1 u. 2). Die eigentlichen Schwierigkeiten beginnen erst, wenn gefragt wird, ob der Arzt, ohne daß „Notstand" vorliegt, eine Abtreibung oder z. B. die sog. Sterilisation vornehmen, ob er gar ein „lebensunwertes" Leben vernichten darf, dann auch, ob lediglich zu Zwecken der wissenschaftlichen Forschung verletzende Eingriffe an Menschen oder Tieren vorgenommen werden dürfen. Für diese und andere nicht von vorneherein klaren Fälle müssen folgende Regeln gelten:

In erster Linie ist immer zu prüfen, ob eine solche Handlung noch im Bereiche allgemein anerkannter ärztlicher Regeln liegt. Soweit das zutrifft, ist nach dem allgemeinen Satz von der staatlichen Anerkennung und Förderung der ärztlichen Berufsausübung die Rechtmäßigkeit gegeben. Beim wissenschaftlichen Versuch am lebenden Tier (Vivisektion) mag man das annehmen, nicht aber bei der Sterilisation oder bei der Abtreibung ohne Vorliegen eines rechtlichen Notstandes. Die Rechtmäßigkeit dieser Eingriffe kann daher nur durch eine positive Gesetzesbestimmung begründet werden. Mit der Berufung auf Gewohnheitsrecht ist hier kaum etwas zu erreichen. Es würde eine von der Überzeugung der Notwendigkeit getragene allgemeine Übung voraussetzen. Sie ist aber — wenigstens für unsere Zeit — gerade bei der Abtreibung ohne Notlage und bei der Sterilisation nicht nachweisbar. Das erkennt die moderne Gesetzgebung je länger je mehr. Sie stellt teilweise für diese zweifelhaften Fälle genau umgrenzende erlaubende Vorschriften auf[1]). Was durch sie nicht ge-

---

fehlt ist die Begründung, die Rechtswidrigkeit sei durch die ausdrückliche oder zuweilen auch nur präsumierte Einwilligung des Verletzten beseitigt; vgl. GRIOT: (Lit. zu § 32), 56ff. und richtig FRANK: a. a. O. Die Lehre von der Einwilligung bezieht sich auf ganz andere Verhältnisse (unten § 32). — Berechtigung aus dem Gewohnheitsrecht nimmt OPPENHEIM: Das ärztliche Recht, 19 und Z. 6, 332ff. an. Dagegen STOOSS: Z. 5, 465; 6, 60; 7, 192ff. — Zum Ganzen ARIEFF: namentlich 10ff. — SPINNER: 185ff. — SCHENKER: 7ff. — FELDMANN: 79ff.

[1]) Beispiele: Der eidg. E. Art. 107 erlaubt dem patentierten Arzt mit dem Willen der Schwangern eine Abtreibung vorzunehmen, wenn sie erfolgt, „um eine nicht anders abwendbare Lebensgefahr oder Gefahr dauernden schweren Schadens an der Gesundheit von der Schwangern abzuwenden." Abtreibungen wegen sog. sozialer Indikation (Gefahr der Rassenverschlechterung usw.) sind dagegen rechtswidrig. Über das Verhältnis des Art. 107 zu E. Art. 31 unten IV. Weiter als E. Art. 107 geht Genf Art. 272. Es erlaubt die Abtreibung in den Fällen, „où la science médicale exige l'emploi d'un de ces moyens pour éviter un mal plus grand." Dazu STOOSS: Z. 23, 311f. — GAUTIER: Z. 30, 36. — Besonders wichtig und bezeichnend sind die unter bestimmten Umständen eine Sterilisation erlaubenden amerikanischen Gesetze; aus der großen Literatur vgl. HANS W. MAIER: Die nordamerikanischen Gesetze gegen die Vererbung von Verbrechen und Geistesstörung und deren Anwendung und (im gleichen Heft) OBERHOLZER: Kastration und Sterilisation von Geisteskranken in der Schweiz (1911), ferner MAIER: Z. 22, 313. — GOOD: Z. 23, 273, 277f. — HARTWIG: Z. 27. 351ff —

deckt wird, ist strafbar[1]. Ein ärztliches Berufsrecht, wenn man hier von einem solchen überhaupt reden will, besteht also in allen zweifelhaften Fällen nur im Umfang der ausdrücklichen gesetzlichen Erlaubnisse. Aus der Berufsausübung selbst und aus ihren Zwecken kann es nicht abgeleitet werden.

Die für den Ausschluß der Rechtswidrigkeit im Hinblick auf die ärztliche Berufsausübung entwickelten Regeln müssen, soweit sie in Betracht kommen, auch bei der Ausübung anderer Berufe gelten: Was innerhalb der für den betreffenden Beruf, z. B. die Anwaltstätigkeit, allgemein anerkannten Regeln liegt, ist rechtmäßig, auch wenn es fremde Interessen verletzt[2]. In allen zweifelhaften Fällen schließt neben der gesetzlichen Pflicht zum Handeln nur die ausdrückliche gesetzliche Erlaubnis die Rechtswidrigkeit aus: Ein Berufsgeheimnis darf preisgegeben werden, wenn das Gesetz dazu ermächtigt oder gar eine Offenbarungspflicht aufstellt[3].

IV. Aus den entwickelten Grundsätzen ergibt sich die Stellungnahme zu Art. 31 des eidg. Entwurfes: „Die Tat, die das Gesetz oder eine Amts- oder Berufspflicht gebietet, oder die das Gesetz für erlaubt oder straflos erklärt, ist kein Vergehen.“ Soweit von gesetzlicher Eraubnis und

Oberholzer: Z. 25, 54ff. — Pfeiffer: Z. 27, 38ff. — v. Sury: Vierteljahrsschrift für gerichtl. Medizin, 3. Folge, 43, 2. Suppl.-Heft. — Spinner: a. a. O. 298ff. und namentlich Laughlin: Eugenical sterilization in the United States (Chicago 1922). — Zahlreich sind die das Tierexperiment unter bestimmten Bedingungen erlaubenden gesetzlichen Vorschriften; vgl. die Zusammenstellung von Zürcher: Die Tierschutzgesetzgebung der Schweiz (1914), ferner Weber: Der strafrechtliche Schutz der Tiere (1904). — Beck: Die Tierquälerei, Zürcher Diss. (1918), 40ff. — Brand: Ein Beitrag zur Frage des Tierschutzes, Zürcher vet.-med. Diss. (1922); Zürcher Amtsblatt 1924, 439ff. (Initiativbegehren für Abschaffung der Vivisektion). — Zu der bisher nirgends gesetzlich zugelassenen Lebensvernichtung Unheilbarer namentlich Binding und Hoche: Die Freigabe der Vernichtung lebensunwerten Lebens (1920) und dazu Z. 34, 129, ferner Sauser: Zur Frage der Vernichtung lebensunwerten Lebens (1924).

[1]) Ebenso Heimberger: VD. Allg. Teil, 4, 28, 35ff. — Stooss: Z. 23, 310ff. Nicht haltbar Hafter: Mutterschutz u. Strafrecht (1910) 11ff. und Z. 26, 286.

[2]) Vgl. BE. 30 II, 442ff. mit Bezug auf die Anwaltstätigkeit.

[3]) Vgl. z. B. eidg. E. Art. 285 Ziff. 2: „Die Offenbarung (eines Berufsgeheimnisses) ist nicht strafbar, wenn sie mit Einwilligung des Berechtigten erfolgt oder zur Wahrung eines höhern Interesses notwendig ist.“ Ferner etwa zürcher. Ges. vom 2. Okt. 1854 betr. das Medizinalwesen (Sammelwerk der zürch. Gesetzgebung, 2, 3ff.) § 8: Die Medizinalpersonen (nicht nur die Ärzte) sind verpflichtet, von bei Ausübung ihres Berufes wahrgenommenen Umständen, welche auf ein Verbrechen schließen lassen, der betreffenden Bezirksanwaltschaft Kenntnis zu geben. — Einzelerörterungen gehören nicht hierher. Über die rechtmäßige Geheimnisoffenbarung durch den Rechtsanwalt vgl. Früh: Die strafbaren Pflichtverletzungen des Rechtsanwaltes gegenüber seinem Klienten, Zürcher Diss. (1910), 89ff. — Zürcher: Schweizer. Anwaltsrecht (1920), 231ff., auch Erläuterungen zum VE. 1908, 350ff. Über den Apotheker: Schmid: Die rechtliche Stellung des Apothekers in der Schweiz, Zürcher Diss. (1918), 118ff., 126ff.

Strafloserklärung oder von einer gesetzlich begründeten Amtspflicht die Rede ist, sagt die Bestimmung Selbstverständliches. Bedenklich aber ist die Nennung der (nicht auf einen bestimmten erlaubenden Gesetzessatz sich gründenden) Berufspflicht. Nach der gesetzgeberischen Idee hätte darnach z. B. die medizinische Wissenschaft oder gar der einzelne Arzt die Macht, sonst strafbare Handlungen unter bestimmten Voraussetzungen als erlaubt zu erklären. Die Kritik von STOOSS (Z. 23, 310ff.) ist richtig: Die Wissenschaft kann — juristisch verstanden — überhaupt nicht gebieten oder erlauben. Sie kann nur lehren, unter welchen Voraussetzungen die Indikation für einen ärztlichen Eingriff vorliegt. Die Erwähnung der Berufspflicht in Art. 31 sollte daher, weil sie mindestens zu Mißverständnissen führt, entfallen[1]). Für den wichtigen Fall gewisser ärztlich indizierter Abtreibungen ist nachträglich die gesetzliche Erlaubnis des Art. 107 in den E. eingefügt worden.

Was von der Bestimmung des Art. 31 noch übrig bleibt, mag, trotz seiner Selbstverständlichkeit, zur Orientierung für den Laienrichter stehen bleiben[2]).

§ 32. Einwilligung des Verletzten und Selbstverletzung.

Literatur. HOLER: Die Einwilligung des Verletzten, Zürcher Diss. (1906). — FELDMANN: (Lit. zu § 31), 89ff., 120ff. — SPECKER: Die Persönlichkeitsrechte, Zürcher Diss. (1911), 195ff. — GRIOT: Das Recht am eigenen Körper, Zürcher Diss. (1921). — HÜNERWADEL: Die Tötung auf Verlangen, Berner Diss. (1922). — WELLAUER: Der Selbstmord, insbesondere Anstiftung und Beihilfe zum Selbstmord, Berner Diss. (1896). — FRANK: Anstiftung und Beihilfe zum Selbstmord, Zürcher Diss. (1913). — STOOSS: Z. 12, 366ff. — RITTLER: Z. 13, 230ff. — HAFTER: Z. 19, 148ff. und Monatsschr. f. Kriminalpsychologie und Strafrechtsreform, 8, 397ff. — BATTAGLINI: Z. 24, 202ff. — GERLAND: VD. Allg. Teil, 2, 487ff. — v. LISZT: VD. Besond. Teil, 5, 126ff.

I. Anders als bei der Notwehr und andern Nottaten, anders auch als bei der gesetzlich erlaubten weitern Selbsthilfe, der Amtshandlung usw. ist hier nicht von Rechtmäßigkeit und Rechtsausübung, sondern nur unter bestimmten Voraussetzungen vom Fehlen der Rechtswidrigkeit zu reden[3]).

Die berühmte Stelle der römischen Quellen: nulla injuria est, quae in volentem fit (l 1 § 5 D. 47, 10) ist der Ausgangspunkt der Lehre.

---

[1]) Ich halte meine Anschauung in der Schrift: Mutterschutz und Strafrecht (1910), 11ff. und Z. 26, 285f. nicht mehr aufrecht.

[2]) Aus der großen Literatur zu Art. 31 und über seine Entwicklung insbesondere FELDMANN: a. a. O., namentlich 6ff. — HAFTER: Bibliographie zum VE. (1908), 39ff. — ZÜRCHER: Bibliographie 1924, 42, ferner Prot. II. ExpKom. 1, 181ff.

[3]) HOLER: a. a. O. 82: „Die Einwilligung im Strafrecht schafft kein Recht, überträgt keines und kann auch kein Verzicht auf ein Recht sein."

Allein der Satz „Volenti non fit injuria" hat keineswegs allgemeine Geltung. Bei der Verletzung eines Einwilligenden kann die Rechtswidrigkeit nur unter der Voraussetzung ausgeschlossen sein, daß dem Träger eines Rechtsgutes eine gewisse Verfügungsgewalt über dieses zuerkannt ist. Die Feststellung, ob dies zutrifft, fällt oft schwer. Vor der Betrachtung von Fällen ist zu betonen, daß nur die ernstgemeinte Einwilligung eines Zurechnungsfähigen zählt[1]). Sie liegt dann vor, wenn der durch die Tat Verletzte aus freien Stücken dem Verhalten des Täters und dem dadurch bewirkten Erfolg erkennbar zugestimmt hat. Doch trägt die strafrechtlich erhebliche Einwilligung keinen rechtsgeschäftlichen Charakter. Sie begründet, trotz der Willensübereinstimmung zwischen Täter und Verletztem, keinen Vertrag. Die Einwilligung bindet nicht. Sie besteht nur für den Augenblick. Die Tötung des Einwilligenden ist nicht, wie schon gesagt worden ist, vertragsmäßiger Mord[2]).

II. So wie sich die strafrechtliche Lehre bei der Bestimmung des Begriffes der Einwilligung von zivilistischen Überlegungen freihalten muß, muß sie es auch bei der Bestimmung der Fälle, bei denen strafrechtlich die Einwilligung zählt, tun: Eine Abmachung, die, weil sie einen widerrechtlichen Inhalt hat oder gegen die guten Sitten verstößt, privatrechtlich nichtig ist, kann als Einwilligung des Verletzten strafrechtlich erheblich sein. Auch dem Art. 27 ZGB.: „Auf die Rechts- und Handlungsfähigkeit kann niemand ganz oder zum Teil verzichten. Niemand kann sich seiner Freiheit entäußern oder sich in ihrem Gebrauch in einem das Recht oder die Sittlichkeit verletzenden Grade beschränken" kommt für das strafrechtliche Problem der Einwilligung grundsätzlich keine Bedeutung zu.

Die Strafgesetze selbst enthalten keine allgemeine Regeln, die den Begriff der Einwilligung umschreiben und ihren strafrechtlichen Wirkungsbereich allgemeingültig abgrenzen[3]). Es bleibt nur übrig, eine Lösung aus der Betrachtung der einzelnen Deliktstatbestände und, wo das versagt, aus der Zweckbestimmung des Strafrechts zu gewinnen:

1. Die Einwilligung schließt überall da die Rechtswidrigkeit nicht

[1]) Auf die zivilrechtliche Handlungsfähigkeit, namentlich die Volljährigkeit des Einwilligenden kann es nicht ankommen; vgl. GERLAND: a. a. O. 503ff. Zu erwägen ist die Entscheidung der Frage der Einwilligungsfähigkeit nach Analogie der Bestimmungen über das Antragsrecht. Der eidg. E. Art. 27 I verleiht dieses Recht schon dem sechzehn Jahre alten Urteilsfähigen.

[2]) Gut HOLER: 71ff. Die Theorie von der rechtsgeschäftlichen Natur der Einwilligung ist, mindestens für das Strafrecht, abzulehnen. Sie wird vertreten von SPECKER: Die Persönlichkeitsrechte, Zürcher Diss. (1911), 195ff. — GRIOT: Das Recht am eigenen Körper, Zürcher Diss. (1921), 51ff. Weitere Einwendungen gegen die Rechtsgeschäftstheorie bei GERLAND: a. a. O. 503ff.

[3]) Vorschläge für eine gesetzliche Ordnung bei GERLAND: a. a. O. 529f.

aus, wo das Gesetz die Bestrafung eines Verhaltens ohne Rücksicht auf die Einwilligung des Verletzten fordert. So ist die Einwilligung Deliktsmerkmal z. B. beim Wucher, bei der mit Zustimmung der Schwangern vorgenommenen Abtreibung, bei der Tötung auf Verlangen und der Tötung des Einwilligenden[1]), bei gewissen Fällen der Entführung[2]), beim Zweikampf[3]), bei der Verstümmelung eines Einwilligenden, wodurch er zur Erfüllung der Militärdienstpflicht untauglich gemacht wird[4]). In allen diesen Fällen besteht Rechtswidrigkeit trotz Einwilligung.

2. Umgekehrt ist bei den Delikten, die sich gegen die Freiheit der Willensbetätigung eines andern richten, insbesondere bei der Nötigung, eine Einwilligung des Verletzten begrifflich nicht denkbar. Wer einwilligt, wird nicht genötigt. Hier gilt der Satz: Volenti non fit injuria restlos. Auch ein Betrug liegt nicht vor, wenn der Geschädigte die List des Täters durchschaut und trotzdem das Geld hergibt, das der andere ertrügen will. Häufig haben auch die Gesetze den Diebstahlstatbestand so gebildet, daß ausdrücklich Wegnahme „ohne Einwilligung" des Eigentümers, Besitzers oder Inhabers gefordert wird (z. B. Bern Art. 209), oder daß sie betrügerisch (frauduleusement) erfolgen muß (z. B. Neuenburg Art. 360, Genf Art. 316). Durchschaut der Eigentümer die Diebstahlslist und läßt er trotzdem wegnehmen, so wird seine Zustimmung angenommen[5]).

3. Schweigt das Gesetz und kann sonst keine direkte Lösung aus ihm gewonnen werden, so muß sich die Entscheidung durch allgemeine strafrechtliche Überlegungen leiten lassen:

Die Einwilligung ist unerheblich bei allen gegen die Allgemeinheit gerichteten Delikten, bei den gemeingefährlichen Verbrechen und namentlich auch bei den Verbrechen gegen den Staat und die Staatsgewalt. Es fehlt hier an einer Person, die eine rechtserhebliche Einwilligung zu geben vermöchte. Nur bei den gegen Einzelpersonen sich richtenden Verbrechen kann die Einwilligung des Verletzten in Betracht gezogen werden. Aber auch hier steht hinter dem der Einzelperson gewährten Rechtsschutz das öffentliche Interesse an der strafrechtlichen Ordnung. Dieses öffentliche Interesse ist jedoch bei den Delikten gegen das Vermögen, gegen die Ehre, gegen die Freiheit und gegen das Geschlechtsleben regelmäßig nicht

[1]) Freiburg Art. 55, Basel § 102, Neuenburg Art. 298 I, Tessin Art. 302, eidg. E. Art. 101. Die besonders geartete Zustimmung des Opfers führt hier allerdings zu einer Strafmilderung; vgl. HÜNERWADEL: 45ff.

[2]) Vgl. die Zusammenstellung bei STOOSS: Grundzüge, 2, 205ff.

[3]) Eigenartig darüber HOLER: 140ff.; vgl. auch BE. 20, 1018.

[4]) Eidg. E. Art. 240 II und E. MilStGB. Art. 96 Ziff. 1 II.

[5]) Vorbild sind Art. 379 des französischen CP. und die französische Doktrin; vgl. GERLAND: a. a. O. 513.

so groß, daß das Strafrecht die Einwilligung des Verletzten unbeachtet lassen müßte. Sie schließt also der Regel nach die Rechtswidrigkeit aus[1]).

Schwierig gestaltet sich die Frage bei der Körperverletzung. Geht die Verfügungsgewalt des Einzelnen über seine körperliche Integrität so weit, daß die Einwilligung in eine Verletzung die Rechtswidrigkeit ausschließt? Nach dem Wort dominus membrorum suorum muß das grundsätzlich bejaht werden[2]). Rechtswidrigkeit und Strafbarkeit sind nur anzunehmen, wenn das Gesetz ausdrücklich so bestimmt, wie es bei der Verstümmelung eines Einwilligenden, um ihn der Militärdienstpflicht zu entziehen und bei der im Zweikampf verübten Körperverletzung geschieht (oben 1). In diesen Fällen tritt das öffentliche Interesse in den Vordergrund[3]).

III. Auf die Beurteilung des Selbstverletzung müssen die gleichen Grundsätze wie bei der Verletzung des Einwilligenden Anwendung finden. Der Fragenkreis ist hier enger. Der Mensch kann die meisten Deliktstatbestände zu seinem eigenen Schaden von vorneherein nicht erfüllen. Selbstverletzung und Selbstschädigung sind grundsätzlich nicht rechtswidrig. Sie werden es erst, wenn dadurch auch dritte Interessen, namentlich Interessen der Allgemeinheit, betroffen werden, und das Gesetz die Strafbarkeit ausdrücklich anordnet. Zu nennen ist die Selbstverstümmelung, in der Absicht, sich der Wehrpflicht zu entziehen[4]). Auch Fälle der Brandstiftung und der Verursachung einer Überschwemmung können hierher gehören.

Selbstmord und Selbstmordversuch sind nach der heute im kontinentalen Europa geltenden Auffassung kein Delikt[5]). Anstiftung und

---

[1]) Nur der Regel nach. Auch bei den diesen Gruppen zugehörigen Delikten sind Ausnahmen zu machen, sobald das öffentliche Interesse an der Verbrechensverhinderung stärker hervortritt, z. B. bei der Unzucht mit Kindern (eidg. E. Art. 166), bei der Unzucht mit Pflegebefohlenen (E. Art. 167/8), beim Mädchenhandel (E. Art. 177) usw. Mangels einer sichern gesetzlichen Lösung bleibt nichts anderes übrig, als hier auf die richterliche Wertung abzustellen. Vgl. noch Stooss: Z. 17, 6ff.

[2]) So auch BE. 20, 1017ff.: Körperverletzungen, die sich bei Ringkämpfen usw. ergeben, sind nicht rechtswidrig, wenn der Verletzte ungezwungen in den Kampf eingewilligt und damit eventuell auch eine Verletzung auf sich genommen hat.

[3]) Dazu Holer: 87ff., der in diesem Zusammenhang zwischen bedingten und unbedingten Rechtsgütern unterscheidet. Bei jenen kommt es auf den Willen des Trägers an, bei diesen ist der Schutz vom Willen des Einzelnen unabhängig. Feldmann: (Lit. zu § 31), 96 anerkennt eine die Rechtswidrigkeit ausschließende Wirkung der Einwilligung zu einer Körperverletzung nur in den Fällen, deren Verfolgung bloß auf Antrag des Verletzten eintreten kann.

[4]) MilStGB. Art. 156; eidg. E. Art. 240 I; E. MilStGB. Art. 96 Ziff. 1 I. — Stooss: Z. 12, 366ff., auch eodem, 412ff.

[5]) Anders der englisch-amerikanische Rechtskreis; vgl. v. Liszt: VD. Allg. Teil, 5, 133f. — Frank: a. a. O. 21ff. Zur Geschichte der Frage Binding: Handbuch, 1, 695ff. — Wellauer: a. a. O. 3ff., 39ff. — Frank: a. a. O. 3ff. — Battaglini: Z. 24, 202ff.

Beihilfe können, nach den Regeln über die Teilnahme, nicht strafbar sein. Nur durch einen besondern gesetzlichen Tatbestand werden sie zum Delikt erhoben[1]). Bei einem Selbstmord kann mittelbare Täterschaft eines Dritten in Betracht kommen (unten § 43 II).

Zweites Kapitel.

Fehlen der Schuld. Verminderte Schuld[2]).

§ 33. Unzurechnungsfähigkeit.

Literatur. Angaben zu §§ 22, 34 u. 80. Ferner Asper: Die Sicherung der Gesellschaft vor gemeingefährlichen verbrecherischen Geisteskranken (Unzurechnungsfähigen und vermindert Zurechnungsfähigen), Zürcher Diss. (1917), 55ff., 114ff. — Lenz: ZschwR. N.F. 18, 668ff., 722. — Hafter: Bibliographie VE. 1 (1908), 41ff. und 2 (1911), 30ff. — Bleuler: Monatsschrift für Kriminalpsychologie und StR.-Reform, 1, 621ff.; Zentralbl. für Nervenheilkunde und Psychiatrie, N.F. 20, 241ff. — Forel: Z. 2, 13ff. und 20, 101ff. — v. Speyr: Z. 7, 183ff. — Emmert: Z. 8, 65ff. — E. Zürcher: Z. 18, 65ff. — Stooss: Österr. Z. für StR. 5, 57ff. — Hafner und Zürcher: Schweiz. Gefängniskunde, 335ff. — Wüst: Die sichernden Maßnahmen im E. zu einem schweiz. StGB. Zürcher Diss. (1905), 6ff. und dazu Stooss: Z. 18, 168ff. — Plotkin: Die Teilnahme am Verbrechen Unzurechnungsfähiger, Zürcher Diss. (1920), 3ff. — v. Lilienthal: VD. Allg. Teil, 5, 15ff., 55f.

I. Zurechnungsfähigkeit ist Schuldvoraussetzung[3]). Fehlt es an ihr, so liegt ein Entschuldigungsgrund vor. Der Täter bleibt straflos.

Die Gesetze umschreiben regelmäßig nicht den Zustand der Zurechnungsfähigkeit, sondern die Fälle der Unzurechnungsfähigkeit[4]). Das ist richtig, weil bei der Rechtsanwendung die Zurechnungsfähigkeit des Täters vermutet wird und vermutet werden darf und erst beim Zweifel an ihr Untersuchungen einsetzen müssen. Ihnen soll das Gesetz die Wege weisen.

II. Wie unabgeklärt diese Fragen sind, zeigen Gesetzestexte, Rechtsprechung und Literatur.

1. Nach drei verschiedenen Methoden wird in der Gesetzgebung die Unzurechnungsfähigkeit bestimmt:

a) Die biologische Methode beschränkt sich darauf, einen oder mehrere Geisteszustände des Täters zu nennen, bei deren Vorhandensein der Richter Unzurechnungsfähigkeit und Straflosigkeit anzunehmen

[1]) Nach Bern Art. 125 kann der Gehilfe beim Selbstmord bestraft werden. Ferner stellen Sondertatbestände auf Freiburg Art. 56, Schaffhausen § 145, Tessin Art. 310, Neuenburg Art. 298 II und der eidg. E. Art. 102. Einzelheiten gehören in den Besondern Teil.

[2]) S. die Vorbemerkung zum 3. Abschnitt, oben 134f.

[3]) Oben § 22.

[4]) Nur von der Unzurechnungsfähigkeit des „erwachsenen Menschen" ist hier die Rede. Über das jugendliche Alter als Schuldausschließungsgrund unten §§ 92—94.

hat. Vorbild ist Art. 64 des französischen StGB. Ihm ist Genf Art. 52 nachgebildet (état d'aliénation mentale). Schwyz § 31 lit. b spricht von „Gemütskrankheit, Verrücktheit, Blödsinn oder unverschuldeter Sinnesstörung", Neuenburg Art. 70 I von „état de démence ou état d'irresponsabilité intellectuelle".

b) Die psychologische Methode nennt nicht einzelne anormale (pathologische) Zustände, sondern sie weist auf die Fälle hin, in denen bestimmte Fähigkeiten — Urteilskraft, Willensfreiheit, Selbstbestimmung u. a. — als nicht vorhanden zu gelten haben. So sprechen BStG. Art. 27 und MilStG. Art. 29 vom Fehlen „der Urteilskraft oder der Willensfreiheit[1])", Thurgau § 22 vom Mangel des „Bewußtseins der Strafbarkeit der Handlung oder der Fähigkeit der Selbstbestimmung". Basel § 30 und Schaffhausen § 30 nehmen beim Fehlen der Fähigkeit zur Selbstbestimmung oder der zur Erkenntnis der Strafbarkeit erforderlichen Urteilskraft Unzurechnungsfähigkeit an.

c) Die Mehrzahl der Gesetze verwendet eine gemischte Methode. Sie nennen anormale Zustände, aus denen sich das Fehlen bestimmter Fähigkeiten ergeben soll. Die Hervorhebung einiger Beispiele genügt[2]): Zürich § 44 spricht von einer Störung der Geistestätigkeit des Handelnden in dem Maße, „daß er die Fähigkeit der Selbstbestimmung oder die zur Erkenntnis der Strafbarkeit der Tat erforderliche Urteilskraft nicht besaß." Luzern § 48 nennt in breiter Aufzählung Zustände, bei denen der Täter des Vernunftgebrauchs nicht mächtig war (Raserei, Wahnsinn, Blödsinn, unverschuldete Verwirrung der Sinne oder des Verstandes, unverschuldete volle Berauschung oder Trunkenheit). Waadt Art. 51 Ziff. 3 nimmt Unzurechnungsfähigkeit an bei einem Täter „dans un état de démence, ou s'il est atteint d'une maladie ou d'une infirmité qui le mette hors d'état d'apprécier les conséquences et la moralité de ses actions". Die gemischte Methode verwendet auch der eidg. E. 1918, Art. 10: „Wer wegen Geisteskrankheit, Blödsinns oder schwerer Störung des Bewußtseins zur Zeit der Tat nicht fähig ist, das Unrecht seiner Tat einzusehen oder gemäß seiner Einsicht in das Unrecht der Tat zu handen, ist nicht strafbar."

Die gesetzgeberische Bedeutung der Frage ist stark überschätzt worden[3]). Eine allgemein befriedigende juristische Bestimmung

---

[1]) Beide Gesetze nennen allerdings in einem Nachsatz als Gründe der mangelnden Fähigkeit „Raserei, Wahnsinn und dergleichen". Sie nähern sich damit einer gemischten Methode.

[2]) Ausführlichere Zusammenstellungen der Gesetze bei STOOSS: Grundzüge, 1, 174f., 191ff. — LÜSCHER: (Lit. zu § 22), 78ff. — BLEULER: Lehrbuch der Psychiatrie (2. Aufl.), 482ff.

[3]) Vgl. namentlich die bei § 22 genannten Schriften von GRETENER und denselben Autor im Gerichtssaal, 90, 202ff., 230ff., ferner HAFTER: Bibliographien zum VE. (1908) 41ff., (1911) 30ff. — ZÜRCHER: Erläuterungen zum VE. 1908,

der Unzurechnungsfähigkeit ist gar nicht möglich, weil die Mittel der Jurisprudenz dazu nicht ausreichen. Es handelt sich um philosophische, psychologische und medizinische Probleme und Werturteile, die wohl überhaupt nicht vollständig in einer juristischen (gesetzgeberischen) Formel eingefangen werden können. Ob das Gesetz den Begriff der Unzurechnungsfähigkeit nach der biologischen oder der psychologischen oder nach einer gemischten Methode umschreibt, macht praktisch kaum einen großen Unterschied aus. Wichtig ist dagegen, daß der Richter, sobald sich Zweifel über die Zurechnungsfähigkeit eines Beschuldigten ergeben, sich mit dem Sachverständigen in Verbindung setzen muß (oben § 22 III; eidg. E. Art. 12). Die Zusammenarbeit zwischen Richter, Arzt und eventuell noch weitern Sachverständigen muß die Grundlagen für die Entscheidung des Einzelfalles bilden, wobei nur der Grundsatz, daß dem Richter die freie Würdigung des Sachverständigengutachtens vorbehalten bleibt, nicht verkümmert werden darf.

Die Praxis hält es nicht anders. Um die gesetzlichen Formeln über die Unzurechnungsfähigkeit bekümmert sie sich nicht allzu stark. Bezeichnend ist auch, wie frei sich z. B. das Bundesgericht von jeher zu Begriffen, wie Willensfähigkeit, Geisteskrankheit, Blödsinn, Schwachsinn usw. gestellt hat[1]).

Trotz alledem ist die gesetzliche Umschreibung der Unzurechnungsfähigkeit als Wegleitung für den Richter wünschenswert. Die Verwendung einer gemischten Methode — etwa in der Formel von Art. 10 des eidg. E. — empfiehlt sich. Sie verbindet Anschaulichkeit (Bezeichnung einzelner Zustände) mit Grundsätzlichkeit (Hervorhebung der psychischen Fähigkeiten, auf die es ankommt)[2]).

III. Die zumeist auch in den Gesetzen hervortretende Unterscheidung zweier Gruppen von Fällen der Unzurechnungsfähigkeit ist für die Durchführung der Lehre wichtig.

1. Die Unzurechnungsfähigkeit kann sich aus einem pathologischen Dauerzustand des Täters ergeben. Er ist blödsinnig oder er ist geisteskrank in einem solchen Maße, daß er, um mit Art. 10 des eidg. E. zu reden, nicht fähig war, „das Unrecht seiner Tat einzusehen

39ff.; Prot. I. ExpKom. 1, 65ff.; Prot. II. ExpKom. 1, 109ff., 124ff. — Asper: a. a. O. 58ff. — Pfenninger: StR. der Schweiz, 753f., meint, „das Spiel mit den verschiedenen Formen und ihre weitschichtige Behandlung" habe keinen Wert.

[1]) Vgl. BE. 5, 260; 15, 450f.; 31 II, 201; 35 II, 157ff. Gut Bleuler: Psychiatrie (2. Aufl.), 480ff., der hervorhebt, daß man sich in der Schweiz scheut, sich streng an den Buchstaben des Gesetzes zu halten, wenn „die Unzulänglichkeit der menschlichen Sprache dem Gesetzgeber unmöglich macht, alles das ein- und auszuschließen, was er beabsichtigt" (480).

[2]) Gut über die gemischte Methode v. Hippel: ZgesStRW. 32, 102ff. — Maier: Z. 26, 289, auch v. Bar: Gesetz und Schuld, 2, 33f. Gegen sie zugunsten der biologischen Methode Gautier: Z. 30, 6ff.

oder gemäß seiner Einsicht in das Unrecht der Tat zu handeln[1])." Es handelt sich entweder um das Fehlen der Einsicht, der Urteilskraft, also um einen Intelligenzmangel, oder aber um schwere psychische Störungen außerhalb des Intellektes. In den letztern Fällen muß festgestellt werden, daß der Täter zwar fähig war, das Unrecht seiner Tat verstandesmäßig zu erkennen, daß aber Störungen seines Empfindungs- oder Trieblebens ihn daran hinderten, der richtigen Einsicht gemäß sich zu verhalten. Der in einigen Gesetzen — z. B. Zürich § 44, Thurgau § 22, Schaffhausen § 30 — verwendete Ausdruck: Mangel der Fähigkeit der Selbstbestimmung muß auch das Triebleben umfassen. Diese Probleme werden sich besonders häufig bei Delikten gegen das Geschlechtsleben ergeben. Die Frage, die der Jurist stets nur im Zusammenwirken mit dem Psychiater zu lösen vermag, ist hier die, ob der Täter trotz vorhandener Einsicht unter der Einwirkung so übermächtiger pathologischer Triebe stand, daß ihm ein rechtmäßiges Verhalten nicht möglich war[2]).

2. Unzurechnungsfähigkeit liegt ferner vor bei einem vorübergehenden Zustand einer „schweren Störung des Bewußtseins". Das ist der in Art. 10 des eidg. E. verwendete Ausdruck. Er ist besser als der Ausdruck „Bewußtlosigkeit", in der ein Mensch wohl überhaupt nicht tätig werden kann. Solche den Menschen vorübergehend völlig verändernde Bewußtseinsstörungen oder -Trübungen sind z. B. Dämmerzustände, Rauschzustände und andere Vergiftungen, Schlaftrunkenheit, Schlafwandel, Hypnose[3]). Ob ein solcher Zustand auf krankhafter Grundlage beruht oder zur Zeit der Tat bei einem sonst gesunden (normalen) Menschen vorhanden ist, macht zunächst für die juristische Entscheidung der Frage der Unzurechnungsfähigkeit nichts aus. Entscheidend ist nur, daß der Täter in diesem (vorübergehenden)

---

[1]) Die Lehre wird hier im Anschluß an diesen Text erörtert. Aus den geltenden Gesetzen müssen, wenn immer möglich, die gleichen Resultate gewonnen werden; vgl. ASPER: a. a. O. 57.

[2]) BLEULER: Psychiatrie, weist wiederholt darauf hin, daß das Triebleben und auch der Stand der Moral in keiner Beziehung zur Höhe der Intelligenz stehen (447, 478ff.). Für den Strafrichter muß bei der Entscheidung der Frage der Unzurechnungsfähigkeit immer maßgebend sein, ob die gesetzeswidrige Äußerung des Trieblebens oder das rechtswidrige Verhalten eines Amoralischen auf pathologischer Grundlage ruhen (z. B. auf totaler moralischer Idiotie). Nur dann, aber dann auch zweifellos, liegt ein Entschuldigungsgrund vor; vgl. auch BLEULER: Korrespondenzbl. für Schweizer Ärzte, 1914, Nr. 7 (Die Behandlung der moralisch Schwachsinnigen). — v. CLERICS Anschauung (JZ. 12, 93), daß nach dem zürcher. StGB. § 44 bei der Frage der Unzurechnungsfähigkeit nur Wille und Verstand des Täters geprüft werden könnten, nicht aber das Gefühlsleben, ist unzutreffend. Vgl. ferner GEHRY: JZ. 10, 341ff. — LÜSCHER: 233ff. — MÜLLER: Z. 38, 169f.

[3]) BLEULER: Monatsschr. f. Kriminalpsychol. und StR.-Reform, 1, 629.

Zustand nicht fähig war, das Unrecht seiner Tat einzusehen. Das entschuldigt ihn und macht ihn straffrei[1]).

3. Das besondere Problem der selbstverschuldeten Trunkenheit und auch anderer selbstverschuldeter Betäubungszustände (durch Opium, Cocain usw.) setzt hier ein. Logisch ist nur folgende Überlegung: Wer in einem solchen, wenn auch selbstverschuldeten Zustand schwerer Bewußtseinsstörung eine deliktische Tat verübte, hatte nicht die Einsicht in ihre Unrechtmäßigkeit. Er müßte daher im Hinblick auf diese Tat von Schuld und Strafe frei sein[2]). Der Gesetzgeber hat sich jedoch vielfach nicht an diese Logik gehalten: Luzern § 48 I Ziff. 3, Schwyz § 31 lit. b, Obwalden Art. 34 Ziff. 2, Glarus § 30 lit. a, Appenzell A.-Rh. Art. 36, Aargau § 45 III lit. e gewähren Straffreiheit nur, wenn die schwere Bewußtseinsstörung in der Veranlassung unverschuldet war. Mehrfach wird der Fall der selbstverschuldeten Trunkenheit noch besonders hervorgehoben: Freiburg Art. 7 II erklärt, daß sie die „Verantwortlichkeit" nicht ausschließt. Nach St. Gallen Art. 23 ist „je nach Umständen auf volle oder teilweise Zurechnung zu erkennen." Eigenartig bestimmt Tessin Art. 48 § 1, daß bei einer Deliktsverübung in selbstverschuldeter voller Trunkenheit zwar die Annahme des Vorsatzes, nicht aber die Zurechnung zur Fahrlässigkeit ausgeschlossen sein soll[3]). Luzern § 48 Ziff. 3 und Wallis Art. 88 I heben ausdrücklich nur die unverschuldete volle Trunkenheit als Strafausschließungsgrund hervor. Am strengsten scheint Solothurn § 37 II, das schlechthin den Zustand der Betrunkenheit nicht als Entschuldigung betrachtet[4]). — Die eidgenössischen Entwürfe haben solche Sonderbestimmungen nicht übernommen. Bei voller — auch selbstverschuldeter — Trunkenheit zur Zeit der Deliktsverübung ist daher Unzurechnungsfähigkeit anzunehmen. Jedoch bestimmt Art. 331 des bürgerlichen StGB., daß, wer im Zustande der Betrunkenheit öffentlich Sitte und Anstand in grober Weise verletzt, mit Buße bestraft wird[5]). Auch diese Bestimmung ist eigentlich nur

---

[1]) Eine andere Frage ist hier und namentlich bei den pathologischen Dauerzuständen der Unzurechnungsfähigkeit, was für Maßnahmen den Täter treffen sollen (unten § 80).

[2]) Auszuscheiden sind die Fälle der sog. actio libera in causa, oben § 22 V.

[3]) Das ist eine auf das gemeine Recht zurückgehende Präsumption: Wer sich betrinkt, handelt fahrlässig; er hätte die üblen Folgen voraussehen können; vgl. z. B. FEUERBACH: Lehrbuch des Peinlichen Rechts (14. Aufl.), § 57 und S. 167f., 174f. Zu der ganzen Frage auch BLOCHER: Z. 22, 25ff.

[4]) Ebenso Répertoire vaudois, 109 zu Art. 51 Ziff. 3 des waadtländ. StGB.: „Il est de jurisprudence constante que l'ivresse, à moins de circonstances spéciales, ne rentre pas dans les cas prévus à l'art. 51 Cp."

[5]) Vgl. ferner MilStGE. Art. 80 und die Verhandlungen des Ständerates über die Frage: Stenogr. Bull. 1921, 230ff.; 1922, 151ff. Außerdem Prot. II. ExpKom. 1, 114, 128ff.; 7, 164ff., 358ff.; 8, 331ff. Siehe auch STOOSS: Österr. Z. f. StR. 5, 68ff.

anwendbar, wenn man darauf verzichtet, die Schuldfrage zu stellen. Das Problem als Ganzes zeigt die große Schwierigkeit, Forderungen der Kriminalpolitik und des Volksbewußtseins mit der juristischen Logik in Einklang zu bringen. Alle Künsteleien helfen nicht darüber hinweg, daß der sinnlos Trunkene unzurechnungsfähig ist, also unter keinem Titel für die im Zustand der völligen Trunkenheit verübten Übeltaten bestraft werden sollte. Eine Lösung ist nur auf dem Wege der sichernden Maßnahmen gegenüber Trunksüchtigen und Gewohnheitstrinkern zu finden (eidg. E. Art. 13—15 und namentlich Art. 42 und 331 II; unten § 83). Mißlich bleibt, daß der gelegentliche Rauschverbrecher mit diesen Maßnahmen schwer erreichbar ist. Die Gerichte werden in solchen Fällen immer wieder versuchen, eine Bestrafung zu begründen[1]).

§ 34. Verminderte Zurechnungsfähigkeit.

Literatur. Angaben zu §§ 22, 33 u. 80. Ferner Wille: Z. 3, 1ff. — Hafter: Monatsschrift für Kriminalpsychologie und StR.-Reform, 1, 77ff. — Stooss: eod. 1, 238ff.; Österr. Z. für StR. 2, 306ff. — Maier: JZ. 9, 299ff.; Z. 26, 287ff. — Bleuler u. Pfenninger: Z. 37, 139ff. — Kahl: VD. Allg. Teil, 1, 1ff., 53f., 60ff. — Gottschalk: Materialien zur Lehre von der verminderten Zurechnungsfähigkeit (1904).

I. Daß zwischen Zurechnungsfähigkeit und Unzurechnungsfähigkeit oder besser zwischen Geistesgesundheit und -Krankheit und zwischen Vollbewußtsein und mangelndem Bewußtsein Zwischenstufen liegen, steht naturwissenschaftlich fest. Auch für das Recht ist der Begriff der verminderten Zurechnungsfähigkeit unentbehrlich. Unabgeklärt ist, wie diese unendlich mannigfaltigen Zwischenstufen juristisch zu werten sind. Die Rechtslogik meint: Zurechnungsfähigkeit ist Schuldvoraussetzung. Auch der vermindert Zurechnungsfähige handelt schuldhaft, aber seine Schuld ist vermindert, also ist er milder zu bestrafen[2]). Die Psychiatrie (vgl. Bleuler: Lehrbuch, 478) tritt dagegen für eine völlig „andere Behandlung" als sie dem Zurechnungsfähigen zuteil wird, ein, da die Wirkung der (geringern) Strafe beim vermindert Zurechnungsfähigen regelmäßig versagt. Er kann sich weniger beherrschen als der voll zurechnungsfähige Verbrecher, er ist vielfach der Gefährlichere[3]).

II. Soweit die geltenden Rechte eine verminderte Zurechnungsfähigkeit anerkennen, stehen sie auf dem Standpunkt der geminderten

[1]) Vgl. v. Cleric: JZ. 15, 79, auch Bleuler: Psychiatrie, 477 und jetzt das st. gallische Gesetz vom 15. Mai 1925 betreffend die Bekämpfung der Trunksucht, unten § 83 II 2.

[2]) Vgl. Stooss: Grundzüge, 1, 194f. — Hafter: Monatsschrift für Kriminalpsychologie und StR.-Reform, 1, 79ff. Besonders bezeichnend der polnische StGE. 1918, der an die Stelle des Begriffes der verminderten Zurechnungsfähigkeit den Begriff der „verminderten Schuld" setzt; ZgesStRW. 40, 430; vgl. auch Lüscher: (Lit. zu § 22), 176ff., 245ff.

[3]) Dazu ferner, mit reichen Literaturangaben, Wüst: (Lit. zu § 49), 200ff.

Zurechnung: Der Täter wird milder bestraft[1]). So ordnen die Strafgesetze von 19 Kantonen[2]). Eine Aufzählung der sehr verschieden gearteten Umschreibungen des Begriffes und der Gestaltung der Strafmilderung oder -minderung erübrigt sich hier. Ein prägnantes Beispiel bietet Neuenburg Art. 70 II, wo von der „responsabilité intellectuelle seulement diminuée" gesprochen wird. Hier und in zahlreichen andern Gesetzen (Zürich § 60 lit. b, Schwyz § 33, Obwalden Art. 34 Ziff. 4, Solothurn § 51 III, Wallis Art. 86 u. a.) scheint sich zu ergeben, daß nur Intelligenzdefekte, nicht aber Störungen des Empfindungs- und Trieblebens berücksichtigt werden können. Es ist aber der Praxis zu empfehlen, sich nicht an eine solche einschränkende Auslegung zu halten (vgl. oben § 33 II 1). Die eidgenössischen Gesetze (BStG. Art. 32 lit. b und MilStG. Art. 33 lit. b) sehen eine Strafminderung „innerhalb der gesetzlichen Grenzen" vor, wenn die „Willensfreiheit" des Täters durch erhebliche Umstände beschränkt war[3]).

III. Nur den Gesetzen von 4 Kantonen ist der Begriff der verminderten Zurechnungsfähigkeit fremd: Aargau § 44 lit. b, nennt unter den besondern Milderungsgründen immerhin die Verstandesschwäche[4]), und Waadt Art. 63 schreibt dem Richter bei der Strafzumessung die Berücksichtigung von mildernden Umständen allgemein vor. Baselland und Genf dagegen haben keine Vorschriften aufgestellt, aus denen sich eine Anerkennung des Begriffes der verminderten Zurechnungsfähigkeit herleiten ließe. Daß aber auch in diesen Kantonen der Richter bei der Strafzumessung die verminderte Zurechnungsfähigkeit des Täters berücksichtigen kann und wird, ist zweifellos. Für Genf ist noch besonders auf das in Art. 317, 337—339, 379 und 381 der Strafprozeßnovelle von 1890 niedergelegte allgemeine System der mildernden Umstände hinzuweisen[5]).

IV. Eine deutliche Lösung bringt — zunächst durchaus im Anschluß an die geltenden Rechte — der eidg. E. in Art. 11. Er knüpft an die in Art. 10 gegebene Umschreibung der Unzurechnungsfähigkeit an. Nach der sog. gemischten Methode (oben § 33 II 1) nennt er bestimmte anormale Zustände — Beeinträchtigung der geistigen Gesundheit oder des Bewußtseins, mangelhafte geistige Entwicklung —,

[1]) Reiches Material aus Geschichte, Gesetzgebung und Literatur bei LÜSCHER: 143ff., 187ff., 245ff.; vgl. auch PFENNINGER: StR. der Schweiz, 745, 754. — ASPER: (Lit. zu § 33), 64ff.

[2]) Zusammenstellung der Texte bei LÜSCHER: 188ff., dazu jetzt Freiburg Art. 8 und Baselstadt § 30a.

[3]) BE. 50 I, 317f.

[4]) Vielleicht ist auch § 43: „Je weniger bösen .... Willen der Verbrecher bei der Tat geäußert, ... desto geringer ist auch die Strafbarkeit" auf gewisse vermindert Zurechnungsfähige anwendbar.

[5]) Text Z. 4, 436ff.; vgl. ferner STOOSS: Grundzüge, 1, 401ff.

aus denen sich die herabgesetzte Fähigkeit des Täters, das Unrecht seiner Tat einzusehen oder gemäß seiner Einsicht in das Unrecht der Tat zu handeln, ergibt. Unter diesen Voraussetzungen hat der Richter die Strafe nach freiem Ermessen zu mildern[1]).

Gleich wie bei der Unzurechnungsfähigkeit ergeben sich zwei Gruppen von Fällen (oben § 33 III).

1. Krankhafte Dauerzustände. Auch hier handelt es sich entweder um Intelligenzdefekte oder um Störungen des Gefühls- und Trieblebens[2]).

2. Vorübergehende Beeinträchtigungen des Bewußtseins. Sie dürfen nicht, wie Freiburg Art. 8 es will, ausgeschlossen werden. Gerade bei ihnen, z. B. bei Vergiftungen, beim Handeln in gewissen Erschöpfungs- oder Stimmungszuständen, kann sich eine verminderte Schuld ergeben.

Bei selbstverschuldeter Trunkenheit oder andern selbstverschuldeten Betäubungszuständen als Grund verminderter Zurechnungsfähigkeit ergeben sich die gleichen Probleme und Überlegungen wie in der Lehre von der Unzurechnungsfähigkeit. Sollen diese Zustände Berücksichtigung finden? Soweit die Gesetze in den Bestimmungen über die Unzurechnungsfähigkeit bei selbstverschuldeter voller Trunkenheit die Verantwortlichkeit nicht ausschließen, ist der Schluß gegeben, daß der selbstverschuldete Rausch, der nur mit einer Beeinträchtigung des Bewußtseins verbunden ist, auch nicht zu einer Strafmilderung führen kann. Einzelne Gesetze weisen ausdrücklich darauf hin: BStG. Art. 32 lit. b und MilStGB. Art. 33 lit. b bestimmen vorsichtig, daß selbstverschuldete Trunkenheit „in der Regel" nicht als Milderungsgrund gilt[3]).

V. Die besondere Frage, ob gegenüber dem vermindert Zurechnungsfähigen neben der Strafe noch andere Maßregeln zur Geltung zu

---

1) Von Art. 11 des eidg. E. ist Freiburg Art. 8 beeinflußt. Doch weicht diese Bestimmung in zwei wichtigen Punkten vom E. ab: Es sollen nur krankhafte Dauerzustände, nicht auch vorübergehende Bewußtseinsstörungen berücksichtigt werden. Ferner ist statt der obligatorischen nur fakultative Strafmilderung vorgesehen („der Richter kann die Strafe mildern"). Die letztere Lösung wird auch von psychiatrischer Seite, allerdings von einer andern Anschauung aus, als der freiburgische Gesetzgeber sie vertritt, empfohlen; vgl. Bleuler: Z. 37, 139: Nicht immer verlangt die verminderte Zurechnungsfähigkeit mildere Bestrafung, sie kann auch ein strafschärfender Umstand sein. Vgl. ferner v. Speyr: Z. 7, 188f. — Maier: Z. 26, 298. — Asper: (Lit. zu § 33), 115. — Wüst: (Lit. zu § 49), 12ff., 200ff.

2) Lüscher: 224ff. gibt aus der medizinischen und juristischen Literatur eine interessante Zusammenstellung der Formen geistiger Störungen, die für die verminderte Zurechnungsfähigkeit in Betracht kommen; vgl. ferner Maier: Z. 26, 294ff.

3) Dazu Sammlung von Entscheiden der Militärgerichte (1914—1916), herausgegeben vom Armeeauditor, 12f. — Vgl. ferner Appenzell A.-Rh. Art. 47 lit. c und Graubünden § 50 I Ziff. 2 und II.

bringen sind, ist in der Lehre von den sichernden Maßnahmen zu erörtern (unten § 80).

§ 35. Zwang. Befehl des Vorgesetzten.

Literatur. Angaben zu § 30. — STOOSS: Strafgesetzbücher, 87ff.; Grundzüge, 1, 259ff., 273ff. — KLEINFELLER: VD. Allg. Teil, 1, 283ff., 314ff. — FELDMANN: (Lit. Angaben zu § 31), 67ff. — RIETER: Das militärische Delikt des Ungehorsams nach deutschem und schweizer. MilStR. Leipz. Diss. (1911). — GUGGER: Der Mißbrauch der Dienstgewalt nach schweizer. und deutschem MilStR. Berner Diss. (1911). — ALFRED STOOSS: Z. 28, 164ff. — NANZ: Befehlsberechtigung und Gehorsamspflicht im schweizer. MilStR. Zürcher Diss. (1916). — ERNST: Das Handeln auf Befehl im MilStR. Zürcher Diss. (1923).

I. Nicht nur die Zurechnungsfähigkeit, d. h. ein bestimmt gearteter Geisteszustand des Täters zur Zeit der Tatverübung, ist Schuldvoraussetzung, sondern auch das Fehlen eines äußern Zwanges. Es ist nicht richtig, die Würdigung eines durch Gewalt oder durch Drohungen erzwungenen Verhaltens in der Notstandslehre aufgehen zu lassen (s. oben S. 145). Bei der Notstandshandlung ist die Rechtswidrigkeit ausgeschlossen, ja mehr, es besteht ein Recht des in einer Notlage Befindlichen, eine Interessenkollision gewaltsam zu lösen (oben § 30 V). Ein den Tatbestand eines Delikts erfüllendes Verhalten jedoch, das unter dem Einfluß der Gewalt erfolgt, ist rechtswidrig. Der Zwingende, Nötigende wird zur Verantwortung gezogen[1]). Nur dem Ausführenden kommt die Entschuldigung oder wenigstens ein Milderungsgrund zugute.

II. In den geltenden Rechten ist die Unterscheidung zwischen Notstand, Unzurechnungsfähigkeit und nötigender Gewalt mangelhaft durchgeführt[2]). Die Unabgeklärtheit von Lehre und Gesetzgebung ergibt sich aus folgender Übersicht:

1. Solothurn § 38, Wallis Art. 85, Neuenburg Art. 72 und Genf Art. 52 nehmen an, daß es an einer strafbaren Handlung fehlt, wenn der Täter durch unwiderstehliche Gewalt zu seinem Verhalten gezwungen wurde[3]). Das ist mindestens mißverständlich. Eine „strafbare Handlung“ liegt vor. Der Nötigende wird bestraft. Nur der Genötigte bleibt straflos.

2. Zug § 28, Basel § 34 und St. Gallen Art. 25 verbinden das Handeln unter Zwang mit der Notstandsbestimmung. Dabei nehmen Zug und Basel wiederum unrichtig an, eine strafbare Handlung sei nicht gegeben.

---

1) Als Anstifter, wenn der Genötigte nicht völlig entschuldigt wird, als mittelbarer Täter, wenn dem Gezwungenen volle Entschuldigung gewährt werden muß. — ZÜRCHER: Kommentar zürcher. StGB. § 46, N. 6 — ZELLER: Kommentar, § 46, N. 6; unten § 43 II.

2) Auch STOOSS: Grundzüge, 1, 171f., 259f., 263 weist darauf hin.

3) Vorbild ist Art. 64 des französischen Cp.: „Il n'y a ni crime ni délit, lorsque le prévenu .... a été contraint par une force à laquelle il n'a pu résister.“

3. Als einen Fall von Unzurechnungsfähigkeit betrachten das Handeln unter einem unwiderstehlichen Zwang Obwalden Art. 34 Ziff. 3, Glarus § 30 lit. b und Graubünden § 45 Ziff. 3. Aargau § 45 III lit. g nimmt an, bei dem Genötigten sei der „freie Wille" nicht vorhanden.

4. Zutreffend wird nur die Zurechnung zur Strafe ausgeschlossen in Zürich § 46, Luzern § 52, Schaffhausen § 32, Thurgau § 24 lit. a, Tessin Art. 46 § 1 lit. b und Waadt Art. 51 Z. 4[1]).

Die meisten Gesetze sehen überdies für den Fall, daß der Täter unter dem Einfluß von Gewalt oder Drohung — die aber nicht übermächtig waren — handelte, eine Strafmilderung oder -minderung vor.

In der Ausgestaltung der Bestimmung weichen die Gesetze wiederum stark voneinander ab. Auch Rechte, die das Handeln unter Zwang richtig von der Notstandsbestimmung loslösen, stellen die Norm unter die für den Notstand geltenden Voraussetzungen. So schließt Zürich § 46 die Zurechnung nur aus, wenn der Täter „durch unwiderstehliche körperliche Gewalt oder durch solche Drohungen genötigt worden ist, die mit einer augenblicklichen, auf andere Weise nicht abwendbaren Leibes- oder Lebensgefahr für ihn selbst oder andere verbunden war."

III. Zu prüfen ist, ob eine gesetzliche Bestimmung über den Zwang als Entschuldigungsgrund überhaupt notwendig ist. Soweit es sich um unwiderstehliche Gewalt (vis absoluta) handelt, ist das zu verneinen. Ein unwiderstehlich Gezwungener, der überhaupt nicht mehr die Möglichkeit hat, seinen eigenen Willen zur Geltung zu bringen, „handelt" nicht, so daß sich die Schuldfrage bei ihm gar nicht ergibt[2]). Offen bleibt nur die Frage, ob man den Täter entschuldigen soll, wenn er einer relativ unwiderstehlichen Drohung oder Gewalt (vis compulsiva) nachgibt, weil er aus seiner Persönlichkeit heraus nicht die Kraft zu einem vielleicht heroischen Widerstand aufbringt. Es ist einigermaßen verständlich, daß die Gesetzgebung hier den Zusammenhang mit der Notstandsbestimmung gesucht hat (sog. Drohungsnotstand)[3]). Aber diese Verbindung bleibt unrichtig, weil daran festzuhalten ist, daß die echte Notstandshandlung überhaupt nicht strafrechtswidrig ist[4]),

[1]) Dazu Répertoire vaudois, 41.

[2]) Vgl. Stooss: Grundzüge, 1, 259. — M. E. Mayer: Strafrecht, Allg. Teil, 313. — Hug: Die Drohung im StR. Zürcher Diss. (1924), 17ff. Richtig, aber unnötig ist daher die Bestimmung von Luzern § 52: „Handlungen, zu welchen jemand durch unwiderstehliche Gewalt genötigt worden, sind demselben nicht zuzurechnen."

[3]) So namentlich im Anschluß an den allgemein als verfehlt betrachteten § 52 des deutschen StGB. die deutsche Literatur; vgl. z. B. Oetker: VD. Allg. Teil, 2, 338f.

[4]) Oben § 30 V und namentlich die unter dem Obertitel „Rechtmäßige Handlungen" stehende Notstandsbestimmung des eidg. E. Art. 33: „Die Tat .... ist kein Vergehen ...."

während das in einem „Drohungsnotstand“ verübte Delikt rechtswidrig sein muß. Der Nötigende wird ja auch regelmäßig als indirekter Täter zur Verantwortung gezogen, und nur der Genötigte kann entschuldigt werden. Das sollte der Gesetzgeber im Anschluß an Zürich § 46 bestimmen[1]). Handelt der das Delikt Ausführende dagegen unter dem Einfluß einer weniger intensiven Gewalt oder Drohung, so kommt wenigstens die Gewährung einer Strafmilderung in Betracht.

IV. Der eidg. E. und ihm folgend Freiburg berücksichtigen den Zwang als Entschuldigungsgrund nicht[2]). Sie geben dem Richter nur die Möglichkeit, die Strafe zu mildern, wenn der Täter unter dem Eindruck einer schweren Drohung gehandelt hat (E. Art. 61 II, Freiburg Art. 42). Diese Ordnung ist unvollständig. Der Gesetzgeber braucht zwar, aus den angeführten Gründen, nichts über die unwiderstehliche Gewalt zu bestimmen, aber er sollte die mit einer unmittelbaren Leibes- oder Lebensgefahr verbundene Gewaltanwendung und Drohung als Entschuldigungsgrund für den Genötigten nennen[3]).

V. Besondere Verhältnisse ergeben sich bei dem Problem des Handelns auf Befehl des Vorgesetzten. Schließt er die Rechtswidrigkeit einer befehlsmäßig vorgenommenen Handlung aus oder wirkt er für den Ausführenden nur schuldausschließend oder mildernd? Ein grundsätzlicher Standpunkt ist zu gewinnen:

Im Militär, aber auch im öffentlich-rechtlichen Beamtenverhältnis besteht eine Gehorsamspflicht des Untergebenen. Zielt der Befehl des Vorgesetzten auf die Verübung eines Deliktes ab, das der Untergebene ausführt, so geht die Annahme, der Befehlsempfänger habe nicht rechtswidrig gehandelt, gegen alle Vernunft. Die objektive Rechtswidrigkeit besteht in jedem Fall[4]). Offen bleibt nur die Frage, wen

---

1) Etwa: „Eine Tat, zu welcher jemand durch eine solche Gewalt oder durch eine solche Drohung genötigt worden ist, die mit einer unmittelbaren, nicht anders abwendbaren Leibes- oder Lebensgefahr für ihn selbst oder andere verbunden sind, ist dem Genötigten nicht zuzurechnen.“

2) Die Notstandsbestimmung kann nicht zutreffen, da nach E. Art. 33 und wohl auch nach Freiburg Art. 21 die Nottat überhaupt als nicht strafrechtswidrig betrachtet wird.

3) Beachtenswert Waadt Art. 58: „Si l'auteur ou le complice d'un délit a agi sous l'influence de violence ou de menaces propres à lui inspirer un juste effroi pour lui-même ou pour quelqu'un des siens, ou s'il a été violemment provoqué, la peine est commué .... Il peut même, suivant les circonstances, être libéré de toute peine.“ Dazu Répertoire vaudois, 202f.

4) Gut M. E. Mayer: StR. Allg. Teil, 334ff. und Der rechtswidrige Befehl des Vorgesetzten, Straßburger Festschrift für Laband (1908), 119ff. Nach v. Liszt-Schmidt: Lehrbuch, § 35 I 3 u. a. soll die Rechtswidrigkeit einer befehlsmäßig vorgenommenen Handlung soweit ausgeschlossen sein, als die Rechtsordnung die unbedingt verbindende Kraft des Befehles anerkennt; s. namentlich noch Feldmann: Rechtmäßige Handlungen (Lit. zu § 31), 67ff., 72ff.

dafür die Verantwortlichkeit trifft, insbesondere, ob dem ausführenden Untergebenen Entschuldigung oder wenigstens Strafmilderung zu gewähren ist. Das ganze Problem gehört daher zur Schuldlehre. Für seine Lösung können teilweise Überlegungen, wie sie für das Handeln unter Zwang gelten, herangezogen werden. Der Befehl des Vorgesetzten bedeutet, namentlich im militärischen Verhältnis, für den zum Gehorsam Verpflichteten einen Druck, dem die meisten Menschen schwer zu widerstehen vermögen. Man soll dabei nicht an eine Notlage oder etwas Ähnliches denken, wohl aber daran, daß der an Gehorsam Gewöhnte, weil er unter einem gewissen Druck steht, sich oft über die Rechtmäßigkeit oder die Widerrechtlichkeit des Befohlenen gar keine Gedanken macht, oder aber, wenn er die Widerrechtlichkeit erkennt, trotzdem glaubt, an den Befehl gebunden zu sein. Das weist zur Lehre vom Irrtum (unten § 36 II) hinüber, aus deren Bestimmungen allein aber die zutreffende Lösung nicht gewonnen werden kann[1]). Die Betrachtung der Gesetze ergibt:

1. Nach BStG. Art. 28 ist der Beamte oder Angestellte straflos, wenn er ein Delikt „infolge eines bestimmten, auf dessen amtliches oder Dienstverhältnis sich beziehenden kompetenten Befehls[2]) der ihm vorgesetzten Behörde oder Beamtung“ begangen hat. Das Gesetz erklärt den Befehlenden allein für verantwortlich[3]). — Diese weitgehende Vorschrift ist nur durch die Annahme einer blinden Gehorsamspflicht des Beamten zu erklären. Sie ist ebenso unmoralisch wie auch politisch unerwünscht.

2. Kein kantonales Gesetz geht so weit wie das BStG. Eine inhaltlich übereinstimmende Ordnung treffen Luzern § 53, Obwalden Art. 33 III und Thurgau § 25. Sie stellen den Satz voran, daß der Befehl zur Begehung einer strafbaren Handlung den Ausführenden nicht straflos macht. Stellt jedoch die befohlene Handlung des Beamten nur einen Mißbrauch der Amtsgewalt oder eine Verletzung der Amtspflichten dar, so soll der Befehlende allein bestraft werden. In diesen Fällen kommt die Konstruktion der mittelbaren Täterschaft zur Geltung. Der den Befehl ausführende Beamte ist nur Werkzeug in der Hand des Vorgesetzten, seine Schuld wird ausgeschlossen.

3. Waadt Art. 56, Wallis Art. 95 und Neuenburg Art. 75 geben mit Bezug auf alle behördlich befohlenen Delikte dem Richter die Möglichkeit, den Ausführenden „selon les circonstances“ von Strafe zu be-

---

[1]) Wäre das der Fall, so könnte auf besondere Bestimmungen und eine besondere Erörterung verzichtet werden.

[2]) Einen „kompetenten“ Befehl zur Verbrechensverübung kann es im Grunde nicht geben. Verbindlicher amtlicher Befehl und Widerrechtlichkeit schließen sich ethisch und logisch aus. „Kompetent“ kann hier nur heißen, daß der Befehl von einer zur Befehlsgebung an sich zuständigen Stelle ausgehen muß.

[3]) Vgl. BE. 41 I, Nr. 77.

freien. Diese Lösung entbehrt, weil sie alles dem Richter anheimstellt, der Grundsätzlichkeit. Die Frage bleibt offen, ob die Schuld des Ausführenden als ausgeschlossen betrachtet werden kann, oder ob man ihn lediglich aus Zweckmäßigkeitsgründen von der Strafe befreien will[1]).

4. Eigenartig ist § 12 II des Basler PolStG.: Wenn Familienangehörige, Dienstboten, Lehrlinge oder Arbeiter auf Befehl oder Anordnung des Familienhauptes oder des Dienstherrn polizeiliche Vorschriften verletzen, so werden nur diese zur Verantwortung gezogen, sofern nicht der Ausführende „besonderer polizeilicher Abmahnung oder Aufforderung zuwider gehandelt hat."

5. Mehrere Gesetze — z. B. Zürich § 60 lit. c, Glarus § 40 lit. b, Solothurn § 51 III Ziff. 3, auch Graubünden § 50 Ziff. 4 — berücksichtigen den Befehl als Minderungs- oder Milderungsgrund. Aus dem Wortlaut dieser Bestimmungen geht hervor, daß nicht nur an den amtlichen Befehl, sondern auch an Gehorsamspflichten, die sich aus andern Abhängigkeitsverhältnissen ergeben, gedacht ist.

Ähnlich kann nach dem eidg. E. Art. 61 der Richter die Strafe mildern, wenn der Täter das Vergehen „auf Veranlassung einer Person, der er Gehorsam schuldig oder von der er abhängig ist", verübt hat. Die frühern Entwürfe nannten ausdrücklich den Befehl des Vorgesetzten[2]).

6. Von größerer Bedeutung als im bürgerlichen Strafrecht ist die Frage im militärischen Recht. Art. 30 MilStGB.[3]) hat Berühmtheit — über die Landesgrenzen hinaus — erlangt. Er verherrlicht, soweit es sich um Befehle mit Bezug auf das Dienstverhältnis handelt, den blinden Gehorsam. Dafür tauscht der blind Gehorchende Schuld- und Straflosigkeit ein, auch dann, wenn ihm das Verbrecherische seines Verhaltens klar bewußt war[4]). Der E. zum neuen MilStGB. (Art. 17) erklärt dagegen den Untergebenen, der auf dienstlichen Befehl eine strafbare Handlung verübt, dann für strafbar, wenn er sich bewußt

---

[1]) Die Bestimmung von Genf Art. 53: „Il n'y a pas d'infraction lorsque le fait était ordonné par la loi et commandé par l'autorité légale" hat mit dem hier erörterten Problem nichts zu tun. Sie betrifft die rechtmäßigen Handlungen kraft Amtsgewalt (oben § 31 II). Vgl. auch für die Unterscheidung GAUTIER: Prot. II. ExpKom. 1, 363, 368. — KLEINFELLER: VD. Allg. Teil, 1, 277ff.

[2]) Zu dieser Entwicklung Prot. II. ExpKom. 1, 361ff., 368, 479.

[3]) „An sich unerlaubte Handlungen sind straflos, wenn sie auf den bestimmten, auf ein militärisches Dienstverhältnis sich beziehenden Befehl eines militärischen Obern des Täters begangen worden sind. Der Obere, welcher den Befehl gegeben hat, soll denselben verantworten."

[4]) Entscheidungen dazu: Sammlung von Entsch. der Mil.-Gerichte (1916), 11; BE. 47 II, 181. Vgl. ferner die bei den Literaturangaben genannten Schriften von RIETER: 122ff. — GUGGER: 25ff. — NANZ: namentlich 52ff., 81ff. — ALFRED STOOSS: Z. 28, 164ff. — ERNST: passim; auch ACHERMANN: Die Stellung des Wehrmannes im bürgerlichen Recht, Berner Diss. (1924), 16ff.

war, daß er durch die Befolgung des Befehls an einem Vergehen mitwirkte[1]).

VI. Konsequenzen. Beim deliktischen Handeln unter einem Zwang oder auf Befehl ist nie die Rechtswidrigkeit ausgeschlossen. Es handelt sich nur darum, bei den mehreren Beteiligten die Schuldfrage zu prüfen. Immer verantwortlich ist grundsätzlich der Zwingende oder Befehlende. Ob man dabei mittelbare Täterschaft oder Anstiftung anzunehmen hat, ergibt sich aus der Lage des Einzelfalles. Der Zwingende oder Befehlende muß regelmäßig auch noch wegen Nötigung, im MilStR. unter Umständen auch wegen Mißbrauches der Befehlsgewalt, zur Rechenschaft gezogen werden.

§ 36. Irrtum.

Literatur. Angaben zu §§ 23 u. 24. — Stooss: Strafgesetzbücher, 38ff.; Grundzüge, 1, 202ff. — Hafter: Z. 17, 88ff. zu der Schrift von Kohlrausch: Irrtum und Schuldbegriff im StR. (1903). — v. Hippel: VD. Allg. Teil, 3, 421ff., 541ff.

I. Die Lehre vom Irrtum muß sich an der Vorsatzlehre orientieren. Vorsätzlich handelt, wer die Tat, in der das Delikt besteht, in allen ihren gesetzlich gekennzeichneten Momenten sich vorgestellt und gewollt hat (oben § 24 III, § 25).

Irrtum ist Nichtübereinstimmung von Vorstellung und Wirklichkeit oder, auf das Strafrecht übertragen, das Sich-Nicht-Vorstellen der gesetzlich umschriebenen schädigenden oder gefährdenden Tat. Wer aus einem solchen Irrtum heraus einen Erfolg herbeiführt, hat ihn nicht gewollt. Er hat also nicht vorsätzlich gehandelt[2]), womit noch nicht gesagt ist, daß er straflos ausgehen soll.

Die Entwicklung, die der Irrtumslehre zuteil geworden ist, macht es notwendig, in der Darstellung zwischen Tatirrtum und Rechtsirrtum zu unterscheiden. Innerlich ist diese Scheidung nicht begründet.

II. Beim Tatirrtum irrt der Täter über einzelne zum Tatbestand eines Delikts gehörende Merkmale. Er stellt sich einen Tatumstand falsch vor, oder er übersieht ihn. Wer glaubt, die Sache, die er aus fremdem Gewahrsam wegnimmt, sei sein Eigentum, irrt sich über einen Tatumstand der Diebstahlsnorm. Wenn der Verführer einer Minderjährigen das verführte Mädchen für volljährig hält — vielleicht weil es sich selbst dafür ausgab —, oder auch, wenn er sich nach der Lage der Dinge über das Alter des Mädchens überhaupt keine Gedanken macht, dann irrt er und erfüllt das Vorsatzdelikt der Verführung

---

[1]) Dazu Hafter: VE. MilStGB. mit Motiven, 20ff.

[2]) Die Frage, ob trotz der Klarheit des Zusammenhanges zwischen der Vorsatz- und der Irrtumslehre das Gesetz Bestimmungen über den Irrtum aufstellen soll, ist zu bejahen, solange die Einzelheiten der Irrtumslehre stark umstritten sind; vgl. Stooss: Z. 17, 4.

nicht[1]). Der vom Richter Vernommene, der lügt, aber irrtümlich annimmt, er habe nicht als Zeuge ausgesagt, ist nicht wegen falschen Zeugnisses strafbar[2]). Mit dem Beweis der vom Täter vorgebrachten Irrtumsbehauptung, die leicht erhoben werden kann, ist es freilich streng zu nehmen. Ist jedoch erwiesen, daß auch nur bei einem der im Gesetz enthaltenen Tatumstände die richtige Vorstellung fehlte, so muß der Irrtum berücksichtigt werden. Man kann diese Fälle als wesentlichen Irrtum bezeichnen.

Daß die Gesetze darüber eine Regel aufstellen, ist nicht notwendig. Sie ergibt sich aus dem Vorsatzbegriff. Eine gesetzliche Umschreibung ist zur Orientierung des Richters immerhin wünschenswert. Sie findet sich in den kantonalen Rechten in verschiedener Ausgestaltung: Solothurn § 41 I hat wörtlich die Formel des deutschen StGB. § 59 I übernommen[3]). Ähnlich bestimmen Neuenburg Art. 69 II und dem Sinne nach Freiburg Art. 14 I, Schaffhausen § 34, Obwalden Art. 33 II und Thurgau § 24 lit. b. Luzern § 50 II erklärt: „Wer in Unwissenheit oder Irrtum in Ansehung von Tatsachen stund, welche ein Verbrechen in der betreffenden Handlung nicht erkennen ließen, der ist straflos.“ Eigenartig nimmt Aargau § 45 lit. f das Fehlen des „freien Willens“ an „bei demjenigen, welcher in einem unverschuldeten tatsächlichen Irrtum eine Handlung unternahm, welche ohne Dazwischenkunft des Irrtums erlaubt gewesen sein würde.“ Ohne sichern Grundsatz sieht Graubünden § 50 Ziff. 5 bloße Strafmilderung vor, wenn bei der Tat „ein mehr oder weniger zu entschuldigender Irrtum“ unterlaufen ist[4]). — Der eidg. E. Art. 17 I bestimmt: „Handelt der Täter in einer irrigen Vorstellung über den Sachverhalt, so beurteilt der Richter die Tat zugunsten des Täters nach dem Sachverhalt, den sich der Täter vorgestellt hat“[5]). Die Worte „zugunsten des Täters“ haben zur Folge, daß

---

[1]) Fall zu § 116 Zürcher StGB. in den Zürcher Bl. 4, 30f. Im Anschluß an die Doktrin zu § 59 des deutschen StGB. ist auch in der Schweiz häufig angenommen worden, daß dem Tatirrtum der Irrtum, der sich nicht auf das Strafgesetz, sondern auf einen Rechtssatz aus einem andern Rechtsgebiet bezieht, z. B. der Irrtum über ein zivilrechtliches Verhältnis, gleichzuhalten sei; BE. 24 I, 421; 37 I, 541f.

[2]) JZ. 21, 258, Nr. 212 zu Basel, StGB. § 81.

[3]) „Wenn jemand bei Begehung einer strafbaren Handlung das Vorhandensein von Tatumständen nicht kannte, welche zum gesetzlichen Tatbestande gehören oder die Strafbarkeit erhöhen, so sind ihm diese Umstände nicht zuzurechnen.“

[4]) Unklar bleibt, ob sich diese Bestimmung auf den Tat- oder den Rechtsirrtum, oder auf beides bezieht. § 19 des bündnerischen StGB. fordert zum Vorsatz das Bewußtsein der Rechtswidrigkeit. Rechtsirrtum schließt daher die Zurechnung zum Vorsatz aus. Vielleicht denkt § 50 Ziff. 5 nur an den fahrlässigen Irrtum.

[5]) Dazu Prot. II. ExpKom. 1, 150f. Kritik der Bestimmung durch v. Liszt: ZgesStRW. 30, 264, der es für bedenklich hält, den Richter anzuweisen, einen nicht vorhandenen Sachverhalt seinem Urteil zugrunde zu legen; ähnlich Baumgarten: Z. 34, 79.

z. B. eine Verurteilung wegen Diebstahls unterbleibt, wenn der Täter im Glauben, es sei fremdes Gut, seine eigene Sache wegnimmt (ein Fall des sog. Mangels am Tatbestand; unten § 41 I und IV).

III. Da für den Vorsatz nur vorauszusetzen ist, daß der Täter sich seine Tat in allen ihren gesetzlich gekennzeichneten Merkmalen vorstellt, so ist jedes Irren über ein Moment, das sich nicht direkt aus dem Gesetzestatbestand ergibt, unerheblich. Wer töten will und ein dazu geeignetes Mittel anwendet, handelt vorsätzlich, auch wenn er sich über die Art, wie das verwendete Gift wirkt, falsche Vorstellungen macht. Die Doktrin und teilweise auch die Gesetzgebung äußern sich zu den Hauptfällen des unwesentlichen Irrtums:

1. Der Irrtum in der Sache zählt nicht. Wer echte Perlen stehlen will und Nachahmungen erwischt, wer ein kostbares Gemälde zerstört und eine wertlose Kopie zu demolieren glaubt, kann sich auf seinen Irrtum nicht mit Erfolg berufen. Jedenfalls schließt ein solcher Irrtum die Bestrafung wegen Diebstahls und wegen Sachbeschädigung nicht aus[1]).

2. Auch der Irrtum in der Person ist der Regel nach unwesentlich. Das alte Schulbeispiel lehrt: Wenn A den B töten will, aber den C erschießt, den er in der dunklen Nacht mit dem ausersehenen Opfer verwechselt, so ist wegen vorsätzlicher Tötung zu strafen. Das ist richtig. Jeder Irrtum über irgendein Moment des Tatbestandes der Tötung fehlt. Das Leben des B und des C ist durch die Normen des Strafgesetzes über die Tötung gleich geschützt. Der Täter hat mit Wissen und Willen einen Menschen getötet. — Anders liegen die Dinge, wenn der Irrtum des Täters sich auf eine Person bezieht, die in einem Sondertatbestand besonders bezeichnet und geschützt ist. Wer (objektiv) Beamtenbeleidigung oder Beamtenbestechung begeht, aber dartun kann, daß er die Beamtenqualität der Person, gegen die sich die Tat richtete, nicht gekannt, den Beamten für einen gewöhnlichen Sterblichen gehalten hat, irrt wesentlich. Es handelt sich um Irrtum über ein Tatbestandsmoment. Er muß zugunsten des Täters berücksichtigt werden.

3. Auch der Fall der Abirrung (aberratio ictus) wird regelmäßig in diesen Zusammenhang hineingestellt. Um Irrtum handelt es sich nicht, aber mit der Verwechslung von Objekten zeigt die aberratio Ähnlichkeit: Aus Gründen, die nicht im Willen des Täters liegen, tritt

[1]) Beim letztern Beispiel kann die Formel des eidg. E. Art. 17 I, wonach der Richter die Tat nach dem Sachverhalt beurteilt, den sich der Täter vorstellte, immerhin einwirken. Zu bestrafen ist wegen Sachbeschädigung aus Art. 126 I. Dagegen schließt die Vorstellung von der Geringwertigkeit des Bildes die Anwendung von Art. 126 II aus, weil der Täter nicht „aus gemeiner Gesinnung einen großen Schaden" verursachte. Im Hinblick auf diesen qualifizierten Tatbestand befand sich der Täter in einem Irrtum, der beachtet werden muß.

der Erfolg bei einem Objekt ein, das der Täter gar nicht angreifen wollte. Die Fälle können sehr verschieden liegen: A zielt mit Tötungsvorsatz auf den B, die Kugel trifft den in der Nähe stehenden C. Der geworfene Stein, der eine Fensterscheibe zerschlagen sollte, verwundet tödlich einen Menschen oder zerstört eine vor dem Fenster stehende kostbare Vase. Die Kugel trifft nicht den Menschen, für den sie bestimmt war, sie zerstört oder beschädigt eine Sache.

Beim ersten Beispiel — Tötung des C durch die abirrende Kugel — ist, wie bei der Verwechslung, dem Irrtum in der Person, die Bestrafung wegen vorsätzlicher Tötung angezeigt. Wenn aber hinsichtlich des angegriffenen und des verletzten Objektes nicht der gleiche Tatbestand in Betracht kommt, so muß Idealkonkurrenz von Versuch des einen Deliktes — z. B. versuchte Sachbeschädigung — mit fahrlässiger Verübung eines andern — Tötung, Körperverletzung — angenommen werden.

4. Über diese unwesentlichen Irrtumsfälle enthalten einige ältere Gesetze Normen: Bern Art. 28 rechnet eine Handlung zum Vorsatz zu, auch wenn sie der Täter „aus Irrtum oder Verwechslung gegen eine andere Person oder Sache ausgeführt hat, als worauf seine Absicht gerichtet war[1])“. Der Täter soll jedoch nie schwerer bestraft werden, als wenn ihm der Irrtum nicht unterlaufen wäre. Genf hebt in den Art. 249/250 für Tötungen und Körperverletzungen hervor, daß Vorsatz anzunehmen ist, auch wenn sich der Täter in der Person des Opfers irrt. Außer dem Irrtum im Objekt — über eine Person oder eine Sache — behandeln Graubünden § 21 und Aargau § 19 lit. c auch die Abirrung in gleicher Weise. In allen diesen Fällen wird die Tat zum Vorsatz zugerechnet. Für die Abirrung ist, wie gezeigt wurde, eine solche eindeutige Ordnung nicht richtig (oben 3). — Beachtenswert ist, daß Graubünden § 21 die Fälle heraushebt, in denen auch ein Irrtum in der Sache oder in der Person beachtet werden muß, dann nämlich, wenn „die Verschiedenheit der verletzten Person oder Sache von derjenigen, auf welche die Absicht des Handelnden gerichtet war, eine schwerere Strafe begründet“ (vgl. die Beispiele bei 1 und 2).

IV. Ein als wesentlich erkannter Irrtum schließt die Zurechnung zum Vorsatz aus. Die Bestrafung des Täters ist aber zu erwägen, wenn ihm der Vorwurf der Pflichtwidrigkeit gemacht werden muß, wenn der Irrtum auf seiner Fahrlässigkeit beruht: Der Täter hat aus pflichtwidriger Unvorsichtigkeit die wirklichen Verhältnisse nicht erkannt. Nach den Umständen und nach seinen persönlichen Verhältnissen hätte er z. B. wissen können und müssen, daß er auf einen Menschen,

[1]) Über die Abirrung, die durch den Art. 28 nicht gedeckt ist, vgl. Berner Z. 36, Nr. 180. Gut orientiert über die Irrtumsfragen ZELLER: Kommentar Zürcher StGB. § 32, N. 8ff.

nicht auf ein Tier schießt, daß er sich an fremdem Eigentum vergreift, nicht seine eigene Sache wegnimmt oder zerstört.

Geht der Irrtum des Täters auf Fahrlässigkeit zurück, so ist der Schluß gegeben, ihm auch den deliktischen Erfolg zur Fahrlässigeit zuzurechnen. Zu strafen ist also, soweit die fahrlässige Verübung der Tat mit Strafe bedroht ist[1]) (bei Tötung, Körperverletzung, aber nicht bei Verführung, Sachbeschädigung usw.).

V. Die Scheidung und die verschiedene Behandlung von Tatirrtum und Rechtsirrtum geht auf eine verständnislose Anknüpfung an den römischen Satz: error juris nocet zurück. Er hat unendliches Unheil gestiftet und gilt trotzdem noch heute — namentlich auch im schweizerischen Strafrecht — fast wie ein Dogma. Eine Reihe von Gesetzen proklamieren ihn: Luzern § 50 I, St. Gallen Art. 27, Aargau § 3, Tessin Art. 46 § 2, Neuenburg Art. 69 I (Nul ne peut s'excuser en alléguant qu'il ignore ou qu'il a mal compris la loi pénale). Schaffhausen § 34 und Thurgau § 23 stellen der Unkenntnis des Strafgesetzes den „Wahn, als ob die gesetzlich verbotene Handlung nach dem Gewissen oder der Religion des Handelnden erlaubt gewesen sei", gleich.

Einen Schritt von diesem Wege ab geht Baselstadt, PolStG. § 14. Darnach begründet zwar die Unkenntnis von Polizeivorschriften weder Entschuldigung noch Strafmilderung. „Nur wenn sie in einem besondern Falle völlig entschuldbar ist, kann (!) der Richter auf eine geringe Geldbuße erkennen oder Straflosigkeit eintreten lassen." Hier zeigt sich wenigstens der Ansatz zu einer richtigeren Behandlung.

Auch in der Praxis der Kantone, deren Gesetze über den Rechtsirrtum schweigen, und im Bundesrecht herrscht noch fast unumstritten der Satz: error juris nocet[2]). Nur da soll der Rechtsirrtum berücksichtigt werden, wo das Gesetz bei einzelnen Tatbeständen das Bewußtsein der Rechtswidrigkeit ausdrücklich fordert (oben § 18 III). Auch der eidg. E. ist von dem alten Dogma noch nicht losgekommen. Mit dem Art. 18, wonach milder bestraft werden kann, wer ein Vergehen in dem Glauben verübt, er sei zu der Tat berechtigt, ist er auf halbem Wege stehengeblieben.

---

[1]) Ausdrücklich bestimmt in Luzern § 50 II, Solothurn § 41 II und Neuenburg Art. 69 III — die beiden letztern nach dem Muster von § 59 II deutsches StGB. —, im eidg. E. Art. 17 II und ähnlich in Freiburg Art. 14 II.

[2]) Stooss: Grundzüge, 1, 202; oben S. 109f. u. 116; BE. 1, 534; 6, 16; 24 I, 421 und 37 I, 541f. (Unterscheidung zwischen dem nach dem Bundesgericht nicht zu berücksichtigenden Strafrechtsirrtum und einem zu beachtenden Irrtum über privatrechtliche Befugnisse); 50 I, 340 (Rechtsirrtum wirkt „nach allgemein gültigen Rechtsgrundsätzen" nicht strafbefreiend); ebenso 51 I, 61. Die Kritik gegenüber dieser Auffassung ist auch in der Schweiz wach geworden, vgl. Zeller: Kommentar zürcher. StGB. § 32, N. 10ff.; Prot. II. ExpKom. 1, 152ff.; auch schon Pfenninger: StR. der Schweiz, 755.

VI. Der römische Satz error juris nocet hatte rein zivilrechtliche Bedeutung. Namentlich BINDING hat darauf hingewiesen, daß nach dem römischen Recht der Satz bedeutet: Wer ein ihm zustehendes subjektives Privatrecht irrtümlich nicht gekannt und nicht geltend gemacht hat, muß den Schaden erleiden (error juris sui nocet). Irrte jemand dagegen über eine andere Tatsache, z. B. über seine Erbenqualität, so sollte ihm dieser Irrtum nicht zum Nachteil gereichen. In einer langen, namentlich durch die deutsche Wissenschaft und Praxis geförderten Entwicklung hat sich diese ursprünglich nur privatrechtlich verstandene, übrigens von Anfang an unklare Unterscheidung zwischen Rechts- und Tatirrtum das Strafrecht unterworfen[1]). Der Rechtsirrtum wurde gefaßt als ein Irrtum über das Bestehen und den Inhalt des Strafgesetzes. Um den Satz von der Unbeachtlichkeit dieses Irrtums zu retten, verknüpfte man mit ihm die ungeheuerliche Rechtsvermutung, von jedem mit Verstand begabten Menschen werde als rechtlich gewiß angenommen, daß er die Strafgesetze kenne[2]). Der Abschluß der Entwicklung machte aus diesem Satz eine unwiderlegbare praesumtio juris et de jure.

Wo man mit einer solchen Vermutung operiert, muß allerdings der Satz, daß Rechtsirrtum nichts nützen kann, gelten. Ja die Möglichkeit, daß Rechtsirrtum vorkommt, besteht dann juristisch im Grunde gar nicht. Die weiter aufgestellte Behauptung, der Satz, jedermann sei zensiert, die Strafgesetze zu kennen, entspreche um der Sicherheit der Rechtsordnung willen einer sozialen Notwendigkeit[3]), ist unrichtig und nicht beweisbar. Wahr ist vielmehr, daß das Dogma von der Unbeachtlichkeit des Rechtsirrtums auf einer Fiktion beruht, für die keine staatliche Notwendigkeit besteht, und daß der Satz: error juris nocet den strafrechtlichen Schuldgedanken schlimm verletzt.

Alle Unterscheidungen zwischen Tat- und Rechtsirrtum und weiter zwischen außerstrafrechtlichem und strafrechtlichem Irrtum sind haltlos. Scharfe Grenzziehungen gelingen auch gar nicht. Vom Standpunkt der Schuldlehre aus muß jeder Irrtum des Täters über die deliktische Eigenschaft seiner Handlung beachtet werden. Wenn der Verführer das Alter des verführten Mädchens nicht kennt, wenn einer nicht weiß, daß er einen Mörder bei sich verbirgt, wenn der Leh-

---

[1]) BINDING: Normen, III, 30ff.; Schuld im deutschen Strafrecht (1919), 70ff. Für das römische Recht teilweise abweichend MOMMSEN: Römisches StR. (1899), 92ff.

[2]) Namentlich FEUERBACH: Lehrbuch des Peinlichen Rechts (14. Aufl., herausgegeben von MITTERMAIER), § 86; vgl. jedoch die kritische Note II des Herausgebers zu § 57. FEUERBACH folgen noch BE. 1, 534 u. 6, 16.

[3]) So z. B. vielfach die französische Praxis; vgl. ROUX: Cours de Dr. p. 130. Siehe auch WACH: Deutsche StR.-Zeitung, 8, 71. — ALIMENA: Diritto penale, 1, 451, der immerhin Ausnahmen vom Satz error juris nocet anerkennen will.

rer sich über das ihm zustehende Züchtigungsrecht irrt, wenn der Müller eine neu erschienene Verordnung über die Ausmahlung des Getreides nicht kennt und daher nicht beachtet, wenn der Vermieter über die Rechtswidrigkeit seines Eindringens in die Mieterwohnung sich irrt, wenn jemand eine Urheberrechtsverletzung für erlaubt hält — in allen diesen Irrtumsfällen verschiedener Art darf der Richter, wenn der gute Glaube des Täters einwandfrei erwiesen ist, keinen Vorsatz annehmen. Nicht zu beachten ist dagegen ein Irrtum des Täters über die Strafbarkeit, die rechtliche Qualifikation seiner Handlung — ob sie Diebstahl oder Unterschlagung sei —, über die Größe der Strafdrohung, das Vorliegen einer Strafbarkeitsbedingung, über eine Prozeßvoraussetzung usw. In diesen letztern Fällen irrt sich der Täter nicht über die rechtswidrige (deliktische) Eigenschaft seines Verhaltens[1]).

VII. Der richtige Weg ist durch die Schuldlehre vorgezeichnet. Mit Vorsatz handelt nur, wer alle Umstände, die zum gesetzlichen Tatbestand eines Deliktes gehören, kennt. Zu ihnen zählt auch die Rechtswidrigkeit. Sie ist das Grundelement jeden Deliktes. Fehlt dem Täter das Bewußtsein der Rechtswidrigkeit, so liegt keine vorsätzliche Schuld vor (oben § 18 III und namentlich § 25 III/IV)[2]).

Gleichwie beim sog. Tatirrtum nach alter Observanz ist aber in jedem Fall eines erwiesenen sog. Rechtsirrtums zu prüfen, ob er nicht auf eine Pflichtwidrigkeit des Täters zurückzuführen ist. Beruht der Irrtum auf einer Fahrlässigkeit, so ist der Täter zu strafen, soweit die fahrlässige Verübung der Tat mit Strafe bedroht ist[3]).

Drittes Kapitel.

Straflosigkeit trotz rechtswidrigen und schuldhaften Verhaltens.

§ 37. Immunität.

Literatur. v. Muralt: Die parlamentarische Immunität, Zürcher Diss. (1902); dazu Z. 15, 209f. — Fleiner: Bundesstaatsrecht, 159ff. — Kleinfeller: VD. Allg. Teil, 1, 328ff.

I. Immunität bedeutet Befreiung von der Herrschaft der Strafgesetze. Das Verhalten des Täters ist rechtswidrig und schuldhaft.

[1]) Richtig BE. 40 I, 568, daß ein Irrtum über die Strafbarkeit eines Verhaltens, wenn das Bewußtsein der Rechtswidrigkeit gegeben ist, nicht zählt.

[2]) So unter den geltenden Rechten allein Graubünden § 19, der zum Vorsatz das Bewußtsein der Rechtswidrigkeit fordert; siehe dazu oben S. 179, Anm. 4.

[3]) In der Theorie mehr als in der Praxis gewinnt diese Anschauung an Boden; vgl. jetzt noch außer den Zitaten oben S. 116 Anm. 3 (Rüegg usw.) § 13 des deutschen StGE. 1925: „Ein Irrtum, der den Täter das Unerlaubte seiner Handlung nicht erkennen läßt, schließt die Bestrafung wegen vorsätzlicher Begehung aus. Beruht der Irrtum auf Fahrlässigkeit, so finden die Vorschriften über fahrlässige Handlungen Anwendung.“ Dazu Bumke: Deutsche JZ. 30, 24.

Aus bestimmten, in seiner Person liegenden Gründen unterbleibt die Bestrafung (persönlicher Strafausschließungsgrund)[1]). Der Immune besitzt das Privileg der Straflosigkeit.

Etwas völlig anderes ist die auf dem Völkerrecht beruhende Exterritorialität. Sie bedeutet nicht Befreiung vom Strafrecht überhaupt. Sie hindert nur die Entstehung eines Strafanspruches für den Staat, dessen Strafgewalt die ein Delikt verübende Person nach allgemeinen Grundsätzen unterworfen wäre. Ein Strafanspruch entsteht dagegen für den Heimatsstaat des Täters. Die Regeln über die Exterritorialität gehören daher in die Lehre von der persönlichen Geltung der Strafgesetze (oben § 13 II und IV)[2]).

Das strafrechtliche Immunitätsprivileg hat sich namentlich nach zwei Richtungen entwickelt: zugunsten der Fürsten und Regenten und zugunsten der Mitglieder der Parlamente. Das Herrscherprivileg — der König kann kein Unrecht tun, er ist heilig, er steht über dem Gesetz — fällt für das schweizerische Recht weg. Nur das Abgeordnetenprivileg, die parlamentarische Immunität, kommt in Betracht[3]). Ihr ursprünglicher Zweck war Schutz der Abgeordneten gegen Übergriffe der Regierung. Dazu kam mit der Zeit der Gedanke, die Volksvertreter von der Verantwortlichkeit auch dann zu befreien, wenn sie durch ihre Tätigkeit sich mit dem Strafgesetz wirklich in Konflikt bringen. Nach dieser Anschauung hat der Staat an der ungehinderten Ausübung der Abgeordnetentätigkeit ein größeres Interesse als an der Durchsetzung seines Strafrechts im einzelnen Fall.

II. Die parlamentarische Immunität in ihrer reinen Form bedeutet, daß die Mitglieder einer Volksvertretung wegen ihrer Äußerungen in den Verhandlungen des Rates[4]) nicht strafbar sind. Die Entwicklung hat vielfach darüber hinaus zu einem besondern Schutze der Abgeordneten auch hinsichtlich ihres außerparlamentarischen Verhaltens geführt. Hier handelt es sich jedoch nicht mehr um eigentliche Immunität, sondern nur darum, daß für die Strafverfolgung eines

---

1) Herrschende Anschauung; vgl. v. MURALT: 57f. — KLEINFELLER: 328f.

2) Die systematische Trennung zwischen Immunität und Exterritorialität wird nicht immer genügend durchgeführt; vgl. z. B. v. LISZT-SCHMIDT: Lehrbuch, § 24. Unzutreffend ist anderseits auch die Anschauung, die Exterritorialität sei nur ein prozeßrechtliches Privileg; so KLEINFELLER: VD. Allg. Teil, 1, 324. — BINDING: Handbuch, 1, 685ff.

3) Über ihre Allgemeingeschichte vgl. v. MURALT: 11ff. — v. BAR: Gesetz und Schuld, 1, 237ff. Die Wurzeln liegen in England. Art. 9 der bill of rights von 1689 bestimmt, that the freedom of speach and debates of proceedings in Parliament ought not to be impeached or questioned in any court or place.

4) Nicht nur wegen ihrer Reden, sondern auch mit Bezug auf andere Gedankenäußerungen: Gebärden, Stimmabgaben usw. — ZÜRCHER: Erläuterungen VE. 1908, 21. — v. MURALT: 67ff. — Wiederholungen deliktischer Äußerungen außerhalb der Ratsverhandlungen werden nicht mehr durch das Privileg gedeckt.

Abgeordneten wegen eines außerhalb des Parlamentes verübten Deliktes die Zustimmung des Parlamentes erforderlich ist. Das ist nicht Befreiung vom materiellen Strafrecht, sondern bloße Prozeßvoraussetzung, ein Verfolgungsprivileg (oben § 27 III)[1]).

Im Zusammenhang mit der parlamentarischen Immunität steht die Straflosigkeit der wahrheitsgetreuen Berichterstattung über die parlamentarischen Verhandlungen. Man hat hier zutreffend von einem Handlungsprivileg gesprochen. Es steht nicht wie die parlamentarische Immunität selbst nur bestimmten Personen zu[2]).

III. Die schweizerischen Rechte zeigen eine bunte Ordnung. Eine nebensächliche technische Frage ist, ob die Immunitätsbestimmungen in das Strafgesetz selbst eingestellt werden sollen. Ihr Grund liegt im Staatsrecht. Soweit es sich, wie bei der reinen parlamentarischen Immunität und der Privilegierung der wahrheitsgetreuen Berichterstattung, um wirkliche Strafausschließung handelt, sind Bestimmungen im Strafgesetzbuch selbst erwägenswert.

Der Bund gewährt den Mitgliedern des National- und Ständerates „für ihr Votum in der Behörde" die reine Immunität. Es kann nie „eine hierauf bezügliche Klage erhoben werden" (BGes. vom 9. Dezember 1850 über die Verantwortlichkeit der eidg. Behörden und Beamten, Art. 1 II). Diese Bestimmung schließt außer der kriminellen Strafbarkeit auch die zivilrechtliche Verantwortlichkeit und die disziplinare Maßregelung durch andere Amtsstellen — wegen des Verhaltens im Parlament — aus[3]). Die disziplinarische Behandlung der Mitglieder durch das Parlament, die aber wenig ausgiebig ist, bleibt vorbehalten (vgl. z. B. Geschäftsregelment des Nationalrates vom 17. Dezember 1920, Art. 18, des Ständerates vom 27. März 1903, Art. 49). — Die Vorentwürfe zum eidg. StGB. (z. B. VE. 1908 Art. 4) erklärten, die Mitglieder der Bundesversammlung und die Mitglieder eines Kantonsrates seien „wegen ihrer Äußerungen in den Verhandlungen des Rates" nicht strafbar. Der E. 1918 enthält diese Bestimmung nicht mehr.

---

[1]) v. Muralt: 37ff., 57f., 107ff. — Hafter: Z. 15, 209. — Fleiner: Bundesstaatsrecht 160ff. Vom Verfolgungsprivileg für das außerparlamentarische Verhalten ist im Text nicht mehr weiter die Rede. Vgl. den Fall BBl. 1919 I, 544ff. (Aufhebung des Verfolgungsprivilegs gegen militärgerichtlich angeklagte Mitglieder des Nationalrates).

[2]) Kleinfeller: VD. Allg. Teil, 1, 323, 334ff., 346ff. Prot. II ExpKom. 8, 153f., 182ff.; 9, 40ff. Der eidg. E. Art. 26 Ziff. 5 hat dieses Privileg ganz aus dem Zusammenhang mit der parlamentarischen Immunität gelöst und es erweitert: „Die wahrheitsgetreue Berichterstattung über die öffentlichen Verhandlungen einer Behörde bleibt straflos." Dazu vgl. Kleinfeller: 347.

[3]) Ebenso Fleiner: Bundesstaatsrecht, 159f., abweichend v. Muralt: 105, der z. B. militärische Disziplinarmaßregeln für zulässig hält. — Über das (prozessuale) Verfolgungsprivileg der Mitglieder des Nat.- und des Ständerates oben § 27 III.

Dagegen verweist Art. 386 in den Einführungsbestimmungen auf das Verantwortlichkeitsgesetz des Bundes von 1850 und erklärt weiter die Kantone für berechtigt, die strafrechtliche Verantwortlichkeit der Mitglieder ihrer „gesetzgebenden Behörden" wegen Äußerungen in den Verhandlungen dieser Behörden aufzuheben oder zu beschränken[1]). Über den Kreis der Parlamente hinaus bestimmt Art. 26 Ziff. 5 die Straflosigkeit der wahrheitsgetreuen Berichterstattung über die „öffentlichen Verhandlungen einer Behörde".

Die Kantone[2]) sprechen den Grundsatz der parlamentarischen Immunität teilweise in ihren Verfassungen aus, z. B. Bern Art. 30 III, Freiburg Art. 47, Thurgau Art. 34 II, Neuenburg Art. 28. Andere Kantone ordnen die Frage im sog. Verantwortlichkeitsgesetz oder auch nur in den für die Großen Räte aufgestellten Geschäftsreglementen. Zürich nimmt eine besondere Stellung ein. Es kennt nur eine bedingte Immunität seiner kantonalen Parlamentsmitglieder. § 13 des Gesetzes vom 12. Dezember 1909 betr. die Organisation und die Geschäftsordnung des Kantonsrates läßt die strafrechtliche (und die zivilrechtliche) Verfolgung eines Mitgliedes wegen einer im Rate gehaltenen Rede nur dann zu, wenn der Kantonsrat selbst die Ermächtigung dazu erteilt. Damit ist grundsätzlich die Straflosigkeit des Abgeordneten beseitigt. Seine bei der Ausübung der parlamentarischen Tätigkeit verübten Vergehen sind aber Ermächtigungsdelikte (oben § 27 III)[3]).

Wo Bestimmungen irgendwelcher Art über die Immunität fehlen, besteht sie nicht. Sie ist eine Ausnahme, die, soll sie gelten, ausdrücklicher Ordnung bedarf. Namentlich ist auch die Immunität der Parlamentsmitglieder kein notwendiger oder gar selbstverständlicher Bestandteil des Verfassungsrechtes[4]).

IV. Da die Immunität ein persönlicher Strafausschließungsgrund ist, folgt:

1. Als Ausnahmebestimmung gilt sie nur zugunsten der im Gesetz ausdrücklich genannten Personen. Ausdehnende Auslegung ist nach allgemeiner Regel bei Ausnahmenormen nicht zulässig. Die Immunität der Mitglieder der Regierung, die im Parlament auftreten, ohne ihm anzugehören, ergibt sich nicht ohne weiteres[5]). Sie sollte, wenn man

---

[1]) Dazu Prot. II. ExpKom. 1, 18ff., 8, 152ff. Zu den „gesetzgebenden Behörden" gehören auch die Landsgemeinden. Die Landsgemeindekantone können daher für Äußerungen in diesen Versammlungen die Immunität vorsehen. — GAUTIER: Prot. II. ExpKom. 9, 342.

[2]) Ausführlich über sie v. MURALT: 35ff., 67ff.

[3]) Zu Zürich v. MURALT: 71f. mit Hinweisen auf die Praxis, ferner BE. 19, 847ff.

[4]) BE. 10, 512ff., 517 in einem Fall aus Baselland. Dieser Kanton kennt, nach richtiger Auffassung, die Immunität nicht. Sie fehlt auch in Nidwalden, Glarus, Zug, Appenzell und Graubünden. Über Schaffhausen BE. 18, 742ff.

[5]) Anders z. B. FLEINER: Bundesstaatsrecht, 159f.

sie anerkennen will, ausdrücklich bestimmt sein, ebenso wie die Immunität der Abgeordneten in den Beratungen der parlamentarischen Kommissionen.

2. Drittpersonen, die nicht Mitglieder des Parlamentes sind und am Delikt eines Abgeordneten sich beteiligen, sind strafbar[1]). — Da nicht die Rechtswidrigkeit ausgeschlossen ist, so muß auch, wenn die übrigen Voraussetzungen erfüllt sind, Notwehr gegenüber dem Angriff eines Abgeordneten zulässig sein[2]).

3. Die parlamentarische Immunität schafft ihrem Hauptgedanken nach das Privileg der Straflosigkeit. Wo das Gesetz nicht anders bestimmt, soll die zivilrechtliche Haftung nicht ausgeschlossen sein. Regelmäßig wird aber der Ausschluß der zivilrechtlichen Haftung und vielfach auch der disziplinaren Verantwortlichkeit in das Privileg hineingezogen; vgl. z. B. Art. 1 II des eidgen. Garantiegesetzes[3]).

4. Das Immunitätsprivileg umfaßt nicht die Befreiung von der Zeugnispflicht im Prozeß. Durch die Zeugnisablegung wird der Abgeordnete nicht zur Verantwortung gezogen. In den Prozeßordnungen findet sich kein besonderes Zeugnisverweigerungsrecht für ihn[4]).

V. Die Aufhebung der parlamentarischen Immunität würde in der Schweiz praktisch nicht allzu folgenschwer sein. Sie spielt eine geringe Rolle. Über die politische Notwendigkeit, das Institut zu erhalten, mag man streiten. Ethisch ist es unerfreulich[5]). Die Wahrung berechtigter Interessen ist heute dem Parlamentsmitglied möglich, ohne daß er den Mantel der Immunität nötig hat.

§ 38. Andere Fälle von Straflosigkeit.

Literatur. v. Cleric: JZ. 7, 340 ff. — Rosenfeld: VD. Allg. Teil, 3, 165ff.

I. In den Strafgesetzen gibt es einige weitere Fälle, in denen dem Täter unter gewissen Umständen das Privileg der Straflosigkeit gewährt wird. Es wird dem Begünstiger zuteil, der Verwandte oder andere ihm nahestehende Personen der Strafverfolgung und dem Strafvollzuge entzieht (unten § 47 II 5). Der Notwehrexzeß bleibt straflos, wenn er in „entschuldbarer“ Aufregung oder Bestürzung über den An-

[1]) v. Muralt: 82ff.; Eidg. E. Art. 24; unten § 48 I 3.

[2]) Stark umstritten. — Kleinfeller: a. a. O. 332: das Gericht, das ein Verhalten unter dem Gesichtspunkt der Notwehr prüfe, ziehe damit zugleich den Abgeordneten „moralisch“ zur Verantwortung. Was für ein Unglück wäre das!

[3]) Weitere Daten bei v. Muralt: 95ff., 103ff.

[4]) v. Muralt: 88ff., 102f.

[5]) Gautier: Prot. II. ExpKom. 8, 153 sagte: „Je ne comprends pas pourquoi il faut rendre la poursuite pénale des hommes politiques plus difficile que celle des particuliers. L'inverse serait plus raisonnable.“ Für die Abschaffung ferner v. Planta: eodem, 1, 19f. — Calame: 8, 154, während anderseits Studer die Ausdehnung auf die Gemeindeparlamente befürwortete (1, 20).

griff erfolgte (z. B. eidg. E. Art. 32 II; oben § 29 III 2). Nach dem eidg. E. Art. 180 Ziff. 3 bleiben Unmündige, die der Verführung von Mündigen erlegen sind, von einer Bestrafung wegen Blutschande befreit[1]). Bei der provozierten Beschimpfung und der unmittelbaren Erwiderung einer Beschimpfung kann der Richter nach gewissen Gesetzen von einer Strafe absehen[2]). Ein fakultatives Absehen von Strafe sieht der E. ferner beim untauglichen Versuch vor, wenn der Täter „aus Unverstand" handelte (Art. 20 II; unten § 41 IV). Trotzdem Rechtswidrigkeit und wohl auch Schuld vorliegt, entsteht in diesen Fällen entweder von vornherein kein Strafanspruch, oder der Richter darf ihn wenigstens ignorieren. In allen Fällen handelt es sich um persönliche Strafausschließungsgründe. Sie sind wohl zu unterscheiden von den Strafaufhebungsgründen, insbesondere dem Aufhebungsgrund der tätigen Reue[3]).

II. In der neueren Gesetzgebung wird erwogen, in den Allgemeinen Teil des Strafgesetzes eine Vorschrift aufzunehmen, wonach der Richter in besonders leichten Fällen von einer Bestrafung absehen kann.

Die deutschen Entwürfe — jetzt E. 1925, § 75 — schlagen vor: „In besonders leichten Fällen mildert das Gericht die Strafe nach freiem Ermessen. Wo es zugelassen ist, kann das Gericht von Strafe absehen. — Ein besonders leichter Fall liegt vor, wenn trotz Zubilligung mildernder Umstände die mildeste zulässige Strafe noch unbillig hart sein würde." Dazu bestimmt der § 351, daß das Absehen von Strafe bei allen Übertretungen (§§ 357ff.) möglich sein soll[4]). Im Anschluß an die deutschen Entwürfe hat v. CLERIC (JZ. 7, 343) eine ähnliche Bestimmung für den eidg. E. vorgeschlagen[5]). Sie soll bei den Normen über das Strafmaß eingefügt werden, die besonders leichten Fälle aber ausdrücklich bezeichnen. — Eine Weiterführung des Gedankens, daß unter besondern Umständen von Strafe abzusehen ist, kann in der Tat

---

[1]) Man kann bei dieser Bestimmung allerdings auch an das Fehlen einer Schuld oder wenigstens an geminderte Schuld denken.

[2]) Eidg. E. Art. 154 Ziff. 2; Zürich § 160; Neuenburg Art. 87; vgl. auch WAADT: Art. 246.

[3]) Unten § 91 II. — STOOSS: Grundzüge, 1, 466ff.

[4]) Inhaltlich ähnlich schon der sog. Gegenentwurf von 1911, §§ 88 u. 353, der VE. 1909, §§ 83 u. 310 und die späteren Vorentwürfe. § 8 des E. 1925 bestimmt überdies: „Wann die Verfolgung einer Tat ausgeschlossen ist oder von der Verfolgung abgesehen werden kann, bestimmen die Prozeßgesetze" (sog. Opportunitätsprinzip); dazu neue deutsche StPO. von 1924, § 154. Rechtsvergleichende Daten bei ROSENFELD: a. a. O. 165ff. Gegen den Gedanken namentlich BIRKMEYER: Das Absehen von Strafe, dritter Beitrag zur Kritik des (deutschen) VE. (1910). Über die große deutsche Literatur zu der Frage vgl. die Zusammenstellung der gutachtlichen Äußerungen über den deutschen VE. (1911), 212ff.

[5]) Vgl. auch CORREVON: Gef.-Verein, 17 I, 89f.

erwogen werden, z. B. bei der fahrlässigen Körperverletzung, bei geringfügigen Ehrverletzungen und Vermögensdelikten (etwa den in Art. 298ff. des eidg. E. umschriebenen Übertretungen gegen das Vermögen). Die damit proklamierte Richtermacht schließt aber die große Gefahr der Willkür in sich. Deshalb ist Zurückhaltung und Erprobung des Gedankens vorerst in Einzelbestimmungen geboten[1]). Für eine in den Allgemeinen Teil der Strafgesetzbücher aufzunehmende Bestimmung ist der Gedanke nicht reif genug.

Vierter Abschnitt.

Die Verbrechensformen.

Erstes Kapitel.

Versuch.

§ 39. Vollendung, Versuch, Vorbereitung.

Literatur. Stooss: Strafgesetzbücher, 45ff.; Grundzüge, 1, 212ff. — Pfenninger: StR. der Schweiz, 773ff. — Picot: Z. 1, 111ff. —Mercier: Da la tentative et spécialement du délit impossible (1901). — Delaquis: Der untaugliche Versuch (1904). — Germann: Über den Grund der Strafbarkeit des Versuchs, Zürcher Diss. (1914). — Frank: VD. Allg. Teil, 5, 163ff. — v. Overbeck: Erscheinungsformen des Verbrechens (1909). — Gautier: In der Festgabe für Zürcher (1920), 1ff. — E. v. Liszt: ZgesStRW. 25, 54ff. — Zeller: JZ. 15, 383f. — Guhl: Beiträge zur Lehre vom Rücktritt vom Versuch, Leipz. Diss. (1896). — Musy: La tentative complexe et le désistement volontaire, Freiburger Diss. (1905). — Leimgruber: Rücktritt und tätige Reue, Freiburger Diss. (1916).

I. Im Mittelpunkt dieser Lehren steht der Versuchsbegriff. Keinem Gesetzgeber ist eine restlos befriedigende Umgrenzung gelungen. Nach jahrhundertelangem Mühen fragt man sich heute, ob der Versuch im Strafgesetz überhaupt definiert werden soll[2]). Zwei gesetzgeberische Formeln sind berühmt geworden: Art. 178 der Carolina umschrieb den Versuch „so sich jemandt einer missethat mit etlichen scheinlichen wercken, die zu volnbringung der missethat dienstlich sein mögen, understeht, und doch an volnbringung der selben missethat durch andere mittel, wider seinen willen, verhindert würde, sol-

[1]) BGes. vom 1. Okt. 1925 über das Zollwesen (BBl. 1925 III, 193ff.) Art. 105 I: „In leichten Fällen (von Ordnungsverletzungen), bei denen nach den Umständen eine Gefährdung des Zollinteresses ausgeschlossen erscheint, kann von der Verhängung einer Ordnungsbuße Umgang genommen werden."

[2]) Lammasch: Z. 8, 129 schrieb, am Versuchsbegriff hätten sich „ganze Generationen von Juristen stumpf gedacht." Der erste eidg. VE. von 1893 verzichtete auf jede Begriffsbestimmung. Über die spätere Entwicklung Zeller: JZ. 15, 383. Eine begriffliche Umschreibung unterläßt auch Freiburg Art. 15 I.

cher böser will .... ist peinlich zu straffen[1])." Weitreichenden Einfluß hat die Formel des französischen Cp. (Art. 2) erlangt: „Toute tentative de crime qui aura été manifestée par des actes extérieurs et suivie d'un commencement d'exécution[2]), si elle n'a été suspendue, ou n'a manqué son effet que par des circonstances fortuites ou indépendantes de la volonté de l'auteur, est considérée comme le crime même."

Diese und andere Gesetzesformeln haben sich in der Praxis als unzureichend erwiesen. Vielleicht ist der Versuchsbegriff überhaupt nicht durch einen kurzen Gesetzessatz zu erfassen. Die Wissenschaft muß ihn aber umschreiben. Sie kann es, wenn sie den Versuch einerseits gegenüber der Vollendung, anderseits gegenüber der bloßen Vorbereitung abgrenzt.

II. Jedes Delikt ist vollendet, wenn der Täter, objektiv und subjektiv, den gesetzlichen Tatbestand erfüllt hat. Das ist nach formalen Gesichtspunkten in jedem Einzelfall zu bestimmen. Ob der Täter die Ziele, die er sich gesetzt hat, erreichte oder nicht, ist juristisch bedeutungslos. Ebenso kommt die Erfüllung einer (objektiven) Strafbarkeitsbedingung für die Deliktsvollendung nicht in Betracht (oben § 27 I, II). Diese Regeln stehen fest. Ihre Anwendung freilich kann dem Richter oft genug Schwierigkeiten bereiten. Deshalb bestimmen die Gesetze gelegentlich bei einzelnen Delikten ausdrücklich den Zeitpunkt der Vollendung[3]). Gesetzestechnisch ist das nicht zu billigen. Der Gesetzgeber hat den einzelnen Tatbestand so vollständig zu umschreiben, daß der Richter auch ohne besondern Hinweis erkennen kann,

---

[1]) Dazu, mit weitern geschichtlichen Daten, PFENNINGER: StR. der Schweiz, 32ff., ferner HIS: StR. des deutschen Mittelalters, 1, 167ff. Über die Entwicklung des Versuchsbegriffes namentlich FRANK: VD. a. a. O. 173ff.

[2]) Durch die Revision von 1832 abgeändert in „Toute tentative de crime qui aura été manifestée par un commencement d'exécution, ..."

[3]) Z. B. bei der Brandstiftung: Zürich § 211 III „wenn das Feuer den anzuzündenden Gegenstand ergriffen hat"; ähnlich St. Gallen Art. 96 III, Tessin Art. 398 § 1. Bern Art. 194 nimmt Vollendung an, „sobald das Feuer an dem in Brand zu setzenden Gegenstand in Flammen ausgebrochen ist." Weitere Daten bei STOOSS: Grundzüge, 2, 338f. und namentlich bei v. MURALT: Die Brandstiftung, Berner Diss. (1906) 103ff.; vgl. auch Prot. II. ExpKom. 3, 322ff. Auch bei der Unterschlagung ist die Bestimmung des Zeitpunktes der Vollendung schwierig. Zahlreiche Gesetze stellen besondere Regeln darüber auf, z. B. Zürich § 177 II: „sobald der Besitzer die Sache dem zur Zurückforderung Berechtigten wissentlich ableugnet oder auf andere Weise seine Absicht, über dieselbe wie über sein Eigentum zu verfügen, zu erkennen gegeben hat"; Bern Art. 219 II: „sobald der Inhaber die Sache eigenmächtig veräußert, verbraucht, verpfändet, beiseiteschafft oder sie dem zur Zurückforderung Berechtigten wissentlich ableugnet", dazu BE. 47 I, 454ff., 459f. Vgl. ferner STOOSS: Grundzüge, 2, 90f. — NAEGELI: Die Vollendung der Unterschlagung, Zürcher Diss. (1919). Über die Vollendung beim Betrug: Zürcher Bl. 24, 51; JZ. 21, 259, Nr. 216; bei Unterlassungsdelikten Zürcher Bl. 23. 190.

wann er Vollendung annehmen muß. Unnötig ist aber auch eine Definition der „Vollendung“ im Allgemeinen Teil der Strafgesetzbücher. Zahlreiche geltende Rechte enthalten noch solche Bestimmungen: Das BStG. erklärt in Art. 13 „Ein Verbrechen ist als vollendet zu betrachten, sobald alles vorliegt, was das Gesetz zum Begriffe des Verbrechens erfordert.“ Ähnlich definieren Luzern § 24 II, Appenzell A.-Rh. Art. 25, St. Gallen Art. 28, Graubünden § 24, Aargau § 22, Waadt Art 34 („Le délit est consommé lorsqu'il ne lui manque aucun des caractères qui le constituent“). Luzern § 24 III, Obwalden Art. 17 II, Schaffhausen § 45 I und Wallis Art. 53 („Le délit consommé est celui qui a atteint son plein éffet“) heben den Eintritt des Erfolges besonders hervor, ohne damit etwas wesentlich anderes zu sagen. Gemeint ist natürlich nur der aus dem einzelnen Gesetzestatbestand herauszulesende Erfolg, der nicht immer mit dem Erfolg, den der Täter beabsichtigte, sich deckt[1]).

III. Wenn auch der Gesetzgeber von einer Bestimmung über die „Vollendung“ absehen kann, so kann doch die Wissenschaft dieses Begriffes nicht entraten. Er weist auf die eine Linie hin, die bei der Gestaltung der Lehre vom Versuch gezogen werden muß. Die andere Linie ergibt sich aus dem Begriff der Vorbereitungshandlung: Was jemand in der Richtung nach einem deliktischen Erfolg hin unternimmt, ist, wenn es nicht zur Erfüllung des Tatbestandes kommt, entweder Versuch oder bloße Vorbereitung. Den Versuch von der letztern abzugrenzen, ist ebenso wichtig wie die Grenzziehung gegenüber der „Vollendung“, weil der Regel nach die Strafbarkeit eines Verhaltens erst in Betracht fällt, wenn es wenigstens bis zum Versuche gediehen ist.

Zwischen Vollendung und Vorbereitung liegt das Gebiet des Versuchs. Systematisch richtig wäre vielleicht, nach der Erörterung des Begriffes der Vollendung zunächst das andere Grenzgebiet der bloßen Vorbereitung zu untersuchen. Einfacher ist es, sofort an den Versuchsbegriff heranzugehen.

Jeder Versuch ist am Tatbestand eines bestimmten Deliktes zu messen[2]). Die Richtung des Täters nach der Erfüllung eines bestimmten Deliktes hin muß erkennbar sein. Drei Momente, zwei positive und ein negatives, ergeben sich:

1. Festgestellt werden muß, daß der Täter einen verbrecherischen Willen hatte und ihn betätigte. Voraussetzung einer Versuchshandlung

[1]) Frank: VD. Allg. Teil, 5, 163: „Wer ein Dorf in Brand setzt, um zu stehlen, befindet sich von seinem Standpunkt aus vorläufig im Stadium des Versuchs; von dem des Richters aus hat er bereits ein vollendetes Verbrechen begangen“. — Musy: a. a. O. 22ff.

[2]) BE. 29 I, 209: „Das vollendete Delikt und der Versuch desselben sind nicht zwei verschiedene Deliktsarten, sondern nur verschiedene Erscheinungsformen eines und desselben Deliktes“. — Pfenninger: StR. der Schweiz, 785.

ist das Vorstellen und Wollen eines bestimmten Erfolges. Die Vorsatzlehre ist in vollem Umfang anzuwenden. Ein fahrlässiger Versuch ist nicht denkbar[1]). Das ergibt sich schon aus der Bedeutung, die der allgemeine Sprachgebrauch dem Wort „versuchen" beilegt.

2. Erforderlich ist, daß der Täter mit der Ausführung eines im Gesetze bestimmten Deliktstatbestandes begonnen hat. Erst durch diese konkrete Beziehung, nicht schon durch jedes Tätigwerden auf ein verbrecherisches Ziel hin — z. B. durch den Ankauf einer Waffe, mit der ein Widersacher getötet werden soll — ergibt sich für das Recht die Sicherheit, daß ein auf die Verübung eines bestimmten Deliktes gerichteter Wille vorhanden war[2]).

3. Feststehen muß endlich die Nichterfüllung des vom Täterwillen umfaßten, im Gesetze umschriebenen Deliktserfolges.

Das versuchte Delikt ist daher die vorsätzliche, auf die Verwirklichung desselben erkennbar hinzielende Betätigung, ohne daß es dem Täter gelang, den Tatbestand zu erfüllen.

Alle Gesetze enthalten Bestimmungen über den Versuch. Der Einfluß der in Art. 2 des französischen Cp. aufgestellten Formel ist unverkennbar. Mit Abweichungen im einzelnen, auf die teilweise noch zurückzukommen ist, wird Versuch angenommen, wenn eine Person in der Absicht, ein Verbrechen zu begehen, eine äußere Handlung vorgenommen hat, durch welche die Ausführung des Deliktes angefangen aber nicht vollendet worden ist[3]).

Bemerkenswert ist Tessin Art. 55, der den Fall heraushebt, daß eine Ausführungshandlung auf verschiedene Delikte oder auf verschieden schwere Erfolge eines Deliktes hinweist, wobei nicht bewiesen werden kann, welchen der verschiedenen Erfolge der Täter herbeiführen wollte. Dann soll nach der tessinischen Vorschrift Versuch nur hinsichtlich des weniger schweren Deliktes angenommen werden (si presume che gli atti esecutivi fossero diretti al crimine o delitto meno gravi, od all' effetto meno dannoso). Diese Lösung ist richtig, weil eine andere Entscheidung eine Schuldvermutung bedeuten würde[4]). Der Täter, bei

---

[1]) Picot: Z. 1, 112f. — Stooss: Z. 17, 2; vgl. auch Frank: a. a. O. 189ff.

[2]) BE. 36 I, 278: „Erst durch die Benutzung der Hilfsmittel zur Begehung eines konkreten Deliktes beginnt dessen Ausführung." Zu weitgehend BE. 34 I, 292; vgl. auch Stooss: Grundzüge, 1, 214f., ferner Zürcher Bl. 20, 14: Notwendig ist, daß der Täter mit der Verwirklichung eines Tatbestandsmerkmals begonnen hat.

[3]) Z. B. BStG. Art. 14 und dazu BE. 45 I, 89; Zürich § 34 und dazu Zürcher Bl. 11, 243ff.; Bern Art. 30; Aargau § 23 und dazu BE. 29 I, 206ff. Besonders prägnant bestimmt Waadt Art. 35: „Il y a tentative, lorsque la résolution de commettre un délit est manifestée par des actes extérieurs constituant un commencement d'exécution"; dazu Répertoire vaudois, 257.

[4]) Stooss: Grundzüge, 1, 214. — Picot: Z. 1, 114f.

dem ungewiß bleibt, ob er eine schwere oder eine leichte Körperverletzung begehen wollte, kann nur wegen Versuches der letztern bestraft werden.

Eine andere Frage ist die Behandlung des Versuches bei zusammengesetzten Delikten, zu deren Erfüllung mehrere Handlungen gehören, z. B. Einbruchsdiebstahl und Notzucht. Liegt versuchter Einbruchsdiebstahl — oder nur eine straflose Vorbereitungshandlung — vor, wenn der Täter in diebischer Absicht in ein Haus einbricht oder einsteigt oder auch nur den Versuch macht, einzusteigen? Versuch ist anzunehmen. Der Tatbestand des Einbruchsdiebstahls muß, trotz der mehreren erforderlichen Handlungen, als eine Einheit aufgefaßt werden. Ein Anfang der Ausführung liegt vor, sobald der Täter mit der Verwirklichung eines Tatbestandsmerkmales begonnen hat[1]). — Geringe praktische Bedeutung hat die Frage des Versuchs bei Unterlassungsdelikten. Man mag ihn, namentlich bei den unechten Unterlassungsdelikten, immerhin konstruieren[2]).

IV. Was vor einer Verwirklichungshandlung liegt, ist bloße Vorbereitung. Sie muß, auch wenn sie als ein Tätigwerden auf ein verbrecherisches Ziel hin erkennbar ist, grundsätzlich straflos sein. Entscheidet man anders, so hat die Aufstellung eines Versuchsbegriffs keinen Sinn mehr. Das Wesen des Versuches, mit dem die Strafbarkeit beginnt, liegt in der objektiven und subjektiven Beziehung eines Verhaltens auf einen bestimmten Deliktstatbestand. Wo diese Beziehung nicht feststellbar ist, kann im Interesse der Sicherheit der Rechtsanwendung nicht verurteilt werden. Jede andere Lösung gleitet ins Unbestimmte. Sie würde schließlich zur Bestrafung böser Gesinnungen und Gedanken führen.

Auch wenn man nach der Umschreibung des Versuchsbegriffes theoretisch eine sichere Grenze annehmen kann, so ergeben sich in der Praxis immer wieder Schwierigkeiten[3]). Sicher sind bloße Vorbereitungen das Ausspähen von Gelegenheit zur Verübung eines Deliktes, das Pläneschmieden und -Verabreden, die Beschaffung von Verbre-

---

[1]) So Répertoire vaudois, 271. — Musy: a. a. O., 18f. Eigenartig der Fall Zürcher Bl. 20 Nr. 9: Die Angeklagten hatten sich eingeschlichen und in einem Zimmer versteckt, in der Absicht, in der Nacht Schlüssel zu stehlen, damit einen Kassenschrank zu öffnen und sich das darin liegende Geld anzueignen (vgl. Zürich, StGB. § 169 Ziff. 2 und 3, § 34). Die Anklage wurde nicht zugelassen, weil die Anklagekammer bloße Vorbereitungshandlung annahm. Die Entscheidung befriedigt nicht. Vgl. auch JZ. 16, 354, Nr. 236. — Roux: Droit pénal, Nr. 79, teilweise weitergehend als der Text.

[2]) Frank: VD. a. a. O. 209ff. Die Ernährung eines Menschen wird unterlassen, um ihn dem Hungertod preiszugeben. Wo beginnt aber der Anfang der Ausführung?

[3]) Siehe schon oben Anm. 1.

chensmitteln, das Reisen an den Ort der beabsichtigten Tat[1]) usw. Das Bundesgericht hat auch in einem Fall, in dem der Täter echte Banknoten photographierte, davon Klichés anfertigte und sich die zur Herstellung falscher Noten erforderlichen Werkzeuge und Materialien beschaffte, bloße Vorbereitungshandlungen gesehen[2]).

Viele Gesetze — Luzern § 25 I, Aargau § 25 I, Waadt Art. 38, Wallis Art. 60, Neuenburg Art. 51 — betonen ausdrücklich die Straflosigkeit bloßer Vorbereitungshandlungen. Trotz der Richtigkeit dieses Standpunktes ist nicht zu verkennen, daß ein Verhalten, das nach der Dogmatik als bloße Vorbereitung straflos zu bleiben hat, im Einzelfall intensivsten verbrecherischen Willen verraten und auch eine nicht geringe Gefahr bedeuten kann. GAUTIER (a. a. O. 16) will daher das alte Dogma der Straflosigkeit zugunsten folgender allgemeiner Bestimmung aufgeben: „Le juge pourra punir celui qui, par des actes, aura manifesté le dessein de commettre un délit, pourvu que ces actes aient causé un trouble ou qu'ils démontrent que leur auteur est dangereux. La peine du délit sera atténuée[3])." Richtiger als die Aufgabe des Prinzipes und die Einfügung einer Bestimmung in den Allgemeinen Teil der StGB. ist der Ausbau des Tatbestandes der Drohung und eventuell die Schaffung weiterer Gefährdungstatbestände[4]). Zwei Gesetze — Schaffhausen § 52 II und Obwalden Art. 19 III — lassen zwar gleichfalls Vorbereitungen grundsätzlich straflos, sehen aber polizeiliche Aufsicht vor, wenn sich die Handlungen „auf Verbrechen beziehen, die mit Zuchthaus oder einer schwereren Strafe bedroht sind" (Schaffhausen), oder „wenn die Gefahr für die öffentliche Sicherheit eine solche Maßregel rechtfertigt" (Obwalden)[5]).

V. Unnötig ist die in zahlreichen Gesetzen sich findende Feststellung, daß, wenn das Gesetz aus einer Versuchs- oder einer Vorbereitungshandlung einen besondern Tatbestand geformt hat (sog. qualifizier-

---

[1]) Anders BE. 34 I, 292.

[2]) BE. 36 I, 278 (Verweigerung der Auslieferung). Auf Grund eines etwas weitergehenden Sachverhaltes — Herstellung von Kupferplatten, auf denen das fertige Notenbild angebracht war und Beginn mit Ätzungsversuchen auf Platten — haben die Zürcher Gerichte wegen Fälschungsversuches verurteilt; Zürcher Bl. 11, 243ff.; vgl. auch ZÜRCHER: Erläuterungen VE. 1908, 58. Weitere Beispiele BE. 29 I, 206ff.; 45 I, 88f.; JZ. 9, 161, Nr. 142 (weitgehend); Thurgauisches Rechtsbuch, Gerichtl. Abteilung, 456, Nr. 475; Répertoire vaudois, 45, 257, ferner GAUTIER: Festgabe für Zürcher, 2 f., 14.

[3]) Noch weitergehend der in der Gesetzgebung allein dastehende § 45 I des dänischen StGB. vgl. FRANK: a. a. O. 179. — GAUTIER: 16.

[4]) Dafür in zweiter Linie auch GAUTIER: 18ff. Beachte die merkwürdige Verbindung des Drohungstatbestandes mit der Bestimmung über den Versuch in Appenzell A.-Rh. Art. 26/27.

[5]) Hier fügt sich auch die Friedensbürgschaft ein, vgl. eidg. E. Art. 54. — PFENNINGER: StR. 791f., 828ff.; unten § 84; vgl. PICOT: Z. 1, 114.

ter Versuch), der Täter unter dieser besondern Strafdrohung steht[1]). Das versteht sich von selbst. Erfolgt überdies Vollendung eines andern Deliktes, so sind die Bestimmungen über die Konkurrenz anzuwenden (unten § 79). Ein typisches Beispiel ist die Gestaltung der Sprengstoffdelikte. Allein wenn das eidgen. Sprengstoffgesetz vom 19. Dezember 1924 oder der entsprechende Art. 191 des eidg. E. schon das Herstellen, Sichverschaffen, Aufbewahren, Verbergen usw. von Sprengstoffen, die, wie der Täter weiß oder annehmen muß, zu verbrecherischem Gebrauch bestimmt sind, bestraft, so sind das juristisch eben keine Vorbereitungen mehr, sondern selbständige Handlungen, die um ihrer Gefährlichkeit willen zu delicta sui generis gestempelt sind[2]).

§ 40. Strafbarkeit des Versuchs.

I. Die Lösung von sich ergebenden Einzelfragen hängt von der Begründung ab, die man für die Strafbarkeit des Versuchs gibt. Diese Begründung ist aus dem Wesen der Versuchshandlung selbst zu gewinnen: Versuch ist vorsätzliche Betätigung, die ihr Ziel nicht erreicht, jedoch einen Gefahrzustand bewirkt[3]). Wegen der Vieldeutigkeit des Gefahrbegriffes (konkrete, abstrakte Gefahr; objektivierende und subjektivierende Auffassung des Gefahrbegriffes) braucht

---

[1]) Zusammenstellung bei STOOSS: Strafgesetzbücher, 45ff.; vgl. MUSY: a. a. O. passim. Die Frage wird beim Rücktritt von Bedeutung (unten § 42 IV).

[2]) Dazu STÄMPFLI: Z. 38, 69ff. Weitere Beispiele: die allgemein übliche Umschreibung des Hochverrates als eines Unternehmens, welches auf gewaltsamen Umsturz gerichtet ist, BStG. Art. 45; eidg. E. Art. 229; ferner Art. 69 des BGes. vom 7. April 1921 über die Schweiz. Nationalbank (GesSlg. N.F. 37, 599), der die Anfertigung oder Anschaffung von Stichen, Platten, Klischees oder andern Formen, die zur Fälschung oder Verfälschung von (schweizerischen) Banknoten bestimmt sind, unter Strafe stellt; siehe auch eidg. E. Art. 213, ferner BE. 36 I, 278f. — ROUX: Cours de Droit pénal, Nr. 75, 77.

[3]) St. Gallen, StPO. Art. 18 III bezeichnet den Versuch als Gefährdung. Die Literatur wiederholt das gleiche in den verschiedensten Variationen: M. E. MAYER: StR. Allg. Teil, 345 faßt den Versuch als abstraktes Gefährdungsdelikt. FRANK: VD. Allg. Teil, 5, 266f. kennzeichnet ihn als Störung des Rechtsfriedens. — ROUX: Droit pénal, Nr. 80: „Le trouble autorise l'intervention de la loi pénale". — ALIMENA: Diritto penale, 1, 357: „Il tentativo è punibile, perchè con esso si viola la norma, e la norma si viola appunto facendo correre un pericolo al bene giuridico". — Man kann die Anschauung, wonach der Versuch strafbar ist, weil der Täter vorsätzlich gegen ein deliktisches Ziel hin tätig wird und dadurch einen Gefahrzustand bewirkt, als subjektiv-objektive Theorie bezeichnen. Alle andern Auffassungen sind — wenigstens im Hinblick auf das geltende Recht — nicht haltbar. Unrichtig ist die Auffassung, der Versuch sei eine teilweise Verwirklichung des Verbrechens; darüber GERMANN: a. a. O. 4ff. Dem geltenden Recht widerspricht die rein subjektive Theorie, die bei der Lösung der Frage nach der Strafbarkeit des Versuchs nur auf den deliktischen Willen abstellt. Ob und wie sie im künftigen Recht zur Geltung zu bringen ist, ist eine Frage für sich. — GERMANN: 147ff. — DELAQUIS: a. a. O. 189ff.

der Richter jedoch ein bestimmteres Maß. Die Gesetze geben es mit der Formel Anfang der Ausführung eines bestimmten Deliktes. Da es aber bei der Gefährdung bleibt, die gewollte Schädigung nicht eintritt, ergeben sich mit Notwendigkeit folgende Fragen:

Ist die durch einen Versuch herbeigeführte Gefährdung in jedem Falle so bedeutsam, daß eine Bestrafung bei jedem Deliktsversuch — den Begriff im weitesten Sinne gefaßt — eintreten muß?

Ist der Versuch, soweit er überhaupt Strafe nach sich zieht, gleich der Vollendung oder ist er milder zu bestrafen?

Ist bei der Bestimmung der Versuchsstrafe darauf Rücksicht zu nehmen, wie weit der Versuch gediehen ist?

Ein Problem für sich stellt die Behandlung des untauglichen Versuchs dar. Bei ihm zeigt sich die Auswirkung der verschiedenen Anschauungen besonders drastisch (unten § 41).

II. Nach den schweizerischen Rechten ergibt sich:

1. Der Regel nach bleibt der Versuch einer Übertretung straflos. Das bestimmen ausdrücklich Baselstadt, PolStG. § 11, Neuenburg Art. 58, eidg. E. Art. 289[1]). In andern Gesetzen ergibt sich dieser Schluß aus dem Text, z. B. für Freiburg aus Art. 15 I, der nur den Versuch eines Verbrechens oder Vergehens nennt. Diese Regel mag als Grundsatz gelten. Auch die Praxis übt hier, bei dieser kleinsten Kriminalität, meist ganz von selbst Zurückhaltung. Zu beachten ist auch, daß bei den Ungehorsamstatbeständen ein Versuch von der Vollendungshandlung oft kaum auszuscheiden ist[2]). Die Buntheit der schweizerischen Rechtsordnungen zeigt sich aber auch hier. Graubünden, PolStG. § 6 erklärt bei „allen in diesem Gesetze vorgesehenen Polizeifällen" den Versuch „nach Ermessen des Richters" für strafbar. Nach Obwalden, PolStG. Art. 2 sind die allgemeinen Bestimmungen des Kriminal-StG. auch auf die Polizeivergehen anwendbar, soweit nicht ausdrücklich das Gegenteil bestimmt ist, was für den Versuch nicht der Fall ist. Häufig sind ferner die Fälle, in denen Nebenstrafgesetze auch den bloßen Versuch einer Übertretung für strafbar erklären. Namentlich in der eidgenössischen Nebenstrafgesetzgebung zeigt sich die Tendenz, den Übertretungsversuch zu kriminalisieren[3]).

[1]) „Der Versuch wird (bei Übertretungen) nur in den vom Gesetz ausdrücklich bestimmten Fällen bestraft."

[2]) ZÜRCHER: Z. 8, 167. — RENOLD: (Lit. zu § 19), 55. — FARBSTEIN: (Lit. zu § 19), 72f., der für das zürcher. Recht die Straflosigkeit des Übertretungsversuches feststellt.

[3]) Beispiele: BGes. vom 29. Juni 1900 über gebrannte Wasser (GesSlg. N.F. 18, 297ff.) Art. 24 VI: Der Versuch der in diesem Artikel mit Strafe bedrohten Handlungen wird der Vollendung gleich gehalten. Das Lebensmittelpolizeigesetz vom 8. Dezember 1905 (GesSlg. N.F. 22, 337 ff.) erklärt in Art. 42 auch bei Übertre-

Einheitlicher ist die Ordnung hinsichtlich der Behandlung des Versuchs bei Verbrechen und Vergehen. Besonders zurückhaltend ist St. Gallen, das den Versuch straffrei läßt bei Vergehen, auf welche nicht mindestens Arbeitshaus — Mindestdauer dieser Strafart nach Art. 8 drei Monate — angedroht ist (Art. 29 II). Einschränkend bestimmen auch Bern Art. 33 und Genf Art. 7: Bei Verbrechen ist der Versuch in jedem Falle strafbar, bei Vergehen nur in den durch das Gesetz ausdrücklich vorgesehenen Fällen. Die Beschränkung der Versuchsstrafe auf bestimmte Delikte ergibt sich ferner für die Waadt aus Art. 302 und 36 I[1]). Im übrigen stehen die schweizerischen Gesetze und auch der eidg. E. auf dem Standpunkt, daß der Versuch eines Verbrechens oder Vergehens ohne Unterschied strafbar sein soll.

Eine Vergleichung dieser schweizerischen Ordnungen und Entwicklungstendenzen mit dem ausländischen Recht[2]) zeigt das Streben nach einer Ausdehnung der Versuchsstrafe. Dabei tritt die subjektivistische Auffassung, der es mehr auf den Willen des Täters als auf die Größe der bewirkten Gefahr ankommt, hervor[3]).

III. Die schweizerischen Rechte bestrafen nach dem Vorbild des gemeinen Rechtes den Versuch milder als die Vollendung. Die objektivistische Anschauung kommt darin zum Ausdruck. Der Mangel am Erfolg wird dem Täter zugute gehalten. Die in Art. 2 des französischen Code aufgestellte Ordnung: la tentative est considérée comme le crime même hat kein schweizerisches Gesetz übernommen[4]).

Die Durchführung des Milderungsgedankens geschieht zum Teil zahlenmäßig formal. Das Verhältnis der Versuchsstrafe zu der Strafe des vollendeten Deliktes wird durch eine Bruchzahl ausgedrückt, z. B.

---

tungen die allgemeinen Bestimmungen des BStG. von 1853 für anwendbar. Der Versuch ist daher strafbar. Ebenso das Postverkehrsgesetz vom 2. Oktober 1924 (GesSlg. N.F. 41, 329ff.) Art. 56, das BGes. vom 2. Oktober 1924 betreffend Betäubungsmittel (GesSlg. N.F. 41, 439ff.) Art. 15 und andere Bundesgesetze. Über die Straflosigkeit des Versuchs einer Zollübertretung vgl. BE. 30 I, 118. Ausdrücklich erklärt § 80 des zürcher. Steuergesetzes vom 27. August 1917 auch den versuchten Steuerbetrug für strafbar. Vgl. ferner im eidg. E. die Übertretungstatbestände Art. 302 (boshafte Vermögensschädigung), 303 (Erschleichung einer Leistung), 334 (Verletzung militärischer Geheimnisse), bei denen auch der Versuch strafbar ist; dazu Prot. II. ExpKom. 5, 431ff.; 7, 15ff., 198, 323ff., 370.

[1]) Dazu Répertoire vaudois, 8, 257.

[2]) In Deutschland StGB. § 43 ist Versuch einer Übertretung nie, Vergehensversuch nur in den ausdrücklich bestimmten Fällen strafbar. Gleiches gilt in Frankreich; vgl. Roux: Droit pénal, 78. Weitere Daten bei Frank: a. a. O. 219ff.

[3]) Dazu v. Overbeck: (Lit. zu § 39), 36ff. (ablehnend).

[4]) Das alte StGB. von Neuenburg von 1856 (Art. 2) stand auf diesem Standpunkt, nicht mehr das Gesetz von 1891 (Art. 53 I „La tentative est punie moins sévèrement que le délit consommé"). In diesem Sinne ist Stooss: Grundzüge, 1, 223 zu ergänzen. Vgl. ferner Répertoire vaudois, 257 und dazu Waadt, StGB. Art. 36.

Aargau § 39 I (höchstens drei Vierteile der das vollendete Verbrechen treffenden Strafe)[1]). Neuere Gesetze verzichten auf solche äußerliche Umgrenzungen. Zürich § 35 I z. B. bestimmt richtig: „Der Versuch wird gelinder bestraft als das vollendete Verbrechen, und der Richter kann unter das Minimum der für dasselbe festgesetzten Strafe herabgehen, sowie auch eine mildere Strafart wählen." Also unbeschränkte Strafmilderung, deren einzige Grenze das gesetzliche Minimum der einzelnen Strafart bildet[2]). Der Richter kann daher bei dem Versuch eines Deliktes, auf dessen Vollendung eine lange Zuchthausstrafe stehen würde, eine geringe Geldstrafe aussprechen. Mit dieser weiten Spannung der Versuchsstrafe genügt das Gesetz der reichen Mannigfaltigkeit der Fälle. Darüber hinaus noch geht Appenzell A.-Rh. Art. 26 III, das „unter Umständen" sogar völlige Straflosigkeit zuläßt. Und Schwyz § 36 lit. a verkündet, bedenklich unbestimmt, Straflosigkeit des Versuchs, „wo die Unternehmung eines Verbrechens angefangen ist, der Vollendung aber noch ferne liegt[3])."

IV. Die kriminalpolitische Hauptfrage ist, ob die Versuchsstrafe notwendig milder sein muß als die das vollendete Delikt treffende Strafe. Eine subjektivistisch beeinflußte Anschauung lehnt mindestens das Obligatorium einer Milderung ab. Der eidg. E. macht einen Schritt nach dieser Richtung mit der Bestimmung des Art. 19: „Wer ein Verbrechen auszuführen versucht und mit der Ausführung begonnen hat, wird milder bestraft (Art. 62); führt er die strafbare Tätigkeit erfolglos zu Ende, so kann er milder bestraft werden." Damit wird auf die alte Unterscheidung zwischen dem unvollendeten und dem vollendeten Versuch hingewiesen. Vollendeter oder beendeter Versuch liegt vor, wenn der Täter, was an ihm lag, ausgeführt hat, während der tatbestandsmäßige Erfolg nicht eintrat oder noch aussteht[4]). Im letztern Fall, wenn z. B. die Wirkungen eines Eingriffs in die körperliche Unversehrtheit eines andern noch nicht feststehen, kann der Täter durch tätige Reue dem Erfolgseintritt entgegenwirken oder wenigstens etwas in dieser Richtung unternehmen (unten § 42 IV). Im erstern Fall, wenn der Nichteintritt des Erfolges sicher ist — die verschossene Kugel hat nicht getroffen —, hat man es mit dem sog. fehlgeschlagenen Verbrechen zu tun. Der Begriff geht auf die romanischen

[1]) Die Einzeldarstellung der in dieser Verhältnisziehung weit voneinander abweichenden Rechte unterbleibt hier; vgl. die Texte bei Stooss: Strafgesetzbücher, 45ff. und die Zusammenstellung in den Grundzügen, 1, 223f.

[2]) Vgl. auch Thurgauisches Rechtsbuch, Gerichtl. Abteilung, 457, Nr. 476.

[3]) Anklang an die alte, mit der Grenzziehung zwischen Vorbereitungshandlung und Versuch zusammenhängenden Unterscheidung zwischen conatus remotus und conatus proximus; vgl. Frank: a. a. O. 198ff. — v. Bar: Gesetz und Schuld, 2, 501f.; Luzern § 27, Graubünden § 25.

[4]) Vgl. Zürcher Bl. 12, 276 (vollendeter Erpressungsversuch).

Rechte zurück (délit manqué, delitto mancato). Bei seiner Würdigung zeigt sich der Zwiespalt zwischen objektivierender und subjektivierender Betrachtungsweise besonders deutlich: Es blieb beim „Versuch“, weil der Erfolg nicht eintrat. Anderseits hat der Täter seinen verbrecherischen Willen vollständig offenbart und bis zum letzten ausgegeben. Der Vorschlag, aus dem fehlgeschlagenen Verbrechen eine besondere Kategorie zu bilden, es gewissermaßen über den Versuch und unter das gelungene Verbrechen zu stellen[1]), ist wohl begründet. Der Gedanke kommt bereits in einigen geltenden Rechten zum Ausdruck: Nach Tessin Art. 57 ist im Anschluß an das italienische StGB. (Art. 62) die Strafmilderung beim delitto mancato geringer als beim delitto tentato. Gleiches gilt für Luzern § 26, für Neuenburg (Art. 53 und 57) und für Wallis (Art. 55 und 57). Bemerkenswert in diesem Gesetz ist die Definition (Art. 54) „Le délit manqué est celui qui n'a pas atteint son effet, quoique le coupable se soit porté à des actes d'exécution tels qu'il n'ait eu à en ajouter aucun autre pour le consommer.“

Der zweite Satz in Art. 19 des eidg. E., der sich nach seinem Wortlaut nur auf das fehlgeschlagene Delikt und nicht auf andere Arten des vollendeten Versuchs beziehen kann[2]), ist eine Weiterentwicklung. Der Richter muß nicht mildern. Er kann den Täter eines fehlgeschlagenen dem Täter eines gelungenen Verbrechens gleichhalten[3]).

Mehrfach sind zum eidg. E. weitergehende Vorschläge gemacht worden, nach denen für alle Versuchshandlungen, nicht nur für das fehlgeschlagene Verbrechen, die gleiche Strafdrohung wie für den Vollendungsfall gelten soll[4]). Bei der Durchführung dieses Gedankens würde die gesetzgeberische Unterscheidung zwischen dem unvollendeten und dem vollendeten Versuch, auch im Falle des fehlgeschlagenen Verbrechens, hinfällig. Das geht zu weit. Nicht auf den Täterwillen allein, sondern auch auf die Gefährlichkeit der Tat ist abzustellen. Sie liegt beim délit manqué in ihrer vollen Größe erkennbar vor und

---

[1]) Roux: Droit pénal, 83. — Stooss: Grundzüge, 1, 216f. — Frank: a. a. O. 201ff.

[2]) Das Marginale „Vollendeter und unvollendeter Versuch“ ist daher ungenau. Richtig wäre: „Unvollendeter Versuch und fehlgeschlagenes Verbrechen.“

[3]) Dazu Prot. II. ExpKom. 1, 159ff. Dagegen Musy: (Lit. zu § 39), 84f. und jetzt Freiburg Art. 15 I und dazu Bemerkungen zum VE. 1922, 13; auch v. Overbeck: a. a. O. 45ff.

[4]) Seuffert: Mitteilungen der JKV. 10, 474ff., der allerdings für die „schwersten Verbrechen“ (welche?) die Zulassung einer Strafmilderung im Versuchsfalle für geboten hält. — E. v. Liszt: ZgesStRW. 25, 54ff., 67, 93, der schlechthin bestimmen will, daß unterschiedslos jeder Versuch milder bestraft werden kann; ähnlich Delaquis: Prot. II. ExpKom. 1, 161. — Exner: Z. 24, 181 will „ein einerseits nur fakultatives, anderseits aber unbeschränktes oder nahezu unbeschränktes Milderungsrecht für den ganzen Kreis der Versuchshandlungen“ zulassen.

konnte auch durch kein Mittel mehr abgewendet werden. Bei der andern Art des vollendeten Versuches — wenn der unsichere Erfolg noch aussteht — und namentlich beim unvollendeten Versuch ist die Gefahr geringer oder sie kann noch abgewendet oder wenigstens gemildert werden[1]). Das berechtigt den Gesetzgeber, obligatorische Strafmilderung vorzusehen.

V. Es bleibt noch die Frage der richterlichen Strafzumessung innerhalb des Rahmens der Versuchsstrafe. Zahlreiche Gesetze weisen den Richter an, zu berücksichtigen, wieweit die Versuchshandlung sich der Vollendung näherte. Damit verbindet sich häufig die weitere Zumessungsregel, daß der Richter zu beachten hat, welchen Einfluß der Wille des Täters auf die Nichtvollendung hatte und wie groß die bewirkte Gefahr war. Eine typische Norm ist Art. 16 I BStG.: „Bei Ausmessung der Strafe des Versuchs hat der Richter besonders den Grad, in welchem die verbrecherische Handlung bereits vorgeschritten ist, sowie die Ursache der unterbliebenen Vollendung, ob diese nämlich eine größere oder geringere Beharrlichkeit des Täters, eine mehr oder minder dringende Gefahr für das bedrohte Recht zeige, zu berücksichtigen[2]).“

Solche besondere Normen sind deshalb unnötig, weil der Richter sich bei der Bestimmung einer Versuchsstrafe an die allgemeinen Strafzumessungsregeln (unten §§ 74ff.) zu halten hat[3]). Es bestehen keine Gründe, für die Findung der Versuchsstrafe etwas anderes, Besonderes anzunehmen.

Vereinzelt — Neuenburg Art. 54 — wird bestimmt, daß auch bei bloßem Deliktsversuch auf Nebenstrafen erkannt werden kann. Das versteht sich von selbst, wenn die an anderer Stelle (siehe unten §§ 62ff.) geordneten Voraussetzungen für die Verhängung einer Nebenstrafe, z. B. der Einstellung in der bürgerlichen Rechtsfähigkeit[4]), erfüllt sind.

§ 41. Untauglicher Versuch.

Literatur. Angaben zu § 39.

I. Beispiele mögen das Problem[5]) veranschaulichen:

---

[1]) Unten § 42. Zweifelhaft bleibt der Fall, wenn der Erfolgseintritt zwar sicher ist, aber vorläufig noch aussteht: die Verletzung ist sicher tödlich, aber der Verletzte lebt augenblicklich noch. Hier hilft nur, wenn das praktisch möglich ist, eine Verschiebung des richterlichen Urteils bis zur Abklärung der Sachlage. Tritt, wie erwartet wird, der Tod ein, so liegt Vollendung vor. Dazu STOOSS: Grundzüge, 1, 216f. — FRANK: a. a. O. 205.

[2]) Weitere Beispiele Zürich § 35 II, Bern Art. 30 i. f., Schwyz § 35 I, Schaffhausen § 51, St. Gallen Art. 30 I, Wallis Art. 58.

[3]) Gut PFENNINGER: StR. der Schweiz, 789f.

[4]) Dazu Répertoire vaudois, 67, 195, 200 i. f.

[5]) Über die dogmengeschichtliche Entwicklung DELAQUIS: (Lit. zu § 39), 53ff. — FRANK: VD. Allg. Teil. 5, 243ff.

A. will den B. totbeten oder ihn durch Verhexen krank machen. Er will ihn vergiften, reicht ihm aber irrtümlich statt Gift ein unschädliches Pulver. In allen diesen Fällen verwendet der Täter ein absolut untaugliches Mittel.

A., der den B. töten will, verabreicht ihm eine unzureichende Menge Gift. Er schießt auf ihn mit einer schlechten Waffe und ungenügender Munition. A. will der B. die Frucht abtreiben. Er verwendet dazu ein Instrument, das nach der Feststellung des Sachverständigen in der Hand des A. wirkungslos bleibt — Fälle von relativ untauglichen Mitteln.

A. nimmt — vermeintlich — eine Abtreibungshandlung an der nicht schwangeren B. vor. Die B. will ihr eben zur Welt gebrachtes Kind erwürgen. Es stellt sich heraus, daß es nie gelebt hat. A., der auf Taschendiebstahl ausgeht, greift in die Tasche des B. Sie ist leer. Das sind Handlungen an absolut untauglichen Objekten.

A. schießt mit Tötungsvorsatz auf den B. Die Kugel prallt am Panzerhemd, das B. trägt, ab. A. will die körperstarke B. notzüchtigen. Sie leistet ihm so lange Widerstand, bis er sein Beginnen aufgibt. Die Opfer, auf die der Täter es absah, sind in diesen Fällen relativ untaugliche Objekte.

Die eine Frage ist, ob es gelingt, die Behandlung dieser Fälle unter einen einheitlichen Gesichtspunkt zu bringen, die andere, ob aus diesem Zusammenhang die Fälle des in der deutschen Literatur sog. Mangels am Tatbestand ausgeschieden werden müssen. Dieser „Mangel am Tatbestand" wird z. B. angenommen, wenn der Täter in Diebstahlsabsicht eine ihm gehörige Sache wegnimmt, sie aber für eine fremde hält, oder wenn der Zeuge der Wahrheit gemäß aussagt, aber glaubt, falsches Zeugnis abgelegt zu haben[1]). An der Tatbestandserfüllung, ja an der Möglichkeit dazu fehlt es aber ebenfalls beim sog. Versuch am absolut untauglichen Objekt (Abtreibungshandlung an einer nicht Schwangeren). Nach Differenzierungen, die sich natürlich finden lassen, zu suchen, ist ein unfruchtbares Bemühen[2]). Sicher ist das eine, daß, wenn der Tatbestand eines Deliktes nicht erfüllt ist, ja gar nicht erfüllt werden kann — Diebstahl an eigener Sache, Abtreibung bei einer nicht Schwangeren —, es an der Rechtswidrigkeit fehlt. Eine Strafbarkeit dieser Handlungen kann nicht konstruiert werden[3]). Der Gesetz-

[1]) Dazu Germann: 158ff. — Frank: VD. Allg. Teil, 5, 252ff.

[2]) Die deutsche Literatur übersteigert sich hier in Spitzfindigkeiten — mit dem Enderfolg, daß auf dem ganzen mit der Lehre vom untauglichen Versuch zusammenhängenden Gebiet ein „unlösbarer Zwiespalt der Ansichten" besteht (v. Liszt); vgl. z. B. M. E. Mayer: StR. Allg. Teil, 364ff. — v. Liszt-Schmidt: Lehrbuch, § 47.

[3]) Nicht rechtswidrig und daher straflos ist grundsätzlich auch das Putativdelikt oder Wahnverbrechen. Man mag es vom untauglichen Versuch und

geber hat aber natürlich die Macht, solchen Handlungen die Rechtswidrigkeit zu verleihen und sie für strafbar zu erklären (unten III/IV).

II. Sieht man zunächst von solchen Gesetzgebungen, die eine positive Ordnung dieser Fragen enthalten, ab, so ergeben sich auf Grund der hier (§§ 39, 40) für das geltende Recht vertretenen Versuchslehre folgende Lösungen:

1. Es ist im Einzelfall zu prüfen, ob die zu beurteilende Tat als ein Anfang der Ausführung eines bestimmten Deliktes angesehen werden kann.

2. Was von vornherein objektiv unmöglich ist, kann nicht vollendet werden. Mit der Ausführung kann dann aber auch nicht begonnen werden. Infolgedessen sind die Fälle des sog. Mangels am Tatbestand und des Versuchs am absolut untauglichen Objekt straflos. Da ich einen Toten nicht mehr töten, meine eigene Sache nicht stehlen kann, ist es auch nicht möglich, mit der Ausführung einer Tötung, eines Diebstahles anzufangen.

3. Gleiches gilt für den Versuch mit absolut untauglichen Mitteln. Mit ihnen kann ich nicht die Herbeiführung eines an sich möglichen Erfolges bewirken. Ich kann auch nicht mit der Ausführung anfangen.

4. Anders verhält es sich mit dem relativ untauglichen Versuch. Zwar wird es oft schwierig sein, zu bestimmen, wann die Grenze vom absolut untauglichen zum relativ untauglichen Versuch überschritten ist. Nimmt aber der Richter wenigstens eine relative Tauglichkeit des Mittels oder des Objektes an, dann muß er eine Ausführungshandlung des Täters auch als strafbaren Versuch bezeichnen[1]).

Diese Lösungen ergeben sich aus der objektivistischen Gestaltung der Versuchslehre. Von ihr gehen die geltenden Rechte aus. Eine andere Frage ist, ob die für die Behandlung des sog. untauglichen Versuches sich ergebenden Konsequenzen kriminalpolitisch richtig sind, ob nicht eine Korrektur aus einer subjektivistisch gerichteten Anschauung her-

---

vom sog. Mangel am Tatbestand unterscheiden: Der Wahnverbrecher hält irrtümlich seine Tat für die Erfüllung eines Deliktstatbestandes (Irrtum über das Strafgesetz). Der Täter eines absolut untauglichen Versuches dagegen will einen vom Gesetz mit Strafe bedrohten Tatbestand erfüllen. Er irrt sich dagegen über einzelne Tatbestandsmomente. — GERMANN: 171ff. — FRANK: a. a. O. 253. Da in allen diesen Fällen grundsätzlich mangelnde Rechtswidrigkeit und Straflosigkeit angenommen werden muß, sind diese Unterscheidungen praktisch von geringer Bedeutung. Die Literatur verwendet denn auch zum Teil die Bezeichnung „Putativdelikt" sowohl für den Fall eines Irrtums über das Strafgesetz, wie für den Fall eines Tatirrtums.

[1]) Die Judikatur zur Frage des untauglichen Versuchs ist dürftig: BE. 33 I, 648f. (Abtreibungsversuch mit absolut untauglichen Mitteln nach zürcher. Recht straflos); Aarg. RSpr. 14, Nr. 22 (Blutschandeversuch an einem 14jährigen Mädchen als einem im zu beurteilenden Fall absolut untauglichen Objekt abgelehnt); vgl. auch Zürcher Bl. 22, Nr. 25.

aus geboten ist. Darüber muß der Gesetzgeber entscheiden. Gerade wegen der Unsicherheit der Doktrin ist eine Ordnung durch das Gesetz nicht zu umgehen[1]).

III. Die geltenden Rechte, die eine gesetzliche Ordnung getroffen haben, bieten freilich ein uneinheitliches Bild[2]).

Graubünden § 27 erklärt schlechthin den untauglichen Versuch, der auf „Irrtum oder Aberglauben" des Täters zurückgeführt wird, für straflos. Luzern § 30 I und Aargau § 24 bestrafen den Versuch mit untauglichen Mitteln[3]), wobei Luzern § 30 II hinzufügt, daß der Täter nur korrektionell zu strafen ist, wenn „der Versuch wegen völliger Untauglichkeit der aus Einfalt für tauglich erachteten angewendeten Mittel mißlingen mußte." Lediglich eine Sonderbestimmung mit Bezug auf die aus Unverstand (oder Mangel an Einsicht) verwendeten absolut untauglichen Mittel stellen Schwyz § 36 lit. c und Appenzell A.-Rh. Art. 27 II auf. Nach dem schwyzerischen Rechte bleibt der Täter straflos. In Appenzell A.-Rh. kann in einem solchen Fall wegen Drohung bestraft werden[4]). — Umfassender ordnen Obwalden Art. 18 II, Schaffhausen § 48 und St. Gallen Art. 29 I. Alle Fälle des untauglichen Versuches sind nach diesen Gesetzen grundsätzlich zu bestrafen. Doch wird diese Regel verschieden ausgestaltet: Obwalden, PolStG. Art. 20 schließt, wenn der „Verbrechensversuch mit völlig untauglichen Mitteln" geschah, die kriminelle Bestrafung zugunsten einer korrektionellen Strafe (Freiheitsstrafe bis zu einem Jahr oder Geldstrafe bis zu 500 Franken) aus. Anders privilegiert St. Gallen Art. 30 II den Versuch an einem „ungeeigneten Gegenstand" und straft in diesen Fällen auch bei Verbrechen bloß korrektionell. Schaffhausen § 48 mildert in allen Fällen von Untauglichkeit die ordentliche Versuchsstrafe und bestimmt — theoretisch zutreffend — in § 49, daß die Verwendung eines absolut untauglichen Mittels „aus Unverstand oder abergläubischem Wahne" gar keinen Versuch begründen könne. Immerhin soll der Täter, wenn seine Absicht auf ein besonders schweres Verbrechen gerichtet war, polizeilich bestraft werden.

Der Überblick über die geltenden Rechte zeigt die Verfahrenheit

---

[1]) Gegen eine Ordnung durch das Gesetz Picot: Z. 1, 122. Zu der Frage weiter Prot. I. ExpKom. 1, 98. — Frank: a. a. O. 263: Eine Lösung „ohne einen Willensakt des Gesetzgebers" erscheint unmöglich.

[2]) Picot: Z. 1, 119ff. — Stooss: Grundzüge, 1, 217ff.

[3]) Arg. e contrario hat der Versuch am (absolut) untauglichen Objekt — Mangel am Tatbestand — für straflos zu gelten.

[4]) Für Schwyz nimmt Stooss: Grundzüge, 1, 218 an, daß die übrigen Fälle — Versuch am untauglichen Objekt und mit absolut untauglichem Mittel, das der Täter nicht „aus Unverstand" gewählt hat —, strafbar seien. Dieser Schluß ist kaum zutreffend, da auch Schwyz § 34 den Versuch als Anfang der Ausführung bezeichnet, dieser „Anfang" in den genannten Fällen aber nicht möglich ist.

der Lehre und die — von Schaffhausen abgesehen — ungenügende Erfassung des ganzen Problems[1]).

IV. Tiefer gehen Art. 20 des eidgen. E.[2]) und Freiburg Art. 15 II. Aus dem E. ergibt sich folgende Lehre: Der relativ untaugliche Versuch fällt unter die in Art. 19 aufgestellten Grundregeln. Er ist strafbar, weil er einen Anfang der Ausführung bedeutet. Der sog. absolut untaugliche Versuch wird in Art. 20 I mit den Worten umschrieben: „Ist das Mittel, womit jemand ein Vergehen auszuführen versucht, oder der Gegenstand, woran er es auszuführen versucht, derart, daß das Vergehen mit einem solchen Mittel oder an einem solchen Gegenstande überhaupt nicht ausgeführt werden könnte." Damit sind alle Fälle des absolut untauglichen Versuchs umfaßt[3]). Der Täter wird bestraft, doch kann der Richter die Strafe nach freiem Ermessen, d. h. unbeschränkt, mildern (Art. 63) und, wenn der Täter aus Unverstand handelte, von einer Bestrafung absehen (Art. 20 II). Für dieses Gebiet ist also die subjektivistische Anschauung, die ausschließlich auf den verbrecherischen Willen des Täters abstellt, zum Durchbruch gelangt.

Freiburg Art. 15 II umgrenzt, kürzer als der eidg. E., den absolut untauglichen Versuch mit den Worten: „Ist das Mittel oder der Gegenstand der Handlung derart, daß die Straftat unter keinen Umständen ausgeführt werden konnte." Als Anhänger der objektivistischen Anschauung gelangt das Gesetz aber zur Freisprechung, „es sei denn, daß die Unmöglichkeit der Vollendung auf reinem Zufall beruht." Dieser Nachsatz ist schwer verständlich. Die Bemerkungen zum Freiburger VE. 1922 (S. 13) erklären ihn mit den Worten, es sei denn, daß es sich um „rein zufällige Verwechslungen" handelt. Strafbar wäre darnach, wer aus „zufälliger Verwechslung" Zucker statt Arsenik verwendet, straflos, wer an einer Nichtschwangeren eine Abtreibungshandlung vornimmt.

---

[1]) Vereinzelt ist im Besondern Teil bei der Abtreibung von hierzu geeigneten Mitteln die Rede; Bern Art. 135 I, Schaffhausen § 156 I. Die Verwendung untauglicher Mittel führt daher zur Straflosigkeit. Dabei ist anzunehmen, daß Schaffhausen § 156 I als spezielle Norm den Bestimmungen der §§ 48/49 vorgeht.

[2]) Über die Entwicklung der Vorentwürfe bis 1903 Delaquis: a. a. O. 28ff., 314ff., 330f. — Mercier: a. a. O. 57ff.; ferner Zürcher: Erläuterungen VE. 1908, 59f.; Prot. II. Exp.Kom 1, 159ff. — Frank: VD. Allg. Teil, 5, 262f.

[3]) Nicht das Putativdelikt, der Irrtum über das Strafgesetz. Es bleibt straflos; dazu Prot. II. ExpKom. 1, 162f. Zweifelhaft ist, ob auch die Fälle des Mangels am Tatbestand durch Art. 20 getroffen werden. Ist, wer mit Diebstahlsvorsatz im Glauben, es sei fremdes Gut, seine eigene Sache wegnimmt, aus Art. 20 strafbar? Nach dem Text, wonach das Vergehen „an einem solchen Gegenstand überhaupt nicht ausgeführt werden könnte", ist das wohl zu verneinen. Zur Anwendung kommt Art. 17 I (Tatirrtum). Zwischen ihm und Art. 20 I besteht eine nicht gelöste Diskrepanz; vgl. Bolli: Prot. II. ExpKom. 1, 162. — Kohlrausch: Z. 34, 169.

In der Frage des untauglichen Versuchs sind die letzten Lösungen noch nicht gefunden.

§ 42. Rücktritt vom Versuch und tätige Reue.

Literatur. Angaben zu § 39.

I. Der Gedanke, daß freiwilliger Rücktritt vom Versuch und tätige Reue Beachtung finden müssen, ist unbestritten. Es ist ein Gebot kluger Rechtspolitik, in diesen Fällen unter Umständen Gnade für Recht gelten zu lassen. Häufig wird es aber auch ethisch wertvoll sein, ein Verhalten, mit dem sich der Täter aus eigenem Antrieb vom Verbrechen zurückzieht oder dem Schadenserfolg entgegenwirkt, zu belohnen. Daß es sich dabei nur um ein persönliches Privileg, das allein dem „Reuigen“ zugute kommt, handeln kann, sollte selbstverständlich sein[1]). — Grundsätzlich ist zu unterscheiden: Vom Rücktritt ist beim unvollendeten, von der tätigen Reue beim vollendeten Versuch zu sprechen. Ein drittes ist die tätige Reue beim vollendeten Delikt (unten § 91 II)[2]).

II. In den geltenden Rechten wird der Gedanke sehr verschieden durchgeführt:

1. Eine besondere Bestimmung über den Rücktritt erscheint überflüssig, wenn das Gesetz den Nichtrücktritt zum negativen Begriffsmerkmal des Versuches macht. Diese auf Art. 2 des französischen StGB. zurückgehende Technik kommt in § 23 Aargau mit den Worten, daß der Täter das Verbrechen „gegen seinen Willen“ nicht vollenden kann, zum Ausdruck. Straflosigkeit ergibt sich daher, wenn die Vollendung durch den Willen des Täters unterbleibt. Zwischen unvollendetem und vollendetem Versuch wird nicht unterschieden. Die Straflosigkeit tritt daher sowohl beim Rücktritt wie bei der tätigen Reue ein, wenn es dem Täter nachträglich gelingt, durch eigenes Entgegenwirken den Erfolgseintritt abzuwenden.

2. Gesetzestechnisch vorzuziehen sind besondere, von der Versuchsdefinition losgelöste Bestimmungen. So ordnet die Mehrzahl der Gesetze[3]). Sie schaffen aus rechtspolitischen Gründen einen Strafaufhebungs- oder wenigstens einen Strafmilderungs- oder einen Minderungsgrund[4]). In der Einzelausgestaltung weichen die Rechte dieser Gruppe erheblich voneinander ab. Häufig wird die Unterscheidung zwischen Rücktritt und tätiger Reue nicht deutlich. Beispiele sollen es veranschaulichen: Art. 16 II BStG. überläßt es dem

---

[1]) Vgl. eidg. E. Art. 24; unten § 48. — GUHL: (Lit. zu § 39), 31ff. — MUSY: (Lit. zu § 39), 69.

[2]) LEIMGRUBER: (Lit. zu § 39), 55ff.

[3]) Zusammenstellung bei STOOSS: Grundzüge, 1, 219.

[4]) Über den Unterschied unten § 74 II; vgl. auch MUSY: a. a. O. 57ff.

Richter, die Strafe zu mildern oder selbst Straflosigkeit eintreten zu lassen, wenn der Täter aus eigenem Antrieb von der verbrecherischen Handlung „abgelassen" hat. Tätige Reue beim vollendeten Versuch führt dagegen nur zu einer Strafminderung innerhalb des für das einzelne Delikt gegebenen Strafrahmens (Art. 32 lit. a). Das gleiche Resultat ergibt sich für Zürich aus §§ 36 und 60 lit. a[1]). Luzern § 28 I gewährt dem Täter, der freiwillig von dem Unternehmen abgestanden ist und das „durch äußere Handlungen an den Tag gelegt hat," Straflosigkeit[2]). Baselstadt § 27 läßt deutlich den Täter nur beim Versuchsrücktritt straflos und berücksichtigt die tätige Reue beim vollendeten Versuch nicht. Freiburg Art. 16, Zug § 20 und Solothurn § 28 unterscheiden dagegen ausdrücklich zwischen Rücktritt und tätiger Reue (Abwendung des Erfolgseintrittes durch eigene Tätigkeit). Sie lassen in beiden Fällen den Täter nach dem Vorbild von § 46 des deutschen StGB. straflos.

3. Eine dritte Gruppe, zu der mit Ausnahme von Freiburg und Wallis die romanischen Gesetze gehören, erwähnen zwar nach dem französischen System bei der Definition des Versuches den Nichtrücktritt als negatives Merkmal[3]). Sie stellen jedoch überdies — was im Grunde nicht logisch ist — besondere Vorschriften auf. Neben Neuenburg Art. 55, der dem erwähnten § 46 des deutschen StGB. nachgebildet ist[4]), sei Bern erwähnt. Sein Art. 32 umfaßt mit der Formel „Ist der Täter aus freiem Willen von der Vollendung .... zurückgetreten" sowohl den Rücktritt wie die tätige Reue. Der Täter bleibt straflos. Anders berücksichtigen Tessin Art. 56 und Waadt Art. 37 nur den Rücktritt vom unvollendeten Versuch („lorsque l'auteur s'est arrêté spontanément dans son entreprise")[5]).

[1]) Dazu JZ. 18, 326, Nr. 254 (freiwilliger Widerruf eines falschen Zeugnisses vor Abschluß der Vernehmung); Zentralbl. Staats- und Gemeindeverwaltg. 23, 86f. (Nichtanwendung der Rücktrittsbestimmung des StGB. auf § 137 des Steuergesetzes). Gut Zürcher: Kommentar StGB. § 36; unklar Zeller: Kommentar, § 36, N. 2.

[2]) Dazu Stooss: Grundzüge, 1, 221. Ob § 28 I sich auch auf die tätige Reue beim vollendeten Verbrechen bezieht, ist zweifelhaft. Unter Umständen ist der allgemeine Milderungsgrund aus § 70 Ziff. 1 lit. d anwendbar.

[3]) Z. B. Neuenburg Art. 52: ... „si l'exécution n'en est restée inachevée que par suite de circonstances indépendantes de sa volonté ...".

[4]) Daß Zug, Solothurn und Neuenburg wie das deutsche StGB. darauf abstellen, daß die Handlung im Moment, da die tätige Reue erfolgte, noch nicht entdeckt war, ist bedauerlich; dazu Frank: VD. Allg. Teil, 5, 233ff.

[5]) Besonderheiten zeigen Schaffhausen § 83 Ziff. 2 und St. Gallen Art. 31 II. Sie lassen den einzelnen Teilnehmer, der vom Verbrechen zurücktritt, nur straflos, wenn er sein Möglichstes tat, um die andern Beteiligten an der Verübung zu hindern oder sie, wenn das erfolglos bleibt, so zeitig der Behörde anzeigt, daß sie das Verbrechen verhindern kann (Schaffhausen). Das mag kriminaltaktisch klug sein, aber es ist hart. — Leimgruber: a. a. O. 76ff.; a. M. Picot: Z. 1, 117. —

III. Einigkeit besteht darüber, daß Rücktritt und tätige Reue freiwillig, aus eigenem Antrieb des Täters erfolgen müssen[1]). Auf das den Täter zu seinem Entschluß führende Motiv kann es dabei kaum ankommen, schon deshalb nicht, weil es regelmäßig nicht oder nicht einwandfrei festzustellen ist. Der Richter muß sich zufrieden geben, wenn er die Überzeugung hat, daß der Täter aus sich heraus auf die Weiterführung seiner verbrecherischen Tätigkeit verzichtet oder dem Erfolgseintritt entgegengewirkt hat. Von ihm die „bessere Gesinnung", von der im StGB. von Appenzell A.-Rh. Art. 26 III die Rede ist, zu verlangen, geht zu weit. Auch wenn der Täter aus Furcht vor den Konsequenzen seiner Tat oder aus Unlust, oder weil der vorausgesehene Deliktserfolg seinen Erwartungen nicht entspricht, von seinem Unternehmen absteht, soll ihm das Privileg zuteil werden[2]). Mit dem Reuebegriff ist diese Anschauung freilich schwer in Einklang zu bringen[3]).

IV. Die klare Scheidung zwischen dem Rücktritt vom unvollendeten Versuch und der tätigen Reue beim vollendeten Versuch, bei dem der Erfolg noch aussteht, trifft Art. 21 des eidg. E. Im ersten Fall bleibt der Täter „wegen des Versuches", d. h. wenn das Verhalten des Täters nicht einen selbständigen Deliktstatbestand erfüllt, straflos[4]). Im zweiten Fall mildert der Richter die Strafe nach freiem Ermessen, wenn der Täter aus eigenem Antrieb dem Erfolgseintritt entgegenwirkte: Der Täter zieht den bereits abgesandten täuschenden Brief, mit dem er einen Betrug verüben wollte, wieder zurück. Er unternimmt es, die Wirkung des Giftes, das er seinem Opfer verabreicht hatte, durch ein Gegengift zu paralysieren, oder er ruft zur Rettung des Vergifteten den Arzt herbei[5]). Art. 21 II setzt nicht voraus, daß es gelang, den Erfolg abzuwenden. Es genügt, wenn der Täter ihm entgegenwirkte[6]).

Unklar ist Glarus § 22, das beim Rücktritt von der „Vollendung eines angefangenen Verbrechens oder Vergehens" nur Straflosigkeit gewährt, wenn noch kein Schaden entstanden ist. Das Kennzeichen des Versuchs ist ja gerade das Fehlen des schädigenden Erfolges; vgl. Picot: Z. 1, 116.

[1]) Weitere gleichbedeutende Ausdrücke: ohne an der Ausführung des Verbrechens durch äußere Umstände gehindert worden zu sein (Baselstadt § 27); volontairement, spontanément (welsche Gesetze).

[2]) So die gemeine Meinung: BE. 36 I, 279. — Guhl: (Lit. zu § 39), 18, 37f. — Frank: VD. Allg. Teil, 5, 231: der Rücktritt befreit von Strafe, wenn der Täter sich sagt: ich will nicht weiter handeln, selbst wenn ich es könnte. — Musy: a. a. O. 64ff.

[3]) Vgl. Leimgruber: a. a. O. 53f.

[4]) Rücktritt vom Mordversuch läßt die Strafbarkeit wegen der bereits bewirkten Körperverletzung unberührt (sog. qualifizierter Versuch). — Musy: a. a. O. nennt diesen Fall tentative complexe, vgl. besonders 47ff., 71ff., 88f. — Leimgruber: a. a. O. 75f. — Frank: a. a. O. 207ff., 240.

[5]) Dazu Frank: a. a. O. 237f.

[6]) Prot. II. ExpKom. 1, 159ff., 201f. — Leimgruber: a. a. O. 54, 75. Gegen diese Ordnung als zu weitgehend Gautier: Z. 30, 10; vgl. auch Hafter: Z. 27, 279.

Zweites Kapitel.

Täterschaft und Teilnahme.

Vorbemerkung.

Täter ist im Grunde jeder, der ein Delikt verübt oder versucht oder irgendwie an seiner Verübung mitwirkt. Mit unendlicher Mühe hat aber die Strafrechtslehre nach der verschieden gearteten Mitwirkung zum Erfolg unterschieden. Sie behandelt Täter, Anstifter und Gehilfen ungleich. Teilweise gesellt sie ihnen als weitere besondere Figur den Begünstiger bei (unten § 47). An Vorschlägen, die Scheidung zwischen den einzelnen Arten fallen zu lassen und jeden an der Verübung eines Deliktes Beteiligten lediglich nach dem Maß seiner schuldhaften — oder gefährlichen — Mitwirkung zu beurteilen, fehlt es nicht[1]). Der Gedanke hat etwas Bestechendes. Allein seine Durchführung empfiehlt sich nicht. Würde das Gesetz über die verschiedenen Formen schweigen und alles der richterlichen Wertung des Einzelfalles anheimgeben, so verschwänden die aus der Differenzierung herrührenden Streit- und Zweifelsfragen keineswegs. An die Stelle gesetzlicher Abgrenzungen würden die vom Richter zu treffenden Unterscheidungen treten. Sie wären viel unsicherer. Der Richter könnte sich zudem schwer von einer jahrhundertealten Dogmatik loslösen. Es ist auch psychologisch richtig, wenn der Gesetzgeber es unternimmt, den Täter vom Anstifter und vom Gehilfen zu unterscheiden. Das sind nach Willensrichtung und Erfolg verschiedene Verhalten. Nur darf man ihre Unterscheidung nicht mit der formalistischen und auch sonst unhaltbaren Begründung erklären, der Täter und der Anstifter setzen die Ursache, der Gehilfe nur eine Bedingung (Nebenursache) des rechtswidrigen Erfolges[2]).

---

[1]) Zürcher: Prot. I. ExpKom. 1, 101ff. wollte bestimmen: „Wenn bei der Begehung oder dem Versuche eines Verbrechens mehrere zusammengewirkt haben, sind die Teilnehmer nach dem Grade ihrer Teilnahme zu bestrafen, und es darf die Strafe gemildert werden, wenn die Mitwirkung nur untergeordneter Art war." Ähnlich jetzt Art. 17 des italienischen VE. 1921, der den Richter lediglich anweist, auf die geringere oder größere Gefährlichkeit des einzelnen Teilnehmers Rücksicht zu nehmen. Auch § 23 des tschechoslowakischen VR. 1921 unterstellt Täter und Teilnehmer grundsätzlich der gleichen Strafdrohung. Nur der Richter hat zu prüfen, ob das geringere Maß eines Teilnehmers auf eine geringere Strafbarkeit deutet. Wird die Frage bejaht, so kann das Gericht den Strafsatz herabsetzen. Vgl. auch Pfenninger: StR. der Schweiz, 806f. — Germann: (Lit. zu § 43), 8. — Harburger: Mitteilungen JKV. 11, 512ff., 525ff. Gegen diese Vorschläge, mit reichem Material, Birkmeyer: VD. Allg. Teil, 2, 4ff., 82ff., 132ff. — v. Overbeck: (Lit. zu § 39), 53ff.

[2]) Diese Anschauung geht namentlich auf Feuerbach: Lehrbuch des Peinlichen Rechts, § 45 zurück; s. jedoch oben § 16 (Lehre von der grundsätzlichen Gleichwertigkeit aller Bedingungen). Dazu Germann: (Lit. zu § 43), 27f. — Bek-

Die Fragen nach der grundsätzlich verschiedenen oder der grundsätzlich gleichartigen Behandlung von Täter, Anstifter und Gehilfen sind unabhängig von der Feststellung der Begriffe zu lösen.

§ 43. Täterschaft.

Literatur. STOOSS: Strafgesetzbücher, 56ff.; Grundzüge, 1, 225ff. — PFENNINGER: StR. der Schweiz, 793ff. — GERMANN: Die Bestimmungen über die Teilnahme im E. eines schweiz. StGB. (1923). — BIRKMEYER: VD. Allg. Teil, 2, 1ff., 111ff. — ZELLER: JZ. 15, 384ff. — SCHULTHESS: Desertion und Teilnahme an der Desertion durch Zivilpersonen, Zürcher Diss. (1909). — PLOTKIN: Die Teilnahme am Verbrechen Unzurechnungsfähiger, Zürcher Diss. (1920). — HARBURGER und HEIMBERGER: Mitteilungen JKV. 11, 512ff.

I. Täter ist, wer ein Delikt selbständig begangen oder zu begehen versucht hat. Der Begriff bietet keine Schwierigkeiten, soweit der Täter selbst die Handlung ausführt oder die Unterlassung begeht. Die Gesetze brauchen diesen Begriff der direkten Täterschaft nicht zu umschreiben. Gewöhnlich tun sie es, derart, daß sie den Täter zusammen mit dem Anstifter als die Urheber (auteurs) eines Verbrechens bezeichnen (BStG. Art. 19, Zürich § 37 I, Bern Art. 35, Waadt Art. 40, Genf Art. 43 usw.). Häufig wird die direkte Täterschaft als „eigenes Handeln" oder auch als unmittelbares Bewirken des Deliktes durch Handlung oder Unterlassung (Appenzell A.-Rh. Art. 28 I) erklärt. Einzelne Gesetzgebungen — Schwyz, Freiburg, Solothurn, Basel, Neuenburg, eidg. E. — verzichten auf eine Bezeichnung der direkten Täterschaft.

Direkter Täter ist auch, wer ein Tier, z. B. einen bissigen Hund oder eine Naturkraft benutzt, um den geplanten Erfolg zu bewirken.

II. Täter ist ferner, wer einen andern Menschen als sein willenloses, oder wenigstens nicht vorsätzlich handelndes Werkzeug benutzt, um durch ihn das Delikt ausführen zu lassen: indirekte, mittelbare, intellektuelle Täterschaft[1]). Sie ist von der Anstiftung (unten § 45) zu unterscheiden[2]). Auch wenn der Täter das Opfer selbst die verletzende Handlung vornehmen läßt[3]), liegt mittelbare Täterschaft vor.

1. Mittelbare Täterschaft ist unter folgenden Voraussetzungen gegeben:

ZADIAN: (Lit. zu § 45) 90ff. — BIRKMEYER: a. a. O. 10ff., 21ff. — HEIMBERGER: Mitteilungen JKV. 11, 355ff. Gut gegen die Unterscheidung: Täterschaft, Beihilfe = Ursache, Bedingung namentlich COENDERS: ZgesStRW. 46, 1ff.

[1]) Über sie besonders WACHENFELD: ZgesStRW. 40, 30ff., 129ff., 321ff.; vgl. auch PLOTKIN: a. a. O. 45ff., 72ff.

[2]) Gut SAUER: Grundlagen des StR. 471. Die Unterscheidung wird in Zürcher Bl. 16, Nr. 156 für das Polizeistrafrecht abgelehnt. Der „Auftraggeber" wurde als indirekter Täter für die vom ebenfalls schuldhaft handelnden „Beauftragten" verübte Polizeiübertretung bestraft. Das ist unrichtig.

[3]) Ein Kind greift auf Geheiß eines Elektrikers an einen Draht mit hochgespanntem Strom und tötet oder verletzt sich.

a) Ein Unzurechnungsfähiger — ein Blödsinniger, ein Hypnotisierter, ein kleines Kind — wird zur Ausführung benutzt.

b) Die Ausführung erfolgt durch einen unwiderstehlich Gezwungenen, der nicht die Möglichkeit hat, seinen eigenen Willen zur Geltung zu bringen (vis absoluta)[1].

c) Der Ausführende war durch einen „bestimmten, auf dessen amtliches oder Dienstverhältnis sich beziehenden kompetenten Befehl der ihm vorgesetzten Behörde oder Beamtung" gebunden[2].

d) Ein Gutgläubiger, Irrender, wird zur Ausführung benutzt, sei es, daß der Urheber selbst den Irrtum verursachte, sei es, daß er einen schon bestehenden Irrtum unterhielt. Wenn A. den B. eine Pistole unter der Versicherung, sie sei entladen, abdrücken läßt und B. nach dem Willen des A. den C. tötet, ist A. der Mörder. Daneben ist in einem solchen Falle nach der Fahrlässigkeit des B. zu forschen[3].

2. Fraglich ist, ob mittelbare Täterschaft bei den sog. Sonderdelikten[4]), die eine Person mit bestimmter Eigenschaft als Täter voraussetzen, angenommen werden kann. Ist eine Frau wegen Notzucht, ein Nichtmilitär wegen eines militärischen Deliktes, ein Nichtbeamter wegen eines Amtsdeliktes zu strafen, wenn diese Personen einen unzurechnungsfähigen Mann oder einen gezwungenen Soldaten oder Beamten zur Ausführung benutzen[5]? Ich nehme entgegen der herrschenden Meinung grundsätzlich Bestrafung aus mittelbarer Täterschaft an. Über die Strafwürdigkeit besteht kaum Zweifel. An formalen Bedenken allein darf die Strafbarkeit nicht scheitern. Den Ausschlag gibt, daß das Delikt tatsächlich begangen wird[6].

---

[1]) Der unter einem unwiderstehlichen Zwang Stehende handelt selbst nicht. Ob diese Lage zutrifft, ist Tatfrage. Handelt der Ausführende unter dem Einfluß einer weniger intensiven Gewalt (vis compulsiva), so liegt Anstiftung vor; Urheber und Ausführender sind strafbar; oben § 35 I, III, VI.

[2]) BStG. Art. 28 und entsprechend MilStG. Art. 30. Kritik dieser Bestimmungen oben § 35 V 1 und 6; vgl. auch Basel, PolStG. § 12 II.

[3]) Streitig ist, ob in diesem Fall nicht Anstiftung zu einem fahrlässigen Delikt anzunehmen ist. — GERMANN: a. a. O. 4f.; unten § 45 I. Gut WACHENFELD: a. a. O. 135.

[4]) Dazu SCHULTHESS: a. a. O. 44ff. — PLOTKIN: a. a. O. 75ff.

[5]) Ablehnend NAGLER: Teilnahme am Sonderverbrechen (1903), 71ff. — SCHULTHESS: a. a. O. 48ff. — BIRKMEYER: a. a. O. 144. — GERMANN: a. a. O. 62ff., 75 und 77 hält den mittelbaren Täter beim Sonderdelikt für strafwürdig, fordert aber, weil er nach dem eidg. E. Strafbarkeit nicht annimmt, eine besondere Bestimmung. Vgl. auch PLOTKIN: a. a. O. 100ff.

[6]) Bei gewissen Fällen allerdings ist mittelbare Täterschaft nicht möglich. Nicht haltbar wäre die Annahme, daß das auf den Schweizerbürger gemünzte Delikt: nichtbewilligter Eintritt in ein fremdes Heer (BGes. vom 30. Juni 1859; eidg. E. Art. 237) mittelbar von einem Nichtschweizer begangen werden kann. Ähnliches gilt z. B. von der Desertion. Vgl. WACHENFELD: a. a. O. 143: Es kommt auf eine derartige Formulierung des gesetzlichen Tatbestandes an, „daß der mit-

Schwierigkeiten ergibt auch der umgekehrte Fall, nach dem z. B. ein Beamter durch einen willenlosen (unzurechnungsfähigen) oder wenigstens nicht vorsätzlich handelnden Nichtbeamten ein Amtsdelikt verüben läßt. Grundsätzlich muß die gleiche Lösung gelten. Es ist nicht einzusehen, weshalb der Beamte, der einen ahnungslosen oder einen unzurechnungsfähigen Dritten dazu benutzt, um eine falsche Beurkundung auszuführen (eidg. E. Art. 281) oder ein Amtsgeheimnis zu offenbaren (E. Art. 284), nicht als mittelbarer Täter strafbar sein soll. Indirekte Täterschaft ist dagegen bei denjenigen Delikten ausgeschlossen, die jemand tatsächlich nur in eigener Person und nicht durch einen Vertreter ausführen kann[1]).

3. Gesetzgeberisch ist das Problem der mittelbaren Täterschaft unabgeklärt. Ansätze zu seiner Erfassung zeigt Graubünden § 29, wo als Urheber neben dem direkten Täter und dem Anstifter auch derjenige bezeichnet wird, der einen andern zur Begehung des Verbrechens „angestellt" hat[2]). Wallis Art. 62 nennt außer dem direkten Täter und dem Anstifter auch als auteurs „ceux qui donnent l'ordre d'exécuter le délit à des personnes soumises à leur autorité". Neuenburg Art. 60 II vermengt Anstiftung und mittelbare Täterschaft, indem es auch denjenigen als Anstifter bezeichnet, der in dem Ausführenden einen Irrtum erregt oder unterhalten hatte[3]).

Aus der bestehenden Unsicherheit erklärt sich, daß neuere Entwürfe dazu gekommen sind, die mittelbare Täterschaft gesetzlich zu bestimmen[4]). Unter der Bezeichnung Veranlassen einer nicht vorsätzlichen Tat erklärt Art. 25 des eidg. E.: „Wer jemanden vorsätzlich veranlaßt, eine als Vergehen bedrohte Tat nicht vorsätzlich zu begehen, wird mit der Strafe des vorsätzlichen Vergehens bestraft[5])." Die Bestimmung ist für den Nichteingeweihten schwer verständlich[6]).

---

telbare Täter nicht außerhalb des Kreises steht, welcher das Gesetz zu respektieren hat." Vgl. den besondern Tatbestand: Erschleichung einer falschen Beurkundung in Art. 219 I des eidg. E.

[1]) Der Soldat kann nur selbst desertieren. Der Vater kann nur selbst mit der Tochter Blutschande begehen; vgl. PLOTKIN: a. a. O. 90ff.

[2]) Ferner Graubünden § 32, der Eltern und Vormünder für die Verbrechen der ihrer Gewalt unterworfenen Personen verantwortlich macht, wenn sie dieselben dazu gezwungen haben.

[3]) Vgl. auch Tessin Art. 59 Ziff. 3 und Waadt Art. 41. Schaffhausen setzt intellektueller Urheber=Anstifter (§ 55) und nennt als ein den Anstifter kennzeichnendes Verhalten auch die List, die einen andern zur Deliktsverübung bewogen hat.

[4]) Deutscher VE. 1913 § 33; VE. 1919 § 26; dazu Denkschrift 1919, 43f.; österreich. VE. 1909 § 13 IV und E. 1912 § 12 IV; dazu GLEISPACH: Der österreich StG.-Entwurf (1910), 27f.

[5]) Dazu STOOSS: VD. Bes. Teil, 3, 404. — GERMANN: a. a. O. 4ff. — ZELLER: JZ. 15, 385.

[6]) Aus den Worten: „... veranlaßt, eine als Vergehen bedrohte Tat nicht vorsätzlich zu begehen" könnte der viel zu enge Schluß gezogen werden, daß

Die Streitfrage, ob mittelbare Täterschaft beim Sonderdelikt angenommen werden kann, läßt sie offen. Besser wird auch in Zukunft das ganze Problem der Wissenschaft und Praxis überlassen. Dabei ist die Einheitlichkeit des Täterbegriffs zu wahren: Der Täter bewirkt als Hauptperson den deliktischen Erfolg. Unnötig ist dagegen, daß er ihn durch eigenes Handeln oder Unterlassen herbeiführt, er kann auch einen andern Menschen als „Werkzeug" benutzen.

III. Den Täter in jeder Form trifft die volle Strafe des Verbrechens. Das sagen die Gesetze zum Teil ausdrücklich (BStG. Art. 19, Zürich § 37 I usw.). Dem mittelbaren Täter ist das Verhalten des Ausführenden so zuzurechnen, als wäre er in eigener Person tätig geworden[1]).

§ 44. Mittäterschaft.

I. Geht man davon aus, daß Täter ist, wer als Hauptperson den deliktischen Erfolg bewirkt, sei es durch eigenes Handeln oder Unterlassen, sei es unter Benutzung eines andern Menschen als „Werkzeug", so ergibt sich der Schluß: Wirken mehrere bewußt zusammen, so ist jeder, dessen Mitwirkung in der angegebenen Weise erfolgte, Mittäter und als Täter zu behandeln.

Mit einer so einfachen Formel, die im Grunde ausreicht, haben sich aber Gesetzgebung und Literatur nicht begnügt. Insbesondere aus dem Bestreben heraus, den Mittäter vom Gehilfen zu unterscheiden, haben sich zahlreiche Einzel- und Streitfragen ergeben[2]):

1. Bestritten ist namentlich die Frage, ob die Mittäterschaft voraussetzt, daß jeder Mittäter mindestens eine Ausführungshandlung des in Frage stehenden Deliktes verübt oder als mittelbarer Täter verüben läßt. Dabei ist zunächst klar, daß das Zusammenwirken unter Umständen auch ein Nacheinanderwirken sein kann. Wenn von zwei Diebstahlsgenossen der eine eine verschlossene Türe erbricht und hernach der andere den geöffneten Raum betritt und stiehlt, so sind beide Mittäter eines Einbruchsdiebstahls. Ist aber Mittäterschaft ausgeschlossen, wenn ein einzelner sich nicht direkt an der Ausführung des gemeinsam unternommenen Deliktes beteiligt? Der Ausschluß muß jedenfalls für die welschen Gesetze, mit Ausnahme von Freiburg, bejaht werden. Tessin Art. 59 Ziff. 2 (Coloro che hanno direttamente e materialmente cooperato), Waadt Art. 40 Ziff. 1, Wal-

---

beim Ausführenden stets ein fahrlässiges Handeln anzunehmen wäre. — Weshalb vermeidet Art. 25 die Bezeichnung „mittelbare Täterschaft"?

[1]) Die Tat ist verübt zur Zeit und am Ort der Ausführung. Kommt der Ausführende nicht über den Versuch hinaus, so ist auch der (mittelbare) Täter nur wegen Versuchs strafbar.

[2]) Lehrreich die Zusammenstellung von HARBURGER: Mitteilungen JKV. 11, 516ff.

lis Art. 62 Ziff. 1, Neuenburg Art. 59 und Genf Art. 43 Ziff. 1 fordern ein „direktes" Zusammenwirken. Gleiches gilt für Solothurn § 29, das wie § 47 des deutschen StGB. die gemeinschaftliche Ausführung verlangt[1]). Diese Ordnung hat den Vorteil, daß in der Regel die Mittäterschaft leicht von der Beihilfe zu scheiden ist. Trotz des objektiven Kriteriums „Ausführungshandlung" ergeben sich aber auch hier im einzelnen Falle Zweifel[2]). Vor allem aber macht diese objektive Unterscheidung die Lösung des Einzelfalles von der Zufälligkeit abhängig, ob ein Teilnehmer gerade ein direktes Tatbestandsmoment erfüllt oder nicht. Er kann aber, wenn man auf Schuld und Gefährlichkeit sieht, auch im letztern Fall als die Hauptperson dastehen. Nur eine subjektivistische Auffassung, die auf die Intensität des schuldhaften Willens abstellt, befriedigt. Danach muß jeder, der — mit oder ohne Ausführungshandlung — an der zum Verbrechen führenden Entschließung oder an der Deliktsverübung in maßgebender oder leitender Weise teilnimmt, als Mittäter gelten. Der Teilnehmer ist nur dann bloßer Gehilfe, wenn er in untergeordneter Stellung mitwirkte, zur bloßen Unterstützung des Täters handelte[3]).

Zwei Bestimmungen schweizerischer Gesetze sind charakteristisch: Luzern § 33 II bestraft auch denjenigen als Täter (Urheber), der bei der Ausführung durch einen andern „eine solche Hilfe geleistet hat, ohne welche die Tat unter den vorhandenen Umständen nicht hätte ausgeführt werden können". Anderseits ist nach Schaffhausen § 61 II Gehilfe, wer „durch Teilnahme an der Haupthandlung.... Beistand leistet oder mitwirkt." Bei dieser Bestimmung ist allerdings der in § 60 aufgestellte Obersatz zu beachten, der die Beihilfe als wissentliche Erleichterung oder Beförderung des Verbrechens eines andern bezeichnet.

Außer den welschen Gesetzen, Luzern, Solothurn und Schaffhausen verzichten die Gesetze entweder ganz auf die Umschreibung des Begriffs der Mittäterschaft (Zürich, Freiburg, Basel, eidg. E. u. a.), oder sie be-

---

[1]) Sog. Theorie der Ausführungshandlung. — Germann: (Lit. zu § 43), 23ff. — Birkmeyer: a. a. O. 2, 20f. — Harburger: a. a. O. 518ff.

[2]) Ist es eine Ausführungshandlung, wenn A. das Opfer festhält, damit B. ihm den tödlichen Stich versetzen kann? Gute Beispiele von Zweifelsfällen bei Germann: a. a. O. 24ff., 40; auch Harburger: a. a. O. 520ff.

[3]) Stooss: Grundzüge, 1, 226, 236; Motive VE. 1893, 31. Über die subjektivistischen Theorien Germann: a. a. O. 30ff., der den Gehilfenwillen als Gefährdungsvorsatz bezeichnet (38f.), wodurch das Problem: Grenzziehung zwischen Mittäter und Gehilfen nicht gefördert wird. Es verliert übrigens an Schärfe — nicht an dogmatischen Interesse —, sobald die Gesetze für den Gehilfen nicht mehr obligatorische Strafmilderung vorsehen; unten § 46 III. — Bemerkenswert ist Schwyz § 40, das unter Aufgabe der Scheidung im einzelnen „diejenigen, welche den leitenden Gedanken gegeben, den Entschluß, die Tat oder den Erfolg am entschiedensten bewirkt haben", schärfer als die übrigen Mitschuldigen bestraft.

gnügen sich mit dem Hinweis auf gemeinschaftliche Begehung (z. B. Bern Art. 35), womit allen Streitfragen das Tor geöffnet ist.

2. Die Mittäterschaft setzt ein bewußtes Zusammenwirken der mehreren voraus. Dieses Bewußtsein gehört zum Vorsatz des Mittäters. Fehlt es bei einem Zusammenwirken mehrerer — z. B. bei fahrlässiger Mitwirksamkeit —, so mag man von Nebentäterschaft reden[1]). Doch hat dieser Ausdruck nur erklärende Bedeutung. Ein rechtliches Band zwischen den mehreren Nebentätern fehlt. Jeder ist für sich als Täter zu behandeln.

Abzulehnen ist auch, daß dem Begriff der notwendigen Teilnahme eine besondere Bedeutung zukommt. Sie ist gegeben, wenn der gesetzliche Tatbestand eines Deliktes begrifflich ein Zusammenwirken mehrerer erfordert (Zweikampf, Stimmenkauf (eidg. E. Art. 145), Aufruhr, Meuterei usw.)[2]). Es handelt sich hier nicht um eine besondere Erscheinungsform des Verbrechens, sondern um eine Eigentümlichkeit gewisser Deliktstatbestände. Jeder Mitwirkende ist als Täter strafbar, wenn er in seiner Person objektiv und subjektiv den Deliktstatbestand erfüllt. — Bei Delikten, bei denen das Zusammenwirken mehrerer zwar begrifflich notwendig ist, aber nicht alle vom Tatbestand vorausgesetzten Handlungen strafbar sind — Verkauf unzüchtiger Schriften strafbar, Kauf nicht; Strafbarkeit des Schuldners bei der Gläubigerbegünstigung im Betreibungsstrafrecht, dagegen Straflosigkeit des begünstigten Gläubigers (eidg. E. Art. 144) — liegt eine Teilnahme im Rechtssinn überhaupt nicht vor. Der Käufer und der begünstigte Gläubiger können gar nicht Täter oder Mittäter sein[3]).

3. Beim Sonderdelikt ist die direkte Mittäterschaft einer Person, der die für die Erfüllung des Tatbestandes geforderte bestimmte Eigenschaft fehlt, nicht anzunehmen. Die Frau, die bei einem Amtsverbrechen ihres Mannes mitwirkt, ist nicht als Mittäterin zu betrachten. Sie bewirkt nicht als Hauptperson den deliktischen Erfolg. Dagegen

---

[1]) v. Liszt-Schmidt: Lehrbuch, § 50 IV. — Birkmeyer: a. a. O. 62f. — Harburger: Mitteilungen JKV. 11, 515.

[2]) Über den Begriff namentlich Freudenthal: Die notwendige Teilnahme an Verbrechen (1901) und dazu Hafter: Z. 14, 300f.

[3]) Richtig ist daraus der Schluß: Wenn das Gesetz einen solchen „notwendigen Teilnehmer" straflos läßt, so kann auch eine von ihm ausgehende Anstiftung oder Beihilfe zu dem betreffenden Delikt nicht mit Strafe belegt werden. Das wird z. B. bestritten für die Gläubigerbegünstigung: Prot. II. ExpKom. 4, 126 (Reichel); auch Zeller: Kommentar zürch. StGB. § 201, N. 8 und v. Cleric: JZ. 19, 84 erklären den begünstigten Gläubiger, der anstiftet oder Beihilfe leistet, für strafbar; ebenso Aarg. RSpr. 1, Nr. 97 und JZ. 19, 124 und namentlich BE. 27 I, 320ff. Zutreffend Zürcher: Kommentar zürch. StGB. § 201, N. 7. Bleibt der begünstigte Gläubiger als „Mittäter" straflos, so soll er es auch als Anstifter oder Gehilfe sein.

können indirekte Täterschaft (oben § 43 II 2), Anstiftung und Beihilfe in Frage kommen[1]).

II. Namentlich in der älteren Gesetzgebung wird die Lehre von der Mittäterschaft, ja von der Teilnahme überhaupt, durch die Einführung der Begriffe Komplott und Bande beschwert. Das Komplott wird gesehen im verabredeten Zusammenschluß mehrerer zur Verübung eines bestimmten Deliktes, während die Bande eine Verbindung mehrerer zur Verübung noch unbestimmter Delikte sein soll. Diese Unterscheidung kommt in Luzern §§ 35/36, Schwyz § 41 und Obwalden Art. 22 zur Geltung. Andere Gesetze — Schaffhausen §§ 58/9, Graubünden § 33ff., Waadt Art. 47ff. usw. — verwenden und umschreiben wenigstens den Komplottbegriff.

Nach der Auffassung dieser Gesetze stellten Komplott und Bande eine besondere Form der Teilnahme dar. Dabei gehen Obwalden Art. 22 III und Graubünden in der besondern Behandlung so weit, daß schon die Eingehung des Komplottes mit der Strafe des Versuchs des beabsichtigten Verbrechens bedroht wird.

BStG. Art. 20[2]) und Aargau § 28 lassen die Mittäterschaft im Komplottbegriff aufgehen.

Komplott und Bande im Allgemeinen Teil der Strafgesetzbücher zu nennen[3]) oder sie gar als besondere Teilnahmeformen zu gestalten, erübrigt sich. Regelmäßig liegt Mittäterschaft vor. Gegebenen Falles haben die Bestimmungen über Anstiftung und Beihilfe Anwendung zu finden. Daneben steht es der Gesetzgebung anheim, in bestimmten Fällen die komplott- oder bandenmäßige Verübung eines Delikts zu qualifizieren[4]), oder die Beteiligung an gewissen, auf Verbrechen abzielenden Verabredungen und Verbindungen selbständig unter Strafe zu stellen[5]).

---

[1]) Unten §§ 45 V 1; 46 IV 1.

[2]) „Wenn ein Verbrechen von zwei oder mehreren Teilnehmern auf vorhergegangene Verabredung hin begangen wurde (Komplott), so sind alle als Urheber zu betrachten.“ Aus Art. 19 und 31 lit. e BStG. ergibt sich, daß der Art. 20 auch den Anstifter umfaßt.

[3]) BStG. Art. 31 lit. e, MilStGB. Art. 32 lit. e und Zürich § 59 lit. f berücksichtigen die komplottmäßige Verübung eines Deliktes wenigstens als Straferhöhungsgründe, weil es „schwieriger war, sich gegen das Verbrechen zu schützen.“ Dazu Zürcher Bl. 21, 270 und JZ. 19, 32 (über Anstiftung, begangen im Komplott). Vgl. auch Zürcher: Erläuterungen VE. 1908, 60f.

[4]) Z. B. komplottmäßiger Raub (Zürich § 165 lit. a), — bandenmäßiger Diebstahl und Raub (eidg. E. Art. 120 Ziff. 3, 121 Ziff. 2; Zürich § 169 Ziff. 4); weitere Daten bei Stooss: Grundzüge, 2, 75.

[5]) BStG. Art. 45 und MilStGB. Art. 46 (Hochverrat), MilStGB. Art. 44 lit. i (Komplott zur Übergabe eines belagerten Platzes), Art. 48 I (Aufruhr) usw. — Die „Verbrecherverbindung“ (l'association de malfaiteurs), die in Art. 2 i. f. des schweiz.-italienischen Auslieferungsvertrages vom 22. Juli 1868 genannt wird, bezeichnet nur eine „Art der Teilnahme“. Sie ist nicht ein spezifisches Auslieferungsdelikt: BE. 5, 228f.; 17, 455. Dazu v. Cleric: Leitfaden, 67.

§ 45. Anstiftung.

Literatur. Angaben zu § 43. — STOOSS: Grundzüge, 1, 228ff. und Z. 3, 162ff. — BEKZADIAN: Der Agent-Provocateur, Zürcher Diss. (1913). — HOLER: JZ. 13, 228ff. — HAFTER: Z. 26, 279ff. — BADER: JZ. 18, 207ff.

I. Anstifter ist, wer einen andern zu der von ihm begangenen strafbaren Handlung bestimmt, in ihm den Willen zur Tatbegehung hervorgerufen hat. Eine Verdeutlichung ist nach folgenden Richtungen erforderlich:

Begrifflich ist auch die fahrlässige Bestimmung eines andern zu der von ihm verübten Handlung möglich. Ich kann den andern, ohne es zu wollen, durch mein Verhalten dazu bestimmen, z. B. falsches Zeugnis abzulegen, eine Dienstverweigerung zu begehen. Nach übereinstimmender Lehre ist das nicht Anstiftung[1]). Zahlreiche Gesetze — Obwalden Art. 21, Glarus § 23, Freiburg Art. 17 I, Zug § 21, Solothurn § 30 I, Basel § 28 I, Thurgau § 35 I, Neuenburg Art. 60 II und eidg. E. Art. 22 I — fordern ausdrücklich Vorsatz des Anstifters.

Aber auch der Angestiftete muß die Tat vorsätzlich, bösgläubig, begangen haben. Die Einwirkung des Anstifters hat in ihm den Entschluß zum selbständigen Handeln hervorgerufen[2]). Dadurch unterscheiden sich Anstiftung und mittelbare Täterschaft, bei welcher der Ausführende nur „Werkzeug" ist (oben § 43 II).

Der Anstifter muß den Willen des Einzelnen sich geneigt gemacht haben. Eine allgemeine Aufforderung an eine Mehrzahl, sich an einem Delikt zu beteiligen, ist nicht Anstiftung[3]).

Als Anstiftungsmittel ist alles tauglich, was im andern den Handlungsentschluß hervorzurufen geeignet ist: Überreden, Schenken, Versprechen, Autoritätsmißbrauch, Drohung, Bitten, Beschwören, auch Zwang, Gewalt und Befehl, soweit sie nicht die freie Entschließung des andern ausschließen (oben §§ 35, 43 II)[4]). Diejenigen Gesetze gehen richtig vor, die von einer Aufzählung — auch einer nur beispielsweisen — der Anstiftungsmittel absehen[5]). Jede Kasuistik ist unvollständig. Sie hemmt den Richter an der vernünftigen Rechtsfindung und führt zu vermehrten Streitfragen. Wesentlich ist nur, daß das Gesetz die

---

[1]) Vgl. PLOTKIN: (Lit. zu § 43), 53ff.

[2]) Vgl. JZ. 21, 358 Nr. 307 (Thurgau).

[3]) Zürcher Bl. 21, 266ff. Anders die besondern Tatbestände der Aufreizung, Verleitung und Aufforderung zu Verbrechen, z. B. BStG. Art. 52 bis, MilStGO. Art. 1 Ziff. 10, eidg. E. Art. 225, Zürich § 79 I; s. unten V 3. Abweichend vom Text JZ. 12, 377, Nr. 343 (Oberger. Solothurn), wohl auch ZELLER: JZ. 15, 385.

[4]) JZ. 12, 377, Nr. 342: Übergabe von Abtreibungsmitteln, verbunden mit Ratschlägen für die Benutzung als Anstiftung.

[5]) Übersicht bei STOOSS: Grundzüge, 1, 229ff. Eine abschließende Aufzählung der Anstiftungsmittel geben im Anschluß an den französischen Cp. Art. 60 I: Schaffhausen § 56 I, Tessin Art. 59 Ziff. 3, Waadt Art. 41, Wallis Art. 62 Ziff. 3, Genf Art. 43 Ziff. 3.

entscheidende Einwirkung des Anstifters auf den Willen des andern deutlich kennzeichnet. Das geschieht gut durch den z. B. in Art. 22 des eidg. E. verwendeten Ausdruck „bestimmen“ (décider, determinare).

II. Für die Ausgestaltung der Lehre wird vielfach als entscheidend bezeichnet, ob man den Anstifter neben dem Täter als (intellektuellen) Urheber[1]), oder ob man ihn als unselbständigen Teilnehmer an der Tat eines andern betrachtet. Nach der letztern Auffassung — Akzessorietät der Anstiftung — ist die Strafbarkeit der Anstiftung aus der vom Angestifteten, dem Täter, begangenen Tat abzuleiten[2]). Die Lösung ist zunächst aus dem Text der Gesetze zu gewinnen:

BStG. Art. 19, Zürich § 37 I, Bern Art. 35, Luzern § 33 I, Obwalden Art. 21, Glarus § 23, Zug § 21, Schaffhausen § 55 I, Appenzell A.-Rh. Art. 28 I, St. Gallen Art. 32 I, Graubünden § 29, Aargau § 27, Thurgau § 35 I, Tessin Art. 59 Ziff. 3, Waadt Art. 40 Ziff. 2, Wallis Art. 62 Ziff. 3 und Genf Art. 43 Ziff. 3 bezeichnen ausdrücklich zusammen mit dem Täter den Anstifter als Urheber (auteur) des Delikts. Nach diesen Ordnungen soll die Strafbarkeit des Anstifters von derjenigen des Angestifteten unabhängig sein. Die Anstiftung ist nicht unselbständig behandelte Teilnahme an einer Haupttat[3]).

Auf dem Standpunkt der Akzessorietät stehen dagegen Freiburg Art. 17 I, Solothurn § 30, Neuenburg Art. 60 I und der eidg. E. Art. 22 I. Darnach ist Anstiftung Teilnahme an der Haupttat eines andern[4]).

Beide Gesetzesgruppen stellen den Anstifter unter die gleiche Strafdrohung wie den Täter.

Folgende Konsequenz ergibt sich:

Der Vorsatz des Anstifters ist letzten Endes, wie der des Täters, auf die Herbeiführung des deliktischen Erfolgs gerichtet. Daraus folgt, gleichgültig ob man den Anstifter als Urheber oder als unselbständigen

[1]) Man kann mit dem Bundesgericht, E. 44 I, 178f., auch von prinzipaler, im Gegensatz zu akzessorischer Teilnahme sprechen; vgl. Birkmeyer: (Lit. zu § 43), 2, 32.

[2]) Vgl. Zürcher Bl. 22, 14f. — Germann: a. a. O. 45ff. — Birkmeyer: a. a. O. 2, 153ff.

[3]) Über Anstiftung als (intellektuelle) Urheberschaft ferner BE. 44 I, 179; Zürcher Bl. 12, 279; 14, 122; 22, 14ff.; JZ. 9, 392. — Zürcher: Kommentar StBG. § 37, N. 1 und Erläuterungen VE. 1908, 63. — Zeller: Kommentar StGB. § 37, N. 2 und 7. — Sträuli: Kommentar Zürcher. StPO. § 6, N. 1. — In Luzern bekennt sich die Praxis, trotz dem § 33 des StGB. zu der Anschauung von der Akzessorietät, vgl. Müller: Prot. II. ExpKom. 1, 168 und Zürcher Bl. 9, Nr. 130.

[4]) Auch Basel gehört wohl zu dieser Gruppe. Die Bestimmung § 28 II „Der Anstifter eines Verbrechens wird bestraft, wie wenn er dieses selber begangen hätte“ führt allerdings nicht zu einer klaren Anschauung. — Über den eidg. E. und seine Entwicklungen s. Prot. II. ExpKom. 1, 165ff., 202f. — Hafter: Z. 26, 279ff. — Birkmeyer: a. a. O. 112ff. — Germann: a. a. O. 56ff., 70ff., der zum nicht zutreffenden Schluß gelangt, der E. lehne den Standtpunkt der Akzessorietät ab.

Teilnehmer auffaßt, daß der Anstifter nur strafbar ist, wenn etwas Strafbares begangen wurde, der Vorsatz durch das Mittel des Angestifteten verwirklicht wurde[1]). Wenn sich die Tat erst durch das Verhalten des Angestifteten verwirklicht, so ist sie erst im Zeitpunkt und am Orte der Ausführung (Vollendung oder Versuch) begangen[2]). Es ist unlogisch, wenigstens solange nicht der bloße Anstiftungsversuch selbständig für strafbar erklärt wird, Tat und Anstiftung voneinander zu trennen[3]).

III. Eine gesonderte Betrachtung erfordert die Behandlung des Anstiftungsversuchs. Zunächst ergibt sich allerdings der Schluß, daß der Anstiftungsversuch, durch den der Dritte nicht bestimmt werden konnte, nicht strafbar sein kann. Dazu führt sowohl die Auffassung, die den Anstifter als Urheber, wie die andere, die ihn als unselbständigen Teilnehmer auffaßt. Da durch die Mittelperson des Täters nichts Strafbares begangen worden ist, kann der Anstifter weder „Urheber", eines Delikts noch Teilnehmer an einem fremden Delikt sein[4]). Völlig unabhängig davon stellt sich jedoch die kriminalpolitische Frage, ob nicht der Anstifter auch dann bestraft werden soll, wenn es ihm zwar gelungen war, den andern zu der Tat zu bestimmen, es aber schließlich doch nicht zur Ausführung kam (vollendete, aber im Resultat erfolglos gebliebene Anstiftung), oder ob noch weitergehend schon versuchte (mißlungene) Anstiftung zu strafen ist. Schweigt ein Gesetz über diese Fälle, so muß, gleichgültig wie man das Wesen der Anstiftung auffaßt, Straflosigkeit angenommen werden[5]). Nur auf Grund positiver Bestimmungen ist eine Bestrafung möglich:

Am weitesten geht Solothurn § 31 I, das sowohl die vollendete, aber im Resultat erfolglos gebliebene wie die versuchte Anstiftung in jedem Fall für strafbar erklärt[6]) und unter eine besondere Strafdrohung stellt.

---

[1]) Die Frage der Bestrafung des Anstiftungsversuchs bleibt offen. Der Gesetzgeber hat natürlich die Macht, ihn mit einer besondern Bestimmung zu erfassen; unten III.

[2]) Vgl. Zürcher Bl. 7, 106f.

[3]) Unklar BE. 27 I, 71, wo in einem Auslieferungsfall angenommen wird, daß eventuell der Schweiz ein selbständiger Strafanspruch gegenüber dem Anstifter, der in der Schweiz handelte, zusteht, obschon die Tat selbst im Ausland verübt wurde. Richtig BE. 31 I, 689 und, unter Berufung auf Art. 4 II des sog. interkantonalen Auslieferungsgesetzes, 44 I, 179. Vgl. auch Zürcher Bl. 12, 278f. und Meili: Internationales StR. (1910), 126ff.

[4]) Nicht zutreffend Stooss: Grundzüge, 1, 231 und Germann: a. a. O. 56, die Strafbarkeit des Anstiftungsversuches annehmen, soweit der Anstifter als „Urheber" gilt. Wie ist das möglich, wenn mit der Ausführung der Tat gar nicht begonnen wurde?

[5]) Gut die Anklagekammer des BGer. Z. 5, 98ff.; Aarg. RSpr. 22, 69; JZ. 21, 259, Nr. 213 (Schwyz); vgl. auch Zug § 22 II; ferner Stooss: Z. 3, 162f.

[6]) Dazu JZ. 12, 377, Nr. 342.

Mehrere Gesetze bestrafen „nach den Bestimmungen über den Versuch“, wenn der Dritte sich zwar zunächst bestimmen ließ, also angestiftet war, dann aber das Delikt doch nicht verübte (vollendete, aber im Resultat erfolglose Anstiftung). Das gilt für Zürich § 38 II[1]), Schaffhausen § 56 II, St. Gallen Art. 32 II, Freiburg Art. 17 II. Bern Art. 36 II bestimmt ebenso, läßt aber den Anstifter straflos, wenn er aus freiem Antrieb die Ausführung der Tat, soviel an ihm lag, zu verhindern versuchte. Auch Wallis Art. 66 bringt in einer ähnlichen Vorschrift diesen Gedanken der tätigen Reue zum Ausdruck.

Der eidg. E. Art. 22 II bestimmt jetzt klar die Strafbarkeit des Anstiftungsversuches, sofern er auf ein Delikt, „das mit Zuchthaus bedroht ist“, gerichtet war[2]). Wenn in diesen Fällen schon der bloße (mißlungene) Versuch strafbar ist, so muß auch die vollendete, aber zu guter Letzt erfolglos gebliebene Anstiftung bestraft werden[3]).

IV. Für den Exzeß des Angestifteten ist der Anstifter nicht verantwortlich. Geht die Anstiftung auf Diebstahl einer bestimmten Sache, verübt aber der Täter, um sie zu erlangen, einen Raub, oder stiehlt er noch andere Gegenstände, so ist der Anstifter nur strafbar, soweit seine Absicht reichte.

Hat umgekehrt der Täter ein geringeres Delikt verübt als dasjenige, auf welches die Anstiftung gerichtet war — Diebstahl statt Raub —, so kann dem Anstifter auch nur die geringere Tat zugerechnet werden. Anders ist nur nach den Gesetzen zu entscheiden, die auch diesen Fall der mißlungenen oder erfolglosen Anstiftung erfassen (oben III).

Zürich § 38 I, Zug § 22 I, Solothurn § 31 II, St. Gallen Art. 32 II u. a. bestimmen ausdrücklich, daß der Exzeß dem Anstifter nicht zuzurechnen ist. Bemerkenswert sind Schaffhausen § 57, Waadt Art. 42 II und Wallis Art. 65 II. Sie rechnen dem Anstifter den „andern“ — schwereren — strafbaren Erfolg, den der Täter herbeiführte, zu, wenn dieser Erfolg auf die Fahrlässigkeit des Anstifters zurückzuführen ist.

Eine gesetzliche Ordnung aller dieser Fragen erübrigt sich. Nach dem eidg. E., der darüber schweigt, ergibt sich die Lösung: Der Exzeß des Täters ist dem Anstifter nicht zuzurechnen. Hat anderseits der Täter ein geringeres Delikt verübt, als der Anstifter wollte, so liegt für diesen

---

[1]) Zürcher: Kommentar StGB. § 38, N. 2 und 3. — Zeller: Kommentar, § 38, N. 3; Zürcher Bl. 7, 104ff.; JZ. 5, 149 und namentlich Bl. 22, Nr. 8. Nicht haltbar Holer: JZ. 13, 228ff., der für Zürich schon die versuchte Anstiftung für strafbar hält.

[2]) Dazu Prot. II. ExpKom. 1, 166ff., 202f. — Hafter: Z. 26, 280ff. und — kritisch — ZgesStRW. 30, 620. — Germann: a. a. O. 56ff.

[3]) Die II. ExpKom. (Prot. 1, 203) hatte beschlossen: „Handelt es sich um ein mit Zuchthaus bedrohtes Vergehen und mißlingt die Anstiftung oder bleibt sie ohne Erfolg ...“

Idealkonkurrenz vor zwischen Anstiftung zu dem vollendeten Delikt (z. B. Diebstahl) und mißlungener oder erfolgloser Anstiftung zu der schwereren Tat (z. B. Raub), die nach Art. 22 II strafbar ist[1]).

V. Drei Einzelfragen ergeben sich noch:

1. Beim Sonderdelikt kann auch eine Person, der die für die Erfüllung des Tatbestandes geforderte bestimmte Eigenschaft fehlt, Anstifter sein (Anstiftung zu Amts-, zu militärischen Delikten)[2]).

2. Die Behandlung des Agent provocateur ist aus den Regeln über die Anstiftung abzuleiten. Der Wille des Agenten geht darauf, einen andern zu einer strafbaren Handlung zu bestimmen, um ihn dann, wenn möglich vor Vollendung des Deliktes, zu fassen und zur Strafe zu bringen. Im typischen Falle handelt es sich um eine begrifflich durchaus mögliche Anstiftung zum bloßen Versuch, z. B. eine Aufforderung, falsches Geld in den Verkehr zu bringen, um eine Geldfälschung zu entdecken. Eine vielfach vertretene Meinung verneint die Strafbarkeit mit der Begründung, der Vorsatz des Anstifters gehe nicht auf die Verübung eines Delikts[3]). Tatsächlich bestimmt aber der Agent provocateur mit Wissen und Willen einen andern zu einer strafbaren Handlung. Das an sich berechtigte Motiv, einen Verbrecher zu entdecken und damit vielleicht weitere Schädigungen zu verhindern, kann das Mittel nicht heiligen[4]). Besondere Rechtfertigungs- oder Entschuldigungsgründe bestehen für den Agent provocateur nicht. Der Polizeibeamte z. B. kann nicht berechtigt sein, zur Förderung seiner Tätigkeit sich rechtswidriger Mittel zu bedienen, die Begehung strafbarer Handlungen zu veranlassen[5]). Den Lockspitzel und seine Provokation als staatsnützlich oder gar -notwendig zu bezeichnen, ist krasse Unmoral[6]).

3. Ähnlich wie die Gesetze aus bestimmten Versuchs- und Vorbereitungshandlungen besondere Tatbestände formen (oben § 39 V), bilden sie in gewissen Fällen auch Anstiftungshandlungen zu delicta sui generis aus (qualifizierte Anstiftung). Das ist dann notwendig,

---

[1]) GERMANN: a. a. O. 13f.

[2]) Berner Z. 46, 687. Über die besondere Regelung dieser Fragen im MilStGB. vgl. SCHULTHESS: (Lit. zu § 43), 33ff., 77ff., 86ff.; s. auch PLOTKIN: (Lit. zu § 43), 98ff.

[3]) GERMANN: a. a. O. 15f., 74.

[4]) Für Strafbarkeit des Agent provocateur MÜLLER: Prot. II. ExpKom. 1, 169. — v. BAR: Gesetz und Schuld, 2, 644ff. — STOOSS: Lehrbuch (2. Aufl.), 133f.; namentlich HEILBORN: Der Agent-provocateur (1901) und BEKZADIAN: a. a. O. insbesondere 71ff., 100ff.

[5]) Trefflich § 25 der österreichischen StPO.: „Es ist den Sicherheitsorganen sowie allen öffentlichen Beamten und Dienern bei strengster Ahndung untersagt, auf die Gewinnung von Verdachtsgründen oder auf die Überführung eines Verdächtigen dadurch hinzuwirken, daß derselbe zur Unternehmung, Fortsetzung oder Vollendung einer strafbaren Handlung verleitet . . . wird."

[6]) Vgl. BEKZADIAN: a. a. O. 128ff.

wenn die Haupttat straflos, die Anstiftung dazu strafbar sein soll, z. B. beim Tatbestand der „Verleitung" zum Selbstmord (eidg. E. Art. 102). Ferner gehören die Aufreizungs- und Aufforderungsdelikte hierher — z. B. die Aufforderung zum Verbrechen (BStG. Art. 52 bis, eidg. E. Art. 225, Zürich § 79 I), die Verleitung zu militärischen Vergehen (eidg. E. Art. 243, 246). Der Versuch solcher Aufforderungen, Aufreizungen, Verleitungen ist nach den allgemeinen Grundsätzen der Versuchslehre, nicht der Anstiftungslehre zu beurteilen, da es sich um Tatbestände des Besondern Teils handelt[1]).

§ 46. Beihilfe.

Literatur. Angaben zu § 43. — Stooss: Grundzüge, 1, 234ff. — Pfenninger: StR. der Schweiz, 802ff.

I. Gehilfe ist, wer die von einem andern begangene strafbare Handlung befördert, erleichtert oder wenigstens beeinflußt hat. Wenn man, mit der sog. Urhebertheorie, die akzessorische Natur der Anstiftung geleugnet hat, so ist das zu verstehen, wenn auch nicht zu billigen. Die Akzessorietät auch der Beihilfe zu leugnen, ist unnatürlich. Schon das Wort „Beihilfe" weist auf die Tat eines andern, des Täters, hin. Eine Beihilfe für sich allein ist gar nicht denkbar. Sie deutet auf eine Haupttat, der sie zudient, hin[2]).

Das Bedürfnis, insbesondere zwischen Täter und Gehilfen zu unterscheiden, ist auch psychologisch begründet. Es handelt sich um nach Willensrichtung und Erfolg verschiedene Verhalten. Über die kriminalpolitische Frage, ob der Gehilfe grundsätzlich anders, milder, zu bestrafen ist als der Täter, ist damit nichts entschieden (unten III).

Denkbar ist auch die fahrlässige Beförderung oder Erleichterung eines von einem andern verübten Deliktes. Die Gesetze fordern aber durchgängig Vorsatz (z. BStG. Art. 21), oder wenigstens Wissentlichkeit (Zürich § 39). Die Zergliederung des Gehilfenvorsatzes ergibt, daß der Gehilfe seine eigene, unterstützende Tätigkeit wollen und die

[1]) Die Einzellehre, namentlich auch die Grenzziehung zwischen Anstiften, Verleiten, Aufreizen, Auffordern, gehört in den Besondern Teil; vgl. Bader: JZ. 18, 207ff. — Stooss: Grundzüge, 2, 423ff. und Z. 3, 164ff. — Zürcher: Erläuterungen VE. 1908, 336ff.; Prot. II. ExpKom. 4, 292, 296ff.; vgl. auch 5, 295ff. — Pfenninger: StR. der Schweiz, 796ff. Siehe namentlich auch Kind: Hinderung des Militärdienstes und Aufreizung zur Dienstpflichtverletzung durch Zivilpersonen, Berner Diss. (1913), 2ff., 78ff., ferner Plotkin: (Lit. zu § 43), 62ff.

[2]) Stooss: Grundzüge, 1, 236 und Motive zum VE. 1893, 31: Das Wesen der Beihilfe ist Unterordnung unter die Tätigkeit des „Urhebers, Anstifters oder Täters." Über die unselbständige (akzessorische) Natur der Beihilfe auch BE. 3, 713; 25 I, 354; Zürcher Bl. 12, 279; JZ. 9, 391f. (Zürich). Vgl. ferner Birkmeyer: VD. Allg. Teil, 2, 3f., 54ff., 132ff. — Roux: Droit pénal, 266: L'acte du complice est une criminalité d'emprunt, celle de l'auteur principal. — Pfenninger: a. a. O. 804.

Vorstellung und den Willen haben muß, durch sein Verhalten die Tat eines andern zu unterstützen[1]). Bei einer bloß fahrlässigen Unterstützung einer fremden Tat kann Nebentäterschaft vorliegen (oben § 44 I, 2).

Ob (vorsätzliche) Beihilfe zu fahrlässigem Handeln angenommen werden kann, ist bestritten. Begrifflich möglich ist sie. Wenn aber z. B. A. ein giftiges Pulver auf einem Krankentisch liegen läßt, in der Absicht, die Pflegerin B. möge es dem kranken C. unbesehen verabfolgen, so ist A. richtig als mittelbarer Täter anzusehen (oben § 43 II, 1 d)[2]).

II. Die große Schwierigkeit besteht in der Grenzziehung zwischen Beihilfe und Täterschaft (Mittäterschaft). Lehnt man für Täter und Mittäter die sog. Theorie der Ausführungshandlung (oben § 44 I, 1) ab, so muß man entweder nach einem andern objektiven Maßstab suchen oder sich zu einer subjektivistischen Auffassung, die auf die Intensität des schuldhaften Willens abstellt, bekennen. Beide Anschauungsweisen werden in dem oben § 44 I, 1 aufgestellten Satz verbunden, daß als Täter zu gelten hat, wer — mit oder ohne Ausführungshandlung — an der zum Verbrechen führenden Entschließung oder an der Deliktsverübung in maßgebender oder leitender Weise mitwirkt, daß dagegen Gehilfe ist, wer in untergeordneter Weise, zur bloßen Unterstützung, tätig war. Bei dieser, sachlich befriedigenden Lösung wird allerdings dem freien Richterermessen ein großer Spielraum gewährt[3]).

Schwyz § 40 hat diese Auffassung übernommen: „Diejenigen, welche den leitenden Gedanken gegeben, den Entschluß, die Tat oder den Erfolg am entschiedensten bewirkt haben, sind schärfer zu bestrafen als die übrigen Mitschuldigen." Wer „nur in ganz untergeordneter Weise mitgewirkt hat", ist nach Ermessen des Richters zu bestrafen. Gesetzgeberisch sollte aber doch eine deutlichere Kennzeichnung des Gehilfen erfolgen, als es im letzten Satz des § 40 geschieht. Das BStG. Art. 21 spricht von der „Beförderung" der Vollbringung des Verbrechens, Bern Art. 37 vom „Beistand leisten", Waadt Art. 43 I von „prendre une part indirecte".

Mit derartigen Bezeichnungen begnügen sich die Gesetze aber regelmäßig nicht. Sie verfallen in eine Umschreibung der einzelnen Fälle, woraus sich namentlich drei Beihilfearten ergeben:

---

[1]) Der Gehilfe unterstützt die fremde Tat. Kenntnis von der Person des Täters ist der Regel nach nicht erforderlich: JZ. 19, 51, Nr. 38 (Zürich).

[2]) Germann: (Lit. zu § 43), 6, 41ff. — Zeller: JZ. 15, 386.

[3]) Dazu ablehnend v. Bar: Gesetz und Schuld, 2, 612ff. und Birkmeyer: a. a. O. 22ff., 68ff., 83ff., 141, 145, der für die objektive Teilnahmetheorie eintritt. Für die subjektivistische Auffassung namentlich Germann: a. a. O. 21ff., 34ff.

1. Psychische Beihilfe durch Raterteilung, durch Hinweis auf Mittel zur Begehung des Deliktes, durch Belehrung über die Art der Ausführung usw. (z. B. BStG. Art. 21, Zürich § 39, Waadt Art. 43 Ziff. 1 und 2, Wallis Art. 63 Ziff. 2, Genf Art. 46 Ziff. 1). Die Abgrenzung gegenüber der Anstiftung sollte praktisch nicht allzu schwierig sein: Der Anstifter bestimmt, überredet, ruft den Willen zur Tat erst hervor. Der Gehilfe bestärkt einen schon zur Tat Entschlossenen oder Geneigten, redet ihm zu[1]).

2. Physische Beihilfe durch Tat, durch Verschaffung von Mitteln, die zur Verübung dienlich sind, durch Entfernung von Hindernissen usw. (z. B. BStG. Art. 21, Bern Art. 37, Tessin Art. 60 Ziff. 2, Waadt Art. 43 Ziff. 2, Genf Art. 46 Ziff. 2). Hieraus ergibt sich, und zwar nach einem objektiven Maßstab, eine Grenzziehung gegenüber Täterschaft und Mittäterschaft. Aus der Bezeichnung dieser „Tatmittel" kann man wenigstens zum Schlusse gelangen, daß der Gehilfe nicht selbst an der Ausführung der Tat sich beteiligt[2]).

3. Vielfach erwähnen die Gesetze endlich als dritte Beihilfeart das Versprechen einer nach der Tatverübung zu gewährenden Unterstützung (z. B. BStG. Art. 21, Zürich § 39, Bern Art. 37, die romanischen Gesetze). Auch das ist eine Art psychischer Beihilfe. Daraus, daß sie vor oder während der Tat versprochen wird, ergibt sich die Unterscheidung gegenüber der Begünstigung (unten § 47 I).

Die drei Beihilfearten zeigt auch die kasuistische Aufzählung von Schaffhausen § 61. Eigenartig, aber nicht befriedigend ist hier zwischen der Beihilfeleistung vor dem Beginn der Tatbegehung und im Zeitpunkt der Ausführung unterschieden. Im letztern Fall soll auch in der „Teilnahme an der Haupthandlung" bloße Beihilfe liegen[3]). Umgekehrt behandelt Luzern § 33 II denjenigen als Täter, der „eine solche Hilfe geleistet hat, ohne welche die Tat unter den vorhandenen Umständen nicht hätte ausgeführt werden können."

Die Kasuistik befördert die Einsicht in die verschiedenen Beihilfeformen. Aber sie führt zu immer neuen Streitfragen und erfaßt nie den ganzen Reichtum des Lebens. Richtig ist daher, wenn das Gesetz auf sie verzichtet. Freiburg Art. 18 bezeichnet die Beihilfe nurmehr

---

[1]) Vgl. Zürcher Bl. 5, 331ff. über psychische Beihilfe. Unbefriedigend ist die Grenzziehung zwischen Anstiftung und Beihilfe in den romanischen Gesetzen. Im Anschluß an dem französischen Cp. nehmen sie Anstiftung an, wenn durch Geschenke, Versprechungen, Drohungen usw. zur Verbrechensbegehung angereizt wird (entrainer, provoquer, exciter). Die Anreizung ohne Anwendung solcher Mittel ist dagegen Beihilfe; besonders deutlich Wallis Art. 62 Ziff. 3 und 63 Ziff. 1; vgl. Stooss: Grundzüge, 1, 234. — Germann: a. a. O. 44; Luzern § 37.

[2]) Berner Z. 46, 581 (Unterschied zwischen Täterschaft und Beihilfe).

[3]) Schaffhausen nimmt Mittäterschaft nur an, wenn die mehreren das gemeinschaftliche Verbrechen vorher verabredeten (§ 58, Komplott).

als ein dem Täter Beistehen, um ihm die Ausführung zu erleichtern, und der eidg. E. Art. 23 begnügt sich mit der noch kürzern Formel: „Wer zn einem Vergehen vorsätzlich Hilfe leistet." — Damit wird das Akzessorische betont, im übrigen aber auf eine objektive Grenzziehung zwischen dem Gehilfen und dem Mittäter verzichtet. Der Richter soll sie finden und nach freiem Ermessen bestimmen, wann Täterschaft, wann bloße Hilfeleistung anzunehmen ist. Dabei muß er sich von dem oben aufgestellten Satz leiten lassen, daß Täter ist, wer am Verbrechen in maßgebender oder leitender Weise mitwirkt, während eine untergeordnete, bloß unterstützende Tätigkeit den Gehilfen kennzeichnet. Auf die sog. Ausführungshandlung ist nicht abzustellen. Bei einem gemeinsam begangenen Einbruchdiebstahl kann der Wachestehende die Hauptperson, der Einbrecher, der stiehlt, die Nebenperson sein[1]).

III. Ebenso umstritten wie die Kennzeichnung der Beihilfe ist die Frage nach der Behandlung des Gehilfen. Die geltenden Gesetze behandeln ihn, von wenigen Ausnahmen abgesehen, milder als den Täter[2]). Man hat behauptet, der Grad der Schuld sei beim Gehilfen immer geringer als beim Täter, ganz abgesehen von der geringern objektiven Bedeutung seines Handelns. Auch der Volksüberzeugung soll eine obligatorisch mildere Bestrafung des Gehilfen entsprechen[3]). Für die Regel mag das zutreffen. Aber es kann sich zeigen, daß im einzelnen Fall derjenige, der nur eine die Haupttat unterstützende Handlung vornimmt, der schlimmere und gefährlichere Bösewicht ist[4]). Seine obligatorisch mildere Bestrafung befriedigt nicht. Die Lösung von St. Gallen Art. 33, Appenzell J.-Rh. Art. 23 und des eidg. E. Art. 23, die sich für die bloß fakultative Strafmilderung entscheiden, trifft das Richtige[5]). Diese Vorschrift ist so aufzufassen, daß der Richter, wenn er einen Angeklagten der Beihilfe schuldig erklärt, für die Regel auf eine mildere Strafe, als sie dem Täter zuteil wird, erkennen soll. Er kann

[1]) Zum eidg. E.: Prot. I. ExpKom. 1, 102ff.; Prot. II. ExpKom. 1, 165ff. — Germann: a. a. O. 19ff. — Zeller: JZ. 15, 386, der für eine genauere gesetzliche Umschreibung der Beihilfe eintritt.

[2]) Sie stellen entweder ein besonderes Milderungssystem auf oder überlassen die Milderung dem freien Ermessen des Richters; vgl. die Zusammenstellung bei Stooss: Grundzüge, 1, 237, auch Pfenninger: a. a. O. 803, 806f. Nach Zürich § 39 in Verbindung mit § 37 II muß der Richter den Gehilfen „mit einer geringeren Strafe belegen." Angesichts dieser Vorschrift ist das Urteil Zürcher Bl. 10, Nr. 205, durch das in einem besondern Fall der Gehilfe strenger als der Täter bestraft wurde, nicht haltbar.

[3]) Gretener: Prot. I. ExpKom. 1, 103; Prot. II. ExpKom. 1, 168 und 171 (Lang, Lachenal). — Wüst: JZ. 7, 44. — Birkmeyer: a. a. O. 2, 135ff.

[4]) Siehe den Fall Zürcher. Bl. 10, Nr. 205.

[5]) Das ist dem Art. 59 des französischen Cp., der den Gehilfen grundsätzlich der gleichen Strafe wie den Täter unterstellt, vorzuziehen. Zum französischen Recht: Roux: Droit pénal, 264ff. Birkmeyer: a. a. O. 105ff., der von dem berüchtigten Art. 59 spricht.

aber — ausnahmsweise — auch Täter und Gehilfen gleich, ja den letztern schwerer als den Täter bestrafen. Die subjektivistische Theorie, die auf die Schuld abstellt, ist damit gesichert. Die Auffassung von der akzessorischen Natur der Beihilfe leidet keinen Schaden. Aber auch die Unterscheidung zwischen Täter und Gehilfen wird nicht überflüssig, weil der Richter, bevor er eine Strafmilderung überhaupt erwägen kann, feststellen muß, daß bloße Beihilfe vorliegt[1]).

IV. Einzelfragen ergeben sich:

1. Beim Sonderdelikt (Amts-, militärische Verbrechen usw.) kann eine Person, der die für die Verübung geforderte bestimmte Eigenschaft fehlt, Gehilfe sein[2]). Gerade bei der Betrachtung solcher Fälle zeigt sich, daß für die Unterscheidung: Täter — Gehilfe nicht darauf abgestellt werden kann, Täter sei, wer eine „Ausführungshandlung" vornimmt. Wenn z. B. ein Beamter unter Mitwirkung seiner Frau eine amtliche Urkunde fälscht, so ist er auch dann Täter, wenn die Frau den Fälschungsakt vornimmt. Die Annahme, daß er in einem solchen Falle die Hauptperson ist, und die Frau nur eine unterstützende Tätigkeit ausübt, ist einwandfrei.

2. Der Beihilfeversuch ist straflos. Das ergibt sich aus dem akzessorischen Charakter der Beihilfe, die voraussetzt, daß der Täter das Delikt vollendet oder wenigstens versucht hat.

Anders verhält es sich nur dann, wenn das Gesetz aus bestimmten Gründen Beihilfehandlungen zu delicta sui generis macht (qualifizierte Beihilfe). Das geschieht namentlich dann, wenn nach der Auffassung des Gesetzgebers die Haupttat straflos, die Beihilfe dazu strafbar sein soll: Kuppelei ist Beihilfe zu regelmäßig straffreier fremder Unzucht; Selbstmord ist straflos, Beihilfe dazu strafbar (z. B. eidg. E. Art. 102); gleiches gilt für die Selbstbefreiung eines Gefangenen und die Beihilfe dazu (z. B. eidg. E. Art. 247 Ziff. 1 u. 274 Ziff. 1). Vereinzelt verselbständigt das Gesetz auch Beihilfehandlungen und setzt sie der Haupttat gleich, z. B. bei der Falschwerbung für fremden Militärdienst (E. Art. 239), bei der Verletzung von Verträgen über die Lieferung von Heeresbedürfnissen (Art. 242 Ziff. 2)[3]). — In diesen Fällen gelten auch die Bestimmungen über den Versuch.

§ 47. Begünstigung.

Literatur. Angaben zu § 43. — Stooss: Strafgesetzbücher, 71ff., 764ff.; Grundzüge, 1, 239ff.; 2, 107ff.; Z. 11, 364ff. — Gretener: Begünstigung und Hehlerei in historisch-dogmatischer Darstellung (1879). — Michel: Über die Stel-

[1]) Germann: a. a. O. 22.

[2]) Schulthess: (Lit. zu § 43), 59, 64ff., 98ff. über Teilnahme an militärischen Verbrechen. — Plotkin: (Lit. zu § 43), 98ff.

[3]) Dazu Locher: Die Verletzung von Lieferungsverträgen über Heeresbedürfnisse, Zürcher Diss. (1920), 51ff., 79ff., 84ff.

lung der Begünstigung im Strafrechtssystem, Berner Diss. (1913). — Beling: VD. Bes. Teil, 7, 1ff., 98ff., 107ff., 137ff., 163ff., 193ff., 201ff. — Pfizer: Z. 12, 33ff.

I. Die Mehrzahl der geltenden Gesetze behandelt die Begünstigung im Allgemeinen Teil im Zusammenhang mit der Teilnahmelehre, ja teilweise wird der Begünstiger direkt als Teilnehmer bezeichnet (z. B. BStG. Art. 18)[1]). Das entspricht, aus Gründen, die unten dargelegt werden, nicht mehr der neuern Anschauung. Sie löst die Begünstigung aus dem Allgemeinen Teil heraus und macht aus ihr einen besondern Deliktstatbestand. Im Hinblick auf die Ordnung, die in der Mehrzahl der schweizerischen Gesetze noch überwiegt, muß die Lehre hier ihre Darstellung finden.

Der Begünstiger leistet einem andern, dem Täter, nach verübter Tat eine Hilfe, auf die dieser vor oder während der Verübung der Tat nicht rechnete. Der Begünstiger setzt keine irgendwie gestaltete Bedingung zur Tat, er befördert und erleichtert sie auch nicht. Infolgedessen kann er nicht „Teilnehmer" sein. Allein die Begünstigung steht zur Haupttat wie die Beihilfe im Verhältnis der Akzessorietät[2]). Sie ist ohne die Haupttat nicht denkbar. Gut kennzeichnend ist die bekannte Unterscheidung der englisch-amerikanischen Rechte in accessories before the fact (namentlich Anstifter und Gehilfen) und in accessories after the fact (Begünstiger)[3]). Deutlich hebt sich die Begünstigung namentlich von derjenigen Art der psychischen Beihilfe ab, wonach eine nach der Tat zu gewährende Unterstützung vor oder während der Tatverübung versprochen wird (oben § 46 II 3)[4]).

Zum Wesen der Begünstigung gehört:

1. Der Begünstiger leistet dem Täter oder Teilnehmer einer strafbaren Handlung wissentlich (vorsätzlich) seinen Beistand. Es muß ihm bekannt sein, daß die „Vortat", der er nachträglich seine Unterstützung zuteil werden läßt, eine strafbare Handlung ist. Fahrlässige Begünstigung, die möglich ist, bleibt regelmäßig straflos[5]).

[1]) Auch Aarg. RSpr. 19, 175ff.; s. dagegen JZ. 3, 128, Nr. 430; vgl. Stooss: Grundzüge, 1, 244, auch Beling: VD. a. a. O. 98ff. Das Bundesgericht unterstellt für das Auslieferungsrecht die Begünstigung — und auch die Hehlerei — einem weitgefaßten Teilnahmebegriff; vgl. die Zusammenstellungen bei v. Cleric: Leitfaden, 67ff. Abweichend Zürich Obergericht: JZ. 22, 189, Nr. 35.

[2]) Michel: a. a. O. 4ff., 19ff.; BE. 6, 218; 18, 194f.; 32 I, 346f.; 38 I, 170ff.; 42 I, 212ff. (Erstreckung der Auslieferungspflicht auch auf Begünstigung und Hehlerei, die als „Teilnahme im weitern Sinne" bezeichnet werden).

[3]) Vgl. Birkmeyer: VD. Allg. Teil, 2, 92ff. — Wharton: Criminal Law (10. ed., 1896), §§ 225ff., 241f. Zur akzessorischen Natur der Begünstigung ferner Zürcher Bl. 21, 275; JZ. 18, 359, Nr. 284.

[4]) Germann: (Lit. zu § 43), 2f. — Schulthess: (Lit. zu § 43), 30f.; BStG. Art. 23, Zürich § 40, Bern Art. 40 I, Solothurn § 35 II usw. Abweichend für den eidg. E., jedoch zu Unrecht, Zürcher: Erläuterungen VE. 1908, 388.

[5]) Die fahrlässige Sachbegünstigung stellt Graubünden, PolStG. § 38 unter Strafe.

2. Die Unterstützung erfolgt, um dem Täter zu nützen, d. h. um ihm entweder die Vorteile seines Verbrechens zu sichern oder um ihn der Strafjustiz zu entziehen (unten II).

Für das Verhältnis des Begünstigers zu der „Vortat“ gilt weiter:

Das Wissen des Begünstigers braucht nicht alle Einzelheiten des Hauptdeliktes zu umfassen. Die Kenntnis davon, daß eine strafbare Handlung nachträglich unterstützt wird, genügt. Über die Art der Ausführung oder gar die juristische Natur der Vortat — z. B. ob sie Raub, Diebstahl oder Unterschlagung ist — braucht der Begünstiger nicht unterrichtet zu sein[1]). Anderseits kann eine Verurteilung des Begünstigers nur erfolgen, wenn einwandfrei feststeht, daß die Vortat ein Delikt ist. Dagegen ist die Verurteilung des Haupttäters nicht notwendige Voraussetzung[2]).

II. In den meisten Gesetzen erfolgt eine kasuistische Umschreibung der Begünstigung, woraus sich folgende Arten ergeben:

1. Die Personenbegünstigung. Sie ist der typische Fall. Durch sie soll der Täter der drohenden Strafe (BStG. Art. 23), der gerichtlichen Verfolgung (Bern Art. 40 II), überhaupt der Strafjustiz entzogen werden (Strafvereitelung). Dieser Erfolg braucht aber nicht eingetreten zu sein. Regelmäßig bestrafen die Gesetze bereits darauf abzielende Handlungen. Graubünden § 37 nennt z. B. das Aufnehmen oder Verbergen eines Verbrechers, die Hilfe zur Flucht, die Mithilfe bei der Unterdrückung oder Zerstörung der Verbrechensspuren. Nach Genf Art. 241 I macht sich der Personenbegünstigung schuldig, „quiconque aura recélé ou fait recéler des personnes qu'il savait être condamnées ou poursuivies du chef d'un crime.“ Ohne auf einzelne Handlungen hinzuweisen, bestimmt jetzt der eidg. E. Art. 269 die Begünstigung als ein „der Strafverfolgung, dem Strafvollzuge oder dem Vollzuge einer andern strafrichterlichen Maßnahme“ Entziehen[3]).

2. Die Sachbegünstigung. Bei ihr handelt es sich nicht darum, die Person des Täters zu schützen. Vielmehr soll ihm der Vorteil, den er durch das Verbrechen erlangt hat, gesichert werden. Das ist das erstrebte Ziel. Aber auch hier bestrafen die Gesetze regelmäßig bereits die darauf gerichteten Handlungen. Das BStG. Art. 23 nennt bei-

---

[1]) Aarg. RSpr. 19, 173 und 178 ff. — Zürcher: Kommentar zürcher. StGB. § 40, N. 4.

[2]) Der Haupttäter ist tot, flüchtig, oder er kann sonst nicht vor Gericht gestellt oder nicht ermittelt werden. In einem solchen Falle muß in dem gegen den Begünstiger durchzuführenden Prozeß auch der Beweis für die Vortat erbracht werden; Zürcher Bl. 22, Nr. 12; JZ. 19, 66, Nr. 52; Berner Z. 37, 34; siehe auch unten § 48.

[3]) Da die Begünstigung nach dem E. ein Tatbestand des Besondern Teils wird, ist auch der Versuch strafbar. Der Art. 269 geht also in der Personenbegünstigung nicht weniger weit als die geltenden Rechte. Im Gegenteil.

spielsweise das Aufnehmen und das Verkaufen der durch das Verbrechen „gewonnenen Sachen". Bern Art. 40 III spricht von der Verheimlichung, Wegschaffung oder Veräußerung des von einem andern durch eine strafbare Handlung erworbenen Gutes[1]).

Will man den Begünstigungsbegriff rein erhalten, so muß es dabei bleiben, daß der Begünstiger immer nur dem andern, dem Täter, nützen will. Insofern mag man die Begünstigung als Altruismus bezeichnen[2]). Einige Gesetze bleiben aber nicht dabei stehen: Bern Art. 40 IV umfaßt auch den Fall, daß der Begünstiger aus den durch das Verbrechen eines andern erlangten Sachen Vorteil zieht. Nach Graubünden § 37 II muß der Richter prüfen, ob „Begünstigung aus Gewinnsucht" vorliegt, und Wallis Art. 64 Ziff. 2 nennt neben dem Verheimlichen das Teilen (partager) der aus einem Delikt erlangten Sachen. Ferner wird in einer Reihe von Gesetzen (Obwalden Art. 24 III, Glarus § 25 IV, Schaffhausen § 65 II u. a.) die Gewerbsmäßigkeit als erschwerendes Moment, und zwar sowohl für die Personen- wie für die Sachbegünstigung, hervorgehoben.

Aus dieser Verschiedenheit in der Ausdehnung namentlich des Begriffs der Sachbegünstigung ergibt sich für die geltenden Rechte eine gewisse Unsicherheit. Die Abgrenzung gegenüber der Hehlerei fällt schwer[3]). Die entscheidende Frage ist, ob nicht, was regelmäßig heute noch als Sachbegünstigung erfaßt wird, zur Hehlerei geschlagen werden soll. Freiburg und der eidg. E. bringen diese Lösung (unten IV).

3. Einzelne Gesetze behandeln die Nichthinderung eines beabsichtigten Verbrechens unter bestimmten Voraussetzungen als Begünstigung. Nach Zürich § 41 z. B. ist eine solche Nichthinderung strafbar, wenn eine Person glaubhafte Kenntnis von dem geplanten Verbrechen hatte, und wenn sie vermöge ihres Amtes oder Dienstes oder infolge der ihr über den Täter zustehenden Gewalt zur Anzeige oder zur Verhinderung verpflichtet und die Verhinderung ohne eigene Gefahr möglich war[4]).

---

1) Weitere kantonale Daten bei Stooss: Grundzüge, 1, 240ff. Beachtenswert Luzern § 41 II und Obwalden, Art. 24 II, die die Sachbegünstigung grundsätzlich strenger behandeln als die Personenbegünstigung.

2) Deutlich sagt St. Gallen Art. 34 lit. c vom Sachbegünstiger, daß er „ohne Absicht auf eigenen Gewinn oder Vorteil" dem Täter oder Teilnehmer einer strafbaren Handlung nach der Tat Beistand leistet. Vgl. Stooss: Z. 11, 368ff.; abweichend Michel: a. a. O. 8ff.

3) Bern Art. 217 führt sie im Besondern Teil des StGB. als selbständigen Delikttatbestand an, begnügt sich aber mit der Erklärung, Hehlerei werde nach den Bestimmungen über die Begünstigung bestraft. Dazu Michel: a. a. O. 25. Für Zürich vgl. Zürcher Bl. 1, 63; 2, 89; 12, 86; 13, 214. — Zürcher: Kommentar StGB. § 184, N. 3.

4) Echter Unterlassungstatbestand; vgl. oben § 15 III 1. Zu Zürich § 41 (Begriff der dem „Begünstiger" über den Täter zustehenden häuslichen Gewalt):

In der Bezeichnung solcher Fälle als Begünstigung liegt eine völlige Verkennung des Begriffs. Die Begünstigung setzt erst nach Verübung der Haupttat ein. Hält man Nichthinderung und Nichtanzeige von geplanten Verbrechen für strafwürdig, so muß dafür ein besonderer Deliktstatbestand in den Besondern Teil der Strafgesetzbücher eingefügt werden[1]).

4. St. Gallen Art. 34 I lit. d bezeichnet auch die Nichtanzeige eines verübten Deliktes trotz amtlicher oder anderer Verpflichtung als Begünstigung. Das paßt unter den Begünstigungsbegriff, wird aber besser als besonderer Deliktstatbestand ausgeschieden und kann unter Umständen als Amtspflichtsverletzung bestraft werden[2]).

5. Die meisten Gesetze privilegieren die Begünstigung, wenn sie zugunsten naher Verwandter erfolgt. Regelmäßig wird jedoch das Privileg — Straflosigkeit — nur der Personenbegünstigung zuteil[3]). Drei Gesetze berücksichtigen aber auch die Sachbegünstigung: Bern Art. 42 mildert in allen Fällen, „wenn nicht gewerbsmäßige Begünstigung vorliegt und die Umstände es sonst rechtfertigen," die Strafe, ja sieht „unter besonders günstigen Umständen" auch Straflosigkeit vor. Zug § 25 II und ähnlich Aargau § 31 II lassen außer dem Personenbegünstiger den Haushaltsgenossen, der nur die Vorteile aus den durch das Verbrechen erlangten Sachen mitgenießt, straflos.

Die Abklärung bringen Freiburg Art. 174 II und der eidg. E. Art. 269 II. Sie beschränken das Privileg auf die Personenbegünstigung, lassen es aber nicht nur dem „Verwandten", sondern jedem zuteil werden, der in so nahen Beziehungen zu dem Begünstigten steht, daß sein Verhalten entschuldbar erscheint. Dann tritt nach dem E. konsequent Straflosigkeit ein, während Freiburg nur ein fakultatives Absehen von Strafe vorsieht.

III. Die Zerfahrenheit der Lehre von der Begünstigung zeigt sich besonders in der systematischen Einstellung und der Behandlung der Begünstigung. Dreierlei Ordnungen kommen vor:

1. Die Begünstigung wird als Teilnahmeform oder wenigstens im Zusammenhang mit den Teilnahmebestimmungen im Allgemeinen Teil

Zürcher Bl. 18, Nr. 92. — Weitere kantonale Daten bei STOOSS: Grundzüge, 1, 242: über die geschichtliche Entwicklung PFENNINGER: StR. der Schweiz, 41ff., 799ff.

[1]) Z. B. St. Gallen Art. 164 als Vergehen gegen die öffentliche Ordnung; MilStGB. Art. 85 (Denunziationspflicht der Militärpersonen bei geplanten schweren Verbrechen); vgl. auch MICHEL: a. a. O. 19.

[2]) STOOSS: Grundzüge, 1, 242f.; vgl. auch Graubünden § 42.

[3]) Z. B. Zürich § 41, wenn die Begünstigung „bloß zum Schutze des Täters oder Teilnehmers gegen Entdeckung oder gegen gerichtliche Verfolgung stattgefunden hat"; ferner Luzern § 41 III, Obwalden Art. 24 IV, Glarus § 26, Solothurn §§ 35, 36, Schaffhausen § 66, Appenzell A.-Rh. Art. 30 IV, St. Gallen Art. 34 i. f., Thurgau § 38, Basel § 156 II, Genf Art. 241 II.

der Strafgesetze behandelt. Die Bestrafung des Begünstigers richtet sich nach der auf die begünstigte Vortat gesetzten Strafe (Akzessorietät). Der Begünstiger wird milder als der Täter und regelmäßig auch milder als der Gehilfe bestraft. So ordnen BStG. Art. 24/25, Zürich § 43, Luzern § 41 I, Schwyz § 40 II, Obwalden Art. 24 II u. III, Glarus § 25 II—V[1]), Zug § 24 II, Schaffhausen § 65[2]), Appenzell A.-Rh. Art. 30 III, St. Gallen Art. 34 II, Graubünden §§ 37 II u. 42, Aargau §§ 30 u. 39[3]), Wallis Art. 67[4]), Neuenburg Art. 66 I.

Bei einer solchen Ordnung müssen der Versuch der im Gesetz als Begünstigung bezeichneten Tätigkeit, aber auch Anstiftung und Beihilfe dazu und die Begünstigung der Begünstigung als straflos gelten[5]).

2. Bern Art. 41, Solothurn § 34 und Thurgau § 37 regeln die Begünstigung zwar im Allgemeinen Teil, im Anschluß an die Teilnahmebestimmungen, aber sie statten sie mit einer besondern Strafsanktion aus. Die Aufstellung eines besondern, selbständigen Deliktstatbestandes im Allgemeinen Teil des Gesetzes mutet zunächst seltsam an. In ihr kommt jedoch die Doppelnatur der Begünstigung deutlich zum Ausdruck: Einerseits die Abhängigkeit von der Vortat (Akzessorietät), anderseits die Selbständigkeit des begünstigenden Verhaltens, das mit Teilnahme nichts zu tun hat[6]).

Mindestens fraglich bleibt, ob bei dieser Ordnung Versuch der Begünstigung, Teilnahme an ihr und Begünstigung der Begünstigung bestraft werden können. Nach der Regel finden die Normen des Allgemeinen Teils nur auf die im Besondern Teil des StGB. aufgestellten Deliktstatbestände Anwendung. Darnach müßte die Frage verneint werden[7]).

3. In mehreren geltenden Rechten ist bereits die Herauslösung der Begünstigung aus dem Allgemeinen Teil erfolgt[8]): Basel § 156 stellt

---

1) Dazu Kubli: Kommentar glarn. StGB. § 25, N. 2.

2) Als besondere Strafdrohung bei gewerbsmäßiger Begünstigung sieht Schaffhausen § 65 II überdies die „Entziehung der öffentlichen Berechtigung oder des Gewerbebetriebs, falls solche zu dem strafbaren Verkehre mißbraucht worden sind", vor. Weitere Einzeldaten bei Stooss: Grundzüge, 1, 243.

3) Eigenartig die Sonderbestimmung Aargau § 40, wonach denjenigen, der sich der Beihilfe und der Begünstigung zugleich schuldig macht, die auf das Hauptverbrechen stehende Strafe trifft. Über solche Realkonkurrenz vgl. Michel: a. a. O. 62ff. — Beling: a. a. O. 194.

4) Wallis behandelt daneben die Personenbegünstigung unter bestimmten Umständen als besonderes Delikt gegen die Staatssicherheit (Art. 146).

5) Zürcher: Kommentar zürcher. StGB. § 40, N. 6.

6) Für diese Auffassung und die Belassung der Begünstigung im Allgemeinen Teil tritt namentlich Michel: a. a. O. 5, 24ff., 43, 66ff. ein.

7) Entscheidungen aus Bern, Solothurn und Thurgau sind mir über diese Frage nicht bekannt geworden.

8) Zur Entwicklung der kantonalen Rechte in dieser Frage auch BE. 42 I, 213ff.

sie nach dem Vorbild des deutschen StGB. mit der Hehlerei zusammen. Der Gedanke der Akzessorietät kommt in dem Zusatz zur Strafdrohung — Gefängnis bis zu zwei Jahren oder Geldbuße — zum Ausdruck, daß die Strafe der Begünstigung nie schwerer sein darf als die auf das begünstigte Verbrechen selbst angedrohte. Begünstigung um des eigenen Vorteils willen wird Hehlerei (§§ 157—159). Ähnlich faßt Tessin Art. 171ff. Begünstigung und Hehlerei im Abschnitt: Delikte gegen die Rechtspflege zusammen. Die Beziehung zur Vortat kommt in Art. 175 § 1 dergestalt zur Geltung, daß Begünstiger und Hehler, sofern nicht Gewerbsmäßigkeit vorliegt, um einen Grad niedriger als Täter und Teilnehmer bestraft werden sollen. Waadt stellt, unter dem Titel „Du recèlement“ (Art. 299f) nur Bestimmungen über Sachbegünstigung und Sachhehlerei auf (recéler ou acheter des objets provenant d'un vol ou de tout autre délit contre la propriété)[1]. Genf endlich scheidet, auch in der systematischen Einstellung, zwischen Personen — und Sachbegünstigung: Das Begünstigen (recéler) von Verbrechern ist bei den Delikten gegen den Frieden und die öffentliche Sicherheit eingefügt (Art. 241). Ohne deutliche Scheidung zwischen Begünstigung und Hehlerei wird in Art. 334ff. bei den Vermögensdelikten das Hehlen von durch ein Verbrechen erlangten Sachen unter Strafe gestellt[2].

Bei dieser Gruppe von Gesetzen sind, da sie die Begünstigung im Besondern Teil unterbringen, die Bestimmungen des Allgemeinen Teils über Versuch und Teilnahme anwendbar[3].

IV. Eine Abklärung bringt auch hier der eidg. E. und ihm folgend heute schon Freiburg. Sie ist doppelter Art: Einmal wird, was als Abschluß einer Entwicklung aufgefaßt werden kann, die Begünstigung vollständig aus dem Allgemeinen Teil und dem Zusammenhang mit der Teilnahmelehre herausgelöst und als Tatbestand des Besondern Teils gestaltet. Zugleich wird aber dieser Tatbestand auf die Personenbegünstigung beschränkt, während die Sachbegünstigung in der Hehlerei aufgeht. Nach E. Art. 269 macht sich der Begünstigung schuldig, wer jemanden der Strafverfolgung, dem Strafvollzuge oder dem Vollzuge einer andern strafrichterlichen Maßnahme — z. B. der Einweisung in eine Arbeitserziehungsanstalt (Art. 41) oder in eine Trinkerheilanstalt (Art. 42) oder der Schutzaufsicht — entzieht. Freiburg Art. 174 berücksichtigt diese letzteren Möglichkeiten nicht. Nach beiden Gesetzgebungen ist die Begünstigung ein Delikt gegen die Rechtspflege. Ob der Täter nur zum Nutzen des Begünstigten, aus Mitleid

[1]) Vgl. Répertoire vaudois, 205f.

[2]) Dazu Stooss: Grundzüge, 1, 246f; vgl. JZ. 22, 218, Nr. 189.

[3]) Vgl. auch Répertoire vaudois, 205: Est coupable de recel celui qui s'est employé à la vente des objets volés, connaissant leur provenance, et qui a participé au produit de la vente.

z. B., handelt oder um des eigenen Vorteils willen, wird nicht mehr unterschieden, kann aber vom Richter bei der Strafzumessung berücksichtigt werden[1]). — Die bisherige Sachbegünstigung ist nach E. Art. 125 und Freiburg Art. 86 im Vermögensdelikt der Hehlerei aufgegangen. Die Erörterung der Einzelheiten gehört in den Besondern Teil[2]). Der Nachweis, daß der Täter um des eigenen Vorteils willen gehandelt haben muß, wird bei diesen Tatbeständen nicht mehr gefordert[3]).

§ 48. Berücksichtigung besonderer persönlicher Verhältnisse.

Literatur. Angaben zu §§ 43, 45, 47.

I. Aus der Auffassung von der akzessorischen Natur von Anstiftung und Beihilfe[4]) folgt zunächst, daß die rechtliche Behandlung dieser Teilnahmetätigkeiten sich nach der Behandlung richten muß, die der Hauptsache zuteil wird. Ist z. B. die Haupttat verjährt oder fehlt es an einer Strafbarkeitsbedingung und ist deshalb kein Strafanspruch des Staates entstanden, so kann auch gegen den Anstifter und den Gehilfen nicht vorgegangen werden. Grundsätzlich müßte man weiter folgern, daß, wenn das Gesetz nicht ausdrücklich anders

---

[1]) Vgl. auch E. Art. 47 I und Freiburg Art. 33: Buße neben Freiheitsstrafe, wenn der Täter aus Gewinnsucht handelt.

[2]) Stooss: Grundzüge, 2, 107ff.; Prot. I. ExpKom. 1, 395ff. — Zürcher: Erläuterungen VE. 1908, 149ff.; Prot. II. ExpKom. 2, 324ff.

[3]) Zum eidg. E. und seiner Entwicklung Stooss: Motive VE. 1894, 166 und 229f.; Prot. I. ExpKom. 2, 271ff., 697f. — Zürcher: Erläuterungen VE. 1908, 387ff. (mit beachtenswerter Abgrenzung der Begünstigung gegenüber andern Tatbeständen); Prot. II. ExpKom. 5, 245ff.; 6, 111f.—Für die Auseinanderlösung von Begünstigung und Hehlerei (mit Einschluß der sog. Sachbegünstigung) namentlich auch Beling: VD. Bes. Teil, 7, 201ff.: Die richtiger „Strafvereitelung" zu nennende Personenbegünstigung ist ein Delikt gegen die Kriminalinteressen des Staates. Die Hehlerei dagegen, die Beling als „Nachtäterschaft" charakterisiert, ist Perpetuierung eines durch die Vortat geschaffenen Zustandes und empfängt durch sie ihr Gepräge. Deshalb hat sie als Erscheinungsform der Vortat zu gelten und gehört, an die Seite der Teilnahme, in den Allgemeinen Teil (225f.). Über diese Vorschläge Michel: a. a. O. 26ff. — Zeller: JZ. 15, 386 vermißt im eidg. E. eine Bestimmung über die Sachbegünstigung, die lediglich darauf ausgeht, dem Täter das durch ein Verbrechen erlangte Gut zu sichern, z. B. durch Bezeichnung eines Verstecks.

[4]) Bei der Mittäterschaft ergeben sich die hier zu erörternden Schwierigkeiten nicht. Bei ihr wirken mehrere derart zusammen, daß jeder als Hauptperson zu gelten hat. Bei jedem Mittäter müssen die persönlichen Eigenschaften und Verhältnisse, die ein bestimmter Tatbestand voraussetzt, erfüllt sein. Deshalb kann z. B. ein Nichtbeamter nicht Mittäter eines Beamtendelikts sein (oben § 44 I, 3). — Birkmeyer: (Lit. zu § 43), 77. Auch die Begünstigung scheidet richtigerweise hier aus. Sie ist zwar ein Akzessorium einer andern Tat, aber nicht Teilnahme an ihr, sondern von selbständiger Art (oben § 47 I, III). Siehe jedoch Luzern § 42 II. Schaffhausen § 68 II; vgl. auch Michel: (Lit. zu § 47), 55ff.

ordnet, z. B. derjenige, der eine Mutter zur Kindstötung oder einen Sohn zum Diebstahl gegenüber dem Vater anstiftet oder bei diesen Taten mithilft, ebenfalls unter den Strafdrohungen des privilegierten sog. Verwandtendiebstahls und der Kindstötung steht[1]).

Diese Konsequenzen aus der unselbständigen Natur von Anstiftung und Beihilfe in jedem Falle zu ziehen, befriedigt kriminalpolitisch nicht[2]). Folgende Fälle, die zunächst ohne Rücksicht auf eine bestimmte Gesetzgebung erörtert werden, erheischen eine andere Lösung:

1. Im Hinblick auf besondere persönliche Verhältnisse, Eigenschaften oder Umstände erhöht das Gesetz die Strafbarkeit einer Tat. Es schärft z. B. die Strafe um der Persönlichkeit des Täters willen bei den uneigentlichen Amtsdelikten (Unterschlagung, Urkundenfälschung usw. durch Beamte), bei Gewerbs- und Gewohnheitsmäßigkeit, es berücksichtigt strafschärfend den Rückfall, es qualifiziert den Vatermord (die romanischen Gesetze). Hier ist es billig oder mindestens der Erwägung wert, den dritten Teilnehmer nicht unter die erhöhte Strafdrohung zu stellen. Sie soll nur für denjenigen gelten, für den das verschärfende Moment zutrifft.

2. Umgekehrt vermindern in zahlreichen Fällen die Gesetze die Strafbarkeit, wiederum im Hinblick auf besondere persönliche Verhältnisse, Eigenschaften oder Umstände, z. B. bei verminderter Zurechnungsfähigkeit, wegen jugendlichen Alters des Täters, bei der Notwehrüberschreitung, bei bestimmten gegenüber Verwandten verübten Vermögensdelikten, bei der Kindstötung. Es erscheint als ein Gebot der Gerechtigkeit, die Gunst einer mildern Bestrafung nur denjenigen Teilnehmern zu gewähren, bei denen das mildernde Moment vorliegt.

3. Selbstverständlich sollte endlich sein, daß die Schuldausschließungsgründe (Unzurechnungsfähigkeit, Irrtum), gewisse Strafaufhebungsgründe (Tod, unheilbare Geisteskrankheit, Begnadigung) und andere Strafausschließungsgründe (z. B. Immunität) nur für denjenigen wirken sollen, bei dem sie zutreffen. Andere Teilnehmer sind strafbar[3]).

II. Da es sich, mindestens bei den oben erwähnten Gruppen 1 und 2, um ein Abweichen von der aus der Akzessorietät sich ergebenden Logik

---

[1]) Vgl. jedoch z. B. Zürich § 138, wonach die vorsätzliche „Kindstötung" durch eine andere Person als die Mutter und die Teilnahme an ihr unter den allgemeinen Bestimmungen über die Tötung (§§ 130—132) stehen. Beim Aszendenten-Diebstahl (Zürich § 176) lehnt Zeller: Kommentar, § 37, N. 7 die Privilegierung des Anstifters unter Hinweis auf den selbständigen Charakter der Anstiftung ab.

[2]) Anders Pfenninger: StR. der Schweiz, 804: Der schwerere sowohl wie der leichtere für den Täter vorliegende Tatbestand soll für die Bestrafung der sämtlichen Teilnehmer maßgebend sein, unbeschadet der verschiedenen Strafzumessung für die Einzelnen.

[3]) Germann: (Lit. zu § 43), 54. — Zeller: JZ. 15, 384f.

handelt, sind besondere gesetzliche Bestimmungen wünschenswert[1]). Der Gedanke kommt in den Gesetzen verschieden zum Ausdruck:

1. Solothurn § 33 und ähnlich Neuenburg Art. 67 I bestimmen nach dem Vorbild des deutschen StGB. (§ 50)[2]), daß besondere straferhöhende oder -vermindernde Tatumstände dem Täter, Mittäter, Anstifter oder Gehilfen zuzurechnen sind, bei dem sie vorliegen. Einschränkend läßt aber Neuenburg Art. 67 II die eine Tat erschwerenden Umstände auch für Anstifter und Gehilfen gelten, wenn ihnen diese Umstände von vornherein (à l'avance) bekannt waren[3]).

2. Auch die andern romanischen Rechte rechnen die aus persönlichen Verhältnissen sich ergebenden erschwerenden oder mildernden Umstände nur demjenigen zu, in dessen Person sie zutreffen (Tessin Art. 61, Waadt Art. 46, Wallis Art. 69, Genf Art. 47 II). Der Satz gilt auch, wenn es sich um ein qualifiziertes Delikt handelt. Hier aber sollen die erschwerenden Umstände dann dem Gehilfen zugerechnet werden, wenn er sie kannte, oder wenn sie sich als wahrscheinliche Folge aus dem Delikt ergaben[4]).

3. Luzern § 42 I stellt von mehreren Teilnehmern an einem Delikt, das wegen eines besondern Pflichtverhältnisses zwischen Täter und Geschädigtem qualifiziert ist[5]), nur den persönlich davon Betroffenen unter die erschwerte Strafe, nicht aber die andern, auch wenn ihnen „dieses Verhältnis bekannt war." Anderseits fallen Begünstiger und Hehler, wenn die Vortat ein qualifiziertes Delikt war — z. B. Einbruchdiebstahl —, unter die erschwerte Strafe, es sei denn daß sie bei der Begünstigung von der Qualifikation nichts wußten (§ 42 II)[6]).

4. Einfach und wohl für alle Fälle ausreichend bestimmt jetzt Freiburg Art. 19 am Schluß der Vorschriften über die Teilnahme: „Persönliche Umstände, welche die Strafbarkeit ausschließen, verschärfen oder mildern, werden nur bei demjenigen berücksichtigt, bei dem sie

---

[1]) Stellt ein Gesetz sie auf, so beseitigt es damit eine aus der Akzessorietät sich ergebende Folge, es entscheidet aber nicht, wie Germann: (Lit. zu § 43), 54 meint, grundsätzlich „gegen die akzessorische Auffassung" von Anstiftung und Beihilfe. Unzutreffend auch Zeller: JZ. 15, 384.

[2]) Dazu Birkmeyer: (Lit. zu § 43), 76ff.

[3]) Z. B. beim Verwandtentotschlag (Neuenburg Art. 297). Ähnlich wie Neuenburg Schaffhausen § 68 II mit Bezug auf Gehilfen und Begünstiger.

[4]) Man kann an die Aussetzung mit Todesfolge, an schwere Körperverletzung usw. denken. Genf Art. 47 I lautet: „Si l'infraction est accompagnée de circonstances qui l'aggravent ou qui la qualifient, celles-ci ne sont point imputables au complice, à moins qu'il n'en ait eu connaissance, ou que ces circonstances n'aient été des conséquences probables de l'infraction." Ebenso Waadt Art. 45 und auch 42 II, Wallis Art. 68 und 65 II, ähnlich Tessin Art. 62. — Stooss: Grundzüge, 1, 238 meint, daß für solche Fälle die „allgemeinen Grundsätze" ausreichen.

[5]) Z. B. Luzern § 199 Ziff. 2 c (erschwerter Diebstahl).

[6]) § 42 ist ein Muster gekünstelter Gesetzgebung.

vorliegen.“ Damit ist die Formel des eidg. E. Art. 24, der den gleichen Gedanken wiedergibt, noch vereinfacht[1]). Diese Regel sollte auch in den zahlreichen Rechten, die keine Bestimmung über die Berücksichtigung besonderer persönlicher Verhältnisse aufgestellt haben, vernünftigerweise gelten[2]).

[1]) Zum eidg. E.: Prot. II. ExpKom. 1, 167, 169f. (Zürcher). — GABUZZI: eod. 169, forderte, daß die besondern Verhältnisse auch dem Teilnehmer, der sie kannte, zugerechnet werden sollten (vgl. die romanischen Rechte oben). Vgl. auch BIRKMEYER (Lit. zu § 43), 115 und 158, wo die Aufstellung einer Vorschrift über die besondern persönlichen Verhältnisse abgelehnt wird.

[2]) So wohl auch STOOSS: Grundzüge, 1, 238. Vgl. ZELLER: Kommentar zürcher. StGB. § 37, N. 7; § 39, N. 4.

Zweiter Teil.

Strafen und sichernde Maßnahmen.

Erster Abschnitt.

Abgrenzungen. Grundzüge der Kriminalpolitik.

§ 49. Strafe und sichernde Maßnahme.

Literatur. Angaben zu §§ 3 und 50. — PFENNINGER: Der Begriff der Strafe, geprüft an der Theorie des Hugo Grotius (1879). — H. F. PFENNINGER: Z. 32, 237ff. (Bibliographie). — WÜST: Die sichernden Maßnahmen, Zürcher Diss. (1905); Z. 21, 1ff.; JZ. 15, 305ff. — BIRKMEYER: Strafe und sichernde Maßnahmen (1906). — STOOSS: Z. 14, 387ff.; 18, 1ff., 167ff.; 33, 135ff.; 37, 26ff., 148ff.; 38, 147ff., 209ff.; Monatsschr. f. Krim.-Psych. und StR.-Reform, 8, 368ff. — v. LISZT: Strafr. Aufsätze und Vorträge, 2, 122ff. (Die Forderungen der Kriminalpolitik und der VE. eines schweizer. StGB.). — HAFTER: Z. 17, 211ff.; 37, 285ff.; ferner bei DEHNOW: Die Zukunft des StR. (1920), 57ff. und Sammelband Cinquantenario della Rivista Penale (1925), 227ff. — DELAQUIS: ZgesStRW. 32, 671ff. — KRAUS: Z. 10, 290ff. — SPARR: Z. 26, 1ff. — EXNER: Z. 30, 189ff.; 34, 183ff. — NAGLER: Gerichtssaal, 86, 376ff. — GOLDSCHMIDT: VD. Allg. Teil, 4, 81ff., 206ff., 316ff. — GIVANOVITSCH: Z. 27, 360ff. — GEORGIADÈS: Z. 34, 146ff.

I. Die heutige Strafe[1]) ist rechtliche Reaktion auf ein Delikt. Sie ist ein staatlicher verletzender Eingriff in Rechtsgüter eines Menschen, der durch Verübung eines Deliktes den Anlaß dazu gegeben hat. In dieser Feststellung liegt noch keine abschließende Begründung des Strafbegriffs. Nur als Tatsachenfeststellung sollen auch die zunächstfolgenden einzelnen Erklärungen betrachtet werden:

1. Jede Strafe stellt einen Eingriff in Rechtsgüter des Täters dar, in Leben, Freiheit, Vermögen, Ehre. Sie schädigt den Bestraften, schlägt Wunden. Strafe ist ihrem Wesen nach Zufügung eines Übels. Sie soll das auch sein. Ob sie sich in der Übelszufügung erschöpft und erschöpfen soll, ist eine andere Frage. Jedenfalls ist es eine schlimme Begriffsverfälschung, wenn man den Charakter der Strafe als einer Übelszufügung leugnet. Wer nicht damit einverstanden ist, daß einem Rechtsbrecher ein Leiden zugefügt wird, wer ihn nur heilen, ihm gar nur wohltun will, oder wer, wie die italienischen Positivisten,

---

[1]) Zum Strafbegriff vgl. namentlich NAGLER: Die Strafe, eine juristisch-empirische Untersuchung, Erste Hälfte (1918). Über Entstehung und Entwicklung der Strafe etwa v. HIPPEL: Deutsches StR. 1, 38ff. — GERLAND: Die Entstehung der Strafe, Rektoratsrede (1925).

nur an die soziale Verteidigung denkt, der darf nicht mehr von Strafe reden und muß sich für die Abschaffung des Strafrechts einsetzen. Er gelangt damit aber entweder zu sentimentaler Weichlichkeit oder auf Umwegen wiederum zur Härte, die, weil sie entgegen den im Volke lebendigen Anschauungen den Ausdruck „Strafe" vermeidet, problematischer ist als die Strafe[1]).

2. Das Wesen der Strafe — womit über die mit ihr verfolgten Zwecke noch nichts gesagt sein soll — ist Übelszufügung[2]). Um diese Feststellung kommt man, wenn man nicht die Tatsachen vertuschen will, nicht herum. Dadurch in erster Linie unterscheidet sie sich von andern Rechtsfolgen eines rechtswidrigen Verhaltens, vom Erfüllungszwang in der zivilprozessualen Zwangsvollstreckung, vom Verwaltungszwang[3]), von der Kostenauflage im Strafprozeß[4]) und namentilch vom Schadensersatz. Er ist Ausgleich, Gutmachung eines durch menschliches Verhalten — das hier nicht immer schuldhaft zu sein braucht — gestifteten Schadens.

3. Da heute der Staat der alleinige Inhaber des Strafanspruches, der sich aus der Verübung eines Deliktes ergibt (oben § 3 I), ist, kommt hier nur die staatliche Strafe in Betracht. Sie ist eines der staatlichen Mittel zur Bewährung der Rechtsordnung. Ob es sich um eine auf ein Verbrechen, ein Vergehen oder eine Übertretung gesetzte Strafe handelt, macht begrifflich keinen Unterschied aus, da die verschiedenen strafrechtlichen Unrechtsarten nur quantitativ, nicht ihrem Wesen nach verschieden sind (oben § 19 II). Auch sog. Ordnungs- und Disziplinarstrafen sind, soweit sie von einem öffentlich-rechtlichen Verband ausgehen, echte staatliche Strafen. Sie stellen eine Übelszufügung dar, die erfolgt, weil Unrecht begangen worden ist[5]). Von der weitern

---

1) Strafe bedeutet Tadel, Anfechtung. Über das Wort und seine Herkunft siehe His: StR. des deutschen Mittelalters, 1, 342f. — Pfenninger: Grenzbestimmungen, 73f. Sprachgeschichte und Sprachgebrauch dürfen jedoch für die Erschließung des Strafbegriffs, der Begriffe überhaupt, nicht überschätzt werden, worauf besonders Nagler: a. a. O. 28ff. aufmerksam macht.

2) Ich vermeide hier vorläufig den Ausdruck „Vergeltung", den ich in einem gewissen Sinne auch als zum Wesen der Strafe gehörig betrachtete (unten § 50 VI). Zunächst ist wichtig, Wesen und Zweck der Strafe auseinanderzuhalten; vgl. namentlich Birkmeyer: a. a. O. 9f., 18ff., 29ff.

3) Dazu Zeller: in der Festgabe für Zürcher (1920), 109ff.

4) Vom Bundesgericht häufig betont mit der Folgerung, daß unerhältliche Kosten nicht in Haft umgewandelt werden dürfen (E. 3, 70 ff.; 39 I 43 ff.). Eine solche Umwandlung verletzt BV. Art. 59 III, das Verbot des Schuldverhafts.

5) Daß die Disziplinarstrafe regelmäßig nur die Angehörigen bestimmter Kreise (Beamte, Militärpersonen, Ärzte, Rechtsanwälte, Strafgefangene usw.) trifft, ändert ihren Charakter nicht. Ebensowenig ist daraus ein begrifflicher Unterschied abzuleiten, daß die Unrechtstatbestände vielfach im Disziplinarrecht nicht scharf, oder wenigstens nicht abschließend umschrieben sind, so daß der Satz: nulla poena sine lege keine deutliche Durchführung erfährt. Das beruht

Betrachtung scheiden sie hier aus. Ebenso findet hier das andere, zum Teil nichtstaatlichen Verbänden — Kirche, Schule, Familie — zustehende Strafrecht keine Berücksichtigung. Es steht unter andern Voraussetzungen als das allgemeine öffentliche Strafrecht. Aber auch diese Zuchtmittel sind echte Strafen. Sie sind ein Übel, das wegen gewisser Verfehlungen verhängt wird. Wenn bei einer Züchtigung durch Eltern, Lehrer usw. das Erziehungsmoment in den Vordergrund tritt, so widerspricht das dem Strafcharakter nicht[1]).

4. Die Strafe setzt eine schuldhafte Verletzung der Strafrechtsordnung, ein Delikt — im weitesten Sinne verstanden — voraus[2]). Nur den Täter kann sie treffen. Wenn, namentlich etwa in Verwaltungsgesetzen, dritte Personen für die von einem Schuldigen verwirkte Buße für haftbar erklärt werden, so ist das keine Strafe und vom strafrechtlichen Standpunkt aus auch nicht zu billigen[3]).

II. Daß die Strafe ausnahmslos eine schuldhaft verübte Rechtsverletzung voraussetzt, unterscheidet sie von andern, teilweise strafähnlichen Eingriffen in an sich rechtliche geschützte Interessen eines Menschen. Fürsorgeerziehung, behördliche Maßnahmen gegen Liederliche, Arbeitsscheue, Bettler, Vaganten, Dirnen, Trinker usw. greifen unter bestimmten Voraussetzungen Platz, auch wenn die davon betroffene Person sich gegen kein Strafgesetz verfehlt hat. Mit dem Strafrecht haben diese Maßnahmen zunächst nichts zu tun. Sie beruhen auf dem Verwaltungs- oder dem Zivilrecht (vormundschaftliche Eingriffe)[4]).

---

nur auf einer, allerdings vielfach durch die besondern Verhältnisse gerechtfertigten, nicht vollständigen Ausbildung des Disziplinarstrafrechts. Diese Fragen, die hier nur angedeutet werden, sind bestritten. Abweichend vom Text: FLEINER: Bundesstaatsrecht, 267ff.; wohl auch BURCKHARDT: Kommentar BV. (2. Aufl.), 616. Auch das Bundesgericht unterscheidet gelegentlich zwischen disziplinaren Zuchtmitteln und eigentlichen „Rechtsstrafen" (E. 9, 24; 11, 28). Vgl. auch KRONAUER: Z. 22, 341ff.

[1]) Gut KAUFMANN: Züchtigungsrecht der Eltern und Erzieher (1910), 16ff.

[2]) Man denkt an das berühmte Wort des HUGO GROTIUS: poena est malum passionis, quod infligitur propter malum actionis (De jure belli ac pacis (1625), lib. II, c. 20). — KOHLER: Archiv f. StR. 60, 347 führt diesen Gedanken schon auf THOMAS v. AQUINO zurück; s. auch v. BAR: Geschichte des StR. und der Strafrechtstheorien, 215ff. Vgl. ferner WÜST: a. a. O. 41ff., 144. — BIRKMEYER: a. a. O. 12f., 33.

[3]) Z. B. BGes. vom 4. Okt. 1917 über die Stempelabgaben (Eidg. GesSlg. N.F. 34, 59ff.), Art. 55: solidarische Haftbarkeit der juristischen Person für Bußen, die gegenüber dem schuldhaften Organ oder Beauftragten der juristischen Person ausgesprochen wurden. Nicht unbedenklich auch eidg. E. Art. 26 Ziff. 4 II, wonach für die gegen den verantwortlichen Redakteur des Anzeigeteiles einer Zeitung oder Zeitschrift ausgefällte Buße auch der Verleger haftet; dazu Prot. II. ExpKom. 3, 92ff. (insbesondere WETTSTEIN); unten § 95 VII. Vgl. auch BE. 3, 589: Nur den Schuldigen soll die Strafe treffen.

[4]) Über die sichernden Maßnahmen in den kantonalen Verwaltungsrechten WÜST: a. a. O. 23ff.; vgl. auch HAFTER: Z. 17, 214f.: unten Vorbemerkung vor § 80. Sichernde Maßnahmen in früherer Zeit: STOOSS: Z. 38, 147ff.

Hier hat, namentlich in den letzten dreißig Jahren, eine der wich tigsten Entwicklungen des Strafrechts eingesetzt: Die Personen, gegen die derartige Maßnahmen zur Anwendung kommen, sind vielfach zum Verbrechen disponiert. Oft ist es reiner Zufall, ob sie mit dem Strafgesetz in Konflikt kommen oder ihm entgehen. Solange sie keine Deliktstatbestände erfüllen, ist es selbstverständlich, daß der Strafrichter sich nicht mit ihnen befassen kann. Nur die Verwaltungsbehörden, eventuell der Zivilrichter sind zuständig.

Wie aber, wenn ein Trinker, ein Vagant, ein Arbeitsscheuer, vielleicht gerade aus seinem Zustand heraus, ein Delikt verübt? Heute gilt in der Hauptsache noch ein Prinzip der Trennung: Der Strafrichter hat den zurechnungsfähigen Täter zu verurteilen, den unzurechnungsfähigen freizusprechen. Es ist nicht seines Amtes, diejenige fürsorgliche oder sichernde Maßnahme zur Geltung zu bringen, die dem besondern Zustand des Täters, sei er zurechnungsfähig oder nicht, angemessen ist. Höchstens ist er berechtigt oder nach weiter fortgeschrittener Auffassung verpflichtet, die zuständigen Behörden auf den Fall aufmerksam zu machen[1]).

Das ist eine Vergeudung von Zeit und Arbeit. Es ist auch ernstlich nicht bestreitbar, daß der Richter, der einen verbrecherischen Trinker, Arbeitsscheuen oder Liederlichen zu beurteilen hat, gestützt auf die Kenntnis der Akten und der Persönlichkeit des Beschuldigten befähigt ist, neben oder unter Umständen an Stelle der Strafe auf eine andere Maßnahme zu erkennen. Nur doktrinärer Formalismus kann sich dagegen verwahren[2]).

Nach dem eidg. E. ist es der Strafrichter, der die Verwahrung des unzurechnungsfähigen oder vermindert zurechnungsfähigen Täters in einer Heil- oder Pflegeanstalt, die Einweisung des verbrecherischen Liederlichen oder Arbeitsscheuen in eine Arbeitserziehungsanstalt, des verbrecherischen Trinkers in eine Trinkerheilanstalt anordnet (Art. 13—15, 41, 42)[3]). Freiburg, dessen neues StGB. hier unter dem Einfluß des eidg. E. steht, hat dagegen den Schritt nicht ganz gewagt:

---

[1]) Typisch die §§ 391—394 der zürcher. StPO. von 1919. S. jetzt das zürcherische Gesetz vom 24. Mai 1925 über die Versorgung von Jugendlichen, Verwahrlosten und Gewohnheitstrinkern; weitere Daten unten §§ 80ff. Über den Zustand der strengen Trennung zwischen der Tätigkeit des Richters und der Verwaltungsbehörden ist namentlich das sog. Jugendlichen-Straferecht teilweise heute schon hinausgeschritten; unten § 93.

[2]) Es ist das bleibende Verdienst von Stooss, des Verfassers der ersten eidg. Entwürfe, die Maßnahmen systematisch als jurisdiktionelle Normen ausgebildet und in das Strafgesetz übernommen zu haben. Über Vorläufer dieser Entwicklung rechtsvergleichende Daten bei Wüst: a. a. O. 43ff.; vgl. auch Birkmeyer: a. a. O. 4ff.

[3]) Einzelheiten unten §§ 80ff.

Die Einweisung eines trunksüchtigen, liederlichen oder arbeitsscheuen Täters in eine „Kolonie“ oder in eine Trinkerheilanstalt erfolgt zwar durch den Strafrichter (Art. 39, 40). Dagegen hat der Richter, wenn er die Verwahrung eines unzurechnungsfähigen oder vermindert zurechnungsfähigen Täters in einer Heil- oder Pflegeanstalt für notwendig hält, „die Angelegenheit mit seinen Vorschlägen an den Staatsrat“ zu überweisen (Art. 9 I)[1]).

III. Während die Strafe ein Übel ist, das der Richter über den Täter verhängt, weil er schuldhaft Unrecht begangen hat, sind die sichernden und fürsorglichen Maßnahmen von grundsätzlich anderer Art. Wenn die heutige Kriminalpolitik und die moderne Gesetzgebung den Rahmen des alten Strafrechts sprengen und neben das Strafensystem ein System der Maßnahmen in das Gesetz einfügen, dann ist die Durchführung einer strengen Scheidung wissenschaftliche und gesetzgeberische Pflicht[2]). Die Grenzziehung zwischen Strafe und Maßnahme hat fundamentale Bedeutung. Sie ist geradezu der Angelpunkt der Strafrechtsreform:

Die Grundlage für die Verhängung einer Maßnahme ist nicht eine schuldhafte Handlung des Täters. Sein individueller Zustand ist maßgebend. Der Unzurechnungsfähige z. B., der nicht schuldhaft handeln konnte, kann gefährlich sein. Der Gedanke des Gesellschaftsschutzes führt ihm gegenüber zu einer Maßnahme, die nicht Strafe sein kann. Oder Schuld und Zurechnungsfähigkeit werden zwar angenommen, aber der Zustand des Täters ist derart, daß die Strafmittel in ihrer Wirksamkeit ihm gegenüber versagen oder allein nicht ausreichen.

Gleich wie die Strafe ist zwar auch die strafrichterliche Maßnahme ein (staatlicher) verletzender Eingriff in Rechtsgüter einer Person, vor

---

[1]) Die Bemerkungen zum freiburgischen VE. 1922 geben über diese unterschiedliche Lösung keinen Aufschluß. — MEYER v. SCHAUENSEE: Gerichtssaal, 86, 29, 37ff. spricht sich grundsätzlich dagegen aus, daß die Verhängung von Maßnahmen in die Hand des Strafrichters zu legen sei, ja daß Maßnahmen überhaupt in ein Strafgesetzbuch gehören. Eingehend über diese Fragen WÜST: a. a. O. 126ff. Gut STOOSS: Motive zum VE. 1893, 35. — BIRKMEYER: a. a. O. 22f.

[2]) Das ist heute noch zu wenig anerkannt und doch sollte es nur leugnen, wer wie der italienische VE. 1921 das „Strafrecht“ aufgeben will; vgl. Relazione sul Progetto (italiano), 15f und FERRI: Z. 33, 40: „Je pense qu'entre la peine et la mesure de sûreté il n'y a pas de différence substantielle et les mesures de sûreté au lieu d'être des dispositions administratives devront être des dispositions jurisdictionnelles.“ — Derselbe: Scuola Positiva, N.F. 5, 47ff. Vgl. auch HAFTER: Z. 17, 211ff. (teilweise nicht haltbar) und jetzt Sammelband Rivista Penale (1925), 227ff. Gut STOOSS: Z. 18, 4. — NAGLER: Gerichtssaal, 86, 379ff., 383. — BIRKMEYER: a. a. O. 7, 15ff. BIRKMEYER faßt die Abgrenzung in die Worte zusammen: Strafe = Vergeltung, Repression; sichernde Maßnahme = Sicherung, Prävention (18). Das kann keine befriedigende Grenzziehung sein; näheres unten § 50.

allem in seine Freiheit. Regelmäßig wird sie der Betroffene auch als ein Übel empfinden. Allein die Übelszufügung macht nicht ihr Wesen aus. Soweit die Maßnahme im Bereiche des Strafrechts auftritt, setzt allerdings auch sie die objektive Erfüllung eines Deliktstatbestandes voraus. Dagegen ist sie nicht die Reaktion auf ein schuldhaftes Verhalten. Sie knüpft an die Gefährlichkeit und Gesellschaftsfeindlichkeit des Täters, ja unter Umständen auch nur an eine Behandlungsbedürftigkeit an. Ausnahmsweise, z. B. bei der Einziehung (unten § 65), richtet sich die Maßnahme überhaupt nicht direkt gegen einen bestimmten Menschen, sie ergreift eine schädliche oder gefährliche Sache, die mit einer strafbaren Handlung in Beziehung steht[1, 2]).

Das Ziel muß sein, nicht nur Strafe und Maßnahme scharf von einander abzugrenzen, sondern auch das Maßnahmensystem so durchzubilden, wie es lange schon mit dem Strafensystem geschehen ist. Da die geltenden Rechte, wenigstens in systematischer Hinsicht, fast völlig versagen, kann die Lehre nur im Anschluß an den eidg. E. entwickelt werden.

Drei Gruppen von Maßnahmenrecht sind zu unterscheiden:

1. Die Art. 13—15 des E. sehen die Verwahrung oder Versorgung von Unzurechnungsfähigen und vermindert Zurechnungsfähigen in Heil- oder Pflegeanstalten vor, wenn der Täter die öffentliche Sicherheit oder Ordnung gefährdet, oder wenn sein Zustand eine besondere Behandlung erfordert (unten § 80 II).

2. Am Schlusse des Allgemeinen Teils bestimmt der E. über die „Behandlung der Kinder und Jugendlichen" (Art. 80—96). In diesen Bestimmungen verbindet sich ein System besonders gearteter Strafen mit Maßnahmen der Fürsorge und der Sicherung (unten §§ 92, 93). Das Maßnahmenrecht steht jedoch im Vordergrund.

3. Gesetzgeberisch scheint der eigentliche Sitz der Maßnahmen im dritten Abschnitt des Allgemeinen Teils, der den Titel „Strafen, sichernde und andere Maßnahmen" trägt, zu liegen. Hier wird einem Strafensystem (Freiheitsstrafen, Buße, Nebenstrafen) ein Maßnahmen-

---

[1]) Sichernde Maßnahmen, z. B. die Einziehung gefährlicher Gegenstände, sind daher auch gegenüber juristischen Personen, denen die herrschende Meinung die Straffähigkeit abspricht (oben § 14 II/III), denkbar; vgl. HAFTER: Strafrechtlicher Patentschutz gegenüber Aktiengesellschaften (1919). — BATTAGLINI: Revue internat. de Droit pénal, 1, 64. — HACKER: eod., 137ff.

[2]) Für die Umgrenzung des Begriffs der Maßnahme vgl. aus der schweizerischen Literatur WÜST: a. a. O., namentlich 150ff., der zwischen reinen und (mit Strafmomenten) gemischten Maßnahmen unterscheiden will. — STOOSS: Z. 14, 394; 18, 1ff., 167ff.; Monatsschr. f. Kriminalpsych. und Strafrechtsreform, 8, 368ff.; Lehrbuch des österreich. StR. (2. Aufl.), 22ff., 192, 245ff. — SPARR: Z. 26, 6ff. — EXNER: Z. 30, 191ff.; 34, 183ff. — HAFTER: Sammelband Rivista Penale (1925), 231ff. Vgl. auch BIRKMEYER: a. a. O. 15ff. (vielfach auf den eidg. E. hinweisend).

system gegenübergestellt. Der Zweiteilung des Strafensystems in Haupt- und Nebenstrafen entspricht eine Zweiteilung der Maßnahmen. Zu den eigentlichen sichernden Maßnahmen zählt der E. die Verwahrung von Gewohnheitsverbrechern (Art. 40), die Erziehung Liederlicher und Arbeitsscheuer in einer Arbeitserziehungsanstalt (Art. 41), die Behandlung von Gewohnheitstrinkern in einer Trinkerheilanstalt (Art. 42). Zu ihnen gesellen sich als weitere Maßnahmen: Die Friedensbürgschaft (Art. 54), die Einziehung gefährlicher Gegenstände (Art. 55), der Verfall von Geschenken und andern Zuwendungen (Art. 56), die Verwendungen zugunsten des Geschädigten (Art. 57) und die öffentliche Bekanntmachung des Urteils (Art. 58)[1]).

Die drei Gruppen stellen zusammen genommen ein, soweit es für ein Strafgesetzbuch in Betracht kommt, auf Vollständigkeit abzielendes Maßnahmensystem dar. Dem System des E. fehlen noch deutliche Stellungnahme im einzelnen und Übersichtlichkeit, Die kommenden Strafgesetze sollten nicht mehr Strafen und Maßnahmen in einem und demselben Kapitel zusammenstellen. Auch im Gesetz müßte das Doppelsystem — Strafen und Maßnahmen — zum deutlichen Ausdruck gelangen.

IV. Der Wesensunterschied zwischen Strafen und Maßnahmen muß sich vor allem in der Durchführung auswirken[2]). Da die Maßnahme nicht die Reaktion auf ein schuldhaft verübtes Delikt darstellt, sondern an den pathologischen, gefährlichen, gesellschaftsfeindlichen Zustand eines Täters anknüpft, muß die Maßnahme grundsätzlich so lange dauern, als dieser Zustand besteht. Sie muß entfallen, sobald sie nicht mehr notwendig ist. Anders als bei der Strafzumessung ist daher bei den Maßnahmen für mildernde und schärfende Umstände, überhaupt für Zumessungsregeln, kein Raum. Soweit es sich um Freiheitsentziehungen handelt, führt das Wesen der Maßnahme grundsätzlich zum unbestimmten Urteil (unten § 73 II), weil der Richter bei der Urteilsfällung unmöglich erkennen kann, wie lange bei einem Menschen ein pathologischer, ein gefährlicher, ein besonderer Behandlung bedürftiger Zustand dauern wird[3]).

Die auf die Strafzumessung gemünzten Bestimmungen über die Konkurrenz sind im Maßnahmenrecht nicht anwendbar (unten § 79 II 5 und III). Ebensowenig kann hinsichtlich einer einmal verhängten

[1]) Vgl. Stooss: Lehrbuch (2. Aufl.), 246ff. Die Erörterung im einzelnen folgt unten, §§ 62ff. und §§ 80ff. Ein ähnliches System wie der Text gibt auch Nagler Gerichtssaal, 86, 379ff. Er bewertet richtig auch einige Vorschriften, die sich im E. „unter die Nebenstrafen verirrt haben“, als Maßnahmen, z. B. die Amtsentsetzung (Art. 49), das Berufs- und Gewerbeverbot (Art. 51) usw. Vgl. unten §§ 62ff.

[2]) Dazu Wüst: a. a. O. 156ff., 161ff. — Birkmeyer: a. a. O. 7. — Stooss: Z. 18, 2f. — Hafter: Sammelband Rivista Penale (1925), 236f.

[3]) Ebenso Birkmeyer: a. a. O. 17 und 40f.

Maßnahme eine Verjährung, wie sie bei den Strafen vorgesehen ist, eintreten. Die Frage ist immer nur, ob im Hinblick auf den Zustand des Täters die Durchführung der Maßnahme noch erforderlich erscheint oder nicht[1]).

Dagegen ist bestimmten Maßnahmen gegenüber die Rehabilitation zuzulassen (unter § 90 I).

§ 50. Der heutige Stand der Kriminalpolitik.

Literatur. Außer den Angaben zu § 49 insbesondere Stooss: Z. 4, 245ff.; 7, 173ff., 228ff.; 9, 167ff., 269ff.; 31, 1ff.; 32, 22ff. — Gautier: Z. 13, 289ff.; 23, 97ff. — Zürcher: Z. 12, 370ff.; 14, 53ff.; 32, 195ff. — Mittermaier: Z. 14, 141ff. — Thurneysen: Z. 4, 453ff.; 6, 369ff.; 7, 261ff. — Merkel: Z. 7, 1ff. — Burckhardt: Z. 15, 233ff. — Lenz: Z. 14, 99ff. (Kriminalstatistik und Kriminalpolitik). — Beck: Z. 18, 428ff. — Baumgarten: Z. 24, 387ff. und ZschwR. N.F. 44, 2ff. — Togalowits: Z. 25, 25ff. — v. Hentig: Z. 25, 355ff. — Thormann: Schweizer. Strafrecht, Rektoratsrede (1919) und dazu Stooss: Z. 33, 135ff. — Meyer v. Schauensee: Gerichtssaal, 86, 27ff.

I. Mit den Feststellungen über das Wesen der Strafen und der sichernden Maßnahmen müssen sich kriminalpolitische Überlegungen verbinden, Betrachtungen über die mit der Strafe und der Maßnahme zu verfolgenden Zwecke[2]). Unter was für Voraussetzungen sind Strafen und Maßnahmen taugliche Mittel zur Verbrechensbekämpfung? Versagt die Strafe überhaupt, oder in bestimmten Fällen, und was kann sie ersetzen oder wenigstens ergänzen?

Über den heutigen Stand der Kriminalpolitik einen Überblick zu geben, der Anspruch auf allgemeine Anerkennung erheben könnte, ist kaum möglich. Dazu gehen die Anschauungen über Wesen und Zweck der Strafe, über das Maßnahmenrecht, über das Verhältnis zwischen Strafen und Maßnahmen zu weit auseinander. In der Schweiz hat zwar der sog. Schulenstreit nie die scharfen Formen angenommen, wie es während der letzten Jahrzehnte in Deutschland der Fall war, und wie man es neuerdings wieder in Italien beobachten kann. Der Grund dafür liegt namentlich in zwei Tatsachen:

Die schweizerische Rechtszersplitterung hat nicht nur die Entwicklung der strafrechtlichen Dogmatik gehemmt, sie war auch der Aufstellung eines einheitlichen kriminalpolitischen Programms hinderlich. Die kantonalen Reformen blieben fast durchwegs Stückwerk. Dabei sah der kantonale Gesetzgeber regelmäßig nicht über sein kleines Land hinaus. Um die Wissenschaft und den „Schulenstreit“ bekümmerte

---

1) Wüst: a. a. O. 187, 194ff. — Birkmeyer: a. a. O. 17.

2) Unbegreiflich Pfenninger: Grenzbestimmungen (Lit. zu § 20), 59ff., der von seiner zu engen Vorstellung von der Kriminalpolitik aus meint, sie führe zur Auflösung des Strafrechts.

er sich wenig[1]). Als sicher kann das eine angenommen werden, daß allen schweizerischen Strafrechten der Vergeltungsgedanke[2]) zugrunde liegt.

Der sog. Schulenstreit ist aber auch bei der Ausarbeitung der eidgenössischen Entwürfe nicht so stark, wie es anderorts — z. B. neuestens in Italien — der Fall ist, in den Vordergrund getreten. Trotz allen Verschiedenheiten in den Anschauungen der Mitarbeiter überwog die Tendenz zur Verständigung, zur Leistung praktischer Arbeit. Das hatte zur Folge, daß das vielfach neue Wege weisende kriminalpolitische Programm des Entwurfes wenn auch nicht kampflos, so doch ohne erbitterte wissenschaftliche Kämpfe zustande kam[3]). Die gesetzgeberische Arbeit an den eidgenössischen Entwürfen hat auf jeden Fall, wie immer man sich zu ihrem Programm stellen mag, die strafrechtliche und die kriminalpolitische Forschung in der Schweiz in außerordentlicher Weise gefördert. Die auf ein praktisches Ziel gerichtete Arbeit hat aber zugleich verhindert, daß man sich allzu sehr an die Theorie verlor. Was von den kantonalen Rechten aus nicht möglich war, haben die eidgenössischen Entwürfe zustande gebracht: eine gewisse Einheitlichkeit oder wenigstens größere Klarheit nicht nur in der Behandlung zahlreicher dogmatischer Fragen, sondern auch in den kriminalpolitischen Anschauungen. In den kantonalen Teilreformen und nicht zuletzt im neuen freiburgischen StGB.[4]), aber auch in der Rechtsprechung ist der Einfluß der Gedanken des E. auf Schritt und Tritt erkennbar. Hinsichtlich der Rechtsprechung mag man mit einigem Grund diese indirekte Einwirkung eines bloßen Gesetzesentwurfes auf zum Teil ganz anders gestaltete Gesetze als eine Gefahr bezeichnen. Zu hindern ist diese Einwirkung nicht. Sachlich ist sie, wenn man auf das Ganze sieht, auch nicht zu beklagen.

Was noch vor zwanzig Jahren nicht möglich gewesen wäre, kann man heute wagen: Auf Grund des eidgenössischen Entwurfes und seiner Einwirkungen auf die gesamtschweizerische Strafrechtsentwicklung kann der Stand der heutigen kriminalpolitischen Anschauungen in der Schweiz aufgezeigt werden. Dabei handelt es sich selbstverständ-

---

[1]) Eine Ausnahme davon macht das neue StBG. von Freiburg von 1925 (oben § 6 II B 10). Es geht von einer bestimmten kriminalpolitischen Anschauung, der die sog. klassische Schule zu Gevatter steht, aus.

[2]) Das Bundesgericht hat die Strafe gelegentlich gekennzeichnet als „moyen de répression" (E. 3, 459), als „Genugtuung" (E. 9, 24), als „Sühne einer bestimmten Straftat" (E. 11, 28), als „Vergeltung" (E. 12, 527).

[3]) Ich sage das in voller Kenntnis der gelegentlich scharfen Gegnerschaft gegen den E. — z. B. Meyers v. Schauensee, zum Teil auch Greteners. Ganz besonders die Verhandlungen der II. Expertenkommission zeigen den Willen zur Verständigung.

[4]) Dazu Hafter: JZ. 21, 233ff.

lich nicht um eine spezifisch schweizerische Kriminalpolitik. Die kriminalpolitischen Grundgedanken lassen sich nicht an ein bestimmtes Land, höchstens an eine bestimmte Zeit binden. Nur darauf geht der Versuch, die heutige Auswirkung dieser Anschauungen in der Schweiz darzulegen. Dabei ist nicht damit zu rechnen, daß eine solche Darstellung allgemein als richtig anerkannt wird. Sie wird — bei der ewigen Umstrittenheit der strafrechtlichen und kriminalpolitischen Grundfragen — immer auch die subjektive Note des Darstellers tragen[1]).

---

[1]) Eine weiter ausholende Darstellung der Straftheorien und ihrer Geschichte unterbleibt hier. Das Lehrbuch beschränkt sich auf die Erörterung der geltenden schweizerischen Rechte und Entwürfe und ihrer kriminalpolitischen Gedanken. In der Erforschung der strafrechtlichen Grundfragen haben nur wenige Schweizer Selbständiges geleistet. Zu nennen sind die eigenartigen Schriften von PFENNINGER: Der Begriff der Strafe, untersucht an der Theorie des HUGO GROTIUS (1877) und Grenzbestimmungen der kriminalistischen Imputationslehre (1892). Nach PFENNINGER geht alles Strafrecht auf die Rache zurück, ist nichts anderes als entwickelte Rache (Begriff der Strafe, 67f., 221). Besonders prägnant ist der Satz in den „Grenzbestimmungen", 74/5: „Aus Rache und Fehde hat sich geschichtlich das Strafrecht entwickelt und sobald in fester staatlicher Organisation die individuelle Abwehr und Rache im Interesse des Ganzen verhindert wird, muß zugleich der Staat die Rache in seine Hand nehmen." Ferner 75: Der Staat ist bei der Ausübung des Strafrechts „streng gebunden an die individuelle Wurzel, an jenen Trieb im Einzelnen, welcher Genugtuung und Schutz gegen künftige Angriffe durch die Rache verlangt, — er ist verpflichtet zur Genugtuung durch Bestrafung des Schuldigen." Diese, dem Strafrecht alle Entwicklungsmöglichkeit absprechende Anschauung hat keinen Widerhall gefunden; vgl. über PFENNINGER auch NAGLER: Die Strafe, 1, 2f., 530. — In seinem Buch Recht und Rechtsverwirklichung (1921), 366ff. hat EUGEN HUBER eine Straftheorie aufgestellt: Die Strafe ist eines der staatlichen Machtmittel zur Rechtsverwirklichung. Erst an zweiter Stelle steht der Strafzweck, der Art und Durchführung der Strafen bestimmt. Voraussetzung jeder Strafe ist eine schuldhafte Rechtsverletzung. Mit der Bestrafung des Täters übernimmt der Staat die Befriedigung des Vergeltungsbedürfnisses, wobei „die Vergeltung als Sache der Gemeinschaft gedacht" wird. „Durch die verbrecherische Tat ist die Harmonie, die auf der Grundlage der Gleichheit in der Gemeinschaft besteht, gestört worden. Die Strafe stellt diese Harmonie wieder her, indem sie das geschehene Unrecht im Sinne des Ausgleiches aufhebt" (370). Die Aufhebung des Unrechts soll mit Bezug auf den Verletzten, dann beim Täter — bei ihm vor allem wichtig „die psychische Einwirkung der Bestrafung zur Aufhebung des verbrecherischen Willens" (372) — und endlich gegenüber der Gemeinschaft erfolgen. Der Täter wird „durch das Unrecht seiner Tat zum Schuldner der Gesellschaft, und er tilgt diese Schuld mit der Strafe" (373). Nur wo die Notwendigkeit einer Rechtsverwirklichung durch Aufhebung von Unrecht sich ergibt, muß Strafe eintreten. Erst an zweiter Stelle ist zu prüfen, welche Art der Strafe als zweckmäßig zu betrachten ist. „Hier mag alsdann die Besserung des Täters, die Abschreckung der andern, der psychologische Zwang für den Täter oder ein anderes den Charakter der Strafe bestimmen" (374). Neben dieser im Dienste der Vergeltungsidee stehenden Strafe als eines Mittels zur Rechtsverwirklichung anerkennt EUGEN HUBER die Berechtigung von andern Maßregeln neben oder anstatt der Strafe „zum Schutz der Gemeinschaft" (Maßregeln zur Unschädlichmachung, prophylaktische Vor-

II. Wenn man in die neuen Strafgesetzbücher neben das überkommene Strafensystem ein System der sichernden und fürsorglichen Maßnahmen einstellt, so gewinnt der Satz, daß der strafrechtliche Fortschritt sich nach der Verfeinerung der Schuldlehre bemißt (oben § 20 III), erhöhte Bedeutung. Diese Verfeinerung erschöpft sich nicht in der bessern Ausgestaltung der Lehre von den Schuldformen. Die erste Aufgabe liegt im Erkennen und Bestimmen derjenigen Kategorien von Rechtsbrechern, die, weil sie nicht schuldhaft handeln konnten, auch mit einer Strafe nicht getroffen werden dürfen. Ihnen gegenüber ergibt sich — unter ebenfalls genau zu bestimmenden Voraussetzungen — die Notwendigkeit der Anwendung sichernder oder fürsorgender Maßnahmen (unter §§ 80 ff.). Vor allem scheidet somit die Behandlung der Unzurechnungsfähigen und — mit gewissen, später zu erörternden Einschränkungen — der vermindert zurechnungsfähigen und der jugendlichen Rechtsbrecher aus dem Strafrecht i. e. S. aus, was aber die Ausschaltung der auf sie berechneten Bestimmungen aus dem StGB. nicht notwendig zur Folge hat.

---

kehrungen). — An erster Stelle unter den Förderern unserer straftheoretischen und kriminalpolitischen Anschauungen steht Stooss, der bei seiner jahrzehntelangen gesetzgeberischen Arbeit immer wieder die Gelegenheit wahrnahm, die strafrechtlichen Grundfragen durchzudenken. In zahlreichen, namentlich in der Z. veröffentlichten Aufsätzen sind seine Anschauungen niedergelegt (besonders 14, 385ff.). Am geschlossensten zeigt sich seine Lehre in seinem Lehrbuch des österreichischen Strafrechts (2. Aufl.): Die Strafe ist das Übel, das der Schuldige wegen seines Verbrechens leiden soll. Zweck der Strafe ist, Verbrechen hintanzuhalten. Schädlichkeit und Gefährlichkeit der Verbrechen bestimmen Größe und Dauer der Strafe (188/9). Besserung und Unschädlichmachung des Schuldigen (Spezialprävention) sind dagegen keine Strafzwecke, nur erwünschte Nebenwirkungen. Auch die Vergeltung ist nicht der Zweck der Strafe. Vielmehr ist die Strafe ihrem Wesen nach Vergeltung, da das Strafübel mit dem Übel des Verbrechens in einem proportionalen Verhältnis steht. Die als Generalprävention bezeichnete Strafwirkung endlich erklärt Stooss psychologisch als das „Ergebnis des Gesamteindruckes, den das Volk von dem tatsächlichen Verhältnis zwischen Verbrechen und Strafe hat.“ (190/1). Die von Stooss besonders intensiv untersuchte sichernde Maßnahme hat nach ihm nicht Strafnatur. Sie wird nicht durch eine bestimmte Handlung, sondern durch den Zustand einer Person begründet (192, 245ff.). Daraus ergeben sich die bereits oben § 49 II—IV, zum Teil im Anschluß an Stooss, aufgezeigten Grenzziehungen zwischen Strafe und Maßnahme. Nach Stooss hat jedoch die sichernde Maßnahme den Zweck, Verbrechen hintanzuhalten, mit der Strafe gemein (192).

Neuere Darstellungen der Straftheorien und ihrer Geschichte finden sich bei v. Bar: Geschichte des deutschen StR. und der Strafrechtstheorien (1882), 201ff. — Berolzheimer: Strafrechtsphilosophie und Strafrechtsreform (1907), 3ff. — Kraus: Das Recht zu strafen, eine rechtsphilosophische Untersuchung (1911, Beilageheft zu Bd. 79 des Gerichtssaal), 1ff. — Stooss: Lehrbuch (2. Aufl.), 2ff. (kurzer Überblick). — Nagler: Die Strafe, 1 (1918), 120ff. — v. Hippel: Deutsches StR. 1 (1925), 457ff.; vgl. auch Wüst: a. a. O. 134ff. — Zürcher: Z. 32, 195ff.

Nach der Herauslösung dieser Gruppen von Rechtsbrechern aus dem eigentlichen Strafrecht verbleiben die voll Zurechnungsfähigen. Sie sollen, wenn sie ein Delikt verüben, Strafe erleiden. Ihnen gegenüber setzt die Besinnung auf den Zweck der Strafe ein. Wenn feststeht, daß das Wesen der Strafe in der Übelszufügung besteht, so ist die Frage, was für Zwecke mit ihr erstrebt und erreicht werden können, noch offen. Um ihrer selbst willen kann die Übelszufügung nicht erfolgen. Dabei ergibt sich eine Mehrheit von Zwecken, deren Verhältnis zueinander nicht dadurch gekennzeichnet werden kann, daß man einem Zweck gegenüber einem andern das größere Gewicht beilegt[1]).

III. Für die juristische Betrachtung steht im Vordergrund, daß die dem Täter auferlegte Strafe die Bewährung der durch das Verbrechen gestörten Rechtsordnung, den Ausgleich, bezweckt[2]). Die Strafe ist der staatliche Kampf gegen den der Rechtsordnung widerstrebenden Willen. Der Grund dafür liegt in der staatlichen Pflicht zum Güterschutz. Im Dienste dieser Aufgabe steht die Verbrechensbekämpfung. Man kann daher mit Stooss (Lehrbuch, 188) als obersten Zweck der Strafe — und auch der sichernden Maßnahmen (192) — die Bekämpfung, Hintanhaltung des Verbrechens bezeichnen[3]).

IV. Man mag die Bewährung der Rechtsordnung und die Verbrechensbekämpfung als die allgemeinen Strafzwecke bezeichnen. Neben sie treten besondere Zwecke. Man bezeichnet sie mit den Schlagworten Generalprävention und Spezialprävention[4]).

1. Die Strafe soll als Generalprävention, als Warnung und Abschreckung für die Gesamtheit der Rechtsgenossen, wirken. Diese Tendenz offenbart sich in der Tatsache, daß der Staat gegenüber ge-

---

[1]) Über die Notwendigkeit für den heutigen Srafgesetzgeber, die Strafe mit einer Mehrheit von Zwecken auszustatten, auch Thormann: Schweizer. Strafrecht, Rektoratsrede (1919), 18ff.; vor allem ferner Merkel: Z. 7, 4ff. — v. Hippel: Deutsches StR. 1, 520ff.

[2]) Eugen Huber: a. a. O. 366ff. nimmt an, dieser Ausgleich sei das Wesen, nicht ein bloßer Zweck der Strafe. Das wäre dann richtig, wenn jede Strafe wirklich den Ausgleich, die Rechtsverwirklichung, zustande brächte. Zu dieser Annahme kann ich mich nicht entschließen. Die Strafe erstrebt, bezweckt aber den Ausgleich.

[3]) Roux: Cours de Droit pénal, 11: „Le droit pénal est la partie de l'action organisée de la lutte contre la criminalité, qui emprunte la forme répressive, et tend au moyen de souffrances (peines) à protéger la paix publique." Vgl. auch v. Cleric: JZ. 15, 77.

[4]) Hier vor allem setzt die Verschiedenheit der Anschauungen ein: Stooss: Lehrbuch, 189f. lehnt die Spezialprävention (Besserung und Unschädlichmachung des Schuldigen) als Strafzweck ab. Er läßt sie nur als „erwünschte Nebenwirkung" der Strafe gelten. Vertreter der sog. klassischen Schule wollen überhaupt nichts davon wissen, daß die Strafe im Dienste der Prävention verwendet werden kann: Nagler: Die Strafe, 1, 109f. — Pfenninger: Grenzbestimmungen, 58.

wissen Verfehlungen Strafbestimmungen aufstellt, daß er, wenn Verbrechen verübt werden, den Täter verurteilt und die über ihn verhängte Strafe vollzieht. Unbestreitbar schrecken zahlreiche Menschen nur aus Furcht vor strafrechtlichen Folgen von dem Verbrechen zurück. Es befriedigt nicht, hier nur von einer Nebenwirkung der Strafe — des Strafrechts — zu sprechen. Auch hier handelt es sich um einen Strafzweck. Staatliche Strafdrohung und Strafvollzug sollen warnen und schrecken, sie sollen jeden Rechtsgenossen psychologisch beeinflussen (psychologischer Zwang)[1].

Das Bedenkliche war, daß eine gewisse Zeit, unter dem Einfluß FEUERBACHS, als obersten Strafzweck die — schon durch die gesetzliche Strafandrohung erstrebte — Abschreckung aller Bürger proklamierte[2]). Diese Verirrung nimmt aber der Generalprävention als einem neben andern Zwecken der Strafe nicht ihre Kraft.

2. Die Spezialprävention ist in eine Mehrheit von besondern Zwecken aufzulösen. Wenn es richtig ist, daß die Strafe auch dazu dienen soll, direkt auf den einzelnen Rechtsbrecher einzuwirken, so gelangt man mit Notwendigkeit zum Grundsatz der Individualisierung[3]). Das — theoretische — Ziel ist, in jedem Einzelfall die Strafe und namentlich den Strafvollzug so zu gestalten, daß sie für jeden Rechtsbrecher die seiner Eigenart angemessenste Einwirkung darstellen. Im vollen Umfange ist dieses Ziel praktisch unerreichbar. Möglich ist aber eine Gruppierung der Rechtsbrecher nach bestimmten psychologischen Gesichtspunkten und im Anschluß daran die Aufstellung bestimmter Zwecke, die mit der Strafe erreicht werden sollen. Als solche Einzelzwecke bieten sich vor allem dar die individuelle Abschreckung und

---

[1]) Auch hier will STOOSS: Lehrbuch 190, nur eine Wirkung, nicht einen Strafzweck annehmen: „Die von Verbrechen abhaltende Kraft der Strafe ist das Ergebnis des Gesamteindruckes, den das Volk von dem tatsächlichen Verhältnis zwischen Verbrechen und Strafe hat.“ Dagegen spricht v. CLERIC: JZ. 15, 78 zutreffend von der generalpräventiven Zwecksetzung. — MEYER v. SCHAUENSEE: Gerichtssaal, 86, 28: Zweck der Strafe ist Generalprävention; vgl. auch THORMANN: Schweiz. Strafrecht, Rektoratsrede (1919), 21. Über die „psychischen Komponenten der Abschreckung“ vgl. v. HENTIG: Z. 25, 355ff.

[2]) FEUERBACH: Lehrbuch des peinlichen Rechts (1801, 14. Aufl., herausgegeben von MITTERMAIER, 1847), § 133: „Jede Strafe hat den notwendigen (Haupt-)Zweck, durch ihre Androhung alle vom Verbrechen abzuschrecken.“ Als mögliche Nebenzwecke nennt FEUERBACH noch 1. unmittelbare Abschrekkung durch den Anblick der Strafzufügung; 2. Sicherung des Staats vor dem bestraften Verbrecher; 3. rechtliche Besserung des Bestraften. Aus der Literatur über FEUERBACH vgl. außer den erwähnten Darstellungen der Straftheorien namentlich BINDING: Zum hundertjährigen Geburtstage P. A. Feuerbachs, Abhandlungen, 1 (Strafrecht), 505ff. — RICHARD SCHMIDT: Gerichtssaal, 81, 243ff. — GRÜNHUT: Anselm v. Feuerbach und das Problem der strafrechtlichen Zurechnung (1922), dazu JZ. 19, 383f. — NAGLER: Die Strafe, 1, 380ff.

[3]) Dazu grundlegend SALEILLES: L'individualisation de la peine (1898).

Warnung, die Besserung[1]), die Sicherung und Unschädlichmachung. Im Zusammenhang mit diesen Strafzwecken ergeben sich bisher noch verschieden beantwortete kriminalpolitische Fragen:

Die Aufstellung dieser Zwecke hat nur dann einen Sinn, wenn das Institut der Strafe für ihre Erfüllung als tauglich erscheint. Gelingt es z. B., mit Strafe und Strafvollzug einen Rechtsbrecher zu bessern und was bedeutet Besserung im strafrechtlichen Sinne?

Eine allgemein befriedigende psychologische Einteilung der Rechtsbrecher, die Voraussetzung für die Umgrenzung des Wirkungsgebietes der einzelnen spezialpräventiven Strafzwecke ist, ist schwierig.

Erst wenn diese Fragen gelöst sind, kann man versuchen, einen spezialpräventiven Strafzweck zu dem einzelnen Rechtsbrecher in Beziehung zu setzen.

Ein Programm für die Gruppierung der Rechtsbrecher im Hinblick auf die Strafzwecke der Spezialprävention zeigt etwa folgendes Bild[2]):

Verbrecher aus Leichtsinn und Gelegenheit — zur Geltung zu bringender Strafzweck: Warnung und individuelle Abschreckung;

Verbrecher aus Liederlichkeit und Willensschwäche, wobei Besserungsfähigkeit angenommen wird — Strafzweck: Besserung, jedoch lediglich im Sinne der Erziehung zu einem gesetzestreuen Verhalten, im Sinne sozialer Anpassung;

Gewohnheits- und gewerbsmäßige Verbrecher — Strafzweck: Unschädlichmachung zur Sicherung der Gesellschaft.

---

[1]) Bei der Abfassung der heute noch geltenden Strafgesetze trat vielfach der Besserungszweck der Strafe besonders hervor, ja die Besserung wird gelegentlich als der alleinige Strafzweck neben der Befriedigung des Vergeltungsbedürfnisses bezeichnet. Der Verfasser des E. zum zürcher. StGB. — BENZ, schrieb 1866 in einem Vorbericht: „Das Strafgesetz soll auf dem Grundsatz der Gerechtigkeit beruhen und nur solche Strafen aufstellen, welche dem Besserungsprinzip entsprechen. — Durch die Besserung der Verbrecher sollen die Verbrechen selbst vermindert werden. Diese Besserung soll durch eine zweckmäßigere Vollziehung der Freiheitsstrafen und Abkürzung derselben, wenn der Sträfling sich gut betragen hat, erzielt werden.“ Vgl. auch ZÜRCHER: Kommentar zürcher. StGB., Einleitung, VI. — ZIMMERMANN: Z. 1, 410ff. (Die Besserungsfähigkeit der Verbrecher).

[2]) Die Gruppierungsversuche sind zahlreich, namentlich die italienische anthropologische Schule hat sie unternommen; vgl. COLLIN: Enrico Ferri et l'Avant-Projet de Code pénal italien (1925), 17ff. — v. LISZT: Die psychologischen Grundlagen der Kriminalpolitik, Strafrechtl. Aufsätze und Vorträge, 2, 170ff. (Einteilung in Augenblicks- und Zustandsverbrecher, bei den letztern Unterscheidung zwischen Besserungsfähigen und Unverbesserlichen) und dazu STOOSS: Z. 9, 167ff. Mit den Problemen der Spezialprävention und den Individualisierungsfragen befaßt sich vor allem ASCHAFFENBURG: Das Verbrechen und seine Bekämpfung (3. Aufl., 1923), dazu STOOSS: Z. 37, 23ff. Vgl. ferner MITTERMAIER: Z. 14, 141ff. — GAUTIER: Z. 23, 123ff. — EXNER: Z. 30, 189ff. und namentlich 38, 1ff. — HAFTER in: Die Zukunft des StR. (1920), 63ff. — GRETENER: Gerichtssaal 90, 265ff. (zu den psychologischen Einteilungen des italienischen E.).

Nach einem solchen Programm hat der Richter schon bei der Anwendung der geltenden Gesetze, soweit sie es zulassen, seine Strafausmessung zu orientieren. Vor allem aber hat der Gesetzgeber bei der Gestaltung der Strafen sich auf diese Präventivzwecke zu besinnen.

V. Diese Individualisierungs- oder Gruppierungsversuche haben vor allem auch die Lehre von den sichernden Maßnahmen und ihr Verhältnis zu den Strafen gefördert. Sie haben die Erkenntnis der Fälle, in denen mit der Strafe überhaupt nicht oder wenigstens allein nicht auszukommen ist, vertieft (oben § 49 II, III). Neben die Besinnung auf die Strafzwecke tritt daher die Erforschung der Zwecke der sichernden Maßnahmen[1]). Die spezialpräventiven Zwecke, die individuelle Einwirkung auf den Rechtsbrecher treten hier in den Vordergrund, jedoch ohne daß gegenüber andern Zwecken ein qualitativer Unterschied gemacht werden soll:

Auch die sichernde Maßnahme bezweckt die Verbrechensbekämpfung und soll der Bewährung der durch den Rechtsbruch gestörten Rechtsordnung dienen. Weniger als bei der Strafe tritt dagegen bei den sichernden Maßnahmen die generalpräventive Zwecksetzung hervor. Strafe und Strafvollzug sollen ihre warnende und abschreckende Wirkung allen Rechtsgenossen gegenüber entfalten. Das ist bei den Maßnahmen, die an besondere Zustände bestimmter Personen anknüpfen, kaum möglich. Gerade darin liegt die Erklärung für das Hervortreten der spezialpräventiven Zwecke. Sie decken sich zum Teil mit Strafzwecken, sind aber mannigfaltiger als diese. Neben den als Strafzwecke genannten Momenten der individuellen Abschreckung, der Besserung, der Unschädlichmachung zeigen sich im Maßnahmenrecht in verstärktem Maße Gedanken der Fürsorge und der Heilbehandlung (Behandlung von Jugendlichen, Trinkern, Arbeitsscheuen usw.).

VI. Dieses System kennzeichnet die Strafe als Übelszufügung, die sichernde Maßnahme als Zustandsbehandlung. In der Zwecksetzung decken sich Strafe und Maßnahmen teilweise.

In diesem System hat aber auch der Vergeltungsgedanke Raum. Freilich nicht in dem Sinne vielfach vertretener Anschauungen, wonach die Vergeltung der Zweck, ja gar der einzige Zweck der Strafe wäre. Es ist zwar wohl zu beachten, daß die abgeklärteren Anschauungen über den Vergeltungszweck der Strafe nur eine rechtliche Vergeltung im Auge haben[2]). Aber die Zahl derer ist unübersehbar groß, die bald Ver-

---

[1]) Gleich wie bei den Strafen ist auch bei der Erörterung der Maßnahmen zwischen Wesen und Zweck zu unterscheiden; abweichend NAGLER: Die Strafe, 1, 670f.

[2]) Besonders deutlich jetzt NAGLER: a. a. O. 671: Zweck der Strafe ist die Vergeltung i. S. der Ausgleichung des Rechtsbruches (Genugtuung der rechtlichen Gemeinschaft) oder darüber hinaus Schutz der Rechtsordnung oder die Bekämpfung

geltung und Rache gleichsetzen oder ethische und religiöse Zweckmomente in den Vergeltungsbegriff hineintragen oder die Vergeltung mit der persönlichen Genugtuung verwechseln, die der durch ein Verbrechen Verletzte erstrebt[1]). In allen Nuancen schillert dieser Vergeltungsbegriff, und alle Aufklärung wird das nicht ändern können. Ein solcher Begriff verliert aber die Tauglichkeit, gleichsam den Mittelpunkt eines großen wissenschaftlichen und gesetzgeberischen Systems, des gesamten Strafrechts, zu bilden.

Ob der Vergeltungsbegriff aufzugeben oder beizubehalten ist, wird nicht durch die Wissenschaft entschieden. Der Vergeltungsgedanke lebt im Volksbewußtsein, und er ist von der Auffassung, die das Volk vom Strafrecht hat, auch nicht zu trennen. Trotz aller Verschiedenheiten in der Begründung des Gedankens herrscht aber vielleicht Übereinstimmung darin, daß jedermann ein strafrichterliches Urteil, das in feiner Anpassung an eine verbrecherische Tat, die Schuld und die Persönlichkeit des Täters eine weite Kreise befriedigende Reaktion darstellt und eine zweckmäßige Behandlung — im weitesten Sinne verstanden — des Täters veranlaßt, als gerechte Vergeltung empfunden wird. Mit dem Zweck, den das Strafrecht verfolgt, hat das nichts mehr zu tun. Ja man kann auch nicht dabei stehenbleiben, die Vergeltung lediglich als das Wesen der Strafe zu erklären[2]). Vergeltung ist vielmehr ein Ergebnis. Sie bedeutet, daß der Täter und seine Tat mit dem Maße gemessen worden sind, das ihm und seinem Verhalten zukommt. Ist das richtig, so ist aber der Vergeltungsgedanke ebensowohl mit der sichernden Maßnahme als mit der Strafe in Verbindung gebracht. Es ist auch gerechte Vergeltung, wenn der Strafrichter den kriminellen Trinker in die Trinkerheilanstalt, den Arbeitsscheuen in die Arbeitserziehungsanstalt einweist, deshalb weil der Richter den Täter mit dem ihm zukommenden Maße gemessen hat[3]). Die

des Verbrechertums; ferner eodem 105f., 508ff., 556, 568ff., 657ff. — Birkmeyer: a. a. O. 18ff.: Die Strafe ist Vergeltung und wird zum Zwecke der (rechtlichen) Vergeltung verhängt.

[1]) Nichts ist bezeichnender, als daß Nagler: a. a. O. 657ff. sich genötigt sieht, in breiter, sehr instruktiver Darstellung die „Mißdeutungen der (rechtlichen) Vergeltung und die dadurch vermittelten Fehlvorstellungen" zu erörtern (657—721). Um den Begriff der rein rechtlichen Vergeltung zu stützen, lehnt er sehr richtig die Gleichstellung der Vergeltung mit der Gegenwirkung überhaupt, mit der Rache, mit der persönlichen Genugtuung, mit der göttlichen Vergeltung, mit der sittlichen Vergeltung, mit der Talion ab.

[2]) Die Vergeltung wird als das Wesen der Strafe — nicht als ihr Zweck — bezeichnet z. B. von Stooss: Z. 14, 387; Lehrbuch (2. Aufl.), 191; vgl. ferner v. Cleric: JZ. 15, 77: Ihre primäre Rechtfertigung findet die Strafe mithin in dem, was man Vergeltung nennt. — Meyer v. Schauensee: Gerichtssaal, 86, 28. — Thormann: Schweizer. Strafrecht (Rektoratsrede), 18ff.

[3]) Damit ist gerechtfertigt, daß der eidgenössische E. als Ganzes immer wieder, trotz der starken Heranziehung sichernder Maßnahmen, als ein Vergeltungs-

scharfe Trennung zwischen Strafe und Maßnahme wird dadurch nicht berührt.

In dieser Auffassung wird der Vergeltungsgedanke immer wirksam sein. In ihm liegt ein starkes ethisches Moment. Er ist gleichsam die Garantie dafür, daß das Strafrecht mit den im Volke lebendigen ethischen Anschauungen und Werturteilen soweit als möglich in Übereinstimmung bleibt. Er gewährleistet eine befriedigende Proportionalität zwischen dem Rechtsbruch und der darauf folgenden strafrechtlichen Reaktion, sei sie nun Strafe oder sichernde Maßnahme. Der Gesetzgeber sowohl wie der den Einzelfall beurteilende Richter werden nie den Leitstern der gerechten Vergeltung aus dem Auge verlieren dürfen[1]).

Zweiter Abschnitt.

Das Strafensystem.

§ 51. Vorbemerkungen.

I. Bei der Darstellung der geltenden Rechte ist eine strenge Durchführung der erstrebten scharfen Scheidung zwischen Strafe und sichernder Maßnahme (oben § 49) noch nicht möglich. Bei gewissen Bestimmungen — bei der Landesverweisung, der Einziehung, der öffentlichen Bekanntmachung des Strafurteils, dem Wirtshausverbot u. a. — steht die Entscheidung darüber, ob sie den Strafen oder den Maßnahmen beizuzählen sind, nicht fest. Im Zweifel wird man sie, bevor die Abklärung weiter fortgeschritten ist, bei den Strafen zur Darstellung bringen müssen.

In die Erörterungen des Strafensystems werden daher auch die Bestimmungen, deren Rechtsnatur noch nicht endgültig festgelegt ist, einbezogen.

---

strafrecht bezeichnet worden ist; vgl. auch Hafter: Z. 17, 230f. und namentlich schon Merkel: Z. 7, 4ff. — Ganz haltlos ist die im Streit zwischen der klassischen und der soziologischen Schule häufig vorkommende Unterscheidung zwischen Vergeltungs- und Zweckstrafen. Jede Strafe und jede sichernde Maßnahme verfolgt Zwecke. Das Ergebnis sowohl der Strafe wie der sichernden Maßnahme muß aber gerechte Vergeltung sein. Besser kommen die gegensätzlichen Anschauungen in den beiden Begriffen: Vergeltungs- und Schutzstrafe oder — wie Ferri sich häufig ausdrückt — mit den Worten: pena-castigo und pena difesa zur Geltung.

[1]) Wesentlich in diesem Sinne hat Adolf Merkel immer wieder von der Strafe als gerechter Vergeltung und von der vergeltenden Gerechtigkeit gesprochen; Lehrbuch (1889), 187ff. — Merkel-Liepmann: Lehre von Verbrechen und Strafe (1912), 209ff., 228ff.: Die Grenzen des Strafrechts und des Strafmaßes stehen überall und wesentlich unter dem Einfluß der die Gesellschaft bewegenden Interessen (229/230). Vgl. ferner Exner: ZgesStRW. 40, 15ff. — Gerland: Entstehung der Strafe (1925), 26: „War die Strafe als gefühlsmäßige Reaktion Vergeltung, so ist sie es bei zweckmäßigster Verwendung auch heute noch."

II. Zu unterscheiden sind Haupt- und Nebenstrafen. Die erstern können für sich allein ausgefällt werden. Die letztern werden mit einer Hauptstrafe verbunden[1]). Die geltenden Gesetze bringen diese Zweiteilung nur vereinzelt zu deutlichem Ausdruck. Nach Bern Art. 6 sind Freiheitsstrafen und Geldbuße Hauptstrafen. Die subsidiären (akzessorischen) Strafen, die „als Folgen der Hauptstrafen ausgesprochen werden können", zählt Art. 7 auf. Obwalden, PolStG. Art. 3 nennt neben den Hauptstrafen „Nebenstrafen, welche nie für sich allein auszufällen und mehr nur als aus der Natur des Vergehens von selbst folgend, denn als die Strafe erschöpfend zu betrachten sind" (Verlust des Gewerbes, Amtsentsetzung, Einstellung im Aktivbürgerrecht, Konfiskation einzelner Gegenstände). Schaffhausen § 7 spricht von Nebenstrafen, Aargau § 4 von Hauptstrafen, woraus sich der Gegensatz zu der andern Strafgattung ergibt. Neuenburg zählt in Art. 8 die sämtlichen Strafarten auf und bestimmt anschließend (Art. 9 I): „La privation des droits civiques et de la puissance paternelle, la destitution ou la suspension d une fonction ou d'un office public, l'interdiction d'une profession, la confiscation, la surveillance administrative, l'exclusion des établissements publics et la publication du jugement sont toujours des peines accessoires."

Der eidg. E. führt durch Randbezeichnungen die Unterscheidung zwischen Haupt- und Nebenstrafen systematisch durch. Zuchthaus, Gefängnis und Haft sind die Hauptstrafen (Art. 34—39). Als Nebenstrafen werden Einstellung in der bürgerlichen Ehrenfähigkeit, Amtsentsetzung, Entziehung der elterlichen Gewalt und der Vormundschaft, Berufs- und Gewerbeverbot, Landesverweisung und Wirtshausverbot (Art. 48—53) bezeichnet.

III. An die Dreiteilung der Delikte in Verbrechen, Vergehen und Übertretungen und die mit ihr zusammenhängende Dreigliederung der Strafgerichtsbarkeit knüpft die Unterscheidung zwischen kriminellen (peinlichen)[2]), korrektionellen und polizeilichen Strafen an. Das Unterscheidungsmerkmal liegt in der Schwere. In zahlreichen geltenden Gesetzen tritt — im Anschluß an das vom französischen Code pénal geschaffene Vorbild — diese Dreiteilung noch hervor, besonders deutlich etwa in Bern Art. 6 oder Genf Art. 8 (peines en matière criminelle, en matière correctionnelle, peines de polices). Von praktischer

---

[1]) Vgl. BE. 47 I 131. Boller: Zur Frage der Verjährung der Nebenstrafen, Zürcher Diss. (1920), 23ff.

[2]) Die „peinliche" Strafe soll dem Täter ein Leiden verursachen. Ursprünglich verstand man unter ihr wohl nur die schweren körperlichen, der hohen Kriminalgerichtsbarkeit vorbehaltenen Strafen an Hals und Hand; vgl. Feuerbach: Lehrbuch, § 136. Diese Bedeutung ist dem Begriff, wo er überhaupt noch existiert, längst verloren gegangen.

Bedeutung ist sie, wenigstens im materiellen Recht, kaum mehr. Auch andere alte Einteilungen — entehrende und nicht entehrende, gemeine und besondere Strafen usw.[1]) — sind systematisch wertlos geworden. Heute hat es nurmehr einen gewissen Sinn, Verbrechens-(Vergehens-) strafen von Übertretungsstrafen zu unterscheiden. Allein auch hier handelt es sich nicht mehr um zwei scharf von einander getrennte Kreise Die neue Gesetzgebung, z. B. der eidg. E., verzichtet auf alle derartigen Einteilungen.

Erstes Kapitel.

Hauptstrafen.

§ 52. Todesstrafe.

Literatur. STOOSS: Strafgesetzbücher, 108ff.; Grundzüge, 1, 285ff. — MITTERMAIER: Artikel „Todesstrafe" im Handwörterbuch der schweiz. Volkswirtschaft etc., 3 II, 1041ff. — SCHEWARDNADSE: Die Todesstrafe in Europa, Zürcher Diss. (1914). — KRONAUER und LOGOZ in den Verhandlungen des schweiz. Juristentages 1912, ZschwR. N.F. 31, 503ff. — SOLDAN und DECOPPET: Z. 5, 163ff. (über die Todesstrafe im Kanton Waadt). — HÜRBIN: Z. 6, 433ff. — MEYER v. SCHAUENSEE: Z. 5, 68ff.; JZ. 9, 223ff.; Monatsschr. f. Krim. Psych. und Strafrechtsreform, 7, 601ff. — v. CLERIC: JZ. 9, 133ff.; ZgesStRW., 34, 434ff. — FICK: JZ. 11, 358ff. — LADAME: Z. 22, 1ff. — DELAQUIS: Z. 28, 334ff. — PFENNINGER: Z. 31, 361ff.; 32, 241 (Bibliographisches). — STEIGER: Das Strafensystem im schweizer. Militärstrafrecht, Berner Diss. (1923). — GOLDSCHMIDT: VD. Allg. Teil, 4, 318ff. — LIEPMANN: Die Todesstrafe (1922).

I. Auszugehen ist von dem in Art. 65 I der BV. aufgestellten Verbot: Wegen politischer Vergehen darf kein Todesurteil gefällt werden. Die Geschichte dieses Verfassungsartikels[2]) ist die lebendige Illustration des Meinungsstreites in dieser Frage, der in der Schweiz noch nie zur Ruhe gekommen ist:

Die Verfassung von 1874 hatte bestimmt: „Die Todesstrafe ist abgeschafft. Die Bestimmungen des Militärgesetzes bleiben jedoch in Kriegszeiten vorbehalten." Schon durch die Volksabstimmung vom 18. Mai 1879 erfolgte die Revision, die den Zustand der Verfassung von 1848 — Verbot der Todesstrafe nur für politische Verbrechen — wiederherstellte[3]). Mit dem Hinfall des absoluten Bundesverbotes lebten die früheren kantonalen Bestimmungen nicht von selbst wieder auf. Nur durch neue Gesetze konnte die Todesstrafe wieder eingeführt werden. — Im Streitfalle darüber, ob es sich um ein politisches Ver-

[1]) Vgl. etwa TEMME: Lehrbuch des schweizer. StR. (1855), 235ff.

[2]) Ausführlichere Darstellung bei STOOSS: Grundzüge, 1, 56ff., 285ff. — BURCKHARDT: Kommentar BV. (2. Aufl.), 619ff. — MITTERMAIER: a. a. O. 1041ff. — STEIGER: a. a. O. 44ff.

[3]) Bemerkenswert sind die Abstimmungszahlen: 200, 485 Ja gegen 181, 588 Nein; 13 und 4 halbe Stände bejahend, 6 und 2 halbe Stände verneinend.

brechen handelt, hat das Bundesgericht zu entscheiden Der Art. 65 stellt einen eidgenössischen Rechtsbegriff des politischen Verbrechens auf. Nicht maßgebend ist die Auffassung eines kantonalen Gesetzgebers oder eines kantonalen Urteils im Einzelfall. Im Zusammenhang mit Art. 65 ist das Bundesgericht nie zur Erörterung dieses Begriffes gelangt. Verwertbar sind die bundesgerichtlichen Anschauungen über das politische Delikt bei der Behandlung von Auslieferungsfällen[1]). Zu beachten ist immerhin, daß es sich bei dem „politischen Verbrechen" nach Art. 65, anders als im internationalen Auslieferungsrecht, um das Verhältnis des Einzelnen zum (internen) schweizerischen Strafrecht handelt. Die Frage, ob der Begriff des politischen Delikts intern anders als im Auslieferungsrecht zu fassen ist, hat das Bundesgericht in einem andern Zusammenhang bejaht[2]). Eine Differenzierung rechtfertigt sich aber nicht, ganz besonders nicht bei einer Anwendung des Art. 65 BV. Nach richtiger Auffassung muß die Todesstrafe bei allen politischen Verbrechen — im weitesten Sinne — ausgeschlossen sein, also bei den rein politischen (Staats-) Verbrechen gegen den Bund oder gegen einen Kanton und bei den relativ politischen, d. h. den gemeinen Verbrechen mit politischem Charakter[3]).

II. Auf der verfassungsrechtlichen Grundlage ergibt sich für Bund und Kantone folgende Ordnung:

1. Das bürgerliche BStG. kennt die Todesstrafe nicht. Nach Art. 9 dieses Gesetzes besteht immerhin die — wohl nur theoretische — Möglichkeit, daß die Bundesassisen ein Todesurteil fällen: Bei konnexen Verbrechen, von denen die einen dem Bundes-, die andern dem kantonalen Recht unterstehen, können die Bundesassisen auch die letztern, unter Anwendung des kantonalen Strafrechts, mitbeurteilen (Art. 76). Dabei stehen dem Bundesschwurgericht alle Strafarten des betreffenden kantonalen Rechts — mit Einschluß der Todesstrafe — zur Verfügung (Art. 9 II).

---

[1]) Darauf ist hier nicht einzugehen; vgl. die Literaturangaben oben S. 52, Note 5 und die Zusammenstellung der bundesgerichtlichen Praxis über den Begriff des politischen Deliktes in Auslieferungsfällen bei v. Cleric: Leitfaden, 124ff.

[2]) Bei der Auslegung von Art. 112 Ziff. 3 BV. (Zuständigkeit der Bundesassisen zur Beurteilung von politischen Delikten, die Ursache oder Folge derjenigen Unruhen sind, durch welche eine bewaffnete eidgenössische Intervention veranlaßt wird): BE. 5, 478ff. (Stabio-Handel) und Z. 5, 93ff. (Beschluß der Anklagekammer des BGer.). Danach sind nach dem Bundesstrafgesetz nur die in Art. 45—50 enthaltenen Tatbestände politische Delikte. Gegen diese Auffassung Fleiner: Bundesstaatsrecht, 75, Anm. 40 und namentlich Stooss: Z. 36, 57, 60f.

[3]) Dazu v. Cleric: Leitfaden, 125ff. Übereinstimmend mit dem Text Burckhardt, a. a. O. 622, 782. — Fleiner: a. a. O. 459. — Schewardnadse: a. a. O. 91f.; vgl. auch Bader: Der Begriff des politischen Delikts, Zürcher Diss. (1894), 106ff., 156f.

2. Das MilStGB. sieht in Art. 4 lit. a und Art. 5 in Verbindung mit Art. 210 II MilStGO. die durch Erschießen zu vollstreckende Todesstrafe vor. Sie ist, bald absolut, bald alternativ mit Zuchthaus, bei zahlreichen Delikten angedroht[1]). Art. 65 der BV. von 1874 enthielt den Satz: Die Bestimmungen des Militärgesetzes (über die Todesstrafe) bleiben in Kriegszeiten vorbehalten. Damit war diese Strafart für die Zeiten außer der Kriegszeit abgeschafft. Die Verfassungsrevision von 1879, die den erwähnten Satz nicht übernahm, hat daran nach richtiger Auffassung nichts geändert. Der Bundesgesetzgeber hätte die Todesstrafe für Delikte außerhalb der Kriegszeiten ausdrücklich wieder einführen müssen[2]). Welche Strafe an die Stelle der Todesstrafe getreten ist, sagt das Gesetz nicht. Die Praxis hat die Frage bisher nicht gelöst. Als Ersatz kann aber vernünftigerweise nur die lebenslängliche Zuchthausstrafe angenommen werden[3]).

3. Seit der Verfassungsrevision von 1879 haben 10 Kantone die Todesstrafe wieder eingeführt[4]). Es sind — nach der zeitlichen Reihenfolge der Wiedereinführung —

Appenzell J.-Rh. durch Beschluß der Landsgemeinde vom 25. April 1880, bestätigt durch das StGB. von 1899 (Art. 4);

Obwalden durch Gesetz vom 25. April 1880;

Uri durch Landsgemeindebeschluß vom 2. Mai 1880 (Landbuch, 3, 212f.);

---

[1]) Zusammenstellung der Fälle bei Hafter: VE. zu einem neuen MilStGB. mit Motiven, 31. — Steiger: a. a. O. 44ff.

[2]) Soweit ist die Lage klar. Nicht völlig deutlich ist dagegen, ob, weil der Verfassungstext von 1879 den Vorbehalt der Todesstrafe für Kriegszeiten nicht übernahm, diese Strafart in der Kriegszeit weiter gilt. Das wird heute allgemein angenommen. — Während der Mobilisation der schweizerischen Armee im Weltkrieg galten nach Art. 1 der bundesrätlichen VO. vom 6. August 1914 betreffend Strafbestimmungen für den Kriegszustand „die Bestimmungen der Militärgesetze, die für Kriegszeiten aufgestellt sind." Die Militärgerichte haben jedoch während der ganzen Dauer der Mobilisation kein Todesurteil ausgesprochen. — Bestritten ist, ob die Todesstrafe des Militärrechts bei Aktivdienst zur Handhabung der Ruhe und Ordnung im Innern des Landes anwendbar ist. Dafür spricht sich Steiger: a. a. O. 47f. aus (Bürgerkrieg), dagegen Renold: Schweiz. Bundesverwaltungsrecht (1905), 75. Im Zweifel ist für die mildere Auffassung einzutreten.

[3]) Renold: a. a. O. 76. — Steiger: a. a. O. 48. Die Lösung ist von Bedeutung bei den Delikten, auf die Todesstrafe absolut angedroht ist, z. B. bei Mord (Art. 100), Notzucht mit Todesfolge (Art. 119 lit. a), schwerer Brandstiftung (Art. 125 II lit. a) usw.

[4]) Eine Zusammenstellung der Verbrechen, auf denen in diesen Kantonen die Todesstrafe, bald absolut, bald wahlweise mit lebenslänglichem Zuchthaus, steht, geben Stooss: Grundzüge, 1, 288ff. — Mittermaier: a. a. O. 1044ff. und namentlich Schewardnadse: a. a. O. 63ff. Die Einzelerörterung gehört in eine Darstellung des Besondern Teils. — Die Bevölkerung der Kantone mit Todesstrafe macht ungefähr $1/4$ der gesamtschweizerischen Bevölkerung aus; Zahlen bei Zürcher: Erläuterungen zum VE. 1908, 70f.

Schwyz im Kriminalstrafgesetz vom 20. Mai 1881, ergänzt durch ein Gesetz vom 8. August 1895, durch das die öffentliche Hinrichtung beseitigt wurde;

Zug durch eine Novelle vom 1. Juni 1882 zum StGB.;

St. Gallen durch Gesetz vom 2. Dezember 1882, bestätigt im StGB. von 1886 mit dem Nachtragsgesetz vom 24. November 1905, wonach bei mildernden Umständen auf Zuchthaus nicht unter zehn Jahren erkannt werden kann[1]);

Luzern durch Gesetz vom 6. März 1883, bestätigt im Kriminalstrafgesetz von 1906[2]);

Wallis durch Gesetz vom 24. November 1883, ergänzt durch Gesetz vom 21. November 1910;

Schaffhausen durch Gesetz vom 14. März 1893, bestätigt in der Novelle zum StGB. von 1916 (Art. 2)[3]);

Freiburg — das 1848 als erster schweizerischer Kanton die Todesstrafe abgeschafft hatte — durch Gesetz vom 24. November 1894, bestätigt im StGB. von 1924 (Art. 25)[4]).

In einigen andern Kantonen — Zürich, Bern, Glarus und Appenzell A.-Rh. — sind Versuche, die Todesstrafe wieder einzuführen, gescheitert[5]).

III. Die Todesstrafe wird nach den kantonalen Rechten durch das Fallbeil vollzogen. Sie erfolgt unter Ausschluß der Öffentlichkeit (sog. Intramuranhinrichtung), regelmäßig in Anwesenheit bestimmter Urkundspersonen. Wallis Art. 22 und Freiburg Art. 25 II bestimmen, daß der Leichnam der Familie des Hingerichteten auf ihren Wunsch zur „einfachen Bestattung" übergeben wird. Über den Toten begibt sich der Staat seines Rechtes[6]).

Nach dem Militärstrafrecht erfolgt gemäß MilStGO. Art. 210 II der Vollzug der Todesstrafe durch Erschießen, „zu welchem Zwecke eine

---

[1]) Über St. Gallen: Z. 5, 413ff.; 18, 82ff., 360ff. (Ablehnung einer Motion auf Abschaffung der Todesstrafe, was in der Folge zum Nachtragsgesetz von 1905 führte).

[2]) Über Luzern: Z. 2, 453ff. — Meyer v. Schauensee: Z. 5, 68ff.; 221ff.; vgl. auch Z. 18, 92ff.

[3]) Über Schaffhausen: Stooss: Grundzüge, 1, 138; Z. 6, 275f.; 15, 92ff.

[4]) Über Freiburg: Z. 7, 484f. — Perrier: Z. 7, 385ff. und 9, 489.

[5]) Bemerkenswert der Verlauf in Zürich, wo 1883 ein Initiativbegehren auf Wiedereinführung in der Volksabstimmung angenommen wurde, während dann am 5. Juli 1885 das Volk die Abänderung des Art. 5 der V. (Verbot der Todesstrafe) ablehnte; darüber Sträuli: Kommentar Verfassung, 47f. — Zürcher: Kommentar zürcher. StGB. 24f., ferner Mittermaier: a. a. O. 1044f. Vgl. noch über Basel: Thurneysen: Z. 4, 183ff., über die Waadt: Soldan und Decoppet: Z. 5, 163ff.

[6]) Die in der Schweiz bis 1891 ausgefällten Todesstrafen-Urteile stellt Stooss: Grundzüge, 1, 291ff. zusammen; vgl. auch Kronauer: a. a. O. 510. — Pfenninger: Z. 31, 361ff.

Abteilung Gewehrtragender kommandiert wird.“ Eine Verordnung des Bundesrates soll darüber das Nähere bestimmen. Diese VO. ist nie ergangen. Durch Art. 210 II ist Art. 5 MilStGB. (Vollzug durch Erschießen oder durch Enthauptung) aufgehoben worden.

IV. Der eidg. E. verzichtet auf die Todesstrafe[1]). Das ist für ihre Anhänger ein Stein des Anstoßes. Häufig ist ein eidgenössisches StGB. ohne Todesstrafe als unannehmbar bezeichnet worden. Der Widerstreit der Meinungen spiegelt sich in den Beratungen und in der Literatur zu den Entwürfen in drastischer Weise wider[2]). Eventuell muß die Volksabstimmung die Entscheidung treffen.

Der E. des MilStGB. 1918 läßt im Anschluß an den heutigen Rechtszustand die Todesstrafe nur „in Kriegszeiten“ zu. Sie soll durch Erschießen vollstreckt werden. An Stelle einer in Kriegszeiten ausgesprochenen, aber nicht vollzogenen Todesstrafe tritt nach Beendigung der Kriegszeit lebenslängliches Zuchthaus (Art. 27). „Kriegszeiten sind“, nach der in Art. 61 gegebenen gesetzlichen Definition, „wenn die Schweiz sich im Kriege befindet, oder wenn der Bundesrat bei Kriegsgefahr erklärt, daß die für Kriegszeiten aufgestellten Bestimmungen anzuwenden sind“[3]).

V. Zu einer einheitlichen Beurteilung der Todesstrafenfrage wird man schwer gelangen. Die geschichtliche Entwicklung zeigt immerhin, namentlich seit Cesare Beccaria in seiner Schrift „Dei delitti e delle pene“ (1764) mutvoll den Kampf gegen die Todesstrafe aufnahm, die deutliche Tendenz zur Milderung, Einschränkung und Abschaffung[4]).

[1]) Art. 353 lit. b: Ein Todesurteil darf nach dem Inkrafttreten des Gesetzes nicht mehr vollstreckt werden. An die Stelle der Todesstrafe tritt lebenslängliches Zuchthaus.

[2]) Prot. I. ExpKom. 1, 289ff. (Ablehnung); Prot. II. ExpKom. 1, 205ff.; 8, 28ff. (Annahme eines Kompromißantrages Kronauer, im Einführungsgesetz zum StGB. den Kantonen freizustellen, für Verbrechen, die im StGB. mit lebenslänglicher Zuchthausstrafe bedroht sind, alternativ die Todesstrafe anzudrohen); 8, 190ff. (Ablehnung des Kompromisses und der Aufnahme der Todesstrafe). Der schweizer. Juristenverein hat sich 1912 nach Referaten von Kronauer und Logoz für die Nichtaufnahme der Todesstrafe in das eidg. StGB. ausgesprochen. — Meyer v. Schauensee: Monatsschr. f. Krim.-Psych. umd Strafrechtsreform, 7, 601ff. stellt zur Erwägung, ob nicht mit Rücksicht auf die Verfassungsabstimmung von 1879 die Frage der Todesstrafe „durch eine separate Vorlage vor der Abstimmung über das Strafgesetz bereinigt werden sollte.“ Vgl. ferner Zürcher: Erläuterungen zum VE. 1908, 69ff. — Delaquis: Z. 28, 334ff. — Zeller: JZ 15, 191. Für die Aufnahme der Todesstrafe trat u. a. Fick: JZ. 11, 358ff. ein.

[3]) In der parlamentarischen Beratung des MilStGE. sind bis heute diese Fragen noch nicht endgültig abgeklärt; vgl. Ständerat, Stenogr. Bull. 1921, 251f., 468ff., auch 257f. (Begriff „Kriegszeiten“); Nationalrat, Stenogr. Bull. 1924, 673ff. (Ablehnung eines sozialdemokratischen Antrages auf Streichung der Todesstrafe); auch 642ff.; 1925, 379ff. (Begriff „Kriegszeiten“). Siehe ferner Logoz: Z. 37, 331ff. — Steiger: a. a. O. 49ff.

[4]) Gute Darstellung dieser Entwicklungen bei Schewardnadse: a. a. O. 7ff.

Zeiten erhöhter Kriminalität hemmen eine geradlinige Entwicklung. Kapitalverbrechen steigern das Vergeltungsbedürfnis des Volkes. Das sind stärkere Mächte als Humanitätsüberlegungen. Nur in seiner Bedingtheit durch Zeit- und Kulturumstände kann das Problem der Todesstrafe begriffen werden. Für den Gesetzgeber handelt es sich letztlich darum, Wert oder Unwert an den Forderungen einer als richtig erkannten Kriminalpolitik abzumessen. Von diesem Standpunkt aus ergibt sich:

Die generalpräventive abschreckende Wirkung der Todesstrafe ist gering. Jedenfalls ist noch nie ein überzeugender Beweis geführt worden, daß sog. todeswürdige Verbrechen in den Ländern mit Todesstrafe seltener begangen werden als in den Ländern ohne diese Strafe[1]).

Von den spezialpräventiven Strafzwecken kommt nur die Unschädlichmachung zur Sicherung der Gesellschaft in Betracht. Dieser Gedanke allein würde zur Rechtfertigung der Todesstrafe dann genügen, wenn feststände, daß dem Staat keine andern ausreichenden Mittel zur Verfügung stehen, um die Gesellschaft von einem gefährlichen Schwerverbrecher zu befreien. Die lebenslängliche, unter Umständen auch schon eine langzeitige Freiheitsstrafe oder unter bestimmten Voraussetzungen die Verwahrung (unten § 81) geben diese Möglichkeiten.

Von dem Standpunkt aus, daß die Rechtfertigung einer Strafart in der allein ihr zukommenden Eignung für die Erreicherung bestimmter Zwecke begründet sein muß, gelangt man mit Notwendigkeit zur Ablehnung der Todesstrafe. Sie kann dann auch niemals die gerechte Vergeltung für ein Verbrechen sein, weil man einwenden muß, daß dem Staat zur Erreichung der Unschädlichmachung ein anderes, immerhin weniger schweres und problematisches Mittel — die langdauernde, eventuell lebenslängliche Einsperrung — zur Verfügung steht.

Anders kann eigentlich nur überlegen, wer den Zweck der Strafe in der mit dem Talionsgedanken beschwerten Sühne auch heute noch erblickt.

§ 53. Freiheitsstrafen im allgemeinen.

Literatur. Stooss: Strafgesetzbücher, 111ff.; Grundzüge, 1, 303ff. — Hafner und Zürcher: Schweizer. Gefängniskunde (1925). — Pfenninger: Z. 32, 244ff. (Bibliographie). — Guillaume: Etat actuel des prisons et de la réforme pénitentiaire en Suisse (Gef.-Verein, 1872) und zahlreiche weitere Aufsätze in den Verhandlungen des Gef.-Vereins. — Curti: Artikel „Gefängniswesen" im Handwörterbuch der schweiz. Volkswirtschaft, 2, 99ff. — Beilagenband 1 zum Prot. II. ExpKom. (1916, Gefängniskommission). — Curti und Fietz: Die neue Strafanstalt des Kts. Zürich in Regensdorf (1901). — Kellerhals: Die Domäne und Strafkolonie Witzwil (1904). — Stockmar: Un sanatorium pénitentiaire Witzwil (1916, Extrait de la Bibliothèque Universelle et Revue suisse). — Hafter: Z. 28, 283ff. — Spira: Zuchthaus- und Gefängnisstrafe (1905). — Delaquis: Z. 37, 340ff. — Goldschmidt: VD. Allg. Teil, 4, 206ff., 324ff. — Buerschaper: JZ. 19, 241ff. — Steiger: (Lit. zu § 52). — Merckling: (Lit zu § 31). Lit.-Angaben zu §§ 58/59.

[1]) v. Hentig: Z. 25, 359.

I. Das heutige Strafensystem zeigt ein Übergewicht der Freiheitsstrafen. Freiheitsentziehungen hat die Rechtsordnung wohl immer verwendet. Sie dienten als Zwangs- und Sicherungsmittel gegenüber dem Rechtsverletzer. Die Freiheitsstrafe, wie wir sie heute auffassen, tritt erst seit dem Ende des 16. Jahrhunderts, mit dem Aufkommen des Besserungsgedankens, hervor (Amsterdamer tuchthuis für Männer, 1595, spinhuis für Frauen, 1597)[1]). Bis dahin hatte die Einkerkerung nur der Abschreckung und der Unschädlichmachung der Rechtsbrecher gedient. An ihre Stelle trat der Gedanke der Erziehung und Besserung durch Arbeit. Eine großartige Entwicklung hat damit eingesetzt. Sie ist in späterer Zeit besonders durch englische und amerikanische Einflüsse gefördert worden[2]). Das Hauptgewicht verschob sich nach der Seite des Strafvollzuges (unten §§ 58, 59). Wenn noch heute und wohl in alle Zukunft die Freiheitsstrafen und ihr Vollzug scharfer und vielfach berechtigter Kritik ausgesetzt sind, so steht doch fest, daß die moderne Gestaltung der Freiheitsstrafe gegenüber früheren Zuständen einen ungeheuren Fortschritt bedeutet[3]).

Freiheitsstrafe im engern Sinne ist Einsperrung. Freiheitsstrafen in einem weitern Sinne sind aber auch die Deportation[4]) — die für

---

1) Bahnbrechend darüber die Forschungen v. HIPPELS: ZgesStRW. 18, 419ff., 608ff. und Deutsches Strafrecht 1 (1925), 51, 98ff., 242ff. Vgl. ferner BOHNE: Die Freiheitsstrafe in den italienischen Stadtrechten des 12. bis 16. Jahrhunderts, 1 (1922); 2 (1925). Die Beweisführung dieses Werkes, daß die Freiheitsstrafe, wie wir sie heute verstehen, zuerst in der italienischen Renaissance verwendet wurde, ist als mißlungen zu betrachten. Dazu E. SCHMIDT: ZgesStRW. 45, 309ff.; 46, 152ff.; 46, 36ff. (Erwiderung von BOHNE). Über die Entwicklungen in der Schweiz HAFNER-ZÜRCHER: Gefängniskunde, 1ff. — CUNNINGHAM: Notes recueillies en visitant les prisons de la Suisse (1820). — HAFNER: Geschichte der Gefängnisreformen in der Schweiz, Zürcher Diss. (1901). — SCHAFFROTH: Geschichte des bernischen Gefängniswesens (1898).

2) LENZ: Anglo-amerikanische Reformbewegung im StR. (1908). — HERR: VD. Allg. Teil, 4, 471ff.

3) Für die Schweiz ist die Tätigkeit des 1867 begründeten schweizer. Gefängnisvereins — seit 1904 Verein für Straf-, Gefängniswesen und Schutzaufsicht — von größter Bedeutung geworden; vgl. HÜRBIN: Rückblick auf die 25jährige Tätigkeit des Vereins (1893). — STÜCKELBERGER: Geschichtlicher Überblick zum 50jährigen Jubiläum (1917). — GUILLAUME: Inhaltsverzeichnis der Vereinshefte von 1867—1906 (24 Bände). Im Zusammenhang mit den Arbeiten an den eidgenössischen StG.-Entwürfen prüfte in den Jahren 1912—1916 eine besondere Expertenkommission den Strafvollzug und das Anstaltswesen in der Schweiz (Beilagenband 1 zum Prot. II. ExpKom., 1916). — Besonders lehrreich über die amerikanischen Verhältnisse das Journal of the American Institute of Criminal Law and Criminology, bis 1925 sechzehn Bände; vgl. auch KELLERHALS: Z. 36, 214ff. Bibliographisches bei PFENNINGER: Z. 32, 246ff. Bemerkenswerte Gedanken über die Reform der Freiheitsstrafen bei HILTY: Gef.-Verein, 8, 104ff.

4) Darüber GOLDSCHMIDT: VD. Allg. Teil, 4, 326ff. — HAFNER und ZÜRCHER: Gefängniskunde, 267ff.

die Schweiz nicht in Betracht kommt —, die Eingrenzung (unten § 61), die Landesverweisung (unten § 62), die Polizeiaufsicht (unten § 63), das Wirtshausverbot (unten § 64).

In der gesetzlichen Umschreibung der Freiheitsstrafen und ganz besonders im Vollzug zeigen die schweizerischen Rechte eine verwirrende Mannigfaltigkeit. Die Rechtszersplitterung wirkt sich hier in schlimmster Weise aus. Der Gedanke, daß sich Verbrechensrepression und Freiheitsstrafen-Vollzug von Kanton zu Kanton verschieden gestalten, ist schwer erträglich. Der eidg. E. führt insofern einer Besserung dieser Zustände entgegen, als er die Strafmittel vereinheitlicht und auch für den Vollzug gewisse für das ganze Land geltende Grundsätze aufstellt (unten § 59 IV). Nach Art. 64 bis der BV. bleibt der Strafvollzug jedoch auch nach der Einführung des eidgenössischen StGB. den Kantonen. Der Absatz 3 dieses Artikels gibt immerhin dem Bund die Befugnis, den Kantonen zur Errichtung von Straf-, Arbeits- und Besserungsanstalten und für Verbesserungen im Strafvollzuge Beiträge zu gewähren (unten § 59 I, IV). Von einem eidgenössischen Strafvollzugsgesetz, das die notwendige Ergänzung des einheitlichen StGB. ist, sind wir weit entfernt. Vorläufig sind weiter ausgreifende Verbesserungen im Gebiet der Freiheitsstrafen nur von der durch Verträge zu erreichenden Zusammenarbeit einzelner Kantone zu erwarten[1]).

II. Der Überblick über die in den schweizerischen Rechten vorkommenden Freiheitsstrafen zeigt folgendes Bild[2]):

1. Auf die zwei Strafarten Zuchthaus und Gefängnis beschränken sich BStG. Art 2, MilStGB. Art. 4[3]), Graubünden § 6 und PolGes. § 2, Aargau § 4 und ZuchtpolGes. § 5 (Freiheitsstrafe = Gefängnis) Waadt Art. 13.

2. Eine Dreizahl: Zuchthaus, Arbeits- oder Korrektionshaus und Gefängnis kennen Zürich § 4[4]), Luzern § 4 und PolStG. § 4, Schwyz § 6, Obwalden Art. 3 und PolStG. Art. 4, Glarus § 3, Zug § 3, Solothurn § 5 (die dem Arbeitshaus entsprechende Strafe wird hier

---

[1]) Dadurch, daß Kantone mit ungenügenden Anstalten sich die Übernahme des Strafvollzuges durch andere Kantone vertraglich sichern (sog. Pensionärsystem); vgl. Beilagenband 1 zum Prot. II. ExpKom. 91f., 98, 351ff. — Hafner: Geschichte der Gefängnisreformen, 79ff. — Gasser: Gef.-Verein, N.F. Heft 3, 37ff.

[2]) Stooss: Grundzüge, 1, 304ff.

[3]) Dazu kommt hier der während des Weltkrieges durch VO. vom 29. Februar 1916 und 13. Juli 1917 eingeführte militärische Vollzug von Gefängnisstrafen. Er erfolgt in Festungen; Militärorganisation und Ausführungsbestimmungen, Sammelband des Mil.-Amtsblattes (1924), 565ff. — Hafter: VE. MilStGB. mit Motiven (1916), 32f. — Steiger: (Lit. zu § 52), 63ff. — Die militärischen Arreststrafen ordnen Art. 168ff. des MilStGB.

[4]) Ohne Eingliederung in das Strafensystem und ohne Kennzeichnung dieser Strafart sieht das zürcher. StGB. als Übertretungsstrafe in einem Falle Haft vor (§ 128 I: Anlockung zur Unzucht).

„Einsperrung" genannt), Schaffhausen § 7 (Gefängnisstrafe ersten Grades entspricht dem Arbeitshaus), Appenzell J.-Rh. Art. 3, St. Gallen Art. 5, Thurgau § 3.

3. Zuchthaus, Gefängnis und polizeiliche Haft (arrêts de police) sind vorgesehen in Basel §§ 5, 8 und PolStG. § 5[1]), Wallis Art. 20 und 344 und Genf Art. 8, 9 und 11. Das gleiche System hat jetzt, im Anschluß an Art. 34, 35 und 37 des eidg E., Freiburg Art. 26, 27 und 30 eingeführt.

4. Vier Formen der Freiheitsstrafe weist Appenzell A.-Rh. Art. 3 auf. Zuchthaus, Gefängnis, Haft und die „womöglich in einer besondern Arbeitsanstalt" zu vollziehende Arbeitsstrafe (Art. 8)[2]). Tessin kennt außer reclusione, detenzione und arresto noch die nur auf politische Verbrechen anzuwendende prigionia, die als eine custodia honesta ausgestaltet ist (Art. 10, 412, 22—24). Neuenburg sieht außer Zuchthaus, Arbeitshaus (maison de travail et de correction) und Gefängnis noch die prison civile vor. Sie ist einerseits Haftstrafe für Übertretungen (Art. 434), anderseits Vergehensstrafe bei einigen Delikten, die nicht von unehrenhafter Gesinnung zeugen, namentlich bei politischen Delikten (Art. 8, 23, 116, 117 II, 128 III, 136—138, 177). Insofern ist die prison civile eine custodia honesta[3]). Dieser Gruppe ist auch Bern Art. 6 und 14 beizuzählen. Neben Zuchthaus, Korrektionshaus und Gefängnis tritt die sog. einfache Enthaltung: Der Richter kann „in besonders günstigen Fällen", wo das Gesetz es ausdrücklich zuläßt, eine Zuchthaus- oder eine Korrektionshausstrafe in diese Strafart umwandeln[4]). Eine Schmälerung der bürgerlichen Rechtsfähigkeit darf mit der einfachen Enthaltung nicht verbunden werden. Auch hier kommt der Gedanke der custodia honesta zum Ausdruck[5]).

[1]) Nach Basel StGB. § 9 II und III können Gefängnisstrafen als Einzelhaft im Polizeihaftlokal vollstreckt werden, „wenn der Verurteilte sich gehörig allein beschäftigen kann und seine Handlung einen mildern Charakter trägt". Das ist ein Schritt gegen die custodia honesta hin (unten Ziffer 4).

[2]) Sie kann vom Richter an Stelle der Haft verhängt werden, ist also wohl als Übertretungsstrafe zu betrachten. Die Appenzellische Arbeitsstrafe hat mit der viel schwereren Arbeitshausstrafe anderer Kantone nichts gemein. Sie entspricht eher der modernen Arbeitserziehungsanstalt (unten § 82).

[3]) Stooss: Grundzüge, 1, 326. — Cornaz und Gautier: Prot. I. ExpKom. 1 125ff.; vgl. auch Mentha: Z. 21, 507 und ebenda über die Unterdrückung der Arbeitshausstrafe in Neuenburg. — Correvon: Gef.-Verein, 17 I, 109; unten §§ 55 I, 57 I.

[4]) Zusammenstellung der Fälle bei Krebs: Straf- und Strafprozeßgesetze für den Kt. Bern, Anm. zu Art. 14. Art. 7 bezeichnet die einfache Enthaltung als subsidiäre Strafe.

[5]) In den Beratungen der eidgenössischen StG.-Entwürfe ist wiederholt der Wunsch ausgesprochen worden, eine Sonderstrafe der custodia honesta für politische und andere, nicht auf eine gemeine Gesinnung zurückzuführende Delikte vorzusehen: Prot. I. ExpKom. 1, 124ff., 137f., 141f., 147f., 151; vgl. auch Prot. II.

III. So reich dieses vielfach differenzierte Strafensystem der geltenden Rechte erscheint, so eintönig ist es zumeist in der Durchführung. Fast durchgängig fehlen in den Kantonen die Anstalten, um die verschiedenen Arten der Freiheitsstrafe zur unterschiedlichen Geltung zu bringen. Bezeichnend ist das zürcherische Beispiel: Die kantonale Strafanstalt beherbergt unter dem gleichen Dach Zuchthaus-, Arbeitshaus und Gefängnissträflinge und nimmt daneben durch die Verwaltungsbehörden eingewiesene Nichtkriminelle, ja gelegentlich auch Untersuchungsgefangene auf. Dabei ist eine streng durchgeführte verschiedene Behandlung der einzelnen Kategorien nur im Nebensächlichen möglich. In den andern Kantonen sind die Verhältnisse im allgemeinen nicht anders[1]). Aus diesen Tatsachen ergeben sich für die zukünftige Entwicklung des schweizerischen Strafanstaltswesen gewisse Fingerzeige (unten §§ 58, 59).

§ 54. Zuchthaus.

Literatur. Angaben zu §§ 53, 58, 59.

I. Das Zuchthaus ist, von der Todesstrafe abgesehen, die schwerste Strafe. Sie ist die Verbrechensstrafe. Alle Gesetze sehen sie lebenslänglich[2]) und zeitlich vor.

In der Bestimmung der zeitlichen Zuchthausstrafe gehen die Gesetze weit auseinander. Regelmäßig beträgt die Mindestdauer 1 Jahr. Abweichend bestimmen Tessin Art. 13 vier Jahre, Genf Art. 8 Ziff. 2 drei Jahre, Freiburg Art. 26 II, Schaffhausen, Novelle 1916, Art. 1, Aargau § 7 und Wallis Art. 24 sechs Monate, Luzern § 9 vier Monate, Obwalden Art. 6 III zwei Monate, Waadt Art. 15 ein Tag[3]). Noch größere Verschiedenheiten zeigen sich bei der Höchstdauer: Nach der Mehrzahl der Gesetze beträgt sie zwanzig Jahre. Davon weichen ab: BStG. Art. 3 IV, Freiburg Art. 26 II, Waadt Art. 15 und Neuenburg Art. 14 II dreißig Jahre; Graubünden § 9 und Wallis Art. 221 I fünfundzwanzig Jahre; Schwyz §§ 8, 87 II, 90, Schaffhausen § 10 III, Aargau § 7 und Tessin Art. 13 vierundzwanzig Jahre; Zürich § 5 fünfzehn Jahre[4]). Luzern verzichtet bei der zeitlichen Zuchthausstrafe auf die

---

ExpKom. 1, 229; 2, 88. — Zürcher: Erläuterung zum VE. 1908, 72. Man hat eine solche Strafart mit Gründen, die nicht zu billigen sind — Schwierigkeiten der Durchführung, Gefahr von Standesbevorzugungen — abgelehnt. Vgl. Goldschmidt: VD. Allg. Teil, 4, 340ff. — Wolf: ZgesStRW. 46, 203ff.

[1]) Instruktiv über die kantonalen Anstaltsverhältnisse Prot. I. ExpKom. 1, 123ff.; Beilagenband 1 zum Prot. II. ExpKom. 44ff., 74ff.; auch schon Hürbin: Gef.-Verein, 6 (1874), 29ff.

[2]) Einzeldaten bei Stooss: Grundzüge, 1, 306f. (Surrogat der abgeschafften Todesstrafe).

[3]) Gleiches Strafminimum für Zuchthaus und Gefängnis (unten § 56 I).

[4]) Ergänzende Ausführungen zu dieser Aufstellung bei Stooss: Grundzüge, 1, 307. — Teichmann und Correvon: Gef.-Verein, 17 I, 66ff., 86ff.

Festsetzung einer allgemeinen Höchstgrenze. Als allgemeiner Rahmen ergibt sich daher: vier Monate bis auf Lebenszeit[1]).

II. Mehr als bloße Vollzugsbestimmungen stellen die noch gelegentlich vorkommenden Vorschriften über die Schärfungen der Zuchthausstrafe dar. Es handelt sich um eine qualifizierte Zuchthausstrafe, auf die der Richter erkennt. Die Schärfungen durch körperliche Strafen sind untersagt[2]). Die Tragweite des Verbotes ist jedoch streitig. Nur darüber besteht Einigkeit, daß der Richter nicht mehr auf verstümmelnde, auf Prügel- und Rutenstrafen erkennen darf. Dagegen können auf Grund der BV. Kettenstrafe, Verschärfungen der Freiheitsstrafe durch Einzelhaft, schmale Kost, Dunkelarrest usw. nicht als ausgeschlossen betrachtet werden[3]). Als rechtsgültig müssen in den kantonalen Gesetzbüchern noch betrachtet werden:

Kostbeschränkungen, einsame Einsperrung und Dunkelarrest nach Schaffhausen §§ 25 lit. C;

Kettenstrafe nach Graubünden § 9 (außer Anwendung); einsame Einschließung nach Solothurn § 24 Ziff. 1;

abgesonderte Einsperrung, Dunkelgefängnis und Kostbeschränkungen nach Thurgau § 15;

Kettenstrafe und Pranger nach Wallis Art. 25—27[4]);

Kostbeschränkung (régime au pain et à l'eau), Dunkelarrest (cachot)

---

[1]) Den Rahmen für die einzelnen Delikte bestimmt der Besondere Teil, z. B. §§ 88 und 89 (Hoch- und Landesverrat) 10 Jahre bis lebenslängliches Zuchthaus, ebenso § 108 lit. b (qualifizierte Brandstiftungen).

[2]) Oben § 8 I 2. Kantonale Bestimmungen, die als Hauptstrafe körperliche Züchtigung vorsehen — z. B. Graubünden § 6 Ziff. 6 und § 13 (Rutenstreiche) — sind dahingefallen.

[3]) So SCHOLLENBERGER: Kommentar BV. Art. 65, N. 3, der auch den Pranger, ja sogar die nicht mehr vorkommende Brandmarkung, als ihrem Wesen nach infamierende — nicht körperliche — Strafen, für zulässig hält. Dagegen, aber für Zulässigkeit von Kettenstrafe, Dunkelarrest usw. BURCKHARDT: Kommentar BV. (2. Aufl.), 623; vgl. auch STOOSS: Grundzüge, 1, 58 ff. — FLEINER: Bundesstaatsrecht, 40, 459. Abweichend MERCKLING: (Lit. zu § 31), 30 ff., der auch die Kettenstrafe für verfassungswidrig hält. Obwalden hat im Text des Kriminalstrafges. (Art. 5) ausdrücklich die Kettenstrafe als durch Art. 65 BV. aufgehoben erklärt. — Wenn die Bundesassisen in die Lage kommen, kantonales Strafrecht anzuwenden, dürfen sie nicht auf körperliche Züchtigung, Brandmarkung oder öffentliche Ausstellung (Pranger) erkennen (BStG. Art. 9).

[4]) Der mittelalterliche Art. 27 gelangt jedoch, unter Hinweis auf Art. 65 BV., nicht mehr zur Anwendung. Er bestimmt: „Quiconque aura été condamné à la réclusion perpétuelle, demeurera exposé aux regards du peuple sur la place publique, pendant un temps qui ne pourra dépasser une heure. Un écriteau pendu au col portera, en caractères gros et lisibles, ses noms et prénoms, sa profession, son domicile, sa peine et la cause de sa condamnation. Néanmoins le tribunal pourra ordonner, par son jugement, qu'il ne subira pas l'exposition publique."

und Ketten bei zu lebenslänglichem Zuchthaus Verurteilten, die ein neues Delikt verüben, nach Neuenburg Art. 16[1]).

Zu unterscheiden von den vom Richter auszusprechenden Verschärfungen der Freiheitsstrafe sind die zum Teil gleichgearteten Maßnahmen, die im Strafvollzug als Disziplinarmittel zur Geltung kommen[2]). Als disziplinare Maßregel hat auch die Bestimmung von Basel § 13 zu gelten, wonach der Regierungsrat und für beschränkte Dauer auch das Justizdepartement die Anlegung von Ketten verfügen kann, wenn die Ordnung oder die Sicherheit der Anstalt es erheischen. — Soweit es sich im Disziplinarrecht um „körperliche Strafen" handelt, muß nach richtiger Auffassung das Verbot der BV. auch für sie gelten[3]).

III. 1. Die Verurteilung zu Zuchthaus berührt die bürgerliche Rechtsfähigkeit. Nach der Mehrzahl der Gesetze zieht die Zuchthausstrafe ohne weiteres und zwar auf Lebenszeit den Verlust der bürgerlichen Ehrenrechte nach sich (z. B. Bern Art. 18, Luzern § 17)[4]). Der schematische Gedanke „Zuchthaus macht ehrlos" kommt zum Ausdruck[5]). Einige Rechte kennen den sog. Ehrverlust auf Lebenszeit als automatisch eintretende Folge nur, wenn die Verurteilung auf lebenslängliches Zuchthaus (z. B. Neuenburg Art. 32 I) oder auf lange oder geschärfte Zuchthausstrafe lautet (z. B. Graubünden § 17 I, Waadt Art. 23 I, Wallis Art. 40 I). In den andern Fällen bestimmt der Richter über den Verlust oder den zeitweisen Entzug der bürgerlichen Ehrenrechte. Bemerkenswert ist Graubünden § 17 I, das bei einer Verurteilung zu „einfachem Zuchthaus" es in das Ermessen des Richters stellt, ob er überhaupt auf Verlust oder Schmälerung der Ehrenrechte erkennen will. — Nach der neuern Anschauung bewirkt die Verurteilung zu Zuchthaus nicht mehr automatisch den Ehrverlust. Der Richter muß jedoch, regelmäßig mit zeitlicher Beschränkung, auf die Einstellung in der bürgerlichen Rechtsfähigkeit erkennen (BStG. Art. 3 II und 7; Zürich §§ 6 II und 20; Zug §§ 4 II und 9; Solothurn §§ 6 und 18; Basel § 6; Tessin Art. 26; Genf Art. 10 Ziff. 2)[6]).

---

[1]) Die zürcher. Kantonsverfassung erklärt ausdrücklich die Kettenstrafe für unzulässig (Art. 5).

[2]) Dazu Häberli: Die Disziplinarstrafen gegenüber Sträflingen in den schweizer. Strafanstalten, Zürcher Diss. (1909), namentlich 55ff. — Merckling: a. a. O. 15ff. — Hafner und Zürcher: Gefängniskunde, 136ff. — Zürcher: Kommentar zürcher. StGB. 26. [3]) Stooss: Grundzüge, 1, 59; — Z. 1, 158ff

[4]) Weitere Daten bei Feldscher: (Lit. zu § 66), 35ff. Über Begriff und Wirkungen unten § 66.

[5]) Dazu Pfenninger: (Lit. zu § 66), 269f. Die Wiederherstellung der bürgerlichen Ehren und Rechte auf dem Wege der Rehabilitation bleibt vorbehalten, worauf die Gesetze zum Teil ausdrücklich hinweisen (Luzern § 17 I; Graubünden § 17 I). — Feldscher: a. a. O. 38ff.; unten § 90.

[6]) Weitere Einzeldaten bei Stooss: Grundzüge, 1, 309f. — Feldscher: (Lit. zu § 66), 12ff. — Pfenninger: (Lit. zu § 66), 239ff.; unten § 66.

2. Art. 371 I des ZGB. bestimmt, daß jede mündige Person, die zu einer Freiheitsstrafe von einem Jahr oder darüber verurteilt worden ist, unter Vormundschaft zu stellen ist[1]). Da nach der Mehrzahl der kantonalen Strafgesetze das Mindestmaß der Zuchthausstrafe 1 Jahr beträgt (oben I), ist die Anwendung dieser Bestimmung in der Regel gegeben. Bei Zuchthausstrafen unter einem Jahr ist nach richtiger Auffassung eine Bevormundung — wenn sie nicht aus andern Gründen erfolgt — unzulässig. Art. 371 ZGB. hat widersprechende Vorschriften der kantonalen Strafgesetze aufgehoben. Luzern § 12 z. B., das bei einem Minimum der Zuchthausstrafe von 4 Monaten bestimmt, jeder Zuchthaussträfling sei zu bevormunden, ist nicht mehr geltendes Recht[2]).

§ 55. Arbeits- oder Korrektionshaus.

Literatur. Angaben zu §§ 53, 58, 59.

I. Sie ist als eine zwischen Zuchthaus und Gefängnis stehende Strafe von mittlerer Schwere gedacht. Solothurn § 5 nennt sie Einsperrung, Schaffhausen § 7 Gefängnis ersten Grades (oben § 53 II 2). Die Durchbildung dieser Strafart ist ganz mangelhaft. Regelmäßig wird sie in den gleichen Anstalten wie die Zuchthausstrafe — also im Zuchthaus! — vollzogen (unten § 57). Auch ihre juristische Umgrenzung ist nirgends so gelungen, daß der Unterschied gegenüber der Zuchthaus- und auch gegenüber der Gefängnisstrafe deutlich hervortritt. Mit Recht hat der eidg. E. dieses Zwitterding fallen lassen.

Auch hier gehen die Gesetze in der Bestimmung des zeitlichen Rahmens weit auseinander. Es ergeben sich: für Zürich 6 Monate bis 10 Jahre (§ 7), Bern 2 Monate bis 6 Jahre (Art. 12 II)[3]), Luzern 1 Monat bis 5 Jahre (PolStG. § 7 II), Schwyz 6 Monate bis 8 Jahre (§ 9 III), Glarus 2 Monate bis 4 Jahre (§ 5), Zug 1 Tag bis 10 Jahre (§ 5), Solothurn drei Monate bis 10 Jahre (§ 8), Schaffhausen 1 Woche bis 6 Jahre (§ 13 II und Novelle 1916 Art. 1 I), St. Gallen 3 Monate bis 6 Jahre (Art. 8), Thurgau 4 Monate bis 10 Jahre (§ 5 V), Neuenburg

[1]) Die Strafe muß angetreten sein. Bevormundung erfolgt nicht bei Begnadigung, Strafaussetzung, Flucht usw. Das ergibt sich daraus, daß die Stellung unter Vormundschaft nicht Strafverschärfung, sondern Fürsorge bedeuten soll. — Kaufmann: Kommentar ZGB., Vormundschaftsrecht (2. Aufl.), Art. 371, N. 1, 7, 12. Mit endgültiger Beendigung der Haft hört die Vormundschaft auf (ZGB. Art. 432).

[2]) Zürcher: Z. 24, 348f. — Kaufmann: a. a. O. N. 5 und 6; — Egger: Kommentar ZGB. Familienrecht, Art. 371, N. 2. Eventuell ist bei Freiheitsstrafen unter einem Jahr die Ernennung eines Beistandes zu erwägen; ZGB. Art. 392 Ziff. 1; 393 Ziff. 3. — In seiner Tragweite schwer übersehbar ist BStG. Art. 3 II: „Die privatrechtlichen Wirkungen der Zuchthausstrafe richten sich nach den Gesetzen der Heimat des Sträflings“ (Ausländer!).

[3]) Davon ist die „Arbeitshausstrafe“ nach Art. 122 des StGB. und nach Art. 27ff. des bernischen Armenpolizeigesetzes wohl zu unterscheiden; unten § 82 II.

1 bis 3 Jahre (Art. 22 I)[1]). Schon in diesen Zahlen kommt die unsichere Charakterisierung dieser Strafart zum Ausdruck. Ohne daß es möglich ist, aus den Gesetzen einen strikten Beweis dafür zu leisten, muß gelten, daß auch mit der Arbeitshausstrafe der Rechtsbrecher aus niedriger Gesinnung getroffen werden soll. Arbeitshaus ist die Strafe für Verbrechen — im Sinne der Dreiteilung: Verbrechen, Vergehen, Übertretungen — geringeren Grades[2]).

II. Die gesetzlichen Schärfungen — qualifizierte Arbeitshausstrafe — sind seltener als beim Zuchthaus (oben § 54 II). Solothurn § 24 Ziff. 1 nennt einsame Einschließung, Schaffhausen § 25 C und 27 I bei drei Monate übersteigender Strafe Kostbeschränkungen, einsame Einsperrung und Dunkelarrest, Thurgau § 15 ebenfalls abgesonderte Einsperrung, Dunkelgefängnis und Kostbeschränkung.

III. Im Gegensatz zur Zuchthausstrafe hat die Arbeitshausstrafe weder den automatischen Verlust der bürgerlichen Rechtsfähigkeit zur Folge, noch muß der Richter auf Einstellung in der Rechtsfähigkeit erkennen. Regelmäßig ist diese Nebenstrafe in Verbindung mit Arbeitshaus nur auf eine vom Richter zu bestimmende Zeit für zulässig erklärt[3]). Darin kommt die juristische Verschiedenheit der beiden Strafarten vielleicht am deutlichsten zum Ausdruck. Abweichend bestimmt Thurgau § 19, daß auch der zu Arbeitshaus Verurteilte von Gesetzes wegen für die Dauer von drei Jahren der bürgerlichen Ehrenrechte verlustig geht. In besondern Fällen kann der thurgauische Richter die Dauer des Ehrverlustes ausdehnen oder beschränken (§ 20).

Die Frage, ob der Arbeitshaussträfling zu bevormunden ist, löst sich gleich wie bei der Zuchthausstrafe einheitlich für die ganze Schweiz nach Art. 371 I ZGB. (oben § 54 III 2).

§ 56. Gefängnis.

Literatur. Angaben zu §§ 53, 58, 59.

I. Die Gefängnisstrafe ist die Vergehensstrafe. Sie weist aber auch in das Übertretungsstrafrecht hinüber, ganz besonders in den Rechten, denen die Haftstrafe unbekannt ist. Dabei spielt die Umwandlung unerhältlicher Geldbußen in Gefängnis eine höchst unerfreuliche Rolle (unten § 60 V 4). Faßt man Zuchthaus und Arbeitshaus als die schweren Freiheitsstrafen zusammen[4]), so ergeben sich für das Ge-

---

[1]) Die neuenburgische maison de travail et de correction ist 1907 aufgehoben worden. Die Arbeitshausstrafe dieses Kantons steht übrigens dem Gefängnis näher als dem Zuchthaus. Ihrer Idee nach ist sie eher Arbeitserziehungsanstalt, also sichernde Maßnahme; vgl. Mentha: Z. 21, 507f.; unten § 82 II.

[2]) Zürcher: Kommentar zürcher. StGB. § 8, Anmerkung.

[3]) Einzelnachweise bei Stooss: Grundzüge, 1, 313.

[4]) Was für Neuenburg nicht zutreffend ist; oben § 55 I.

fängnis Unterschiede nach verschiedenen Gesichtspunkten. In den welschschweizerischen Rechten ist zum Teil die Differenzierung grundsätzlicher betont als in der deutschen Schweiz. Ganz besonders in der Ordnung von Waadt: Zuchthaus und Gefängnis sind dort in dem Sinne Parallelstrafen, daß bei beiden das gesetzliche Minimum 1 Tag (Maximum bei Gefängnis 20, bei Zuchthaus 30 Jahre) beträgt (Art. 15, 16). Die Unterscheidung liegt nach der waadtländischen Auffassung darin, daß die Zuchthausstrafe auf Verbrechen aus böser, niedriger Gesinnung, die Gefängnisstrafe auf Delikte, die eine momentane Verirrung darstellen, folgen sollen[1]). Das wirkt sich bei den Strafdrohungen im Besondern Teil des Gesetzes aus: Auf Diebstahl (Art. 269—274), Raub (Art. 275—279), Erpressung (Art. 280), Betrug (Art. 282), Unterschlagung (Art. 283—288), Hehlerei (Art. 299) usw. steht durchgängig Zuchthaus, auf gewisse Fälle von Landesverrat (Art. 99), von Hochverrat (Art. 106—108), von Widerstand gegen die Staatsgewalt (Art. 111—113, 117) usw. Gefängnis[2]). Im Gegensatz zu den meisten andern Kantonen[3]) führt denn auch die Waadt die Trennung zwischen Zuchthaus- und Gefängnissträflingen bestmöglich durch.

Mit den Fragen nach der Gestaltung der Gefängnisstrafe hängt das Problem der kurzzeitigen Freiheitsstrafen eng zusammen. Kurze Freiheitsstrafen sind, wenigstens wenn man mit der Strafe eine erzieherische Einwirkung erstrebt, von ganz geringem oder keinem Nutzen. Sie sind trotzdem nicht entbehrlich und haben unter Umständen als Warnung und Abschreckung einige Berechtigung. Mit der intensiveren Ausgestaltung der bei der kleinen Kriminalität an die Stelle kurzzeitiger Strafen tretenden Ersatzmittel verringert sich die Bedeutung des Problems. Nach neuen Gesetzen und Entwürfen kommen insbesondere in Betracht die Ausdehnung des Bereiches der Geldstrafe, die bedingte Verurteilung, die besondere Behandlung jugendlicher Rechtsbrecher,

---

[1]) Rapport de la Commission du Grand Conseil sur le projet de Code pénal (1842), 37: „La réclusion est, en général, prononcée contre les délits qui inspirent ou plus d'effroi ou plus de répugnance, parce qu'ils sont la manifestation d'une perversité plus ou moins intense ... L'emprisonnement, au contraire, est statué contre des délits qui supposent, chez leurs auteurs, une volonté momentanément égarée et quelquefois une faute grave plutôt que de la méchanceté." Die Verschiedenheit der Beweggründe ist aber kaum ein taugliches Kriterium für die Unterscheidung von Zuchthaus und Gefängnis; vgl. SPIRA: (Lit. zu § 53), 15ff., unten § 59 III.

[2]) Weitere Daten bei STOOSS: Grundzüge, 1, 315f. und namentlich bei CORREVON: Gef.-Verein, 17 I, 108ff. (auch über ähnliche Gedanken des neuenburgischen Gesetzgebers), 131. Über das Problem der Differenzierung zwischen Zuchthaus und Gefängnis im Hinblick auf die Verschiedenheit ehrloser und ehrenhafter Gesinnung vgl. auch GOLDSCHMIDT: VD. Allg. Teil, 4, 353ff.; unten § 59 III.

[3]) STOOSS: Grundzüge, 1, 317ff.; Beilagenband 1 zum Prot. II. ExpKom. 62 (Tabelle), 74ff. — HAFNER und ZÜRCHER: Gefängniskunde, 112ff.

eventuell auch der Verweis (unten § 61 IV) und das Absehen von Strafe in besonders leichten Fällen (oben § 38 II)[1]).

Die Mindestdauer der Gefängnisstrafe beträgt in der überwiegenden Mehrzahl der geltenden Rechte 1 Tag[2]). Das gilt auch für die Gesetze, die nicht ausdrücklich ein Minimum vorsehen (z. B. BStG. Art. 4). Abweichend ordnen Schwyz § 10 III drei Wochen, Freiburg Art. 27 I sechs Tage, Tessin Art. 15 drei Tage, Genf Art. 9 Ziff. 1 sechs Tage, Neuenburg Art. 17 I fünfzehn Tage[3]).

Bei Freiburg, Tessin, Neuenburg und Genf ist zu beachten, daß die Strafensysteme noch eine Haftstrafe mit einem kürzern Minimum vorsehen (unten § 57 I).

Man sollte annehmen, daß dem Höchstmaß der Gefängnisstrafe weniger grundsätzliche Bedeutung zukommt als dem Mindestmaß. Abzulehnen ist die im ausländischen Strafrecht mehrfach hervortretende Anschauung, daß das Maximum der Gefängnisstrafe nicht höher als das Minimum der Zuchthausstrafe, oder daß das (reguläre)Maximum der erstern Strafart gleich dem Zuchthausminimum sein soll[4]). Das ist Schablone und trägt zur Differenzierung der beiden Strafen wenig bei. Auch hier zeigt sich die bunte Verschiedenheit der schweizerischen Gesetzbücher. Das Maximum liegt einerseits bei 60 Tagen (Bern Art. 13 I), anderseits bei 20 Jahren (Waadt Art. 16 und Wallis Art. 33, das in Art. 81 IV beim dritten Rückfall sogar die Erhöhung bis auf 40 Jahre vorsieht)[5]).

II. Häufig sind Vorschriften über Schärfungen (qualifizierte Gefängnisstrafe). Das BStG. Art. 4 II verbietet sie ausdrücklich. In den romanischen Rechten, in Zürich, Zug und St. Gallen fehlen Bestimmungen. In den übrigen Gesetzen sind — in verschiedener Ausgestaltung — Kostbeschränkungen, einsame Einschließung, Dunkelarrest und hartes Lager (Bern Art. 13 II—IV und Solothurn § 24 Ziff. 2) vorgesehen[6]).

III. Schwierigkeit und Mangel einer einheitlichen Charakterisierung der Gefängnisstrafe zeigen sich auch in der verschiedenen Art, wie die Frage der sog. Ehrenfolgen gelöst wird. Entsprechend ihrer

---

1) Über die kurzzeitigen Freiheitsstrafen und die Ersatzmöglichkeiten, insbesondere durch die bedingte Verurteilung, namentlich PERRIN: (Lit. zu § 72), Remise conditionnelle, 3ff., 14ff., ferner v. HIPPEL: Deutsches StR. 1, 553ff.

2) Zusammenstellung bei STOOSS: Grundzüge, 1, 321.

3) Während namentlich in Schwyz und Neuenburg die Abneigung gegen ganz kurzzeitige Gefängnisstrafen hervortritt, hat Schaffhausen durch die Novelle von 1916 Art. 1 I das Gefängnisminimum von drei Tagen auf einen Tag hinabgesetzt. Über die kurzzeitigen Strafen noch unten § 59 II.

4) GOLDSCHMIDT: a. a. O. 357ff.

5) Weitere Daten bei STOOSS: Grundzüge, 1, 320ff.

6) STOOSS: Grundzüge, 1, 324.

Auffassung der Gefängnisstrafe läßt die Waadt eine Einstellung in der bürgerlichen Rechtsfähigkeit nicht zu. Gleiches gilt von Solothurn, Basel und Thurgau. Anderseits hat nach Appenzell A.-Rh. Art. 6 II die Verurteilung zu Gefängnis stets die „Herabsetzung“ in der bürgerlichen Rechtsfähigkeit auf bestimmte oder unbestimmte Zeit zur Folge. Die meisten Gesetze lassen die Einstellung zu und geben die Entscheidung darüber dem Richter anheim. Als Entscheidungsgrundsatz nimmt die Praxis regelmäßig an, daß dem zu Gefängnis Verurteilten die sog. Ehrenrechte nur aberkannt werden sollen, wenn seine Tat eine niedrige Gesinnung bekundet[1]. Eine weitere Gruppe von Gesetzen — Bern Art. 19 I, St. Gallen Art. 14 III und 15, Wallis Art. 40 II, Genf Art. 10 Ziff. 2 — läßt die Einstellung in der bürgerlichen Rechtsfähigkeit verbunden mit Gefängnisstrafe nur zu, wenn das Gesetz es im Einzelfall gestattet oder gebietet. Die Lösung ist also in den Besondern Teil der Gesetze verlegt.

Auch bei Verurteilungen zu Gefängnis kann Art. 371 ZGB. (Bevormundung) zur Anwendung gelangen (oben § 54 III 2).

IV. Vorsorglich bestimmen viele Gesetze, wie bei der Berechnung einer Freiheitsstrafe die Jahre, Monate, Wochen und Tage zu zählen sind, z. B. Zürich § 13, Luzern § 13 und PolStG. § 12, Basel § 15 usw. Die Erörterung von Einzelheiten kann unterbleiben.

§ 57. Haft.

Literatur. Angaben zu §§ 53, 59.

I. Zuchthaus, Arbeitshaus und Gefängnis sind die auf Verbrechen und Vergehen gemünzten Freiheitsstrafen. Nie sollten auf bloße Übertretungen diese Strafen — auch nicht Gefängnisstrafe — folgen. Nur eine von den übrigen Strafarten deutlich zu unterscheidende Haftstrafe ist hier, soweit Geldbuße nicht ausreicht, angemessen. Sie ist die notwendige Ergänzung des Freiheitsstrafensystems, wenigstens wie es in der Schweiz durch die Gesetze und die Entwicklung des Anstaltswesens gestaltet worden ist[2].

Nur wenige Kantone haben eine besondere Haftstrafe entwickelt, und wo sie besteht, wird, wenigstens nach einzelnen Rechten, ihr Cha-

---

[1] Vgl. eidg. E. Art. 48 Ziff. 1 II und dazu unten § 59 III; Freiburg Art. 35 III: „In schweren Fällen kann der Richter... auf Einstellung... erkennen“; Neuenburg Art. 32 IV: fakultative Einstellung bei Gefängnisstrafen über 1 Monat. Vgl. SPIRA: a. a. O. 32.

[2] HAFTER: Z. 28, 300f. Für ausländische Verhältnisse mag das, zum Teil im Hinblick auf eine neben der Gefängnisstrafe zur Verfügung stehende custodia honesta, anders sein; vgl. GOLDSCHMIDT: VD. Allg. Teil, 4, 336ff., der für den Wegfall der Haftstrafe eintritt. Auch für Deutschland bezweifle ich die Richtigkeit dieses Vorschlages. Der deutsche E. 1925, §§ 352, 355 sieht denn auch für „besonders schwere“ Übertretungsfälle, für deren Bestrafung eine Geldstrafe nicht ausreichend erscheint, Haft vor.

rakter durch den Vollzug in Gefängnissen verfälscht: Gut bestimmt nach dem Vorbild des eidg. E. Freiburg Art. 30, daß die Haftstrafe, für die ein Rahmen von einem Tag bis drei Monaten vorgesehen ist, in Einzelhaft und „in eigenen Räumen" vollstreckt werden soll. Auch Basel PolStG. §§ 4, 5 befriedigt: Die Haftstrafen — mit einem Rahmen von einem bis zweiundvierzig Tagen — werden im Polizeihaftlokal vollzogen. Appenzell A.-Rh. Art. 3 und 7 bezeichnet die Haft als einfache Entziehung der Freiheit. Ihre längste Dauer beträgt, „Bußenumwandlung ausgenommen" (unten § 60 V 4), 4 Wochen. Über den Vollzugsort schweigt das Gesetz. Tessin Art. 412 und 413 läßt seine Haftstrafen (arresto) mit einer Dauer von 1—7 Tagen in den Bezirksgefängnissen vollstrecken. Im Wallis Art. 344—346 erfolgt der Vollzug im Gemeindearrest (dans une maison destinée à cette peine, dans la commune où la contravention a eu lieu). Der Strafrahmen beträgt 1—3 Tage. Eigenartig ist die Lösung in Neuenburg: Die Haft trägt gleichwie die Neuenburgische custodia honesta (Art. 23) den Namen prison civil (Art. 434, 436). Als Übertretungsstrafe ist sie in der Dauer von 1—8 Tagen vorgesehen. Sie wird in einem Arresthaus (maison d'arrêt spécialement désignée, et située, autant que possible, dans le district ou siège le tribunal qui a prononcé la peine) vollzogen. Genf endlich kennt arrêts de police in einer Dauer von 1 Tag bis 1 Monat. Die Strafe wird in einer besondern Abteilung des Gefängnisses (maison de détention) vollstreckt (Art. 15 Ziff. 1, Art. 22).

Erst von der Einführung des eidgenössischen StGB. ist hier Einheitlichkeit und zweckmäßige Durchführung dieser Strafart zu erwarten (unten § 59 II-IV).

II. Eine Schärfung (qualifizierte Haftstrafe) kennt nur Basel. Nach PolStG. § 6 kann, wo das Gesetz sie ausdrücklich zuläßt, auf Kostschmälerung — Wasser und Brot — erkannt werden, und zwar bei Haftdauer von nicht mehr als drei Tagen für die ganze Strafzeit.

Einstellung in der bürgerlichen Rechtsfähigkeit kommt in Verbindung mit Haftstrafen nicht in Betracht.

§ 58. Die den Strafinhalt bestimmenden Grundsätze über den Vollzug der Freiheitsstrafen. Bedingte Entlassung.

Literatur. Angaben zu §§ 53, 59. — Stooss: Strafgesetzbücher, 133ff.; Grundzüge, 1, 339ff. — Hürbin: Z. 4, 487ff.; 8, 192ff.; 13, 20ff.; 16, 228ff.; 18, 326ff.; 27, 296ff. — Huber: Z. 19, 315ff. — Mousson: Die bedingte Entlassung im schweizer. Recht, Zürcher Diss. (1912). — Kellerhals und de Preux: Gef.-Verein, 26, 1ff. — Thormann: Z. 30, 311ff. — Pfenninger: Z. 32, 210ff. — Scheurer: Z. 36, 6ff. — Hauser: JZ. 20, 227ff. — Goldschmidt: VD. Allg. Teil, 4, 375ff., 388ff. — Mittermaier: eodem, 507ff.

I. Der Strafvollzug ist Verwaltungsrecht. Seine Erörterung als Ganzes gehört nicht in den Rahmen dieses Buches. Seit dem Aufkommen der modernen Freiheitsstrafe hat sich eine „Gefängniswissenschaft" als Ergänzungsdisziplin des Strafrechts selbständig entwickelt. Ihre Einzelteile — Haftsysteme, Anstaltsbetrieb, rechtliche Stellung und Behandlung der Gefangenen, Disziplinarmaßnahmen, Arbeit und Verdienstanteil der Gefangenen, Bekleidung, Verpflegung und Gesundheitspflege, Schulung, Geistesbildung und Seelsorge, Entlassung und Entlassenenfürsorge, Schutzaufsicht — können hier nicht in den Einzelheiten erörtert werden[1]).

Für das Strafrecht und den Strafgesetzgeber aber entsteht die schwer zu lösende Frage, wie weit Vollzugsbestimmungen in das StGB. selbst aufzunehmen und nicht besondern Strafvollzugsgesetzen, -Verordnungen und Anstaltsreglementen zu überlassen sind:

Die Bestimmungen der Strafgesetzbücher über die Dauer der einzelnen Strafarten und über die mit ihnen verknüpften sog. Ehrenfolgen (oben §§ 55—57) sind für die unterschiedliche Kennzeichnung der einzelnen Freiheitsstrafen nicht ausreichend. Erst durch den Vollzug gewinnt die einzelne Strafart ihren charakteristischen Inhalt. Ein StGB. muß daher, wenn es die ihm obliegende Aufgabe der Differenzierung der Strafen lösen will, wenigstens die Grundlinien des Strafvollzugs ziehen: Bezeichnung der Anstalten, in denen der Vollzug erfolgen soll, Beschäftigung der Gefangenen, Durchführung der Haft (Haftsystem, Progression), bedingte vorzeitige Entlassung, eventuell auch Vorschriften über Bekleidung und Verköstigung der Sträflinge und über ihren Verkehr mit der Außenwelt[2]).

Diesen Forderungen genügen die geltenden Strafgesetzbücher durchgängig nur unvollständig, zum Teil gar nicht. Nur mit Beiziehung von hunderten von kantonalen Spezialgesetzen, Verordnungen, Dekreten, Reglementen und Hausordnungen gelingt es einigermaßen, sich ein Bild des schweizerischen Strafvollzugs auch nur in seinen Grundzügen zu machen[3]). Dabei ist davon auszugehen, daß die Unterbringung der

---

[1]) Hafner und Zürcher: Gefängniskunde, ist ein guter Führer durch die schweizerischen Verhältnisse. Die Publikationen des schweizerischen Vereins für Straf-, Gefängniswesen und Schutzaufsicht (28 Bände und neue Folge) enthalten reiches Material. In ihrer Gesamtheit geben sie einen Überblick über die Entwicklung des schweizerischen Anstaltswesens seit 1867. Wichtig ist ferner der Beilagenband 1 zum Prot. II. ExpKom. (1916, Verhandlungen und Berichte der Expertenkommission für die Reform des Strafvollzugs). Wertvoll sind auch die jährlich erscheinenden amtlichen Berichte der kantonalen Strafanstalten.

[2]) Namentlich bei den Arbeiten an den eidg. StG.-Entwürfen ist die grundsätzliche Frage, wie weit das StGB. selbst hier gehen soll, immer wieder hervorgetreten: Prot. I. ExpKom. 1, 122ff.; Prot. II. ExpKom. 1, 227ff.; 2, 88ff.; 9, 71ff., 195ff., 385ff.; Beilagenband 1, 310ff. — Hafter: eodem, 101ff. Unten § 59 I und IV.

[3]) Zusammenstellung kantonaler Erlasse bei Stooss: Grundzüge, 1, 345ff. Wertvoll die von Hürbin: Z. 4, 487ff. gesammelten Berichte der schweizerischen

verschiedenen Gefangenenkategorien in getrennten Anstalten in der Regel nicht durchgeführt ist (oben §§ 53ff.).

II. In zunehmendem Maße gelangt das Progressivsystem zur Geltung. Der Erziehungsgedanke trägt es. Der Vollzug längerer Freiheitsstrafen soll so gestaltet werden, daß eine schrittweise Wiedereinführung des Bestraften in die menschliche Gesellschaft erfolgt. Bei voller Durchführung des Systems ergeben sich folgende Stufen[1]):

1. absolute Einzelhaft mit Beschäftigung des Sträflings in der Einzelzelle;

2. tagsüber gemeinsame Arbeit mit Schweigegebot, während der Nacht- und der Ruhezeit Einzelhaft; Klassifikation der Sträflinge;

3. Aufenthalt in einer sog. Zwischenanstalt, beschränkter Verkehr des Sträflings mit der Außenwelt[2]);

4. bedingte Entlassung, Schutzaufsicht (unten III).

Die Festlegung dieses — oder eines andern — Vollzugssystemes gehört zum materiellen Strafvollzugsrecht, ist also richtigerweise im StGB. selbst zum Ausdruck zu bringen. Das voll durchgeführte Progressivsystem kommt in der Schweiz nicht vor. Die Zwischenanstalt fehlt. Gesetzlich festgelegt und ausgebildet ist die Progression namentlich in folgenden Kantonen:

Zürich § 14 I stellt den Grundsatz auf, der Vollzug der Zuchthaus- und der Arbeitshausstrafe solle durch eine „systematische Behandlung" die Besserung der Sträflinge anstreben. Die Ausführung erfolgte durch das Gesetz vom 8. Januar 1871 betreffend den Vollzug der Freiheitsstrafen in der Kantonalstrafanstalt[3]). §§ 2ff. ordnen die progressive Be-

---

Strafanstaltsleiter über die Gestaltung des Vollzugs (Haftsysteme, Progression, Arbeit, Verdienstanteil usw.). Vgl. auch Quellennachweise bei Lutz: Die Arbeit in den Strafanstalten und der Verdienstanteil der Sträflinge, Zürcher Diss. (1899), IXff. — Häberli: Disziplinarstrafen gegenüber Sträflingen in den schweizer. Strafanstalten, Zürcher Diss. (1909), VIIIf. — Guggenheim: Zur Frage des Arbeitsertrages im Straf- und Sicherungsvollzug, Leipziger Diss. (1923), 105ff. Vgl. auch Hafter: Z. 24, 378ff. (über den Verdienstanteil).

[1]) Aus der reichen Literatur über das Progressivsystem: Hafner und Zürcher: Gefängniskunde, 300ff. — Hürbin: Z. 4, 487ff. — Langer: Der progressive Strafvollzug in Ungarn, Kroatien und Bosnien (auch allgemeine Daten, 1904). — Spira: Zuchthaus und Gefängnisstrafe (1905), 79ff. — Goldschmidt: VD. Allg. Teil, 4, 375ff. — Kriegsmann: Einführung in die Gefängniskunde (1912), 34ff. (England), 197ff., 286ff. — Engel: Der progressive Strafvollzug (1921). — Ellger: Erziehungszweck im Strafvollzug (1922), 62ff. — Liepmann: Die neuen „Grundsätze über den Vollzug von Freiheitsstrafen" in Deutschland (1924). — Delaquis: Z. 37, 345ff.

[2]) Nach dem speziellen sog. irischen System; vgl. die Noten in der vorhergehenden Anmerkung, ferner in den Verhandlungen des Gef.-Vereins, 3, 27ff. (Vaucher-Crémieux).

[3]) Text bei Zürcher: Kommentar StGB. 235ff. — Zeller: Kommentar, 335ff. Dazu die VO. vom 19. Dezember 1903 betr. den Strafvollzug in der kant.

handlung bei Zuchthaus- und Arbeitshausstrafen von mindestens 1 Jahr.

Von Aargau wird angenommen, daß es als erstes Land auf dem europäischen Kontinent durch das Organisationsgesetz für die Strafanstalt Lenzburg, vom 19. Hornung 1868 das Progressivsystem übernommen hat[1]).

St. Gallen führte das System 1885 ein. Maßgebend sind das Gesetz vom 8. Januar 1883 betr. Vollzug der Freiheitsstrafe in der kant. Strafanstalt und ein Reglement von 1885/1891. Auch hier gilt als untere Grenze der systematischen Gefangenenbehandlung die Strafdauer von 1 Jahr[2]).

Tessin bringt den Progressionsgedanken schon im StGB. (Art. 11, 12, 14) zum Ausdruck. Näheres bestimmen zwei Reglemente von 1873. Die Praxis hat das System weiter ausgestaltet[3]).

Die Waadt bestimmt in Art. 14 des Gesetzes vom 17. Mai 1875 sur l'organisation des établissements de détention: ,,La détention doit tendre, autant que possible, a l'amendement et au relèvement moral du détenu. Celui-ci est soumis à cet effet à des épreuves successives qui tendent à préparer sa rentrée dans la société. Lorsqu'elles ont atteint leur but, elles donnent lieu à une libération provisoire et conditionnelle ou à une remise de peine.''[4])

Die andern Kantone kennen keine ausgebildete Progression. Überall ist sie bei kurzzeitigen Strafen, namentlich bei Gefängnis, nicht durchführbar. Verschiedene Ordnungen, die hier nur angedeutet werden können, kommen in den Kantonen ohne Progressivsystem vor: strenge Einzelhaft; gemeinsame Haft; Einzelhaft nachts und während der Ruhezeit, verbunden mit gemeinsamer Arbeit; Arbeit im Freien. Überall besteht heute die Arbeitspflicht, besser: der Segen der Arbeit[5]).

III. Die bedingte vorzeitige Entlassung ist die Schlußstufe des Progressivsystems. Sie ist aber auch in Kantonen eingeführt, die den progressiven Vollzug nicht kennen. Das Institut läßt sich ohnedies

---

Strafanstalt (Text bei Zeller: 338ff.). — Zürcher: Z. 17, 416ff.; vgl. auch Curti und Fietz: Die neue Strafanstalt des Kts. Zürich (1901), 9ff.

[1]) Hürbin: Die Strafanstalt Lenzburg in den Jahren 1871—1875 (1877) und Z. 4, 498. — Hafner und Zürcher: a. a. O. 301ff.

[2]) Hürbin: Z. 4, 75ff. — Hartmann: Z. 4, 496f. — Hafner und Zürcher: 304.

[3]) Chicherio: Z. 4, 501f.

[4]) Payot und Baud: Z. 4, 502f. — Weitere Ansätze zum Progressivsystem in Zug (Z. 4, 493); Baselstadt, StGB. § 10; Baselland (Z. 4, 495). Die Strafanstalt Neuenburg, die das Progressivsystem kannte (Z. 4, 503ff.), ist aufgehoben. Auch Freiburg Art. 28 ermöglicht die Einführung des Progressivsystems. Ein besonderes Vollzugsgesetz wird in Aussicht gestellt.

[5]) Hafner und Zürcher: Gefängniskunde, 160ff. — Huber: Z. 19, 315ff.

rechtfertigen[1]). Es fehlt im BStG.[2]) und in den Kantonen Uri, Nidwalden, Glarus, Baselland, Appenzell J.-Rh., Thurgau[3]) und Wallis.

1. Das Wesen der bedingten Entlassung besteht darin, daß der Sträfling vorzeitig aus der Strafanstalt auf Probe entlassen wird, wenn er eine bestimmte Strafzeit verbüßt hat und wenn aus seinem Verhalten auf Besserung geschlossen werden darf, genauer: wenn sein Wohlverhalten in der Freiheit angenommen werden kann. Die bedingte Entlassung soll also verdient werden. Auch hier sind die Kantone zum großen Teil noch nicht dazu gelangt, das Institut in das StGB. selbst — wo es hingehört — einzufügen. Besondere Gesetze bestehen z. B. in Luzern: Gesetz vom 16. Januar 1871 betr. bedingte Freilassung und Begnadigung[4]), in Zug: Gesetz vom 27. Dezember 1871 über bedingte Freilassung, Begnadigung und Rehabilitation, in Genf: Loi du 4 novembre 1911 sur la libération conditionnelle. Bern hat das Institut durch ein Dekret des Großen Rates vom 24. November 1910 eingeführt[5]). Solothurn ordnet es in den §§ 445—448 der StPO., Aargau im Organisationsgesetz für die Strafanstalt Lenzburg von 1868 (§§ 11ff.), die Waadt in den Art. 14ff. der Loi du 17 mai 1875 sur l'organisation des établissements de détention[6]).

2. In den Grundzügen[7]) ergibt sich:

Regelmäßig müssen $^2/_3$ oder $^3/_4$ der Strafzeit erstanden sein. Doch bestehen vielfach Abweichungen. Das erwähnte luzernische Gesetz läßt bei erstmals Verurteilten eine bedingte Entlassung schon nach Verbüßung von $^1/_3$, bei Rückfälligen nach der Hälfte der Strafzeit zu (§ 8 lit. a). Zug (Gesetz von 1871, § 4 lit. a) und Solothurn (StPO. § 445 Ziff. 1) fordern die Verbüßung der Hälfte[8]). Teilweise wird bei lebenslänglichem Zuchthaus die Möglichkeit einer bedingten Entlassung ausgeschlossen; z. B. Zürich, Vollzugsgesetz § 12, St. Gallen, Vollzugsgesetz Art. 15. Vereinzelt wird vorausgesetzt, daß der bedingt zu Entlassende den verursachten Schaden nach Möglichkeit gutgemacht hat (Bern, Dekret § 2 lit c, Schwyz § 36 I lit. b, Basel § 20 II).

Die vorläufige Entlassung erfolgt durch Verwaltungsbehörden[9]). Das ist von dem Standpunkt aus, daß es sich um Durchführung des

[1]) Ablehnend PFENNINGER: StR. der Schweiz, 751f. Über die Entwicklung MITTERMAIER: VD. Allg. Teil, 4, 507ff.; grundsätzliche Kennzeichnung: 553ff., 573f.

[2]) Dazu unten § 89 V (bedingte Begnadigung).

[3]) Dazu unten § 71 III 3 (Strafumwandlung).

[4]) ZIMMERMANN: Z. 3, 203ff.

[5]) Text bei KREBS: Straf- und Strafprozeßgesetze für den Kt. Bern, 361ff.; Z. 24, 113ff. — THORMANN: Z. 30, 315ff.

[6]) Weitere Daten und Texte aus den Kantonen bei STOOSS: Strafgesetzbücher, 133ff.

[7]) Vgl. unten § 59 IV (Darstellung auf Grund des eidg. E.).

[8]) Zusammenstellung der kantonalen Daten bei MOUSSON: a. a. O. 26ff., 36ff.

[9]) Einzeldaten bei MOUSSON: a. a. O. 87ff.

Strafvollzuges handelt, folgerichtig[1]). Die Zeit der bedingten Entlassung hat denn auch als Strafzeit — bei durchgeführtem Progressivsystem als letzte Stufe des Vollzuges — zu gelten[2]). Das Wesen der bedingten Entlassung kommt in der Bestimmung einer Probezeit zum Ausdruck. Sie entspricht entweder dem Rest der Strafzeit, oder ihre Dauer wird von Fall zu Fall festgesetzt[3]). Dem bedingt Entlassenen werden Verhaltungsmaßregeln auferlegt, die sich zum Teil als Freiheitsbeschränkungen darstellen. Individualisierende Behandlung ist hier das Gebot. Die Kantone stellen in bunter Mannigfaltigkeit Einzelvorschriften auf: Gebot, zu arbeiten, einen Beruf zu erlernen, sich geistiger Getränke zu enthalten, sich an einem bestimmten Orte aufzuhalten, sich bei den Schutzaufsichtsorganen regelmäßig zu melden den gestifteten Schaden binnen bestimmter Frist zu ersetzen usw.[4]). Zur Kontrolle werden die bedingt Entlassenen in der Regel unter Polizeiaufsicht oder nach neuerer besserer Ordnung unter besondere Schutzaufsichtsorgane gestellt[5]) (unten § 63). Nach ZGB. Art 432 II hebt die bedingte Entlassung die über einen Gefangenen verhängte Vormundschaft nicht auf. Auch darin liegt noch, wenn eine Bevormundung erfolgte, eine Kontrolle[6]).

Ist der Verurteilte in der bürgerlichen Rechtsfähigkeit eingestellt, so dauert die Einstellung auch während der dem bedingt Entlassenen auferlegten Probezeit, bzw. die Dauer der Einstellung wird erst vom Tage der endgültigen Entlassung an gerechnet[7]).

3. Die bedingte Entlassung ist als eine unter Resolutivbedingungen stehende Strafbefreiung aufzufassen. Erfolgt kein Mißbrauch der Freiheit oder wenigstens kein Widerruf der bedingten Entlassung während der Probezeit, so wird sie endgültig. Die Strafe ist verbüßt[8]).

---

[1]) Es liegt nicht ein unzulässiger Eingriff der Verwaltung in das richterliche Urteil vor. — Mousson: 83.

[2]) Zürcher Bl. 2, 141; Aargau, Organisat.-Ges. Lenzburg § 17.

[3]) Mousson: 52ff. [4]) Nachweise bei Mousson: 56ff.

[5]) Einzeldaten über die Schutzaufsicht über bedingt Entlassene usw.: — Zürcher: Erläuterungen zum 3. Buch des VE. 26ff. — Prot. II. ExpKom., 9, 225ff., 353f. Beilagenbd. 1, Prot. II. ExpKom. 245ff. — Hürbin: Z. 11, 398ff.; 13, 26ff. — Schaffroth: Z. 15, 365ff. — Mousson: 60ff. — Thormann: Z. 30, 327ff., 331ff. (über die Verhältnisse im Kt. Bern). — Hafner und Zürcher: Gefängniskunde, 153ff. (mit zahlreichen Hinweisen auf die Verhandlungen des Gef.-Vereins); Z. 38, 191ff. Vgl. auch Aschrott: Z. 12, 10ff.

[6]) Für die Aufhebung dieser Bestimmung setzte sich Martin: Beilagenbd. 1, Prot. II. ExpKom. 264ff. ein.

[7]) Ausnahme Genf, Loi sur la libération conditionnelle, Art. 4: „Le libéré conditionnel est réintégré dans l'exercice de ses droits civils et politiques dont il a été privé à raison de sa condamnation“ (Rehabilitation!).

[8]) Unrichtig die juristische Konstruktion von Zürich, Vollzugsges. § 16, der erklärt, der „noch rückständige Teil der Strafe“ erlösche mit dem Ablauf der Probezeit. Vgl. Mousson: 75ff.

Mißbrauch der Freiheit, Ungehorsam gegenüber den auferlegten Verhaltungsmaßregeln und namentlich die Verübung eines neuen Deliktes während der Probezeit führen zum Widerruf. Bei bloßem Ungehorsam erfolgt regelmäßig zunächst eine förmliche Mahnung. In der Regel widerruft die gleiche Verwaltungsbehörde, die über die bedingte Entlassung entschied. Hat das Gericht ein neues, während der Probezeit verübtes Delikt[1]) zu beurteilen, so entscheidet es über den Widerruf, oder es bestimmt, wieviel von der bedingt erlassenen Strafzeit noch zu erstehen ist (Zürich, StGB. § 15)[2]).

Eigenartig bestimmen Zürich StGB. § 30, Schwyz StGB. § 29 und Aargau, Org.-Gesetz Lenzburg § 18, daß bei befriedigendem Betragen eines bedingt Entlassenen der Rest der Strafzeit vor Ablauf der Bewährungsfrist erlassen werden kann. In Zürich entscheidet darüber das Obergericht, in Schwyz der Kantonsrat, im Aargau die „Begnadigungsbehörde". In der Tat handelt es sich um einen Gnadenakt[3]).

§ 59. Freiheitsstrafensystem des eidgenössischen Entwurfs.

Literatur. Angaben zu §§ 53, 58. — Teichmann und Correvon: Gef.-Verein, 17 I 66ff., 86ff. — Hürbin: eod. 19 I 1ff. — Curti: eod. 21 I 1ff. — Heinis und Martin: eod. 23 I 1ff., 80ff. — Zürcher und Favre: eod. 27 I 1ff., 40ff. — Thormann: Z. 17, 365ff. — Kronauer: Z. 20, 1ff. — Zürcher: Z. 23, 213ff. — Hafter: Z. 28, 283ff. — Kellerhals und Ludwig: Gef.-Verein, Neue Folge, Heft 3, 12ff,. 20ff. — Scheurer: Z. 36, 6ff. — Ludwig: Z. 36, 91ff. — Lüthi: JZ. 20, 7f. — Guckenheimer: Der Begriff der ehrlosen Gesinnung im StR. (1921).

I. Die Bedeutung der Fragen erfordert eine gesonderte Darstellung des Freiheitsstrafensystems im Entwurf. In ihm kommt der Gang der Entwicklung zum Ausdruck. Die Vollzugsvorschriften des E. können schon für die Anwendung der geltenden Rechte wegweisend sein.

Art. 64 bis II der BV. behält — auch nach dem Inkrafttreten des eidg. StGB. — die Organisation der Strafgerichte, das gerichtliche Verfahren und die Rechtsprechung den Kantonen vor. Nach der bundesrätlichen Botschaft zu diesem Artikel vom 28. November 1896 ist das Wort „Rechtsprechung" in dem weitern Sinne verstanden, daß es auch die Vollstreckung der Strafurteile umfaßt (Botschaft Sonderausgabe, 21). Die Richtigkeit dieser Auslegung mag man bezweifeln. Fest steht,

---

[1]) Maßgebend ist Deliktsverübung während der Probezeit. Ob die Verurteilung wegen dieses Deliktes erst nach Ablauf der Probezeit erfolgt, ist gleichgültig; Zürcher Bl. 18, Nr. 82.

[2]) Vgl. ferner Bern, Dekret § 7; Solothurn StPO. § 447; Genf, Loi sur la libération conditionnelle Art. 6. — Mousson: a. a. O. 95.

[3]) Über die Möglichkeit einer Strafumwandlung bei Wohlverhalten eines Sträflings in Fällen, in denen die bedingte Entlassung nicht zulässig ist, siehe unten § 71 III 3.

daß das Vollzugerecht bei den Kantonen bleiben soll[1]). Da aber der Bund nach Art. 64 bis III befugt ist, den Kantonen zur Errichtung von Strafanstalten und für Verbesserungen im Strafvollzug Beiträge zu gewähren, muß er auch das Recht haben, bei der Gestaltung des kantonalen Strafvollzuges mitzureden. Der eidg. E. kann und muß daher die Grundlinien eines einheitlichen Strafvollzuges festlegen[2]). Nur ein eidgenössisches Strafvollzugsgesetz kann er nicht erlassen[3]). Die Schwierigkeit der Frage, wieweit in das StGB. selbst Vollzugsregeln einzufügen sind, zeigen die Verhandlungen der II. Expertenkommission (Prot. 1, 238ff.; 2, 88ff.). Da die einzelnen Freiheitsstrafen ihren Inhalt erst durch die Art ihres Vollzuges erhalten, ist in die Regeln des StGB. über die Freiheitsstrafen so viel aufzunehmen, als für die Kennzeichnung und Unterscheidung der einzelnen Strafarten erforderlich ist[4]).

II. Der E. sieht Zuchthaus, Gefängnis und Haft vor. Die Arbeitshausstrafe der kantonalen Rechte übernimmt er nicht. Eine besondere custodia honesta (oben § 53 II 4) führt er nicht ein.

Die Zuchthausstrafe (Art. 34) ist die schwerste Freiheitsstrafe Sie ist lebenslänglich oder zeitlich mit einer Dauer von 1—15 Jahren vorgesehen. Schärfungen kennt der E. beim Zuchthaus ebensowenig wie bei den andern Freiheitsstrafen. Eine Befugnis der Kantone, sie einzuführen oder beizubehalten, besteht nicht[5]).

Die Gefängnisstrafe wird in Art. 35 mit einem Rahmen von 8 Tagen bis zu 2 Jahren vorgesehen. Doch werden hinsichtlich des Höchstmaßes ausdrücklich abweichende Androhungen im Besondern Teil des Gesetzes vorbehalten[6]). Auch das Gefängnis ist als eine grundsätzlich nur auf Verbrechen und Vergehen folgende Strafe gedacht[7]). Mit der Festsetzung des Minimums auf 8 Tage soll die Abneigung gegen die ganz kurzzeitigen Gefängnisstrafen zum Ausdruck kommen[8]).

---

[1]) Zürcher: Erläuterungen VE. 1908, 4. — Burckhardt: Kommentar BV. (2. Aufl.), 619. — Hafter: Z. 28, 288. — Curti: Gef.-Verein, 21 I, 2. — Gabuzzi: eodem, 21 II, 37. — Martin: eodem, 23, 81ff.

[2]) Vgl. außer den Zitaten in der vorhergehenden Note die Botschaft vom 28. November 1916, 21f. — Zürcher: Erläuterungen, 72ff. — Gautier: Prot. II. ExpKom. 1, 242.

[3]) Hürbin, der unermüdliche Kämpfer für die Vereinheitlichung des Strafvollzuges, sagte, ein schweizerisches StGB. ohne Einheit des Vollzuges ist „ein Haus, dem der Dachstuhl fehlt" (Gef.-Verein, 19 I, 25).

[4]) Hafter: Z. 28, 290ff.

[5]) Vgl. Art. 353 lit. c: „Kettensträflingen sind die Ketten abzunehmen."

[6]) Z. B. Art. 100 (Totschlag): Höchstmaß 5 Jahre, Art. 108 Ziff. 1 IV und Art. 109 Ziff. 2 und 3 (Körperverletzung ebenso), usw. Die Einzelheiten gehören in den Besondern Teil; vgl. die Zusammenstellungen bei Kronauer: Z. 20, 7ff.

[7]) Das folgt namentlich auch aus Art. 350 II.

[8]) Oben § 56 I; Prot. I. ExpKom., 1, 124ff.; Prot. II. ExpKom. 1, 234ff vgl. ferner Gautier: Z. 13, 301, der ein Minimum von 15 Tagen vorschlug.

Die Haftstrafe (Art. 37) ist für die Mehrzahl der Kantone neu. Sie ist die Freiheitsstrafe für Übertretungen. Ihre kürzeste Dauer beträgt 1 Tag, ihre längste Dauer 3 Monate.

III. Durch die verschiedene Umgrenzung der Strafdauer wird die notwendige Differenzierung der drei Freiheitsstrafen noch keineswegs erreicht. Sie wird gefördert durch die unterschiedliche Gestaltung der mit den einzelnen Strafen verknüpften sog. Ehrenfolgen. Nach Art. 48 Ziff. 1, muß der Richter den zu Zuchthaus Verurteilten für 2 bis 10 Jahre in der bürgerlichen Rechtsfähigkeit einstellen. Bei dem zu Gefängnis Verurteilten kann die Einstellung — für 1 bis 5 Jahre — erfolgen, wenn der Täter durch „seine Tat eine ehrlose Gesinnung bekundet". Ob sie vorliegt, muß der Richter nach freiem Ermessen entscheiden, eine bei der Unbestimmtheit des Begriffes „ehrlose Gesinnung" oft problematische Aufgabe[1]).

Mit der Haftstrafe sind Ehrenfolgen nie verknüpft.

IV. Deutlicher wird der verschiedene Inhalt der drei Freiheitsstrafen durch eine Reihe in den E. aufgenommener Vollzugsgrundsätze. Voran steht die Forderung der räumlichen Trennung der verschiedenen Gefangenenkategorien, mit der es heute in der Schweiz schlimm steht[2]). Weitere Unterscheidungen ergeben sich hinsichtlich Kleidung, Kost, Verkehr mit der Außenwelt, Arbeitsgestaltung und besonders in der Frage, ob und wieweit eine Progression durchzuführen ist:

Zuchthaus- und Gefängnissträflinge tragen Anstaltskleidung und erhalten Anstaltskost. Im Gefängnis kann, soweit die Strafe in Einzelhaft verbüßt wird, der Gebrauch eigener Kleidung gestattet werden (Art. 34, Art. 35, je Ziff. 2 II). Der Haftgefangene trägt seine eigene Kleidung. Selbstbeköstigung kann ihm gestattet werden (Art. 37 Ziff. 2 II).

Besuchsempfang und Briefverkehr sind im Zuchthaus nur „in engen Grenzen" gestattet, bei Gefängnis und Haft nur so weit beschränkt, als es die Ordnung in der Anstalt gebietet (Art. 34, 35, 37, je Ziff. 2 II).

Für Zuchthaus und Gefängnis wird gleicherweise bestimmt, daß der Gefangene womöglich mit Arbeiten zu beschäftigen ist, die seinen Fähigkeiten entsprechen und ihn in den Stand setzen, in der Freiheit seinen Unterhalt zu erwerben (Art. 34, 35, je Ziff. 3). Der Haftgefangene kann sich angemessene Arbeit selbst beschaffen. Soweit dies nicht geschieht, hat er die ihm zugewiesene Arbeit zu leisten (Art. 37 Ziff. 3).

---

[1]) Guckenheimer: a. a. O. namentlich 40ff. Unten § 66 VI.

[2]) Oben §§ 53 III, 55 I, 58 I. Eine der Hauptaufgaben der vom eidg. Justizdepartement 1912 bestellten sog. Gefängniskommission bestand darin, alle schweizerischen Strafanstalten daraufhin zu untersuchen, ob und wie sie sich für den Vollzug der einzelnen Arten der Freiheitsstrafe eignen: Beilagenband 1, Prot. II. ExpKom. 1ff., 27, 97f., 136ff., 346ff.

Das Progressivsystem wird beim Zuchthausgefangenen regelmäßig, bei der Gefängnisstrafe, soweit ihre Dauer 3 Monate übersteigt, bei der Haftstrafe nicht durchgeführt (Art. 34,35 37, je Ziff. 3). Eine bedingte Entlassung kommt nur bei den zwei erstern Strafarten in Betracht. Der an die geltenden Rechte (oben § 58 III) anknüpfende Art. 36[1]) bestimmt, daß eine bedingte Entlassung zulässig ist, wenn der Verurteilte zwei Drittel der Strafe und bei Zuchthaus mindestens 1 Jahr, bei Gefängnis mindestens 8 Monate erstanden hat. Bei lebenslänglichem Zuchthaus kann nach 15 Jahren eine bedingte Entlassung erfolgen. Voraussetzungen sind: nicht wiederholte Rückfälligkeit, Wohlverhalten in der Anstalt und Aussicht auf Wohlverhalten in der Freiheit, nach Möglichkeit Gutmachung des gerichtlich festgestellten Schadens. Der bedingt Entlassene wird unter Schutzaufsicht gestellt. Für sein Verhalten während der Probezeit kann ihm die zuständige kantonale Behörde Weisungen erteilen. Juristisch richtig bestimmt Art. 36 Ziff. 4, daß die Entlassung endgültig wird, wenn sich der bedingt Entlassene bis zum Ablauf der Probezeit bewährt.

Den auf die Differenzierung ausgehenden Bestimmungen über die drei Freiheitsstrafen stehen für alle Arten geltende gemeinsame Vollzugsnormen gegenüber: Vollständige Trennung von Männern und Frauen in allen Anstalten[2]), Verbot der Verabreichung geistiger Getränke (Art. 43), Unterbrechung des Vollzuges nur aus wichtigen Gründen, Anrechnung des Aufenthaltes in einer Heil- und Pflegeanstalt auf die Strafe (Art. 38), Gewährleistung eines Verdienstanteils (Art. 398—400), Leitsätze für die Gestaltung der Schutzaufsicht (Art. 44, 401f.), Normalien für die Bereitstellung und den Betrieb der kantonalen Anstalten unter Zusicherung der Gewährung von Bundesbeiträgen (Art 410ff.), Proklamierung einer Oberaufsicht des Bundes (Art. 415).

V. Die Gesamtheit dieser Bestimmungen schafft zwar nicht ein eidgenössisches Strafvollzugsrecht, was staatsrechtlich unzulässig wäre, gewährleistet aber eine gewisse Einheitlichkeit. Einen — vielleicht nur scheinbaren — Eingriff in diese Einheitlichkeit bedeutet Art. 397. Er ermächtigt den Bundesrat, für Strafanstalten mit ausgedehntem Landwirtschaftsbetrieb einen abweichenden Vollzug zu gestatten, wobei aber die Grundsätze des E. „möglichst" beibehalten werden sollen[3]). Die Bestimmung weist auf die in den letzten Jahren stark hervortretende

---

[1]) Prot. II. ExpKom. 1, 239ff.; 9, 112ff., 316ff. — Mousson: (Lit. zu § 58), passim. — Heinis: Gef.-Verein, 23 I, 16f. — Mittermaier: VD. Allg. Teil, 4, 560ff. — Thormann: Z. 30, 344ff.

[2]) Vgl. Zürcher: Z. 11, 391ff.

[3]) Sog. Witzwil-Artikel. Prot. II. ExpKom. 9, 197ff., 347; Beilagenband, 1, 284. — Delaquis: Z. 37, 348ff. Inzwischen hat die nationalrätliche Kommission für den E. den Art. 397 gestrichen.

Tendenz hin, die Strafanstalten als landwirtschaftliche Gutsbetriebe auszugestalten[1]). Bei dieser Art von Strafanstalten ist die Durchführung einer strengen schematischen Progression schwer durchführbar. Der Gedanke macht sich geltend, daß das Progressivsystem überhaupt nicht eine letzte Lösung darstellt.

Damit steht in einem gewissen Zusammenhang die Forderung, die Unterscheidung: Zuchthaus — Gefängnis überhaupt fallen zu lassen und eine sog. Einheitsstrafe zu bilden[2]). Das Hauptargument für sie ergibt sich aus der Tatsache, daß es auch dem eidg. E. nicht gelungen ist, die beiden Strafarten ausreichend zu differenzieren, ja daß eine klare Scheidung vielleicht überhaupt nicht erreichbar ist. Abzulehnen ist hingegen das Argument, die Einheitsstrafe sei für den Staat finanziell leichter tragbar.

§ 60. Geldbuße.

Literatur. Stooss: Strafgesetzbücher, 178ff.; Grundzüge, 1, 376ff., 407ff., 428f. — Derselbe: Zur Natur der Vermögensstrafen, Berner Diss. (1878); Z. 4, 344ff.; 11, 364ff.; 15, 221ff.; 20, 242ff.; 29, 1ff.; 30, 87ff. — Zürcher: Z. 4, 232ff., 268ff. — Gautier: Z. 6, 217ff. — Hess: Die Buße im schweizer. StR., Zürcher Diss. (1909). — Kirner: Die Geldstrafe im Schweizer StR., Basler Diss. (1922), Kurzer Auszug im Jahrbuch der Basler Juristenfakultät (1924). — Runkel-Langsdorff: Z. 21, 43ff. — Goldschmidt: VD. Alg. Teil, 4, 398ff.

I. Die Buße[3]) ist ein strafweiser staatlicher Eingriff in das Vermögen eines Rechtsbrechers, der zwangsweise Entzug einer bestimmten Geldsumme. Da sie für sich allein ausgefällt werden kann, ist sie grundsätzlich zu den Hauptstrafen zu zählen. Wird sie zusammem mit einer Freiheitsstrafe verhängt, so ist sie Nebenstrafe. Bußen im Polizei- und im Disziplinarstrafrecht sind nicht grundsätzlich von der Buße des Kriminalstrafrechts zu unterscheiden[4]).

---

[1]) Scheurer: Z. 36, 6ff. — Hafner und Zürcher: Gefängniskunde, 169f. und namentlich 316ff. (Kellerhals).

[2]) Scheurer: a. a. O. 11ff. — Kellerhals: Gef.-Verein, Neue Folge, Heft 3, 12ff. Dagegen Ludwig: eodem, 20ff. und Z. 36, 91ff. — Delaquis: Z. 35, 46; 37, 348ff. — Hafner und Zürcher: a. a. O. 114, 313ff.

[3]) Der Ausdruck „Buße" ist in der Schweiz üblicher als das Wort „Geldstrafe". Buße ist die überkommene Bezeichnung, deren historische Bedeutung — Strafzahlung an die öffentliche Gewalt oder Leistung an den Verletzten — allerdings schwankt; vgl. His: Strafrecht des deutschen Mittelalters, 1, 583ff. und dazu Wackernagel: ZschwR. N.F. 40, 393. Im heutigen deutschen Recht ist Buße der in einzelnen Fällen dem Verletzten gewährte, im Strafverfahren zu verfolgende Anspruch auf Genugtuung durch Geldzahlung. Es ist streitig, ob sie Strafe oder Schadensersatz, oder eine aus beiden Elementen gemischte Einrichtung darstellt. — v. Liszt-Schmidt: Lehrbuch, § 67. — Graf zu Dohna: Die Stellung der Buße im reichsrechtlichen System des Immaterialgüterschutzes (1902) und VD. Allg. Teil, 1, 252ff. (Buße als ziviler Ersatz); vgl. auch Hafter: Z. 16, 107.

[4]) Abweichend Hess: a. a. O. 3ff.

Festzuhalten ist der Strafcharakter der Buße. Vom Schadensersatz durch Geldzahlung ist sie dadurch unterschieden, daß sie nicht einen gestifteten Schaden ausgleichen, sondern den Täter durch eine Übelszufügung treffen soll. Von der Prozeßkostenzahlung unterscheidet sie die Veranlassung: Die Buße ist Unrechtsfolge, die Kostenzahlung im Prozeß eine Abgabe an den Staat wegen Beanspruchung der Rechtspflege[1]. Auch die strafrechtliche Einziehung (Konfiskation) von Vermögenswerten hat einen andern Charakter als die Buße. Nach neuerer, richtiger Auffassung ist die Einziehung nicht als Strafe, sondern als sichernde Maßnahme aufzufassen (unten § 65).

Da die Buße ein strafweiser Eingriff in ein persönliches Gut des Rechtsbrechers sein soll, ist die Zahlung durch Drittpersonen zu verpönen[2]. Abzulehnen ist namentlich die in der Gesetzgebung weitverbreitete Inkonsequenz, daß Bußen in den Nachlaß oder gegen die Erben eines Bestraften vollstreckt werden (unten III 3). In den heutigen Staaten stellen die Einnahmen aus Bußenzahlungen allerdings einen bedeutsamen Budgetposten dar. Aber der Staat darf nicht um fiskalischer Vorteile willen den Charakter der Buße als eines nur persönlichen, strafweisen Eingriffes in das Vermögen des Täters verfälschen[3].

II. Herkömmlich stellen die Gesetze auch bei der Buße einen allgemeinen Strafrahmen auf. Die Ordnungen gehen weit auseinander:

Häufig fehlt die ausdrückliche Bestimmung eines Mindestmaßes (Bund Zürich, Bern usw.)[4]. Grundsätzlich muß hier die kleinste Münzeinheit, der Rappen, als Minimum betrachtet werden. In der schweizerischen Praxis kommt aber ein solches Mindetsmaß nicht vor[5]. Andere Kantone bestimmen ein Mindestmaß, zum Teil mit Abstufungen, je nachdem es sich um Verbrechen, Vergehen oder Übertretungen handelt[6]. Der eidg. E. verzichtet auf Mindestmaße. Der Verzicht ist richtig. Der Richter muß alle Möglichkeiten der Individualisierung haben.

---

[1] BE. 2, 72f., 232; 39 I, 43ff.

[2] Vgl. Stooss: Z. 4, 364ff. — Hess: a. a. O. 80ff. Auch die Verurteilung zur solidaren Haftung für eine Buße widerspricht ihrem Strafcharakter; Répertoire vaudois, 252: „La peine de l'amende doit être supportée par chaque condamné pour sa part et non pour celle de ses condamnés". Die namentlich etwa in Verwaltungsgesetzen aufgestellte Solidarhaftung mehrerer für Bußen ist verfehlt; so namentlich Art. 23 II des BGes. von 1849 betr. das Verfahren bei Übertretungen fiskal. und poliz. Bundesgesetze; vgl. oben § 49 I 4. — Stooss: Grundzüge, 1, 381. — Busch: (Lit. zu § 19) 131f.

[3] BE. 3, 589; 14, 520; 50 I 51f. (Strafcharakter der Buße).

[4] Zusammenstellung bei Stooss: Grundzüge, 1, 377.

[5] Hess: a. a. O. 32f.

[6] Luzern § 16 II als Kriminalstrafe 200 Fr., PolStG. § 15 5 Fr., ausgenommen da, wo das Gesetz ausdrücklich einen kleinern Betrag zuläßt. Tessin sieht für Verbrechen und Vergehen acht Grade mit einem untersten Minimum von 5 Fr., bei

Die Frage nach dem Höchstmaß liegt nicht ganz gleich. Das Minimum ist in jedem Falle durch die kleinste staatliche Münzeinheit begrenzt. Nach oben besteht keine solche Schranke, was eine obere gesetzliche Grenze erwägenswert erscheinen läßt. Bern, Luzern, Obwalden, Novelle von 1908, Glarus, Zug, Solothurn und Schaffhausen stellen kein Höchstmaß auf. Der Bund und die andern Kantone sehen dagegen — wiederum zum Teil verschieden für Verbrechen, Vergehen und Übertretungen — Maxima vor[1]). Die Bindung ist, insbesondere in Zeiten, da der Geldwert schwankt, nicht zu empfehlen. Es ist bezeichnend, daß der Bund, dessen StGB. in Art. 2 lit. f. ein Höchstmaß von 10000 Fr. nennt, in zahlreichen Erlassen aus der Kriegszeit zur Androhung höherer Maxima kam. Auch seitdem sieht die neuere Sondergesetzgebung des Bundes mehrfach höhere Bußen vor[2]). Eine Festlegung des Bußenmaximums im Allgemeinen Teil der Gesetze kommt leicht mit der kriminalpolitischen Forderung auf Anpassung der Strafe an die Vermögensverhältnisse des Täters in Konflikt. Deshalb hat der eidg. E. (Art. 45) auf eine Begrenzung verzichtet[3]).

III. Aus Einzelregeln ergibt sich weiteres zur Kennzeichnung der Buße:

1. Sie soll namentlich den Täter aus Gewinnsucht treffen. Deshalb bestimmen Zürich § 23 und besonders deutlich der eidg. E. Art. 47 I und nach ihm Freiburg Art. 33, daß bei gewinnsüchtigen Motiven der Richter mit der Freiheitsstrafe immer auch Buße verbinden kann, auch wenn es beim einzelnen Tatbestand nicht ausdrücklich vorgeschrieben ist.

2. Droht das Gesetz Freiheitsstrafe und Buße an, ohne ausdrücklich dem Richter die Wahl zwischen beiden Strafen zu lassen, so sind natürlich der Regel nach beide Strafen auszusprechen. Zürich § 26

Übertretungen drei Grade mit einem untersten Minimum von 2 Fr. vor (Art. 29 § 1, Art. 414). Weitere Daten bei Stooss: Grundzüge, 1, 377f.

[1]) Niederstes Maximum in Graubünden § 15: 1360 Fr., durch Novelle vom 4. März 1923 jetzt auf das Doppelte erhöht, höchstes in Zürich § 23 und Neuenburg Art. 27 I: 15,000 Fr. Weitere Angaben bei Stooss: Grundzüge, 1, 377f. — Hess: a. a. O. 35.

[2]) Z. B. BGes. vom 16. Oktober 1924 betr. Einschränkung der Erstellung und Erweiterung von Gasthöfen (Eidg. GesSlg. 41, 50ff.), Art. 7 I: 20,000 Fr., ebenso BGes. vom 2. Oktober 1924 betr. Betäubungsmittel (GesSlg. 41, 439ff.), Art. 11 I, 12 III.

[3]) So z. T. schon die Vorentwürfe, z. B. VE. 1893 Art. 27 und dazu Stooss: Motive, 60ff.; Prot. I. ExpKom. 1, 215ff.; Prot. II. ExpKom. 1, 271ff. Die nationalrätliche Kommission für den E. beantragt neuerdings die Aufstellung eines Maximums von 20,000 Fr. unter Vorbehalt abweichender Bestimmungen im Besondern Teil und mit dem Zusatz, daß der Richter an den Höchstbetrag nicht gebunden ist, wenn einem Delikt Gewinnsucht zugrunde liegt; vgl. noch Kronauer: Z. 20, 9ff. — Delaquis: Z. 35, 39; unten VI.

lit c, stellt es jedoch dem Richter anheim, „wo besondere Gründe dafür vorhanden sind", von Geldstrafe abzusehen[1]). Ähnlich bestimmt Appenzell A.-Rh. Art. 18 II. Obwalden Art. 11 II und Appenzell J.-Rh. Art. 14 schreiben vor, Bußen sollten da nicht verhängt werden, wo sie eine Härte gegenüber der Familie des Verurteilten in sich schließen. Der Gedanke, daß die Strafe den finanziellen Verhältnissen des Täters angepaßt werden soll, kommt hier besonders deutlich zum Ausdruck. Anderseits läßt Obwalden Art. 11 III ausnahmsweise zu, daß, wenn das Gesetz Buße neben Gefängnis androht, der Richter auf Gefängnis oder Buße allein erkennen kann. Gefährlich ist St. Gallen Art. 19 III, wonach statt auf Buße auf Gefängnis oder Arbeitshaus zu erkennen ist, wenn der Täter „arm oder für ihn oder die Seinigen aus der Geldstrafe ein Notstand zu besorgen ist". Das schafft für den armen Teufel ein privilegium odiosum.

3. Die Mehrzahl der heutigen Rechte erklären ausdrücklich, daß die zu Lebzeiten eines Verurteilten rechtskräftig gewordene Bußenstrafe auch gegenüber dem Nachlaß oder gegen die Erben zu vollstrecken ist (z. B. Zürich § 51 II, Bern Art. 26, das die Bestimmung ausdrücklich als eine Ausnahme von dem Grundsatz der persönlichen Natur der Strafen kennzeichnet). Luzern § 61 III und Obwalden Art. 38 I vollstrecken in den Nachlaß und gegen die Erben sogar eine noch nicht rechtskräftige Buße, räumen jedoch den Erben die Möglichkeit der Anfechtung des Urteils auf dem Rechtsmittelwege ein. Nicht nur die Strafe, auch der Strafprozeß wird damit vererbt. — Diese Ordnungen sind grundfalsch. Wenn man nicht den Strafcharakter der Buße aufgeben will, ist eine Vererbung — im Gegensatz zu privatrechtlichen Ansprüchen, staatlichen Steuerforderungen usw. — undenkbar. Ganz verwerflich ist vor allem jeder Rechtfertigungsversuch, hinter dem fiskalische Überlegungen stehen[2]). Ausdrücklich bestimmt jetzt Art. 45 Ziff. 2, des eidg. E.: Stirbt der Verurteilte, so fällt die Buße weg (unten § 86 II 1).

IV. Grundsätzlich kommt die Buße ausschließlich dem S t a a t e, dem Inhaber des Strafanspruchs, zu, dem Bunde, wenn Bundesrecht, den Kantonen, wenn kantonales Recht zur Anwendung kommt. Aus verschiedenen Überlegungen heraus ergeben sich Abweichungen von diesem Prinzip. Einige von ihnen sind kriminalpolitisch von Bedeutung:

Nicht ganz ungefährlich ist die im Polizeistrafrecht häufig vorkommende Ordnung, daß die von Gemeindebehörden ausgesprochenen Bußen den G e m e i n d e n selbst zufallen sollen (z. B. Zürich StPO.

---

[1]) Zürcher Bl. 10, Nr. 53: Mittellosigkeit des Angeklagten als „besonderer Grund"; vgl. auch eodem, 10, 110.

[2]) Die Theorie lehnt heute fast allgemein die Vererblichkeit ab: Stooss: Grundzüge, 1, 428f. — Hess: 100ff. (mit weiterer Literatur). — Mattli: (Lit. zu § 86) 41ff. — Richter: (Lit. zu § 86), 13, 51ff.

§ 356, Appenzell A.-Rh. Art. 18 III, Wallis Art. 347). Bei Gemeinden mehr noch als beim Staat besteht die Gefahr, daß die Handhabung des Bußenstrafrechts von fiskalischen Überlegungen abhängig gemacht wird.

Vielfach wird auch heute noch, namentlich in Polizeistrafgesetzen, ein Anteil an der Buße dem Denunzianten zugesprochen (sog. Verleider- oder Verzeigeranteil). Das Bundesrecht sieht das z. B. vor im BGes. vom 30. April 1849 über das Pulverregal, Art. 6 II (je $1/3$ der Buße fällt an die Bundeskasse, an den betreffenden Kanton und an den „Verleider"), aber auch noch im BGes. vom 4. Okt. 1917 über die Stempelabgaben, Art. 58 I[1]). Eine solche Prämierung des Denunzianten ist zu mißbilligen, obschon sie der Aufdeckung von Übertretungen förderlich sein mag.

Beachtenswert ist der Gedanke, daß der Staat die ihm aus Strafprozessen zufließenden Bußengelder nicht einfach der Staatskasse zuführt, sondern für bestimmte Zwecke ausscheidet und verwendet. Solothurn § 15 weist sie den kantonalen Heil- und Pflegeanstalten zu. Zu erwägen ist auch die besondere Verwendung der Bußenbeträge für die Zwecke der Strafjustiz[2]).

Nach neuern gesetzgeberischen Vorschlägen — vgl. namentlich eidg. E. Art. 57 — soll der Richter ermächtigt werden, dem durch ein Delikt Geschädigten den Bußenbetrag ganz oder teilweise auf Rechnung des gerichtlich festgesetzten Schadensersatzes zuzuerkennen. Diese Frage ist im Maßnahmenrecht näher zu erörtern (unten § 85).

V. Die größten Schwierigkeiten und Ungleichheiten zeigen sich beim Vollzug der Bußenstrafe. Sie stellt einen öffentlich-rechtlichen Anspruch des Staates gegenüber dem Verurteilten auf Zahlung eines bestimmten Geldbetrages dar. Von diesem Gesichtspunkt aus sollte man zunächst annehmen, daß die zum Bezug einer rechtskräftig ausgefällten Buße zuständige Behörde dem Schuldner Rechnung stellt und im Falle der Nichtzahlung lediglich die Schuldbetreibung gegen ihn durchführt[3]). Da es sich jedoch um den Vollzug einer Strafe handelt,

[1]) Weitere — heute zum Teil veraltete — Daten bei ZÜRCHER: Z. 8, 174f. Gut das zürcher. Gesetz vom 18. Februar 1923 über den Verkehr mit Motorfahrzeugen und Fahrrädern (GesSlg. 32, 356ff.) § 16: „Den Verzeigern dürfen keine Anteile an Bußen zufallen, welche wegen Übertretung dieses Gesetzes oder der Verordnungen und Beschlüsse verhängt werden."

[2]) Vgl. FRIEDMANN: Zur Reform des österreichischen Strafrechts (1891), 232. — HESS: a. a. O. 105f.

[3]) Nach Art. 150 Org.Ges. Bundesrechtspflege sind Bußen, die auf Grund eines eidgenössischen Gesetzes verhängt werden, in der ganzen Schweiz vollstreckbar. Interkantonal gilt das Konkordat betreffend die Gewährung gegenseitiger Rechtshilfe zur Vollstreckung öffentlich-rechtlicher Ansprüche vom 18. Februar 1911, dem sämtliche Kantone beigetreten sind. Nach Art. 1 Ziff. 5 leisten

die für den Verurteilten eine Übelszufügung sein soll, müssen andere Mittel Platz greifen, wenn die Schuldbetreibung infolge der Vermögenslosigkeit des Verurteilten erfolglos gewesen ist oder auch schon wenn sie von vornherein als aussichtslos erscheint.

Aus den geltenden Rechten ergeben sich folgende Ordnungen:

1. Es liegt nahe, den Vollzug einer Buße sofort nach eingetretener Rechtskraft des Urteils erfolgen zu lassen. Nach einzelnen Rechten bestehen jedoch Zahlungsfristen: BStG. Art. 8 sieht eine Zahlungsfrist von 3 Monaten vor. In Schwyz StPO. § 332, und in Solothurn StGB. § 16, gilt eine gesetzliche Frist von 1 Monat. Nach einigen Rechten — Obwalden Art 41 II, Zug § 12 II, Appenzell J.-Rh. Art. 14 — hat der Richter im Urteil eine Frist zur Zahlung anzusetzen. Am weitesten unter den geltenden Rechten geht Neuenburg Art 27 III. Nach dieser Bestimmung kann der Richter nicht nur eine Zahlungsfrist, sondern auch Ratenzahlungen bewilligen[1]). Gleiches gilt, jedoch mit Beschränkung auf Polizeibußen, für Zürich[2]).

2. Ganz vereinzelt kommt im geltenden Recht der Gedanke zum Vorschein, dem Gebüßten zu gestatten, die Buße durch freie Arbeit für den Staat oder eine Gemeinde abzuverdienen. Der in der Literatur häufig genannte, heute nicht mehr geltende Art. 7 III der waadtländischen Loi sur l'organisation des établissements de détention vom 17. Mai 1875 ließ zu, daß der ausschließlich mit einer Buße Bestrafte sich zur Ableistung von Arbeit an Straßen, in Wäldern usw. melden konnte und daß ihm die Arbeitsleistung auf seine Buße angerechnet wurde („à raison de trois à six francs par journée, suivant la valeur de son travail.“). Die Vorschrift scheint überhaupt nie praktische Bedeutung erlangt zu haben[3]).

Für die Abtragung von Polizeibußen hat die zürcher. StPO. von 1919 den Gedanken wieder aufgenommen. Nach § 349 II kann die Polizeibehörde das Abverdienen durch freie Arbeit für die Gemeinde oder den Staat gestatten.

3. Die strafrechtlichen Schwierigkeiten beginnen, wenn der Verurteilte die Buße in der ihm bestimmten Zeit nicht bezahlt und sie —

sich die Kantone gegenseitig Rechtshilfe zur Vollstreckung von „Bußen und staatlichen Kostenforderungen in Straffällen.“ Die Gewährung der Rechtshilfe geschieht durch Erteilung der definitiven Rechtsöffnung im Betreibungsfalle (Art. 2 I). Vgl. auch Verhandlungen des Schweizer. Juristenvereins 1908 über die interkantonale Vollstreckung der gerichtlichen Strafurteile, Referate von Werner und Brand: ZschwR. N.F. 27, 483ff., 549ff., 658ff. — Eidg. E. Art. 403.

[1]) In der Praxis kommt das auch anderorts vor: Zürcher: Z. 4, 233. — Hess a. a. O. 68f.

[2]) StPO. § 349 II: „Die Polizeibehörde kann ihm (dem Gebüßten) gestatten, die Buße in seinen Verhältnissen angemessenen Teilzahlungen zu entrichten.“

[3]) Darüber Stooss: Z. 4, 350ff.; Grundzüge, 1, 381. — Favey: Z. 4, 243. — Hess: a. a. O. 75f.

Zürich StPO. § 349 II — auch nicht abverdient. Hauptfrage ist, ob dann zunächst gegen den Gebüßten die Schuldbetreibung einzuleiten oder sofort die Umwandlung in eine Ersatzstrafe vorzunehmen ist. In der Gesetzgebung herrscht Verschiedenheit und Unsicherheit:

Nach richtiger Auffassung muß die Unerhältlichkeit einer Buße auf dem Wege der Schuldbetreibung festgestellt werden, sofern deren Ergebnislosigkeit nicht von vornherein feststeht[1]). Das sollte auch für diejenigen Rechte gelten, die von der Anhebung der Schuldbetreibung nichts sagen (z. B. Luzern § 80 Ziff. 1; St. Gallen Art. 19 IV). Solothurn § 16 I stellt es der Vollzugsbehörde anheim, die nicht freiwillig bezahlte Buße „zuerst auf dem gewöhnlichen Schuldbetreibungswege einzufordern und erst, wenn die Zahlung nicht erhältlich ist, Strafumwandlung zu verfügen“.

Nur wenige Rechte scheinen die Feststellung der Zahlungsunfähigkeit des Gebüßten auf dem Betreibungswege auszuschließen (BStG. Art. 8 I, Schwyz StPO. § 332, Obwalden Art. 41 II, Appenzell J.-Rh. Art. 14, Neuenburg Art. 28 I und 438 I). Alle diese Rechte stellen für die Umwandlung einer Buße in Freiheitsentziehung lediglich darauf ab, daß der Verurteilte innerhalb der ihm gesetzten Frist die Buße nicht bezahlt hat.

4. Abgesehen von Genf, das eine Ersatzstrafe für unerhältliche Bußen überhaupt nicht kennt[2]), ist überall eine Strafumwandlung vorgesehen. Die Ausgestaltung zeigt die verschiedensten Bilder:

Regelmäßig erfolgt eine Umwandlung in Freiheitsstrafe, in Zuchthaus (möglich in Luzern §§ 80 Ziff. 1 und 81 Ziff. 4), Arbeitshaus, Gefängnis, Haft, Arrest[3]). Als Besonderheit ist hervorzuheben Art. 28 des BGes. von 1849 betreffend das Verfahren bei Übertretungen fiskalischer und polizeilicher Bundesgesetze, der eine Umwandlung in „Gefangenschaft oder öffentliche Arbeit ohne Haft“ vorsieht[4]). Besonderen Charakter hat auch die sog. Arbeitsstrafe, in die unerhältliche Bußen nach dem StGB. von Appenzell A.-Rh. (Art. 22 I und 8) umgewandelt werden können. Sie stellt immerhin eine mit Einsperrung verbundene Zwangsarbeit dar.

---

[1]) So ausdrücklich Zürich StPO. § 349 I und § 465; vgl. auch Hess: a. a. O. 111ff.; ferner Zug § 12 II, Basel § 18 IV (Feststellung der Zahlungsunfähigkeit durch Betreibung oder auf andere Weise), Tessin Art. 30. — Zürich § 349 I läßt mit allzu großer Loyalität bei Polizeibußen der Einleitung der Betreibung noch eine Mahnung vorangehen.

[2]) Gautier: Z. 6, 217ff.

[3]) Einzeldaten bei Stooss: Grundzüge, 1, 408ff.

[4]) Ähnlich Bern StPO. Art. 523, Neuenburg Art. 28 IV. Das ist Zwangsarbeit ohne Einsperrung, die von der Abtragung einer Buße durch freie Arbeit (oben V 2) wohl zu unterscheiden ist. — Stooss: Z. 4, 345, 348ff. — Hess: a. a. O. 75.

Die verschiedensten Maßstäbe für die Umwandlung bestehen[1]). Nach den Gesetzen mit absolutem Maßstab wird durchgängig einem bestimmten Bußenbetrag 1 Tag Freiheitsstrafe gleichgesetzt[2]). Mehr befriedigen die Gesetze mit relativem Maßstab, wonach 1 Tag Freiheitsstrafe bald einem größeren, bald einem kleinern Bußenbetrag gleichkommen soll[3]). Damit ist eine bessere Anpassung an den Einzelfall ermöglicht. — Tröstlich sind die Bestimmungen in einzelnen Kantonen, wonach sich der Verurteilte auch nach erfolgter Umwandlung durch nachträgliche Zahlung der Buße oder eines Bußenrestes noch von der Gefängnisstrafe frei machen kann (Zug § 15 lit. b, Solothurn § 16 II, Basel § 18 IV, Neuenburg Art. 28 III)[4]).

Die Umwandlung unerhältlicher Geldbußen in Freiheitsentziehung verstößt nicht gegen den in Art. 59 III der BV. aufgestellten Satz: Der Schuldverhaft ist abgeschafft. Nach unbestrittener Auffassung gilt als verfassungsmäßig unzulässig nur eine Haft, welche „als Exekutionsmittel zur Eintreibung einer Forderung dient, sei es, daß dadurch die Erfüllung einer Ansprache erzwungen, sei es, daß durch den Verhaft eine Forderung, welche nicht den Charakter einer Strafe hat, getilgt werden soll" (BE. 12, 526)[5]).

VI. Die Kritik an der heutigen Gestaltung der Bußenstrafe ist rege, ganz besonders gegenüber dem Vollzug und der Umwandlung unerhältlicher Bußen in Freiheitsstrafe[6]).

---

1) Die Einzeldaten hat STOOSS: Grundzüge, 1, 408ff. zusammengestellt; vgl. auch HESS: a. a. O. 115ff.

2) Typisch das den Art. 151 Org. Ges. Bundesrechtspflege ersetzende BGes. vom 1. Juli 1922 betr. Umwandlung der Geldbuße in Gefängnis (GesSlg. 38, 523f.): 10 Fr. Buße werden 1 Tag Gefängnis gleichgesetzt. Die in Gefängnis umgewandelte Strafe darf die Dauer von 3 Monaten nicht übersteigen. Dazu das Kreisschreiben des eidg. Justiz- und Polizeidepartementes vom 14. Okt. 1922 (BBl. 1922 III 386f.), ferner STÄMPFLI: Z. 35, 285f.

3) Beispiele: Zürich § 27 lit. b, 3—9 Fr. = 1 Tag Gefängnis. Nach StPO. § 187 hat das die Buße verhängende Gericht für den Fall der Unerhältlichkeit gleichzeitig die Ersatz-Freiheitsstrafe zu bestimmen. Ferner Baselstadt § 18 II: Umwandlung unerhältlicher Bußen im Maßstab von 1—50 Fr. für einen Tag Gefängnis; Freiburg Art. 32 III: 5—50 Fr. = 1 Tag Freiheitsstrafe.

4) Gleich die Praxis in Zürich. Sie ist gut. Nur darf man zur Rechtfertigung dieser Ordnung nicht fiskalische Interesssen in den Vordergrund stellen.

5) Das Bundesgericht hat die Zulässigkeit der Bußenumwandlung mehrfach direkt betont: E. 1, 251; 6, 376. Auch die Umwandlung einer in einem Zivilprozeß auferlegten Ordnungsbuße in Haft (4, 226f.) und die Umwandlung von im Steuerstrafverfahren ausgesprochenen Bußen sind zulässig (25 I, 404f.). Dagegen ist ausgeschlossen die Umwandlung unerhältlicher Steuern (13, 167) oder unerhältlicher Prozeßkosten (39 I, 43ff.). Vgl. ferner STOOSS: Grundzüge, 1, 411f. — BURCKHARDT: Kommentar BV. (2. Aufl.), 583f. — FLEINER: Bundesstaatsrecht, 458 und namentlich APPENZELLER: Der Schuldverhaft und seine Abschaffung, Zürcher Diss. (1923), 60ff.

6) Tausende wandern alljährlich in die Gefängnisse, weil sie ihre Bußen nicht bezahlen, häufig nicht bezahlen können; Zahlen für die Schweiz bei STOOSS: Z. 20,

Zürich ist, aber nur hinsichtlich der wegen Polizeiübertretungen ausgesprochenen Bußen, einen Schritt vorangegangen. Aus den §§ 349, 350 StPO. ergibt sich folgende Vollzugstechnik: Aufforderung zur Zahlung, Mahnung, Einleitung der Schuldbetreibung, event. Gewährung von Zahlungsfristen und Möglichkeit des Abverdienens. Nur wenn der Gebüßte die Buße aus Arbeitsscheu oder Liederlichkeit nicht zahlt oder sich weigert, sie abzuverdienen, obwohl es ihm möglich ist, erfolgt die Umwandlung in Gefängnisstrafe[1]).

Der hier häufig angefochtene eidg. E. 1918 versucht radikale Neulösungen (Art. 45—47): Bußenmaxima fehlen. An die Stelle zahlenmäßiger Umgrenzung der Bußenbeträge im Gesetz tritt die Bestimmung, wonach der Richter im Einzelfall den Betrag der Buße je nach den Verhältnissen des Täters so bestimmen soll, „daß er durch die Einbuße die Strafe erleidet, die seinem Verschulden angemessen ist". (Art. 45 Ziff. 1.) Die Lösung wird also völlig auf das Gebiet der richterlichen Strafausmessung verschoben (unten § 76 II 1 und III). In jedem Falle, wo das Gesetz wahlweise Freiheitsstrafe oder Buße androht, kann der Richter die beiden Strafen verbinden. Buße neben Freiheitsstrafe kann überdies immer verhängt werden, wenn einem Delikt Gewinnsucht des Täters zugrunde liegt (Art. 47). — Die Umwandlung unerhältlicher Bußen in Freiheitsstrafe soll abgeschafft, um so mehr Gewicht dafür auf die Beitreibung der Buße selbst durch Ansetzung von Zahlungsfristen und Gestattung von Teilzahlungen gelegt werden. Die für den Vollzug zuständige Behörde kann ferner gestatten, „die Buße durch freie Arbeit, namentlich für den Staat oder eine Gemeinde, abzuverdienen" (Art. 46 Ziff. 1). Dazu verpflichtet Art. 405 die Kantone zur Einrichtung von Arbeitsgelegenheiten und zur Beschäftigung der um Arbeit Nachsuchenden. Erst wenn weder Zahlung noch freiwilliges Abverdienen erreichbar sind, ordnet die zuständige Behörde die Schuldbetreibung an, „wenn ein Ergebnis davon zu erwarten ist" (Art. 46 Ziff. 2). Art. 346 bedroht endlich — in einem besondern Übertretungstatbestand — den zu einer Buße Verurteilten, der aus Böswilligkeit, Arbeitsscheu, Liederlichkeit oder Nachlässigkeit nicht zahlt, mit Haft. — Nur eine Lücke, die jedoch kriminalpolitisch erträglich ist, zeigt dieses System: Wer mittellos und arbeitsunfähig zugleich ist, entgeht der über ihn verhängten Buße. Diese in der Schweiz wohl nicht allzu häufigen Fälle sind eher des Mitleids als der Bestrafung wert[2]).

410f.; 29, 1ff., vgl. auch schon Hürbin: Z. 4, 353ff. und Prot. II. ExpKom. Beilagenbd. 1, 71. Vgl. ferner die alljährlich im eidg. statistischen Jahrbuch veröffentlichte schweizerische Gefängnisstatistik.

[1]) Sträuli: Kommentar StPO. Noten zu §§ 349, 350.

[2]) Für dieses System und seine Ausgestaltung in den eidg. Entwürfen hat sich Stooss mit immer wieder erneutem Bemühen eingesetzt; vgl. außer den in den Lit.-Angaben zu diesem Paragraphen genannten Schriften auch Motive zum VE.

§ 61. Eingrenzung. Hausarrest. Verweis.

Literatur. Stooss: Strafgesetzbücher, 160ff., 164; Grundzüge, 1, 361ff., 364f. — Temme: Lehrbuch, 253ff. Zum Verweis: Pfenninger: JZ. 15, 157ff. (mit Angaben aus der ausländischen Literatur). — Feldscher: Die Ehrenstrafen im schweizer. Recht, Berner Diss. (1917), 11ff. — Bendiner: (Lit. zu § 64), 27, 33f. — Perrin: Remise conditionnelle des peines (1904), 18ff. — Goldschmidt: VD. Allg. Teil, 4, 411f.

I. Neben die in besondern Anstalten zu verbüßenden Freiheitsstrafen und neben die Geldbuße die, zusammen genommen, die hauptsächlichen Strafmittel des heutigen Systems sind, treten in einzelnen Rechten Eingrenzung, Hausarrest und Verweis. Die beiden erstern sind Strafen an der Freiheit. Der Verweis wird regelmäßig als eine Ehrenstrafe gekennzeichnet.

Da Eingrenzung, Hausarrest und Verweis ihrer Art nach für sich allein ausgefällt werden können, sind sie den Hauptstrafen beizuzählen. Ihr Wirkungsbereich, insbesondere im Kriminal-Strafrecht, ist gering. Die kleine Bedeutung erlaubt eine zusammenfassende Darstellung.

II. Eingrenzung ist strafweise verhängte Aufenthaltsbeschränkung auf ein räumlich bestimmtes Gebiet, regelmäßig auf eine Gemeinde. Nur 5 Kantone kennen sie noch[1]). Bundesstaatsrechtlich ist ihre Zulässigkeit bestritten (s. unten). Zumeist wird sie durch bestimmte besondere Maßnahmen ausgestaltet und gesichert: Nach Obwalden Art. 9 und PolStG. Art. 4 Ziff. 3 ist der Eingegrenzte der besondern Aufsicht der Gemeindebehörden (Polizeiaufsicht) unterstellt. Die Strafdauer beträgt höchstens 3 Jahre. — Für 1- bis 10jährige Dauer sieht Schaffhausen § 23 die Eingrenzung vor. Dem Verurteilten wird die Heimatgemeinde oder eine öffentliche Zwangsarbeitsanstalt zum Aufenthalt angewiesen. Er steht unter Polizeiaufsicht[2]) und Wirtshausverbot. — Appenzell A.-Rh. Art. 10 kennt Eingrenzung auf höchstens 5 Jahre. — Graubünden § 12 und PolStG. § 3 VI nennen neben der Eingrenzung in einen Kreis- oder Gemeindebezirk die Eingrenzung auf die Wohnung. Auf die unerlaubte Entfernung wird Gefängnis oder Geldstrafe angedroht. — Im Aargau StGB. § 10 wird die Eingrenzung als Verbrechensstrafe nur gegenüber Kantonsbürgern, auf höchstens 4 Jahre, vorgesehen und mit dem Wirtshausverbot verbunden. Das Zuchtpol.-Ges. § 16, das Eingrenzung bis auf 1 Jahr zuläßt, nennt dagegen weder das Wirtshausverbot noch die Beschränkung auf Kantonsbürger.

1893, 60ff. und Prot. I. ExpKom. 1, 215ff. Ferner Prot. II. ExpKom. 1, 271ff., 284ff.; 2, 96ff., 125ff. — Hess: a. a. O. 69ff., 76ff., 99f. — Hafter: Bibliographie zum VE. (1908), 67ff. — Gautier: Z. 27, 123f.

[1]) Die neuen Gesetze von Luzern und Freiburg haben die Strafart nicht mehr übernommen. Über die frühere Ordnung s. Stooss: Grundzüge, 1, 361f.

[2]) Über den Zusammenhang zwischen Eingrenzung und Polizeiaufsicht auch unten § 63 I.

Das Bundesgericht hat unter Hinweis auf BV. 45 (Recht der freien Niederlassung) die Gemeindeeingrenzung als unstatthaft erklärt (E. 30 I, 36f). Das Gericht erklärt, die Eingrenzung sei keine „Freiheitsstrafe" im eigentlichen Sinne, sie schränke in unzulässiger Weise das verfassungsmäßige Recht der freien Niederlassung ein. Das Urteil ist unbegreiflich. Wenn eine strafrechtliche Einsperrung vor dem Art. 45 der BV. bestehen kann, so ist nicht verständlich, weshalb das Minus der strafrechtlichen Eingrenzung, die unzweifelhaft eine Freiheitsstrafe ist, verfassungswidrig sein soll[1]). Kriminalpolitisch ist dagegen die Eingrenzungsstrafe abzulehnen. Sie ist nur in kleinen Verhältnissen durchführbar und bei der heutigen Lebens- und Verkehrsgestaltung in jedem Falle unzweckmäßig[2]). Der eidg. E. kennt die Eingrenzung nicht[3]).

III. Auch der Hausarrest, der ebenfalls eine Art Eingrenzung darstellt, ist als staatliches Strafmittel zu verwerfen. Er ist unzuverlässig, in der Regel schwer kontrollierbar und kaum von erzieherischem Wert. Obwalden PolStG. Art 4 Ziff. 5 hat den nächtlichen Hausarrest als eigentliche Freiheitsstrafe für rohe, verkommene, schlecht beleumdete Leute (Art. 11) ausgebildet. Er besteht in dem Verbot, zur Nachtzeit die eigene Wohnung zu verlassen — „nachweisbar ehrenhafte Not vorbehalten."

Zug § 7 II und Tessin Art. 17 kennen den Hausarrest als eine Art des Strafvollzuges. In Zug können zu Freiheitsstrafe verurteilte „ältere oder presthafte Personen, die besonderer Obsorge bedürfen", unter geeigneten Sicherungsmaßnahmen in Privathaft gehalten werden. Im Tessin kann der Richter bei einer auf nicht mehr als 3 Tage lautenden Gefängnisstrafe dem Bestraften die Verbüßung in der eigenen Wohnung unter Überwachung durch die Gemeindebehörde erlauben.

IV. Problematisch ist die Strafart des Verweises. Sein Strafcharakter ist zweifelhaft. Wenn die Strafe ein verletzender Eingriff in Rechtsgüter des Täters, eine Rechtsminderung ist, so hält es schwer, den Verweis in diese Kategorie einzupassen. Man mag sagen: der Verweis ist richterliche Mißbilligung und bedeutet eine Ehrenminderung. Sein Zweck ist, den zu Bestrafenden durch einen Appell an sein Ehrgefühl erzieherisch zu beeinflussen[4]).

---

[1]) Vgl. auch v. Cleric: JZ. 8, 205f.

[2]) Nach Obwalden PolStG. Art. 4 Ziff. 3 soll sie als Nebenstrafe verhängt werden, „wenn bei eigentlich unmoralischer oder qualitativ verbrecherischer Handlung besondere Sicherung und Überwachung des Täters, zumal auch vom Besserungszwecke aus, als angezeigt erscheint."

[3]) Siehe jedoch Art. 39 Ziff. 2, wonach der Richter einem bedingt Verurteilten die Weisung erteilen kann, an einem bestimmten Orte sich aufzuhalten (unten § 72 VII).

[4]) Pfenninger: a. a. O. 157ff. mit geschichtlichen Daten. — Rittler: Z. 37, 375.

In das allgemeine Strafensystem ist der Verweis nur eingeführt in Luzern PolStG. § 17, Appenzell J.-Rh. Art. 15, in der Waadt Art. 31 und für einige Fälle — Art. 204 (scandale public causé par un ivrogne) und Art. 291 (raccolage) — in Neuenburg[1]). Obwalden PolStGB. Art. 12 bestimmt patriarchalisch, der Richter habe „als nicht in das Strafmaß fallend", nötigenfalls im Urteil zu erklären, „dem Verurteilten solle, sei es vom Spitalkuraten, sei es vom Ortspfarrer, Unterricht oder Zurechtweisung, oder sei es vom Gerichts-, sei es vom Einwohnergemeindepräsidenten Zurechtweisung erteilt werden". Der Gesetzgeber hat diese Vorschrift nicht als Strafe gedacht[2]), ebensowenig wie die Bestimmung im Art. 94 des eidg. E., nach der im Jugendlichenprozeß der Richter pflichtvergessenen Eltern eine Ermahnung oder eine Verwarnung erteilt.

Die verschiedene Ordnung in Luzern, Appenzell J.-Rh. und der Waadt offenbart die schwierigen Fragen, die sich bei der Ausgestaltung dieser Strafart ergeben: In Luzern besteht der Verweis in der Erteilung einer mündlichen Rüge durch den Amtsstatthalter oder den Richter. „Als einzige Strafe darf sie nur in ganz geringfügigen Fällen" an Stelle einer angedrohten Buße angewendet werden. Nach dieser Fassung des § 17 ist der Verweis auch als Nebenstrafe zulässig. — Appenzell J.-Rh. Art. 15 gestattet den Verweis gegenüber Erwachsenen nur bei geringen Vergehen unter mildernden Umständen. Innerhalb 2 Jahren ist ein bloßer Verweis nicht zum zweiten Male zulässig. Ausdrücklich wird der Verweis als rückfallbegründende Vorstrafe gekennzeichnet. — Die Bestimmung der Waadt (Art. 31) legt das Hauptgewicht auf die Umschreibung des Vollzuges: mündliche Erteilung in öffentlicher Sitzung durch den Gerichtsvorsitzenden. Leistet der Verurteilte einer an ihn zur Sitzung ergangenen Ladung nicht Folge, so erfolgt die Umwandlung in 2 Tage Gefängnis. — Neuenburg sagt bei den erwähnten Fällen der Art. 204 und 291 nichts über den Vollzug.

Der eidg. E. hat den Verweis — als Strafe gegenüber Erwachsenen — nicht aufgenommen[3]). Er gehört zur Politik der kleinen Strafmittel, die, namentlich im Verbrechensstrafrecht fast wirkungslos sind. Die Schwierigkeiten eines eindrucksvollen Vollzuges kommen dazu. Jeden-

---

[1]) Der Verweis im Jugendlichen-StR. ist besonders zu betrachten und anders zu werten; unten §§ 92, 93. Verweis im militärischen Disziplinarrecht: E. MilStGB. Art. 182 und HAFTER: VE. MilStGB. mit Motiven, 162f.

[2]) Das Bundesgericht (E. 30 I, 292f.) entschied aber, es handle sich um eine Strafverschärfung, eine Nebenstrafe. Es bezeichnet sie dann als unzulässig, wenn der Vollzug durch einen Pfarrer erfolge, da darin ein verbotener Akt geistlicher Gerichtsbarkeit liege (BV. Art. 58 II).

[3]) Prot. II. ExpKom. 1, 335ff. — LANG: eodem, 335 bezeichnet den Verweis als den vermittelnden Übergang zu einem Zukunftsstrafrecht, das mit mildern, weniger ruinös wirkenden Strafen auskommt.

falls ist, wo die bedingte Verurteilung besteht, das Bedürfnis für die Strafart des Verweises gering[1]). Bei der Behandlung jugendlicher Rechtsbrecher liegen die Verhältnisse anders (unten §§ 92, 93).

Zweites Kapitel.

Nebenstrafen.

§ 62. Landesverweisung.

Literatur. STOOSS: Strafgesetzbücher, 155ff.; Grundzüge, 1, 358ff.; 406ff. — HILTY: Gef.-Verein, 8, 68ff. — CHANTRE: Du séjour et de l'expulsion des étrangers (1891). — LANGHARD: Das Recht der politischen Fremdenausweisung (1891) und Zentralbl. Staats- und Gemeindeverwaltg. 13, 155f., 165ff. — KUNZ: Die Strafe der Landesverweisung, Zürcher Diss. (1895). — BERTHEAU: Die bundesgerichtliche Praxis betr. die Niederlassungsfreiheit. Zürcher Diss. (1895). — v. OVERBECK: Niederlassungsfreiheit und Ausweisungsrecht (1907). — WIDMER: Die Landesverweisung als Mittel der Verbrechensbekämpfung, Zürcher Diss. (1922). — HOLLIGER: JZ. 2, 121ff., 188f. — ZELLER: eodem, 187f. — v. CLERIC: eodem, 8, 202ff. — DECRUSCH: eodem, 18, 336ff. — PFENNINGER: Z. 37, 115ff.

I. Die strafrechtliche Landesverweisung ist nach bisheriger Anschauung eine Freiheitsstrafe i. w. S. Sie enthält einerseits das Gebot, ein Land zu verlassen, anderseits das Verbot, es wieder zu betreten. In der Regel verhängt sie der Strafrichter als Nebenstrafe. Als alleinige Strafe (Hauptstrafe) kommt sie vor[2]), ist aber als solche abzulehnen, weil eine Strafrechtspflege, die nur darin besteht, einen Verbrecher aus dem Lande zu jagen, wenig Sinn hat[3]).

Aus Art. 44 I und 60 der BV. folgt zunächst, daß kein Kanton seine eigenen Angehörigen ausweisen kann, aber auch, daß kein Schweizerbürger durch kantonale Gerichte der Schweiz verwiesen werden darf[4]). Damit im Widerspruch stehende kantonale Bestimmungen sind aufgehoben. Unter Heranziehung von BV. Art. 45 I hat das Bundesgericht auch die Verbannung eines Kantonsbürgers aus einem einzelnen Bezirk seines Kantons für unzulässig erklärt (BE. 1, 78ff.). Dem Wortlaut nach gilt das Ausweisungsverbot der BV. nicht für die Bundes-

---

[1]) RITTLER: Z. 37, 378f. — PERRIN: a. a. O. 18ff.

[2]) Zürich § 18 II, Zug § 8, Glarus § 8 II. Vgl. WIDMER: a. a. O. 106 ff., 115 ff. Die zürcher. Praxis wendet die Verweisung als selbständige Hauptstrafe nicht an: — DECRUSCH: JZ. 18, 337; Zürcher Bl. 24, 132, 138.

[3]) Anders die verwaltungsrechtliche Ausweisung (unten IV); über die Landesverweisung als Ersatzstrafe unten III.

[4]) BV. Art. 44 I: Kein Kanton darf einen Kantonsbürger aus seinem Gebiete verbannen (verweisen) oder ihn des Bürgerrechtes verlustig erklären. Art. 60: Sämtliche Kantone sind verpflichtet, alle Schweizerbürger in der Gesetzgebung sowohl als im gerichtlichen Verfahren den Bürgern des eigenen Kantons gleich zu halten. — Über die Ausweisung kantonsfremder Schweizer aus einem Kanton unten II.

gerichtsbarkeit. Die weitere Geltung von BStG. Art. 5 III und Mil.-StGB. Art. 8 III, die Landesverweisung auch gegenüber Schweizerbürgern vorsehen, ist daher behauptet worden[1]). Das ist im Resultat so unhaltbar, daß man mit allen zulässigen Mitteln nach einer andern Lösung suchen muß. Da Art. 5 III BStG. und Art. 8 III MilStGB. seit der Geltung dieser Gesetze, also seit mehr als 70 Jahren, nie angewendet wurden, darf man von ihrer Aufhebung durch Gewohnheitsrecht sprechen[2]). Es muß als feststehend gelten, daß die Strafe der Verweisung aus der Schweiz nur auf Ausländer anwendbar ist[3]).

II. In den Strafgesetzen von Baselstadt, Tessin und Neuenburg fehlt die Verweisungsstrafe. Die Ordnung in den andern Rechten ist zunächst darin verschieden, daß die Verweisung bald für das Gebiet der Eidgenossenschaft, bald nur für das kantonale Gebiet, in einzelnen Gesetzen für die Eidgenossenschaft oder den Kanton vorgesehen wird[4]).

Auf die Kantonsverweisung beschränken sich Schwyz § 13 I[5]), Obwalden Art. 8, Freiburg Art. 36[6]), Appenzell A. Rh. Art. 9, St. Gallen Art. 13 I, Aargau § 11 und Abänderungsgesetz von 1868, § 4, Genf Art. 20.

Ausweisung aus der Eidgenossenschaft oder aus dem Kanton sehen vor Zürich § 18 I, Bern Art. 17 und Erklärung des Großen Rates (authen-

---

[1]) Stooss: Grundzüge, 1, 358. — Kunz: a. a. O. 108. — Holliger: JZ. 2, 121f.

[2]) Widmer: a. a. O. 18f., 101f., ferner Fleiner: Bundesstaatsrecht, 97, N. 29: „Dem Bund ist nicht erlaubt, was den Kantonen verboten ist" und Hinweis auf die Entstehung von Art. 44 I.

[3]) Holliger: JZ. 2, 121. — Langhard: Zentralbl. Staats- und Gemeindeverwaltg., 13, 155f.: Die mit dem Ausland abgeschlossenen Niederlassungsverträge schließen die Ausweisung von Ausländern keineswegs aus.

[4]) Stooss: Grundzüge, 1, 358; Tabelle bei Kunz: a. a. O. 101.

[5]) Der Zusatz, daß kantonsfremde Schweizer in den Fällen, da Art. 45 BV. den Entzug der Niederlassung gestattet, gerichtlich ausgewiesen werden können, verstößt nicht gegen Art. 44 und 60 BV. Art. 44 I verbietet die Ausweisung eigener Kantonsangehöriger. Er ist hinsichtlich der Angehörigen anderer Kantone aus Art. 45 einschränkend auszulegen; so Schollenberger: Kommentar BV. 344, 351f. — Zeller: Kommentar zürcher. StGB., § 18, N. 1. — Fleiner: Bundesstaatsrecht, 95, N. 21. — v. Cleric: JZ. 8, 204f. Abweichend Kunz: a. a. O. 102ff., 109f. — Bertheau: a. a. O. 27. — BE. 36 I, 372; 37 I, 25ff. Nach dieser letztern Ansicht wäre auch die gerichtliche Ausweisung kantonsfremder Schweizer aus einem Kanton ausgeschlossen.

[6]) Art. 36 II bestimmt: „Handelt es sich jedoch um einen Schweizer, der zu Gefängnis verurteilt wird, so ist die Ausweisung nur zulässig, falls der Täter in der bürgerlichen Ehrenfähigkeit eingestellt wird oder schon früher wegen schwerer Straftat verurteilt war." Auch hinter dieser Bestimmung stehen, wie in Schwyz, Art. 45 II/III der BV. Aus der Vergleichung von Abs. 1 und 2 des Art. 36 StGB. ergibt sich ferner, daß dem freiburgischen Richter das Recht zustehen soll, den zu Zuchthaus verurteilten kantonsfremden Schweizer schlechthin mit Kantonsverweisung zu bestrafen. Ob diese Ordnung durch BV. Art. 45 II gedeckt werden kann, ist fraglich. Der VE. 1922, Art. 35 — und dazu die Motive, 18 — hatte die Ausweisung auf Ausländer beschränkt.

tische Interpretation) vom 30. November 1874[1]), Zug § 8, Glarus § 8 I, Schaffhausen § 22 I[2]), Graubünden § 11 und PolStG. § 2 Ziff. 3[3]), Thurgau § 8, Waadt Art. 19 II, Wallis Art. 36.

Nach dem BStG. Art. 5 I und dem eidg. E. Art. 52 I gilt natürlich die Ausweisung für das ganze Land. Gleiches bestimmen Luzern § 15, Solothurn § 17 I und Appenzell J.-Rh. Art. 8[4]).

Die kantonalen Ordnungen, die auch noch bloße Kantonsverweisungen vorsehen, machen davon, aus interkantonaler Rücksichtnahme, nicht mehr regelmäßig Gebrauch[5]). Vor allem aber wird die heutige Gestaltung durch die interkantonale Übereinkunft von 1913 betreffend die Ausweisung der wegen eines Verbrechens oder Vergehens gerichtlich verurteilten Ausländer aus dem Gebiete der Schweiz[6]). beeinflußt. Darnach wird der mit Ausweisung bestrafte Ausländer, der wegen eines im Bundes-Auslieferungsgesetz von 1892 aufgeführten Deliktes verurteilt wurde, an die Schweizergrenze geführt. Die Kantone leisten sich Rechtshilfe und respektieren gegenseitig die ergangenen Ausweisungsurteile (§§ 1, 4—6). Die Tendenz sollte dahin gehen, bloße gerichtliche Kantonsverweisungen überhaupt nicht mehr zu verhängen.

Die Gesetze bestimmen durchweg die mögliche Verweisungsdauer, bald mit Ansetzung von Minima und Maxima (z. B. Bern Art. 17 I: 3 Monate bis 20 Jahre), bald mit bloßer Angabe eines Höchstmaßes (z. B. Zug § 8: 30 Jahre). Häufig ist Verweisung bis auf „Lebenszeit" zulässig (Zürich § 18 II)[7]). Im allgemeinen ist die Anwendung der Strafe dem freien Ermessen des Richters überlassen. Es ist in seine Hand gegeben, ob er den zu verurteilenden Ausländer aus dem Lande treiben will. Eine feste Praxis, wann auf Ausweisung erkannt werden soll,

---

[1]) „Gegen Kantons- und Schweizerbürger ist niemals auf Verweisung aus dem Gebiete des Kantons Bern oder der Eidgenossenschaft zu erkennen. — Krebs: Straf- und Strafprozeßgesetze, 14.

[2]) Gegenüber kantonsfremden Schweizern Verweisung aus dem Kanton, gegenüber Ausländern aus der Schweiz.

[3]) Gegenüber Ausländern aus der Schweiz, gegenüber Kantonsfremden aus dem Kanton, gegenüber Kantonsangehörigen aus dem Kreis, wo sie das Verbrechen verübten. Das Letztere verstößt gegen Art. 44 I BV.; vgl. BE. 1, 78ff.

[4]) Man kann die Berechtigung einer Ausweisung aus dem Gesamtgebiet der Schweiz durch kantonale Gerichte — in Anwendung kantonalen Rechts — in Zweifel ziehen; vgl. Langhard: a. a. O. 156. — Holliger: JZ. 2, 122f. — v. Overbeck: a. a. O. 69f. Die Praxis hat sich darüber hinweggesetzt.

[5]) So wenigstens die zürcherische Praxis. — Zürcher: Kommentar StBG., § 18, N. 2.

[6]) Abgedruckt z. B. im Sammelwerk der zürcher. Gesetzgebung, Rechtsband, 742f. Dazu Langhard: a. a. O. 156.

[7]) Weitere Daten bei Stooss: Grundzüge, 1, 359. — Kunz: a. a. O. 101. — Widmer: a. a. O. 123ff.

hat sich wohl nirgends gebildet[1]). Beachtenswert sind die in Art. 5 des BStG. umschriebenen Voraussetzungen: die Verweisung soll neben bloßer Buße nie ausgesprochen werden, und die Wahrscheinlichkeit soll vorhanden sein, daß der zu Verurteilende imstande ist, „außer Landes sich auf eine rechtliche Weise durchzubringen" (Abs. 5 und 6). Unter diesem Gedanken, vielleicht auch unter Überlegungen internationaler Zweckmäßigkeit und Courtoisie, steht wohl auch die weitere Vorschrift, daß rückfällige oder gefährliche Verbrecher nicht des Landes zu verweisen sind (Abs. 3). Freiburg Art. 36 I setzt voraus, die Ausweisung müsse „im öffentlichen Interesse" liegen. Das ist vieldeutig und läßt dem Richter allen Spielraum.

III. Eine gewisse Rolle spielt die Landesverweisung als Ersatzstrafe. Bezeichnend für diesen Gedanken ist Zürich § 19. Er ermächtigt den Richter, „anstatt höchstens der zweiten Hälfte der verwirkten Verhaftsstrafe auf Verweisung von vierfacher Dauer des Zuchthauses, von dreifacher des Arbeitshauses und von zweifacher des Gefängnisses, welche erlassen werden, zu erkennen" [2]). Die Praxis sieht allerdings von einer schematischen Anwendung dieser Bestimmung ab[3]). Kriminalpolitisch ist sie nicht zu billigen, weil der Staat sich auf diese Weise einfach des verurteilten Ausländers entledigt, anstatt ihn wie den Inländer strafweise zu behandeln. Für den Staat ist das freilich weniger kostspielig. — Teilweisen, ja vereinzelt auch ganzen Ersatz von Freiheitsstrafen durch Landesverweisung kennen bei Ausländern ferner u. a. Luzern §§ 15, 80 Ziff. 3 und 81 Ziff. 3; Obwalden PolStG. Art. 4 Ziff. 7[4]); St. Gallen Art. 13 III und 21; Aargau § 14; Genf Art. 10 Ziff. 1. Bern Art. 17 II verbietet als Regel solchen Ersatz, sieht ihn dagegen in Einzelfällen (Art. 69, 75, 79) vor[5]).

IV. Von der strafrichterlichen Landesverweisung unterscheidet sich die verwaltungsrechtliche Ausweisung. Sie setzt nicht Erfüllung eines Straftatbestandes und Durchführung eines Strafprozesses voraus. Sie ist niemals Strafe, sondern eine außerstrafrechtliche sichernde,

---

[1]) Bezeichnend ist ein zürcher. Entscheid (JZ. 16, 305, Nr. 197): Es liege nicht im Willen des Gesetzgebers, bei Delikten, die nur mit 14 Tagen Gefängnis bestraft werden, auf Landesverweisung als Nebenstrafe zu erkennen, „falls nicht besondere Umstände dies erfordern." Vgl. auch unten VI.

[2]) Zur Auslegung PFENNINGER: Z. 37, 115ff. und dagegen — richtig — Zürcher Bl. 24, Nr. 66. Vgl. ferner Zürich §§ 16, 17, wonach bei Ausländern, die aus einer Strafhaft nicht bedingt entlassen werden können, im Falle Wohlverhaltens ein Rest der Freiheitsstrafe in Verweisung umgewandelt werden kann; vgl. WIDMER: a. a. O. 189ff. Über weitere nachträgliche Umwandlung von Strafen in Landesverweisung auch unten § 71.

[3]) Zürcher Bl. 24, 138f. — PFENNINGER: a. a. O. 115ff.

[4]) Der Gesetzgeber hat sich durch den Zusatz salviert: „insoweit durch solche Umwandlung der sühnende Charakter der Strafe nicht zu sehr gemindert wird."

[5]) Weitere Daten bei STOOSS: Grundzüge, 1, 406f.

im staatlichen Interesse verhängte Maßnahme. Sie erfolgt ohne zeitliche Beschränkung. In der Wirkung besteht zwischen gerichtlicher und administrativer Verweisung freilich kein Unterschied.

Die Erörterung der administrativen Ausweisung — wegen Gefährdung der innern oder äußern Sicherheit eines Landes, aus armen- und sittenpolizeilichen Gründen usw. — gehört in das Staats- und Verwaltungsrecht des Bundes und der Kantone[1]). Für das Strafrecht, insbesondere für das kommende eidg. StGB., ist die Frage von Bedeutung, ob es notwendig und richtig ist, neben dem Institut der administrativen Verweisung, das nicht aufgegeben werden kann, noch die strafrichterliche Verweisung bestehen zu lassen (unten VI).

V. Die strafrechtliche Sicherung der Verweisung erfolgt durch die Aufstellung eines Tatbestandes, der den Verweisungsbruch (Bannbruch) unter Strafe stellt[2]).

VI. Gegen die Landesverweisung als Strafe[3]) ist immer wieder vorgebracht worden, daß durch ihre Verhängung der Ausländer schlechter behandelt, schwerer bestraft wird als der Inländer, daß ihr jede erzieherische Wirkung abgeht, ja daß sie unter Umständen Existenzen vernichtet und damit der Zunahme des Verbrechens Vorschub leistet[4]). Auch in den Beratungen der eidg. Entwürfe trat die Kritik häufig hervor. Im VE. 1893 fehlte die Landesverweisung. Die spätern Entwürfe nahmen sie wieder auf. Art. 52 des E. 1918 — als schließliches Resultat wechselvoller Beratungen[5]) — schränkt die Möglichkeit der gerichtlichen Verweisung ein auf Ausländer, die zu Zuchthaus, Gefängnis oder Verwahrung verurteilt werden. Ein Strafrahmen von 3—15 Jahren ist aufgestellt. Beachtenswert ist, daß auch ein zu Landesverweisung

[1]) Namentlich BV. Art. 70 (politische Fremdenausweisung) und Art. 45 IIff. (Entzug der Niederlassung gegenüber Schweizern). — Schollenberger: Kommentar BV. Art. 70. — Burckhardt: Kommentar BV. Art. 70 und die in diesen Werken genannte Literatur. — Fleiner: Bundesstaatsrecht, 747ff. — Teichmann: Handwörterbuch der schweizer. Volkswirtschaft usw., 2, 72ff. (Fremdenpolizei) und 849 (administrative Landesverweisung). — Langhard: Zentralbl. Staats- und Gemeindeverwaltg., 13, 165ff. — v. Overbeck: a. a. O. 71ff. — Widmer: a. a. O. passim. — v. Cleric: JZ. 8, 202ff. — Decrusch: eod. 18, 336ff. — Zürcher Bl. 11, 34ff.

[2]) Die Erörterung gehört in den Besondern Teil. Vgl. die Zusammenstellung bei Stooss: Strafgesetzbücher, 330ff.; Grundzüge, 1, 360 und 434. — Kunz: a. a. O. 50ff. — Widmer: a. a. O. 196ff. — Corrodi: JZ. 20, 194ff. — Zürcher Bl. 6, Nr. 209; 19, Nr. 79; 21, Nr. 115; 22, Nr. 11 und 112; 23, Nr. 86. — Konkordat von 1913 (oben II), § 6. Eidg. E. Art. 260; Prot. II. ExpKom. 5, 219ff.

[3]) Über die geschichtliche Entwicklung in der Schweiz Hilty: a. a. O. 69ff. — Kunz: a. a. O. 26ff.

[4]) Kritische schweizerische Stimmen gegen die Verweisungsstrafe: Hilty: a. a. O. 103. — Stooss: Grundzüge, 1, 360. — Widmer: a. a. O. 104ff. — Pfenninger: Z. 37, 121ff.

[5]) Prot. I. ExpKom. 1, 207ff. — Prot. II. ExpKom. 1, 322ff.; 2, 103f.

Verurteilter vorzeitig aus der Strafanstalt bedingt entlassen werden kann. Bewährt er sich in der Probezeit, so kann der Richter nachträglich die Verweisung aufheben (Art. 52 II).

Die Landesverweisung als Strafe ist zu verwerfen, als sichernde Maßnahme der Erwägung wert. Nur bedeutet sie regelmäßig nicht eine Sicherung der Gesellschaft, sondern nur eines einzelnen Staates[1]). Da aber die administrative Verweisung gegenüber Nichtverbrechern bestehen bleiben wird, liegt es nahe, ja ist es wünschenswert, auch dem Strafrichter diese Maßnahme zur Verfügung zu stellen[2]). Art. 52 des E. befriedigt dagegen insoweit nicht, als er die Verweisung in das Strafensystem einfügt.

§ 63. Polizeiaufsicht.

Literatur. STOOSS: Strafgesetzbücher, 162f.; Grundzüge, 1, 363. — RIMENSBERGER: Gef.-Verein, 16, 206ff. — GOLDSCHMIDT: VD. Allg. Teil, 4, 435ff.

I. Die Polizeiaufsicht, eine Nebenstrafe an der Freiheit, steht in der Schweiz auf dem Aussterbeetat. Ein gewisser Zusammenhang mit der Eingrenzung (oben § 61 II) besteht. Diese ist, z. B. in Obwalden PolStG. Art. 4 Ziff. 3 und Schaffhausen § 23 Ziff. 2, mit Polizeiaufsicht verknüpft, ja eine streng durchgeführte Polizeiaufsicht kommt wohl regelmäßig auf eine Eingrenzung hinaus[3]).

Die Polizeiaufsicht kommt aber auch unabhängig von der Eingrenzung als eine Strafe (Maßnahme) gegenüber gefährlichen Verbrechern, nach erfolgter Verbüßung der Freiheitsstrafe, vor. Der Sicherungsgedanke gegenüber Gefährlichen, vielfach Rückfälligen kommt in ihr zum Ausdruck[4]).

II. Von Schaffhausen § 23 abgesehen, das Polizeiaufsicht mit Eingrenzung identifiziert, ist das Institut nur noch 4 kantonalen Rechten bekannt:

In Obwalden PolStG. Art. 4 Ziff. 3 ist der mit Polizeiaufsicht Bestrafte verpflichtet, sich jederzeit auf Verlangen vor dem Gemeindepräsidenten zu stellen. Die Ortspolizei kann ihm einen bestimmten „Wohnsitz“ anweisen, ihm den Aufenthalt an einzelnen Orten und den Besuch gewisser Häuser untersagen.

---

1) Bezeichnend Zürcher Bl. 24, 132: „Die Landesverweisung wird von der Praxis ganz allgemein nicht unter dem Gesichtspunkt der Vergeltungsstrafe, sondern unter demjenigen der Sicherung der (inländischen) Gesellschaft vor gefährlichen Elementen betrachtet.“ Landesverweisung als sichernde Maßnahme befürwortet auch MAIER: Z. 22, 310.

2) WIDMER: a. a. O. 187ff.

3) TEMME: Lehrbuch, 254f. — GOLDSCHMIDT: VD. Allg. Teil, 4, 435ff.

4) MITTERMAIER: VD. Allg. Teil, 3, 334. — GOLDSCHMIDT: a. a. O. 436ff.: Bedarf es zur Erreichung des Sicherungszweckes der infamia publica der Polizeiaufsicht? (437). — RIMENSBERGER: Gef.-Verein, 16, 215.

Wallis Art. 29 stellt jeden aus dem Zuchthaus Entlassenen für einen Zeitraum, der dem der verhängten Zuchthausstrafe gleichkommt, unter Polizeiaufsicht (surveillance spéciale de la police). Der Vigilierte hat sich allmonatlich beim Gemeindepräsidenten zu stellen. Für den Fall des Ungehorsams ist Bestrafung mit 2 Tagen Gefängnis bei Wasser und Brot vorgesehen.

Auch Tessin Art. 32 kennt bei bestimmten Verbrechen — z. B. beim Diebstahl (Art. 369), beim Raub und der Erpressung (Art. 378) — die Polizeiaufsicht nach Verbüßung der Hauptstrafe.

Ausführlich und scharf bestimmt Neuenburg Art. 38. Polizeiaufsicht (surveillance administrative) bis zu 10 Jahren ist zulässig bei rückfälligen, mit Zuchthaus bestraften Verbrechern, bei mit mehr als 10 Jahren Zuchthaus Bestraften und überdies in weitern vom Gesetz bestimmten Fällen. Die Polizei kann dem Bestraften den Aufenthalt an bestimmten Orten verbieten. Hausdurchsuchungen bei ihm sind zu jeder Tages- und Nachtstunde statthaft[1]).

III. Aus den genannten Bestimmungen ergibt sich: Die Polizeiaufsicht dient kaum dem Schutz und der Hilfe des Verurteilten. Nur der — hier nicht richtig verstandene — Gedanke der Gesellschaftssicherung steht hinter ihr. Die Polizeiaufsicht fördert den Bestraften nicht, sie hemmt ihn. Die Polizei ist regelmäßig auch nicht zu nützlicher Fürsorgetätigkeit tauglich. Die moderne Kriminalpolitik muß die Polizeiaufsicht durch andere, bessere Mittel ersetzen. Solche Ersatzmittel sind: die besondere Behandlung der vielfach Rückfälligen (unten § 81), die Stellung der bedingt Entlassenen und der bedingt Verurteilten unter die Schutzaufsicht (oben §§ 58 III 2, 59 IV, unten § 72 VII) und allgemein die Entlassenenfürsorge. Auch die Friedensbürgschaft (unten § 84) kann unter Umständen helfen[2]). Bezeichnend ist Art. 401 des eidg. E., der die Kantone zur Organisation der Schutzaufsicht verpflichtet und deren Ausübung durch Polizeiorgane ausdrücklich ausschließt (Abs. 3)[3]).

An die Stelle einer hergebrachten Freiheitsstrafe, einer Übelszufügung, treten so vor allem fürsorgende Maßnahmen, denen der Strafcharakter fehlt. Die Reinigung des alten Strafrechts von untauglichen Strafmitteln ist hier besonders interessant.

---

[1]) Nach Art. 38 III wird jedoch der unter Polizeiaufsicht Stehende für die ersten 6 Monate nach der Entlassung aus der Strafanstalt auch unter Schutzaufsicht (surveillance d'une institution de patronage) gestellt. Darin liegt der Übergang zu einer bessern Lösung.

[2]) Allerdings nicht schweren Verbrechern gegenüber. — GOLDSCHMIDT: a. a. O. 429.

[3]) Prot. II. ExpKom. 9, 225, 228, 353. — RIMENSBERGER: Gef.-Verein 16 (1889), 206ff. hatte sich noch für ein Zusammenwirken von Polizei- und Schutzaufsicht ausgesprochen. Ebenso CUÉNOUD: eodem, 65.

§ 64. Wirtshausverbot.

Literatur. Stooss: Strafgesetzbücher, 163f.; Grundzüge, 1, 361. — Spira: Z. 18, 190ff. — Bendiner: Das Wirtshausverbot, eine schweizer. Strafe und Verwaltungsmaßregel, Zürcher Diss. (1917). — Feldscher (Lit. zu § 61): 21ff. — Moser: Die gesetzlichen Grundlagen der Trinkerfürsorge in der Schweiz, Freiburger Diss. (1922), namentlich 54ff. Vgl. auch Lit.-Angaben zu § 83.

I. Nach der herrschenden Ordnung muß auch das Wirtshausverbot (interdiction des auberges; exclusion des établissements publics) als Freiheitsstrafe gelten. Der Verurteilte wird vom Besuch der Wirtshäuser ausgeschlossen und dadurch in seiner Bewegungsfreiheit gehemmt. Da die Namen der mit dem Verbot Belegten veröffentlicht oder sogar in jedem Wirtshaus angeschlagen werden, wirkt das Wirtshausverbot auch als empfindliche Ehrenminderung, als beschämende Strafe. Man hat es als eine spezifisch schweizerische Strafart bezeichnet[1]).

Das Wirtshausverbot spielt auch im schweizerischen Verwaltungsrecht als sichernde und fürsorgende Maßnahme, aber auch als Zwangsmittel eine Rolle, namentlich im Armenpolizei-[2]) und im älteren Steuerrecht. Es finden sich z. B. Bestimmungen, wonach gegen säumige Steuerpflichtige vom Richter auf so lange das Wirtshausverbot verhängt wird, bis sie die rückständigen Steuern bezahlt haben[3]). Das ist nicht Strafe, sondern verwaltungsrechtlicher Zwang. Das Bundesgericht hat ihn für zulässig erklärt und namentlich auch einen Widerspruch zum Verbot des Schuldverhafts (BV. Art. 59 II) verneint[4]). Ganz unzweifelhaft Strafe ist hingegen das Wirtshausverbot in Art. 1 II des BGes. vom 29. März 1901 betr. Ergänzung des Ges. über den Militärpflichtersatz. Darnach kann, wer schuldhaft, trotz zweimaliger Mahnung, den Militärpflichtersatz nicht entrichtet, vom Strafrichter neben einer Haftstrafe zu Wirtshausverbot bis auf die Dauer von 2 Jahren verurteilt werden[5]).

II. Die Mehrzahl der kantonalen Rechte kennt das strafrechtliche

---

[1]) Bendiner: a. a. O. 5, 7ff., 23ff. (als Ehrenstrafe gekennzeichnet). Weitere historische Formen: Trinkverbot, Weinverbot. Vgl. auch Pfenninger: StR. der Schweiz, 730. — Spira: Z. 18, 190f.

[2]) Bendiner: 69ff. Häufig ist das Wirtshausverbot ohne weiteres mit der Almosengenössigkeit verbunden; z. B. zürcher Ges. vom 28. Juni 1853 betreffend das Armenwesen (Sammelwerk zürcher. Gesetzgebung, 2, 480ff.), § 29 II.

[3]) Material bei Bendiner: 74ff.

[4]) BE. 10, 467ff. und 20, 287ff., zum Wirtshausverbot nach § 13 II des bernischen Gemeindesteuergesetzes von 1867. — Krebs: Zum bernischen StGB. Art. 21, N. 4 spricht hier, kaum richtig, vom „Wirtshausverbot als selbständiger Strafe." Vgl. auch BE. 12, 523ff.: Wirtshausverbot gegenüber einem erfolglos betriebenen Schuldner im Falle eines Verschuldens (Schaffhausen). Hier handelt es sich, entgegen der Auffassung des Bundesgerichtes, um eine Strafe, nicht um ein verwaltungsrechtliches Zwangsmittel.

[5]) Dazu kantonale Vollziehungsverordnungen: Bendiner: 82.

Wirtshausverbot[1]). Es wird regelmäßig als Nebenstrafe bezeichnet, von Luzern PolStG. §§ 6 Ziff. 3 und 28 dagegen den sichernden und vorsorglichen Maßnahmen zugezählt. Häufig wird betont, daß das Verbot eine Reaktion auf Trunkenheitsdelikte sein soll, z. B. Bern Art. 21, Freiburg Art. 41, eidg. E. Art. 53. Dieser Gedanke beansprucht allgemeine Geltung. Über ihn hinaus geht Luzern, KrimStG. § 17, der mit jedem Kriminalstrafurteil die bürgerliche Ehrenfähigkeit von Gesetzes wegen verloren gehen läßt und dabei als eine Wirkung das Verbot des Besuches von Wirts- oder Schenkhäusern nennt.

Für Ausgestaltung und Durchführung gilt:

1. Einige Gesetze dehnen das Verbot aus. Sie verbieten nicht nur den Besuch von Wirtshäusern (Aufenthalt in Wirts- und Schanklokalen: Luzern PolStG. § 28), sondern auch den kaufweisen Bezug alkoholischer Getränke, z. B. bei Kleinverkäufern[2]). Noch weitergehend untersagt Obwalden PolStG. Art. 4 Ziff. 6 nicht nur den Wirtshausbesuch, sondern auch „anderweitige Trinkgelage oder überhaupt überflüssigen oder wiederholten Genuß geistiger Getränke". Ebensoweit geht das neue st. gallische Gesetz vom 15. Mai 1925 betreffend die Bekämpfung der Trunksucht (Art. 12, 22, 27—30, 36 II).

Hält man sich an die vornehmste Zweckbestimmung des Wirtshausverbotes, so muß richtig die Geltung des Verbotes für den Besuch von Lokalen ohne Alkoholbetrieb verneint werden[3]).

Ein nach kantonalem Recht verhängtes Verbot wirkt grundsätzlich für das ganze Kantonsgebiet. Nicht darüber hinaus. Es fehlt auch an Garantien für einen interkantonalen Vollzug[4]). Nach Solothurn § 20 II kann der Richter das Verbot auf einen Bezirk beschränken oder auf den Kanton ausdehnen. Nach Schaffhausen § 24 I hat der Richter den Umkreis, für den das Verbot gelten soll, zu bestimmen. Ist das Wirts-

---

[1]) Über Erfahrungen mit der Strafe in den Kantonen: Prot. II. ExpKom. 1, 329ff., auch Zürcher: Erläuterungen VE. 1908, 94f.

[2]) Waadt Art. 30 I (exclusion du délinquant de certains établissements publics) zusammen mit dem Gesetz vom 4. Juni 1841 sur l'interdiction de la fréquentation des établissements destinés à la vente et à la consommation des boissons spiritueuses; ferner Graubünden, PolStG. § 24 II und III.

[3]) Nur einschränkend anerkannt von Bendiner: a. a. O. 31, 51f.; vgl. auch Prot. II. ExpKom. 1, 328ff.; bernische Praxis bei Krebs: a. a. O. Art. 21, N. 4—6 und JZ. 5, 359, Nr. 562: für strenge Handhabung des absoluten Verbotes. Richtig Art. 27 I des st. gallischen Gesetzes von 1925, der vom Verbot den Besuch alkoholfreier Wirtschaften ausnimmt.

[4]) Beachtlich das st. gallische Gesetz von 1925, Art. 30: „Der Regierungsrat kann den Vollzug des durch eine außerkantonale Behörde verfügten Verbotes des Besuches von Wirtshäusern und dessen Bekanntmachung im Rahmen dieses Gesetzes anordnen."

hausverbot mit der Eingrenzung verbunden (oben § 61 II), so ergibt sich der örtliche Bereich aus dem Eingrenzungsgebiet[1]).

2. Bei der Frage nach der Dauer des Verbotes tritt der Fürsorgegedanke — Trunksuchtbekämpfung, Alkoholentziehung — hervor. Die Dauer des Trinkverbotes sollte sich nach dem Zustand des Täters richten. Obwalden PolStG. Art. 4 Ziff. 6 und Waadt Art. 30 I überlassen die Bestimmung des Zeitraumes völlig dem Richter. Die andern Gesetze dagegen stellen einen Strafrahmen oder wenigstens ein Höchstmaß auf, z. B. Bern Art. 21: bis zu zwei Jahren, Freiburg Art. 41 I: 1 bis 5 Jahre[2]).

3. Das Urteil über die Tauglichkeit des Wirtshausverbotes hängt wesentlich von der Lösung der Frage ab, wie seine Durchführung gelingt. Die Publikation der mit dem Verbot Bestraften bildet hier die hauptsächliche Sicherung. Sie schließt aber zugleich eine stark ehrenmindernde Wirkung in sich, die so intensiv ist, daß die heutige Anschauung die Ehrenstrafennatur des Wirtshausverbotes in den Vordergrund stellt. Die Veröffentlichung erfolgt entweder in der Form der Bekanntgabe des Urteils im kantonalen Amtsblatt oder durch Mitteilung eines Verzeichnisses der mit dem Verbot bestraften Personen an die Inhaber von Wirtshäusern. Die schärfste, nach kantonalen Wirtschaftsgesetzen häufige Form stellt das Anschlagen der Namen der mit dem Verbot Bestraften in den Wirtsstuben dar[3]).

4. Das andere Mittel zur Sicherung eines verhängten Wirtshausverbotes liegt in den auf die Übertretung des Verbotes gesetzten Strafdrohungen. Die Tatbestände finden sich in kantonalen Wirtschafts- und Armengesetzen, zum Teil auch im Strafgesetz. Einzelheiten, namentlich auch über den Kreis der strafbaren Personen — Strafbarkeit des Wirtes —, gehören in den Besondern Teil[4]).

III. Der eidg. E. Art. 53 behält das Wirtshausverbot als Nebenstrafe bei[5]).

[1]) Bendiner: 33. Über die nach einzelnen Kantonsverfassungen mit dem Wirtshausverbot verknüpfte Folge des Stimmrechtsentzuges: eodem, 41ff.

[2]) Weitere Daten bei Bendiner: 34ff. — Stooss: Grundzüge, 1, 361.

[3]) Gesetze und Beispiele aus der Praxis bei Bendiner: 46ff. Typische Ordnung etwa Schaffhausen § 24 II: „Die Namen derjenigen, welche unter diesem Verbote stehen, sollen in allen Wirts- und Schenkhäusern des betreffenden Gebiets, soweit dasselbe unter diesseitiger Gerichtsbarkeit steht, während der Dauer der Strafe an einer besondern Tafel angeschlagen werden.“ Vgl. auch Feldscher: a. a. O. 22: „Trinkzettel“ das in den Wirtschaften angeschlagene Verzeichnis der mit dem Verbot Bestraften. — Die Veröffentlichung des Wirtshausverbotes ist Vollzug des Verbotes. Sie ist zu scheiden von der Urteilspublikation (unten § 70).

[4]) Bern Art. 82; Luzern PolStG. § 49; Obwalden PolStG. Art. 4 Ziff. 6; Graubünden PolStG. §§ 24 II, III und 15; st. gallisches Gesetz von 1925, Art. 38; eidg. E. Art. 345. Vgl. Bendiner: 53ff.

[5]) Stooss: Motive VE. 1893, 57f. — Spira: Z. 18, 190ff. — Prot. II. ExpKom. 1, 328ff., 356; 2, 106f. — Bendiner: a. a. O. 83ff. — Zürcher: Bibliographie zum E. (1924), 55. — Feldscher: a. a. O. 23.

Er schränkt es ein auf den „Besuch von Wirtschaftsräumen, in denen alkoholhaltige Getränke verabreicht werden". Das Verbot, das für 6 Monate bis zu 2 Jahren verhängt werden kann, ist in einem amtlichen Blatte zu veröffentlichen. Die Ordnung der Einzelheiten des Vollzuges steht bei den Kantonen. Die Ziff. 3 des Art. 53 macht deutlich, daß das Verbot mit der Rechtskraft des Urteils wirksam wird. Wurde das Verbot neben einer Freiheitsentziehung verhängt, so ist seine Dauer von dem Tage an zu rechnen, da der Verurteilte endgültig aus der Anstalt entlassen wurde. Diese Vorschrift ist auch schon für die Anwendung des geltenden Rechtes — beim Schweigen der Gesetze — beachtlich.

Das Wirtshausverbot ist im E. nur fakultativ angedroht. Es ist möglich, daß sich in den verschiedenen Landesgegenden eine ungleiche Anwendung dieser Strafart ergeben wird. Die Gerichte in größern Städten und überhaupt in Kantonen, die heute die Strafe des Wirtshausverbotes nicht kennen, werden mit der Anwendung zurückhalten. Seine Beibehaltung empfiehlt sich aber. Das Wirtshausverbot ist ein Glied in der Reihe der Mittel zur Bekämpfung der Trunksucht und damit der Kriminalität. Trotz seines Übelgehaltes ist, entgegen der noch im eidg. E. befolgten Systematik, der Strafcharakter abzulehnen. Es ist richtiger, das Wirtshausverbot als sichernde und fürsorgende Maßnahme zu gestalten[1]).

§ 65. Einziehung.

Literatur. Stooss: Strafgesetzbücher, 185ff.; Grundzüge, 1, 382ff., auch schon: Zur Natur der Vermögensstrafen (1878). — Grüter: Zur Lehre von der Einziehung, mit bes. Rücksicht auf schweiz. StR. Göttinger Diss. (1895). — Baumann: Die Einziehung im schweizer. StR. Zürcher Diss. (1907). — Goldschmidt: VD. Allg. Teil, 4, 443ff.

I. Fast durchgängig wird im System der geltenden Rechte die Einziehung (Konfiskation) als eine Nebenstrafe am Vermögen bezeichnet[2]). Das rechtfertigt die Erörterung in diesem Zusammenhang. Erst neuere Gesetze — besonders deutlich der Art 55 des eidg. E. — fassen die Einziehung als Maßnahme auf. Der Darstellung der ein-

[1]) So außer dem st. gallischen Gesetz von 1925 auch § 6 Ziff. 3 des luzernischen PolStG. und § 16 des schwyzerischen Wirtschaftsgesetzes von 1899 mit einer Vollziehungs-VO. vom 23. August 1901 (vorsorgliche Maßnahme im Interesse der Familie und der Heimats- oder Wohngemeinde des gefährlichen Trinkers). — Bendiner: a. a. O. 37ff. — Auch der deutsche E. 1925, § 52 zählt das Wirtshausverbot zu den Maßregeln der Besserung und Sicherung; dazu die Begründung, 39f. — Bendiner: a. a. O. 95f. — Beachtlich in diesem Zusammenhang auch Spira: Z. 18, 194: Das Wirtshausverbot ist als sichernde Maßnahme auch zu erwägen gegenüber wegen Unzurechnungsfähigkeit freigesprochenen Trinkern.

[2]) Stooss: Strafgesetzbücher, 100ff. — Baumann: a. a. O. 47ff,

zelnen Rechte müssen zur Abklärung dieses Gegensatzes[1]) grundsätzliche Betrachtungen vorangehen:

Der strafrechtlichen Einziehung unterliegen Gegenstände, die zur Verübung eines Deliktes gedient haben oder dazu bestimmt waren (instrumenta sceleris), oder die durch ein Delikt hervorgebracht worden sind (producta sceleris). Der BStP. Art. 202 und die welschen Strafgesetze — mit Ausnahme von Freiburg — unterwerfen überdies der Einziehung den Gegenstand des Verbrechens (corps du délit)[2]). Die besondere Erwähnung des Corpus delicti, des Gegenstandes, auf das sich das Verbrechen bezieht — die gefälschte Banknote, die Schmuggelware, die verbotenerweise getragene Waffe usw. — ist unnötig. Es handelt sich immer auch um ein Werkzeug oder ein Erzeugnis des Deliktes[3]). — Soweit sich die Gesetze mit einer solchen Umschreibung der der Einziehung unterliegenden Gegenstände begnügen und überdies voraussetzen, daß nur der schuldige Täter von der Konfiskation betroffen werden kann, ist ihr Strafcharakter klar. Ihr Wesen liegt in der strafweisen Vermögensverminderung.

Aber eine solche Gestaltung der Konfiskation ist kriminalpolitisch unbefriedigend. Bei der Bestrafung eines Schuldigen soll der Staat in der Regel nicht darauf sehen, ob er dem Verurteilten zur Strafe noch einige Vermögenswerte wegnehmen kann. Entscheidend ist nur die Frage, ob die instrumenta aut producta sceleris die Sicherheit von Menschen, die öffentliche Ordnung, eventuell auch die Sittlichkeit gefährden. Trifft das zu, so hat der Staat, ohne jede Rücksicht auf die Strafbarkeit einer Person, die Einziehung solcher Gegenstände zu betreiben. Fehlt die Voraussetzung der Gefährlichkeit — in einem weiten Sinne verstanden[4]) — so hat die Konfiskation als strafweiser Eingriff in das Vermögen des Täters wenig Sinn. Zu seiner Bestrafung reichen regelmäßig die andern Strafmittel aus[5]). Es empfiehlt sich daher auch

---

[1]) Vgl. auch GOLDSCHMIDT: VD. Allg. Teil, 4, 446f. und 451, der die hier als Nebenstrafe bezeichnete Konfiskation als Rechtsverwirkung kennzeichnet.

[2]) Vorbild der Art. 11 des französischen C. p. Dazu GARRAUD: Précis de Droit criminel, Nr. 185ff.

[3]) BAUMANN: 94. — GOLDSCHMIDT: a. a. O. 448. Siehe immerhin unten III 3.

[4]) Es können an sich nützliche Gegenstände sein, die aber in der Hand gewisser Personen eine Gefahr bedeuten, z. B, Waffen. Man kann hier von relativer Gefährlichkeit sprechen. — STOOSS: Grundzüge, 1, 385.

[5]) In Nebenstrafgesetzen kann ausnahmsweise eine andere Überlegung maßgebend sein. Nach Art. 24 I des eidg. Jagd- und Vogelschutzgesetzes von 1904 (Eidg. GesSlg. 20, 133ff.) ist z. B. das gesetzwidrig eingefangene, erlegte, feilgebotene, gekaufte oder verkaufte Wild usw. zu konfiszieren. Das ist eine Art Realbuße. Auch der Gesichtspunkt des Ausgleichs ist von Bedeutung. Jedenfalls spielt hier die „Gefährlichkeit" keine Rolle. Man will dem Täter die Beute nicht lassen. Vgl. dazu Zürcher Bl. 24, Nr. 67, besonders 142. und jetzt das neue Jagd- und Vogelschutzges. von 1925, Art. 60. Siehe ferner unten V.

nicht, der Einziehung einen Doppelcharakter zu verleihen: sie als Strafe zu bezeichnen, wenn sie den schuldigen Täter trifft, sie als Maßnahme zu betrachten, wenn das nicht der Fall ist[1]). Die Konfiskation sollte einheitlich sichernde Maßnahme sein[2]). Dann ist auch die alte Streitfrage erledigt, ob die Einziehung in den Nachlaß eines Täters, überhaupt gegenüber Nichtschuldigen, zulässig ist. Ist sie Maßnahme, so versteht sich das von selbst. Ist sie Strafe, so muß nach richtiger Anschauung eine Vollstreckung in den Nachlaß ausgeschlossen werden (eidg. VE. 1908, Art. 38 i. f. im Gegensatz zu geltenden Rechten, z. B. Zürich § 51 III)[3]).

II. Für die Abklärung der Rechtsnatur der Einziehung ist die bundesgerichtliche Praxis von einiger Bedeutung. Das Bundesgericht hat sich namentlich in Urteilen zur Nebenstrafgesetzgebung mit der Frage befaßt: In E. 4, 486 wird unter Hinweis auf Waadt Art. 150 und das waadtländische Sanitätsgesetz von 1850 die Konfiskation von verfälschtem Wein als vorsorgliche polizeiliche Maßnahme, nicht als Strafe bezeichnet[4]). In E. 12, 30 wird Gleiches für die Einziehung und Vernichtung im Markenstrafrecht festgestellt[5]). E. 24 I 705 erklärt ferner, in Anwendung von Art. 18 des Urheberrechtsgesetzes von 1883, die Kon-

---

[1]) So sehr deutlich die eidg. Vorentwürfe, z. B. VE. 1908 Art. 38 (Einziehung gegenüber dem Schuldigen als Nebenstrafe) und Art. 47 (Einziehung gefährlicher Gegenstände ohne Rücksicht auf die Strafbarkeit einer Person). — Stooss: Motive VE. 1903, 65f. — Zürcher: Erläuterungen VE. 1908, 87f., 97. — Prot. II. ExpKom. 1, 293ff., 343ff. — Goldschmidt: a. a. O. 452f.

[2]) A. M. noch Hafter: Z. 27, 15.

[3]) Bei der Einziehung als sichernder Maßnahme oder auch da, wo sie als Strafe — unrichtigerweise — gegenüber dem Nachlaß eines Täters zur Geltung gebracht werden soll, ergeben sich prozeßuale Besonderheiten. Wenn ein Täter nicht oder nicht mehr vor den Richter gestellt werden kann, die Einziehung von Verbrechenswerkzeugen oder -erzeugnissen aber erforderlich wird, so ist ein eigentlicher Strafprozeß nicht möglich, weil ein Beschuldigter fehlt. Für diese sog. selbstständige Einziehung mit rein „dinglichen" Charakter sehen ausländische Rechte (z. B. die deutsche StPO. §§ 430ff.) ein objektives Verfahren (Konfiskationsprozeß) vor. In ihm sollen namentlich Personen, die einen Anspruch auf den Einziehungsgegenstand behaupten (Nichteinziehungs-Interessenten) ihr Recht geltend machen können. Den schweizerischen Rechten ist ein solches besonderes, in den strafprozessualen Rahmen eingefügtes objektives Verfahren fremd. Zürich, StPO. § 106 III bestimmt nur, daß gegen entsprechende Verfügungen des „Untersuchungsrichters" Rekurs erhoben werden kann und daß dritten Ansprechern überdies der Weg des Zivilprozesses — gegen den Fiskus — offen steht. Vgl. Baumann: a. a. O. 57ff. — Schoetensack: Der Konfiskationsprozeß (1905).

[4]) Dazu jetzt Art. 44 des eidg. Lebensmittelpolizeiges. von 1905, wonach die Konfiskation von Waren, Gegenständen und Apparaten, welche zur Verübung eines Lebensmittelpolizeideliktes gedient haben, auch im Falle der Freisprechung oder der Einstellung des Verfahrens zulässig ist.

[5]) Dazu jetzt Art. 32 des BGes. von 1890 betr. den Schutz der Fabrik- und Handelsmarken und BE. 34 I, 385.

fiskation von Clichés als eine Präventivmaßregel, die auch dann verhängt werden kann, wenn Nachbildner und Eigentümer der einzuziehenden Gegenstände nicht identisch sind[1]).

III. 1. Der Bund, der in Nebenstrafgesetzen die Einziehung häufig und zwar vorwiegend als sichernde Maßnahme vorsieht (oben II), bestimmt im BStG. nichts über sie. Art. 202 BStP. nennt sie dagegen bei den Bestimmungen über den Urteilsvollzug[2]).

2. Die kantonalen Strafgesetze bewegen sich in der großen Mehrzahl auf der alten Bahn. Sie ordnen die Einziehung als Nebenstrafe, zumeist durch eine Bestimmung im Allgemeinen Teil, wonach Konfiskation von Werkzeugen und Erzeugnissen eines Deliktes erfolgen kann[3]). Dazu kommen vielfach Vorschriften bei einzelnen Deliktstatbeständen des Besondern Teils und in Nebenstrafgesetzen, bei deren Erfüllung Konfiskation erfolgen muß (obligatorische Einziehung). Typisch ist das z. B. bei den Geldfälschungsdelikten, bei denen die Konfiskation der Fälschungen, sowie der verwendeten oder für die Deliktsverübung bestimmten Werkzeuge und Materialien geboten wird (Luzern § 131, Schaffhausen § 247, Thurgau § 194, Waadt Art. 166 Wallis Art. 170, Neuenburg Art. 223)[4]). Dabei ergibt sich in diesen Fällen von selbst, daß der Sicherungsgedanke in den Vordergrund tritt. Auch bei den überaus zahlreichen besondern Einziehungsbestimmungen in den Nebenstrafgesetzen des Bundes und der Kantone (Jagd-, Fischerei-, Forstgesetze usw.) tritt zum Teil der Straf- vor dem Sicherungsgedanken zurück[5]).

3. Daß die Kantone da, wo sie im StGB. in einer allgemeinen Bestimmung die Konfiskation vorsehen, grundsätzlich an ihrem Strafcharakter festhalten, folgt immer wieder daraus, daß sie den Schuldigen, den Verurteilten, den Täter treffen soll (Zürich § 24, Bern Art. 22, usw.). Zu beachten ist jedoch, daß die dem Art. 11 des französischen

---

[1]) Jetzt Urheberrechtsges. von 1922, Art. 54 III.

[2]) Das Bundesgericht, E. 43 I 226ff. hat mit Recht die Möglichkeit einer Konfiskation auch in Fällen, die nach dem BStG. zu beurteilen sind, angenommen. Die Begründung, daß die Einziehung (von Bestechungsgeldern) schon „aus dem Wesen des Rechtes“ folge, ist strafrechtlich nicht ganz unbedenklich. Der Hinweis auf StPO. Art. 202 genügt, um für das BStR. die Konfiskation zu rechtfertigen.

[3]) Z. B. Bern Art. 22: „Mit der Hauptstrafe kann die Konfiskation ... verbunden werden, insoferne die betreffenden Gegenstände einem Verurteilten angehören.“ Weitere Texte und Daten bei Stooss: Strafgesetzbücher, 185f.; Grundzüge, 1, 383f. — Baumann: 48ff.

[4]) Gubser: Die Münzverbrechen in den kantonalen Strafgesetzgebungen, Zürcher Diss. (1891), 155ff., 207. — Wey: Die Gelddelikte, Berner Diss. (1916), 85ff.

[5]) Ausführliche Untersuchungen an einem großen Gesetzesmaterial hat Baumann: a. a. O. 62ff. angestellt.

C. p. folgenden westschweizerischen Gesetze — Waadt Art. 29, Wallis Art. 44, Neuenburg Art. 39, Genf Art. 13 — die Voraussetzung, daß die einzuziehende Sache dem Verurteilten gehöre, nur hinsichtlich des corpus delicti, nicht auch mit Bezug auf die eigentlichen instrumenta et producta sceleris aufstellen[1]). Wiederum taucht, wenigstens bei den Verbrechenswerkzeugen und -Erzeugnissen, der Sicherungsgedanke ohne Rücksicht auf den Täter auf.

4. Die eingezogenen Güter müssen grundsätzlich dem Staate verfallen. Handelt es sich um gefährliche Gegenstände, so sind sie zu vernichten oder jedenfalls dem Verkehr zu entziehen und unschädlich zu machen[2]). — Denkbar ist, daß ebenso wie ein Bußenbetrag der Erlös aus einer Verwertung von eingezogenen Gegenständen dem Geschädigten auf Rechnung des gerichtlich festgestellten Schadensersatzes zuerkannt wird (eidg. E. Art. 57; unten § 85 II)[3]).

IV. Fünf Texte sind besonders zu betrachten:

Tessin Art. 37 § 1 verpflichtet zunächst den Richter, gegenüber einem Verurteilten in jedem Falle auf Einziehung der ihm gehörenden corpora delicti, Verbrechenswerkzeuge und -erzeugnisse zu erkennen. Das ist die herkömmliche Nebenstrafe. Nach § 2 soll aber auch gegenüber dritten Eigentümern auf Konfiskation erkannt werden, wenn es sich um verbotene Sachen handelt (cose, delle quali è per legge vietato à tutti la ritenzione, l'uso ed il porto). Das ist sichernde Maßnahme[4]).

Ähnlich scheiden Appenzell J.-Rh. Art. 16 und Freiburg Art. 34, doch ist nach letzterm Recht die Einziehung nur fakultativ vorgesehen.

Nicht übersichtlich ist die zürcherische Ordnung: Nach StGB. § 24 tritt die Konfiskation der instrumenta et producta sceleris als Nebenstrafe gegenüber dem Schuldigen ein. Dazu bestimmt StPO. § 106 II, daß solche, dem Beschuldigten abgenommenen Gegenstände zugunsten der Gerichtskasse verwertet werden können. Gefährden dagegen ein

---

[1]) Genf Art. 13 lautet z. B. „Le juge peut, quand il s'agit de crimes ou délits prononcer la confiscation, soit du corps du délit, quand la propriété en appartient au condamné, soit des choses produites par l'infraction, soit de celles qui ont servi ou qui ont été destinées à la commettre. — Si le corps du délit appartient à des tiers, le juge en prononcera la restitution au légitime propriétaire."

[2]) Aargau, Zuchtpol.-G. § 7 II und Waadt Art. 11 sehen ausdrücklich die Zerstörung von instrumenta sceleris vor. Zürich StPO. § 106 I läßt eingezogene gefährliche Gegenstände vernichten oder sonstwie dem Mißbrauch entziehen. Ähnlich bestimmt der eidg. E. Art. 55 II: der Richter kann Unbrauchbarmachung oder Vernichtung anordnen.

[3]) Unter dem Gesichtspunkt des Schadensausgleichs steht z. B. auch Art. 24 II des eidg. Jagd- und Vogelschutzgesetzes von 1904: „In Pachtrevieren hat der Revierpächter Anspruch auf das konfiszierte Wild oder den entsprechenden Wertersatz." Vgl. neues Jagd- und Vogelschutzgesetz von 1925, Art. 64.

[4]) Stooss: Grundzüge, 1, 384. Vgl. auch St. Gallen Art. 20.

gezogene Gegenstände die Sicherheit von Menschen, die Sittlichkeit oder die öffentliche Ordnung, so sind sie zu vernichten oder sonstwie dem Mißbrauch zu entziehen (StPO. § 106 I). Da die materiellrechtliche Grundlage in § 24 StGB. liegt — Konfiskation nur gegenüber einem Schuldigen —, bleibt fraglich, ob die Einziehung gefährlicher Gegenstände ohne Rücksicht auf die Strafbarkeit einer Person zulässig ist.

Art. 55 I des eidg. E. folgt den im vorstehenden Text aufgezeigten Tendenzen. Die Einziehung ist danach immer sichernde Maßnahme. Auf die Strafbarkeit einer bestimmten Person kommt es nicht mehr an. Die Konfiskation von Verbrechenswerkzeugen und -erzeugnissen hat in jedem Fall — aber auch nur dann — zu erfolgen, wenn die Gegenstände die Sicherheit von Menschen, die Sittlichkeit oder die öffentliche Ordnung gefährden[1]).

V. Wird nach dem System des E. für die Konfiskation ausschließlich auf die Gefährlichkeit von Verbrechenswerkzeugen und -erzeugnissen abgestellt, so fallen Geschenke und andere Zuwendungen, die dazu dienten, ein Verbrechen zu veranlassen oder zu belohnen (Bestechungsgelder), nicht unter die Vorschrift. Der E. bestimmt daher in Art. 56 besonders, daß diese Zuwendungen dem Staate verfallen und daß, wenn sie nicht mehr vorhanden sind, der Empfänger deren Wert dem Staate schuldet. Auch das ist nach dem E. eine Maßnahme, keine Strafe.

Der gleiche Gedanke findet sich schon in Art. 40 des StGB. von Neuenburg[2]).

§ 66. Einstellung in der bürgerlichen Rechtsfähigkeit.

Literatur. Stooss: Strafgesetzbücher, 165ff.; Grundzüge, 1, 365ff. — Mentha: De la privation des droits civiques selon les codes pénaux de la plupart des cantons suisses (1880). — Osenbrüggen: Die bürgerliche Ehre, ihre Entziehung und Schmälerung, in Rechtsgeschichtliche Studien (1881). — Feldscher: (Lit. zu § 61) 26ff. — Pfenninger: ZschwR. N.F. 38, 235ff. — Liepmann: JZ. 18, 349ff. — Rittler: Z. 37, 373ff. — Kunz: Das zürcher. und eidgenössische Aktivbürgerrecht, Zürcher Diss. (1892). — Tanner: Die öffentlich-rechtlichen Folgen (Ehrenfolgen) der fruchtlosen Pfändung und des Konkurses, Zürcher Diss. (1924). — Kirchgraber: Der Rechtsbegriff einer geminderten Ehre im schweizer. ZGB. Zürcher Diss. (1921). — Goldschmidt: VD. Allg. Teil, 4, 412ff.

---

[1]) Vgl. jetzt auch den deutschen E. 1925, §§ 60—62 und dazu die Begründung, 46f.

[2]) Wohl noch darüber hinaus geht Obwalden PolStG. Art. 10, das als Gegenstand der Konfiskation „Werkzeug, Erzeugnis oder Gewinn des Vergehens“ nennt. Auch Stooss schlug vor: „Das Gut, mit dem sich der Täter durch ein Vergehen unrechtmäßig bereichert, oder dessen Wert, verfällt dem Staat“. — Zürcher: Bibliographie zum E. (1924), 56; s. auch — ablehnend — Goldschmidt: a. a. O. 449f. Vgl. ferner BE. 43 I, 220ff. und entsprechende Bestimmungen der geltenden Rechte beim Tatbestand der Bestechung; dazu Wehrli: Die Bestechungsdelikte, Leipziger Diss. (1920).

I. Vor allem kommt die Einstellung in der bürgerlichen Rechtsfähigkeit als Nebenfolge bei Verurteilung zu gewissen Freiheitsstrafen in Betracht — bei Zuchthaus (oben § 54 III), bei Arbeitshaus (oben § 55 III), bei Gefängnis (oben § 56 III), ferner bei Einweisung in eine Verwahrungsanstalt (unten § 81 III 2). Die Gesetze behandeln sie als Nebenstrafe[1]). Bei dem großen Umfang und der Wichtigkeit der dem Schweizer zustehenden staatsbürgerlichen Rechte kommt dieser Strafe besondere Bedeutung zu. Da, wo sie als automatisch eintretende Folge einer Verurteilung zu Zuchthaus eintritt (oben § 54 III) oder von Rechts wegen mit der Todesstrafe verknüpft ist (Wallis Art. 40 I), kann man von einer Rechtsverwirkung sprechen. Die automatisch eintretende Einstellung verliert jedoch den Strafcharakter nicht[2]).

Die Strafe besteht in der völligen oder teilweisen Aberkennung gewisser staatsbürgerlicher Rechte (droits civiques), deren Umfang noch zu bestimmen ist. Der in einzelnen Gesetzen verwendete Ausdruck: Verlust des Aktivbürgerrechts (z. B. BStG. Art. 3 II, 7) ist zu eng, da die Strafe auch Personen, denen das Aktivbürgerrecht nicht zukommt, in bestimmten Berechtigungen treffen kann (unten V 1)[3]). Das Individualrecht der Ehre (menschliche, gesellschaftliche Geltung), das unverlierbar ist, wird durch die Einstellung in der bürgerlichen Rechtsfähigkeit nie direkt berührt. Zur Vermeidung von Mißverständnissen sollte man mit den allerdings heute noch allgemein üblichen Bezeichnungen „Einstellung in der Ehrenfähigkeit", „Ehrverlust" usw. zurückhaltend sein.

II. Vereinzelt verwenden die Gesetze die Einstellung als selbständig zu verhängende Hauptstrafe, z. B. Zürich § 208 bei der Bestrafung des fruchtlos ausgepfändeten Schuldners, der leichtsinnig neue Schulden macht. Vor dem Erlaß des BGes. vom 29. April 1920 betreffend die öffentlichrechtlichen Folgen der fruchtlosen Pfändung und des Konkurses zogen ergebnislose Pfändung und Konkurs in der Mehrzahl der Kantone den Entzug des Stimmrechts nach sich — zum Teil als automatisch eintretende Wirkung, zum Teil auf Grund eines Verfahrens, in dem die Schuld des ausgetriebenen Schuldners an seinem Vermö-

---

[1]) Einzeldaten bei STOOSS: Grundzüge, 1, 368ff. — FELDSCHER: a. a. O. 34ff.

[2]) Richtig, entgegen der Auffassung in der deutschen Literatur. — FELDSCHER: 35, Anm. 1.

[3]) Zum Begriff „Aktivbürgerrecht" vgl. KUNZ: a. a. O. passim; S. 46: „Aktivbürgerrecht ist das seinem Träger als Teil eines unmittelbaren Staatsorgans zustehende subjektive öffentliche Recht." — FLEINER: Bundesstaatsrecht, 142f., 299 identifiziert das Aktivbürgerrecht mit der politischen Stimmberechtigung, die aber auch die Wählbarkeit in öffentliche Stellen einschließt. — Diese Umgrenzungen zeigen wiederum, daß die Bezeichnung der hier erörterten Strafe mit „Einstellung im Aktivbürgerrecht" viel zu eng ist.

gensverfall geprüft wurde[1]). Den letztern Fällen schreibe ich strafrechtlichen Charakter zu. Art. 1 I des BGes. bestimmt jetzt, daß fruchtlose Pfändung und Konkurs als solche die Einstellung im Stimmrecht nicht mehr nach sich ziehen dürfen, Damit ist das sog. automatische System, bei dem nicht nach einem Verschulden gefragt wird, ausgeschaltet. Art. 1 III behält dagegen den Kantonen vor, fruchtlos ausgepfändete Schuldner und Konkursiten bis auf die Dauer von 4 Jahren im Stimmrecht einzustellen, „wenn gerichtlich festgestellt wird, daß der Schuldner seinen Vermögensverfall durch erhebliches Verschulden verursacht hat". Solche Bestimmungen haben strafrechtlichen Charakter. Die Einstellung ist in diesen Fällen eine für sich allein auszufällende Hauptstrafe, die auf den Deliktstatbestand: verschuldeter Vermögensverfall gesetzt ist[2]).

III. Der Begriff bürgerliche Rechtsfähigkeit (bürgerliche Ehre, droits civiques) weist auf einen Komplex von Berechtigungen hin, dessen Umgrenzung zuerst versucht werden muß, bevor man die Tragweite der Einstellung ermessen kann. Stände fest, was den Inhalt der bürgerlichen Rechtsfähigkeit ausmacht, so wäre die gesetzgeberische Gestaltung der Einstellungsstrafe einfach. Was aber zu den staatsbürgerlichen Ehren und Rechten, die der strafweisen Entziehung oder Schmälerung verfallen sollen, gehört, ist so unsicher[3]), daß dem Strafgesetz kaum anderes übrig bleibt, als die Rechte, in denen der Verurteilte eingestellt wird, einzeln zu nennen. Nur Bern Art. 18/19 und Zug § 9 beschränken sich im StGB. auf die bloße Nennung der Strafe (Bern Art. 19 I: „Einstellung in der bürgerlichen Ehrenfähigkeit oder im Aktivbürgerrecht"; Zug: „Entziehung des Aktivbürgerrechts"). Die andern Strafgesetzbücher zählen in bunter Mannigfaltigkeit und verschiedenster Kom-

---

[1]) Kantonale Ordnungen vor dem Inkrafttreten des BGes. in der bundesrätlichen Botschaft zum Gesetz: BBl. 1916 IV, 298ff. — Tanner: a. a. O. 23ff.

[2]) Tanner: 58ff., besonders 62. Hinweise auf die in Ausführung der neuen bundesrechtlichen Ordnung erlassenen kantonalen Bestimmungen: ZschwR. N.F. 42, 259ff., auch Tanner: 78. Vgl. unten § 90 II.

[3]) Die Kennzeichnung durch eine allgemeine Formel gelingt kaum. — Pfenninger: a. a. O. 249 umschreibt das durch die Einstellung in der Rechtsfähigkeit geminderte Rechtsgut mit den Worten: „Die staatsbürgerliche Rechtsfähigkeit des Täters um die Qualifikation, die nur dem Staatsbürger i. e. oder w. S. zukommt." Das ist wenig aufschlußreich. Unter den Staatsbürgern im weitern Sinne versteht Pfenninger im Gegensatz zu den Staatsangehörigen die dem Staate bloß kraft Gebietshoheit verpflichteten Ausländer (247). — BE. 36 I, 232 umgrenzt: „Unter den bürgerlichen Ehren und Rechten, deren Verlust als Haupt- oder Nebenfolge verhängt wird, ist zu verstehen ein Komplex von Fähigkeiten und Befugnissen, im wesentlichen das Stimmrecht und das aktive und passive Wahlrecht umfassend, ferner die Fähigkeit, öffentliche Ämter zu bekleiden, Vormund, Zeuge vor Gericht oder bei Errichtung von Urkunden zu sein oder eine Partei vor Gericht zu vertreten."

bination folgende Berechtigungen auf, die der strafrechtlichen Aberkennung unterliegen: die verfassungs- und gesetzmäßigen politischen Rechte überhaupt (z. B. Zürich § 20 I), das Stimm- und Wahlrecht, das Recht, an politischen Versammlungen teilzunehmen, die Fähigkeit, öffentliche Ämter zu bekleiden, das Recht auf Titel, Ehrenzeichen und auf den vom Staate oder einer Gemeinde ausgesetzten Ruhegehalt (Schaffhausen § 20 Ziff. 3 und 6), die Fähigkeit, Vormund, Geschworener, Urkundszeuge, gerichtlicher Zeuge, gerichtlicher Sachverständiger, Vertreter oder Beistand einer Prozeßpartei zu sein, die Fähigkeit, als Zeuge vereidigt zu werden, einen Eid oder ein Handgelübde abzulegen, die väterliche Gewalt auszuüben (Wallis Art. 38 Ziff. 4), Testamentsvollstrecker zu sein (Tessin Art. 25 Ziff. 6), bestimmte Berufsarten auszuüben. Luzern § 17 II lit. e und Obwalden Art. 13 I nennen als weitere Folge das Wirtshausverbot, Obwalden ferner das Verbot, die Schützenstände in und außer dem Kanton zu besuchen[1]). Zweierlei ergibt sich: die starke Verschiedenheit in der Auswirkung der Einstellungsstrafe von Kanton zu Kanton und die ungeheure Tragweite des Eingriffes für den Bestraften.

Zu den kantonalen Vorschriften treten Bundesnormen: Nach BV. Art. 45 II kann einem strafgerichtlich Eingestellten die Niederlassung verweigert oder entzogen werden[2]). Die Bestimmung der frühern Militärorganisation von 1874, Art. 4, wonach der mit der Einstellung in der bürgerlichen Ehrenfähigkeit Bestrafte von der Ausübung der Dienstpflicht ausgeschlossen war, ist dahingefallen. Dagegen gilt weiter, daß der militärgerichtlich mit Zuchthaus Bestrafte, der immer auch im „Aktivbürgerrecht" eingestellt werden muß, aus dem Heere ausgeschlossen wird (MilStG. Art. 6 II und 9)[3]). — Art. 503 I und 506 I des ZGB.

[1]) Nachweisungen im einzelnen bei Stooss: Grundzüge, 1, 366ff. — Feldscher: a. a. O. 27ff. — Pfenninger: a. a. O. 252ff. Über Uri und Nidwalden, die Kantone ohne Strafgesetzbücher, in denen die sog. Ehrenfolgen aus der Verfassung und einzelnen Gesetzen zusammenzulesen sind, vgl. Feldscher: 40ff. — In Nebengesetzen werden weitere Rechtsminderungen als Folge der Einstellung genannt, z. B. Verweigerung und Entzug eines Wirtschaftspatentes nach §§ 7 und 13 des zürcher. Ges. vom 31. Mai 1896 betreffend das Wirtschaftsgewerbe (Sammelwerk zürcher. Gesetzgebung, 1, 1496ff.).

[2]) Dazu oben § 62 II. — Burckhardt: Kommentar BV. (2. Aufl.), 407f. — Fleiner: Bundesstaatsrecht, 123ff.

[3]) Vgl. ferner Mil.-Organisation von 1907, Art. 17: „Von der Erfüllung der Dienstpflicht wird ausgeschlossen, wer wegen eines schweren Deliktes (durch ein bürgerliches oder militärisches Gericht) verurteilt wurde. — Die Ausschließung erfolgt durch Verfügung des Militärdepartementes." — Wer militärgerichtlich neben Gefängnis zur Einstellung in der bürgerlichen Ehrenfähigkeit verurteilt und nicht gemäß Art. 17 Mil.-Org. aus dem Heere ausgeschlossen wird, bleibt also trotz des sog. Ehrverlustes dienstpflichtig. Das gilt z. B. bei Verurteilungen wegen Dienstverletzung (MilStG. Art. 69ff.) und wegen Dienstverweigerung (Art. 97), bei denen die Einstellungsstrafe häufig ist; Mil.-Kassationsgericht vom 5. November 1912:

schließen den in der bürgerlichen Rechtsfähigkeit Eingestellten als Testamentszeugen aus. Art. 384 Ziff. 2 erklärt den Eingestellten als zum Amte eines Vormunds nicht wählbar[1]).

Die Rechtseinheit auf diesem Gebiet wird das eidg. StGB. bringen. Der E. Art. 48 Ziff. 2 bestimmt: „Der in der bürgerlichen Ehrenfähigkeit Eingestellte ist unfähig, in öffentlichen Angelegenheiten zu stimmen und zu wählen, und er ist nicht wählbar. Er kann nicht Beamter, Mitglied einer Behörde, Vormund oder Zeuge bei Aufnahme von Urkunden sein[2]).“

IV. Die Gesetze behandeln die Wirkungen, die sie der Einstellung in der bürgerlichen Rechtsfähigkeit beilegen, in der Regel als ein Ganzes. Der Bestrafte geht aller Berechtigungen, die in der zur Anwendung gelangenden Bestimmung des StGB. genannt sind, verlustig. Genf Art. 10—12 macht eine Ausnahme: Art. 11 bestimmt, daß der Richter für die Zeit nach Verbüßung der Freiheitsstrafe die Berechtigungen, in denen Einstellung erfolgen soll, im einzelnen bezeichnet (interdiction en tout ou en partie)[3]). Diese Ordnung gibt Fingerzeige für eine Reform der Einstellungsstrafe (unten VI).

Genf Art. 11 und Tessin Art. 26 (degradazione civica) und andere Gesetze betonen ausdrücklich, daß der Verurteilte während der Verbüßung der Freiheitsstrafe, mit welcher Einstellung verbunden wurde, in allen in Betracht kommenden Berechtigungen eingestellt ist (interdit de la totalité de ses droits)[4]). Das muß auch für alle andern Rechte

---

Z. 26, 178ff. — Sammelband des Militäramtsblattes (1924), 443. Vgl. auch Blocher: ZschwR. N.F. 25, 129ff. — Pfenninger: a. a. O. 257ff. — BE. 36 I, 233f.

[1]) Kaufmann: Kommentar Vormundschaft, 2. Aufl. (1924), Art. 384, N. 4; vgl. auch ZGB. Art. 382 II, ferner Kirchgraber: a. a. O. 81.

[2]) Man beachte namentlich, daß die Unfähigkeit, Gerichtszeuge zu sein, hier fehlt. Zum E. vgl. Prot. II. ExpKom. 1, 301ff.

[3]) Bestätigt wird diese Ordnung im Gesetz vom 26. Sept. 1888 concernant les délits et contraventions contre la morale publique, Art. 1: Der Zuhälter wird neben Gefängnisstrafe im Stimmrecht und der Fähigkeit, Ämter zu bekleiden (Art. 12 Ziff. 1 und 2) eingestellt. Überdies kann ihm die väterliche Gewalt entzogen werden. Die übrigen staatsbürgerlichen Berechtigungen bleiben, soweit nicht eidg. Recht (oben III) einwirkt, unberührt. Vgl. noch Stooss: Grundzüge, 1, 365f., 371 und die nicht zutreffende Kritik Pfenningers: a. a. O. 249. Ähnlich wie Genf unterscheiden auch Waadt Art. 20ff. und Wallis Art. 38, 39 und 48 zwischen gänzlicher und teilweiser Einstellung (privation générale ou spéciale des droits civiques, civils et de famille). Zur waadtländischen Rechtsprechung vgl. Répertoire vaudois, 193ff., 59, 67. Siehe auch die Unterscheidungen in Appenzell A.-Rh. Art. 11—13 (Entziehung der bürgerlichen Ehren und Rechte, Entziehung des Stimmrechtes, Herabsetzung in den bürgerlichen Ehren und Rechten). Dazu BE. 36 I, 233.

[4]) Anders bestimmt Neuenburg Art. 26: Pendant qu'un citoyen se trouve en état de détention, l'exercice de ses droits civiques est suspendu. Das ist nicht die gerichtliche Einstellungsstrafe, sondern eine Wirkung des Strafvollzuges.

gelten. Die Dauer der vom Richter ausgesprochenen zeitlichen Einstellung ist also vom Ende der Freiheitsstrafe an zu rechnen. Mehrere Gesetze — Zürich § 20 II, Bern Art. 19 II, Schwyz § 15 II, Freiburg Art. 35 IV, Solothurn § 18 II, Basel § 6[1]), Thurgau § 10 i. f. sagen das ausdrücklich.

Als Norm kann, auch schon bei der Anwendung der geltenden Rechte, der Satz in Art. 48 Ziff. 3 des eidg. E. gelten: „Die Folgen der Einstellung treten mit der Rechtskraft des Urteils ein. Die Dauer der Einstellung wird von dem Tage angerechnet, da der Verurteilte endgültig entlassen wurde“[2]).

Zu beachten ist jedoch, daß nach zahlreichen geltenden Rechten die Verurteilung zu Zuchthaus den Verlust der bürgerlichen Ehrenrechte auf Lebenszeit — unter Vorbehalt einer Rehabilition — nach sich zieht[3]).

V. Zwei Einzelpunkte sind klarzustellen:

1. Ausländer, Unmündige und Frauen besitzen das Aktivbürgerrecht (politische Stimmberechtigung) nicht oder wenigstens — die Frauen — nur in beschränktem Umfang. Ausländern und Frauen gegenüber ist trotzdem die Einstellungsstrafe anwendbar, mit der Einschränkung, daß eine Einstellung in den ihnen zustehenden Befugnissen und Fähigkeiten erfolgt[4]).

Schwieriger ist die Frage, ob der Richter die Strafe einem Unmündigen gegenüber verhängen kann, in der Meinung, daß die Einstellung erst mit der erreichten Volljährigkeit zu wirken beginnt[5]). Ein Recht, das nicht besteht, kann nicht entzogen werden. Durch ausdehnende Auslegung der Einstellungsnorm kann der Entzug der bürgerlichen Rechtsfähigkeit auch gegenüber Unmündigen einigermaßen gestützt werden[6]).

---

[1]) Bemerkenswerte Formulierung: „Sie (die Verurteilten) verlieren vom Augenblick der Rechtskraft des Urteils an das Aktivbürgerrecht bis nach Erstehung der Strafzeit und über diese hinaus auf eine vom Gericht festzusetzende Zeit von 2 bis 10 Jahren.“

[2]) Darnach zählt der Zeitraum, während welchem der Verurteilte bedingt entlassen ist, nicht mit; vgl. Prot. II. ExpKom. 1, 304, 309ff. und jetzt Delaquis: Z. 35, 40.

[3]) Oben § 54 III 1. Weitere Daten zu der Frage: lebenslängliche und zeitliche Einstellung bei Stooss: Grundzüge, 1, 368ff. — Pfenninger: 273ff.

[4]) So ausdrücklich Zürich, Einführungsges. ZGB. § 48 II. Dazu Zürcher: Z. 24, 350f., ferner Zürcher Bl. 14, Nr. 174; JZ. 10, 376, Nr. 327. Mit Bezug auf Frauen: BE. 23 I, 524f. Vgl. auch Zürcher: Erläuterungen VE. 1908, 91. — Pfenninger: a. a. O. 251.

[5]) So die zürcher. Praxis. — Zürcher: Z. 24, 350. — Pfenninger: a. a. O. 251.

[6]) Pfenninger: a. a. O. 251 konstruiert, man möge annehmen, es handle sich nicht um den Entzug des Besitzes dieser Rechte, sondern nur um Hinderung der Ausübung, sofern innerhalb einer vorgesehenen Zeit eine Ausübung drohe. — Thurgau § 48 bestimmt ganz unbefriedigend, daß bei noch nicht Achtzehnjährigen und bei Frauen statt der im Einzelfall angezeigten Einstellung in der bürgerlichen Rechtsfähigkeit Gefängnisstrafe auszusprechen sei.

2. Grundsätzlich wirkt die Einstellung nur für das Gebiet des Staates, welcher auf sie erkannt hat, also zunächst nur für das einzelne Kantonsgebiet. Da aber nach BV. Art. 74 I die eidgenössische politische Stimmberechtigung sich nach der kantonalen richtet, bewirkt die kantonale Einstellung auch den Entzug des eidgenössischen Stimmrechts. Anderseits sollte auch nicht bezweifelt werden, daß eine gemäß Art. 7 BStG. oder Art. 11 MilStG. ausgesprochene Einstellung auf die kantonalen staatsbürgerlichen Rechte hinüberwirkt[1]).

Anders liegen die Verhältnisse interkantonal und international. Eine Überwirkung der Einstellungsstrafe von einem Kanton auf den andern oder vom Ausland auf die Schweiz kann grundsätzlich nicht angenommen werden[2]). Sie ist häufig wünschenswert. Die Gesetze versuchen sie auf verschiedene Art zu erreichen: Zürich, Einführungsges. ZGB. § 48 III anerkennt ausdrücklich die Wirkung einer außerkantonalen Einstellung, ,,wenn sie aus Gründen erfolgte, die auch im Kanton Zürich zu dieser Maßnahme hätten führen können". Unbedingter anerkennt Neuenburg Art. 37 die von einem außerkantonalen Gericht oder dem Richter eines Staates, mit dem die Schweiz einen Auslieferungsvertrag abgeschlossen hat, verhängte Einstellung. Freiburg Art. 35 V, Basel § 17 und der eidg. E. Art. 7[3]) sehen ein Nachverfahren vor, in dem auf Einstellung erkannt werden kann, wenn ein Kantonsbürger (Basel § 17) auswärts zu einer Strafe verurteilt wurde, die nach internem Recht den Entzug der bürgerlichen Rechtsfähigkeit zur Folge hat. In solchen Sonderbestimmungen kommt das aktive Personilitätsprinzip (oben § 11 II 3) zur Geltung[4]). — Möglich ist auch, daß das Inland in zivil- oder staatsrechtlichen Bestimmungen — z. B. in einem Wahlgesetz — ausländische Strafurteile berücksichtigt und dem im Ausland Verurteilten gewisse bürgerliche Ehrenrechte nicht zuerkennt[5]).

VI. Der eidg. E. Art. 48, dessen Vorschriften im einzelnen schon bei der Darstellung der geltenden Rechte erwähnt wurden, sieht auch für die Zukunft die Einstellung als Nebenstrafe vor. Ergänzend be-

---

[1]) A. M. PFENNINGER: 278.

[2]) ZÜRCHER: Z. 24, 352. — PFENNINGER: 278; vgl. auch MEILI: Internat. StR. 494ff.; Schweiz. Z. f. Betreibungs- und Konkursrecht, 1, 361f. (Obergericht Schaffhausen).

[3]) Dazu jetzt DELAQUIS: Z. 34, 178.

[4]) PFENNINGER: a. a. O. 279 lehnt diese Lösung mit nicht zutreffenden Gründen ab. — Zu Art. 7 des eidg. E. ZÜRCHER: Erläuterungen VE. 1908, 23; Prot. II. ExpKom. 1, 35. — MEILI: Internat. StR. 515ff. und 519, Anm. 4; vgl. ferner KÖHLER: Archiv f. StR. 64, 433ff. (Die Verurteilung zur Ehrenminderung nach erfolgter ausländischer Verurteilung). — KOHLER: Internat. StR. 265f.

[5]) PFENNINGER: 280: Das ausländische Urteil als Voraussetzung einer polizeilichen Präventivmaßregel.

stimmt Art. 290 Ziff. 1, daß die Einstellungsstrafe bei Übertretungen nicht anwendbar ist[1]).

In der deutschen Literatur der letzten Jahre ist energisch die Abschaffung der Ehrenstrafen, insbesondere der Einstellung in der bürgerlichen Rechtsfähigkeit, gefordert worden. Der deutsche E. 1925 folgt dieser Forderung. Die in Deutschland geübte Kritik an der Einstellungsstrafe ist auch für die Schweiz lehrreich: Die sog. Ehrenfolgen sind ein Plus über die verdiente Strafe hinaus. Mit der Entlassung des Verurteilten aus der Strafanstalt sollte die Schuld als gesühnt, der Täter als gebessert, die Abschreckung als bewirkt betrachtet werden. Die Einstellung wirkt je nach den persönlichen Verhältnissen des Betroffenen ganz verschieden. Sie führt unter Umständen zum Ruin des Entlassenen, macht ihm ein künftiges ehrliches Leben unmöglich. Die Ehrenfolgen liefern den Bestraften der moralischen Lynchjustiz der Gesellschaft aus[2]). — Bei dem Umfang der dem Schweizer zustehenden staatsbürgerlichen Rechte und der großen Tragweite, die eine Einstellung hat, sind diese Fragen in der Schweiz von besonderer Bedeutung. An eine völlige Abschaffung der sog. Ehrenstrafen ist heute in der Schweiz nicht zu denken, weil die Idee, daß gewissen Rechtsbrechern auch nach der Entlassung aus der Anstalt des Stimm- und Wahlrecht und andere Berechtigungen nicht gebühren, zu stark im Volk verwurzelt ist[3]). Daß dabei ein sonst vielfach überwundener Vergeltungsstandpunkt sich zeigt, mag man bedauern. Die nächste schweizerische Entwicklung sollte die Umwandlung der Einstellung aus einer Strafe in eine Maßnahme sein. Auf Grund der Prüfung der Persönlichkeit des Täters hätte der Richter zu entscheiden, ob und in welchem Umfange im Interesse des staatlichen Lebens und der öffentlichen Ordnung, ja oft im Interesse auch des Täters selbst, auf eine Minderung der bürgerlichen Rechtsfähigkeit zu erkennen ist. Auf den nebelhaften Begriff der „ehrlosen Gesinnung" des Täters wäre nicht abzustellen. Die obligatorische Einstellung bei Zuchthausstrafe müßte entfallen. Genf Art. 11 ist bereits auf diesem Wege vorangegangen, dabei allerdings formell noch beim Strafcharakter der Einstellung geblieben[4]).

[1]) So auch schon Graubünden PolG. § 4. — Grundsätzlich gegen E. Art. 48 Liepmann: JZ. 18, 349ff.

[2]) Sternau: ZgesStRW. 13, 80. — Radbruch: eodem, 44, 36; 45, 418. — Schmidt: eodem, 45, 10ff. — Liepmann: Reform des deutschen StR. (1921), 123ff. und (Schweizer) JZ. 18, 349ff. — Guckenheimer: Der Begriff der ehrlosen Gesinnung im StR. (1921), 106. — Grünhut: ZgesStRW. 46, 260ff. Teilweise abweichend: Kahl: Deutsche JZ. 28, 508ff., der von „ideal stilisierten Einwänden" spricht. — Rittler: Z. 37, 375ff. Vgl. jetzt auch Begründung zum deutschen E. 1925, 44ff.

[3]) Liepmann: JZ. 18, 350 bewertet hier die Verhältnisse für die Schweiz kaum zutreffend. Gut Rittler: a. a. O. 381f.

[4]) Für die Umgestaltung in eine sichernde Maßnahme treten ein Stooss: Grundzüge, 1, 370ff. — Pfenninger: a. a. O. 273, 284. — Rittler: Z. 37, 384ff.

§ 67. Amtsentsetzung und Einstellung im Amte.

Literatur. Angaben zu § 66. — STOOSS: Strafgesetzbücher, 174ff.; Grundzüge, 1, 372.

I. In den geltenden Strafgesetzbüchern werden auch Amtsentsetzung und Einstellung im Amte als Strafen an der staatsbürgerlichen Ehre aufgefaßt. Amtsetzung und Einstellung sind Ausschnitte aus dem größern Kreis der Einstellung in der bürgerlichen Rechtsfähigkeit. Wird auf diese umfassendere Strafe erkannt, so sind die Amtsentsetzung und die Nichtwählbarkeit zu einem Amte in ihr eingeschlossen.

Folgende Ordnungen ergeben sich:[1])

1. BStG. Art. 4 V und 6, Luzern PolStG. § 19, Schwyz § 16, Solothurn § 19, Appenzell A.-Rh. Art. 14, Graubünden § 14 lit. b, Waadt Art. 25 und Neuenburg Art. 35 sehen als besondere Strafe nur die Amts- und Dienstentsetzung — nicht auch eine Einstellung (suspension) — vor. Mit der Entsetzung wird die Unfähigkeit zur Bekleidung öffentlicher Ämter und Dienststellen ausgesprochen[2]). Die Gesetze sehen dafür meistens einen bestimmten Zeitraum vor, z. B. BStG. Art. 6: 2 bis 10 Jahre. Bedenklich eng bestimmt Schwyz § 16, daß der Verurteilte „bis zum Ablauf seiner Amts- oder Dienstdauer unfähig ist, seine Stelle zu bekleiden".

2. Amtsentsetzung und bloße Einstellung kennen Zürich §§ 21, 22, Bern Art. 20 II, III und StPO. Art. 164, 267, 521, Obwalden Art. 14 und PolStG. Art. 9, Glarus §§ 10, 11 und 18 lit. a, Zug § 10, Schaffhausen § 19, Appenzell J.-Rh. Art. 11, St. Gallen Art. 16, 17, Aargau Zuchtpol.Ges. §§ 10, 11, Thurgau §§ 11, 12 und Wallis Art. 41 I (destitution et suspension). Mit der richterlichen Einstellung ist der Entzug der Amtseinkünfte selbstverständlich verbunden, was einzelne Gesetze — z. B. Zürich und Glarus — ausdrücklich bestimmen.

3. Tessin kennt neben der degradazione civica (Art. 25, 26) die interdizione (Art. 27). Sie besteht darin, daß der Verurteilte auf bestimmte Zeit in seinen politischen Rechten, seinen Ämtern und andern Berechtigungen eingestellt (sospeso) wird. Nach der in Genf (Art. 10—12) gegebenen Ordnung erübrigt es sich, die Amtsentsetzung als besondere Strafe vorzusehen. Der Richter kann bei einer Verurteilung zu Zuchthaus alle oder einzelne bürgerliche Ehrenrechte, im Einzelfall auch das Recht, Beamter zu sein, aberkennen (oben § 66 IV).

---

[1]) FELDSCHER: (Lit. zu § 61), 47ff. — ZIMMERLIN: Der Mißbrauch der Amtsgewalt im schweizer. StR. Berner Diss. (1922), 120f.

[2]) Die Mitglieder parlamentarischer Körperschaften (Bundesversammlung, kantonale Große Räte usw.) sind als solche nicht Beamte. Die besondere Strafe der Amtsentsetzung und der Nichtwählbarkeit trifft sie nicht. Vgl. FLEINER: Bundesstaatsrecht, 241f.

4. Regelmäßig sind Amtsentsetzung und Einstellung Nebenstrafen. Einzelne Rechte, z. B. Luzern PolStG. § 19 II, Appenzell J.-Rh. Art. 11 II [1]), St. Gallen Art. 16 III, kennen sie auch als selbständige Hauptstrafen.

Häufig werden Amtsentsetzung und Einstellung bei den einzelnen Amtsdelikten als selbständig zu erkennende Hauptstrafen oder in Verbindung mit Freiheitsstrafe oder Buße angedroht, z. B. BStG. Art. 54, 55, Zürich §§ 225, 227, 229, Bern StPO. Art. 164, 267, 521 [2]).

II. Der eidg. E. Art. 49 faßt die Amtsentsetzung als Nebenstrafe auf. Art. 49 I umschreibt die Voraussetzung allgemein dahin, daß der Beamte sich durch das verübte Vergehen des Amtes, das er innehat, „unwürdig" gemacht hat. Die Entsetzung und die Nichtwählbarkeit zu einem Amte sind für 2—10 Jahre vorgesehen. Ähnlich wie bei der Einstellung in der bürgerlichen Rechtsfähigkeit (Art. 48) wird bestimmt, daß Amtsentsetzung und Nichtwählbarkeit mit der Rechtskraft des Urteils wirksam werden und daß, wenn der Beamte zugleich zu einer Freiheitsentziehung verurteilt wurde, die Dauer der Nichtwählbarkeit vom Tage der endgültigen Entlassung ab zu rechnen ist[3]).

Die bloße Einstellung im Amte hat der eidg. E. nicht übernommen. Als Kriminalstrafe ist sie unangebracht. Der Beamte, der ein gerichtlich zu bestrafendes Delikt verübt hat, soll niemals mit bloßer Einstellung bestraft werden. Nur als Disziplinarmaßnahme ist neben der Entsetzung auch die Einstellung gerechtfertigt und tauglich[4]).

Auch bei der Amtsentsetzung geht die Tendenz dahin, sie aus dem Strafenkreis herauszulösen und sie in das System der Maßnahmen einzufügen. Die Literatur bezeichnet heute schon überwiegend die Entsetzung mit den daran geknüpften Wirkungen als sichernde Maßnahme[5]). Die Entsetzung erfolgt, weil der Täter sich seines Amtes „unwürdig" gemacht hat (eidg. E. Art. 49 I), also wegen eines Zustandes, in dem der

---

[1]) Mit der eigenartigen Wirkung, daß die als selbständige Hauptstrafe ausgesprochene Amtsentsetzung oder Amtseinstellung für die betreffende Zeit die viel weiter gehende Wirkung der Einstellung im Aktivbürgerrecht nach sich zieht.

[2]) Diese Strafdrohungen in der StPO. sind wohl als Disziplinarmaßnahmen gedacht. — Über die Amtsentsetzung als selbständige Hauptstrafe vgl. LANG: Prot. II. ExpKom. 1, 334.

[3]) Prot. II. ExpKom. 1, 311f., 333f.

[4]) Das einzelne gehört in das Staats- und Verwaltungsrecht; vgl. FLEINER: Bundesstaatsrecht, 254, 267ff. — ESCHER: Schweizer. Bundesbeamtenrecht, Zürcher Diss. (1903); — DUCLOUX: Die rechtliche Stellung der Beamten und Bediensteten des Kantons Luzern, Berner Diss. (1909), namentlich 171ff. — NÄGELI: Die Disziplinargewalt des Staates und der Gemeinden über ihre Beamten und Angestellten, Zürcher Diss. (1915).

[5]) FELDSCHER: a. a. O. 47. — PFENNINGER: (Lit. zu § 66), 282ff. — ZIMMERLIN: a. a. O. 121. — RITTLER: a. a. O. 384ff. Für die disziplinare Verhängung auch FLEINER: Bundesstaatsrecht, 269.

Beamte sich befindet. Sie erfolgt, um die Gefahr weitern Mißbrauchs zu bannen. Aus dieser Maßnahmennatur ergibt sich die weitere Erwägung, Amtsentsetzung und Nichtwählbarkeit unter Umständen auch mit einem freisprechenden Urteil zu verknüpfen[1]).

§ 68. Berufs- und Gewerbeverbot.

Literatur. STOOSS: Strafgesetzbücher, 188f.; Grundzüge, 1, 373f. — KUNZ: Das Gewerbe- und Berufsverbot im StR. Zürcher Diss. (1922).

I. Im Berufs- und Gewerbeverbot liegen gleiche Gedanken wie in der Amtsentsetzung und der Einstellung im Amte (oben § 67). Der Täter hat bei der Ausübung seines Berufes, seines Gewerbes, seines Handelsgeschäfts ein Delikt verübt und die Gefahr weitern Mißbrauches besteht. Noch deutlicher als bei der Amtsentsetzung kommt der Maßnahmengedanke zum Ausdruck[2]). Trotz des starken Übelsgehaltes, der im Berufsverbot liegt, darf eine abgeklärte Auffassung es nicht mehr den Strafen zuzählen[3]). Zurückhaltung in der Anwendung dieser Maßnahme empfiehlt sich. Der entsetzte Beamte hat eher die Möglichkeit, sich eine neue Existenz zu gründen. Das Berufs- und Gewerbeverbot ist ruinöser und birgt die Gefahr in sich, daß der Bestrafte erst recht der Kriminalität verfällt[4]).

II. Die geltenden Rechte fassen das Berufsverbot noch als Strafe auf. Die Unsicherheit der Qualifizierung kommt auch darin zum Ausdruck, daß Appenzell A.-Rh. § 14 II und Thurgau § 13 lit. a (Entzug öffentlicher Berechtigungen oder eines öffentlichen Gewerbebetriebes) das Verbot unter den Vermögensstrafen nennen[5]), während andere Gesetze es eher als Strafe an der Ehre auffassen[6]). Beide Anschauungen sind unzulänglich. Der richtige Gedanke, daß es sich um eine sichernde Maßnahme handelt, tritt in Schwyz § 14 II und Obwalden PolStG. Art. 7 I bereits hervor. Schwyz setzt voraus, daß Beruf oder Gewerbe

---

[1]) Von RITTLER: a. a. O. 385 vorgeschlagen: Der Strafrichter stellt fest, daß dem wegen Verursachung eines Unglücksfalles angeklagten Beamten die Erfordernisse für das Amt fehlen, daß er aber mangels Schuld freizusprechen ist. Freilich wird hier die beamtenrechtliche Entlassung einsetzen können. Warum sollte aber nicht auch der Strafrichter die Amtsentsetzung als Maßnahme verhängen können?

[2]) STOOSS: Grundzüge, 1, 374 und Z. 18, 8. — FELDSCHER: (Lit. zu § 61), 50. — PFENNINGER: (Lit. zu § 66), 283f. — RITTLER: Z. 37, 385f. — EXNER: Theorie der Sicherungsmittel (1914), 101ff.

[3]) Abweichend KUNZ: a. a. O. 35f., der am Strafcharakter festhält. Noch zweifelnd HAFTER: Z. 17, 219; 27, 17.

[4]) Über die für eine Ablehnung vorgebrachten Gründe: KUNZ: 8ff.

[5]) Auch Zürich § 25, Glarus § 15 und Solothurn § 22 fügen das Berufs- und Gewerbeverbot in den Zusammenhang der Vermögensstrafen.

[6]) STOOSS: Lehrbuch (2. Aufl.), 209f.: Ehrenstrafe mit wichtigen vermögensrechtlichen Nebenwirkungen. Vgl. ferner KUNZ: 36ff.

zur Verübung eines Verbrechens mißbraucht wurden, oder daß aus der Verübung eines Verbrechens „Gefährde wegen Mißbrauchs“ entsteht. Obwalden bezeichnet den Gewerbeverlust als „Folge wiederholten oder bedeutenden Mißbrauchs des Gewerbes zu Gefährdung oder Verletzung des öffentlichen Wohls oder der Rechte von Drittmannspersonen“. Im Anschluß an den eidg. E. Art. 51 stellt Freiburg Art. 37 auf die Gefahr weitern Mißbrauchs ab.

Im einzelnen ergibt sich[1]):

1. Im BStG. und im Allgemeinen Teil der Strafgesetzbücher von Bern, Zug, Basel, Schaffhausen, Graubünden, Aargau und Genf fehlen Bestimmungen über das Berufs- und Gewerbeverbot[2]).

2. Außer den schon erwähnten Ordnungen in Zürich, Schwyz, Glarus, Freiburg, Solothurn und Appenzell A.-Rh. sind bemerkenswert:

Obwalden Art. 15 und PolStG. Art. 7 II verbietet dem Bestraften ausdrücklich auch, seinen Beruf oder sein Gewerbe auf seine Rechnung durch Familiengenossen oder andere Personen weiterführen zu lassen. Neuenburg Art. 36 dehnt das Verbot ähnlich aus und läßt es überdies wirksam werden, wenn die Strafe von einem außerkantonalen Gericht oder vom Richter eines Staates, mit dem ein Auslieferungsvertrag besteht, verhängt wurde (Art. 37)[3]). Luzern PolStG. § 18 beschränkt das Verbot auf Berufe und Gewerbe, die gestützt auf eine staatliche Bewilligung oder ein staatliches Patent ausgeübt werden[4]). Wallis Art. 42 stellt die Übertretung des in Art. 41 II vorgesehenen Berufs- und Gewerbeverbotes unter eine Gefängnisstrafe bis zu drei Monaten[5]).

3. Nach den allgemeinen Bestimmungen der Strafgesetzbücher ist die Verhängung des Berufs- und Gewerbeverbotes in das Ermessen des Richters gestellt, er kann, er muß nicht auf das Verbot erkennen[6]). Regelmäßig sehen die Gesetze eine zeitliche Beschränkung vor (z. B. Solothurn § 22: 1—10 Jahre). Zürich § 25, Luzern PolStG. § 18 II und andere lassen aber auch ein Verbot auf Lebenszeit zu. Schwyz § 14 II enthält überhaupt keinen Hinweis auf die zeitliche Wirkung. Eine Reha-

[1]) Stooss: Grundzüge, 1, 373. — Feldscher: 49ff. und namentlich Kunz: 88ff.

[2]) Es kommt hier nur in Bestimmungen des Besondern Teils — z. B. Bern Art. 220 III — und in der Nebenstrafgesetzgebung (unten 4) in Betracht.

[3]) Kunz: 84ff., auch 73ff.

[4]) Ähnlich die schon erwähnte Bestimmung Thurgau § 13 lit. a. Über solche Beschränkungen vgl. Kunz: 40ff.; Prot. II. ExpKom. 1, 317, 321. Ein entsprechender Antrag Lang zum eidg. E. wurde abgelehnt. Eine Beschränkung rechtfertigt sich auch nicht. — Hafter: Z. 27, 19.

[5]) Nach andern Rechten, denen eine Strafsanktion für die Übertretung fehlt, ist Bestrafung wegen Ungehorsams möglich, z. B. gemäß § 80 des zürcher. StGB. — Zürcher: Kommentar, § 25, N. 4.

[6]) Obligatorischer Berechtigungs-, z. B. Patententzug, ist gelegentlich in der Nebenstrafgesetzgebung vorgesehen; vgl. Kunz: 90ff.

bilitation gegenüber dem Verbot ist in Schwyz nicht vorgesehen, ja auch die Möglichkeit einer Begnadigung ist zweifelhaft[1]).

4. In verschiedensten Formen und Auswirkungen, insbesondere auch als Entzug eines Patentes, einer Konzession, einer Betriebsbewilligung, tritt das Verbot in der Nebengesetzgebung des Bundes und der Kantone auf. Eine Einzelerörterung ist hier nicht möglich[2]).

5. Die Verhängung eines Berufs- oder Gewerbeverbotes verstößt nicht gegen den Grundsatz der Handels- und Gewerbefreiheit. Der von Art. 31 der BV. gewährte Schutz versagt, wenn es sich um eine strafrechtlich zu ahnende Art der Gewerbeausübung handelt[3]).

III. Die Beratungen zu Art. 51 des eidg. Entwurfes spiegeln die verschiedenen Meinungen über das Berufs- und Gewerbeverbot — Nichtaufnahme des Verbotes in das StGB., Beschränkung auf konzessionierte Berufe und Gewerbe, unbeschränkte Anwendbarkeit — wider[4]). Der E. behandelt das Verbot als Nebenstrafe. Er setzt voraus, daß der Täter bei der Ausübung seines Berufes, seines Gewerbes oder eines Handelsgeschäftes ein Vergehen begangen hat, für das er zu einer drei Monate übersteigenden „Freiheitsentziehung" verurteilt wurde, und das die Gefahr weitern Mißbrauches besteht. Unter diesen Voraussetzungen kann der Richter das Verbot für 1—5 Jahre aussprechen. Das Verbot wird mit der Rechtskraft des Urteils wirksam. Die Dauer berechnet sich von dem Tage an, da der Verurteilte endgültig entlassen wurde (Abs. 3)[5]). Art. 344 bedroht die Übertretung mit Haft oder mit Buße. — Nach Art. 51 II ist der Entzug auf Vergehen, die durch das Mittel der periodischen Druckerpresse verübt werden, nicht anwendbar. Die Privilegierung des Journalistenberufes wurde damit begründet, man könne das „Schreiben" nicht verbieten, ein Verbot sei namentlich

---

[1]) § 23 sieht Rehabilitation nur bei der Einstellung in der bürgerlichen Rechtsfähigkeit (Ehrverlust) vor. § 25 beschränkt die Möglichkeit der Begnadigung auf zur Todesstrafe Verurteilte.

[2]) Zusammenstellung der Sonderbestimmungen des Bundes und des Kantons Zürich bei Kunz: 90ff. Über den Entzug des Rechtsanwaltspatentes Zürcher: Schweizer. Anwaltsrecht (1920), 150ff. — Kunz: 55ff.; über das Berufsverbot gegenüber Ärzten Spinner: Ärztliches Recht (1914), 33ff. — In Zürcher Bl. 11, Nr. 25 wird der gemäß § 16 des zürcher. Lehrlingsgesetzes vom 22. April 1906 (Sammelwerk zürcher. Gesetzgebung, 1, 1426ff.) ausgesprochene Entzug des Rechtes, Lehrlinge zu halten, als Schutzbestimmung für die Lehrlinge — nicht als Strafe gegenüber dem Lehrherrn — bezeichnet.

[3]) Vgl. BE. 40 I, 345ff., 353. — Kunz: 2ff. A. M. Goldschmidt: VD. Allg. Teil, 4, 422.

[4]) Prot. II. ExpKom. 1, 314ff.; 2, 100ff. — Hafter: Z. 27, 19f. Vgl. Kunz: 45ff., der den Zusatz vorschlägt, der Richter solle auch nur „einzelne gewerbliche oder berufliche Berechtigungen entziehen" können.

[5]) Vgl. oben S. 314 und Anm. 2.

für politisch bewegte Zeiten gefährlich, es würde das Institut des Sitzredaktors fördern[1]).

Von dem Standpunkt aus, daß das Berufsverbot keine Strafe, sondern eine sichernde Maßnahme sein soll, rechtfertigt sich der Vorschlag, das Verbot auch gegenüber einem wegen Unzurechnungsfähigkeit Freigesprochenen zu verhängen, wenn er die Berufspflichten grob verletzte und die Gefahr weitern Mißbrauchs besteht[2]).

§ 69. Entziehung der elterlichen Gewalt und der Vormundschaft.

Literatur. STOOSS: Strafgesetzbücher, 177; Grundzüge, 1, 374.

I. Beziehungen zu der Strafe der Einstellung in der bürgerlichen Rechtsfähigkeit bestehen. Nach ZGB. Art. 384 Ziff. 2 ist der in der bürgerlichen Rechtsfähigkeit Eingestellte zum Amte eines Vormunds nicht wählbar. Der eidg. E. bestätigt das in Art. 48 Ziff. 2. Wallis Art. 38 Ziff. 4 nennt als eine Folge der Einstellung schlechthin den Entzug der väterlichen Gewalt (oben § 66 III).

Diese das Familienrecht berührenden Beschränkungen treten aber auch selbständig auf. Obschon die Gesetze sie heute noch den Strafen zuzählen, haben sie durchaus Maßnahmencharakter. Sie sollen Personen, die sich durch die Verübung eines Deliktes als ungeeignet und unwürdig erwiesen haben, von bestimmten Befugnissen ausschließen. Der Gedanke des Kinderschutzes steht voran[3]).

II. Im Allgemeinen Teil der Strafgesetzbücher wird die Entziehung der elterlichen Gewalt selbständig erwähnt von Luzern PolStG. § 23, Tessin Art. 34 § 1 und 35 § 1 (als obligatorische Folge der Verurteilung zu Zuchthaus für die Zeit der Strafdauer), Waadt Art. 24 und Neuenburg Art. 34. Glarus § 16 läßt den Entzug der elterlichen und der vormundschaftlichen Gewalt zu. Andere Kantone sehen die Maßnahme für bestimmte Fälle im Besondern Teil vor, z. B. Zürich § 129 II bei der Verurteilung von Eltern wegen eines Deliktes gegen das Geschlechtsleben[4]), Genf Art. 291 und 292 bei Vernachlässigung der elterlichen Pflichten und bei Kindermißhandlung. Bern Art. 169 II ermächtigt den Richter, bei einer Verurteilung wegen Unzucht mit Pflegebefohlenen oder wegen Blutschande die Übernahme vormund-

---

[1]) Prot. II. ExpKom. 1, 315ff. — HAFTER: Z. 27, 20. — KUNZ: 52ff. Ganz unbedenklich ist die Ausnahmestellung der Presse gegenüber allen andern Berufen trotzdem nicht.

[2]) Von ärztlicher Seite vorgeschlagen: MAIER: Z. 22, 309; vgl. auch KUNZ: 67f.

[3]) FELDSCHER: (Lit. zu § 61), 52. — PFENNINGER: ZschwR. N.F. 39, 282ff. (Spezialprävention gegenüber Sozialgefährlichen).

[4]) ZELLER: Kommentar zürcher. StGB. § 129, N. 3 spricht hier nicht zutreffend von einem Entscheid über einen Zivilpunkt. Es handelt sich um eine strafrechtliche Entziehung (Nebenstrafe).

schaftlicher Verrichtungen oder einer Stelle in einer Vormundschaftsbehörde für 1—5 Jahre zu untersagen. Vater und Mutter sollen in diesen Fällen die ihnen zustehenden elterlichen Rechte hinsichtlich der Person und des Vermögens des Kindes, gegen welches das Delikt sich richtete, entzogen werden (Abs. III)[1]).

Der eidg. E. Art. 50 hat diese Normen verallgemeinert und erweitert: Der Strafrichter kann die elterliche Gewalt oder die Vormundschaft entziehen und den Täter für unfähig erklären, die elterliche Gewalt auszuüben oder Vormund zu werden, wenn jemand durch ein Vergehen, für das er zu einer „Freiheitsentziehung" verurteilt wurde, seine elterlichen oder vormundschaftlichen Pflichten verletzt hat. Bei Verurteilung wegen einer Übertretung soll der Entzug nur in den ausdrücklich bestimmten Fällen zulässig sein (Art. 318, Dulden gewerbsmäßiger Kuppelei; Art. 331, Trunkenheit; Art. 332, Landstreicherei und Bettel). Das Verbot wirkt zeitlich unbeschränkt. Es gilt auch hinsichtlich nachgeborener Kinder[2]). Rehabilitation ist möglich (Art. 75; unten § 90 I).

III. Da Art. 283ff. des ZGB. bei pflichtwidrigem und gefährdendem Verhalten der Eltern behördliches Einschreiten und insbesondere auch die Entziehung der elterlichen Gewalt (Art. 285) vorsehen, da ferner Art. 445ff. die Amtsenthebung eines unwürdigen und pflichtvergessenen Vormundes anordnen[3]), fragt es sich, ob ergänzende Vorschriften in die Strafgesetzbücher einzustellen sind. Das ist zu bejahen. Die familienrechtlichen Entzugsbestimmungen stehen unter andern Voraussetzungen — Unfähigkeit zur Ausübung, Mißbrauch und Pflichtvernachlässigung, ohne daß ein Delikt vorzuliegen braucht. Vor allem ist es aber zweckmäßig und einfacher, den ein Delikt beurteilenden Strafrichter selbst entscheiden zu lassen, als die Sache noch an den Zivilrichter oder die Vormundschaftsbehörde zu überweisen[4]). Das entspricht auch der neuern gesetzgeberischen Tendenz, die Verhängung von sichernden Maßnahmen in die Hand des ein Delikt beurteilenden Richters zu legen (oben § 49 II).

---

[1]) Nicht Entzug allgemein, sondern nur hinsichtlich des „betreffenden" Kindes. Das ist ungenügend.

[2]) Zürcher: Erläuterungen VE. 1908, 92; Prot. II. ExpKom. 1, 312ff. — Hafter: Bibliographie zum VE. (1908), 72f. — Zürcher: Bibliographie (1924), 54f., wo zur Erwägung gestellt wird, das Verbot auch auf die Beistandschaft (ZGB. Art. 392ff.) auszudehnen. Vgl. auch Wild: Die körperliche Mißhandlung von Kindern (1907), 146f.

[3]) Dazu die Kommentare des Familienrechtes: Silbernagel: zu Art. 283ff. (mit reichen Literaturangaben); Kaufmann: (2. Aufl.), zu Art. 445ff. — Egger: zu Art. 283ff. und 445ff.

[4]) Prot. II. ExpKom. 1, 313.

§ 70. Urteilsveröffentlichung.

Literatur. STOOSS: Strafgesetzbücher, 189f.; Grundzüge, 1, 375f. — SCHENKEL: Entwicklung und Ausgestaltung der Urteilspublikation im StR. Berner Diss. (1919). — KUHN: Die öffentliche Bekanntmachung des Urteils nach schweizer. StR. Zürcher Diss. (1919). RITTLER: Z. 37, 373ff. — GRAF ZU DOHNA: VD. Allg. Teil, 1, 261ff.

I. Weil die Urteilsveröffentlichung verschiedenen Zwecken dient, ist eine einheitliche Charakterbestimmung nicht möglich.

Die Veröffentlichung kann eine Ehrenstrafe sein. Sie beschämt, stellt den Verurteilten an den Pranger und bewirkt daneben vielfach auch eine ökonomische Einbuße[1]). Das gilt namentlich für diejenigen Bestimmungen, die eine Urteilspublikation als Nebenstrafe bei Verurteilungen wegen schwerer Delikte vorsehen (unten II 1).

Eine Veröffentlichung kann weiter erfolgen, um dem Geschädigten, unter Umständen auch einem zu Unrecht Angeklagten eine Genugtuung zu verschaffen. Dann hat sie nicht Straf-, sondern Maßnahmencharakter (unten II 2)[2]).

Sie soll in andern Fällen öffentlichen Interessen dienen, generalpräventiv abschreckend wirken, unter Umständen auch zur Orientierung und zur Beruhigung weiterer Kreise nützlich sein. Auch hier tritt die Maßnahmennatur hervor (unten II 3—5)[3]).

Beim Vollzug einer Urteilsveröffentlichung können sich Schwierigkeiten ergeben, wenn der Richter die Publikation nicht in amtlichen Blättern, sondern in privaten Zeitungen anordnet. Diesen gegenüber besteht regelmäßig kein direkter Erfüllungszwang[4]).

II. Geht man von den verschiedenen Zwecken aus, die mit einer Urteilspublikation verfolgt werden können, so bieten die geltenden Rechte folgendes Bild:

1. Die Publikation ist Nebenstrafe an der Ehre, wo sie nach den Bestimmungen im Allgemeinen Teil der Gesetzbücher in Verbindung

---

[1]) STOOSS: Grundzüge, 1, 375. — FELDSCHER: (Lit. zu § 61), 24f. Geschichtliche Daten bei SCHENKEL: a. a. O. 1ff. und namentlich 10ff. (Pranger, schimpfliche Ausstellung mit der Schandtafel usw.).

[2]) BE. 21, 846ff.: Urteilsveröffentlichung als Privatgenugtuung (Aargau); auch 23, 98. Ferner Zürcher Bl. 24, Nr. 39: Zweck der Veröffentlichung ist Rehabilitation des durch eine Ehrverletzung Geschädigten.

[3]) BE. 4, 476ff., 485: Publikation gerichtlicher Expertisen über gefälschte und ungesunde Weine als polizeiliche Präventiv-Maßnahme. BE. 23, 97ff.: Urteilsveröffentlichung durch die Organe der Lebensmittelpolizei aus Gründen des öffentlichen Wohles ist Maßnahme, nicht Strafe, eine Verletzung des Satzes: nulla poena sine lege kommt nicht in Frage (Thurgau).

[4]) Vgl. den Fall in Zürcher Bl. 24, Nr. 39. Einen Erfüllungszwang sieht Bern Art. 243 II und III vor. Die Erfüllung kann auch erzwungen werden auf dem Umweg über den Straftatbestand: Ungehorsam gegen amtliche Verfügungen; vgl. eidg. E. Art. 338. Dazu SCHENKEL: 52.

mit der Verhängung schwerer Hauptstrafen ausgesprochen wird, zum Teil ausgesprochen werden muß. Typische Beispiele dafür sind Luzern § 18 (Bekanntmachung aller Kriminalstrafurteile im Kantonsblatte), Schaffhausen § 28 I (Veröffentlichung aller auf Todesstrafe, Zuchthaus oder Gefängnis ersten Grades nicht unter 6 Monaten lautende Urteile), Basel § 23 (Publikation aller Zuchthausstrafe verhängenden Urteile)[1].

2. Häufig ist die Urteilspublikation im Besondern Teil der Strafgesetzbücher bei Ehrverletzungen vorgesehen. Die Veröffentlichung wird in der Regel nur auf Verlangen des Beleidigten ausgesprochen (Zürich § 161 II mit Beschränkung auf Beleidigungen, die in Versammlungen, durch das Mittel der Druckerpresse oder auf ähnliche Weise geschehen oder bei Beleidigungen, die sich gegen eine Behörde oder einen Beamten richten)[2]; Bern Art. 243[3]; Tessin Art. 353, usw.[4])). Es handelt sich, auch wenn die Publikation nur auf Verlangen des Beleidigten erfolgt, um eine strafrechtliche Maßregel, nicht um eine Entscheidung zivilrechtlicher Natur[5]). Richtigerweise ist aber nicht von einer Strafe, sondern von einer Maßnahme zu sprechen, deren Zweck Genugtuung, Rehabilitation des Beleidigten in der öffemtlichen Meinung ist[6]).

3. In der Nebenstrafgesetzgebung spielt die Urteilspublikation eine bedeutende Rolle. Das eidg. Lebensmittelpolizeigesetz droht sie bei Lebensmittelfälschungen — in weitem Sinne verstanden — in Art. 47 I an für Fälle, in denen das „öffentliche Interesse es erfordert"[7]). Vorgesehen ist sie weiter in Art. 32 I des Fabrik- und Handelsmarkengesetzes von 1890, in Art. 30 des BGes. von 1900 betreffend die gewerb-

---

[1]) Die Urteilsveröffentlichung ist sicher als Nebenstrafe gedacht auch in Obwalden PolStGB. Art. 14, Glarus StPO. § 154, Appenzell A.-Rh. Art. 20, Wallis Art. 20 II, 353 und Neuenburg Art. 8 Ziff. 13 und Art. 42. — Zweifelhaft ist, ob Freiburg StPO. Art. 260, der namentlich die Publikation aller auf eine Kriminalstrafe lautenden Urteile vorschreibt, neben Art. 38 des neuen StGB. noch Bestand haben kann. Das ist eher zu verneinen. — Weitere kantonale Einzeldaten bei SCHENKEL: a. a. O. 16ff. — KUHN: a. a. O. 7ff.

[2]) Dazu ZELLER: Kommentar zürcher. StGB. § 161, N. 5f.; Zürcher Bl. 24, Nr. 39.

[3]) Beschränkung auf Verleumdung und einfache Ehrverletzung, die das doppelte Merkmal der Schwere und der Öffentlichkeit an sich tragen (Art. 243 I, 177—179). Dazu JAHN: Berner Z. 39, 137ff. — THORMANN: eod. 39, 313ff.

[4]) Weitere Daten bei FELDSCHER: a. a. O. 24, Anm. 2. — SCHENKEL: 27ff. — KUHN: 12ff.

[5]) Ebenso THORMANN: a. a. O. — FELDSCHER: a. a. O. 24f.

[6]) LIEPMANN: VD. Besonderer Teil, 4, 343f. Zur Frage im ganzen: SCHENKEL: a. a. O. 27ff.

[7]) Zürcher Bl. 24, Nr. 63; JZ. 21, 42, Nr. 10. Vgl. auch Obwalden PolStG. Art. 92 II. Bern Art. 233 (Lebensmittelfälschung), der ebenfalls Urteilsveröffentlichung vorsah, ist durch das eidg. Lebensmittelpolizeigesetz aufgehoben. Vgl. noch KUHN: 28ff.

lichen Muster und Modelle, in Art. 45 des Erfindungspatentgesetzes von 1907, in Art. 56 des Urheberrechtsgesetzes von 1922 (Eidg. GesSlg. 39, 65ff). Auch in der kantonalen Gesetzgebung zur Bekämpfung des unlauteren Wettbewerbes findet sich die Maßregel der Urteilsveröffentlichung häufig[1]). Die Publikation nach den Bestimmungen dieser Nebenstrafgesetze dient verschiedenen Zwecken. Der gemeinsame Gedanke ist immerhin: Schutz des Publikums, Warnung vor der Unzuverlässigkeit, Unredlichkeit, Gemeingefährlichkeit gewisser Menschen[2]). Der Maßnahmencharakter ist nicht in Zweifel zu ziehen, auch wenn herkömmlich noch von Strafe gesprochen wird[3]).

4. Einige Gesetze sehen die Urteilspublikation gegenüber dem wegen Wuchers Verurteilten vor, so z. B. Bern Art. 236d obligatorisch in allen Fällen, Luzern PolStG. § 111 III und Obwalden PolStG. Art. 94 IV bei gewerbsmäßigen und — Obwalden — bei Wucher im Rückfall[4]). Es liegt nahe, die Publikation hier als Ehrenstrafe aufzufassen (Schenkel). In ihr liegt aber auch die Warnung des Publikums vor unredlichen und schädlichen Leuten.

5. Vereinzelt kennt das geltende Recht — Lebensmittelpolizeigesetz Art. 47 II — die Veröffentlichung eines freisprechenden Urteils auf Staatskosten, wenn der Beschuldigte es verlangt. Das ist Maßnahmenrecht. Es soll der Genugtuung und dem Schutze des Freigesprochenen dienen, liegt unter Umständen auch im öffentlichen Interesse[5]).

III. Der eidg. E. hat die in den Allgemeinen Teil als Art. 58 aufgenommene Urteilsveröffentlichung bei den Maßnahmen eingestellt[6]). Stooss (Z. 18, 9) hat für alle Fälle die Strafnatur verneint. Voraussetzungen sind nach dem E. öffentliches Interesse oder Interesse eines Beteiligten, d. h. des Verletzten oder des Freigesprochenen. In den letztern Fällen ist ein Antrag des Beteiligten erforderlich. Die Publikation erfolgt in einem amtlichen Blatte des Bundes oder des Kantons und in einer Zeitung oder in mehreren Zeitungen. Die Frage, ob nur das Urteilsdispositiv oder auch die Gründe zu veröffentlichen sind, ist offen

[1]) Korrodi: Die strafrechtliche Bekämpfung des unlauteren Wettbewerbes, Zürcher Diss. (1907), 130f.; vgl. auch Kohler, M.: Das Verbrechen des unlautern Wettbewerbes (1901) 231ff. — Kohler, Jos.: Der unlautere Wettbewerb (1914), 300ff.

[2]) Dohna: VD. Allg. Teil, 1, 261. — Schenkel: a. a. O. 19ff.

[3]) Kohler, Jos.: a. a. O. 301 braucht den Ausdruck „Strafe der Verkehrsdisziplin."

[4]) Weitere Daten bei Schenkel: 22.

[5]) Vgl. Stooss: Motive zum VE. 1903, 71f.

[6]) So auch Luzern PolStG. § 6 Ziff. 6 und § 31. Freiburg Art. 38, das sich teilweise an den Text des eidg. E. anlehnt, erklärt in den Erläuterungen zum VE. (S. 18) die Urteilspublikation als Nebenstrafe.

gelassen. Der Richter hat die Anordnung nach freiem Ermessen zu treffen[1]). Handelt es sich um eine Verurteilung, so trägt der Verurteilte die Kosten. Freisprechende Urteile werden auf Staatskosten oder auf Kosten des Anzeigers veröffentlicht. — Im Besondern Teil ist bei den Tatbeständen: Warenfälschung und Inverkehrbringen gefälschter Waren (Art. 131f.), Herstellen und Inverkehrbringen von gesundheitsschädlichen Waren und Viehfutter (Art. 200—202) für jeden Fall die Urteilspublikation angedroht.

Da es sich nach dem E. um reines Maßnahmenrecht handelt, haben die nur auf die Strafen und die Strafzumessung gemünzten Regeln keinen Raum (oben § 49 IV). Tod und Geisteskrankheit eines Täters hindern die Urteilspublikation nicht, wenn sie im öffentlichen Interesse oder im Interesse des Verletzten liegt[2]).

Drittes Kapitel.

Ergänzungen des Strafensystems.

§ 71. Strafumwandlung.

Literatur. Stooss: Strafgesetzbücher, 218ff.; Grundzüge, 1, 404ff.

I. Ein vollkommenes Strafensystem sollte so gestaltet sein, daß das Gesetz dem Richter in jedem Fall, in dem er Strafen zu verhängen hat, die ausreichenden Mittel zur Verfügung stellt. Die Strafe, die der Richter ausspricht, sollte sich auch im Vollzug bewähren. Sie erscheint fehlerhaft, wenn sich nachträglich in der Durchführung Unstimmigkeiten ergeben.

In der Tatsache, daß viele Gesetze Normen über die Strafumwandlung aufstellen, liegt der Beweis für die Mangelhaftigkeit eines Strafensystems, der Beweis auch für die — freilich oft schwer vermeidbare — ungenügende Voraussicht des Richters.

Für die geltenden Rechte stellen die Strafumwandlungen eine korrigierende Ergänzung des Strafensystems dar.

II. Drei Arten der Strafumwandlung sind in anderm Zusammenhang gesondert betrachtet:

1. Die Umwandlung unerhältlicher Bußen in Freiheitsentziehung (oben § 60 V 4 und VI),

---

1) Prot. II. ExpKom. 1, 353. — Kuhn: 46f.

2) Zum eidg. E. Zürcher: Erläuterungen VE. 1908, 97f.; Prot. II. ExpKom. 1, 350ff. — Schenkel: 43ff. — Kuhn: 35ff. — Rittler: Z. 37, 379f. lehnt mit nicht überzeugenden Gründen die Urteilspublikation unter jedem Titel — Nebenstrafe, Privatgenugtuung, Präventivmaßnahme — ab. Gegen eine Bestimmung im Allgemeinen Teil der Strafgesetzbücher wendet sich Goldschmidt: VD. Allg. Teil, 4, 442f.

2. die Landesverweisung, wenn sie als Ersatzstrafe für Freiheitsentziehung ausgesprochen wird (oben § 62 III).

3. die Strafumwandlung auf dem Wege der Begnadigung. Das ist im Grunde eine außerstrafrechtliche Maßnahme (unten § 89 I, V, VI).

III. Von diesen Sonderfällen abgesehen kommt in den geltenden Rechten die Strafumwandlung unter folgenden Gesichtspunkten in einem weitern Umfang zur Geltung:

1. Umwandlung soll erfolgen, wenn sich nachträglich die Vollstreckung einer verhängten Strafe als unmöglich oder wenigstens als schwer durchführbar erweist. Dieser Gedanke liegt auch der Umwandlung unerhältlicher Bußen zugrunde.

Typisch ist Zürich § 28 lit. c, § 31 und StPO. § 471. Eine Umwandlung der ganzen oder eines noch nicht vollzogenen Teiles der Urteilsstrafe in eine andere Strafe kann nachträglich stattfinden, „so jedoch, daß letztere ein möglichst gleiches Maß von Übel für den Bestraften enthält, wie durch das Strafurteil bezweckt wurde". Es wäre logisch, die Umwandlung einer Strafe, deren Vollzug unmöglich erscheint, in jedem Falle von Amtes wegen vorzunehmen. Nach §§ 472—474 ist aber vom Verurteilten oder von der Aufsichtsbehörde der Strafanstalt ein Gesuch bei der Staatsanwaltschaft einzureichen, über das das Obergericht entscheidet[1]. — Abgesehen von der Anweisung, daß die umgewandelte Strafe ein möglichst gleiches Maß von Übel für den Bestraften enthalten soll[2], ist der Richter bei der Umwandlung nach zürcherischem Recht frei. Die Praxis bewegt sich sehr ungebunden[3].

Besonders eingehend bestimmt Thurgau im Gesetz vom 30. Mai 1866 betreffend die Begnadigung, Rehabilitation und gerichtliche Strafverwandlungen, §§ 17ff., über die Umwandlungen. Der Fall der ganzen oder teilweisen Unmöglichkeit des Vollzuges einer verhängten Strafe ist in § 18 lit. a genannt. § 19 stellt, im Gegensatz zur zürcherischen Ordnung, genaue Vorschriften über Art und Maß der Umwandlung auf[4].

---

[1] Sträuli: Kommentar zürcher. StPO., zu §§ 472ff.

[2] Das möglichst gleiche Maß ist schwer zu finden. Bei einer Verurteilung zu lebenslänglichem Zuchthaus fehlt ein Äquivalent. Umwandlung ist daher nicht zulässig; a. M. Zeller: Kommentar zürcher StGB. § 28, N. 4, der die Umwandlung in lebenslängliche Landesverweisung zulassen will.

[3] Sie schreckt auch vor analoger Anwendung des § 31 nicht zurück. Weitgehend, aber durch Zweckmäßigkeit unter Umständen gerechtfertigt ist die Umwandlung einer Einweisung in eine Korrektions- oder eine Besserungsanstalt in eine Freiheitsstrafe: Zürcher Bl. 15, Nr. 215; 21, Nr. 112; JZ. 18, 295, Nr. 227. — Ausdrücklich sieht Neuenburg Art. 22 III die administrative Versetzung von widerspenstigen oder gefährlichen Insassen eines Arbeits- oder Korrektionshauses in die Strafanstalt vor. Das ist aber keine „Strafumwandlung", sondern eine verwaltungsrechtliche Vollzugsmaßnahme.

[4] Vgl. ferner Schwyz § 20 lit. b, §§ 21, 22; Obwalden Art. 41 I, Zug § 16, Appenzell A.-Rh. Art. 21.

2. Umwandlung soll erfolgen können, wenn im Vollzug einer verhängten Strafe ein weit größeres Übel liegt, als der Richter zur Zeit der Urteilsfällung hatte annehmen können (Zürich § 31; Schwyz § 20 lit. b, Obwalden Art. 41 I, Appenzell A.-Rh. Art. 21, Thurgau, Begnadigungsgesetz, § 18 lit. b). Man kann von relativer Unmöglichkeit des Vollzuges sprechen. Hauptgrund ist Krankheit oder wenigstens Gefahr für die Gesundheit[1]).

3. Umwandlung soll endlich bei Wohlverhalten eines Sträflings erfolgen können. Dieser Umwandlungsgrund hat Gnadencharakter. Vor allem wird aber die Anschauung, daß eine Freiheitsstrafe nicht mehr weitergeführt werden sollte, wenn ihr (erzieherischer) Zweck im wesentlichen als erreicht gelten kann, von Bedeutung. Die Umwandlung in diesen Fällen berührt sich mit dem Institut der bedingten Entlassung (oben § 58 III). Diese Gedanken bringt Zürich §§ 16/17 und 28 lit. b deutlich zum Ausdruck: Das Urteilsgericht kann Umwandlung eintreten lassen „in allen denjenigen Fällen, in welchen die bedingte Entlassung nicht anwendbar ist, z. B. bei Ausländern und ebenso bei Gefängnissträflingen“. Voraussetzungen sind Wohlverhalten des Sträflings während der Strafzeit und die Annahme, daß durch die bereits verbüßte Strafe der Strafzweck als erfüllt gelten kann. Die erstandene Strafe muß mindestens $^2/_3$ der verhängten Strafe und zugleich mindestens 1 Jahr betragen. Auch in diesen Fällen ist ein Gesuch, und zwar vom Verurteilten selbst einzureichen (StPO. §§ 475—477)[2]). — Streitig ist, in was für eine Strafe die Umwandlung erfolgen kann. Nach richtiger Auffassung ist nicht nur die Verwandlung in Landesverweisung[3]), sondern auch in jede andere, für den Verurteilten günstigere Strafe zulässig[4]).

Thurgau, das eine bedingte Entlassung nicht kennt, hat dafür im Begnadigungsgesetz von 1866 (§§ 18 lit. c, 20 und 21) die Strafumwandlung bei Wohlverhalten der Zucht- und Arbeitshaussträflinge

[1]) Schwyz § 20 lit. b: „wenn bei den besondern körperlichen oder geistigen Verhältnissen des Verurteilten Gefährde für Leben oder Gesundheit entstehen würde.“ — Zürcherische Praxis: JZ. 18, 325, Nr. 253; Zürcher Bl. 20, Nr. 186 und JZ. 18, 49 Nr. 43 (Unzulässigkeit der Umwandlung einer auf Grund des Bundesrechtes, dem das Institut unbekannt ist, ausgesprochenen Strafe); Zürcher Bl. 20, Nr. 58 (Umwandlung von Arbeitshaus in Buße).

[2]) Sträuli: Kommentar StPO., Noten zu § 475.

[3]) Das nimmt Zürcher: Kommentar zürcher. StGB. § 17, N. 2/3 an.

[4]) Zeller: Kommentar zürcher. StGB. § 16, N. 1. — Zürcherische Praxis: Zürcher Bl. 9, Nr. 134 und 23, 21f. (Einrechnung der auf die ursprünglich verhängte Strafe angerechneten Untersuchungshaft bei der Bestimmung der schon verbüßten Strafzeit); 19, Nr. 194 (Gewährung möglich, auch wenn ein früheres Gesuch abgelehnt wurde); 23, Nr. 11 (Umwandlung eines Freiheitsstrafenrestes in Landesverweisung, auch wenn das Urteil bereits auf lebenslängliche Verweisung lautete). Vgl. auch JZ. 19, 251, Nr. 211.

besonders ausgestaltet. Voraussetzung ist, daß der Strafzweck „erreicht“ wurde und daß mit Zuverlässigkeit angenommen werden darf, der Sträfling werde nach der Entlassung in redlicher Weise seinen Unterhalt finden. Die Verwandlung erfolgt in Einstellung in der bürgerlichen Rechtsfähigkeit, in Eingrenzung oder Verweisung, mindestens für die Zeitdauer der umgewandelten Strafe. Bei Nichtbewährung des aus der Strafanstalt Entlassenen während dieses Zeitraumes kann Wiedereinberufung erfolgen (a. a. O. §§ 20/21).

IV. Für die Zukunft wird sich das Institut der Strafumwandlung ganz oder fast ganz erübrigen[1]):

Die Umwandlung unerhältlicher Bußen in Freiheitsentziehung sollte mit der vom eidg. E. Art. 46 in Aussicht genommenen neuen Ordnung entfallen (oben § 60 VI). Grundsätzlich abzulehnen ist auch die Verwandlung von Freiheitsstrafen in Landesverweisung (oben § 62 III).

Ist der Vollzug einer verhängten Strafe absolut unmöglich, so ist der Verzicht auf sie kaum je ein großes Unglück[2]).

Bei relativer Unmöglichkeit des Vollzuges, insbesondere wegen Krankheit, helfen andere Mittel als die Umwandlung: die Strafaufschiebung oder -unterbrechung, die, wenn es sich um einen unheilbar Kranken handelt, tatsächlich zur Strafaufhebung führen wird und soll[3]). Das befriedigt in solchen Fällen das Rechtsgefühl mehr als die nachträgliche Umwandlung in eine Strafe, an die der Richter bei der Urteilsfällung gar nicht gedacht hat.

Die Umwandlung bei Wohlverhalten des Sträflings endlich erübrigt sich, sobald das Institut der bedingten Entlassung überall eingeführt und zweckentsprechend ausgestaltet ist.

Über alledem steht schließlich als letztes Korrektiv die Möglichkeit der Begnadigung. Sie ist so zu ordnen, daß sie auch für alle Fälle, in denen man nach geltenden Rechten zu einer Strafumwandlung Zuflucht nimmt, paßt. Auch die Begnadigung kann in einer bloßen Umwandlung einer verhängten Strafe bestehen (unten § 89 I, V).

Neue Gesetze, Freiburg und der eidg. E., kennen keine Strafum-

---

[1]) Goldschmidt: VD. Allg. Teil, 4, 469: Das Institut der „Strafverwandlung“ ist mit einer höhern strafrechtlichen Entwicklungsstufe unverträglich.

[2]) Problematisch bleibt vielleicht der Fall, daß eine auf Landesverweisung lautende Strafe nicht mehr vollzogen werden kann, weil der Verurteilte inzwischen das Schweizer-Bürgerrecht erworben, die Ausländerin einen Schweizer geheiratet hat. Waadt Art. 19 III sieht für diesen Fall die automatische Umwandlung in Gefängnis vor.

[3]) Vgl. z. B. Zürich StPO. § 467 II, III und dazu Sträuli: Kommentar, § 467, N. 5—7. Der eidg. VE. 1908 Art. 58 bestimmte, daß bei unheilbarer Geisteskrankheit Strafverfolgung und Strafe wegfallen. Dazu Zürcher: Erläuterungen, 104f.; Prot. II. ExpKom. 1, 398ff. Der Artikel wurde gestrichen. Den Gedanken aber hat man wohl nicht aufgegeben. Vgl. unten § 86 II.

wandlungsnormen mehr[1]). Die in Art. 90 des eidg. E. dem Richter gegebene Möglichkeit, einen Jugendlichen nachträglich in eine Anstalt anderer Art zu versetzen oder den Zögling einer Rettungsanstalt der Familienerziehung zu überweisen, hat mit Strafumwandlung nichts zu tun (unten § 93 IV 1).

§ 72. Bedingte Verurteilung. Bedingter Straferlaß.

Literatur. PERRIN: De la remise conditionnelle des peines (1904). — Derselbe: Z. 18, 137ff. und Verhandl. des Schweiz. Jur.-Vereins (1911), 183ff. — MANTEL: Ergebnisse des bed. Straferlasses in Deutschland, Belgien, Frankreich und der Schweiz, Zürcher Diss. (1912). — THORMANN: Verhandl. des Schweiz. Jur.-Vereins (1911), 45ff. — WIDMER: Die bed. V. im Kanton Zürich, Zürcher Diss. (1925). — SPILLER: Mediz. begründete Überlegungen und psychologische Voraussetzungen zur Institution der b. V. Zürcher med. Diss. (1920) und dazu Z. 35, 275. — RICHTER: (Lit. zu § 86), 40ff., 105ff. — ZÜRCHER, jun.: Bemerkungen zum Institut der b. V., in der Festgabe für E. Zürcher (1920), 62ff. — v. LISZT: V. D. Allg. Teil, 3, 1ff. (mit weitern Lit.-Angaben). — ZÜRCHER: Gef.-Verein, 22 (1901), 1, 27ff. — GAUTIER: eodem, 2, 23ff. — Derselbe: Z. 3, 299ff.; 5, 17ff. (über Genf); auch Mitteilungen JKV. 5, 27ff. — STOOSS: Z. 5, 473ff. — PICOT: Z. 9, 10ff. (über Genf). — MITTERMAIER: Z. 14, 259ff.; 16, 31ff. — SIEGFRIED: Z. 26, 325ff. — GELPKE: Z. 37, 99ff. — WÜST: JZ. 6, 153ff., 171ff. — HASLER: JZ. 17, 273ff. (über Zürich). — METTLER: JZ. 17, 339ff. — VOLLENWEIDER: Zentralbl. Staats- und Gem.-Verwaltg. 10, 211ff. (über Zürich). — SCHÜRCH: Berner Z. 47, 597ff. und 48, 19ff. (über Bern). — BÉGUIN: Schweiz. Bl. f. Wirtschafts- und Sozialpol. 2 (1908), 577ff.

I. Über die Rechtsnatur der bedingten Verurteilung herrscht noch nicht genügende Klarheit. Sicher ist sie keine Strafart. Sie ist aber auch nicht, wie schon angenommen wurde[2]), eine sichernde Maßnahme. Ebensowenig ist sie Gnade[3]). Zutreffend ist nur die Auffassung, daß sie Strafnatur hat und eine Ergänzung des Strafensystems darstellt[4]). Sie gewährt einem Verurteilten die Gunst, daß eine über ihn verhängte Strafe unter bestimmten, von ihm

[1]) Freiburg Art. 32 III läßt einzig noch den Richter bei Festsetzung einer Buße bestimmen, welche Haft- oder Gefängnisstrafe im Falle der Unbeibringlichkeit an ihre Stelle treten soll. — Bern Art. 12 und 14 („Umwandlung" von Korrektionshaus in Einzelhaft und von Zuchthaus und Korrektionshaus in sog. einfache Enthaltung) haben mit der hier behandelten Umwandlung nichts gemein. Dem Richter stehen die verschiedenen Möglichkeiten schon bei der Urteilsfällung zur Verfügung. — STOOSS: Grundzüge, 1, 405.

[2]) Zürcher Bl. 21, 183ff.; JZ. 18, 309, Nr. 248 und namentlich WIDMER: a. a. O. 18ff.: Sicherungs-, Erziehungsmaßnahme. — ZÜRCHER jun.: in Festgabe für E. ZÜRCHER (1920), 70.

[3]) Gut WIDMER: 15f. — v. LISZT: VD. Allg. Teil, 3, 59, 89.

[4]) Vgl. schon MITTERMAIER: Z. 14, 271. — THORMANN: a. a. O. 139f., 142: Ersatz der vom Richter ausgesprochenen Strafe durch „andere strafähnliche Maßregeln". — Daß die b. V. ein Institut des materiellen StR. ist, auch wenn ihre Ordnung, wie z. B. in Zürich und in Appenzell A.-Rh. in der StPO. erfolgt, sollte selbstverständlich sein; Zürcher Bl. 23, 175.

selbst zu erfüllenden Bedingungen nicht zum Vollzuge gelangt (bedingter Straferlaß) oder, weitergehend, daß bei Erfüllung der Bedingungen der Verurteilte nachträglich als nicht bestraft gilt (bedingte Verurteilung).

Der Grundgedanke ist: Der Richter bestraft den Täter. Handelt es sich nicht um ein sehr schweres Verbrechen und liegen die persönlichen Verhältnisse des Täters günstig (Gelegenheitsverbrecher), so wird es vom Verhalten des Verurteilten abhängig gemacht, ob die Strafe erlassen oder vollstreckt wird. Durch ein solches Urteil soll der Täter zu rechtgemäßer Lebensführung veranlaßt werden. Befördernd hat auf die Entwicklung des Institutes die Erkenntnis eingewirkt, daß kurze Freiheitsstrafen nicht zu bessern vermögen und daß auch ihr Abschrekkungswert mindestens problematisch ist. Dem kleinen Rechtsbrecher sollen wenn möglich die Freiheitsstrafe und die Berührung mit der Strafanstalt erspart werden. Mit diesem, häufig in den Vordergrund gestellten Gedanken hängt zusammen, daß teilweise die bedingte Verurteilung nur als Ersatz für kurzzeitige Freiheitsstrafen anerkannt und ihre Anwendung bei Geldstrafen abgelehnt wurde[1]).

Der Ernst der Strafjustiz leidet keinen Schaden, wenn es ihr gelingt, durch eine bloß bedingte Verurteilung derart motivierend auf den Täter einzuwirken, daß er sich künftig rechtgemäß verhält. Dem Vergeltungsgedanken, wie er in diesem Buche aufgefaßt wird (oben § 50 VI) widerspricht die bedingte Verurteilung nicht. Der Täter ist mit seinem Maße gemessen worden[2]).

II. Der Gedanke des bedingten Straferlasses ist auch für frühere Zeiten nachgewiesen[3]). Eine weit zurückführende gerade Entwicklungslinie besteht jedoch nicht. Das heutige Institut geht auf das amerikanisch-englische Probation-System, das sich in der zweiten Hälfte des 19. Jahrhunderts zunächst aus der Praxis heraus entwickelte, zurück. In der ursprünglichen Form, die zum Teil bis heute beibehalten wurde, handelt es sich um Aussetzung des Urteilsspruches (sentence suspended) in Verbindung mit Stellung unter Schutzaufsicht (probation)[4]). Die Entwicklung auf dem europäischen Kontinent steht

---

[1]) Trefflich für die Ausdehnung auch auf Geldstrafen v. Liszt: VD. Allg. Teil, 3, 5f. Über die Grundgedanken und die Rechtsnatur ferner Perrin: Remise, 13 und Z. 18, 139ff. — Thormann: a. a. O. 48ff., 127ff. — Zürcher: Erläuterungen VE. 1908: 106f., 110. — Gautier: Prot. II. ExpKom. 1, 419. — Thormann: eodem, 423f.

[2]) Über die Einwendungen gegen das Institut vgl. auch v. Liszt: a. a. O. 55ff.

[3]) Perrin: Remise, 22ff. — Egli: Z. 8, 82f. (aus den Richtbüchern im Zürcher Staatsarchiv); — v. Liszt: VD. a. a. O. 6f.

[4]) Die englisch-amerikanischen Ordnungen sind in der Literatur häufig dargestellt worden; vgl. z. B. Perrin: Remise, 26ff., 51ff. — Baernreither: Jugendfürsorge und Strafrecht in den Vereinigten Staaten von Amerika (1905), 122ff. —

unter dem bestimmenden Einfluß des belgisch-französischen Systems der bedingten Verurteilung (belgisches Gesetz vom 31. Mai 1888: loi établissant la libération conditionnelle et les condamnations conditionnelles dans le systéme penal; französisches Gesetz vom 26. März 1891: sur l'atténuation ou aggravation des peines — Loi Bérenger oder loi du sursis[1]).

III. In einem glänzenden Siegeszug hat der wahrhaft geniale Gedanke der bedingten Verurteilung in fast alle Kulturrechte Eingang gefunden. In der Schweiz hat Genf als der erste Kanton die bedingte Strafe eingeführt (loi du 29 octobre 1892 sur la peine conditionnelle), nachdem Neuenburg schon in seinem StGB. von 1891 in beschränktem Umfange die Möglichkeit der Aussetzung des Urteilsspruches zugelassen hatte (Art. 400—403)[2]). Seitdem sind 18 weitere kantonale Rechte nachgefolgt. Das neueste Gesetz ist in Glarus ergangen (Gesetz vom 3. Mai 1925 über den bedingten Straferlaß). Die bedingte Verurteilung fehlt heute noch in den Kantonen Uri, Schwyz, Nidwalden, Zug, Appenzell J. Rh. und Thurgau[3]).

In der Mehrzahl der Kantone ist die Ordnung durch Sondergesetze erfolgt. Die Zusammenstellung der Daten ist oben § 6 II B (kantonale Rechte) gegeben[4]). In die Hauptgesetzgebung haben folgende Kantone das Institut eingefügt: Zürich StPO. §§ 456ff., Obwalden Art. 34 bis, Freiburg Art. 31, Baselstadt §§ 19b—e, Schaffhausen §§ 86ff., Appenzell A.-Rh. StPO. Art. 142ff.

Die Einführung der bedingten Verurteilung in das Bundesstrafrecht ist bisher nicht gelungen[5]). Der Bund hat dafür in der Praxis

---

Zürcher: Gef.-Verein, 22 (1901), 27ff. — v. Liszt: a. a. O. 10ff. (mit weitern Lit.-Angaben).

[1]) Über Belgien und Frankreich vgl. u. a. Perrin: a. a. O. 56ff. — v. Liszt: a. a. O. 22ff. — Thormann: a. a. O. 63ff. — Mantel: a. a. O. 13ff.; — Roux: Cours de Droit pénal, 383ff.

[2]) Perrin: Remise, 47ff. Durch das Gesetz vom 28. März 1904 sur le sursis a l'exécution de la peine ist auch Neuenburg zum System der bedingten Verurteilung übergegangen.

[3]) Über die kantonalen Rechte und die Entwicklung in der Schweiz Perrin: passim. — v. Liszt: a. a. O. 34ff. — Mittermaier: Z. 14, 259ff. — Thormann: 94ff. — Mantel: 38ff. — Richter: (Lit. zu § 86), 47ff., der auch einen thurgauischen Entwurf von 1918 zum Abdruck bringt (137ff.).

[4]) Texte bis 1911 auch bei Thormann: 160ff.

[5]) Die Novelle vom 31. Januar 1922 zum BStGB., die durch die Einfügung eines Art. 33 bis in das Gesetzbuch den bedingten Strafvollzug einführen sollte, ist in der Volksabstimmung vom 24. Sept. 1922 verworfen worden. Über die Beratungen: Stenogr. Bulletin, Nationalrat, 1921, 785ff.; Ständerat, 1922, 3f., 7ff.; Text: BBl. 1922 I, 141f. — Über frühere und spätere Bestrebungen, das Institut in das Bundesrecht einzuführen Z. 23, 289ff., ferner Stämpfli: Z. 38, 188ff., auch Kronauer: eodem, 22, 223ff.

Hat der Richter eines Kantons, der die bedingte Verurteilung kennt, in einem

die bedingte Begnadigung entwickelt (unten IV 3 und § 89 V). Der eidg. E. hat das Institut in Art. 39 geordnet. Die Bestimmungen der eidg. Entwürfe haben zahlreichen kantonalen Gesetzen als Vorbild gedient.

IV. Die schweizerischen Rechte haben das Institut in den Formen der bedingten Verurteilung und des bedingten Straferlasses (Strafvollzuges) entwickelt[1]).

1. Das Wesen der bedingten Verurteilung liegt darin, daß der Richter ein resolutiv bedingtes Urteil spricht. Mit der Bewährung des Täters entfällt es. Deutlich kommt dieses System mit allen Konsequenzen in Art. 39 des eidg. E. zum Ausdruck. Die Ziff. 4 bestimmt: „Bewährt sich der Verurteilte, so gilt die Verurteilung als nicht geschehen“ (la peine sera considérée comme non avenue; la condanna si considera come non avvenuta)[2]). Folgerichtig ordnet Art. 381 Ziff. 2 I an, daß bei Bewährung Eintragungen bedingter Verurteilungen aus dem Strafregister zu entfernen sind[3]). — Dieses System gilt, im Anschluß an das belgisch-französische Vorbild, heute schon in allen romanischen Kantonen (Freiburg Art. 31), ferner in Zürich StPO. § 460 und Schaffhausen §§ 86ff. Das ist die empfehlenswerte Lösung. Sie geht nicht zu weit. Es ist kriminalpolitisch gerechtfertigt, daß ein Täter, der während der ihm auferlegten Probezeit sich bewährt hat, nicht nur von der Strafvollstreckung, sondern auch von der Verurteilung befreit wird. Er soll wieder als ein Vollwertiger dastehen[4]).

2. Die andern Kantone — Bern, Luzern, Obwalden, Glarus, Solo-

---

Fall kantonales und eidg. Strafrecht anzuwenden, so kann, nach einer heute feststehenden Praxis, dann bedingt verurteilt werden, wenn das nach kantonalem Recht zu beurteilende Delikt das schwerere ist; Kreisschreiben des Bundesrates vom 21. Mai 1909: BBl. 1909 III, 707; Zürcher Bl. 19, Nr. 210; 22, Nr. 31; JZ. 17, 201, Nr. 154; 19, 171, Nr. 147; Aarg. RSpr. 21, Nr. 49. Unrichtig Zürcher Bl. 19, Nr. 70. Vgl. noch BE. 43 I, 317f. und namentlich v. Cleric: Leitfaden, 42.

[1]) Tabellarische Zusammenstellung der schweizer. Rechte bei Richter: a. a. O. zu S. 50.

[2]) Die Fassung: „gilt als nicht geschehen“ führt zu der Anschauung, daß es sich um eine Fiktion handelt; vgl. auch BE. 51 I, 121 (zum waadtländischen Gesetz). Liegt aber, wie richtig anzunehmen ist, ein resolutiv bedingtes Urteil vor, so entfällt es im Bewährungsfall. Es hat nicht nur als nicht geschehen zu gelten.

[3]) Zum Entwurf und den Vorentwürfen: Zürcher: Erläuterungen VE. 1908, 106ff.; Prot. II. ExpKom. 1, 415ff., 453; 9, 125ff. Die nationalrätliche Kommission schlägt leider wieder die Rückkehr zum System des bedingten Strafvollzuges vor; vgl. Delaquis: Z. 36, 115f., 123, 128f.

[4]) Für die Form der bedingten Verurteilung sind u. a. eingetreten Perrin: Verhandlungen Jur.-Verein (1911), 210. — Gautier: Prot. II. ExpKom. 1, 421. — Delaquis: eodem, 426f. und Gef.-Verein, 29 I, 58f. (Belohnungsmaßnahmen im schweiz. StG.-Entwurf 1918). Über die verschiedenen Systeme in den schweizerischen Rechten vgl. namentlich Thormann: 153f.

thurn, beide Basel, Appenzell A. Rh. (StPO. Art. 142ff.), St. Gallen, Graubünden und Aargau — haben sich dagegen für die Form des bedingten Straferlasses oder, was sich im Ergebnis gleich bleibt, des bedingten Strafvollzuges entschieden. Sein Wesen besteht darin, daß der Richter eine suspensiv bedingte Strafe ausspricht. Von der Bewährung oder Nichtbewährung des Verurteilten hängt es ab, ob es zum Vollzug oder zum Erlaß der Strafe kommt. In jedem Fall bleibt aber das Urteil aufrecht. Der Täter bleibt vorbestraft.

3. Von der in Deutschland und seit einigen Jahren auch für das Bundesstrafrecht zur Geltung gelangten bedingten Begnadigung unterscheiden sich bedingte Verurteilung und bedingter Straferlaß darin, daß diese vom Richter ausgesprochen werden, und daß sich der Verurteilte den Erlaß selbst durch sein Verhalten verdienen muß. Dafür schafft die Gesetzgebung genaue Voraussetzungen. Mit einer vom Inhaber des Gnadenrechtes (Parlament) ausgehenden Begnadigung ist es dagegen kaum vereinbar, daß ein Gesetz die Voraussetzungen der Gnade bis in die Einzelheiten hinein umschreibt[1]).

V. In den nachfolgenden Erörterungen sollen die Hauptlinien der schweizerischen Rechte hervorgehoben[2]) und grundsätzliche Fragen behandelt werden. Weil man in den Kantonen bei der Einführung der bedingten Verurteilung sich vielfach an die eidg. Entwürfe anlehnte, kann man es rechtfertigen, vom E. 1918 auszugehen.

Zunächst ergibt sich die Frage, bei was für Delikten und bei was für Strafen die bedingte Verurteilung[3]) zulässig ist:

1. Sie ist ausgeschlossen bei der schweren Kriminalität. Bei ihr könnte der Richter, schon mit Rücksicht auf das Volksbewußtsein, eine b. V. nicht wagen[4]). Da die Begriffe: schweres — leichtes Delikt nicht zu fassen sind, umgrenzen die Gesetze zunächst so, daß sie den Richter ermächtigen, Freiheitsstrafen, die ein gewisses Maß nicht überschreiten, aufzuschieben, z. B. eidg. E. Art. 39 Ziff. 1 I: Gefängnisstrafe von nicht mehr als 1 Jahr; Zürich StPO. § 456 I: Freiheitsstrafe von weniger als

---

[1]) Über das deutsche System der bed. Begnadigung ist die deutsche Literatur zu vergleichen. — v. Liszt: a. a. O. 55 hat sie eine Vorstufe innerhalb der Entwicklung zur bedingten Verurteilung genannt. Siehe ferner Perrin: Remise, 84ff. — Thormann: 89ff. — Mantel: 3ff.

[2]) Darstellung der einzelnen Gesetze und Entwürfe bis 1911 bei Thormann: 94ff. — Mantel: 38ff.; über Zürich: Widmer: passim. — Hasler: JZ. 17, 273ff.

[3]) Von hier ab brauche ich der Einfachheit halber nur noch diese Bezeichnung (b. V.).

[4]) Zürcher jun.: a. a. O. 70 verwirft alle Schranken und spricht sich für Anwendung in allen Fällen, in denen das Institut als Schutzwerkzeug der Gesellschaft zweckmäßig erscheint, aus. Eine Beschränkung auf „leichte“ Fälle im subjektiven oder objektiven Sinne bezeichnet Zürcher als dem Wesen der b. V. widersprechend.

1 Jahr, also Arbeitshaus und Gefängnis; Genfer Gesetz Art. 1 I: Gefängnisstrafe schlechthin, deren Höchstmaß nach Art. 9 Ziff. 1 C. p. 5 Jahre beträgt.

2. Umstritten ist, ob die b. V. auch bei Übertretungen, insbesondere bei der Haftstrafe, zulässig sein soll. Die zürcherische Praxis lehnt sie ab[1]). Der eidg. E. Art. 291 und Freiburg Art. 31 I und III sehen sie vor[2]). Das ist die richtige Lösung. Die Grundgedanken der b. V. müssen ihre Wirksamkeit auch bei der kleinen Kriminalität entfalten können, ganz besonders bei dem System neuerer Gesetze, die geringfügige „Vergehen" bei den Übertretungen einstellen[3]).

3. Besonders streitig ist, ob auch bei Bußen die b. V. zugelassen werden soll. Die Anschauungen in der Literatur[4]) und in der Gesetzgebung gehen auseinander: Die Mehrzahl der schweizerischen Gesetze und der eidg. E. nehmen einen ablehnenden Standpunkt ein[5]). Das bernische (Art. 1 II), das solothurnische (§ 1 II) und das Glarner Gesetz (§ 1 II) erlauben immerhin den bedingten Erlaß, wenn wegen Armut des Verurteilten eine Umwandlung der Buße in Gefängnis — oder nach Bern in „öffentliche Arbeiten" — erfolgt. Solothurn schließt davon Ordnungsbußen aus. Baselstadt § 19b I läßt b. V. zu bei Bußen, die der Richter für den Fall der Nichtentrichtung in eine Gefängnisstrafe von höchstens 8 Monaten umgewandelt hat. — Neben Tessin, Waadt Neuenburg, Genf und St. Gallen hat jetzt namentlich ZürichStPO. § 456 I die b. V. auch für Bußen eingeführt[6]).

Die Ausdehnung auch auf die Buße ist zu billigen. Der Grundgedanke gilt auch hier, daß die b. V. bessernd wirken, den Täter zu rechtgemäßer Lebensführung motivieren soll. Die Überlegung, daß im Einzelfall die Zahlung der Buße erträglicher ist als das Bestehen einer Probezeit, spricht nicht gegen die b. V.

4. Schwierig ist die Frage, ob die b. V. die mit einer Hauptstrafe ver-

---

[1]) Zürcher Bl. 20, Nr. 198.

[2]) Prot. II. ExpKom. 5, 437ff.; 6, 162f. Über die kantonalen Ordnungen weiter Mantel: 90ff.

[3]) Es wäre unbegreiflich, wenn z. B. nach dem eidg. E. wegen Körperverletzung oder Diebstahl bedingt verurteilt werden könnte, nicht aber wegen Tätlichkeiten (Art. 295) oder wegen Entwendung (Art. 298). Gut — mit reichen Literaturangaben — Perrin: Remise, 196ff.

[4]) Überzeugend dafür z. B. v. Liszt: a. a. O. 5f. und namentlich Perrin: Remise, 198ff. Dagegen Thormann: 142f. mit Ausnahme des Falles, da wegen Armut des Verurteilten die Umwandlung einer Buße in Freiheitsstrafe erfolgt. Dagegen auch Mantel: 87ff.

[5]) Daten bei Thormann: 143. — Mantel: 88ff. — Zum eidg. E.: Zürcher: Erläuterungen VE. 1908, 110; Prot. II. ExpKom. 1, 417ff.

[6]) Ein früheres Gesetz von 1909 ist, wahrscheinlich vor allem wegen dieser Ausdehnung, in der Volksabstimmung verworfen worden. Über die Entwicklungen in Zürich: Widmer: 3ff., 27. Vgl. ferner Z. 4, 243.

bundenen Nebenstrafen mitumfaßt. Die Gesetze sind uneinheitlich[1]). Zürich StPO. § 456 III meint mit dem Satze: „Der Richter kann auch den Vollzug von Nebenstrafen aufschieben" offensichtlich, daß die in einem bedingten Urteil ausgesprochenen Haupt- und Nebenstrafen nicht notwendig als eine Einheit aufzufassen sind, daß vielmehr einzeln geprüft werden soll, ob sie an der b. V. teilhaben sollen[2]). Daraus ergeben sich jedoch bei einem Gesetze, das dem System der b. V. — und nicht des bedingten Straferlasses — anhängt, Schwierigkeiten, da bei nachfolgender Bewährung des Täters das Strafurteil als Ganzes dahinfällt (Zürich StPO. § 460). Die zukünftige richtige Lösung liegt in anderer Richtung: Vieles, was die heutigen Rechte noch als Nebenstrafe bezeichnen — Landesverweisung, Wirtshausverbot, Einziehung, Einstellung in der bürgerlichen Rechtsfähigkeit, Amtsentsetzung usw. — müssen spätere Gesetze in das System der sichernden Maßnahmen einstellen (oben §§ 62ff.). Im Maßnahmenrecht sollte aber, wie noch gezeigt werden wird, eine b. V. keinen Raum haben. Dann löst sich auch der im zürcherischen Recht zutage getretene Widerspruch: Ein Urteil darf bei Bewährung des Täters nur entfallen, soweit es Strafen, nicht soweit es Maßnahmen ausspricht[3]). Das müßte die zukünftige Gesetzgebung ausdrücklich bestimmen.

5. Bei den Rechten, die dem System der b. V. — und nicht nur des bedingten Straferlasses — anhangen, ergibt sich die Frage, ob der Richter auf b. V. erkennen kann, wenn er die Strafe als durch bereits ausgestandene Untersuchungs- oder Sicherheitshaft für verbüßt erklärt (unten § 76 II 3). In diesem Fall wurde dem Verurteilten die Freiheitsentziehung nicht erspart. Trotzdem muß der Richter bedingt verurteilen können, damit die Wirkung, daß der Täter, der sich in der Probezeit bewährt, als nicht bestraft dasteht, eintreten kann[4]).

6. Bei der Verhängung von sichernden Maßnahmen ist eine b. V. auszuschließen. Die sichernden Maßnahmen knüpfen an die Ge-

---

[1]) Vgl. Thormann: 143f. — Mantel: 94f.

[2]) So Sträuli: Kommentar StPO. § 456, N. 10. — Widmer: 14f. Abweichend die Rechtsprechung: Zürcher Bl. 20, Nr. 52 (Unzulässigkeit einer Urteilspublikation bei Aufschub der Hauptstrafe); auch Bl. 23, Nr. 34; JZ. 17, 316, Nr. 247; 20, 32, Nr. 31. Vgl. ferner Répertoire vaudois, 254: „Le sursis est indivisible."

[3]) Widmer, H.: Landesverweisung als Mittel der Verbrechensbekämpfung, Zürcher Diss. (1922), 126f. lehnt für die Landesverweisung, die sichernde Maßnahme ist, die b. V. ab. — Das st. gallische Gesetz Art. 1 II und das Ges. von Baselstadt § 2 schließen die Wirkung der b. V. auf die Konfiskation ausdrücklich aus. Daß sie sich nicht auf Gerichtskosten und Schadensersatz erstrecken kann, was z. B. Baselstadt hervorhebt, sollte selbstverständlich sein.

[4]) Mettler: JZ. 17, 339ff. Abweichend die zürcher. Praxis: JZ. 17, 249, Nr. 196; 345, Nr. 266; Zürcher Bl. 20, 142f. Die Zürcher Gerichte lassen dagegen b. V. zu, wenn das Urteil nur einen Teil der Strafe als durch die Untersuchungshaft verbüßt erklärt: JZ. 20, 247, Nr. 181.

fährlichkeit oder die Behandlungsbedürftigkeit eines Menschen an, oder sie ergreifen eine schädliche oder gefährliche Sache. Sind diese Voraussetzungen vorhanden, so muß die entsprechende Behandlung Platz greifen[1]).

VI. Nur einem Täter, der bestimmte persönliche Voraussetzungen erfüllt, kann die b. V. zuteil werden. Für die Darstellung kann von dem in den kantonalen Rechten vielfach als Vorbild benutzten Art. 39 Ziff. 1 des eidg. E. ausgegangen werden. Regelmäßig wird dreierlei gefordert:

1. Nach dem E. darf der Verurteilte innerhalb der letzten 10 Jahre weder in der Schweiz noch im Auslande wegen eines vorsätzlichen Vergehens eine Freiheitsstrafe erlitten haben[2]). Diese und ähnliche Umschreibungen wirken unter Umständen reichlich formal. Nicht auf die strafrechtlichen Antezedentien eines Täters kommt es in erster Linie an, sondern auf sein Vorleben überhaupt und seinen Charakter[3]).

2. Der Hauptpunkt unter den in der Person des Täters liegenden Voraussetzungen ist, daß „sein Vorleben und sein Charakter erwarten lassen, er werde durch diese Maßnahme von weitern Vergehen abgehalten" (eidg. E.). Darin gelangt die motivierende Kraft, die man der b. V. zutraut, zum Ausdruck. Die Formel des eidg. E. kommt in gleicher oder ähnlicher Fassung in allen Gesetzen zur Geltung[4]). Bei ihrer Anwendung muß naturgemäß dem freien Richterermessen ein weiter Spielraum

---

[1]) Keine b. V. bei erzieherischen Maßnahmen gegenüber Kindern (Zürcher Bl. 20, Nr. 10), bei Einweisung in eine Arbeitskolonie (Répertoire vaudois, 254), bei Versetzung in eine Zwangsarbeitsanstalt (Aarg. RSpr. 21, Nr. 50). — In der Literatur wird allerdings auch b. V. zu Anstaltserziehung gelegentlich empfohlen: EXNER: Z. 34, 178f. — WIDMER: Bed. V. 100. Die Frage ist kriminalpolitisch noch wenig abgeklärt.

[2]) Die Gesetze zeigen Varianten dieses Grundsatzes: Zürich StPO. § 457 z. B. schließt b. V. bei einer Freiheitsvorstrafe schlechthin aus, es dei denn, daß sog. Rückfallsverjährung gemäß StGB. § 70 — 10 bzw. 5 Jahre — eingetreten ist. Vorstrafen wegen politischer Vergehen bleiben außer Betracht. Das bernische Ges. Art. 1 Ziff. 3/4 fordert keine Vorstrafe wegen einer mit Zuchthaus bedrohten Handlung und keine Verurteilung innerhalb der letzten 5 Jahre wegen der nämlichen oder einer gleichartigen Handlung. Weitere Daten bei PERRIN: Remise, 165ff. — THORMANN: 145ff. — MANTEL: 95ff. Zum zürcherischen Recht: Bl. 19, Nr. 93 (Rückfallsverjährung); JZ. 17, 249, Nr. 197; 18, 212, Nr. 161; 20, 32, Nr. 32 (Auslegung des § 457 StPO.); ferner HASLER: JZ. 17, 276. — STRÄULI: Kommentar StPO. § 457, N. 2—4. — WIDMER: a. a. O. 30ff.

[3]) GAUTIER: Z. 14, 412f.

[4]) Zahlreiche Varianten ergeben sich. Das Genfer Gesetz Art. 1 I schreibt: „s'il (l'inculpé) paraît digne de cette mesure et s'il peut justifier d'un domicile réel et de son identité. Glarus, Gesetz § 1 I Ziff. 2 sagt: Wenn Gesinnung und Charakter des Täters „den Richter überzeugen, daß der Angeklagte durch den Aufschub des Strafvollzuges gebessert werde." Weitere Daten bei PERRIN: Remise, 176ff., 182ff. — THORMANN: 147ff. — MANTEL: 60, 98ff.

bleiben. Die Praxis strebt nach einer gewissen Grundsätzlichkeit, ohne außer acht zu lassen, daß es auf den Einzelfall ankommt. Bemerkenswert ist die zürcherische Rechtsprechung. Sie lehnt der Regel nach eine b. V. ab bei fortgesetzter und wiederholter Deliktsverübung (Zürcher Bl. 20, Nr. 53; J. Z. 17, 201, Nr. 156: Diebstahl und Hehlerei)[1], bei Ehrverletzung (JZ. 17, 268, Nr. 211; Bl. 20, Nr. 52). Sie übt grundsätzliche Zurückhaltung in der Gewährung bei Abtreibung (JZ. 18, 71, Nr. 65), bei Sittlichkeitsdelikten (Bl. 23, Nr. 175), bei falschem Zeugnis (Bl. 21, 181ff.; JZ. 18, 309, Nr. 249)[2]. Lehnt der Richter in solchen und andern Fällen die b. V. ab, so kann ihm keine Gesetzesverletzung vorgeworfen werden. Die Anfechtung eines solchen Urteils mit der Kassationsbeschwerde muß erfolglos bleiben[3].

3. Regelmäßig wird die weitere persönliche Voraussetzung gefordert, daß der Täter den Schaden, den er verursachte, soweit es ihm möglich war, ersetzt hat (eidg. E. Art. 39 Ziff. 1 IV; Zürich StPO. § 456 I; Glarner Gesetz § 1 I Ziff. 3 usw.). Nach richtiger Auffassung muß diese Schadensgutmachung nach Möglichkeit bereits im Zeitpunkt der Urteilsfällung gegeben sein. Auch die Prüfung dieses Punktes unterliegt dem freien richterlichen Ermessen[4].

4. In der Kategorie: persönliche Voraussetzungen ist auch die Frage zu prüfen, ob einem flüchtigen Angeklagten, überhaupt einem Contumax, die b. V. zu gewähren ist. Einzelne Kantone schließen das ausdrücklich aus (waadtländisches Gesetz Art. 10, neuenburg. Gesetz Art. 2 Ziff. 2; Glarner Gesetz § 1 III). Das ist richtig. Der Richter sollte keinem Angeklagten, den er nicht persönlich gesehen hat, die b. V. zubilligen[5].

5. Aus dem Grundgedanken der b. V. — Motivsetzung zu rechtgemäßer Lebensführung — folgt, daß der Richter in jedem Fall, wenn die gesetzlichen Voraussetzungen vorhanden sind, von Amtes wegen zu prüfen hat, ob bedingt verurteilt werden soll. Das schließt bei Antrags- und Privatklagedelikten, insbesondere bei Ehrverletzungen, nicht aus, daß darüber auch der Verletzte gehört wird. Dagegen kann nichts darauf ankommen, ob der Angeklagte selbst mit b. V. einverstanden ist oder nicht[6]. — Zutreffend erklärt die zürcherische Praxis, daß der Richter in der Urteilsbegründung die Gründe, weshalb eine b. V. bewilligt oder abgelehnt wurde, zu erörtern hat[7].

---

[1] Vgl. auch BBl. 1925 III, 339 (fortgesetzte Deliktsverübung).

[2] Weiteres über die zürcher. Praxis bei WIDMER: 47ff.

[3] JZ. 16, 272, Nr. 166; Répertoire vaudois, 254 (Urteil vom 7. Dez. 1915). — WIDMER: 47.

[4] Vgl. besonders WIDMER: 35ff.

[5] Répertoire vaudois, 253f. (Urteile vom 23. Febr. 1904 und vom 7. Dez. 1915); vgl. auch Zürcher Bl. 21, Nr. 90.

[6] THORMANN: 150ff. — WIDMER: 55f.; JZ. 16, 305, Nr. 199; 19, 268, Nr. 223.

[7] Zürcher Bl. 22, Nr. 30; JZ. 19, 218, Nr. 189; vgl. auch 21, 338, Nr. 290. Abweichend Répertoire vaudois, 254: „Le juge a la faculté d'accorder ou non le

Unbefriedigend ist, wenn das Tessiner Gesetz Art. 4 einen besondern Antrag der Verteidigung fordert. Mindestens unnötig ist, daß das neuenburg. Gesetz Art. 1 vorsieht, die b. V. könne von Amtes wegen oder auf Antrag (des Angeklagten?) gewährt werden.

VII. Mit der b. V. ist notwendig die Ansetzung einer Probezeit verbunden. Der eidg. E. (Art. 39 Ziff. 1 V und Ziff. 2) sieht sie für eine Dauer von 2—5 Jahren vor. Er gestaltet sie dahin aus, daß der Richter dem bedingt Verurteilten für sein Verhalten in der Probezeit bestimmte Weisungen erteilen kann, z. B. die Weisung, einen Beruf zu erlernen, an einem bestimmten Orte sich aufzuhalten[1]), sich geistiger Getränke zu enthalten, den Schaden innerhalb bestimmter Frist zu ersetzen. Damit hängt zusammen, daß der Richter den bedingt Verurteilten unter Schutzaufsicht zu stellen hat, „wenn nicht besondere Umstände eine Ausnahme begründen". — In diesen Vorschriften, die auf das englisch-amerikanische System der Probation zurückgehen, kommt das Wesen der b. V., motivsetzend zu wirken, zum Ausdruck. Das Gesetz nennt nur Beispiele von Verhaltungsregeln. Der Richter ist frei. Er kann und soll vorschreiben, was im Einzelfall frommt. Voraussetzung ist eine genaue Kenntnis der Persönlichkeit des Angeklagten. Die Auswirkung der getroffenen Maßregeln erfordert eine gut ausgebildete Kontrolle. An ihr fehlt es heute noch vielfach[2]).

Erst die neuern kantonalen Gesetze haben hinsichtlich der Erteilung von Weisungen den eidg. E. nachgebildet (z. B. St. Gallen Art. 4, Bern Art. 2 II/III, Obwalden StGB. Art. 34 bis III/IV, Luzern § 5, Solothurn § 6, Aargau § 2, Zürich StPO. §§ 458f.). Zürich, Bern, Aargau u. a. sehen dabei die Stellung unter Schutzaufsicht nicht als Regel vor, sie weisen nur auf die Möglichkeit hin. In der Praxis bildet eine solche Maßnahme, ja sogar schon die Erteilung bestimmter Weisungen, die Ausnahme[3]). Für eine vertiefte Wirkung der b. V. ist die Aufstellung von Ver-

sursis; il n'a pas à donner des motifs à l'appui de sa décision dans l'un ou l'autre sens." Dem scheint Art. 1 II des waadtländischen Ges. zu widersprechen: „La décision motivée du juge sera insérée dans le jugement de condamnation."

[1]) Das erinnert an die Strafe der Eingrenzung (oben § 61 II).

[2]) Im Bund fehlt jede organisierte Aufsicht über bedingt Begnadigte. Begnadigungsentscheide werden dem Zentralstrafenregister mitgeteilt, das neu gemeldete Bestrafungen der Bundesanwaltschaft zur Kenntnis bringt: JZ. 19, 85, Nr. 66.

[3]) Zürich hat in einer regierungsrätlichen VO. vom 4. Juli 1919 über die b. V. und die Schutzaufsicht (GesSlg. 31, 444ff.), §§ 3—5 die Behandlung der unter Schutzaufsicht gestellten bedingt Verurteilten geordnet. Dazu Sträuli: Kommentar StPO. § 459, N. 1f. — Widmer: 56ff. (über die Dauer der von den Gerichten verhängten Probezeiten), 59ff. (über Verhaltungsregeln und Stellung unter Schutzaufsicht). — Wohl am häufigsten sind Weisungen an bedingt Verurteilte, den gestifteten Schaden innerhalb einer bestimmten Frist zu ersetzen. Die zürcher. Praxis entschied, daß die Abänderung einer auf Schadensdeckung lautenden

haltungsregeln und — wenn auch nicht in jedem Falle — die Stellung unter Schutzaufsicht wünschenswert. Sie dient vor allem auch der Kontrolle darüber, ob der bedingt Verurteilte sich während der Probezeit bewährt[1]).

VIII. Das Schicksal des bedingt Verurteilten entscheidet sich, je nachdem er sich in der Probezeit bewährt oder nicht bewährt. Die Konsequenzen der Bewährung, die verschieden sind beim System der b. V. im eigentlichen Sinne und beim System des bedingten Straferlasses, sind oben IV dargestellt.

Nichtbewährung nimmt der eidg. E. Art. 39 Ziff. 3 an, wenn der bedingt Verurteilte während der Probezeit ein vorsätzliches Vergehen verübt, wenn er, ungeachtet förmlicher Mahnung der Schutzaufsichtsbehörde[2]), einer Weisung des Richters zuwiderhandelt[3]), endlich wenn er sich beharrlich der Schutzaufsicht entzieht[4]). In solchen Fällen widerruft der Richter den Strafaufschub, er läßt die erkannte Strafe vollziehen[5]).

Alle kantonalen Rechte kommen zum gleichen Endresultat. Die Ordnungen weichen namentlich in dem Punkte: Verübung eines neuen Deliktes während der Probezeit stark voneinander ab[6]). Als Gegenstück zu der im eidg. E. vorgesehenen Lösung sind z. B. die strengeren Gesetze von Baselstadt (§ 3) und Glarus (§ 4) hervorzuheben: Die bedingt verhängte Strafe ist zu vollziehen, wenn der Verurteilte während der Probezeit im Kanton oder auswärts eine im StGB. des Kantons mit Strafe bedrohte, in einem Urteil festgestellte Handlung begangen hat. Immerhin ist das Gericht befugt, den Vollzug der ersten Strafe nicht zu verfügen, wenn die letzte strafbare Handlung „geringfügiger Art" ist. Diese Gesetze bringen den Bewährungsgedanken zum energischen Ausdruck.

Grundsätzlich sollte gelten:

Das neue Delikt muß während der Probezeit begangen sein. Auf

---

richterlichen Weisung durch Vereinbarungen zwischen dem Verurteilten und dem Geschädigten nicht zulässig ist: Zürcher Bl. 21, Nr. 104; JZ. 18, 309, Nr. 250.

[1]) Bemerkenswert ist ein Bericht des zürcher. Regierungsrates vom 18. Februar 1922 betreffend Abschluß eines interkantonalen Konkordates . . . zum Zweck einer zuverlässigeren Kontrolle der außerhalb des Kantons stehenden bedingt Verurteilten (Zürcher Amtsblatt 1922, 225 ff.). Die Angelegenheit wurde nicht weiter verfolgt.

[2]) Zu dem Erfordernis: Mahnung durch die Aufsichtsbehörde vgl. Zürcher Bl. 20, Nr. 163; JZ. 18, 12, Nr. 13.

[3]) Nur schuldhafte Zuwiderhandlung gegen richterliche Weisungen zählt: Zürcher Bl. 21, 256; JZ. 18, 295, Nr. 228.

[4]) Vgl. dazu Zürcher Bl. 22, Nr. 66; JZ. 19, 218, Nr. 190.

[5]) Dazu namentlich WIDMER: 75 ff.

[6]) Daten bei THORMANN: 155 ff. — MANTEL: 102 ff.

den Zeitpunkt der Strafverfolgung und Verurteilung kommt nichts an[1]).

Da die frühere Strafe, wenn sie vollstreckt werden soll, nicht verjährt sein darf, ist es richtig, wenn das Gesetz während der Probezeit ein Ruhen der Verjährung vorschreibt[2]).

Das gleiche Gericht, das die b. V. aussprach, soll auch über den nachträglichen Vollzug der Strafe wegen Nichtbewährung entscheiden[3]).

Im Wesen der b. V. liegt es, daß aus den Zahlen über erfolgte Bewährung oder Nichtbewährung von Verurteilten mit einiger Sicherheit die Wirkungen des Institutes bewertet werden können, und daß die Rechtsprechung eine Wegleitung für die zweckmäßige künftige Anwendung der b. V. erhält. Statistische Untersuchungen über die Häufigkeit bedingter Verurteilungen, über die Dauer der verhängten Probezeit und die richterlichen Weisungen, über die Zahl der Bewährungen und der Widerrufe sind kriminalpolitisch von hohem Wert[4]).

Dritter Abschnitt.

Strafmaß. Straffindung- und -zumessung.

§ 73. Strafmaße.

Literatur. Stooss: Strafgesetzbücher, 194ff.; Grundzüge, 1, 387ff. — Baer: JZ. 15, 269ff. — Rosenfeld: VD. Allg. Teil, 3, 93ff., 118ff., 145ff.

I. Aus dem Gesetz ergeben sich die für den einzelnen Deliktstatbestand dem Richter zur Verfügung stehenden Strafmaße. Sie werden aus den Strafandrohungen des Besondern Teils unter Beachtung der Regeln des Allgemeinen Teils über die Strafarten gewonnen. Zunächst ist zwischen 2 Strafmaß-Arten zu unterscheiden:

1. Die absolut bestimmten Strafmaße, wonach der Richter bei Feststellung eines Tatbestandes eine absolut bestimmte Strafe auszusprechen hat, bilden heute die Ausnahme. In Betracht kommen die Todesstrafe, wo sie besteht, und lebenslängliches Zuchthaus, doch nur dann, wenn das Gesetz dem Richter nicht die Wahl läßt, eventuell

---

[1]) Thormann: 157. Abweichend namentlich die welschen Gesetze — mit Ausnahme der Waadt —, die fordern, daß die Verurteilung in die Probezeit fällt. Vgl. auch Zürcher Bl. 23, Nr. 109.

[2]) Daten bei Thormann: 157.

[3]) So z. B. ausdrücklich Baselstadt § 3 II, Glarus § 4, auch Zürich StPO. § 461 mit dem Zusatz, daß, wenn das Schwurgericht die b. V. aussprach, der Entscheid über den nachträglichen Vollzug dem Obergericht zusteht. Vgl. Zürcher Bl. 20, Nr. 42; JZ. 17, 249, Nr. 194.

[4]) Für die schweizerischen Rechte haben solche Untersuchungen namentlich angestellt Mantel: a. a. O. passim (mit Heranziehung deutschen, belgischen und französischen Materials). — Siegfried: Z. 26, 325ff. (für Baselstadt), — Widmer: a. a. O. passim (für Zürich).

auf eine andere Strafe zu erkennen[1]). Absolute Bußenstrafen stellt die Nebenstrafgesetzgebung auf, wenn als Strafe ein Mehrfaches oder ein Teilbetrag eines aus dem Einzelfall sich ergebenden Wertes angedroht wird[2]).

2. Die Regel bilden relativ bestimmte Strafmaße (Strafrahmensystem). Im Allgemeinen Teil der Gesetze ist für die einzelnen Strafarten ein Rahmen aufgestellt. Dazu kommt ein besonderer Rahmen in der auf das einzelne Delikt ausgesetzten Strafdrohung. Bemerkenswert ist Schwyz, das im Besondern Teil des StGB. in der Regel nur ein Strafmaximum nennt. Als Minimum gilt das allgemeine Mindestmaß der Strafart. — Die moderne Gesetzgebung tendiert auf eine weite Spannung der Strafrahmen. Damit hängt die Forderung zusammen, bei den Strafandrohungen im Besondern Teil auf erhöhte Strafminima zu verzichten. Das ist das System von Schwyz. Die Waadt hat es, von einigen Ausnahmen abgesehen, durch die Novelle vom 24. November 1899 übernommen[3]).

Der eidg. E. hat bei der Buße auf die Setzung eines Rahmens verzichtet (Art. 45)[4]). Die Zumessung der Buße ist unbeschränkt dem richterlichen Ermessen anheimgegeben (unten § 76 III). Mit dieser Ordnung würde bei dieser einen Strafart der Übergang zum System des unbestimmten Strafmaßes vollzogen.

II. In der Schweiz ist bisher das Postulat der unbestimmten Strafmaße unerfüllt geblieben. Das System besteht bei folgerichtiger Durchführung in dem Verzicht auf eine gesetzliche zeitliche Umgrenzung der Strafarten und der auf das einzelne Delikt gesetzten Strafdrohungen

---

[1]) Z. B. Zürich einerseits §§ 130, 163 lit. a, 212 lit. a: lebenslängliche Zuchthausstrafe bei Mord, sog. Raubmord und vorsätzlicher Brandstiftung, „wenn ein Hausbewohner durch das Feuer das Leben verloren hat", anderseits § 221 lit. a: wahlweise Androhung von lebenslänglichem Zuchthaus und Zuchthaus von 8—15 Jahren bei der vorsätzlichen Verursachung einer Überschwemmung, wobei ein Mensch das Leben verlor.

[2]) Z. B. BGes. vom 1. Okt. 1925 über das Zollwesen (BBl. 1925 III, 193ff.) Art. 75 I, 77 I, 79 I: mehrfacher Wert; Zürich, Ges. vom 25. Nov. 1917 betr. die direkten Steuern, § 137: Fünffaches von hinterzogenen Steuern. Allerdings handelt es sich hier um die besondere Art der Finanzstrafe, eine fiskalische Maßregelung in strafrechtlicher Form; vgl. Fleiner: Bundesstaatsrecht, 685.

[3]) Loi du 24 novembre 1899 modifiant le Code pénal . . . en ce qui concerne l'application des peines: Z. 13, 482f. Dazu Favey: Z. 12, 408f.; 13, 370f. — Praxis: Répertoire vaudois, 154f. — Beachtenswert die Beratungen Prot. I. ExpKom. 1, 248ff. über die Spannung der Strafrahmen und die Abschaffung erhöhter Minima.

[4]) Dazu oben § 60 VI. Die nationalrätliche Kommission beantragt, wiederum ein Höchstmaß — von 20000 Fr. — vorzusehen, immerhin mit dem Zusatz: „Liegt einem Verbrechen oder Vergehen Gewinnsucht des Täters zu Grunde so ist der Richter an diesen Höchstbetrag nicht gebunden."

(Abschaffung des Strafmaßes)[1]. Die Bestimmung der Strafgrößen bliebe darnach dem richterlichen Ermessen überlassen. Die weitere Entwicklung des Gedankens geht dahin, daß auch das richterliche Urteil von der Festsetzung einer Strafgröße absieht, daß die Dauer einer Freiheitsstrafe erst später bestimmt und vom Straferfolg abhängig gemacht wird (unbestimmte Verurteilung). Eine unbestimmte Verurteilung ist allerdings auch innerhalb eines vom Gesetze oder vom Richter aufgestellten Höchst- und Mindestmaßes denkbar. Das ist das relativ unbestimmte Strafurteil, das namentlich die nordamerikanischen Rechte haben[2]. In dieser Form wird der Gedanke auch in der alten Welt mit der Zeit zur Geltung gelangen. Wer an dem Erziehungszweck der Strafe festhält, kann die Strafdauer nicht zuverlässig schon bei der Urteilsfällung festlegen, er kann sie erst im Hinblick auf den Straferfolg nachträglich bestimmen.

Bei den Strafen wagt die heutige europäische Gesetzgebung diesen Schritt noch nicht. Bei gewissen sichernden Maßnahmen ist unbestimmte Verurteilung dagegen heute schon geltendes Recht[3] (unten §§ 80ff.).

§ 74. Grundregeln der Strafzumessung.

Literatur. Angaben zu § 73. — HUNDHAUSEN: Das Motiv im Strafrecht, Zürcher Diss. (1877). — MEYER V. SCHAUENSEE: Z. 7, 129ff. — STOOSS: Z. 9, 167ff. — BECK: Z. für schweiz. Statistik, 47, 165ff. — ALLEMANN: Das richterliche Ermessen, Freiburger Diss. (1917). — GOLDSCHMIDT: VD. Allg. Teil, 4, 466ff.

I. Die Strafzumessung ist Aufgabe des Richters. Sie ist einfach, wenn der Richter ein absolutes Strafmaß anzuwenden hat. Sie ist

[1]) Dazu ROSENFELD: VD. Allg. Teil, 3, 145ff.

[2]) Aus der Literatur über diese kriminalpolitischen Forderungen vgl. FREUDENTHAL: ZgesStRW. 27, 130ff. (amerikanische Kriminalpolitik); — Derselbe: VD. Allg. Teil, 3, 245ff., wo mit reichen Literaturangaben die bisherige Entwicklung dieser Fragen erörtert wird. — SCHOETENSACK: Unbestimmte Verurteilung (1909). — JIMÉNEZ ASÚA: La sentencia indeterminada, El sistema de penas determinadas „a posteriori" (1913); Verhandlungen des Congrès Pénitentiaire International von Brüssel (1900, ablehnend), von Washington (1910, zustimmend), von London (1925, gegenüber Gewohnheitsverbrechern). Über den Stand der Frage in den Vereinigten Staaten ist namentlich aufschlußreich LINDSEY: Historical Sketch of the indeterminate Sentence and Parole System, American Journal of Criminal Law and Criminology, 16, 9ff. (69: „thirty-seven of the states had (in 1922) some form of the indeterminate sentence". Aus der schweizer. Literatur sind zu nennen: GAUTIER: Z. 6, 1ff. (ablehnend). — MITTERMAIER: Z. 14, 152 (unbestimmte Verurteilung mit Höchst- und Mindestmaß bei der Besserungs- und der Sicherungsstrafe); vgl. auch KELLERHALS: Z. 24, 95f. — GRETENER: Gerichtssaal, 90, 262 (zum italienischen VE.). — STOOSS: Z. 37, 29f. — DELAQUIS: Gef.-Verein, N.F. Heft 5 (1925), 8.

[3]) STOOSS: Z. 31, 349f.: Das unbestimmte Urteil kennzeichnet die sichernde Maßnahme.

schwierigste Kunst, wenn die Strafe aus einem Strafrahmen gefunden werden muß. Was der Gesetzgeber allgemein erstrebt: die Herstellung einer Proportion zwischen Verbrechen, Schuld und Strafe so, daß diese als eine gerechte Vergeltung erscheint, sollte der Richter im Einzelfall realisieren. Er hat die Gedanken der General- und der Spezialprävention zu beachten und zugleich der über die einzelne Straftat entstandenen Volksanschauung, sie objektivierend, Rechnung zu tragen. Bei dieser Sachlage ist die Bindung des Richters an starre Rechtsregeln, ja auch an eine feste Praxis unmöglich[1]). Das individualisierende freie Ermessen muß herrschen[2]).

Die Gesetze können in der Hauptsache für die Strafzumessung nur Leitsätze aufstellen (unten § 76).

II. In den für die Strafzumessung geltenden Grundregeln, insbesondere auch in ihrer Benennung herrscht in Gesetzgebung und Literatur Systemlosigkeit und Unklarheit. Eine Verständigung ist notwendig:

1. Ausgangspunkt ist, daß der Richter bei der Zumessung der Strafe sich innerhalb des für das einzelne Delikt aufgestellten Rahmens zu bewegen hat. Zahlreiche Gesetze (unten § 76 I) weisen den Richter auf Straferhöhungs- und auf Strafminderungsgründe hin. In deren Anwendung hat der Richter je nachdem innerhalb des Strafrahmens höher hinauf oder tiefer hinabzugehen.

2. Von der Straferhöhung und der Strafminderung ist die Strafänderung zu unterscheiden. In bestimmten Fällen erscheint der ordentliche Strafrahmen nicht ausreichend. Das Gesetz ermächtigt oder gebietet dem Richter daher, wegen der Leichte des Falles unter den ordentlichen Strafrahmen hinabzugehen oder in schweren Fällen über ihn hinauszugreifen. Das sind Strafmilderungs- und Strafschärfungsgründe (unten §§ 77—79)[3]).

[1]) Der Richter soll sich bei der im Einzelfall zu findenden Strafgröße nicht an Präjudizien klammern.

[2]) Über die Bedeutung des freien Richterermessens im Strafrecht, insbesondere im Hinblick auf den eidg. E. — Thormann: in der Festgabe für E. Huber (1919), 175ff. Gegen das intensive Abstellen auf das freie Richterermessen, wie es dem eidg. E. eigen ist, namentlich Nagler: Gerichtssaal, 86, 404ff.; vgl. auch Birkmeyer: eodem, 77, 353ff. — Über die richterliche Aufgabe der Individualisierung vgl. Rosenfeld: VD. Allg. Teil, 3, 141ff., 149ff.

[3]) Wie mangelhaft die Begriffe auseinandergehalten werden, zeigt z. B. Zürich: Der 6. Titel des Allg. Teils des StGB. trägt die Überschrift „Zumessung der Strafe (Schärfungs- und Milderungsgründe)". § 59 spricht von der Straferhöhung, § 60 von Strafmilderung, wobei es sich aber durchgängig um Anweisungen an den Richter handelt, wie er innerhalb des ordentlichen Strafrahmens die Strafe ausmessen soll. In den §§ 61, 62 (Bestrafung Jugendlicher) ist dagegen von echter Strafmilderung — Erweiterung des ordentlichen Strafrahmens nach unten — die Rede. — Die korrekte Terminologie im Sinne des Textes verwenden die eidg. Entwürfe. Dazu namentlich Meyer v. Schauensee: Z. 7, 129ff.

§ 75. Juristische Hilfsmittel bei der Straffindung.

Literatur. STOOSS: Grundzüge, 1, 422ff. — BERTSCHINGER: Das Dauerdelikt, Zürcher Diss. (1905). — MEILI: Internationales StR. 313ff. — P. MERKEL: VD. Allg. Teil, 5, 272ff., 327ff.

I. Weniger die Gesetzgebung als die strafrechtliche Lehre hat die Begriffe Dauerverbrechen, Zustandsverbrechen, fortgesetztes Verbrechen, Kollektivverbrechen entwickelt. Man hat diese Begriffe häufig in der Lehre von den Verbrechensformen, im Zusammenhang mit Vollendung, Versuch, Täterschaft und Teilnahme erörtert[1]). Das ist unbefriedigend. Es handelt sich um Regeln der Straffindung. Es ist unter bestimmten Umständen zweckmäßig und ein Gebot der Billigkeit, daß das Gesetz den Richter anweist oder es wenigstens zuläßt, daß eine Mehrheit von deliktischen Handlungen oder Erfolgen oder ein andauerndes verbrecherisches Verhalten zu einer Verbrechenseinheit zusammengefaßt werden. Die Fälle, in denen das geschehen soll, sind möglichst genau zu bestimmen. Die Wirkung ist die, daß der Richter trotz einer Mehrheit von Handlungen oder Erfolgen oder trotz eines längere Zeit dauernden deliktischen Verhaltens nur eine Strafe auszumessen hat. Im einzelnen ergibt sich:

1. Das Dauerverbrechen ist die längere Zeit dauernde Aufrechthaltung eines durch eine Handlung (Verhalten) bewirkten verbrecherischen Erfolges[2]). Das trifft z. B. bei einer längere Zeit dauernden Freiheitsberaubung[3]), vielfach bei Unterlassungsdelikten und bei den militärrechtlichen Delikten der Dienstverweigerung und der Desertion zu. Man kann sagen, daß der Täter bei diesen Delikten durch sein Verhalten den verbrecherischen Erfolg immer wieder neu setzt. Die Auseinanderlösung der einzelnen Willensakte ist aber praktisch undurchführbar. Die richtige Lösung geht dahin, daß nicht nur die Herbeiführung, sondern auch die vom Willen des Täters getragene Aufrechterhaltung des verbrecherischen Erfolges den Tatbestand erfüllt. Das Verbrechen wird bis zum Aufhören des durch die Anfangshandlung gesetzten Erfolges weiter verübt.

---

[1]) v. LISZT-SCHMIDT: Lehrbuch, §§ 54ff. — ALLFELD: Lehrbuch, 229ff. — STOOSS: Lehrbuch (2. Aufl.), 137ff. — P. MERKEL: VD. Allg. Teil, 5, 269ff.; wohl auch ROUX: Cours de Droit pénal, 86ff. — M. E. MAYER: Lehrbuch, 156ff. behandelt die Lehren von Einheit und Mehrheit des Verbrechens unter den Strafvoraussetzungen im Kapitel über die „Tatbestandsmäßigkeit." — v. BAR: Gesetz und Schuld, 3, 507ff. löst diese Lehren gleichsam aus jeder Verbindung mit einem andern Gebiet (Verbrechensformen, Straffindung) heraus. Er behandelt die „Strafschuld bei Konkurrenz strafbarer Handlungen" am Schlusse seines Systems.

[2]) M. E. MAYER: Lehrbuch, 126 spricht von „Tatbeständen mit perpetuierten Erfolgen"; vgl. ferner BERTSCHINGER: a. a. O. 11f., 38ff., 61f.

[3]) Dazu namentlich BERTSCHINGER: 49ff.; weitere Beispiele von Dauerdelikten: 63ff.

2. Ob neben dem Begriff des Dauerverbrechens der andere des Zustandverbrechens aufrecht erhalten werden soll, ist zweifelhaft. Die Unterscheidung findet man darin, daß beim erstern eine vom Willen des Täters getragene fortdauernde Verwirklichung des Deliktstatbestandes vorliegt, daß beim zweiten dagegen der durch ein Verbrechen verursachte, dauernde rechtswidrige Zustand strafrechtlich nicht weiter von Bedeutung ist[1]). Als Zustandsverbrechen werden namentlich die mehrfache Ehe[2]) (z. B. eidg. E. Art. 182), aber auch die Körperverletzung mit bleibendem Nachteil bezeichnet. Auch beim Diebstahl[3]) und andern Vermögensverbrechen dauert der rechtswidrige Zustand, solange die Schadensausgleichung nicht erfolgt, an. Man spricht daher auch von fortwirkenden Verbrechen.

Abgesehen von der speziellen Ordnung des Verjährungsbeginnes bei der mehrfachen Ehe (unten II 1) ergeben sich aber bei diesen sog. fortwirkenden Verbrechen keine strafrechtlichen Besonderheiten. Die Begriffe „Zustandsverbrechen" und „fortwirkendes Verbrechen" würden daher, weil sie nur Verwirrung stiften, besser fallen gelassen.

3. Große Bedeutung kommt der Figur des fortgesetzten Verbrechens (délit continu) zu. Bei diesem Begriff wird für die Straffindung[4]) eine Mehrheit von an sich selbständigen Handlungen zu einer Deliktseinheit zusammengefaßt. Das fortgesetzte Verbrechen ist die wiederholte gleiche oder ähnliche Verübung des gleichen Deliktes[5]). Die Tragweite des Begriffes ist zweifelhaft:

Nicht zu fordern ist, daß das fortgesetzte Delikt sich gegen das gleiche Opfer richtet. Dagegen muß die Richtung gegen ein und dasselbe Rechtsgut gegeben sein (fortgesetzte gleiche Vermögens-, Unzuchtsdelikte usw.).

Abzulehnen ist, daß die fortgesetzte Verübung die Ausführung eines einmaligen, auf einen bestimmten Erfolg gerichteten Entschluß sein muß. Namentlich ist auch ein fahrlässiges fortgesetztes Delikt denkbar und als solches zu berücksichtigen (fortgesetzte fahrlässige

---

[1]) v. Liszt-Schmidt: Lehrbuch, § 54 i. f. — Bertschinger: 15, 21, 40ff., der die Unterscheidung zwischen Dauer- und Zustandsdelikt ablehnt und nur den ersten Begriff als berechtigt anerkennt.

[2]) Das Bundesgericht (E. 32 I, 125ff.; JZ. 2, 285f.) lehnt mit der herrschenden deutschen Lehre die Annahme eines Dauerdeliktes bei der Bigamie ausdrücklich ab. — Zürcher: Kommentar zürcher. StGB. § 118, N. 4 spricht von einem Zustandsverbrechen, das er aber gleich wie das Dauerverbrechen kennzeichnet. — Bertschinger: 66ff. nimmt ein Dauerdelikt an. Vgl. auch Meili: Internat. StR. 315ff.

[3]) Bertschinger: 51ff.

[4]) Deshalb erörtert Stooss: Grundzüge, 1, 423ff. das fortgesetzte Verbrechen richtig bei den Lehren vom Strafmaß und der Strafzumessung.

[5]) Kein fortgesetztes Delikt beim Zusammentreffen z. B. von einfachen und qualifizierten Diebstählen; vgl. M. E. Mayer: StR. Allg. Teil, 168.

Gesundheitsschädigung)[1]. In jedem Fall muß, damit die wiederholten Handlungen als ein Ganzes aufgefaßt werden können, nachgewiesen sein, daß sie einer auf Schädigung oder Gefährdung desselben Rechtsgutes gerichteten Gesinnung entspringen[2]).

Diese Lehrsätze sollten zur Geltung kommen, wo gesetzliche Normen über das fortgesetzte Verbrechen fehlen. Einige Rechte regeln jedoch ausdrücklich. In diesen gesetzlichen Bestimmungen spiegelt sich die Unsicherheit der Lehre[3]):

Luzern § 71 Ziff. 3 und § 74 und Schwyz § 42 lit. d fordern „fortschreitende Ausführung eines und desselben verbrecherischen Entschlusses". Strafschärfung, nicht nur Erhöhung innerhalb des ordentlichen Strafrahmens, ist nach diesen Rechten die Wirkung[4]). — Schaffhausen § 74 bestraft die mehrfachen, auf einen Entschluß zurückgehenden Übertretungen des nämlichen Strafgesetzes als „einziges (fortgesetztes) Verbrechen", wenn sie zusammen als Bestandteile oder Fortsetzungen einer und derselben Tat angesehen werden können. Obwalden PolStG. Art. 17 berücksichtigt neben dem vorsätzlichen fortgesetzten Delikt auch „mehrfache Übertretungen des nämlichen Strafgesetzes, welche als Folgen der nämlichen fahrlässigen Handlung oder Unterlassung zu betrachten sind".

Am weitesten geht die Bestimmung von St. Gallen. Art. 37 gebietet, daß mehrere nacheinander verübte strafbare Handlungen der gleichen Art zusammenzurechnen und als fortgesetztes Delikt zu bestrafen sind. Auf irgendeinen innern Zusammenhang der mehreren Taten kommt hier nichts mehr an. Die äußerliche juristische Gleichheit der mehreren Handlungen entscheidet. Mit Sprachgebrauch und überkommener juristischer Lehre läßt sich die st. gallische Bestimmung kaum stützen[5]).

---

[1]) Abweichend die herrschende Meinung: ZÜRCHER: Kommentar zürcher. StGB. § 64, N. 2. — ZELLER: Kommentar, § 64 N. 3 (Ablehnung des Begriffes: fortgesetztes Verbrechen für das zürcher. Recht im Hinblick auf die Bestimmung des Gesetzes über die Realkonkurrenz — unten § 79 I 3, II 1); vgl. ferner Zürcher Bl. 2, 350, auch Répertoire vaudois, 53, 150. Gut JZ. 16, 88, Nr. 51 (nicht erforderlich die „Einheitlichkeit und Ursprünglichkeit des Vorsatzes"); vgl. auch STOOSS: Grundzüge, 1, 425.

[2]) M. E. MAYER: StR. Allg. Teil, 166f.: Ausnutzung ein und derselben Gelegenheit durch mehrere Handlungen, von denen jede denselben Tatbestand auf dieselbe Weise erfüllt.

[3]) STOOSS: Grundzüge, 1, 423ff., ferner v. CLERIC: Leitfaden, 71f.; BE. 40 I, 307ff.

[4]) Der eidg. E., der über die Straffindung beim fortgesetzten Delikt nichts sagt, qualifiziert die Erpressung, wenn der Täter sie „gegen die nämliche Person fortgesetzt verübt" (Art. 133 Ziff. 2).

[5]) Ohne den Ausdruck „fortgesetztes Delikt" zu verwenden, gebieten zahlreiche schweizer. Rechte dem Richter, beim Zusammentreffen mehrerer Vermögens-

In Art. 68 III bestimmt der eidg. E., bei der Ordnung der Frage des Verjährungsbeginnes, das fortgesetzte Delikt mit den Worten: „Wenn er (der Täter) die strafbare Tätigkeit zu verschiedenen Zeiten ausführt." Daraus ergibt sich wohl, daß die zu verschiedenen Zeiten ausgeführte strafbare Tätigkeit auf einen Entschluß zurückgeführt werden soll. Das fortgesetzte fahrlässige Delikt sollte aber gleichfalls der besondern Ordnung teilhaftig werden.

4. Fehlt bei der wiederholten Verübung gleicher Delikte die innere Zusammengehörigkeit, wie sie für die Annahme eines fortgesetzten Verbrechens gefordert werden muß, so kann man von Kollektivdelikten sprechen. Eine besondere Behandlung dieser Fälle ergibt sich aber nur, wenn das Gesetz sie ausdrücklich vorsieht, z. B. Zürich § 173: Zusammenrechnung der Beträge, wenn ein Täter wegen mehrerer Diebstähle gleichzeitig beurteilt wird (oben 3 und S. 348, Anm. 5). Beim Fehlen besonderer Bestimmungen kommen die Normen über die Realkonkurrenz zur Geltung (unten § 79 I 3).

Die deutsche Literatur verwendet den Begriff des Kollektivdeliktes zur Kennzeichnung des gewohnheitsmäßigen, gewerbs- und geschäftsmäßigen Verbrechens[1]). Eine Mehrheit strafbarer Handlungen ist ihnen nicht wesentlich. Gewohnheits-, Gewerbs- oder Geschäftsmäßigkeit können sich auch beim Vorliegen einer einzelnen Straftat aus den Umständen ergeben[2]). Die Gesetze verwenden diese Momente bei einzelnen Tatbeständen als Qualifikationsgrund[3]), seltener auch als strafbegründenden Umstand, wobei die einfache Begehung straflos bleibt[4]). Die Einzelerörterung gehört in den Besondern Teil.

---

delikte die Schadensbeträge zusammenzurechnen und nur auf eine Strafe zu erkennen; z. B. Zürich § 173, Bern Art. 218 IV, Luzern § 208, Neuenburg Art. 92 (als Straffindungsregel im Allg. Teil des StGB. formuliert). — Aus diesen Normen zu schließen, daß es sich auch hier um „fortgesetzte Delikte" handelt, wie Stooss: Grundzüge, 1, 425 annimmt, befriedigt nicht. Eher kann man, wenn eine besondere Bezeichnung für diese Straffindungsnorm überhaupt wünschenswert ist, von Kollektivdelikten reden unten 4.

[1]) v. Liszt-Schmidt: § 55 III. — M. E. Mayer: 171ff. — v. Bar: Gesetz und Schuld, 3, 566f. — Merkel: VD. Allg. Teil, 5, 399f.

[2]) Vgl. z. B. BGes. vom 8. Juni 1923 betr. die Lotterien und gewerbsmäßigen Wetten (Eidg. GesSlg. 39, 353ff.), Art. 33: Untersagt sind die gewerbsmäßige Anbietung, Vermittlung und Eingehung von Wetten auf Pferderennen usw. Im Sinne dieser Bestimmung sind namentlich verboten „die Ankündigung oder Bekanntmachung derartiger Unternehmungen, geschehe sie mündlich oder schriftlich, durch Anschläge, Zeitungsartikel, Inserat, Zusendung von Briefen oder Drucksachen oder auf andere Weise" usw.

[3]) Z. B. eidg. E.: gewerbsmäßige Verübung bei Diebstahl (Art. 120 Ziff. 3 III), bei Hehlerei (Art. 125 Ziff. 2), bei Betrug (Art. 129 Ziff. 3), bei Wucher (Art. 134 Ziff. 2 III), bei Kuppelei und Mädchenhandel (Art. 174, 177 Ziff. 2 VII).

[4]) Z. B. eidg. E.: gewerbsmäßige widernatürliche Unzucht (Art. 169 Ziff. 2 II); eidg. Lotteriegesetz Art. 33.

II. In den Fällen, in denen eine Mehrheit von deliktischen Handlungen oder Erfolgen oder ein andauerndes verbrecherisches Verhalten zu einer Verbrechenseinheit zusammengefaßt werden, insbesondere beim fortgesetzten und beim Dauerverbrechen, ergeben sich folgende Regeln:

1. Die Verfolgungsverjährung (unten § 87 IV) beginnt erst mit dem Abschluß der verbrecherischen Tätigkeit bzw. mit dem Aufhören des deliktischen Verhaltens. Das ist die notwendige Folge der Annahme einer Verbrechenseinheit. Für das fortgesetzte Verbrechen bestimmen das ausdrücklich BStG. Art. 34 II[1]), Schaffhausen § 81 II, Tessin Art. 77 lit. c, Waadt Art. 75 IV. Freiburg Art. 49 IV stellt den Satz auf: „Die Verjährung beginnt mit dem Ende der strafbaren Tätigkeit", wobei zweifelhaft bleibt, ob von dieser Regel neben dem fortgesetzten auch das Dauerdelikt umfaßt wird. Die beiden Arten berücksichtigt der eidg. E. Art. 68 III und IV: Verjährungsbeginn mit dem Tage der letzten Tätigkeit und mit dem Tage, an dem das strafbare Verhalten aufhört. — Für die Zustandsverbrechen gilt diese Regel nicht. Bei der mehrfachen Ehe, die richtigerweise dieser Gruppe zuzuzählen ist, bestimmt der eidg. E. Art. 182 Ziff. 3 nach dem Vorbild geltender Rechte (Zürich § 118 II, Solothurn § 101 II, St. Gallen Art. 182 III, Tessin Art. 269) besonders, daß die Verjährung nicht beginnt, so lange eine mehrfache Ehe besteht[2]).

2. Aus der Deliktseinheit folgt, daß das Strafurteil über ein fortgesetztes Verbrechen alle zur Einheit gehörenden Einzelhandlungen erledigt, auch wenn einzelne von ihnen dem Richter nicht bekannt geworden sind. Nachträglich erst bekannt werdende Einzelakte können, wenn man konsequent bleiben will, nicht mehr verfolgt werden. Die Einrede der abgeurteilten Sache steht entgegen[3]).

III. In diesem Zusammenhang ist auch die sog. unechte Gesetzeskonkurrenz zu erörtern. Ihre Unterlage ist immer eine Verbrechenseinheit, entweder ein einzelnes Verhalten oder eine zu einer Einheit zusammengefaßte Mehrzahl von Handlungen (fortgesetztes Delikt). Wenn ein solches Verhalten den Tatbestand mehrerer Gesetzesstellen erfüllt, von denen jedoch eine die Tat nach allen Seiten um-

---

[1]) Dazu, mit Hinweis auf eine entsprechende Bestimmung in Art. 28 IV des Markenschutzgesetzes: BE. 40 I, 309.

[2]) Ebenso jetzt Freiburg Art. 118 IV. — Es handelt sich um eine singuläre Bestimmung. Ihre Rechtfertigung wurde darin erblickt, daß der Staat ein besonders großes Interesse an der Aufrechterhaltung des Institutes der Monogamie hat und Straflosigkeit daher nie eintreten soll, solange ein die Monogamie verletzender Zustand besteht. — Bertschinger: a. a. O. 41, 68f. — Mittermaier: VD. Bes. Teil, 4, 88 spricht von einer unerklärlichen und nicht zu rechtfertigenden juristischen Anomalie.

[3]) BE. 40 I, 309. Dazu kritisch und mit Hinweisen auf Abweichungen in der Praxis v. Cleric: Leitfaden, 72.

faßt, so ist nur diese umfassende Bestimmung anzuwenden. Das Zusammentreffen mehrerer Strafbestimmungen ist nur scheinbar. Daher ist die Bezeichnung: unechte Gesetzeskonkurrenz richtig. Die Elimination der auch zutreffenden Gesetzesstellen — bis auf die eine, umfassende — ergibt sich im Einzelfall aus der Untersuchung, welches Gesetz auf die Tat restlos zutrifft. Entgegen andern, namentlich in der deutschen Literatur vertretenen Lehren[1]), kommen nur zwei Varianten in Betracht:

1. Eine besondere Strafbestimmung geht der allgemeinern vor (Fall der Spezialität). Es handelt sich gleichsam um das Verhältnis der Art zur Gattung. In diesem Verhältnis zu einander stehen: Raub zum Diebstahl, Erpressung und Notzucht zur Nötigung. Auch die Qualifizierungen und Privilegierungen bei einzelnen Tatbeständen stehen mit dem Grundtatbestand in dieser Beziehung: erschwerter Diebstahl, Mundraub, sog. Verwandtendiebstahl sind spezielle Arten, die dem Gattungstatbestand des einfachen Diebstahls vorgehen. Im Grunde ist ja auch der Raub nichts anderes als ein qualifizierter Diebstahl.

2. Von der Spezialität ist der Fall der Konsumtion zu unterscheiden. Auch hier umfaßt der eine Gesetzestatbestand das deliktische Verhalten derart, daß die Anwendung des andern entfällt. Während aber bei der Spezialität der für die Anwendung ausscheidende Tatbestand immer im angewendeten enthalten ist, so daß sich stets das Bild zweier konzentrischer Kreise ergibt[2]), braucht das bei der Konsumtion nicht der Fall zu sein. Das ergibt sich aus der Betrachtung einzelner Beispiele: Der Einbruchdiebstahl kann, muß aber nicht einen Hausfriedensbruch oder eine rechtswidrige Sachbeschädigung umfassen. Die Brandstiftung erfüllt regelmäßig auch den Fall der Sachbeschädigung, was aber dann nicht zutrifft, wenn der Täter sein eigenes Haus anzündet. Der Zweikampf konsumiert Tötung oder Körperverletzung nur, wenn bei ihm getötet oder verletzt wird, nicht aber wenn das Duell unblutig verläuft. Falsche Anschuldigung und falsches Zeugnis können, müssen aber nicht notwendig eine Ehrverletzung enthalten.

Erst die Betrachtung des Einzelfalles ergibt daher die Lösung, ob eine unechte Gesetzeskonkurrenz mit der Wirkung, daß nur der umfassendere Tatbestand anzuwenden ist, vorliegt[3]). Bei der Brand-

---

[1]) Z. B. Frank: Kommentar deutsches StGB. § 73, N. VII. — v. Liszt-Schmidt: § 56 II. Gut M. E. Mayer: 501 ff.

[2]) Raub, Mundraub, Notzucht, Erpressung sind die engeren, Diebstahl und Nötigung die weitern Kreise.

[3]) Verfehlt Zürcher Bl. 10, Nr. 208: der Entscheid verneint in einem Falle versuchten Einbruchsdiebstahles, in dem allerdings unrichtig nur wegen böswilliger Eigentumsschädigung (Zürcher StGB. § 187) Anklage erheben wurde, die Konsumtion der Sachbeschädigung durch den Tatbestand des Einbruchdiebstahls (§ 169 Ziff. 3).

stiftung an eigenen Hause z. B. kommt dagegen ein Mitkonkurrieren der rechtswidrigen Sachbeschädigung überhaupt nicht in Frage.

3. Erfüllt eine Verbrechenseinheit den Tatbestand mehrerer Gesetzesstellen, kann aber weder Spezialität noch Konsumtion angenommen werden, so hat man es mit Idealkonkurrenz oder echter Gesetzeskonkurrenz zu tun[1]). Ihre Erörterung erfolgt im Zusammenhang mit der Realkonkurrenz (Mehrheit verbrecherischer Handlungen) bei der Lehre von der Strafschärfung, weil die Mehrzahl der schweizerischen Rechte sowohl die ideale wie die reale Konkurrenz strafschärfend wirken lassen (unten § 79).

§ 76. Zumessung innerhalb des ordentlichen Strafrahmens.

Literatur. Angaben zu §§ 73, 74. — Rosenfeld: VD. Allg. Teil, 3, 118ff., 151ff. — van Calker: eodem, 173ff. — Kriegsmann: eodem, 221ff.

I. Die in der neuern Gesetzgebung weitgespannten Strafrahmen lassen dem Richter regelmäßig ein weites Feld, um bei der Strafzumessung im Einzelfall das individualisierende Ermessen zur Geltung zu bringen. Feste Zahlenmaßstäbe, nach denen auf ein einzelnes Delikt mit einer bestimmten Strafgröße reagiert werden soll, sind nach unsern heutigen Anschauungen der Regel nach undenkbar[2]).

Mehr als Anweisungen kann das moderne Gesetz dem Richter für die Strafzumessung nicht geben. Für den Gesetzgeber fragt sich, wie weit er diese Anweisungen ausgestalten soll. Ein Überblick über die verschiedene Gestaltung dieser Vorschriften in den geltenden Rechten ist lehrreich.

Vier verschiedene Systeme lassen sich erkennen:

1. Bern, Freiburg, Basel, Thurgau und Genf stellen keine allgemeinen Bestimmungen für die Zumessung innerhalb des ordentlichen Strafrahmens auf. Das freie Richterermessen entscheidet ungehemmt.

2. Luzern § 68 und auch Graubünden §§ 48/49 begnügen sich mit

---

[1]) Bemerkenswert aus der zürcher. Praxis: Möglichkeit der Idealkonkurrenz zwischen falschem Zeugnis (Zürich § 107) und Verleumdung bejaht: Bl. 2, Nr. 56; verneint: Bl. 15, Nr. 208 und JZ. 12, 19f. Nach richtiger Anschauung muß, wenn das falsche Zeugnis eine Beleidigung enthält, die Konsumtion der Ehrverletzung durch den Tatbestand des falschen Zeugnisses angenommen werden. — Zur Unterscheidung von Ideal- und (unechter) Gesetzeskonkurrenz auch BE. 9, 253f. (Gesetzeskonkurrenz zwischen Zweikampf und Körperverletzung); 39 I, 233ff. (Konsumtion des Betrugstatbestandes durch den Tatbestand eines Fiskaldeliktes); vgl. auch Zürcher Bl. 21, Nr. 30; BE. 50 I, 260ff. (Frage, ob Ideal- oder Gesetzeskonkurrenz vorliegt, offen gelassen für das Verhältnis zwischen Landfriedensbruch einerseits, Freiheitsberaubung und Körperverletzung anderseits); 39 I, 115f. (Idealkonkurrenz zwischen Urkundenfälschung und „Konterbande“ angenommen).

[2]) Ausnahmen: die auch nicht unbedenklichen Überreste der Fälle mit absoluten Strafdrohungen (oben § 73 I 1).

allgemeinen Hinweisen auf Gesinnung und Willensbeschaffenheit des Täters und Schädlichkeit und Gefährlichkeit der Straftat.

Tessin Art. 40 § 2 enthält eine ähnliche allgemeine Formel. Bei straferhöhenden oder strafmindernden Umständen (circostanze di aumento e di diminuzione) kommt ein zahlenmäßig festgelegtes System der Erhöhung oder Minderung der Strafen innerhalb des ordentlichen Rahmens zur Geltung (Art. 41—43)[1]. Waadt Art. 63 und Neuenburg Art. 88 weisen den Richter lediglich an, mindernde oder erhöhende Umstände (circonstances atténuantes ou aggravantes) bei der Zumessung innerhalb des Strafrahmens zu berücksichtigen.

3. Das BStG. stellt keine allgemeine Strafzumessungsformel auf. Dagegen nennt Art. 31 abschließend die Erhöhungsgründe, die „innerhalb der gesetzlichen Grenzen" zur Geltung gebracht werden sollen, und Art. 32 zählt beispielsweise Strafminderungsgründe auf (tätige Reue, Beschränkung der Willensfreiheit, noch nicht zurückgelegtes 16. Altersjahr).

4. Die übrigen Gesetze verbinden eine allgemeine Zumessungsformel mit der meist beispielsweisen Aufzählung von Erhöhungs- und Minderungsgründen[2]. Aus den vielen Varianten in der Durchführung dieses Systems sei als ein Beispiel Zürich herausgehoben: § 58 — die allgemeine Formel — weist den Richter an, auf den Grad der Schädlichkeit und Gefährlichkeit der zu bestrafenden Handlung, auf die Bösartigkeit und Stärke des Täterwillens und auf den Lebenswandel des Täters Rücksicht zu nehmen. § 59 umschreibt einzelne Erhöhungsgründe: bedeutender und schwer zu ersetzender Schaden; große Pflichtverletzung; Überwindung von der Tatverübung entgegenstehenden Hindernissen durch besondere Beharrlichkeit, Verwegenheit und List; Bosheit und Grausamkeit des Täters; Verbrechensverübung im Komplott[3]; Vorbestrafung. Demgegenüber nennt § 60 als Minderungsgründe die Bezeigung tätiger Reue; verminderte Einsicht des Täters „wegen Mangels an Unterricht, wegen schlechter Erziehung oder aus natürlicher Schwäche des Verstandes[4]; Bestimmung zum Verbrechen durch Überredung, Furcht, arglistige Versprechungen, Befehl oder Drohung[5] besonders solcher Personen, von denen der Täter abhängig ist, durch drückende Armut oder sonstige Not[6]; „zufällig entstandene und an sich entschuldbare Gemütsbewegung"; guter bisheriger Lebenswandel; Entdeckung unbekannter Teilnehmer[7]; jugendliches Alter zwischen 16 und 19 Jahren[8].

---

[1] Daneben nennt Art. 53 noch einige besondere strafmindernde Umstände.
[2] Stooss: Grundzüge, 1, 387f. [3] Dazu oben § 44 II.
[4] Verminderte Zurechnungsfähigkeit; siehe oben § 34 II.
[5] Dazu oben § 35. [6] Ohne daß ein eigentlicher Notstand vorliegt.
[7] Das problematische Denunziations-Privileg. [8] Dazu unten § 94 II.

II. Diesen allgemeinen Zumessungsnormen fügen die Gesetze eine große Zahl von Bestimmungen an, die Anweisungen an den Richter für besondere Fälle enthalten. Eine Übersicht zeigt folgendes Bild:

1. Besondere Regeln ergeben sich namentlich für die Bemessung der Bußen[1]). Die ökonomische Lage des zu Bestrafenden ist zu berücksichtigen. Zürich § 23 weist den Richter auf die „mutmaßlichen“ Vermögens-, Erwerbs- und Einkommensverhältnisse des Täters hin. Nach Schwyz § 14 I sind die Vermögensverhältnisse und Familienpflichten des Schuldigen, nach Freiburg Art. 32 II ist allgemein die Lage des Schuldigen zu berücksichtigen[2]). Im Grunde sagen diese Vorschriften Selbstverständliches. Über die Art, wie die ökonomischen Verhältnisse des Schuldigen ermittelt werden sollen, schweigen die Gesetze. Genaue Feststellungsmethoden — z. B. die Bemessung der Buße nach dem Steuersatze — würden bei der Durchführung Schwierigkeiten machen.

2. Als Zumessungsregeln haben auch Bestimmungen zu gelten, wonach die Ausfällung von Nebenstrafen (Landesverweisung, Amtsentsetzung, Berufs- und Gewerbeverbot usw.) eine verhältnismäßige Verminderung der gleichzeitig zu erkennenden Freiheitsstrafe bewirken soll; z. B. Zürich § 26 lit. b, Glarus § 18 lit. a, Zug Abänderungsgesetz von 1882 § 3 lit. b, Solothurn § 23 Ziff. 4.

3. Die meisten Gesetze weisen den Richter an, bei der Strafzumessung eine erstandene Untersuchungs- und Sicherheitshaft in Anschlag zu bringen. Die hier getroffenen Ordnungen sind uneinheitlich[3]):

Häufig ist nur die Anrechnung unverschuldeter Untersuchungshaft vorgesehen (Zürich § 63, Luzern § 69 und PolStG. § 38, Obwalden Art. 30 und PolStG. Art. 13, Glarus § 41, Schaffhausen § 73, Appenzell A.-Rh. Art. 51, Appenzell J.-Rh. Art. 37, Thurgau § 43). Die Anrechnung geschieht nach richterlichem Ermessen, ganz oder teilweise. St. Gallen Art. 41 bestimmt besonders bemerkenswert, daß eine Anrechnung erfolgen soll, soweit die Untersuchungs- oder Sicherheitshaft „mehr durch äußere Umstände als durch die Schuld des Angeschuldigten verursacht wurde“.

---

[1]) Siehe schon oben § 60 III und VI und die zum § 60 angegebene Literatur, ferner STOOSS: Z. 4, 263ff. vgl. namentlich ZÜRCHER: Z. 4, 239ff. — RUNKEL-LANGSDORFF: Z. 21, 43ff.

[2]) Weitere Daten bei STOOSS: Grundzüge, 1, 378f.

[3]) Texte bei STOOSS: Strafgesetzbücher, 226ff.; systematische Darstellung der kantonalen Rechte bei STOOSS: Grundzüge, 1, 415ff. — Untersuchungshaft ist die Haft während der Dauer des prozessualen Untersuchungsstadiums, Sicherheitshaft die Haft im Zeitraum zwischen der Anklageerhebung und der Urteilsfällung. Die Unterscheidung wird nicht überall durchgeführt; s. aber z. B. Zürich StPrO. §§ 52, 417, 429, 438, 468 und dazu STRÄULI: Kommentar zürcher. StPrO.

Andere Gesetze ermächtigen den Richter zur Anrechnung, ohne auf ein Nichtverschulden ausdrücklich hinzuweisen (Schwyz § 17, Zug § 39, Freiburg Art. 44, Waadt StPrO. Art. 406 bis)[1]. Baselstadt § 37 geht von der unverschuldeten Haft aus, läßt ganze oder teilweise Anrechnung aus Billigkeitsgründen aber auch im Verschuldensfalle zu. Neuenburg Art. 20 erklärt, daß auch eine außerhalb des Kantons erstandene Untersuchungshaft berücksichtigt werden kann. Es sieht obligatorisch die Anrechnung vor, wenn ein Beschuldigter, der nicht bei der Tat ertappt wurde (flagrant délit), sofort geständig ist (Abs. 2). Nach Genf Art. 23 soll der Richter soweit als möglich die ausgestandene Untersuchungshaft berücksichtigen.

Verschiedenheiten ergeben sich auch darin, daß einzelne Gesetze — z. B. Schwyz § 17, Thurgau § 43, Waadt StPrO. Art. 406 bis — die Untersuchungshaft nur auf eine erkannte Freiheitsstrafe zur Anrechnung bringen. Die Mehrzahl der Gesetze enthält diese Beschränkung nicht. Die (unverschuldete) Haft soll auch bei andern Strafen, z. B. bei einer Verurteilung zu Buße, in Anschlag gebracht werden können (Zürich § 63, Schaffhausen § 73 II, Tessin Art. 33 u. a.).

4. Außer diesen im Allgemeinen Teil der Strafgesetze aufgestellten Normen für die Strafzumessung innerhalb des ordentlichen Strafrahmens finden sich solche Anweisungen häufig auch bei einzelnen Deliktstatbeständen. Einzelheiten gehören in die Darstellung des Besondern Teils[2].

III. Erinnert man sich daran, daß die Strafzumessung innerhalb eines gegebenen Strafrahmens nichts anderes als eine vom freien Ermessen getragene richterliche Kunst sein kann, so wird man den zahlreichen Anweisungen geltender Rechte nur einen problematischen Wert zuerkennen.

Der eidg. E. hat diese Bestimmungen richtig auf ein Mindestmaß beschränkt. Er stellt in Art. 60 für die Strafzumessung eine allgemeine Norm auf: „Der Richter mißt die Strafe nach dem Verschulden des Täters zu; er berücksichtigt die Beweggründe, das Vorleben und die persönlichen Verhältnisse des Schuldigen“[3]. Getreu dem Grundsatz,

---

[1]) Dazu Répertoire vaudios, 57, 260 i. f.

[2]) Vgl. etwa BStG. Art. 58 (Straferhöhung bei gewissen Delikten, wenn der Täter ein Beamter oder Angestellter des Bundes ist); Zürich § 161 (Ehrverletzungen, in Versammlungen oder durch die Druckerpresse begangen, gegenüber einer Behörde oder einem Beamten verübt); Bern Art. 144 (Erschwerungsgründe „innert dem gesetzlichen Strafraum“ bei Mißhandlungen) usw. Den weitern Ausbau dieses gesetzgeberischen Modus empfiehlt Rosenfeld: VD. Allg. Teil, 3, 153.

[3]) Stooss: Motive VE. 1893, 73: Der Richter soll namentlich das Motiv des Täters in Betracht ziehen. Vgl. ferner Zürcher: Erläuterungen VE. 1908, 99ff.; Prot. II. ExpKom. 1, 358ff. — Stooss: Z. 30, 93f. — Rosenfeld: VD. Allg. Teil, 3, 152. — van Calker: eodem, 181ff.

die Erfolgshaftung zugunsten der Schuldhaftung nach Möglichkeit zurückzustellen, ist hier von einer Berücksichtigung der Schadensgröße nicht die Rede[1]). Nicht die Tat als solche, der Täter soll bestraft werden[2]).

Art. 66 ermächtigt den Richter zu ganzer oder teilweiser Anrechnung der Untersuchungshaft auf die Freiheitsstrafe und stellt ihm auch anheim, bei einem nur auf Buße lautenden Urteil eine erstandene Untersuchungshaft in angemessener Weise zu berücksichtigen[3]).

Nur bei der Buße ordnet der E. ausführlicher (Art. 45 Ziff. 1): Der Richter bestimmt die Buße je nach den Verhältnissen des Täters so, daß er durch die Einbuße die Strafe erleidet, die seinem Verschulden angemessen ist. Dabei sind namentlich Einkommen und Vermögen, Familienstand und Familienpflichten, Beruf und Erwerb, Alter und Gesundheit des Täters zu berücksichtigen[4]).

§ 77. Strafmilderung.

Literatur. Angaben zu §§ 73, 74, 76. — Stooss: Strafgesetzbücher, 214ff.; Grundzüge, 1, 399ff. — Rosenfeld: VD. Allg. Teil, 3, 119ff. — Radbruch: eodem, 189ff., 197ff. — Wach: eodem, 6, 76ff.

I. Der Gesetzgeber könnte überlegen: Momente, die eine besonders schwere Schuld des Täters offenbaren, sollen über die sog. Straferhöhung hinaus zur Strafschärfung, d. h. zur Erweiterung des ordentlichen Strafrahmens nach oben, führen. Eine besonders verringerte Schuld anderseits soll, weitergehend als durch die sog. Strafminderung, durch Strafmilderung, d. h. Erweiterung des ordentlichen Strafrahmens nach unten, berücksichtigt werden.

Die gesetzgeberische Entwicklung war nicht von diesen Überlegungen geleitet. Sie stellt heute regelmäßig nur einen einzigen allgemeinen Strafschärfungsgrund, den Rückfall, auf[5]). Daneben sind aber ähnliche Schärfungsregeln wie für den Rückfall auch für die Behandlung der Realkonkurrenz und sogar der Idealkonkurrenz verwendet worden.

---

[1]) Oben § 21; Exner: Z. 24, 173f. — Rosenfeld: a. a. O. 154f.

[2]) Für die Würdigung auch der objektiven neben den subjektiven Momenten tritt z. B. Meyer v. Schauensee: Z. 7, 133 und Gerichtssaal, 86, 43 ein.

[3]) Prot. II. ExpKom. 1, 394ff., 413f. Einen Antrag, die obligatorische — ganze oder teilweise — Anrechnung der Untersuchungshaft vorzusehen, lehnte die Expertenkommission ab. Vgl. noch Art. 396: Anrechnung der Sicherheitshaft im Strafvollzug.

[4]) Literaturangaben oben S. 290, Anm. 2 und namentlich Stooss: Z. 30, 94ff.

[5]) Andere schärfende Momente berücksichtigen die Gesetze durch die Aufstellung einzelner qualifizierter Tatbestände im Besondern Teil. — Als Ausnahme ist anzumerken, daß einzelne Gesetze auch bei der Verübung eines fortgesetzten Vergehens Strafschärfung eintreten lassen, z. B. Obwalden PolStG. Art. 17 I; vgl. oben § 75 I 3.

Das führt zu einer, freilich mehr äußerlichen, Verbindung der Lehren vom Rückfall und von der Konkurrenz (unten §§ 78, 79).

Die Gestaltung der Normen über die Strafmilderung ist eher auf dem eingangs gewiesenen Wege geblieben. Die Gesetzbücher sind reich an allgemeinen Strafmilderungsgründen[1]). Deshalb werden hier diese Lehren denjenigen vom Rückfall und von der Konkurrenz vorangestellt.

II. Aus den geltenden Rechten ergibt sich eine dreifach gestaltete Ordnung der Strafmilderung:

1. Alle Rechte gelangen zu einer Milderung beim Versuch und bei der Beihilfe, wenn man vom vollendeten Delikt und von der Täterschaft ausgeht (oben §§ 40 III und 46 III). Ein allgemeiner Milderungsgrund sind ferner jugendliches Alter des Täters (unten §§ 93, 94) und in einer Anzahl von Gesetzen die verminderte Zurechnungsfähigkeit (oben § 34 II). Endlich erfolgt regelmäßig Strafmilderung beim Notwehrexzeß (oben 29 III).

Eine große Zahl der Rechte — BStG., Zürich, Schwyz, Glarus, Zug, Solothurn, Schaffhausen, Appenzell J.-Rh., Aargau, Tessin, Wallis, Neuenburg — beschränken sich auf diese Milderungsgründe. Sie sehen von der Ausgestaltung eines weiteren Strafmilderungssystems ab. Das hängt vor allem damit zusammen, daß die meisten dieser Rechte die Strafminderung — innerhalb des ordentlichen Strafrahmens — ins einzelne ausgestaltet haben. Sie begnügen sich damit[2]).

2. In einer kleinern Gruppe von Gesetzen, die das Minderungssystem nicht ausgebaut haben, werden dagegen einzelne Milderungsgründe aufgestellt: Freiburg Art. 42 nennt die unter dem Eindruck einer schweren Drohung oder Herausforderung verübte Tat und die nach Möglichkeit erfolgte Gutmachung des verursachten Schadens. Art. 43 stellt eine Skala der zulässigen Strafmilderungen auf. Ausführlicher in der Liste der mildernden Umstände ist Baselstadt § 37a.

---

[1]) Daneben finden sich im Besondern Teil der Strafgesetzbücher als Gegenstück der Qualifizierungen die privilegierten Tatbestände. Treffen bei einem privilegierten Tatbestand des Besondern Teils überdies andere, allgemeine Strafmilderungsgründe zu, so hat der Richter auch diese zu berücksichtigen; vgl. Zürcher: Erläuterungen VE. 1908, 101 i. f. — Zu den gesetzestechnischen Fragen Wach: VD. Allg. Teil, 6, 76ff. Er gelangt zu dem Schluß, daß das Problem gelöst werden sollte lediglich durch die Aufstellung allgemeiner Strafzumessungsgründe unter dem Vorbehalt von Sondervorschriften bei einzelnen Tatbeständen (82). Ein System der mildernden Umstände lehnt Wach ab (77).

[2]) Eine allgemeiner Anerkennung sichere Lösung der Frage, ob sich der Gesetzgeber mit der Nennung von Minderungsgründen begnügen, oder Milderungsgründe aufstellen soll, ist nicht möglich. Je weiter ein Gesetz die ordentlichen Strafrahmen spannt, um so geringer wird das Bedürfnis nach der Schaffung von Milderungsgründen; vgl. Meyer v. Schauensee: Z. 7, 130ff.

Für das Maß der „Herabsetzung der gesetzlichen Strafe" wird auf die Vorschriften des Besondern Teils verwiesen[1]). St. Gallen Art. 40 und Thurgau § 42 lassen die Milderungsgründe so wirken, daß der Richter nicht nur unter das im Einzelfall angedrohte Strafmaß hinabgehen, sondern auch zu einer leichtern Strafart übergehen kann. Unbeschränkte Strafmilderung, ja ausnahmsweise gänzliche Straflosigkeit, ergibt sich beim Vorliegen von Milderungsgründen in Graubünden § 50. Dieses Gesetz (§ 55) und auch Waadt Art. 81 legen ferner einem teilweisen Ablauf der Verjährungsfristen mildernde Wirkung bei.

3. Den Rechten, die den Richter auf einzelne besondere Milderungsgründe hinweisen, stehen die Gesetze gegenüber, die mit allgemeiner Formulierung die Möglichkeit einer Strafmilderung vorsehen. Bei diesem System tritt die Bedeutung, die dem freien Richterermessen bei der Wertung des Einzelfalles zukommt, unverhüllt hervor. Von besonderer Bedeutung ist hier das auf das französische Vorbild[2]) zurückweisende System der circonstances atténuantes in Genf (loi du 1er octobre 1890 modifiant le Code d'instruction pénale, Art. 317, 337—339, 379, 381; auch noch Cp. Art. 42)[3]). Es ist freilich nur dem Schwurgericht zur Verfügung gestellt. Der genannte Art. 317 bestimmt für das Verfahren vor der Kriminal-Jury: „Si de l'ensemble de la situation dans laquelle s'est trouvé l'accusé, il résulte qu'il a été entrainé à commettre le fait dont il est convaincu par des circonstances qui atténuent sa culpabilité morale, le Jury le déclare en disant: L'accusé a agi en des circonstances atténuantes. Ou: L'accusé a agi en des circonstances très atténuantes"[4]). Art. 337—339 und 381 stellen für die Strafmilderung bestimmte Größenskalen auf, die zur Geltung kommen, wenn die Jury mildernde Umstände angenommen hat.

---

[1]) Vgl. z. B. § 48 Ziff. 2 II (Landesverrat), § 63 II (Münzfälschung), § 73 III (intellektuelle Urkundenfälschung), § 76 Ziff. 2 III (Urkundenunterdrückung), §§ 100, 101, 103 (Tötungsdelikte), §§ 138ff. (Diebstahl und Unterschlagung) und zahlreiche andere Stellen. — Gesetzestechnisch nähert sich dieser Modus der Aufstellung privilegierter Tatbestände.

[2]) Dazu etwa Garraud: Précis de Droit criminel, Nr. 200ff. Treffliche Kennzeichnung mit den Worten: „Le Code pénal autorise les juges, en déclarant, d'une manière générale, qu'il existe des circonstances atténuantes, non définies au préalable par la loi, et qu'ils n'ont même pas besoin de préciser dans leur jugement, à abaisser la peine audessous de sa mesure ordinaire" (Nr. 200). — Ferner Roux: Droit pénal, 178ff. (mit weitern Lit.-Angaben). — Rosenfeld: VD. Allg. Teil, 3, 111ff. — Radbruch: eodem, 197ff.

[3]) Die Novelle von 1890 ist abgedruckt in der Z. 4, 436ff.; vgl. auch Stooss: Grundzüge, 1, 401ff.

[4]) Für das Verfahren vor der korrektionellen Jury erwähnt Art. 379 die circonstances très atténuantes nicht. Kritisch zum Genfer (französischen) System Gautier: Prot. II. ExpKom. 1, 363.

In ihrer Auswirkung weiter als Genf gehen im Grund die gleichfalls auf eine allgemeine Formel gebrachten Milderungsnormen von Luzern § 70 lit. d[1]), Obwalden Art. 29 und Appenzell A.-Rh. Art. 48. Der Richter kann unter die im Einzelfall vorgesehene ordentliche Strafe hinabgehen, wenn wegen „Menge oder Wichtigkeit mildernde Umstände" selbst der geringste Grad der gesetzlichen Strafe mit dem Grade der Strafbarkeit des besondern Falles in keinem Verhältnis stehen würde.

Auf einem kleinen Gebiet bringen Bern Art. 50 und Waadt Art. 61 die allgemeine Formel von den mildernden Umständen zur Geltung: bei den schwersten, mit lebenslänglichem Zuchthaus bedrohten Verbrechen. Das ist eine Korrektur der starren, absolut bestimmten Strafe. Waadt stellt für diesen Fall den Strafrahmen 15—30 Jahre Zuchthaus auf. In Bern hat der Richter auf 20 Jahre Zuchthaus zu erkennen[2]).

Im Übertretungsstrafrecht berücksichtigt endlich Neuenburg Art. 441 mildernde Umstände: in Fällen, in denen auf prison civil (oben § 57 I) zu erkennen wäre, kann der Richter auf Buße bis zu 25 Franken erkennen.

III. Der Überblick über die geltenden Rechte zeigt die Unsicherheit der Milderungslehre. Der eidg. E. bringt dem gegenüber ein festgefügtes System, bei dem zunächst die Unterscheidung zwischen der Milderung nach freiem richterlichen Ermessen (Art. 63) und der Milderung auf Grund einer gesetzlich festgelegten Skala (Art. 62 und 292) hervorzuheben ist[3]). Im erstern Fall ist der Richter weder an die Strafart noch an das Strafmaß, die auf das einzelne Delikt stehen, gebunden. Nur das gesetzliche Mindestmaß der einzeln Strafart ist nicht antastbar.

Diese unbeschränkte, in die Hand des Richters gegebene Strafmilderung ist vorgesehen gegenüber dem vermindert Zurechnungsfähigen (Art. 11), beim absolut untauglichen Versuch (Art. 20 I), bei tätiger Reue nach vollendetem Versuch (Art. 21 II), bei Notwehr- und Notstandsexzeß (Art. 32, 33).

In allen andern Fällen gilt die skalenmäßig in den Art. 62 und 292 festgelegte Milderung (statt lebenslänglichem Zuchthaus zeitliches

---

[1]) Luzern § 70 Ziff. 1 nennt daneben noch als besondere Milderungsgründe geminderte Zurechnung, jugendliches Alter, freiwillig geleisteten Schadensersatz bei Vermögensdelikten oder „ganz geringfügigen" Schaden.

[2]) KREBS: Bern StGB. Art. 50, N. 1. Vgl. ferner Bern StPO. Art 431: Der Schwurgerichtspräsident hat den Geschworenen die Frage zu stellen: „Sind zugunsten der Angeklagten oder eines derselben mildernde Umstände vorhanden." Zu Waadt: Rèpertoire vaudois, 30.

[3]) Zum eidg. E.: ZÜRCHER: Erläuterungen VE. 1908, 101f; ferner Prot. II. ExpKom. 1, 361ff. — HAFTER: Bibliographie 1908, 76f.; 1912, 58f. — BAER: JZ. 15, 270f. — SPIRA (Lit. zu § 53): 60ff. — ROSENFELD: VD. Allg. Teil, 3, 118ff. — RADBRUCH: eodem, 203.

Zuchthaus von mindestens 10 Jahren, statt Gefängnis Haft oder Buße usw.). Diese Milderung schreibt der E. vor beim unvollendeten Versuch (Art. 19). Er läßt sie zu beim vollendeten Versuch (Art. 19 i. f.), beim Rechtsirrtum (Art. 18) und gegenüber dem Gehilfen (Art. 23). Dazu kommt die Liste der besondern mildernden Umstände in Art. 61: achtungswerte Beweggründe, Verübung der Tat in schwerer Bedrängnis, unter dem Eindruck einer schweren Drohung, auf Veranlassung einer Person, der der Täter Gehorsam schuldig oder von der er abhängig ist; wenn Zorn oder großer Schmerz über eine ungerechte Reizung oder Kränkung den Täter zu dem Vergehen hinrissen; bei der Betätigung aufrichtiger Reue, namentlich bei Schadensgutmachung; endlich wenn seit der Tat verhältnismäßig lange Zeit verstrich und sich der Täter während dieser Zeit wohlverhielt. In allen Fällen des Art. 61, dessen Aufzählung abschließend ist, kann[1]) der Richter die Strafe mildern.

Bei der Anwendung des Besondern Teils hat der Richter dieses weitausgreifende Milderungssystem stets im Auge zu behalten. Aus ihm ergibt sich in zahlreichen Fällen eine bedeutende Erweiterung der ordentlichen Strafrahmen nach unten. Innerhalb dieses neuen Rahmens erfolgt die Straffindung unter Anwendung der allgemeinen Zumessungsregeln (Art. 60).

§ 78. Rückfall.

Literatur. Angaben zu §§ 73, 74, 77 und 81. STOOSS: Strafgesetzbücher, 205ff.; Grundzüge, 1, 389ff. — MICHEL: Beitrag zur Lehre vom Rückfall, mit besonderer Berücksichtigung der Schweiz, Berner Diss. (1879). POLTERA: Zur Lehre vom Rückfall, mit besonderer Berücksichtigung des schweiz. StG.-VE. Freiburger Diss. (1904). — VUILLEUMIER: (Lit. zu § 81), 44ff. — GAUTIER: Z. 1, 15ff. — MATTEOTTI: La recidiva (1910). — RADBRUCH: VD. Allg. Teil, 3, 204ff.

I. Die Mehrzahl der schweizer. Rechte berücksichtigt den Rückfall als — einzigen — allgemeinen Strafschärfungsgrund[2]).

Man muß von einer allgemeinen Bestimmung des Rückfallbegriffes, die zugleich auf das Ziel der gesetzgeberischen Entwicklung hinweist, ausgehen. Rückfall ist die Verübung eines Deliktes nach gänzlicher oder teilweiser Erstehung oder Erlassung einer

---

[1]) Die obligatorische Milderung in diesen Fällen wurde erwogen; vgl. LACHENAL: Prot. II. ExpKom. 1, 365. — GABUZZI: eodem, 366. — BAER: JZ. 15, 270.

[2]) Nicht so BStB. Art. 31 lit. d, Zug § 36 lit. f., Appenzell A.-Rh. Art. 46 lit. e, Graubünden § 51 Ziff. 5 und Aargau § 42 lit. d und e. Diese Rechte lassen den Rückfall nur als allgemeinen Straferhöhungsgrund — innerhalb des ordentlichen Strafrahmens — wirken. Solothurn § 55 bestimmt desgleichen, verweist aber auf abweichende Einzelbestimmungen, nach denen Rückfall qualifizierend wirkt (vgl. z. B. §§ 60 II, 106 II, 145 Ziff. 2). Basel erwähnt den Rückfall im Allg. Teil des StGB. überhaupt nicht.

Strafe, die wegen eines früher begangenen Deliktes ausgesprochen wurde. Regelmäßig wird jedoch diese Beziehung zwischen den beiden Deliktsverübungen nicht mehr berücksichtigt, wenn zwischen Erstehung oder Erlaß der frühern Strafe und der spätern Deliktsbegehung ein gewisser längerer Zeitraum liegt (Rückfallsverjährung).

II. Der Überblick über die geltenden schweizer. Rechte zeigt, daß sie von einer einheitlichen und befriedigenden Erfassung des Rückfallbegriffes weit entfernt sind. Folgende Varianten ergeben sich:

1. Fast alle Rechte betrachten nur die neuerliche Verübung des gleichen oder eines gleichartigen Delikts als eigentlichen Rückfall (sog. besonderer Rückfall). Einige Gesetze, z. B. Luzern § 76, Obwalden Art. 31 II, Schaffhausen § 77 II, Waadt Art. 68, Neuenburg Art. 97 stellen die gleichartigen Delikte (délits du même genre) in Listen zusammen. Tessin Art. 68 § 2 bezeichnet als gleichartig die im nämlichen Gesetzestitel untergebrachten Delikte[1]). Andere Rechte versuchen die Kennzeichnung durch eine weiter gefaßte allgemeine Formel. So sprechen Schwyz § 42 lit. b und St. Gallen Art. 39 II von gleichartigen oder aus gleicher rechtswidriger Neigung entsprungenen strafbaren Handlungen[2]). Wieder andere Gesetze — Zürich § 66 I, Bern, Art. 62, Glarus § 42 II, Wallis Art. 79 und 82 u. a. — überlassen die Auslegung des Begriffes der Gleichartigkeit dem Richter[3]).

Die Hervorhebung des besondern, mit strafschärfender Wirkung ausgestatteten Rückfalls ergibt sich namentlich in denjenigen Gesetzen, die den allgemeinen Rückfall in das Verbrechen — die Vorstrafen allgemein — nur als straferhöhend innerhalb des Strafrahmens wirken lassen. Allein die im geltenden Recht noch vorherrschende Unterscheidung zwischen allgemeinem und besonderem Rückfall hält kriminalpolitischer Kritik nicht stand. Es kommt nicht so sehr auf die Gleich-

---

1) Weitere Daten bei Stooss: Grundzüge, 1, 390ff. — Gautier: Z. 1, 18ff., 22ff.; reiche waadtländische Judikatur im Répertoire vaudois, 206ff.

2) Auch das BStG. Art. 31 lit. d kennzeichnet den Rückfall, den es nur als Straferhöhungsgrund berücksichtigt, mit den Worten „aus gleicher rechtswidriger Neigung entsprungene Verbrechen". Das BGer. hat diese Umschreibung bei der Anwendung des Jagdgesetzes von 1904, das in Art. 23 Ziff. 2 den Rückfall strafschärfend wirken läßt, übernommen. Es verlangte daher Gleichartigkeit des Rückfalls; Praxis 1, 579f.; vgl. auch BE. 49 I, 289ff. Vgl. jetzt Art. 56 Ziff. 1 und Art. 57 Ziff. 1 des neuen Jagdgesetzes vom 10. Juni 1925 (Eidg. GesSlg. 41, 727ff.), wo der Rückfall bei dem Täter strafschärfend wirkt, der einzelne bestimmt genannte Jagdvergehen neuerdings vorsätzlich begeht, wenn er innerhalb der letzten 5 Jahre wegen vorsätzlicher Widerhandlung gegen eine dieser Strafbestimmungen rechtskräftig verurteilt wurde. — Siehe auch BE. 38 I, 185: Anwendung der Rückfallsbestimmung des Art. 31 lit. d BStG. auf das Auswanderungsgesetz von 1888; 42 I, 225f.: Bemessung der Rückfallstrafe nach dem Fischereigesetz von 1888.

3) Vgl. Zürcher: Kommentar zürcher. StGB. § 66, N. 2, 3. — Zeller: Kommentar, § 66, N. 3; Berner Z. 45, 625.

artigkeit des neuerlichen Delikts, als darauf an, daß der vorbestrafte Täter neuerdings dem Verbrechen verfiel. Das schon genügt zur Rechtfertigung einer verschärften Reaktion[1]). Daneben besteht gesetzgeberisch die Möglichkeit, bei einzelnen Delikten, z. B. bei Diebstahl, Hehlerei, Wucher usw., den gleichartigen Rückfall zusammen mit Gewerbs- und Gewohnheitsmäßigkeit noch besonders auszuzeichnen[2]).

Von den geltenden Rechten berücksichtigt allein Genf Art. 34ff. bei der Umgrenzung des zur Strafverschärfung führenden Rückfalls frühere Verurteilungen allgemein[3]). Nur bei den Übertretungen fordert auch Genf Art. 388 die Gleichartigkeit.

2. Ganz verschieden lösen die Kantone auch die Frage, ob als Voraussetzung für die Annahme des Rückfalls die vorausgegangene Verurteilung genügt, oder ob die Vorstrafe vollzogen sein muß. Die welschen Rechte, aber auch Zürich § 66 I, Glarus § 42 II, Schaffhausen § 76 I, Appenzell A.-Rh. Art. 50, Appenzell J.-Rh. Art. 39 I lassen eine vorangegangene rechtskräftige Verurteilung genügen[4]). Andere Rechte berücksichtigen den Rückfall nur, wenn die frühere Strafe vollzogen wurde[5]). Nur ein Teil der Gesetze stellt dabei die außerkantonale und die ausländische Verurteilung der inländischen ausdrücklich gleich (z. B. Luzern § 75, Schaffhausen § 76 I, St. Gallen Art. 39 II, Wallis Art. 79)[6]). Waadt Art. 67 und Wallis Art. 79 betonen, daß auch eine militärgerichtliche Vorstrafe rückfallbegründend wirkt. Genf Art. 37 schließt diese Wirkung bei Vorstrafen wegen politischer Delikte aus.

Kriminalpolitisch richtig erscheint die Lösung, daß für die Annahme eines Rückfalls die frühere Strafe ganz oder teilweise vollzogen sein soll[7]). Dann hat sich die ungenügende Wirkung der Vorbestrafung

---

[1]) Stooss: Motive VE. 1893, 77 und namentlich Gautier: Z. 1, 17ff. und Prot. II ExpKom. 1, 386. Abweichend Lang: eodem, 387, auch Spira (Lit. zu § 53): 45ff.; vgl. ferner Radbruch: VD. Allg. Teil, 3, 205ff., 211ff.

[2]) Stooss: Grundzüge 1, 398f. — Vuilleumier: a. a. O. 51ff.; Zürich §§ 175, 185 lit. b, Neuenburg Art. 96 III und 399 u. a. Vgl. für das deutsche Recht, das eine allgemeine Rückfallsbestimmung nicht kennt und gänzlich in der Kasuistik aufgeht, Wach: VD. Allg. Teil, 6, 39f.

[3]) Nicht mehr das von Gautier: Z. 1, 20f. und Stooss: Grundzüge, 1, 390 genannte Neuenburg, das im StGB. von 1891, Art. 96f. auf den gleichartigen Rückfall abstellt. Zu Genf: Gautier: a. a. O. 21f., 25. Über den eidg. E. unten V.

[4]) Gautier: a. a. O. 27ff.

[5]) Ganz oder teilweise vollzogen: Bern Art. 62, Obwalden Art. 31 I; vgl. Stooss: Grundzüge, 1, 390.

[6]) So auch in andern Kantonen die Praxis: Zürich mit — Einschränkung auf fremde Urteile wegen Verbrechen oder Vergehen —; Zürcher: Kommentar StGB. § 66, N. 4. — Zeller: Kommentar, §§ 66, N. 4. Abweichend Tessin Art. 70 lit. a, die bernische Praxis nach Krebs: StGB. Art. 62, N. 2 und nach Gautier: Z. 1, 29 auch Genf.

[7]) Nach dem Vorbild des eidg. E. stellt Freiburg Art. 45 II den Erlaß einer Strafe durch Begnadigung dem Vollzuge gleich. Vgl. auch Praxis, 1, 580f.

gezeigt, und ein schärferes Anfassen des rückfälligen Täters läßt sich rechtfertigen. Weitere Einschränkungen — z. B. die Nichtberücksichtigung auswärtiger Verurteilungen — sind dagegen nicht angezeigt[1]).

3. Kein zureichender Grund liegt vor, die Rückfallsbestimmungen nicht anzuwenden, wenn zwei fahrlässige Delikte aufeinander folgen, oder wenn Vorsatz- mit Fahrlässigkeitsdelikten abwechseln[2]). Die Rückfallsnormen sind Kampfmittel gegenüber dem Gefährlichen, der sich durch Vorstrafen nicht genügend abschrecken ließ. Der Richter wird innerhalb des Rückfalls-Strafrahmens den einzelnen Fall entsprechend würdigen.

III. Die meisten Gesetze kennen die sog. Rückfallsverjährung[3]). Sie ist negative Voraussetzung für die Anwendung der Rückfallsnormen. Nach Ablauf einer gewissen Zeit seit der letzten Straferstehung — oder auch seit dem Erlaß einer Strafe — erscheint die Gefährlichkeit des Täters gemindert. Die bei der Rehabilitation (unten § 90) maßgebenden Überlegungen schwingen mit[4]). Aus der Überlegung, daß die Verjährungsfrist sich nach der Schwere des früheren Deliktes und der frühern Bestrafung richten soll, gelangen einige Rechte zu Abstufungen[5]).

Mit dem Gedanken, der im Institut der Rückfallsverjährung liegt, hängen auch die Bestimmungen einiger Rechte zusammen, daß die Strafe für das Rückfallsdelikt abnehmen soll, je weiter entfernt es zeitlich von der frühern Tat steht, daß sie zunehmen soll, je näher es zeitlich der Vortat liegt. Eine solche Zumessungsnorm steht in Zürich § 68, Glarus § 43, Schaffhausen § 78 III.

IV. Wenn der Rückfall zu einer Strafschärfung führen soll, so muß die Wirkung Erweiterung des ordentlichen Strafrahmens nach oben und entsprechende Zumessung der Strafe innerhalb des vergrößteren Rahmens sein. Von einer Schärfung kann man im technischen Sinne jedoch nur dann sprechen, wenn der Richter über das Maximum der im Einzelfall angedrohten ordentlichen Strafe wirklich hinausgeht. Das

---

[1]) Beachtenswert Freiburg Art. 45 IV: „Eine außerhalb des Kantons verbüßte Strafe begründet nur dann Rückfall, wenn sie wegen einer nach freiburgischem Recht oder nach Bundesrecht als Verbrechen oder Vergehen strafbaren Handlung erkannt worden ist". Über den eidg. E. unten V.

[2]) Dazu Tessin Art. 70 lit. b. — Gautier: a. a. O. 24ff. — Spira: a. a. O. 48ff.

[3]) Nicht Wallis, entsprechend dem französischen Recht.

[4]) Gautier: Z. 1, 30: „L'oubli couvre le passé et le délinquant est traité comme s'il débutait par l'infraction nouvelle".

[5]) Z. B. Zürich § 70: bei mit Zuchthaus bestraften Verbrechern beträgt die Rückfallsverjährung 10, bei den übrigen 5 Jahre. Bern Art. 64 sieht anders 10 oder 5 Jahre vor, je nachdem das neue Delikt ein Verbrechen oder ein Vergehen ist. Weitere Daten bei Stooss: Grundzüge, 1, 398, auch Z. 8, 313ff, — Gautier: a. a. O. 30f.

gebieten aber die Gesetze dem Richter in der Regel nicht[1]). Sie ermächtigen ihm nur, den ordentlichen Rahmen bis zu einem gewissen Punkte zu überschreiten[2]). Verzichtet der Richter darauf, so hat er, nach dem Sinn der Gesetze, immerhin näher an das ordentliche Maximum heranzugehen, als er es bei einem erstmals Straffälligen tun würde.

V. Der eidg. E. Art. 64 hat vieles verdeutlicht und einige Streitfragen ausdrücklich gelöst: Der Rückfall wird nur bei Verurteilung zu einer Freiheitsstrafe berücksichtigt und nur die vorangegangene ganze oder teilweise Erstehung einer Freiheitsstrafe oder der Aufenthalt in einer Verwahrungs oder Arbeitserziehungsanstalt zählen. Dabei steht der Straferlaß durch Begnadigung der Straferstehung gleich. Eine Bestrafung im Ausland begründet dann Rückfall, wenn sie wegen eines Vergehens erfolgte, für das nach schweizerischem Recht die Auslieferung bewilligt werden könnte. — Die Rückfallsverjährung ist auf 5 Jahre, bei Übertretungen auf 1 Jahr (Art. 293 Ziff. 1) seit der Erstehung der letzten Strafe angesetzt. Der Richter wird zur Erhöhung der Strafe verpflichtet. Er ist an das Höchstmaß der im Einzelfall angedrohten Strafe nicht gebunden, darf aber die höchste gesetzliche Dauer einer Strafart nicht überschreiten[3]).

Der Art. 64 erhält seine Ergänzung durch den Art. 40, der für die vielfach Rückfälligen, die Gewohnheitsverbrecher, die sichernde Maßnahme der Verwahrung einführen will (unten § 81).

§ 79. Ideal- und Realkonkurrenz.

Literatur. Stooss: Strafgesetzbücher, 229ff,; Grundzüge, 1, 417ff. — P. Merkel: VD. Allg. Zeil, 5, 269ff., 326ff., 354ff., 395ff.

---

[1]) Siehe jedoch Waadt Art. 70: „Lorsqu' un individu qui a été condamné á une réclusion d'une année ou plus, commet un nouveau délit entraînant la peine de l'emprisonnement, cette peine est convertie en celle de la réclusion." Diese Bestimmung ist im Hinblick auf die waadtländische Abgrenzung zwischen Zuchthaus und Gefängnis (oben § 56 I) bedeutsam. Dazu kritische Gautier Z. 1, 24.

[2]) Über die Einzeldaten der möglichen Strafschärfungen vgl. die Zusammenstellungen bei Stooss: Grundzüge, 1, 394ff. und Gautier: a. a. O. 31ff. Die in diesen Schriften genannten Daten über Freiburg und Neuenburg sind nicht mehr geltendes Recht. Es gelten die neuen StGB.: Freiburg Art. 45, Neuenburg Art. 95ff. Zürich §§ 66 III und 67 erlaubt, die Strafe um die Hälfte über das Maximum des Einzelfalles zu erhöhen oder zu einer härtern Strafart überzugehen, doch darf die Dauer von 15 Jahren Zuchthaus nicht überschritten werden. Ähnlich bestimmt Bern Art. 63 und 66, jedoch ohne den Übergang zu einer schwereren Strafart zu erlauben. Vgl. noch zürcher. Praxis in Zürcher Bl. 10, Nr. 52; 15, Nr. 212; 24, Nr. 110.

[3]) Zum E. Prot. II. ExpKom. 1, 384ff.; 5, 445ff.; 6, 163ff.; 169ff.; 8, 203, 207ff. — Hafter: Bibliographie (1908), 78f.; Bibliographie (1912), 60f. — Baer: JZ. 15, 271f. — Spira (Lit. zu § 53): 43ff. — Delaquis: ZgesStRW. 25,241ff.

I. Begriffliche Feststellungen müssen vorangehen:

1. Die sog. unechte Gesetzeskonkurrenz ist hier auszuschalten. Das Verhalten des Täters erfüllt zwar den Tatbestand mehrerer Gesetzesstellen, von denen jedoch eine die Tat nach allen Seiten umfaßt. Nur diese umfassende Bestimmung ist anzuwenden (oben § 75 III).

2. Der sog. unechten Gesetzeskonkurrenz steht die Idealkonkurrenz nahe. Auch bei ihr handelt es sich um eine Verbrechenseinheit, um ein einzelnes Verhalten oder eine zu einer Einheit zusammengefaßte Mehrzahl von Handlungen (fortgesetztes Delikt). Allein es fehlt an einem gesetzlichen Tatbestand, der die Tat nach allen Seiten umfaßt[1]). Mehrere Strafbestimmungen gelangen zur Anwendung (echte Gesetzeskonkurrenz, Zusammentreffen mehrerer Strafgesetze, nicht mehrerer strafbarer Handlungen)[2]). Typische Fälle sind: Der Vater vergewaltigt die eigene Tochter; die Bestimmungen über Notzucht, Blutschande und eventuell über Ehebruch treffen zusammen. Der Täter tötet durch einen und denselben Flintenschuß den A. und verletzt den B. Ein anderer begeht in einer Handlung Diebstahl oder Unterschlagung und Amtspflichtsverletzung[3]). Dagegen ist die Annahme von Idealkonkurrenz abzulehnen, wenn jemand durch Sprengstoff viele Menschen tötet, durch ein Wort mehrere Personen beleidigt. Bei solchen, gelegentlich als gleichartige Idealkonkurrenz bezeichneten Vorgängen treffen nicht mehrere Gesetze zusammen[4]).

3. Von der Idealkonkurrenz ist die Realkonkurrenz klar unterschieden. Bei jener konkurrieren nur mehrere, gleichzeitig vom Richter zur Geltung zu bringende Strafgesetze, bei dieser mehrere verbrecherische Handlungen. Ihre Zusammenfassung ist nicht ohne weiteres geboten. Aber sie hat sich, aus Rücksicht für den Täter und zu seinen Gunsten, da ergeben, wo die mehreren Handlungen verübt waren, ehe wegen einer einzelnen von ihnen ein Urteil ergangen war. Viele Rechte wenden die Grundsätze der Konkurrenz auch an, wenn ein Delikt zwar vor der Urteilsfällung über ein anderes begangen, aber erst nachher entdeckt wurde[5]). In diesen Fällen hat der Richter eine sog. Zusatzstrafe auszusprechen.

---

[1]) Die Untersuchung des Einzelfalles, die oft schwierig ist, ergibt, ob Idealkonkurrenz oder sogenannte unechte Gesetzeskonkurrenz (Spezialität oder Konsumtion) anzunehmen ist (oben § 75 III 1 und 2)

[2]) Beachte M. E. Mayer: StR. Allg. Teil, 506f.; BE. 50 I, 256: Verbrechensvielheit bei Handlungseinheit. Luzern § 71 Ziff. 1 spricht von formalem Zusammentreffen.

[3]) Zürcher Bl. 22, 151f.; JZ. 19, 267, Nr. 221.

[4]) Unzutreffend daher Obwalden Art. 32 II, das Idealkonkurrenz nicht nur — richtig — annimmt, wenn jemand durch eine Handlung mehrere Strafgesetze verletzt, sondern auch wenn der Täter durch dasselbe Verhalten „das nämliche Strafgesetz gegen mehrere Personen oder in mehrfacher Richtung zugleich übertreten hat". Dazu P. Merkel: VD. Allg. Teil, 5, 277f und 331.

[5]) Einzelheiten unten II 4.

Die mehreren konkurrierenden Delikte können gleichartig sein, z. B. mehrere, zu verschiedener Zeit verübte Diebstähle, wenn nicht die Voraussetzungen für die Annahme eines fortgesetzten Deliktes zutreffen (oben § 75 I 3, 4)[1]). Man mag das als Wiederholung bezeichnen[2]). Die mehreren Delikte können aber auch ungleichartig sein — der Täter hat Körperverletzung, Diebstahl, Notzucht usw. begangen. Die deutsche Literatur spricht in solchen Fällen von Häufung. Eine unterschiedliche Behandlung der beiden Fälle im Hinblick auf die Konkurrenzregeln ergibt sich nicht[3]).

II. Die geltenden schweizerischen Rechte kennzeichnen zwar den Unterschied zwischen Ideal- und Realkonkurrenz, aber sie lassen ihn vielfach nicht zu praktischer Auswirkung kommen. Im Einzelnen ergibt sich:

1. In der Mehrzahl bringen die Gesetze für die Ideal- und die Realkonkurrenz die gleichen Regeln zur Anwendung[4]). Es gilt das Schärfungsprinzip: Der Richter hat bei der Straffindung die Strafe des schwersten Deliktes zugrunde zu legen und die übrigen Delikte straferhöhend oder -schärfend zu berücksichtigen. Nach BStG. Art. 33 II z. B. darf der Richter die Strafe des schwersten der mehreren Delikte um die Hälfte des angedrohten Höchstmaßes hinaufsetzen, wobei er nötigenfalls von der Gefängnis- zur Zuchthausstrafe überzugehen hat. Zürich §§ 64 und 67 bestimmt ähnlich [5]) und fügt in § 65 die Zumessungsregel hinzu, daß der Richter die Strafe um so höher anzusetzen hat, je größer die Zahl der verbrecherischen Handlungen und je kürzer die Zwischenräume zwischen ihnen sind. Nach dem Wortlaut kann die Regel des § 65 nur bei Realkonkurrenz zur Geltung kommen. Auch die Waadt Art. 64 [6]) befolgt das gleiche System wie der Bund und Zürich, ohne jedoch den Übergang zu einer andern Strafart vorzusehen[7]).

2. Bern Art. 58, 59, Obwalden Art. 32, Freiburg Art. 46, 47, Solothurn § 54, Baselstadt §§ 44,45, Neuenburg Art. 89—91, Tessin Art. 64ff. behandeln Ideal- und Realkonkurrenz ungleich. Bei letzterer ist die Möglichkeit der Straferhöhung auf Grund eines nach oben erweiterten

---

[1]) Zu der Unterscheidung zwischen fortgesetztem und wiederholtem Diebstahl: Zürcher Bl. 2, 350.

[2]) Zwischen Rückfall und Wiederholung liegt der Unterschied darin, daß im letztern Fall keine Bestrafung zwischen der Verübung der einzelnen Delikte liegt. — Merkel: VD. Allg. Teil, 5, 276.

[3]) Solothurn § 54 II erwähnt ausdrücklich die beiden Fälle.

[4]) Texte bei Stooss: Strafgesetzbücher, 229ff. Ob BStG. Art. 33 I mit den Worten: „Wenn mehrere noch nicht bestrafte Übertretungen des gleichen Täters so zur Untersuchung kommen, daß darüber in einem und demselben Urteil zu erkennen ist“ auch die Idealkonkurrenz umfaßt, ist zweifelhaft. Die Praxis nimmt es aber an: BE. 34 I, 121; 40 I, 446.

[5]) Dazu Zürcher Bl. 10, 110. [6]) Répertoire vaudois, 47ff.

[7]) Weitere kantonale Daten bei Stooss: Grundzüge, 1, 419.

Strafrahmens vorgesehen. Bei idealer Konkurrenz dagegen gilt das Absorptionsprinzip: Nur die Strafe des schwersten Deliktes ist anzuwenden, wobei nach Obwalden Art. 32 II und Solothurn § 54 I allerdings die Verletzung der weitern Strafgesetze straferhöhend innerhalb des ordentlichen Rahmens zu berücksichtigen ist[1]).

Für sich allein steht die Ordnung von Genf Art. 39. Ohne zwischen Real- und Idealkonkurrenz zu unterscheiden, ordnet das Gesetz an: „En cas de concours de plusieurs crimes ou délits, la peine la plus forte sera seule prononcée.“ Das Absorptionsprinzip ist, beim Zusammentreffen von Verbrechen und Vergehen, rein durchgeführt[2]). Für die Behandlung der Idealkonkurrenz ist das richtig. Bei realer Konkurrenz ist dagegen wenigstens die Möglichkeit einer Strafschärfung angezeigt (unten III).

3. Eine besondere Stellung nimmt auch Graubünden § 52 ein. Es huldigt im Prinzip der Kumulation: sämtliche verwirkten Strafen sollen, sofern ihre Verbindung möglich ist, vereinigt erkannt werden. Bei zeitlichen Freiheitsstrafen von gleicher Art, die verbunden das gesetzliche Höchstmaß übersteigen würden, hat der Richter auf die folgende höhere Strafart überzugehen. Beim Zusammentreffen ungleichartiger zeitlicher Freiheitsstrafen ist auf die härtere zu erkennen. Die Strafdauer kann hier bis auf lebenslängliches Zuchthaus ausgedehnt werden[3]).

4. Die Frage der nachträglichen Zusatzstrafe (oben I 3) erfährt verschiedene Lösungen: Zürich § 69 bringt sie — unter Anwendung der Schärfungsregeln aus §§ 64, 65 — zur Geltung, wenn ein „Bestrafter ein neues Verbrechen verübt, ehe er die Strafe für ein früheres ganz oder zum Teil erstanden hat“. Nach dem Wortlaut wäre diese Vorschrift nicht anwendbar, wenn es sich um die nachträgliche Entdeckung eines weitern Deliktes handelt, das der Täter vor dem Urteil verübte[4]). Die Praxis hat aber — in einer hier durchaus zulässigen

---

[1]) Bernische Praxis bei KREBS: StGB. Art. 58, 59, auch BE. 34 I, 120ff.; 40 I, 443ff. — Neuenburg Art. 91 macht den bemerkenswerten Versuch, die Regeln über die Realkonkurrenz auch interkantonal zur Geltung zu bringen: außerkantonale Verurteilungen soll der neuenburgische Richter unter Umständen berücksichtigen, damit es nicht zu einer Kumulation der mehreren Strafen kommt. Art. 91 III insbesondere bestimmt: „Le Conseil d'État peut ouvrir des négociations avec d'autres cantons, en vue d'obtenir, par voie de concordat, ou pour des cas isolés, que des infractions de même nature, commises sur plusieurs territoires, fassent l'objet d'un même jugement.“

[2]) Französisches System der unbeschränkten Absorption; dazu MERKEL: a. a. O. 373 ff.

[3]) Zu Graubünden auch STOOSS: Grundzüge, 1, 419f.

[4]) X. wurde z. B. wegen eines Diebstahls verurteilt. Während er die Strafe verbüßt, kommt ein weiterer Diebstahl, den er vor der Urteilsfällung begangen hatte, an den Tag.

analogen Rechtsanwendung — die Bestimmung auf diesen vor allem wichtigen Fall ausgedehnt[1]).

Eine wohl durchdachte Lösung gibt Baselstadt § 46: Der Richter hat auf eine Gesamtstrafe zu erkennen, wenn ein Verurteilter, bevor er eine erkannte Strafe verbüßt hat, wegen eines weitern Verbrechens zu bestrafen ist. Das gilt auch, wenn die ersterkannte Strafe bedingt ausgesprochen oder noch nicht rechtskräftig geworden ist, nicht aber wenn die frühere Strafe verjährt oder erlassen ist.

Allgemeiner bestimmen Bern Art. 60, Freiburg Art. 47 II, Waadt Art. 66, Wallis Art. 78 und Neuenburg Art. 94. Nach ihnen ist ohne Einschränkung eine Zusatzstrafe, nicht eine selbständige Strafe auszusprechen, wenn ein Delikt zwar vor dem ersten Urteil verübt, aber erst später entdeckt wurde[2]).

5. Bei Konkurrenzfällen ergeben sich noch weitere besondere Fragen:

Wenn der Richter auf Grund des Schärfungsprinzipes zu einer Gesamtstrafe kommt, so soll dieses Resultat für den Verurteilten günstiger sein als eine Kumulation der einzelnen Strafen. Namentlich wird dadurch eine Verkürzung der — nicht einfach zu addierenden — Freiheitsstrafen erstrebt. Schaffhausen § 75 wendet daher die Regeln nur beim Zusammentreffen mehrerer Freiheitsstrafen an, Bern Art. 61 verhängt bei Konkurrenz von mehreren nur mit Buße bedrohten Delikten jede Buße selbständig. Es gelangt also hier zur Kumulation.

Beim Zusammentreffen von Verbrechen (Vergehen) mit Übertretungen und von Übertretungen unter sich wird die Anwendung besonderer Konkurrenzregeln häufig ausgeschlossen. Es gilt daher Strafenkumulation. Für Zürich folgt das aus StGB. § 2, der die Anwendung der Regeln des Allgemeinen Teils des StGB. auf Übertretungen ausschließt[3]). Basel PolStG. § 19 bringt in solchen Fällen, wenn Idealkonkurrenz vorliegt, nach dem Absorptionsprinzip nur die Strafe des schwersten Delikts zur Anwendung. Bei realer Konkurrenz dagegen

---

[1]) Zürcher Bl. 15, Nr. 144; 19, Nr. 178; 24, Nr. 59; ebenso Zürcher: Kommentar StGB. § 69, N. 1; ablehnend Zeller: Kommentar, § 69, N. 2, 3. — Eine Zusatzstrafe wird vom zürcherischen Richter nur ausgefällt, wenn die frühere, noch nicht erstandene Strafe auf dem Urteil eines zürcher. Gerichts beruht. Eine zufolge bedingter Verurteilung aufgeschobene Strafe ist keine „ganz oder teilweise erstandene Strafe.“ § 69 ist daher nicht anwendbar: Zürcher Bl. 19, Nr. 189; JZ. 17, 93, Nr. 62.

[2]) Bernische Praxis bei Krebs: StGB. Art. 60. Kurz und treffend erklärt Freiburg Art. 47 II: Die Grundsätze über die Behandlung der Realkonkurrenz „finden Anwendung, wenn ein wegen einer Straftat bereits Verurteilter für eine andere, vor dieser Verurteilung begangene Tat abgeurteilt wird.“

[3]) Sträuli: Kommentar StPrO. 171; Zürcher Bl. 24, 82. Ebenso für die Waadt: Répertoire vaudois, 260f.

tritt Kumulation ein. Tessin Art. 415 § 1 und Genf Art. 38 fordern beim Zusammentreffen mehrerer Übertretungen ausdrücklich die kumulative Anwendung der mehreren Strafen. — Diese Lösungen sind, mindestens wenn mehrere Freiheitsstrafen (Haft, arrêts de police) in Betracht kommen, unbefriedigend (unten III i. f.).

Dagegen sollen die Nebenstrafen, die ja besondern Zwecken dienen, in eine Gesamtrechnung nicht einbezogen, sondern immer selbständig erkannt werden, auch wenn sie nur bei einem der mehreren Delikte vorgesehen sind[1]). Selbstverständlich muß das auch gelten, wenn neben einer Strafe sichernde Maßnahmen in Betracht kommen oder wenn „Maßnahmen" zusammentreffen.

Wenn Idealkonkurrenz zwischen einem Offizial- und einem Antragsdelikt vorliegt, so ist für die Berücksichtigung der auf das letztere stehenden Strafdrohung ein Antrag erforderlich[2]).

6. Treffen Delikte zusammen, bei deren Beurteilung eidgenössisches und kantonales Recht zur Anwendung zu bringen ist, so gilt nach einer feststehenden Praxis die Strafschärfungsnorm des Art. 33 BStG. Das Bundesrecht geht hier dem kantonalen Recht vor, auch dann, wenn im Einzelfall das kantonale Gesetz die schwerere Strafe androht[3]).

III. Die Ordnung der Konkurrenz im eidg. E. Art. 65 befriedigt nur teilweise. Er sieht bei Ideal- und bei Realkonkurrenz in gleicher Weise die Erhöhung der Strafe vor mit der dem Richter gewährten Möglichkeit, das höchste Maß der für das schwerste Delikt angedrohten Strafe bis um die Hälfte hinaufzusetzen. Das ist bei realer Konkurrenz, nicht aber bei der Idealkonkurrenz zu billigen. Die beiden sind grundverschieden. Ob eine Tat mehrere Gesetzesstellen verletzt, hängt von der Redaktion des StGB., nicht vom Täter ab. Bei der Realkonkurrenz dagegen liegt eine Mehrzahl von oft weit auseinander liegenden verbrecherischen Handlungen vor. Der Idealkonkurrenz wird nur das Absorptionsprinzip gerecht[4]). — Abgesehen von dem bedauerlichen Mißgriff der Gleichbehandlung der beiden Konkurrenzarten bringt der

[1]) Besondere Bestimmungen in dieser Richtung: Freiburg Art. 48, Waadt Art. 65, Wallis Art. 77 (für die Einstellung in der bürgerlichen Rechtsfähigkeit) und Neuenburg Art. 93 I.

[2]) Vgl. Zürcher Bl. 22, Nr. 82 (Idealkonkurrenz zwischen Amtspflichtsverletzung und nur auf Antrag strafbarer Unterschlagung; Fehlen eines rechtsgültigen Strafantrages).

[3]) Die Lösung kann namentlich von Bedeutung werden, wenn das für jeden Konkurrenzfall das Schärfungsprinzip annehmende Bundesrecht mit einem kantonalen Recht zusammentrifft, das bei Idealkonkurrenz die Absorption vorsieht (z. B. Bern); BE. 34 I, 120ff.; 40 I, 445; — v. Cleric: Leitfaden, 41f.; — Stämpfli: Z. 38, 72.

[4]) Hafter: Z. 27, 27; Deutsche StR.-Zeitung, 4, 38; Bibliographie zum VE. (1908), 79 und Bibliographie (1912), 61f. — Lang: Prot. II. ExpKom. 1, 390, 392. — Merkel: VD. a. a. O. 338f.

E. eine gute Lösung: Er beschränkt die Regel auf das Zusammentreffen mehrerer Freiheitsstrafen. Er weist den Richter an, den Täter, der mehrere Bußen verwirkt hat, zu der Buße, die seinem Verschulden angemessen ist, zu verurteilen. Er schreibt die Verhängung von Nebenstrafen und Maßnahmen vor, auch wenn sie nur in einer der mehreren, zur Anwendung gelangenden Bestimmungen angedroht sind. Art. 65 Ziff. 2 ordnet den Fall der Zusatzstrafe, die der Richter auszusprechen hat, wenn eine Tat zu beurteilen ist, die begangen wurde, bevor der Täter wegen eines andern Deliktes verurteilt wurde, so, daß keine schwerere Bestrafung erfolgen soll, als wenn die mehreren Taten gleichzeitig beurteilt worden wären[1]).

Diese Bestimmungen finden auch auf Übertretungen und beim Zusammentreffen von Verbrechern (Vergehen) mit Übertretungen Anwendung[2]).

Vierter Abschnitt.

Sichernde und andere Maßnahmen.

Vorbemerkungen.

Literatur. Angaben zu §§ 49, 50.

1. Nur von den in die Strafgesetzgebung eingefügten sichernden und andern Maßnahmen ist hier die Rede[3]). Die Voraussetzung ihrer Anwendung ist also eine Deliktsverübung. Deutlich erkennbar ist heute die Entwicklungstendenz, solche Maßnahmen nicht nur in das Strafgesetz aufzunehmen, sondern sie auch direkt durch das Urteil des Strafrichters zur Geltung zu bringen. Dann dient das Maßnahmenrecht in der ihm eigenen, von der Strafe zu unterscheidenden Weise der Verbrechensrepression. Es unterscheidet sich — zwar vielfach nicht im Inhalt, aber in der Art, wie es zur Geltung gebracht wird — auch von den Maßnahmen, die von Verwaltungsbehörden und vom Zivilrichter ausgesprochen werden. Verhängen diese Stellen Maßnahmen, so ist das nicht Verbrechensrepression, sondern nur Prävention (oben § 49 II)[4]).

---

[1]) Zu Art. 65 kommt die auch materiell bedeutsame Verfahrensbestimmung in Art. 369 Ziff. 2: „Ist jemand entgegen der Vorschrift über Zusammentreffen mehrerer strafbarere Handlungen (Art. 65) von mehreren Gerichten wegen Vergehen zu mehreren Freiheitsstrafen verurteilt worden, so setzt das Gericht, das die schwerste Strafe ausgesprochen hat, auf sein Gesuch (!) eine Gesamtstrafe fest.“

[2]) Zum E. vgl. noch Prot. II. ExpKom. 1, 389ff., 450f.; 2, 112ff.

[3]) Über die Wesensart der Maßnahmen und ihre Scheidung von den Strafen oben § 49 III, IV, § 50, namentlich V, VI. Über die Maßnahmen im Jugendlichen-Strafrecht unten §§ 92—94.

[4]) Daten bei Wüst: Sichernde Maßnahmen (Lit. zu § 49), 23ff.: sichernde Maßnahmen im Verwaltungsrecht.

2. Die notwendige Aufgabe, neben das Strafensystem ein sorgfältig durchgebildetes System der (strafrechtlichen) Maßnahmen zu stellen (oben § 49 III), ist heute von der Wissenschaft und der Strafgesetzgebung noch ungenügend gelöst. Der Streit über den Charakter gewisser, in die Hand des Strafrichters gelegter Maßregeln — ob sie Strafe oder Maßnahme sind — dauert an. Unbestritten sind nach heutiger Anschauung Maßnahmen, nicht Strafen, die durch den Strafrichter angeordnete Versorgung und Behandlung von Unzurechnungsfähigen und vermindert Zurechnungsfähigen, die Verwahrung von Gewohnheitsverbrechern, die Erziehung krimineller Liederlicher und Arbeitsscheuer zur Arbeit, die Behandlung von kriminellen Gewohnheitstrinkern, die Friedensbürgschaft, die vom Strafrichter angeordneten Vermögensverwendungen zugunsten des Geschädigten. Diese Maßnahmen sind in diesem Abschnitt zu erörtern.

Bei einer Reihe von andern Maßnahmen bestehen Zweifel über ihre Rechtsnatur. Die Gesetze betonen, zum Teil im Gegensatz zur wissenschaftlichen Anschauung, ausdrücklich den Strafcharakter. Das gilt namentlich für die Landesverweisung, das Wirtshausverbot, die Einziehung, die Einstellung in der bürgerlichen Rechtsfähigkeit, die Amtsentsetzung, das Berufs- und Gewerbeverbot, die Entziehung der elterlichen Gewalt und der Vormundschaft, die Urteilsveröffentlichung.— Im Hinblick auf den Standpunkt der geltenden Rechte bringt dieses Buch diese Maßregeln im Kapitel: Nebenstrafen zur Erörterung (oben §§ 62ff.). Die Darstellung läßt aber keinen Zweifel darüber, daß die Entwicklung der sog. Nebenstrafen zu sichernden Maßnahmen fast durchwegs das zu erstrebende Ziel ist.

3. Im Maßnahmenrecht sind die für die Straffindung und -zumessung aufgestellten Normen nicht anwendbar. Auch eine eigentliche Vollstreckungsverjährung, wie sie für die Strafen besteht, ist dem Maßnahmenrecht fremd (oben § 49 IV).

§ 80. Behandlung von Unzurechnungsfähigen und vermindert Zurechnungsfähigen.

Literatur. Angaben zu §§ 22, 33, 34. Ferner: DELAQUIS und GABUZZI: Verhandlungen des Schweiz. Jur.-Vereins (1913), ZschwR. NF. 32, 485ff., 728ff., 747ff., auch JZ. 10, 81ff. — DELAQUIS: Z. 33, 197 ff. — BOREL: Du placement des aliénés criminels en Suisse, Genfer Diss. (1904). — HILFIKER: Gefährdungshaftung im StR. Zürcher Diss. (1920), namentlich 43ff. — LISIBACH und FAVRE: Gef.-Verein (1915), 28 I, 1ff., 63ff. — MAIER: Z. 26, 287ff. und JZ. 9, 299ff. — E. ZÜRCHER: JZ. 9, 281ff. — BLEULER: eodem, 10, 183ff. — BEYLI: eodem, 17, 369ff. — ASCHAFFENBURG: Die Sicherung der Gesellschaft gegen gemeingefährliche Geisteskranke (1912) und VD. Allg. Teil, 1, 79ff. — STOOSS: Z. 38, 209ff. (Texte von schweizer. und ausländischen Entwürfen).

I. Der unzurechnungsfähige Täter bleibt straflos, der vermindert Zurechnungsfähige wird — wenigstens nach der heute noch vorherrschenden Ordnung — geringer bestraft. Damit begnügen sich die alten Strafrechte. Nach ihnen gehört es nicht in den Kreis der strafrichterlichen Aufgabe, zu untersuchen, ob der unzurechnungsfähige oder vermindert zurechnungsfähige Täter die öffentliche Sicherheit oder Ordnung gefährdet, oder ob er sonst versorgungs- oder behandlungsbedürftig ist.

1. Heute steht noch die Mehrzahl der Kantone auf diesem Standpunkt. Ihre Strafgesetze enthalten über die Sicherung von Unzurechnungsfähigen und vermindert Zurechnungsfähigen keine Bestimmungen. Dabei ist nicht ausgeschlossen, daß in der Praxis der Strafrichter die zuständigen Stellen auf den Gefährlichen oder Behandlungsbedürftigen aufmerksam macht, um weitere Maßnahmen zu veranlassen.

2. Einzelne Gesetze, namentlich neuere Strafprozeßordnungen, geben dem Richter dagegen die Anweisung, Maßnahmen, wenigstens gegenüber Unzurechnungsfähigen, bei der zuständigen Verwaltungsbehörde zu veranlassen:

Nach der MilStGO. des Bundes Art. 162 kann das Gericht die vorläufige Verwahrung des unzurechnungsfähigen Täters verfügen und ihn seinem Wohnsitzkanton zu weiterer Behandlung überweisen. Ausführlicher ordnet Zürich StPrO. §§ 391—394: Gegenüber dem Geisteskranken, der freigesprochen wird oder gegen den die Strafuntersuchung oder der Strafvollzug eingestellt werden, sorgt die Behörde (Gericht, Staatsanwalt) vorläufig für die erforderlichen Sicherungsmaßnahmen. Der Fall wird der Justizdirektion zur Prüfung der Frage der Versorgung oder Bevormundung überwiesen. Die Justizdirektion trifft die nötigen Anordnungen. Sie stellt Antrag an die zuständige Vormundschaftsbehörde oder verfügt Anstaltsversorgung. Zur Entlassung solcher Versorgter aus der Anstalt ist die Einwilligung der Justizdirektion erforderlich[1]). Ähnliche Überweisungsverfahren sind vorgesehen in Bern Art. 47 I, III[2]), Schwyz StPrO. § 241, Freiburg Art. 9 (auch bei gefährlichen vermindert Zurechnungsfähigen), Schaffhausen StPrO. Art. 226, St. Gallen St.PrO. Art. 106 III, Waadt Art. 54, Neuenburg Art. 71, Genf StPrO. Art. 330 Ziff. 4 und Loi permettant de poser au jury la question de savoir si l'accusé a agi en état d'aliénation mentale, disposition finale[3]).

---

[1]) Dazu Sträuli: Kommentar zürcher. StPrO. 223f. — v. Cleric: JZ. 15, 371 bezeichnet diese Bestimmungen verglichen mit denen des eidg. E. als von „ganz rudimentärer Art." Vgl. über die Durchführung auch Delaquis: a. a. O. 509ff.

[2]) Anwendung auf vermindert Zurechnungsfähige: Berner Z. 44, 579.

[3]) Die kantonalen Gesetzestexte bei Asper: (Lit. zu § 33), 86f. und Lüscher: (Lit. zu § 22), 355ff. Unrichtig ist dort das Zitat: Neuenburg (1884) Art. 47; vgl. ferner Stooss: Grundzüge, 1, 192. — Wüst: Sich. Maßnahmen, 58ff. — Delaquis: a. a. O. 503ff., ausländische Daten: 492ff. — Zur Frage eines schweizerischen Irrengesetzes: Forel: Z. 6, 313ff.

Auch Luzern § 48 II gehört wohl in diese Gruppe: Unzurechnungsfähige Verbrecher sollen durch „obrigkeitliche Verfügung" unschädlich gemacht werden. Daneben ist Übergabe an ihre Familie zu angemessener Besorgung und Verwahrung vorgesehen. Die letztere Maßnahme kann wohl der Richter direkt aussprechen.

3. Erst vereinzelt macht sich eine Ordnung geltend, wonach der Strafrichter selbst die Sicherungsverwahrung Unzurechnungsfähiger anordnen kann:

Obwalden PolStG. Art. 19 überläßt es den richterlichen oder den administrativen Behörden, „die mit der Sache zu tun hatten", weitere Maßnahmen zu treffen. Klar bestimmt ein tessinisches Dekret vom 8. Mai 1893 zum StGB. über die verbrecherischen Irren (delinquenti pazzi): Se l'imputabilità è esclusa da infermità di mente, l'autorità giudiziaria, ove stimi pericolosa la liberazione dell' imputato prosciolto, ne ordina a cura dell' autorità amministrativa il ricovero in un manicomio.

Am weitesten im Sinne der Entwicklungstendenz ist Baselstadt vorgeschritten: Schon die StPrO. (von 1852) bestimmt in § 50 II, daß der Untersuchungsrichter einen unzurechnungsfähig befundenen Untersuchungsgefangenen in die Irrenanstalt verbringen lassen kann. Namentlich aber ordnet StGB. § 30a (Novelle vom 10. Juli 1919) an, daß der Richter gegenüber dem vermindert Zurechnungsfähigen die Wahl hat, ihn milder zu bestrafen oder an Stelle der Strafe zwangsweise Versorgung auszusprechen.

II. Mit den Ängstlichkeiten der kantonalen Rechte räumt der eidg. E. auf. Es steht fest, daß gegenüber gefährlichen Unzurechnungsfähigen und vermindert Zurechnungsfähigen eine gesellschaftliche Sicherung notwendig ist. Haben solche Personen ein Delikt verübt, mit dem sich die strafprozessualen Behörden (Untersuchungsbeamte, Staatsanwalt, Untersuchungsrichter, Strafrichter) befassen, so ist nicht einzusehen, weshalb diese Stellen nicht direkt die erforderlichen Maßnahmen verhängen sollen. Sie sind durch ihre Untersuchungen und Feststellungen dazu geeignet. Sie bieten wohl auch größere Gewähr für ein Rechtsverfahren. Nur juristischer Formalismus und eine unzutreffende Einschätzung des Prinzips der Gewaltentrennung können eine Opposition tragen [1]).

Der E. baut das Sicherungssystem gegen Unzurechnungsfähige und vermindert Zurechnungsfähige folgendermaßen auf:

1. Der Strafrichter ordnet Verwahrung in einer Heil- oder Pflegeanstalt an, wenn infolge der Gefährdung der öffentlichen Sicherheit oder Ordnung die Verwahrung notwendig ist (Art. 13 I).

---

[1]) Oben § 49 II.

2. Der Strafrichter ordnet Behandlung oder Versorgung in einer Heil- oder Pflegeanstalt an, wenn — außer dem Fall der Gefährlichkeit — der Zustand des Rechtsbrechers dies erfordert (Art. 14 I).

3. Die Kantone können die Verhängung dieser Maßnahmen gegen Unzurechnungsfähige, gegen die das Strafverfahren eingestellt wurde, den Einstellungsbehörden übertragen (Art. 388).

4. Die kantonalen Verwaltungsbehörden vollziehen die auf Verwahrung, Behandlung oder Versorgung lautenden Anordnungen. Der Richter — und eventuell die Einstellungsbehörde — heben Verwahrung, Behandlung oder Versorgung auf, sobald der Grund der Maßnahme weggefallen ist (Art. 15 Ziff. 1, Ziff. 2 I). Die Einweisung kann selbstverständlich nicht auf eine von vornherein bestimmte Zeit erfolgen (sentence indéterminée).

5. Da der Richter den nur vermindert zurechnungsfähigen Täter zugleich zu Strafe verurteilen muß (Art. 11), stellt er, wenn auch auf Verwahrung, Behandlung oder Versorgung erkannt wird, den Strafvollzug ein. Nach Aufhebung der Maßnahme entscheidet er, ob und inwieweit die ausgesprochene Strafe noch zu vollziehen ist (Art. 13 II, 14 II, 15 Ziff. 2 II)[1].

III. Unabgeklärt sind die Fragen, wie und namentlich in was für Anstalten die Sicherungsmaßnahmen gegen unzurechnungsfähige und vermindert zurechnungsfähige Rechtsbrecher (Geisteskranke) zu vollziehen sind. Naturgemäß kommen in erster Linie Irrenanstalten in Betracht. Eine gewisse Tendenz liegt in Art. 412 des eidg. E. Darnach kann der Bund Beiträge leisten an die Errichtung besonderer Abteilungen in Heil- oder Pflegeanstalten, die zur Aufnahme richterlich eingewiesener gefährlicher Geisteskranker bestimmt sind. Hinter dieser Bestimmung steht der Gedanke der Spezialanstalt für irre Verbrecher (italienisches manicomio criminale). Er wurde auch in der Schweiz mehrfach erwogen[2]. Für die Schweiz hängt die Lösung der Frage, ob

[1]) Zur Ordnung des E.: STOOSS: Motive VE. 1893, 21, 24f. — ZÜRCHER: Erläuterungen VE. 1908, 43f.; Prot. II. ExpKom. 1, 135ff., 199f.; 8, 161; 9, 363.ff. — v. SPEYR: Z. 7, 189ff. — WÜST: a. a. O. 68ff. — DELAQUIS: a. a. O. 550ff. (mit weitern Lit.-Hinweisen). — ASPER: a. a. O. 93ff., 111ff. — LÜSCHER: a. a. O. 362ff. — ASCHAFFENBURG: Sicherung der Gesellschaft, 189ff. Vgl. ferner HAFTER: Bibliographie zum VE. (1908) 44ff.; Bibliographie (1912), 32ff. — ZÜRCHER: Bibliographie (1924), 36. — MAIER: Z. 26, 298ff. — PFENNINGER: Z. 37, 140ff. — E. ZÜRCHER: JZ. 9, 281ff.

[2]) Siehe namentlich GABUZZI: Prot. II. ExpKom. 2, 80ff. und Verhandlungen des Schweiz. Jur. Vereins (1913), ZschwR. NF. 32, 750ff., auch JZ. 10, 81ff. — FAVRE: Gef.-Verein, 26 II, 38 und 27 I, 62f. (asiles ou hospices pour les aliénés criminels et dangereux et pour les condamnés qui, sans être absolument aliénés sont pourtant des anormaux). Gegen besondere Kriminal-Irrenasyle, dagegen für besondere Bewahrungshäuser, die an bestehende Pflegeanstalten anzugliedern wären: DELAQUIS: a. a. O. 590ff. (mit weitern Lit.-Angaben), 740ff. —

für kriminelle Geisteskranke Spezialanstalten oder nur besondere Abteilungen in bestehenden Anstalten geschaffen werden sollen, vor allem davon ab, was praktisch erreichbar ist. Nur das Eine sollte feststehen, daß solche „besonderen Abteilungen" nicht Strafanstalten, sondern Irren- oder andern Pflegeanstalten anzugliedern sind.

§ 81. Verwahrung von Gewohnheitsverbrechern.

Literatur. Angaben zu §§ 78 und 82. — VUILLEUMIER: Das Gewohnheitsverbrechertum und seine Bekämpfung, Zürcher Diss. (1918). — STOOSS: Z. 6, 84ff.; 37, 148ff.; 38, 23ff. — GUILLAUME: Z. 6, 292ff. — HÜRBIN: Gef.-Verein, 19 I, 28ff. — E. ZÜRCHER: eodem, 27 I, 26ff. — BECK: Z. 17, 391ff. — v. HENTIG: Z. 26, 403ff. — HAFTER: Z. 37, 285ff. — KELLERHALS und DELAQUIS: Z. 38, 197ff. — LUDWIG: Gerichtssaal, 91, 280ff., 447ff. — HAFNER: JZ. 22, 6ff. — MITTERMAIER: VD. Allg. Teil, 3, 321ff.

I. Der Gewohnheitsverbrecher ist ein vielfach Rückfälliger. Mehr als das steht, wenn man den Begriff zu bestimmen versucht, kaum fest. Dagegen ist die heutige Kriminalpolitik einig darüber, daß vielfach Rückfälligen gegenüber die Bestimmungen der alten Strafgesetzbücher über die Behandlung des Rückfalls (oben § 78) nicht ausreichen[1]).

Zwei Hauptfragen ergeben sich:

1. Wo ist die Grenze zu ziehen zwischen der Gruppe von Tätern, deren Rückfall lediglich eine Strafschärfung zur Folge haben soll und jenen Rückfälligen, die als Gewohnheitsverbrecher einer anders gearteten Behandlung — sichernden Maßnahmen neben oder statt der Strafe — unterzogen werden sollen?

2. Wie ist, wenn man sich für eine anders geartete Behandlung, für die Versetzung des Gewohnheitsverbrechers in ein besonderes Milieu[2]), entscheidet, diese Maßnahme zu gestalten?

II. Die geltenden schweizerischen Strafgesetzbücher geben keine Lösung[3]). Erst der eidg. E. versucht sie (unten III). Unter seinem Einfluß stehen zwei neue kantonale Sondergesetze:

LISIBACH: Gef.-Verein, 28 I, 1ff. und jetzt auch FAVRE: eodem, 63ff. — RIS: Prot. II. ExpKom. Beilagenband 1, 186ff. — Zu der Frage ferner ASCHAFFENBURG: a. a. O. 233ff. (mit vielen Hinweisen auf ausländische Ordnungen) und VD. Allg. Teil, 1, 79ff. (Rechtsvergleichung). — ASPER: a. a. O. 96ff., 122ff. — LÜSCHER: a. a. O. 366ff.

[1]) VUILLEUMIER: passim. — STOOSS: Motive VE. 1893, 49ff.; Z. 9, 278. — GAUTIER: Z. 27, 125. — POLTERA: (Lit. zu § 78), 97 und fast die ganze neuere kriminalpolitische Literatur. Das freiburgische StGB. von 1924 verzichtet allerdings auf besondere Maßnahmen gegenüber dem Gewohnheitsverbrecher. Es hält die Vorschriften über Einweisung in eine „landwirtschaftliche Kolonie" (Art. 39) und über die Rückfallsschärfung (Art. 45, namentlich Abs. 3) für ausreichend (Motive zum VE. 19). So gegen die Verwahrungsanstalt auch MEYER v. SCHAUENSEE: Gerichtssaal, 86, 30 und GRETENER: eodem, 87, 67ff.

[2]) VUILLEUMIER: 67f.

[3]) Anders zum Teil seit längerer Zeit das Ausland, insbesondere England und Nordamerika. Kriminalpolitisch bedeutsam ist namentlich der englische Prevention

1. St. Gallen erließ am 19. November 1924 ein Gesetz betreffend die Einweisung von Gewohnheitsverbrechern und Zwangsversorgten in die Strafanstalt[1]). Art. 1—5 ordnen die richterliche Behandlung des Gewohnheitsverbrechers. Er wird als ein Mensch gekennzeichnet, der „wegen Verbrechen oder Vergehen schon mehrere Freiheitsstrafen erstanden hat, einen Hang zu Verbrechen oder Vergehen, zur Liederlichkeit oder Arbeitsscheu bekundet und wieder ein mit Freiheitsstrafe bedrohtes Verbrechen oder Vergehen verübt hat". Der Richter hat auch in diesem Falle eine Freiheitsstrafe auszusprechen. Er kann aber zugleich erkennen, daß der Verurteilte an Stelle der Strafe auf unbestimmte Zeit zur Verwahrung in die Strafanstalt eingewiesen wird. Aus Art. 1 II ergibt sich, daß die Einweisung in die Strafanstalt eine Verlegenheitslösung darstellt: Sofern eine besondere Verwahrungsanstalt zur Verfügung steht, sollen die Gewohnheitsverbrecher regelmäßig dieser überwiesen werden[2]). Die Vorschriften über die Durchführung der Verwahrung sind — mit kleinen Abweichungen — dem Art. 40 des eidg. E. nachgebildet.

2. Das Gesetz von Zürich, vom 24. Mai 1925, über die Versorgung von Jugendlichen, Verwahrlosten und Gewohnheitstrinkern[3]) umfaßt sowohl die verwaltungsrechtlichen wie die strafrechtlichen Maßnahmen gegenüber diesen Personen. Nur die strafrechtlichen Maßnahmen gegen Gewohnheitsverbrecher, die das Gesetz zu den „unverbesserlichen Verwahrlosten" zählt, sind in diesem Zusammenhang herauszuheben: Es handelt sich um mehr als 18 Jahre alte Personen, die einen Hang zu Vergehen bekunden oder liederlich oder arbeitsscheu sind und ihrer „besondern Eigenschaften" wegen nicht in eine Arbeitserziehungsanstalt eingewiesen werden können. Ausdrücklich werden die mehrfach rückfälligen oder gefährlichen Verbrecher genannt, für die als Verwahrungsanstalt wie in St. Gallen die kantonale Strafanstalt benutzt werden kann (§ 8). Nicht der urteilende Strafrichter erkennt auf Verwahrung. Er spricht nur die Strafe aus und überweist für

---

of Crime Act von 1908 (deutsche Übersetzung von ROSENFELD in der Sammlung außerdeutscher Strafgesetzbücher 1909). Die §§ 10ff. bestimmen über die Nachhaft für Gewohnheitsverbrecher (habitual offenders). Vgl. dazu z. B. v. HENTIG: Z. 26, 403ff. (über die Verwahrungsanstalt Camp Hill). Weitere Daten über ausländische Gesetze und Entwürfe bei MITTERMAIER: VD. Allg. Teil, 3, 331ff. — VUILLEUMIER: 72ff., 81ff.; — STOOSS: Z. 37, 148ff.

[1]) Abgedruckt in der Z. 38, 221ff. Über den Entwurf dieses Gesetzes HAFTER: Z. 37, 285ff. und 370ff. — LUDWIG: Gerichtssaal 91, 280ff.

[2]) Die Schweiz besitzt bis heute keine Verwahrungsanstalt. Die Errichtung einer solchen Anstalt auf dem Wege interkantonaler Vereinbarung ist geplant: Z. 38, 114ff.

[3]) Abgedruckt in der Z. 38, 224ff. Dazu HAFNER: JZ. 22, 6ff. — LUDWIG: Gerichtssaal, 91, 447ff. Vgl. auch Z. 32, 166ff.

weitere Maßnahmen die Akten an die Justizdirektion. Einweisung und Entlassung erfolgen durch die zuständigen Verwaltungsbehörden (§§ 10, 14 und StPO. §§ 392, 393). Möglich ist bedingter Erlaß der Einweisung unter Ansetzung einer Probezeit (§ 20 I, II), was bei Leuten, die für die Verwahrungsanstalt reif sind, ein Unding ist. Die Versorgung in die Verwahrungsanstalt erfolgt nicht auf unbestimmte Zeit, sondern auf die Dauer von 2—5 Jahren. Nach Ablauf der Versorgungsdauer entscheidet die zuständige Direktion des Regierungsrates über bedingte oder unbedingte Entlassung oder weitere Zurückbehaltung für 2 bis 5 Jahre (§ 10).

III. Der Art. 40 des eidg. E. führt den Gedanken der Verwahrung von Gewohnheitsverbrechern energischer durch als die Gesetze von St. Gallen und Zürich:

1. Gewohnheitsverbrecher ist nach dem E. ein Mensch, der „schon viele Freiheitsstrafen erstanden hat und einen Hang zu Vergehen oder zu Liederlichkeit oder Arbeitsscheu bekundet". Man mag diese Formel als unscharf bezeichnen. Der Wertung des Richters bleibt viel überlassen. In der Praxis ist nicht zu fürchten, daß der schweizerische Richter in der Annahme gewohnheitsmäßigen Verbrechertums zu weit geht. Die Prüfung der Strafregister muß ihm den Weg weisen[1]).

2. Wird ein Gewohnheitsverbrecher neuerdings wegen eines Verbrechens oder Vergehens zu Freiheitsstrafe verurteilt, so kann ihn der Richter in eine Verwahrungsanstalt einweisen. Die Verwahrung tritt in diesem Falle an die Stelle der Freiheitsstrafe. Es handelt sich nicht um bloße Nachhaft wie in Zürich. Der in die Verwahrungsanstalt Eingewiesene bleibt 10 Jahre in der bürgerlichen Rechtsfähigkeit eingestellt (Art. 48 Ziff. 1 III).

3. Der Vollzug der Verwahrung erfolgt in einer ausschließlich diesem Zwecke dienenden Anstalt[2]).

4. Für das Regime in der Verwahrungsanstalt gilt namentlich, daß der Verwahrte zu der ihm von der Anstalt zugewiesenen Arbeit angehalten wird (Art. 40 Ziff. 3). Man sprach von einem „Arbeitskloster". Während der Nachtruhe wird der Verwahrte in Einzelhaft gehalten (Ziff. 4). Im übrigen gelten die für das Zuchthausregime aufgestellten Vollzugsregeln[3]).

5. Der Verwahrte bleibt bis zum Ablauf der vom Richter verhängten Strafzeit und mindestens 5 Jahre in der Anstalt. Nach dieser Zeit

---

[1]) Vgl. die interessanten Auszüge aus bernischen Registern bei STOOSS: Z. 6, 84ff., ferner die Anschauungen der schweizer. Strafvollzugspraktiker über die Gewohnheitsverbrecher bei GUILLAUME: Z. 6, 292ff

[2]) Nach neuern Kommissionsbeschlüssen in einer ausschließlich diesem Zwecke dienenden „Anstalt oder Anstaltsabteilung". — DELAQUIS: Z. 34, 258.

[3]) E. Art. 34 Ziff. 2; oben § 59 IV. — HAFTER: Z. 28, 303ff.

kann er, mit Unterstellung unter die Schutzaufsicht, bedingt entlassen werden. Er kann aber auch — auf unbestimmte Zeit — weiter verwahrt bleiben (Art. 40 Ziff. 5—7).

6. Eine eigentliche Verjährung der Einweisung greift nicht Platz. Dagegen bestimmt Art. 40 Ziff. 8, daß ein Vollzug nicht mehr erfolgt, wenn die Verwahrung vor Ablauf der Verjährung der vom Richter ausgesprochenen Strafe nicht hat vollzogen werden können. Ferner hat, wenn seit der Verurteilung mehr als 10 Jahre verflossen sind, die zuständige (kantonale) Behörde darüber zu entscheiden, ob die Strafe oder die Verwahrung zu vollziehen ist. — Darin kommt der Gedanke zum Ausdruck, daß die Verwahrung Zustandsbehandlung sein soll. Sie wird sinnlos, wenn der Zustand des Täters sie nicht mehr erfordert[1]).

Die Notwendigkeit besonderer Verwahrungsanstalten wird häufig bestritten, insbesondere auch unter Hinweis auf die vom E. gleichfalls vorgesehene Arbeitserziehungsanstalt (unten § 82)[2]). Eine andere Auffassung gelangt zu dem Vorschlag, den Gewohnheitsverbrecher zu einer unbestimmten Freiheitsstrafe zu verurteilen und den Sicherungszweck innerhalb des Strafvollzuges zu verfolgen[3]).

Die schweizerische Rechtsentwicklung scheint immerhin nach der besondern Verwahrungsanstalt hinzuweisen.

§ 82. Erziehung Liederlicher und Arbeitsscheuer zur Arbeit.

Literatur. Angaben zu § 81. — Stooss: Strafgesetzbücher, 141ff.; Grundzüge, 1, 328ff.; Z. 38, 216ff. — Schneider: Die Erziehung liederlicher und arbeitsscheuer Verbrecher zur Arbeit, Zürcher Diss. (1919). — Hürbin: Gef.-Verein, 16, 126ff.; Z. 20, 250ff. — Wehrlin: Z. 17, 274ff.

I. Die Lösung der Frage, ob der Gewohnheitsverbrecher einer besondern Verwahrungsanstalt zu überweisen ist, liegt für die Schweiz in der Zukunft. Schon im geltenden Recht tritt dagegen die besondere Behandlung liederlicher und arbeitsscheuer Rechtsbrecher hervor. Zahlreiche Arbeits- (Korrektions-, Besserungs-, Zwangsarbeits-) Anstalten bestehen heute schon. Doch handelt es sich bei der Einwei-

---

[1]) Vgl. zum E. überdies Zürcher: Erläuterungen VE. 1908, 75ff.; Prot. I. ExpKom. 1, 171ff.; Prot. II. ExpKom. 1, 251ff. und Beilagenband 1, 138, 312f. 347f., 355f. — Hürbin: Gef.-Verein (1895), 19 I, 28ff. — E. Zürcher: eodem (1912), 27 I, 26ff. — Spira: (Lit. zu § 53), 104ff. — Wüst: Sichernde Maßnahmen, 87ff. — Vuilleumier: a. a. O. 55ff., 76ff., 91ff. — In den Einführungsbestimmungen verordnet der E., daß die Kantone für die Errichtung und den Betrieb von Verwahrungsanstalten zu sorgen haben und daß über gemeinsame Anstalten zwischen den Kantonen Vereinbarungen getroffen werden können (Art. 407 I, II). An den Bau von Verwahrungsanstalten stellt der Bund Beiträge bis zu 70% in Aussicht (Art. 410).

[2]) Vgl. Freiburg, Motive zum VE. 19; s. dagegen Wehrlin: Z. 17, 285.

[3]) Kellerhals: Z. 38, 197ff. Vgl. ferner Mitteilungen der deutschen Landesgruppe der JKV. von 1922, 131ff. — Hafter: Z. 37, 290ff.

sung in solche Anstalten nach dem heutigen Recht mehr um polizeilich-präventive als um strafrechtlich-repressive Maßnahmen[1]).

Das kriminalpolitische Problem ist, ob und wie diese Arbeitserziehungsanstalten als strafrechtliche Maßnahme verwertet und ausgebaut werden können. Dabei ist namentlich die Scheidung von den Verwahrungsanstalten geboten. Theoretisch ist sie dahin zu treffen: Die Verwahrungsanstalt (oben § 81) ist für die „vielfach Rückfälligen", die Gewohnheitsverbrecher, deren Erziehbarkeit und Besserungsfähigkeit ganz gering eingeschätzt wird, bestimmt. In die Arbeitserziehungsanstalt sollen Menschen kommen, die zwar liederlich und arbeitsscheu sind, aber voraussichtlich zur Arbeit erzogen, also gebessert werden können[2]). Praktisch werden solche Unterscheidungen oft schwierig sein. Der Zweifel, ob das künftige Recht in scharfer Trennung sowohl Verwahrungs- wie Arbeitserziehungsanstalten vorsehen soll (oben § 81 III), hängt damit zusammen.

II. Nur von den Rechten, die der Arbeitserziehungsanstalt als sichernder Maßnahme bereits eine Stellung im Strafrecht angewiesen haben, ist hier die Rede. Voraussetzung ist also die Verübung eines Delikts[3]). Es fragt sich, ob neben oder statt der Strafe die Einweisung in eine Arbeitsanstalt vorgesehen ist und weiter, ob der Strafrichter selbst auf die Maßnahme[4]) erkennen kann.

1. Bern, Armenpolizeigesetz vom 1. Dezember 1912[5]), sieht für sog. Armenpolizeivergehen (Bettel, Landstreicherei usw.) eine besondere, vom Strafrichter zu verhängende Arbeitshausstrafe[6]), die in einer besondern Anstalt zu vollziehen ist, vor (Art 27ff., 40, auch StGB. Art. 122[7]). — Ähnlich wie in Bern kann der Strafrichter in der Waadt und in Neuenburg wegen Bettels, Landstreicherei und Vernachlässigung der Familienpflichten einen Täter zur Einweisung in eine Arbeitsanstalt verurteilen[8]). Nach der Auffassung dieser Gesetze —

[1]) Stooss: Grundzüge, 1, 328f. Über die Ergebnisse der heutigen Arbeitsanstalten ist häufig ungünstig geurteilt worden; vgl. Hürbin: Gef.-Verein (1889), 16, 126ff., 157. — Wehrlin: Z. 17, 274ff.

[2]) Zürcher: Erläuterungen VE. 1908, 80f.

[3]) Daneben steht die Einweisung von Arbeitsscheuen, Liederlichen, Verwahrlosten, die mit dem Strafrecht nicht in Konflikt gekommen sind. Über die kantonale Gesetzgebung Stooss: Strafgesetzbücher, 141ff.; Grundzüge, 1, 328ff. — Schneider: a. a. O. 20ff.

[4]) Über die Maßnahmennatur der Einweisung in eine Arbeitsanstalt BE. 11, 28; 34 I, 744.

[5]) Abgedruckt in der Z. 26, 108ff.

[6]) Nicht zu verwechseln mit der kriminellen Arbeitshausstrafe; oben § 55.

[7]) Daneben steht die administrative Versorgung nicht krimineller arbeitsscheuer, liederlicher und gemeingefährlicher Personen in Arbeitsanstalten (Armenpolizeigesetz Art. 61ff.).

[8]) Waadt Art. 141, 142, 144 (internement dans une colonie agricole et industrielle); dazu Répertoire vaudois, 259f. Neuenburg Art. 22, 200, 201 III, 204,

wohl mit Ausnahme des in der Anmerkung genannten Gesetzes von Glarus — handelt es sich um eine Strafe. Nach heutiger Anschauung liegt aber eine sichernde Maßnahme vor.

Weitergehend bestimmt Appenzell A.-Rh. Art. 8 und 22 I, daß der Richter auf Arbeitsstrafe, die womöglich in einer besondern Arbeitsanstalt zu vollziehen ist, namentlich statt Haft — der Freiheitsstrafe für Übertretungen — erkennen kann.

2. Unter den geltenden Rechten sind Freiburg und Luzern kriminalpolitisch am abgeklärtesten. Freiburg Art. 39 — Einweisung in die landwirtschaftliche Kolonie Belle-Chasse[1] — bestimmt grundsätzlich, daß der Strafrichter einen Täter, dessen Tat mit Trunksucht, Liederlichkeit oder Arbeitsscheu zusammenhängt, neben der Strafe auf 1—5 Jahre in die Kolonie einweisen kann. Die verhängte Strafe ist jedoch vor der Verwahrung zu vollstrecken (Abs. 7). Die Möglichkeit der bedingten vorzeitigen Entlassung aus der Kolonie ist vorgesehen[2].

Auch nach Luzern PolStG. §§ 6 Ziff. 1, 25 und 27 ist die Einweisung in die Zwangsarbeitsanstalt sichernde Maßnahme. Der Strafrichter kann sie bei mit Gefängnis bedrohten Vergehen, wenn sie „vorwiegend auf Arbeitsscheu zurückzuführen" sind, verfügen. Es liegt in der Hand des Richters, zu bestimmen, ob die Einweisung neben oder ausnahmweise an Stelle der Strafe erfolgen und ob die Strafe vor oder nach der Maßnahme vollzogen werden soll. Der Richter kann auch den Entscheid über den Vollzug der Strafe auf die Zeit vorbehalten, da der Verurteilte aus der Zwangsarbeitsanstalt entlassen wird (§ 27). Über die Dauer der Anstaltsversorgung und eventuell über eine bedingte vorzeitige Entlassung entscheidet dagegen der Regierungsrat (§ 25)[3].

III. Die Ordnungen in Luzern und Freiburg weisen auf den eidg. E. zurück. Der Art. 41 bringt die grundsätzlichste Lösung:

1. Der Richter kann den wegen eines Vergehens zu Gefängnis Verurteilten, wenn seine Tat mit Liederlichkeit oder Arbeitsscheu zusammenhängt, in eine ausschließlich dem Zwecke der Arbeitserziehung dienende Anstalt einweisen. Der körperliche und geistige Zustand des Verurteilten und seine Arbeitsfähigkeit werden vorher untersucht. Ein mit

---

207 I (internement dans une maison de travail et de correction). — Auch Glarus sieht im revidierten Armengesetz von 1903, §§ 47, 48 vor, daß das Polizeigericht wegen Müßiggang, liederlichen Lebenswandels, Vernachlässigung der Familienpflichten die Einweisung in eine Zwangserziehungsanstalt aussprechen kann; vgl. Z. 17, 295f.

[1] Dazu Loi du 18 mai 1899, complétant le Code pénal (ancien) en suite de la création d'une colonie agricole au Grand-Marais.

[2] Die Motive zum VE. (1922), 18f. bezeichnen die Einweisung in die Kolonie ausdrücklich als eine sichernde Maßnahme.

[3] v. Segesser: Z. 29, 284f.

Zuchthaus Vorbestrafter kann nicht in eine Zwangserziehungsanstalt eingewiesen werden (Ziff. 1).

2. Der Strafvollzug wird in jedem Falle aufgeschoben. Der Aufenthalt in der Anstalt dauert mindestens ein Jahr. Zeigt sich in den ersten 3 Monaten die Erziehungsunfähigkeit des Eingewiesenen, so beantragt die zuständige (kantonale) Behörde dem Richter den Vollzug der erkannten Strafe (Ziff. 1, 3).

3. Nach Ablauf eines Jahres kann die zuständige Behörde die bedingte Entlassung unter Ansetzung einer einjährigen Probezeit verfügen. Der Entlassene wird unter Schutzaufsicht gestellt. Bewährt sich der Entlassene während der Probezeit nicht, so erfolgt je nach den Umständen Rückversetzung in die Anstalt oder Vollzug der erkannten Strafe. Im Falle der Bewährung fällt auch die Strafe weg (Ziff. 4—6).

4. An Stelle der Verjährung, die bei sichernden Maßnahmen nicht am Platze ist, gilt der Satz, daß die Einweisung entfällt, wenn sie binnen 5 Jahren nicht vollzogen wurde (Ziff. 7).

5. Die Einweisung in eine Arbeitsentziehungsanstalt ist bei einigen Übertretungen besonders vorgesehen (Art. 290 Ziff. 2, 316 III, 317 II, 332 Ziff. 2)[1].

§ 83. Behandlung von Gewohnheitstrinkern.

Literatur. Angaben zu § 64. — Stooss: Grundzüge, 1, 332f.; Z. 14, 317ff.; 38, 214ff. — Forel und David: Gef.-Verein (1891), 17, 1ff. — de Benoit: Alkoholikerfürsorge, Zürcher (med.) Diss. (1914). — Liechti: Die sichernde Maßnahme der Trinkerheilanstalt, Zürcher Diss. (1921). — Moser: Die gesetzlichen Grundlagen der Trinkerfürsorge in der Schweiz, Freiburger Diss. (1922). — Blocher: Z. 22, 22ff. — Maier: eodem, 317ff. — Burch: Z. 32, 386ff. — Schwandner: Monatsschrift für Krim.-Psychol. und StR.-Reform, 7, 201ff. — Meyer v. Schauensee: eodem, 11, 107ff. — Aschaffenburg: VD. Allg. Teil, 1, 117ff., 122ff.

I. Die Rechtslage ist ähnlich wie bei der Arbeitserziehungsanstalt (oben § 82). Die Kantone sehen die Einweisung in Trinkerheilanstalten meist nur als polizeilich-präventive Maßnahme zur Heilbehandlung vor[2]. Auch hier fragt sich, ob und wie die Trinkerheil-

---

[1]) Zum eidg. E. Zürcher: Erläuterungen VE. 1908, 79ff.; Prot. I. ExpKom. 1, 198ff.; Prot. II. ExpKom. 1, 260ff.; 2, 95f.; 9, 138ff., 268ff. und Beilagenband, 1, 149ff. — Hürbin: Z. 20, 250ff. — Wüst: Sichernde Maßnahmen, 102ff. — Spira: (Lit. zu § 53), 100ff. — Schneider: a. a. O. 50ff. (mit weitern Lit.-Angaben). — v. Hippel: VD. Bes. Teil, 2, 154ff. — Gleich wie für die Verwahrungsanstalten bestimmt der E., daß die Kantone für die Errichtung und den Betrieb von Arbeitserziehungsanstalten zu sorgen haben. Sie können, bei durchgeführter Trennung von Innenbetrieb und Insassen, mit Trinkerheilanstalten verbunden werden (Art. 407 I, II). An den Bau stellt der Bund Beiträge bis zu 40% in Aussicht (Art. 410).

[2]) Forel: Gef.-Verein (1891), 17, 25ff, 36ff. — David: eodem, 54ff. — Stooss: Grundzüge, 1, 332f. Die verwaltungsrechtlichen Trinkerheilgesetze bei Liechti: a. a. O. 18 und namentlich bei Moser: a. a. O. VII und 23ff. Dazu jetzt das zür-

anstalt als strafrechtliche Maßnahme gegenüber kriminellen Trinkern verwertet werden kann.

II. Folgende Kantone haben heute schon der Trinkerbehandlung einen Platz im Strafrecht angewiesen, d. h. sie befassen sich ausdrücklich mit dem kriminellen Trinker[1]).

1. Das waadtländische Gesetz vom 27. November 1906, ergänzt durch eine Novelle vom 25. Okt. 1920, sur l'internement des alcooliques ordnet die Einweisung in eine Trinkerheilanstalt an bei Personen, die der Strafrichter zu einer Freiheitsstrafe von weniger als einem Jahr verurteilt und als Gewohnheitstrinker (adonné habituellement à l'ivrognerie) bezeichnet hat. Ferner werden diejenigen der Anstalt überwiesen, die das ihnen auferlegte Alkoholverbot trotz Mahnung innerhalb zwölf Monaten zweimal übertraten. Endlich wird die Einweisung von Trinkern, die wegen Unzurechnungsfähigkeit freigesprochen wurden, vorgesehen. Die Einweisung erfolgt nie direkt durch den Strafrichter, sondern durch den Regierungsrat[2]).

2. Besonders wichtig ist das neue st. gallische Gesetz vom 15. Mai 1925 betreffend die Bekämpfung der Trunksucht[3]). Es ist ein kleiner Codex, der das ganze Gebiet der staatlichen Trinkerfürsorge und der Bekämpfung der Trunksucht umfaßt: Es enthält verwaltungsrechtliche Maßnahmen (Art. 1—7), strafrechtliche Maßnahmen gegenüber kriminellen Gewohnheits- und Gelegenheitstrinkern (Art. 8—13), Bestimmungen gegen Trinkerdelikte (Art. 35—39).

3. Luzern PolStG. §§ 26, 27 und Freiburg Art. 40 haben die Trinkerheilanstalt als sichernde Maßnahme in ihre Strafgesetzbücher aufgenommen. Nach Luzern[4]) kann sie der Strafrichter verhängen, wenn Trunksucht die „vorwiegende Ursache des Vergehens ist". Sie wird neben oder ausnahmsweise an Stelle der Strafe ausgesprochen, und der Richter verordnet auch, ob eine Strafe vor oder nach der Maß-

---

cherische Gesetz vom 24. Mai 1925 über die Versorgung von Jugendlichen, Verwahrlosten und Gewohnheitstrinkern, §§ 11ff. (Z. 38, 224ff.; oben § 81 II 2). Über die Entmündigung und weitere privatrechtliche Maßnahmen als Trinkerfürsorge z. B. Moser: 33ff., 60ff.; über die bestehenden schweizer. Trinkerheilanstalten: 38ff., auch Prot. II. ExpKom., Beilagenband 1, 179f.

[1]) Nicht eigentlich strafrechtlich ist die richterliche Einweisung von Gewohnheitstrinkern in eine Trinkerheilanstalt nach dem revidierten Armengesetz von Glarus von 1903, § 49 IV. Bemerkenswert ist jedoch, daß das Polizeigericht sie ausspricht; Z. 17, 296.

[2]) Favey: Z. 21, 503f. — Moser: a. a. O. 25, 27.

[3]) Dazu die regierungsrätliche Botschaft vom 6. Mai 1924, Amtsblatt 1924 I, 510ff. Über das frühere, rein verwaltungsrechtlich orientierte Gesetz vom 29. Juni 1891 betreffend die Versorgung von Gewohnheitstrinkern, das seinerzeit als musterhaft galt, Forel: Gef.-Verein, 17, 37f.; Z. 4, 555ff., 560f. (Text und regierungsrätliche Botschaft). — Stooss: Grundzüge, 1, 333.

[4]) v. Segesser: Z. 29, 284f.

nahme vollzogen werden soll. Der Gemeinderat am Wohnsitz des Täters bestimmt über die Dauer und eventuell auch über eine vorzeitige Entlassung aus der Anstalt.

In Freiburg wird, wenn der Richter neben einer Strafe die Einweisung in eine Trinkerheilanstalt ausspricht, die Strafe immer vor der Anstaltsverwahrung vollstreckt (Art. 40 III)[1].

III. Diese neuern kantonalen Rechte zeigen die Spuren des eidg. E. Sein Art. 42 bringt in den Hauptzügen folgende Lösung:

1. Der Strafrichter kann anordnen, daß ein zu Gefängnis verurteilter Gewohnheitstrinker, dessen Delikt mit der Trunksucht im Zusammenhang steht, nach Vollzug der Strafe[2]) in eine Trinkerheilanstalt aufgenommen wird. Auch wenn ein Gewohnheitstrinker wegen Unzurechnungsfähigkeit freigesprochen oder wenn das Verfahren gegen ihn eingestellt wird, kann die Einweisung erfolgen (Art. 42 Ziff. 1, Art. 388).

2. Die Entlassung aus der Anstalt erfolgt nach eingetretener Heilung (sentence indéterminée), in jedem Falle aber nach 2 Jahren. Stellung unter Schutzaufsicht und Ansetzung einer Probezeit soll nach neuern Beschlüssen erfolgen, wenn Straferlaß stattfindet. Bei Nichtbewährung kommt es zum Vollzug der erkannten Strafe[3]) (Art. 42 Ziff. 4, 5).

3. Die verhängte Einweisung in eine Trinkerheilanstalt entfällt, wenn sie binnen 5 Jahren nicht vollzogen wurde (Ziff. 6).

4. Die Einweisung in eine Trinkerheilanstalt ist beim Übertretungstatbestand der Trunkenheit (Art. 331) besonders vorgesehen.

Mit der sichernden Maßnahme der Trinkerheilanstalt ist als anderes strafrechtliches Bekämpfungsmittel die Maßnahme des Wirtshausverbotes (E. Art. 53; oben § 64) zusammenzuhalten. Über die Behandlung unheilbarer krimineller Trinker enthält der E. keine ausdrück-

---

[1]) Nach Art. 39 I kann der Richter den trunksüchtigen Täter auch in die landwirtschaftliche Kolonie (oben § 82 II 2) einweisen.

[2]) Das ist der kritische Punkt. Die Lösung des E. 1918, die mit Freiburg Art. 40 III übereinstimmt, ist verfehlt. Wenn der Zustand des kriminellen Trinkers die Heilbehandlung erfordert, dann muß sie, mindestens in der Regel, vorangehen. Der Einwand, daß auch in der Strafanstalt — regelmäßig — Alkoholentzug gilt, geht am Wesentlichen, der systematischen Erziehungs- und Heilbehandlung, vorbei. Gegen die Ordnung im E. 1918 z. B. Maier: Z. 26, 305 und JZ. 9, 300. — Ris: Prot. II. ExpKom., Beilagenband 1, 184. — Liechti: a. a. O. 10 ff., 23 ff. (mit weitern Hinweisen). Neuere Kommissionsberatungen sind zu der Lösung des VE. 1908 (Art. 33) zurückgekehrt: Der Richter kann den Strafvollzug aufschieben und den Verurteilten in eine Trinkerheilanstalt einweisen. Vor der Entlassung aus der Anstalt entscheidet er, nach Anhörung der Anstaltsleitung, ob die Gefängnisstrafe noch ganz oder teilweise zu vollziehen oder zu erlassen ist. — Delaquis: Z. 34, 260 f.

[3]) S. die vorhergehende Anmerkung a. E.

lichen Bestimmungen. Doch besteht kaum eine Lücke. Der Unheilbare ist ein Kranker, der unzurechnungsfähig oder mindestens vermindert zurechnungsfähig sein wird. Für ihn gelten daher die Bestimmungen der Art. 13—15 über die Verwahrung und Versorgung Gefährlicher oder Pflegebedürftiger (oben § 80 II, III)[1]).

§ 84. Friedensbürgschaft.

Literatur. PFENNINGER: StR. der Schweiz, 22ff., 126ff., 828ff. — STOOSS: Grundzüge, 1, 124ff.; 2, 174f. — MATTER: Die Friedensbürgschaft, Zürcher Diss. (1909). — HIRSCH: Z. 21, 50ff. — GOLDSCHMIDT: VD. Allg. Teil, 4, 427ff.

I. In einigen geltenden Strafgesetzbüchern finden sich Überreste aus dem alten Friedensrecht (Friedensgelöbnisse, Friedensgebote). Das Landbuch von Uri Art. 261 §§ 2, 3, 11 gibt dem Richter die Befugnis, einen Drohenden, der wegen der Drohung mit Buße bestraft wird, zu einem Friedensgelöbnis anzuhalten, auf dessen Bruch Bestrafung wegen Meineids steht[2]). Glarus § 53, Appenzell A.-Rh. Art. 62 und Appenzell J.-Rh. Art. 46 bestrafen den Ungehorsam gegen ein Friedgebot, das bei entstehenden Streitigkeiten von der Obrigkeit oder — in Glarus — auch von einer Privatperson ausgeht[3]).

Die Bestimmungen dieser drei letztern Gesetze sind reine *Strafnormen*. Dagegen fügen beim Drohungsdelikt Obwalden PolStG. Art. 60 II, Zug § 86 I und Graubünden PolStG. §§ 30 und 32 II der Strafdrohung eine *sichernde Maßnahme* bei: In Obwalden kann der Richter mit der Bestrafung wegen gefährlicher Drohungen dem Täter eine „dingliche oder persönliche Bürgschaftsleistung“ auflegen. Zug sieht beim Drohungsdelikt, je nach den Umständen, die „Stellung einer Kaution“ oder polizeiliche Überwachung neben und in gering-

---

[1]) HILFIKER: (Lit. zu § 80), 49, 72ff. Das st. gallische Gesetz von 1925 nennt in Art. 7 die gefährlichen unheilbaren Trinker ausdrücklich. Sie sollen „in einer Verwahrungsanstalt für Trunksüchtige oder in einer passenden Abteilung einer andern Anstalt versorgt werden.“ Nach Art. 19 kann ferner ein Trunksüchtiger auch einer Irrenanstalt überwiesen werden. — MAIER: Z. 22, 317f. fordert besondere Anstalten für unheilbare Trinker. — Zum eidg. E. vgl. außer den Lit.-Angaben am Anfang dieses § namentlich noch ZÜRCHER: Erläuterungen VE. 1908, 81ff.; Prot. I. ExpKom. 1, 203ff.; Prot. II. ExpKom. 1, 263ff.; 9, 142ff., 155ff., 268ff., 392ff. und Beilagenband 1, 172ff., 204f., 207ff. — Über die Bereitstellung von Trinkerheilanstalten E. Art. 407, 410, 411.

[2]) PFENNINGER: Strafrecht der Schweiz, 17ff. (über die Ausgestaltung des Rechts des gebotenen und gelobten Friedens in den alten schweizerischen Quellen), ferner HIS: StR. des deutschen Mittelalters, 1, 245ff. und auch WACKERNAGEL: ZschwR. NF. 40, 385f. — STOOSS: Grundzüge, 1, 124ff. (über Uri). — MATTER: a. a. O. 17ff., 21f. — ZÜRCHER: Erläuterungen VE. 1908, 95. Vgl. auch OSENBRÜGGEN: Allamannisches StR. (1860), 57ff., 203f.

[3]) MATTER: 18f. — ZÜRCHER: a. a. O. 95. — KUBLI: Kommentar glarner. StGB., Note zu § 53.

fügigen Fällen auch statt der Strafe vor. In Graubünden kann der Richter bei gefährlicher Drohung und bei Hausfriedensbruch die „Abnahme des Handgelübdes und allfällige Forderung einer Garantie" verhängen[1]).

II. Die Wiederbelebung der auf die alten schweizerischen Quellen zurückweisenden Friedensbürgschaft hat namentlich PFENNINGER empfohlen[2]). In England spielt sie in der Form der Auferlegung von Kautionen (surety to keep the peace; surety for good behaviour) eine bedeutende Rolle[3]). Für den heutigen Gesetzgeber ergibt sich die Frage, ob die Friedensbürgschaft als sichernde Maßnahme zum Schutz gegen bestimmte gefährliche Akte in den Allgemeinen Teil der StGB. — also nicht nur im Zusammenhang mit dem Drohungsdelikt — eingeführt werden soll. Im Anschluß an die alten Rechte will ihr PFENNINGER allerdings kein eigentlich strafrechtliches Kleid geben: Die Verübung eines Deliktes soll nicht Voraussetzung sein, weil die Friedensbürgschaft gerade den Zweck haben soll, Verbrechensbegehung und Bestrafung zu verhindern. Es würde sich danach um eine polizeilich-präventive Maßnahme handeln, entweder in der Form eines richterlichen Friedgebotes oder als ein vor dem Richter durch Handgelübde abzulegendes Friedensgelöbnis, das eventuell durch Personal- oder Geldkaution zu verstärken wäre. Zum Schutze dieses rechtlich gesetzten Zustandes sollte nach PFENNINGER ein besonderer Straftatbestand des Friedensbruches geschaffen werden[4]).

Luzern hat im PolStG. von 1915 eine solche präventive Friedensbürgschaft eingeführt (§ 29). Voraussetzung ist, daß jemand „durch ernstliche Drohungen, durch Vorbereitungshandlungen oder durch andere Taten" die Absicht kundgegeben hat, andere durch ein Verbrechen oder Vergehen zu schädigen. Eine strafbare Handlung braucht also noch nicht vorzuliegen[5]). Auf Antrag des Bedrohten kann der Amtsstatthalter (Untersuchungsbeamter) oder der Richter dem Drohen-

[1]) PFENNINGER: a. a. O. 126ff., 456, 675. — STOOSS: Grundzüge, 2, 178.— MATTER: 21f.

[2]) StR. der Schweiz, 828ff. Vgl. auch SCHIERLINGER: Die Friedensbürgschaft (1877).

[3]) Über England namentlich MATTER: a. a. O. 38ff., auch ZÜRCHER: Erläuterungen VE. 1908, 95 und Prot II. ExpKom. 1, 339. — ROSENFELD: VD. Allg. Teil, 3, 138f.

[4]) PFENNINGER: a. a. O. 831ff. Die Ordnung würde ungefähr auf die Gestaltung der Friedensbürgschaft im Landrecht von Uri zurückführen (oben I).

[5]) Das Verhalten erfüllt aber unter Umständen den Tatbestand „Drohungen" gemäß PolStG. § 125, der in Abs. 3 den Richter ermächtigt, neben der Strafe den Täter zu Friedensbürgschaft anzuhalten. Bei einer Verurteilung wegen Nötigung (§ 84) hat erner der Richter, wenn die Gefahr der Wiederholung besteht, neben der Strafe auf Friedensbürgschaft zu erkennen. In diesen Fällen ist sie repressive sichernde Maßnahme wie in Obwalden, Zug und Graubünden (oben I).

den das Versprechen abnehmen, die Tat zu unterlassen und ihn zur Leistung angemessener Sicherheit anhalten. Wird das Versprechen verweigert oder die Sicherheit böswillig nicht geleistet, so kann Zwangshaft bis auf 2 Monate verhängt werden. Die geleistete Sicherheit verfällt dem Staate, wenn trotz der Friedensbürgschaft die strafbare Handlung in der Folge verübt wird.

III. In ihrer Tragweite weniger klar als die luzernische Bestimmung ist Art. 54 des eidg. E. Die Voraussetzung ist nach ihm, daß Gefahr besteht, jemand werde ein Verbrechen oder Vergehen, mit dem er drohte, ausführen, oder daß ein bereits wegen eines Deliktes Verurteilter die bestimmte Absicht der Wiederholung an den Tag legt. Im erstern Fall bleibt fraglich, ob auf Friedensbürgschaft nur erkannt werden kann, wenn der Richter zugleich eine Anklage wegen Drohung gemäß Art. 155 zu beurteilen hat[1]). Dann wäre die Friedensbürgschaft — anders als in Luzern — nur als repressive, nicht als polizeilich-präventive Maßnahme gedacht. Damit nimmt man ihr aber ein hauptsächliches Wirkungsgebiet. Entschließt sich der Gesetzgeber zur Einführung der Friedensbürgschaft in das Strafgestzbuch, so muß er sie, nach dem luzernischen Vorbild, auch für den Fall zur Geltung bringen, daß der Drohende noch keinen Deliktstatbestand erfüllt, z. B. bloße Vorbereitungshandlungen unternommen hat (oben § 39 IV). Fraglich bleibt hier immerhin, ob man bei dieser Sachlage dem Strafrichter oder einer andern strafprozessualen Behörde die Zuständigkeit zur Verhängung einer Friedensbürgschaft zugestehen kann.

Im einzelnen bestimmt Art. 54 des E.: Auf Antrag des Bedrohten nimmt der Richter dem Drohenden das Versprechen ab, das Delikt nicht auszuführen. Er hält ihn an, dafür angemessene Sicherheit zu leisten. Bei Verweigerung des Versprechens oder bei böswilliger Nichtleistung der Sicherheit darf Sicherheitshaft bis auf 2 Monate verhängt werden. Die Sicherheit verfällt dem Staat, wenn innerhalb 2 Jahren das Delikt begangen wird, andernfalls wird sie zurückgegeben[2]).

[1]) So ZÜRCHER: Erläuterungen VE. 1908, 96 und Prot. II. ExpKom. 1,242.— Art. 155 des E. fordert, daß der Täter durch schwere Drohung jemanden in Schrekken oder Angst versetzt hat. Es ist aber möglich, daß der Tatbestand des Art. 155 nicht erfüllt ist, anderseits jedoch eine Gefahr im Sinne des Art. 54 vorliegt, die eine Friedensbürgschaft rechtfertigen mag. Vgl. MATTER: a. a. O. 133f., 143f., der in diesem Zusammenhang die Friedensbürgschaft auch nur zur Anwendung bringen will, wenn der Drohungstatbestand (Art. 155) erfüllt ist. Bei andern Drohungen fehlt es nach MATTER an der Zuständigkeit des Strafrichters.

[2]) Zum E. vgl. noch Prot. I. ExpKom. 1, 241ff.; Prot. II. ExpKom. 1, 338ff. Diese Beratungen zeigen große Unklarheit über das Institut. — WÜST: Sichernde Maßnahmen, 2 will die Friedensbürgschaft ganz unzutreffend den Nebenstrafen zuweisen. Richtig STOOSS: Z. 18, 9 und namentlich HIRSCH: Z. 21, 50ff. Siehe ferner BLOCHER: Z. 22, 35ff., 44 und MAIER: Z. 22, 317 (Abstinenzversprechen als Teil der Friedensbürgschaft).

Wirksamkeit und Nutzen der Friedensbürgschaft für das heutige Recht sind, beim Mangel genügender Erfahrungen, schwer abzuschätzen[1]).

§ 85. Verwendungen zugunsten des Geschädigten.

Literatur. HAFTER: Z. 24, 353ff. — HARTWIG: Z. 25. 171ff. — SCHOETENSACK: VD. Allg. Teil, 2, 467ff., 481ff.

I. Die Gutmachung des durch ein Delikt gestifteten Schadens, auch des tort moral, muß im neuen Strafrecht mehr in den Vordergrund treten. Mithilfe der strafprozessualen Behörden dazu und eventuell die Heranziehung der Arbeit des Schädigers selbst sind zugleich mächtige Mittel, das Vertrauen in die Rechtspflege zu heben. Dem Geschädigten liegt oft an der Schadensdeckung weit mehr als an der Bestrafung des Täters. Häufig versagen zivil- und vollstreckungsrechtliche Mittel[2]).

Die italienischen Positivisten, namentlich GAROFALO haben sich mit diesem Problem der Schadensdeckung besonders intensiv befaßt[3]).

Nach zwei Richtungen zeigen sich auch schon in den geltenden schweizerischen Rechten Ansätze zu Lösungen:

1. Nach dem Vorbild der Art. 54 und 468 des französischen C.p. bestimmen Tessin Art. 36 § 2, Wallis Art. 348 (bei den Übertretungen), Neuenburg Art. 30 und Genf Art. 33, daß bei unzureichendem Vermögen des Verurteilten die Ersatzansprüche des Geschädigten dem staatlichen Anspruch auf Zahlung der Bußen — und nach Tessin und Genf — auch der Prozeßkosten vorgehen[4]). Es handelt sich um eine zugunsten des Geschädigten wirkende Vollzugsbestimmung.

2. Indirekt wirken zugunsten des Geschädigten die häufigen Bestimmungen, nach denen der Ersatz des Schadens dem Verbrecher eine mildere Behandlung, ja unter Umständen die Befreiung von Strafe

[1]) GAUTIER: Prot. II. ExpKom. 1, 340, der dem Institut skeptisch gegenübersteht, empfiehlt eher den Ausbau des Drohungstatbestandes.

[2]) Der vor dem Strafrichter durchgeführte Adhäsionsprozeß beschleunigt nur die richterliche Schadensfeststellung, die Schadens*deckung* garantiert er nicht. — HAFTER: Z. 24, 356f., 372f.

[3]) FERRI: Sociologie criminelle (1905), 573. — GAROFALO: Criminologie (1905) 437f. — COLLIN: Enrico Ferri et l'Avant-Projet de Code pénal italien (1925), 20ff. und jetzt ital. E. 1921, Art. 90ff. und 73 (Eintragung einer gesetzlichen Hypothek auf das unbewegliche Vermögen des Täters, Vermögens- und Einkommensbeschlagnahme, teilweise Zuwendung des Lohnes aus der Gefängnisarbeit an den Geschädigten, usw.). Dazu Relazione, 126ff. und COLLIN: a. a. O. 171ff. Kritisch zu den Anschauungen der Italiener: HAFTER: a. a. O. 367f.

[4]) Nicht zutreffend STOOSS: Grundzüge, 1, 381f., der annimmt, diese Bestimmungen seien mit dem eidg. Schuldbetreibungs- und Konkursgesetz dahingefallen. Richtig ist nur, daß in einem *Zwangsvollstreckungsverfahren* der Geschädigte dieses Privileg nicht durchsetzen kann, da es dem SchKG. unbekannt ist; vgl. HAFTER: a. a. O. 358.

einträgt. Auf diese Weise läßt z. B. Zug § 33 die in der Schadensdeckung liegende tätige Reue bei Vermögensdelikten wirken[1]). Der eidg. E. nennt in Art. 61 als Strafmilderungsgrund die Betätigung aufrichtiger Reue, namentlich Schadensgutmachung, soweit es dem Täter möglich war. — In der gleichen Richtung wirken die Vorschriften bei der bedingten vorläufigen Entlassung, beim bedingten Straferlaß und bei der Rehabilitation, wo die Gewährung von der Schadensdeckung, soweit sie dem Täter möglich war, abhängig gemacht wird[2]).

II. Alle diese Bestimmungen des geltenden Rechtes gehen nicht weit genug. Der Staat soll die Schadensdeckung selbst in die Hand nehmen, indem er unter Umständen auf ihm zustehende Ansprüche zugunsten des Geschädigten verzichtet. So ermächtigt Art. 57 des eidg. E. den Richter, dem Geschädigten

die vom Verurteilten bezahlte Buße,

den Erlös aus eingezogenen und andern dem Staat verfallenden Gegenständen,

endlich den Betrag einer verfallenen Friedensbürgschaft ganz oder teilweise auf Rechnung des gerichtlich festgesetzten Schadensersatzes zuzuerkennen[3]). Einschränkende Voraussetzungen sind, daß der Verletzte erheblich geschädigt worden und dadurch in Not geraten ist, und daß der Schädiger den Schaden voraussichtlich nicht ersetzen wird[4]).

Ein für unverjährbar zu erklärendes Rückgriffsrecht, das dem Fiskus gegenüber dem Täter zusteht, soweit der Staat aus den grundsätzlich ihm zufallenden Beträgen den Verbrechensschaden gutgemacht hat, sollte das Gesetz ausdrücklich aufstellen[5]).

---

[1]) Vgl. ferner die bei freiwilliger Schadensdeckung vorgesehene Strafmilderung in Basel § 36, Graubünden § 50 Ziff. 8, Thurgau §§ 147, 156. — Stooss: Strafgesetzbücher, 272. — Schoetensack: VD. Allg. Teil, 2, 475. — Hafter: Z. 24, 359f.; vgl. ferner unten § 91 IV.

[2]) Z. B. eidg. E. Art. 36 Ziff. 1 I, 39 Ziff. 1 IV, 73, 74, 76, 77; Daten aus geltenden kantonalen Rechten bei Hafter: a. a. O. 361, Anm. 1.

[3]) Die Vorentwürfe hatten darüber hinaus bestimmt, der Richter könne dem Geschädigten auch einen Teil des Verdienstanteiles, den der Verurteilte in der Strafanstalt erhält, zuerkennen; z. B. VE. 1908, Art. 39 II und dazu Hafter: 377ff. mit weitern Hinweisen auf die Literatur. Die II. ExpKom., Prot. 1, 301, hat die Heranziehung des Verdienstanteils zur Schadensdeckung abgelehnt (geringe Beträge, Notwendigkeit des Peculiums für den Verurteilten selbst und seine Angehörigen; E. Art. 398—400).

[4]) Zu den Einzelheiten Hafter: a. a. O. 370ff. Weiter zum E. Stooss: Motive VE. 1893, 66ff. — Zürcher: Erläuterungen VE. 1908, 88f.; Prot. II. ExpKom. 1, 295ff. — Schoetensack: VD. Allg. Teil, 2, 484f. — Spira: (Lit. zu § 53): 150ff. — Thurneysen: Z. 6, 382f. (ablehnend). Vgl. auch Hartwig: Z. 25, 171ff.

[5]) Spira: a. a. O. 152. — Hafter: a. a. O. 385.

Fünfter Abschnitt.

Wegfall von Strafen und Maßnahmen (Strafaufhebungsgründe).

§ 86. Allgemeines über die Aufhebung.

Literatur. STOOSS: Strafgesetzbücher, 238ff.; Grundzüge, 1, 427ff. — MATTLI: Die Gründe der Strafaufhebung, Berner Diss. (1917). — RICHTER: Die Strafaufhebungsgründe, Freiburger Diss. (1920). Angaben zu §§ 87—91.

I. Der durch die Verübung eines Delikts entstandene staatliche Strafanspruch kann — abgesehen von der Tilgung durch die Strafvollstreckung — durch nachträglich eintretende Umstände entfallen. Das sind die Strafaufhebungsgründe. Sie sind von den Strafausschließungsgründen, die beim Fehlen der Rechtswidrigkeit, der Schuld usw. einen Strafanspruch nicht entstehen lassen (oben §§ 29—38), zu unterscheiden. Ein Strafaufhebungsgrund wirkt immer nur für die Person, für die er zutrifft. Andere Teilnehmer bleiben strafbar, wenn die Strafbarkeit der Tat weiter besteht (vgl. oben § 48).

II. Drei Hauptgruppen von Aufhebungsgründen lassen sich bilden[1]):

1. Die Aufhebung erfolgt, weil die Durchführung des Strafanspruchs unmöglich geworden ist.

Der Tod des Täters läßt den Anspruch erlöschen. Das folgt aus der höchstpersönlichen Natur des Strafanspruchs[2]). Die frühern Rechten bekannten Strafvollstreckungen am Leichnam, die Hinrichtungen in effigie usw. sind uns heute undenkbar[3]). Die meisten Gesetze nennen den Tod ausdrücklich als Strafaufhebungsgrund[4]). Sie tun es namentlich, um die Ausnahme hervorzuheben, wonach rechtskräftig gewordene Geldstrafen in den Nachlaß des Toten oder gegen seine Erben zu vollstrecken sind (oben § 60 I, III). Auch diese Regel entspricht heu-

---

[1]) RICHTER: a. a. O. 2f. stellt in den geltenden Rechten folgende 12 Aufhebungsgründe — allgemeine und spezielle — fest: Tod, Verjährung, Begnadigung, Rehabilitation, Rücktritt vom Versuch und tätige Reue, bedingten Straferlaß, Retorsion, Schadensersatzleistung, Selbstanzeige, Verzeihung des Verletzten, hohes Alter, Rückzug des Strafantrages. — Die Darstellung des bedingten Straferlasses scheidet hier aus (oben § 72).

[2]) Wallis Art. 51 I sagt in diesem Zusammenhang: „Les peines, ainsi que les fautes, sont personnelles"; vgl. auch Bern Art. 26.

[3]) Zur Geschichte: MATTLI: a. a. O. 3ff.; RICHTER: a. a. O. 9ff. — HIS: StR. des deutschen Mittelalters, 1, 400ff.

[4]) Zusammenstellung bei STOOSS: Grundzüge, 1, 427ff.; vgl. Répertoire vaudois, 42f. Graubünden § 59 kennt ein „Verfahren bei Inzichten gegen einen Verstorbenen", um Unschuldige von Verdacht zu befreien oder um Mitschuldige zu ermitteln. Nach St. Gallen Art. 48 I können die Erben eines Toten, gegen den bereits Anklage erhoben war, die „gerichtliche Austragung" der Sache verlangen. Eine Verurteilung des Toten erfolgt natürlich nicht.

tigen Anschauungen nicht mehr. Der eidg. E. Art. 45 Ziff. 2 erklärt ausdrücklich den Hinfall der Buße, wenn der Verurteilte stirbt. Die Anerkennung des Satzes, daß der Tod den Strafanspruch tilgt, wird damit allgemein. Ihn im Gesetz zum Ausdruck zu bringen, ist nicht notwendig[1]).

Anders verhält es sich mit sichernden Maßnahmen, soweit sie nicht oder nicht nur gegen die Person des Täters gerichtet sind[2]). Das trifft namentlich für die Einziehung von gefährlichen Verbrechenswerkzeugen und -produkten zu (oben § 65 I; eidg. E. Art. 55 I: Einziehung ohne Rücksicht auf die Strafbarkeit einer bestimmten Person).

Die eidg. VE., z. B. VE. 1908, Art. 58, bezeichneten auch unheilbare Geisteskrankheit unter dem Gesichtspunkt: Unmöglichkeit der Durchführung als Strafaufhebungsgrund. Es ist klar, daß, wenn Unheilbarkeit feststeht, eine Strafe — auch eine Vermögensstrafe[3]) — nicht mehr vollzogen werden soll. Allein es ist richtiger, die Lösung dieser Fragen dem Strafprozeß- und dem Strafvollzugsrecht zu überlassen. War der Täter zur Zeit der Tat geisteskrank, so entstand kein Strafanspruch. Es liegt ein Strafausschließungsgrund vor. Tritt die Krankheit zwischen Tat und Prozeß oder während des Prozesses auf, so ist der Täter nicht verhandlungsfähig. Tritt sie auf zwischen Urteil und Strafvollstreckung oder während dieser, so ist die Durchführung des Strafvollzuges ausgeschlossen. Unheilbare Geisteskrankheit zwingt den Staat tatsächlich zu einem Verzicht auf die Strafe, ohne daß das Gesetz von einem Strafaufhebungsgrund ausdrücklich zu sprechen braucht. Bestimmungen im Prozeß- und im Vollzugsrecht, die eine Verschiebung oder Unterbrechung der Strafe — eventuell auf immer — vorsehen, reichen aus[4]).

An die Stelle der Strafe treten in diesen Fällen, wenn es notwendig ist, die sichernden Maßnahmen gegen den unzurechnungsfähigen Rechtsbrecher (oben § 80).

2. Die Aufhebung des Strafanspruches erfolgt nach dem Satze: Gnade für Recht im Sinne einer ausgleichenden höhern Gerechtigkeit. Hierher gehören die Begnadigung in ihren verschiedenen Spielarten, soweit sie nicht nur zu einer Strafmilderung führt, und die Rehabilitation (unten §§ 89, 90). Auch die Berücksichtigung des Rücktritts vom Versuch und der tätigen Reue, soweit sie den Wegfall des Straf-

[1]) Die Vorentwürfe, z. B. VE. 1908, Art. 58, erwähnten den Tod ausdrücklich noch als Strafaufhebungsgrund. Die II. ExpKom., Prot. 1, 401 strich die Bestimmung.

[2]) Vgl. JZ. 2, 194, Nr. 971 (Luzern).

[3]) Stooss: Lehrbuch (2. Aufl.), 239.

[4]) Vgl. z. B. Zürich StPO. § 467 II Ziff. 1: Der Vollzug einer Freiheitsstrafe wird aufgeschoben oder unterbrochen, wenn der Verurteilte geisteskrank ist. Siehe auch Prot. II. ExpKom. 1, 399f.

anspruches bewirken, sind hierher zu zählen (oben § 42, unten § 91 I—IV).

3. Strafaufhebungsgrund ist ferner die Verjährung. Die Aufhebung erfolgt, weil mit dem Zeitablauf das Strafbedürfnis erlahmt, die Strafe unvernünftig wird, aber auch weil unter Umständen mit der Zeit die Feststellung der Tat erschwert oder unmöglich geworden ist (unten §§ 87, 88)[1]).

§ 87. Verfolgungsverjährung.

Literatur. Angaben zu § 86. Stooss: Strafgesetzbücher, 240ff.; Grundzüge, 1, 429ff. — Gautier: Z. 1, 443ff. — Bühler: Die Verjährung im StR., Berner Diss. (1893). — Gerber: Die Kriminalverjährung, mit besonderer Berücksichtigung des schweizer. Militärstrafrechts, Zürcher Diss. (1926). — Weber: Z. 23, 227ff. — Loening: VD. Allg. Teil, 1, 379ff., 452f.

I. Die Verjährung ist Ablauf gesetzlich bestimmter Zeiträume mit der Wirkung, daß ein staatlicher Strafanspruch entfällt.

Diese Begriffsbestimmung umfaßt sowohl die Verfolgungs- wie die Vollstreckungsverjährung: Nach Ablauf bestimmter Fristen unterläßt der Staat eine Strafverfolgung, oder er stellt sie ein, wenn sie bereits angehoben war, oder der Richter spricht frei, wenn es zur Anklageerhebung gekommen war. Das kann aber nur geschehen, weil das materielle Recht aus dem Zeitablauf einen Aufhebungsgrund machte. Nicht anders ist es bei der Vollstreckungsverjährung. Auch ihre Grundlage ist das materielle Recht. Die Vollstreckung einer rechtskräftig ausgesprochenen Strafe entfällt, weil nach den Vorschriften des Strafgesetzes der Zeitablauf den Strafanspruch tilgt.

In der Durchführung der beiden Verjährungsarten, weniger bei ihrer kriminalpolitischen Rechtfertigung, ergeben sich, trotz der Gemeinsamkeit der Grundlagen[2]), Verschiedenheiten.

II. Für die Verfolgungsverjährung ist maßgebend: Die Wahrheitsfindung, die Feststellung des Sachverhaltes wird mit der Zeit schwer, ja vielleicht unmöglich. Die Beweise sind häufig stark verdunkelt[3]). — Dazu kommt die gewichtigere Erwägung, daß die indivi-

---

[1]) Mattli: a. a. O. 51ff. Das Bundesgericht hat gelegentlich die Verjährbarkeit der Delikte als ein „Postulat der Rechtsordnung" bezeichnet (E. 27 I, 540).

[2]) Von dieser Gemeinsamkeit geht auch Stooss: Grundzüge, 1, 429ff., Motive VE. 1893, 82f. aus. Ebenso Mattli: (Lit. zu § 86), 51ff. und namentlich 70f. — Gautier: Z. 1, 447f.: „toutes deux — la prescription de l'action publique et la prescription de la peine — ne sont à proprement parler que les variétés d'une seule et même espèce, la prescription du droit de punir". — Loening: a. a. O. 459f. — Gerber: a. a. O. 48.

[3]) Das Moment der Beweisverdunkelung ist freilich unsicher. Sie kann nur von Fall zu Fall konstatiert werden. — Mattli: a. a. O. 53ff. Die Beweisvergäng-

duelle Strafbehandlung eines Täters nur denkbar ist, wenn zwischen Tat und Strafe nicht sehr lange Zwischenräume liegen. Mit der Zeit verliert die strafende Justiz ihr Objekt. Manche Gesetzgeber haben diese Überlegungen freilich nicht gelten lassen. Bei schweren, namentlich bei todeswürdigen Verbrechen schließen z. B. heute noch Luzern § 62 II und Obwalden Art. 39 I Ziff. 3 eine Verjährung aus. Nur eine Strafmilderung ist vorgesehen. Schwyz § 49 I läßt bei Mord, Vergiftung, Brandstiftung und andern gemeingefährlichen Verbrechen (§ 102) überhaupt keine Verjährung wirken. Appenzell A.-Rh. Art. 43 läßt die Verjährung nur bei Vergehen und Übertretungen, nicht bei Verbrechen zu. Ferner tritt Verjährung überhaupt nicht ein, wenn bei einem Vergehen oder einer Übertretung bereits die Untersuchung angehoben worden ist. Appenzell J.-Rh. Art. 31 IV schließt bei mit dem Tode und bei den mit mehr als 10 Jahren Zuchthaus bedrohten Verbrechen eine Verjährung aus. Auch andere Einschränkungen kommen vor: Schwyz § 49 II z. B. läßt eine Verjährung nicht zu, wenn der Täter während der Verjährungsfrist ein neues Verbrechen verübte. Aargau § 57 bestimmt ebenso und läßt die Verjährung auch nicht wirken, wenn sich der Täter aus der Schweiz geflüchtet hat[1]). Die Besserungstheorie, mit der man früher das Verjährungsinstitut zu stützen vermeinte, kommt z. B. noch in Luzern zum Ausdruck. § 64 und PolStG. § 40 IV lassen die Verjährung nur demjenigen zugute kommen, der keinen Nutzen von seinem Verbrechen mehr in Händen hat und auch nach Möglichkeit „Wiedererstattung" leistete.

Daß die rechtliche Natur der Verfolgungsverjährung auch heute noch verschieden aufgefaßt wird[2]), zeigt sich in der Ungleichheit ihrer Benennung und in der verschiedenen Einordnung der Verjährungsnormen in das Gesetzgebungssystem. Die Rechte, die nach französischem Vorbild[3]) von einer Verjährung der S t r a f k l a g e (action publique) sprechen und über sie in der Prozeßordnung bestimmen, betonen damit den p r o z e s s u a l e n Charakter des Institutes (z. B. Bern StPO. Art. 7ff., Wallis StPO. Art. 446ff., Genf StPO. Art. 203ff.). An der materiellrechtlichen Natur der Verjährung ist aber festzuhalten. Nach heutiger Anschauung tilgt sie den staatlichen Strafanspruch (Extinktiv-Verjährung), und es ist nur eine W i r k u n g, daß infolgedessen eine

---

lichkeit kann jedenfalls für sich allein die Verjährung nicht stützen, sonst müßte man zur Nichtanerkennung der Vollstreckungsverjährung gelangen. — RICHTER: (Lit. zu § 86), 57f.; vgl. auch GAUTIER: a. a. O. 448f.

[1]) Weitere Daten bei STOOSS: Grundzüge, 1, 432f., 441. — MATTLI: a. a. O. 69f.

[2]) Über die verschiedenen Anschauungen in der Literatur vgl. GAUTIER: Z. 1, 443ff. — MATTLI: a. a. O. 65ff. — LOENING: a. a. O. 405ff., 458f. — BOLLER: (Lit. zu § 88), 11ff. — GERBER: a. a. O. 1ff.

[3]) Vgl. RICHTER: a. a. O. 15f.; ROUX: Cours de Droit pénal et de Procédure pénale, 578ff.

„Strafklage“ nicht mehr erhoben werden kann[1]). Zutreffend ist die Bezeichnung Strafanspruchs-Verjährung. Da aber, wenigstens nach den geltenden Rechten, zwischen der Verjährung vor und nach einer Urteilsfällung unterschieden werden muß, mag es bei den Ausdrücken: Verfolgungs- und Vollstreckungsverjährung bleiben[2]).

Wohl zu unterscheiden von der Verfolgungsverjährung ist bei den Antragsdelikten die Antragsverwirkung (oben § 28 IV 3).

III. Für die Bemessung der Fristen, innerhalb welchen die Verfolgungsverjährung sich erfüllen soll, lassen sich allgemeingültige Grundsätze nicht finden. Alle derartigen Zahlen haben etwas Zufälliges, Willkürliches. Prinzipiell kann kaum mehr gesagt werden, als daß die Verjährungsfristen nach der Schwere der Straftat abzustufen sind. Dabei lassen sich in den schweizerischen Rechten namentlich zwei Systeme erkennen[3]):

1. Bern StPO. Art. 7—9, Freiburg Art. 49, Appenzell A.-Rh. Art. 43, Wallis StPO. Art. 446ff. und Genf StPO. Art. 203ff. legen die Dreiteilung: Verbrechen, Vergehen, Übertretungen zugrunde. Bern gelangt so zu der Dreizahl: 20, 10 und 2 Jahre mit der Ergänzung, daß bei politischen und Preßvergehen, Ehrverletzungen, Ehebruchsfällen und geringen Mißhandlungen schon in 6 Monaten die Verjährung eintritt. Viel kürzer — 10, 3 und 1 Jahr — sind die Fristen in Genf StPO. Art. 203—205.

2. Die Mehrzahl der Gesetze stuft dagegen im Hinblick auf Art und Maß der für das einzelne Delikt angedrohten Strafe ab. Auch in diesen Rechten finden sich zum Teil besondere Fristen für die Verjährung von Polizeiübertretungen[4]).

---

[1]) Zur Geschichte der Entwicklung: Klagenverjährung — Anspruchsverjährung z. B. MATTLI: a. a. O. 15ff., 65ff. Zur Geschichte der Verjährung allgemein LOENING: VD. Allg. Teil, 1, 384ff. — BOLLER: (Lit. zu § 88), 1ff.

[2]) Die Bezeichnung: Verfolgungsverjährung brauchen z. B. Glarus § 35, Basel § 42, eidg. E. Art. 67ff. Obwalden Art. 39 spricht von der Verjährung der Strafe. Es ordnet beide Verjährungsarten in einem Artikel. Nicht zutreffend redet Aargau § 55 von der Verjährung der Strafbarkeit. Bemerkenswert ist die Unterscheidung: Verjährung der Straftaten und der Strafen in Freiburg Art. 49, 50; vgl. auch BOLLER: (Lit. zu § 88), 5ff.

[3]) Ausführlichere Zusammenstellungen bei STOOSS: Grundzüge, 1, 433ff. — MATTLI: 78ff.; über die welschen Rechte GAUTIER: a. a. O. 456ff. Eine erschöpfende Vergleichung der Fristenbestimmungen hat geringen dogmatischen Wert. Deshalb unterbleibt sie hier.

[4]) Typische Beispiele: BStG. Art. 34 I: 15, 10, 3 Jahre, je nachdem das Delikt mit lebenslänglichem Zuchthaus, mit Zuchthaus oder mit einer geringern Strafe bedroht ist. Zürich § 52: 25, 15, 10, 5 Jahre je nach der Androhung lebenslängliches Zuchthaus, Zuchthaus im Maximum, Arbeitshaus im Maximum, geringere Strafdrohung; dazu StPO. § 330 I: Verjährung von Polizeiübertretungen in 3 Monaten von der Entdeckung und jedenfalls in 6 Monaten von der Begehung an gerechnet. Vgl. ferner eidg. E. Art. 67, 294; dazu Prot. II. ExpKom. 1, 401ff.;

IV. Umstritten ist die Frage nach dem Beginn der Verfolgungsverjährung. Allgemeiner Ausgangspunkt ist die Zeit der Tatbegehung (Tag der Deliktsverübung). Aber diese Regel, die in zahlreichen Gesetzen steht[1]), gibt zu Zweifeln Anlaß. Deshalb bestimmen Solothurn § 48 II und St. Gallen Art. 43 II, daß der Tag der Tatbegehung „ohne Rücksicht auf den Zeitpunkt des eingetretenen Erfolges" maßgebend sein soll. Das Gegenteil verordnen das BStG. Art. 34 II, Luzern § 65 I lit. a, Schwyz § 48 I, Obwalden Art. 39 II u. a.: Sie stellen auf den Tag ab, da das Delikt als vollendet gilt und lassen bei bloßem Versuch den Zeitpunkt der letzten Versuchshandlung maßgebend sein. Nach dem BStG. Art. 34 II und nach Waadt Art. 75 III wird bei einzelnen Delikten — Bund: Betrug, Fälschung, Unterschlagung; Waadt: Urkundenfälschung und Vertrauensmißbrauch — der Verjährungsbeginn bis zum Tage der Offenbarung des Verbrechens hinausgeschoben[2]).

Mehrere Gesetze bestimmen ausdrücklich über den Verjährungsbeginn beim fortgesetzten Delikt (oben § 75 I 3). Es ist juristisch eine Deliktseinheit, so daß richtig die Verjährung erst von dem Zeitpunkt an beginnen kann, an dem die letzte verbrecherische Handlung verübt worden ist (BStG. Art. 34 II[3]), Freiburg Art. 49 III[4]), Schaffhausen § 81 II, Tessin Art. 77 lit. c, Waadt Art. 75 IV).

Der eidg. E. Art. 68 bestimmt den Verjährungsbeginn folgendermaßen:

1. Die Verjährung beginnt mit dem Tage, an dem der Täter die strafbare Tätigkeit ausführt. Das bezieht sich auch auf den Versuch. Auf den Zeitpunkt der Vollendung kommt es nicht an[5]).

2. Beim fortgesetzten Delikt ist der Tag, an dem die letzte Tätigkeit ausgeführt wird, maßgebend.

3. Beim Dauerverbrechen (oben § 75 I 1) beginnt die Verjährung mit dem Tage, an dem das verbrecherische Verhalten aufhört[6]).

V. 1. Nach den meisten Gesetzen erfolgt eine Unterbrechung der Verjährung durch strafprozessuale Verfolgungs- und Unter-

---

5, 449f. — Mattli: 139ff. — Richter: 62ff. — Über die Verjährungsfristen bei Delikten jugendlicher Rechtsbrecher unten §§ 92 IV, 4; 93 III 1, IV 3; 94 III. — Im Besondern Teil der Strafgesetzbücher und in der Nebenstrafgesetzgebung finden sich häufig besondere Verjährungsfristen. Ihre Erörterung gehört nicht hierher.

[1]) Stooss: Grundzüge, 1, 439.

[2]) Gegen solche Ausnahmebestimmungen Gautier: a. a. O. 453.

[3]) Dazu BE. 40 I, 309. Für Bern ebenso die Praxis. — Krebs: Strafgesetze, 157, N. 2.

[4]) „Die Verjährung beginnt mit dem Ende der strafbaren Tätigkeit."

[5]) Gegen eine solche Ordnung Loening: a. a. O. 461ff., der die Verjährung mit dem Tage, „an welchem die strafbare Handlung vollbracht ist", beginnen lassen will.

[6]) Zum Entwurf: Prot. II. ExpKom. 1, 402ff.; Mattli: 141; Richter: 64ff.

suchungshandlungen oder durch eine wegen der Tat gegen den Täter gerichtete richterliche Handlung (Zürich § 55, Solothurn § 49 I). Die Wirkung ist, daß mit dem Tage einer solchen Handlung die Verjährungsfrist von neuem zu laufen beginnt, was sich im Grunde aus dem Wort „Unterbrechung" nicht ergibt[1]).

Einzelne Gesetze verwenden den Ausdruck: Unterbrechung der Verjährung nicht. Das BStG. Art. 34 III bestimmt, daß, wenn eine Untersuchung stattfand, die Verjährungsfrist vom Tage der letzten Untersuchungshandlung an zu berechnen ist. Ähnlich lautet Schaffhausen § 81 III. Im Resultat kommt das auf eine Unterbrechung der Verjährung hinaus[2]).

Eigenartig bestimmt Appenzell A.-Rh. Art. 43 II, daß eine Verjährung überhaupt nur eintritt, wenn eine Untersuchung gar nicht angehoben wurde. Untersuchungshandlungen unterbrechen also nicht bloß die Verjährung, sie schließen sie aus.

Eine Reihe von Gesetzen kennt außer den Untersuchungshandlungen als Unterbrechungstatsache auch die Begehung eines neuen Deliktes vor Ablauf der Verjährungsfrist. So bestimmen Luzern § 65 II lit. b, Schwyz § 49 II, Obwalden Art. 39 V und — mit gewissen Einschränkungen — auch Graubünden § 58 Ziff. 2, St. Gallen Art. 45 Ziff. 2, Thurgau § 57[3]). Die alte Theorie, wonach einem Nichtgebesserten die Verjährung nicht zugute kommen soll, zeigt hier ihre Spuren.

---

[1]) Weitere kantonale Daten über die Unterbrechung bei Stooss: Grundzüge, 1, 442f. — Aus der Praxis: Zürich versteht unter den die Verjährung unterbrechenden „richterlichen Handlungen" auch Handlungen der Untersuchungsbehörden. Jedoch sollten bloße Erhebungen oder z. B. der Erlaß eines Haftbefehls, wodurch die Verjährung illusorisch gemacht werden könnte, nicht genügen. Zu fordern sind direkt gegen einen Beschuldigten gerichtete Handlungen, die den Prozeß zu fördern geeignet sind; vgl. Zürcher: Kommentar zürcher. StGB., Noten zu § 55; Zürcher Bl. 17, 280f. (weitgehend); Bl. 19, Nr. 92 und JZ. 16, 290 Nr. 179 (Vorladung zur Hauptverhandlung als Unterbrechung, nicht dagegen ein Gerichtsbeschluß, einen Prozeß wegen Abwesenheit des Angeklagten vorläufig abzuschreiben); vgl. auch Bl. 22, Nr. 6; JZ. 8, 194ff. (Bern: Unterbrechungstatsachen sind nur solche, die als eine Geltendmachung des Strafanspruchs betrachtet werden müssen, nicht Untersuchungshandlungen gegen einen Unschuldigen); ferner Krebs: Bernische Strafgesetze, 157. Zu den welschen Rechten vgl. Gautier: Z. 1, 464ff.

[2]) Die bundesgerichtliche Praxis geht in der Annahme von Unterbrechungshandlungen weit: BE. 34 I, 367f.; Praxis, 1, 532ff. (Mitteilung eines bundesgerichtlichen Kassationsurteils an die Parteien und Ladung des Angeklagten vor einen unzuständigen Richter als Unterbrechung); vgl. auch BE. 38 I, 163f.

[3]) Über die Frage, ob auch ein in einem andern Staate (Kanton) während der Verjährungsfrist verübtes neues Delikt die interne Verjährung unterbricht vgl. Wegelin: JZ. 22, 112. Das ist wohl nur dann zu bejahen, wenn das auswärtige und das interne Recht diesen Unterbrechungsgrund kennen, also z. B. im Verhältnis von Graubünden zu St. Gallen.

Unklarheit besteht vielfach darüber, ob auch bei Polizeiübertretungen eine Unterbrechung der Verjährung — durch Untersuchungshandlungen z. B. — Platz greifen soll. Bei den im Übertretungsstrafrecht besonders kurzen Verjährungsfristen ist das von Bedeutung. Nach dem Vorbild des französischen Rechtes anerkennen Neuenburg Art. 107 und Genf StPO. Art. 205 keine Unterbrechung[1]). Anderseits läßt z. B. Luzern PolStG. § 41 lit. a auch bei Übertretungen vom Tage der letzten Verfolgungshandlung an die Verjährungsfrist von neuem beginnen. Zürich StPO. § 330 II läßt sowohl die Bußenverfügung der Polizeibehörde als auch die im weitern Verlaufe des Übertretungs-Strafprozesses mögliche Überweisung an das Gericht als Unterbrechung wirken[2]). Eine Verjährungsunterbrechung im Übertretungsstrafrecht auszuschließen, rechtfertigt sich kaum, wenn man sie bei Verbrechen und Vergehen vorsieht. Eine andere Frage ist, ob das künftige Recht die vielfach künstlich herbeigeführte Unterbrechung überhaupt beibehalten soll[3]). Beim Schweigen der Gesetze sollte im Übertretungsrecht die analoge Anwendung der für die Unterbrechung bei der Verbrechensverjährung aufgestellten Normen als zulässig gelten[4]).

2. Von der Unterbrechung ist das Ruhen (suspension) der Verjährung zu unterscheiden. Bestimmte Tatsachen hemmen den Ablauf der Verjährung, ohne daß eine neue Frist zu laufen beginnt. Dieses System gilt im Tessin Art. 78 (suspensione durante la costruzione del processo) und in der Waadt Art. 76[5]). Gesetzgeberisch ist der Gedanke, an Stelle der „Unterbrechung" ein bloßes Ruhen der Verjährung genügen zu lassen, sehr beachtlich.

3. Der eidg. E. Art. 69 bringt teilweise eine Neuorientierung:

Er sieht ein Ruhen der Verfolgungsverjährung vor, solange der Täter im Ausland eine Freiheitsstrafe ersteht. Die Unterbrechung erfolgt durch jede Vorladung des Beschuldigten vor ein schweizerisches Untersuchungsamt oder ein schweizerisches Strafgericht zur Verantwortung wegen des Deliktes. In jedem Falle tritt Verjährung ein, wenn die ordentliche Verjährungsfrist um die Hälfte überschritten ist[6]).

---

[1]) Gautier: a. a. O. 465. Auch das MilStGB. Art. 38 Ziff. 2 kennt bei der Verjährung „rein militärischer" Delikte keine Unterbrechung; dazu Weber: Z. 23, 230 und das Mil. Kassationsgericht: Z. 27, 203f. — Gerber: a. a. O. 56.

[2]) Dazu, mit Hinweisen auf die Praxis, Sträuli: Kommentar StPO. § 330, N. 4, 5.

[3]) Vgl. Hafter: VE. MilStGB. mit Motiven, 54f.

[4]) Zürcher Bl. 20, Nr. 183, 193.

[5]) Répertoire vaudois, 187ff. — Gautier: Z. 1, 465f. — Stooss: Grundzüge, 1, 443f.

[6]) Zum E. vgl. noch Prot. I. ExpKom. 1, 266ff.; Prot. II. ExpKom. 1, 401ff. — Mattli: a. a. O. 142ff. — Richter: a. a. O. 67ff.; zustimmend auch Loening: a. a. O. 466.

Nach Art. 61 i. f. kann Strafmilderung erfolgen, wenn seit der Tat verhältnismäßig lange Zeit verstrichen ist und der Täter sich wohl verhalten hat. Darin liegt eine gewisse Ergänzung der Verjährungsnormen[1]).

Die Verjährungsbestimmungen nach dem E. sollen auch auf Taten, die vor dem Inkrafttreten des neuen Gesetzes begangen wurden, anwendbar sein, wenn das neue Recht für den Täter günstiger ist als das frühere Gesetz (Art. 354; oben § 10 III).

§ 88. Vollstreckungsverjährung.

Literatur. Angaben zu §§ 86, 87. — STOOSS: Strafgesetzbücher, 240ff.; Grundzüge, 1, 445ff. — HIRZEL: Kritische Betrachtung der neueren Doktrin und Gesetzgebung über die Verjährung rechtskräftig erkannter Strafen, Zürcher Diss. (1860). — BOLLER: Zur Frage der Verjährung der Nebenstrafen, Zürcher Diss. (1920).

I. Von der gemeinsamen Grundlage der Verfolgungs- und der Vollstreckungsverjährung ist auszugehen (oben § 87 I). Die Tatsache, daß ein Delikt durch ein richterliches Urteil festgestellt ist, kann den Strafanspruch des Staates nicht ändern und nicht verstärken. Zutreffend ist nur, daß das für die Verfolgungsverjährung beachtliche, jedoch nebensächliche Moment der Beweisvergänglichkeit hier ohne Bedeutung ist. Die Überwertung dieses Momentes zeigt sich namentlich in den Gesetzen, die eine Vollstreckungsverjährung überhaupt nicht anerkennen (Graubünden § 56[2]), Appenzell A. Rh. Art. 44 und Aargau).

In zahlreichen Gesetzen ergibt sich zwar nicht der Ausschluß, aber wenigstens eine Beschränkung der Vollstreckungsverjährung. Das ist namentlich in den Rechten der Fall, die bei schweren, insbesondere bei todeswürdigen Verbrechen eine Verjährung überhaupt nicht zulassen (oben § 87 II). Ferner gilt:

Obwalden PolStG. Art. 18 II läßt Geldstrafen und strafgerichtliche Kosten gegenüber dem Schuldigen nicht verjähren. Ähnlich bestimmt St. Gallen Art. 46 II, doch können nach Ablauf von 5 Jahren uneinbringliche Geldstrafen nicht mehr in Freiheitsstrafe umgewandelt werden. Tessin Art. 82 schließt bei lebenslänglichem Zuchthaus und bei Zuchthaus über 12 Jahren die Vollstreckungsverjährung aus. Solche Bestimmungen gehen wohl auch auf den Gedanken zurück, daß das richterliche Urteil den staatlichen Strafanspruch verstärkt hat.

Häufig sind Vorschriften, wonach die Vollstreckungsverjährung einzelne Nebenstrafen oder die ausgefällten Nebenstrafen überhaupt

---

[1]) Eine ähnliche Bestimmung hat schon Graubünden § 55 aufgestellt. Man muß in ihr wohl den Gedanken: Gnade statt strengem Recht sehen.

[2]) Glarus, das STOOSS: Grundzüge, 1, 445 in diesem Zusammenhang nennt, hat 1899 die Vollstreckungsverjährung eingeführt (§ 37).

nicht umfaßt: So bestimmen Zürich § 56 III und Appenzell J.-Rh. Art. 31 IV hinsichtlich der Einstellung in der bürgerlichen Rechtsfähigkeit. Schaffhausen § 84 IV und Thurgau § 56 III schließen die Nebenstrafen und andere Folgen des Strafurteils (Kosten) von der Verjährung aus. Waadt Art. 78 anerkennt die Verjährung nicht für die Einstellung in der bürgerlichen Rechtsfähigkeit, den Entzug der väterlichen Gewalt, die Amtsentsetzung, das Berufs- und Gewerbeverbot und das Wirtshausverbot. Zum gleichen Resultat führen Luzern § 67 II und Obwalden Art. 39 VI, wonach die Strafverjährung die Rehabilitation nicht in sich schließt[1]). Diese beiden Gesetze bestimmen auch, daß die Strafverjährung auf die privatrechtlichen Ansprüche Dritter keinen Einfluß ausübt. — Man hat den Ausschluß der Verjährung gewisser Nebenstrafen damit begründet, daß bei ihnen eine eigentliche Vollstreckung überhaupt nicht stattfindet, daß vielmehr die Wirkung ohne weiteres mit dem rechtskräftigen Urteil eintritt[2]). Diese Anschauung ist in einzelnen Fällen unrichtig und vor allem grundsätzlich unhaltbar. Die Verjährung soll Tilgung des staatlichen Strafanspruchs sein und zwar bei der Strafverjährung im vollen Umfange der Strafen, auf die das Urteil des Richters erkannt hat. Grundsätzlich muß die Verjährung daher alle Strafen, Haupt- und Nebenstrafen, erfassen. Ob eine einzelne Nebenstrafe vollzogen worden ist, oder ob der Bestrafte sich dem Vollzug entziehen konnte, ist Tatfrage[3]).

In einem andern Licht erscheinen diese Fragen, wenn man mit neuern Anschauungen die sog. Nebenstrafen, wenigstens teilweise, aus dem Strafensystem herauslöst und sie als Maßnahmen betrachtet (oben §§ 62, 64ff.). Maßnahmen, die Zustandsbehandlung sind, aber auch dem Schutz des Staates gegen Gefährliche dienen, können eigentlicher Verjährung nicht unterliegen. Sie sollten grundsätzlich solange wirken, als sie notwendig sind. Das wird eine spätere Gesetzgebung auch bei der Landesverweisung, dem Berufs- und Gewerbeverbot usw. berücksichtigen müssen. Solange jedoch die Gesetze diese Maßregeln

---

[1]) Zur Frage der Verjährung der Nebenstrafen namentlich BOLLER: a. a. O. 51ff., 57ff. — STOOSS: Grundzüge, 1, 445, 450. — GAUTIER: Z. 1, 471.

[2]) GAUTIER: Z. 1, 471: déchéances, privations de droits, interdictions et incapacités diverses sont „indépendantes de pareils actes (d'exécution); leur existence est assurée définitivement par le jugment rendu et, dès ce moment, elles s'attachent au condamné sans que le temps puisse rien sur elles"; vgl. dagegen BOLLER: 45f., 52ff., 67ff.

[3]) Ein mit dem Berufs- oder Gewerbeverbot Bestrafter entzieht sich dadurch der Durchführung der Strafe, daß er, ohne entdeckt zu werden, den Beruf weiter betreibt. Soll ihm, auch nach Ablauf der Verjährungsfristen, die Berufsausübung nicht möglich sein? Einem des Landes Verwiesenen gelingt es, sich unerkannt im Lande aufzuhalten. Soll auch nach langen Jahren die Verweisung noch durchgeführt werden können? Gut BOLLER: 67ff., 72ff.

noch zu den Nebenstrafen zählen, muß auch für sie eine Vollstreckungsverjährung gelten[1]).

II. Lehnt man den Gedanken, daß der Strafanspruch des Staates durch die Urteilsfällung sich geändert hat, ab, so müssen die Fristen für die Vollstreckungs- und die Verfolgungsverjährung übereinstimmen. Auf diesem Standpunkt stehen nur Zürich § 56 I, Bern StPO. Art. 545ff., Luzern §§ 62ff., Schwyz § 47, Obwalden Art. 39, Zug § 34 I, Solothurn § 50 I, Basel § 43 I und Appenzell J.-Rh. Art. 31 III. Die andern Rechte sehen für die Vollstreckungsverjährung in verschiedener Ausgestaltung eine besondere Fristenskala vor. Die Fristen sind länger, im Hinblick darauf, daß ein rechtskräftiger Entscheid vorliegt[2]). Auch der eidg. E. Art. 70 hat das System der längern Fristen für die Vollstreckungsverjährung übernommen[3]).

III. Uneinheitlich ist auch der Beginn der Vollstreckungsverjährung gestaltet. In der Mehrzahl der Gesetze und auch im eidg. E. Art. 71 wird zwar der Fristbeginn vom Tage der Rechtskraft des Urteils an gerechnet[4]). Dagegen rechnen Luzern § 66 und PolStG. § 40 III, Schwyz § 48 II und Obwalden Art. 39 V erst von dem Tage an, an welchem — bei Freiheitsstrafen — die Strafzeit abgelaufen wäre.

Bei einem Kontumazialurteil läßt Obwalden PolStG. Art. 18 IV die Vollstreckungsverjährung erst mit dem Tage beginnen, an dem der Verurteilte in den Kanton zurückgekehrt ist. Waadt Art. 79 lit. b schiebt gegenüber dem in contumaciam Verurteilten den Verjährungsbeginn bis nach dem Ablauf der Einspruchsfrist gegen das Urteil hinaus. Solche Beschränkungen sind zu gekünstelt, um gerechtfertigt zu sein.

IV. Unterbrechung der Verjährung nehmen die Gesetze — in verschiedener Ausgestaltung — an durch den Vollzug der Strafe und durch auf den Vollzug gerichtete Handlungen der Vollstreckungsbehörden, z. B. durch die Festnahme des Verurteilten (Genf Art. 69; eidg. E. Art. 72 I). Einzelne Rechte kennen überdies die Unterbrechung

---

[1]) Luzern PolStG. § 40 V bestimmt jetzt ausdrücklich, daß mit der Verjährung der Hauptstrafe auch die damit verbundenen Nebenstrafen „und allfällig verfügte sichernde oder vorsorgliche Maßnahmen" dahinfallen.

[2]) Einzeldaten bei Stooss: Grundzüge, 1, 445ff.; auch Boller: a. a. O. 58ff. (mit besonderer Hervorhebung der Fristen für die Verjährung der Nebenstrafen).

[3]) Bemerkenswert dazu Prot. I ExpKom. 1, 267ff., wo Cornaz übereinstimmende Fristen für beide Verjährungsarten vorschlug; vgl. ferner Prot. II. ExpKom. 1, 266ff. Für die Gleichheit der Fristen Loening: a. a. O. 467f., auch Mattli: a. a. O. 81f., 140f.; abweichend Gautier: Z. 1, 460.

[4]) Daneben bestimmen Freiburg Art. 50 V und der eidg. E. Art. 71, daß bei bedingter Verurteilung die Vollstreckungsverjährung erst mit dem Ablauf der Probezeit beginnt. — Vgl. noch Zürcher Bl. 15, 187 und Zürich StPO. § 331 I: bei nicht durch den Richter verhängten Polizeibußen beginnt die Verjährung mit dem rechtskräftigen Entscheid der Verwaltungsbehörde.

der Vollstreckungsverjährung durch die Verübung eines neuen Delikts während des Fristenlaufes, womit auch hier der alte Gedanke zum Ausdruck kommt, daß nur einem Gebesserten die Verjährung zugute kommen soll[1]).

Mit dem Tag der Unterbrechung beginnt der Lauf einer neuen Frist, wofür die gleichen Unterbrechungsmöglichkeiten gelten. Art. 72 II des eidg. E. läßt aber die Strafe in jedem Falle verjährt sein, wenn die ordentliche Verjährungsfrist um die Hälfte überschritten ist.

§ 89. Begnadigung.

Literatur. Angaben zu §§ 86, 90. — Stooss: Strafgesetzbücher, 256ff.; Grundzüge, 1, 450ff. — Gysin und Wegmann: Gef.-Verein, 11 (1880), 49ff. — Stockar: Das schweizer. Begnadigungsrecht, Leipziger Diss. (1901). — Hafter: Amnestie, in der Festgabe für E. Zürcher (1920), 21ff. — Brunner: Die Begnadigung nach eidg. Recht und dem eidg. E., Zürcher Diss. (1925). — Lüthi: JZ. 20, 1ff. — Delaquis: Begnadigung und Rehabilitation, im Wörterbuch des deutschen Staats- und Verwaltungsrecht (2. Aufl.), 1, 374ff.

I. Die Begnadigung ist dann Strafaufhebungsgrund, wenn sie einen staatlichen Strafanspruch tilgt. Sie kann aber auch zu einer bloß teilweisen Aufhebung einer Strafe oder zu einer Strafmilderung oder -umwandlung führen. Notwendig ist die Abklärung des Begnadigungsbegriffes. In den schweizerischen Rechten herrschen Unklarheiten[2]). Von der Begnadigung, im weitesten Sinne gefaßt, ist auszugehen. Jeder Gnadenakt bedeutet eine Ausschaltung der normalen Funktion des Strafrechts[3]). Die Rechtfertigung liegt darin, daß die Gnade „der große Regulator der Gesetzes- und Urteilswirkungen auf kriminellem Gebiet“ ist (Binding: Handbuch des StR. 1, 861). Daraus folgt, daß nur zur Ausnahme ein Gnadenakt zur Geltung kommen darf und weiter, daß die Begnadigung außerhalb des strafprozessualen Rechtsganges liegen muß und nicht vom Strafrichter gewährt werden kann. Sie ist ein Regierungsakt.

In drei Varianten kommen rechtliche Gnadenakte vor:

1. Die Begnadigung i. e. S. ist ganzer oder teilweiser, unbedingter oder bedingter Verzicht auf die Vollstreckung einer durch rechtskräftiges Urteil ausgesprochenen Strafe[4]). Sie kann aus Gründen der Billigkeit, aber auch der Zweckmäßigkeit erfolgen.

---

[1]) Einzeldaten bei Stooss: Grundzüge 1, 448f.; vgl. namentlich Schaffhausen § 85.

[2]) Hafter: a. a. O. 23ff. — Brunner: a. a. O. 49ff.

[3]) Zürcher. Obergericht, JZ. 16, 144: Die Begnadigung ist ein hoheitlicher Akt, der sich in bewußten Gegensatz zum Gesetz stellt.

[4]) Auch die Rehabilitation, die aus andern Gründen besonders zu erörtern ist (unten § 90), gehört, soweit sie Wiedergewährung von strafweise entzogenen Rechten ist, grundsätzlich in diesen Rahmen, nicht aber die bedingte Entlassung und die bedingte Verurteilung.

2. Anders die Abolition. Sie ist ein Akt, durch den die Niederschlagung eines schwebenden Strafverfahrens verfügt, ja unter Umständen die Anhebung eines Verfahrens gehindert wird[1]). Mit der Zerstörung des Strafklagerechts geht auch der Strafanspruch unter. Ob die Abolition in einem Staat, dessen Gesetzgebung sie nicht ausdrücklich nennt, ohne ein besonderes Gesetz zur Geltung kommen kann, ist bestritten, aber anzunehmen[2]). Eine andere Frage ist, ob die Anerkennung einer Abolition zugunsten eines einzelnen Beschuldigten einer staatlichen Notwendigkeit entspricht[3]).

3. Während der Unterschied zwischen der Begnadigung i. e. S. und der Abolition in der Verschiedenheit des Zeitpunktes liegt, in dem der Gnadenakt ergeht, ist der Amnestie wesentlich, daß sie einer Mehrzahl von Personen gegenüber erfolgt. Sie ist Massenbegnadigung, die in ihrer Auswirkung je nach den Umständen als Begnadigung i. e. S., als Abolition oder als eine Verbindung beider in die Erscheinung tritt[4]). Daß eine Amnestie immer oder wenigstens regelmäßig auf politische Gründe zurückgeht, mag zutreffen, hat aber mit dem juristischen Begriff nichts zu tun[5]). Die Amnestie bezeichnet die Personen, für die sie wirkt, nicht individuell. Sie erfaßt insgesamt bestimmte, innerhalb eines gewissen Zeitraumes oder bei einem bestimmten Anlaß verübte Delikte.

II. Das Begnadigungsrecht steht grundsätzlich nur dem Inhaber des Strafanspruches zu. Im schweizerischen Recht wird dieser Satz namentlich dann von Bedeutung, wenn ein unter dem eidgenössichen materiellen Strafrecht stehendes Delikt kraft Delegation in einem kantonalen Strafprozeß untersucht und beurteilt wird (OG. BRPfl. Art. 125 II, 146ff.; BGes. von 1849 betr. das Verfahren bei

---

[1]) Zu eng der Bundesrat: BBl. 1919 III, 730, wo die Abolition nur als Niederschlagung einer angehobenen Strafuntersuchung bezeichnet wird. Zutreffend Stooss: Grundzüge, 1, 456.

[2]) Dagegen z. B. Stockar: a. a. O. 91, der seinen Schluß für den Bund aus der Nichterwähnung der Abolition in Art. 85 Ziff. 7 und Art. 92 der BV. zieht; vgl. auch M. E. Mayer: StR. Allg. Teil, 531f.

[3]) Dazu Hafter: 29, 33f.

[4]) Über die Entwicklung dieser Fragen im Bund Burckhardt: Kommentar BV. (2. Aufl.), 697f. — Schollenberger: Kommentar BV. 507f. und namentlich BBl. 1919 III, 730f.; 1922 II, 191ff.; vgl. auch Nägeli: Entwicklung der Bundesrechtspflege seit 1815, Zürcher Diss. (1920), 84ff. Abweichend vom Text noch BBl. 1902 V, 870ff. und Fleiner: Bundesstaatsrecht, 180 und 440 (Amnestie nur das Niederschlagen eines Strafprozesses vor dem Urteil).

[5]) Die staatsrechtliche Literatur hebt den politischen Charakter der Amnestie besonders hervor und sieht darin einen Wesensunterschied gegenüber der Begnadigung i. e. S. — Burckhardt: a. a. O. 694. — Schollenberger: a. a. O. 506ff., der sie als eine Sache lediglich der Politik, als ein „Notrecht“ des Staates bezeichnet. Dagegen Hafter: a. a. O. 34f.

Übertretungen fiskalischer und polizeilicher Bundesgesetze, Art. 16 II). Eine Begnadigung kann in allen diesen Fällen nur durch die Bundesversammlung erfolgen, der dieses Recht in OG. Art. 125 II i. f. ausdrücklich vorbehalten wird[1]). Für den gnadenweisen Erlaß von Strafen, die auf Grund kantonalen Rechts ergangen sind, ist anderseits nur die kantonale Behörde zuständig[2]). — Diese staatsrechtlich zutreffende Ordnung durchbricht Art. 417 des eidg. E. Nach ihm soll die Bundesversammlung die Begnadigung nur noch bei Urteilen der Bundesassisen und des Bundesstrafgerichtes ausüben, während bei Urteilen kantonaler Gerichte, auch wenn sie eidgenössisches Recht anwenden, die kantonalen Begnadigungsbehörden zuständig sein sollen. Das wäre dann gerechtfertigt, wenn man die Begnadigung als ein Attribut der richterlichen Gewalt aufzufassen hätte[3]), eine Anschauung, die nicht zu billigen ist. Das Gnadenrecht gehört allein demjenigen Staat, der auf Grund des von ihm erlassenen materiellen Strafgesetzes Inhaber des Strafanspruches ist. Von diesem Standpunkt aus läßt sich die Lösung des E. nur mit Überlegungen der Zweckmäßigkeit erklären[4]).

Die Begnadigungsbehörde im Bund ist für das Gebiet des bürgerlichen Strafrechts die Vereinigte Bundesversammlung (BV. Art. 85 Ziff. 7 und Art. 92)[5]). Für das Gebiet des Militärstrafrechts gilt das gleiche, wenn das Urteil auf Todesstrafe lautet oder von einem außerordentlichen Militärgerichte gefällt ist. In den andern militärischen Fällen steht die Begnadigung beim Bundesrat und im Falle eines aktiven Dienstes beim General (MilStGO. Art. 214). In den Kantonen sind für die Regel die Großen Räte (Kantonsräte) die Begnadigungsbehörden[6]).

---

[1]) BE. 29 I, 311ff., 316 (Aufhebung einer durch die genferische Begnadigungsbehörde in einer Strafsache eidg. Rechts ausgesprochenen Begnadigung); vgl. auch BE. 19, 687; JZ. 18, 50, Nr. 12. — Fleiner: Bundesstaatsrecht, 440f., 606.

[2]) Bei Konkurrenz eidgenössischen und kantonalen Strafrechts ist nach der Praxis entscheidend, ob das schwerere Delikt dem Bundes- oder dem kantonalen Recht untersteht. Im letztern Fall wird angenommen, daß der Kanton für eine Begnadigung zuständig ist. — Sträuli: Kommentar zürcher. StPO., 288; BBl. 1909 III, 707; 1921 II, 368. — Lüthi: JZ. 20, 4f.

[3]) So Gautier: Prot. II. ExpKom. 9, 282ff. — Thormann: eodem, 284. Zutreffend Brunner: a. a. O. 79ff.; ebenso Stooss: Grundzüge, 1, 461; teilweise abweichend Lüthi: JZ. 20, 2ff.; vgl. auch Stockar: a. a. O. 55ff.

[4]) Zum E. vgl. Prot. II. ExpKom. 9, 280ff. — Brunner: 138ff.

[5]) Über die Begnadigungspraxis vgl. die in jedem Jahrgang des BBl. wiederkehrenden Berichte und Anträge des Bundesrates an die Bundesversammlung. — Zu der Frage: Aufschub des (kantonalen) Strafvollzuges bei Hängigkeit eines Begnadigungsgesuches beim Bund vgl. Geschäftsbericht BR. 1921, 399 und JZ. 19, 85, Nr. 67.

[6]) Die Einzelerörterung gehört nicht in diese Darstellung; vgl. über die Begnadigungsbehörden Stooss: Grundzüge, 1, 460ff. — Stockar: a. a. O. 79ff., 104ff. — Brunner: a. a. O. 100ff., 125ff. — Auch auf das Begnadigungsver-

III. Die geltenden Rechte zeigen in der Ordnung des Begnadigungswesens Uneinheitlichkeit und vielfach begriffliche Unsicherheit[1]). Das tritt schon in der Benennung und Umschreibung der einzelnen Begnadigungsarten hervor. An Beispielen ergibt sich:

Der Bund, BV. Art. 85 Ziff. 7, Aargau, Verf. Art. 33 lit. f. und Neuenburg, Verf. Art. 39 I und StGB. Art. 99, 100 nennen Begnadigung und Amnestie, ohne die Ausdrücke zu erläutern[2]). Zürich, Verf. Art. 56 und StGB. § 28 lit. a und die meisten andern Kantone erwähnen nur die Begnadigung i. e. S. Luzern §§ 85—87 und ähnlich Schwyz §§ 24, 25 unterscheiden zwischen Begnadigung, Amnestie (Vergessenheit) und Abolition. Nach der luzernischen Ordnung ist Begnadigung die ganze oder teilweise Nachlassung oder mildernde Umwandlung einer rechtskräftigen richterlichen Strafe (§ 85 I). Amnestie und Abolition sind für außerordentliche Fälle, z. B. bei politischen Delikten, vorgesehen. Jene kann nach luzernischem Recht nur eintreten, bevor eine Untersuchung angehoben wurde, diese kann im Laufe des Prozesses, jedoch bevor ein Urteil ergangen ist, erfolgen, (§ 86 I). Tessin Art. 74 und 79 lit. c kennt neben der Begnadigung i. e. S. die Amnestie, die als eine Zerstörung der Strafklage (abolizione del azione penale) gekennzeichnet wird[3]). Im wesentlichen übereinstimmend mit der oben I vertretenen Auffassung der Begnadigungsarten ordnet Solothurn: Die StPO. §§ 452ff. handelt von der Begnadigung gegenüber einem rechtskräftigen Urteil. § 460 sieht bei politischen Delikten die Möglichkeit einer Amnestie vor. Sie bewirkt, daß eine Strafverfolgung unterbleibt oder aufhört. Sie kann sich aber auch auf bereits ergangene Urteile erstrecken. Darin kommt der Gedanke zum Ausdruck, daß die Amnestie Massenbegnadigung ist. Immerhin bezeichnet § 460 I auch die Niederschlagung eines gegen einen Einzelnen gerichteten Verfahrens als Amnestie. Zutreffend ist auch die Unterscheidung zwischen Begnadigung und Amnestie (bei staatsgefährlichen oder politischen Verbrechen) im graubündnerischen Begnadigungsgesetz von 1869 (§§ 1ff., 14)[4]).

IV. Aus dem Wesen der Begnadigung, wonach Gnade an die Stelle des strengen Rechts treten soll, würde sich ergeben, daß die Begnadigungsbehörde im weitesten Umfang frei sein sollte. Das Gnadenrecht

---

fahren ist hier nicht einzutreten. Über dieses vgl. die Darstellungen von STOCKAR: 97ff., 124ff. — BRUNNER: 115ff., 131f. — LÜTHI: a. a. O. 6f. — GYSIN: a. a. O. 56ff.

[1]) Zusammenstellung der Gesetzestexte bei STOOSS: Strafgesetzbücher, 256ff.; vgl. ferner STOCKAR: 110ff.

[2]) Über die Stellung des Bundes zu den einzelnen Begnadigungsarten oben I. — STOCKAR: 85ff. — HAFTER: 34ff. — LÜTHI: JZ. 20, 1ff. — BRUNNER: 107ff.

[3]) Dazu jetzt das besondere tessinische Begnadigungsgesetz vom 27. Mai 1898; vgl. Z. 12, 404.

[4]) Text bei STOOSS: Strafgestzbücher, 257f.

sollte zur Wirkung kommen, wenn die frei gewonnene Überzeugung besteht, daß Strafverfolgung und Strafvollzug ungerecht wirken, oder auch daß die Durchführung eines staatlichen Strafanspruchs gegen die Interessen des Staates und des Gemeinwohls steht[1]). Allein die durch keinerlei rechtliche Schranken gebundene Begnadigung trägt Gefahren für die Rechtspflege und das Ansehen der Strafjustiz in sich. Nach zwei Richtungen treten daher gesetzgeberische Einschränkungen hervor:

1. Häufig wird eine Begnadigung erst dann für zulässig erklärt, wenn der Verurteilte einen Teil der Strafzeit erstanden und sich während derselben wohlverhalten hat. Die Begnadigung muß also verdient werden. Sie ist mit eine Belohnung für gute Führung[2]). Solche Einschränkungen stimmen mit dem Wesen des Gnadenrechts nicht zusammen.

2. Das andere gesetzgeberische Mittel gegen ein Überwuchern von Begnadigungen besteht darin, daß eine Begnadigung nur bei bestimmten — schwereren — Strafen zugelassen ist. Besonders zurückhaltend sieht Schwyz, von politischen Delikten abgesehen (§ 24), nur bei Todesstrafe eine Begnadigung — zu mindestens 24 Jahren Zuchthaus — vor (§ 25). Zürich StPO. §§ 487ff. schließt die Begnadigungsmöglichkeit bei Buße aus. Es läßt sie bei politischen Vergehen unbeschränkt zu. bei andern Delikten nur, wenn das Urteil auf Zuchthaus, Arbeitshaus oder Gefängnis lautet — im letztern Fall, wenn der Richter an ein gesetzliches Minimum gebunden war[3]). Eine weitere Einschränkung liegt in Zürich darin, daß, von politischen Delikten abgesehen, ein Gesuch um Begnadigung nur binnen 8 Wochen vom Zeitpunkt der Rechtskraft des Urteils an zugelassen wird. Immerhin kann der zu lebenslänglichem

---

[1]) Dazu STOCKAR: 112ff. — Die juristische Begründung eines Begnadigungsentscheides ist im Grunde gar nicht möglich. Damit erklären sich die Bestimmungen z. B. in der BStPO. Art. 173 und in Zürich StPO. § 494, nach denen Beschlüsse in Begnadigungssachen nicht motiviert werden.

[2]) Beispiele: Das luzernische Gesetz von 1871 betr. bedingte Freilassungen und Begnadigungen §§ 16ff. — Text bei STOOSS: Strafgesetzbücher, 259 — fordert außer „unklagbarer Aufführung", je nachdem es sich um einen erstmals Verurteilten oder einen Rückfälligen handelt, die Erstehung von $^1/_2$, $^2/_3$ oder $^3/_4$ der Strafe. Bei „ganz außergewöhnlichen Gründen", bei Urteilen wegen politischer Delikte und natürlich bei Todesurteilen gelten diese Einschränkungen nicht (l. c. § 24). Das graubündnerische Begnadigungsgestz von 1869, § 5 läßt bei lebenslänglichem Zuchthaus erst nach 15 Jahren, bei einer Freiheitsstrafe von 9 oder mehr Jahren nach der Erstehung von $^2/_3$ der Strafzeit, bei niedrigeren Freiheitsstrafen nach 4 Jahren eine Begnadigung zu. Weitere Daten bei STOOSS: Grundzüge, 1, 451ff. Basel, das dort genannt wird, hat jetzt in StGB. § 21 (Revision von 1919) solche Beschränkungen fallen gelassen. Der § 21 läßt allgemein Begnadigung zu in „außerordentlichen Fällen, in welchen die gesetzliche Strafe zu hart erscheint."

[3]) Dazu Zentralbl. f. Staats- und Gemeindeverwaltg. 26, 25ff.

Zuchthaus Verurteilte auch nach Ablauf von 12 Jahren jederzeit um Begnadigung einkommen (§ 488)[1].

Da, wo die Gesetze, theoretisch richtig, solche Beschränkungen nicht aufstellen (z. B. Bund StPO. Art. 169ff., Bern StPO. Art. 557, Basel § 21) zeigt sich naturgemäß eine viel stärkere Beanspruchung der Begnadigungsbehörden als in den Kantonen mit eingeschränkter Begnadigungsmöglichkeit[2]). Diese Tatsache beleuchtet die Wichtigkeit und Schwierigkeit der gesetzgeberischen Gestaltung des Gnadeninstitutes (unten VI).

V. Grundsätzlich muß die Begnadigungsbehörde auch bei der Bestimmung der Wirkungen einer Begnadigung frei sein. Mehrere Möglichkeiten ergeben sich: ganzer oder teilweiser Erlaß von Strafen, Umwandlung in eine mildere Strafart, bedingte Begnadigung (Entlassung) unter Ansetzung einer Bewährungsfrist, Ausdehnung auf die im Urteil ausgesprochenen Nebenstrafen. Diese Variationen sieht Zürich StPO. § 492 vor.

Eine bundesrätliche VO. vom 12. Mai 1916 (Eidg. GesSlg. 32, 183f.) hat die bedingte Begnadigung in das Militärstrafrecht eingeführt (Art. 2—5)[3]. Seit 1920 hat die Praxis der Bundesversammlung auch für das bürgerliche Strafrecht die Möglichkeit einer bedingten Begnadigung und einer Strafumwandlung auf dem Gnadenwege anerkannt[4]. Das ist hier besonders bedeutsam, weil das Bundesrecht weder die bedingte Entlassung noch die bedingte Verurteilung kennt (oben §§ 58 III; 72 III, IV 3)[5].

In einzelnen Kantonen sind die Begnadigungswirkungen gesetzlich eingeschränkt: Obwalden Art. 43 I und Appenzell A.-Rh. Art. 23 I z. B. erlauben, außer bei politischen Delikten, nur einen teilweisen Erlaß

[1]) Weitere kantonale Daten über solche Einschränkungen der Begnadigungsmöglichkeit bei Stooss: Grundzüge, 1, 455f.

[2]) Die Belastung der Bundesversammlung mit einer außerordentlich großen Zahl von Begnadigungsfällen ist fast unerträglich; vgl. schon die bundesrätl. Botschaft vom 3. Juli 1906 zum E. eines Begnadigungsgesetzes — das nicht zustande kam, BBl. 1906 IV, 158ff., 168f. Instruktiv sind die Zahlen über Begnadigungsfälle für Zürich einerseits, Bern und Aargau anderseits bei Zürcher: Prot. II. Exp Kom. 9, 281f. Interessante Zusammenstellungen über die Begnadigungen in sämtlichen Kantonen für die Jahre 1870—1880 bei Gysin: a. a. O. 85ff. Über den Kanton Aargau vgl. auch Landolt: Kompetenzen des aarg. Großen Rates und Regierungsrates, Zürcher Diss. (1925), 35ff.

[3]) Dazu Thormann: Z. 30, 320f. — Brunner: 129f.

[4]) BBl. 1921 II, 368f., 400f.; JZ.18, 12; 22, 65. Über den Widerruf bedingter Begnadigungen bei Nichterfüllung der auferlegten Bedingungen vgl. Geschäftsbericht BR. 1922, 376; BBl. 1923 III, 226f.; 1924 II, 345ff.; 1925 II, 364 usw. Vgl. ferner Lüthi: a. a. O. 5.

[5]) Die bedingte Entlassung und die bedingte Verurteilung entlasten das Begnadigungsinstitut. Begnadigung eines Täters, dem der Richter die bed. Verurteilung versagt hat, ist aber möglich; vgl. den Fall JZ. 21, 324, Nr. 76.

der Strafe. Nach dem erstgenannten Recht darf sich die Begnadigung nicht über die Hälfte der Strafzeit erstrecken. In Schaffhausen § 87 und St. Gallen StPO. Art. 218 IV hebt die Begnadigung die Einstellung in der bürgerlichen Ehrenfähigkeit nicht auf. Nach Tessin Art. 81 berührt die Begnadigung eine vom Richter verhängte Einziehung und die bereits bezahlten Bußen nicht [1]).

Übereinstimmung besteht für die geltenden Rechte wohl darin, daß die Begnadigung die Prozeßkosten nicht umfaßt, und daß sie auf die zivilrechtlichen Folgen nicht einwirkt.

Sichernde und andere Maßnahmen sollten für die Regel einer Begnadigung im eigentlichen Sinne nicht zugänglich sein. Sie müssen, solange sie notwendig sind, durchgeführt werden [2]).

Das Bundesgericht hat festgestellt (Praxis 1, 580), daß ein Delikt auch dann, wenn Begnadigung erfolgte, rückfallbegründend wirkt. Das ist richtig. Die Begnadigung berührt nur die Strafe. Delikt und Strafurteil bleiben bestehen [3]).

VI. Der eidg. E. enthält im Allgemeinen Teil nichts über die Begnadigung. Dagegen ordnet der Einführungstitel, Art. 417—420, die Begnadigung i. e. S. Abolition und Amnestie werden nicht erwähnt. In der Frage der Zulässigkeit ist der E. nicht so frei, wie z. B. das heutige Bundesrecht und Bern. Er beschränkt aber auch nicht in dem Maße, wie z. B. Zürich. Nach Art. 418 ist eine Begnadigung nur gegenüber einem Urteil, das auf eine Freiheitsstrafe von mehr als 3 Monaten lautet, zulässig. Geringere Strafen, Buße allein, sichernde und andere Maßnahmen sind einer Begnadigung nicht zugänglich. Nur bei politischen und damit zusammenhängenden Vergehen entfallen die Beschränkungen. Der Gnadenerlaß hat den Umfang der Begnadigung zu bestimmen. Möglich ist gemäß Art. 420 I ganzer oder teilweiser Erlaß der verhängten Freiheitsstrafen und der mit ihnen verbundenen Bußen und Nebenstrafen. Zulässig ist ferner die Umwandlung in eine mildere Strafart. Daß der Gnadenakt auch den ganzen oder teilweisen Erlaß der Kosten umfassen kann, ist nicht zu billigen [4]).

---

[1]) Weitere Einzeldaten bei Stooss: Grundzüge, 1, 459f. — Stockar: 116ff.

[2]) Richter: (Lit. zu § 86), 79. — Brunner: 146f.; abweichend Wüst: Sichernde Maßnahmen, 183f., 187. — Delaquis: a. a. O. 376 hält Ausnahmen von dem Satz, daß sichernde Maßnahmen von der Gnade nicht berührt werden, für möglich; s. unten § 90 I.

[3]) Das folgt für den eidg. E. auch aus Art. 64 Ziff. 1 II, wo in der Bestimmung über den Rückfall gesagt wird, daß der Erlaß einer Strafe durch Begnadigung der Erstehung gleichsteht. — Richter: a. a. O. 79; vgl. ferner Prot. II. ExpKom. 1, 385ff., auch BE. 49 I, 207.

[4]) Zum Entwurf: Prot. II. ExpKom. 1, 398ff.; 9, 280ff., 373ff. — Richter: a. a. O. 71ff. — Brunner: 137ff. — Lüthi: JZ. 20, 1ff.

§ 90. Rehabilitation.

Literatur. Angaben zu §§ 66—69, 86, 89. — Stooss: Strafgesetzbücher, 265ff.; Grundzüge, 1, 462ff. — Delaquis und Polec: Materialien zur Lehre von der Rehabilitation; Mitteilungen der JKV. 12, dritte Beilage. — Delaquis: Materialien (Nachtrag 1906). — Von demselben Autor: Die Rehabilitation Verurteilter (1906). Die R. im Strafrecht (1907); Z. 18, 315ff.; 25, 99ff. und 296ff.; 30, 59ff.; Mitteilungen JKV. 13, 145ff., 547ff.; ZgesStRW. 27, 1ff.; Österreich. Z. f. StR., 2, 282ff.; Wörterbuch des deutschen Staats- und Verw.-Rechts (2. Aufl.), 1, 374ff. — Schiller: Die Rehabilitation Verurteilter im schweiz. Recht, Zürcher Diss. (1905). — Logoz: Essai sur la réhabilitation, Droit commercial et droit pénal, Genfer Diss. (1911). — Derselbe: Z. 24, 39ff. — Movtchanovski: Essai sur le Casier judiciaire, Genfer Diss. (1909). — Gautier: Z. 18, 13ff. — E. Zürcher: JZ. 10, 118ff.

I. Vom Begnadigungscharakter der Rehabilitation ist auszugehen. Sie ist — in der überkommenen Gestaltung — Wiederverleihung von strafweise entzogenen Rechten und Fähigkeiten[1]). Der Staat als Inhaber des Strafanspruchs verzichtet auf die Durchführung der verhängten Strafen. Gegenüber der Begnadigung i. e. S. ergeben sich hauptsächlich folgende Unterschiede:

1. Die Rehabilitation bezieht sich nur auf einen bestimmten Kreis von Strafen: die Einstellung in der bürgerlichen Rechtsfähigkeit, die Amtsentsetzung, das Berufs- und Gewerbeverbot, die Entziehung der elterlichen Gewalt und der Vormundschaft.

2. Ein Erlaß der ganzen Strafe durch die Rehabilitation erfolgt nicht. Die Wiedereinsetzung kann erst erfolgen, wenn die Strafe während einer gewissen Zeit wirksam war. Damit hängt

3. zusammen, daß sich der Bestrafte die Rehabilitation durch sein Verhalten verdienen muß (Belohnungsgedanke[2]).

4. Für die Rehabilitation sind der Regel nach nicht die Begnadigungsbehörden, sondern die Gerichte zuständig. Sie ist formell ein Akt der Rechtsprechung[3]).

Fast man mit neuern, auch oben §§ 66—69 vertretenen Anschau-

---

[1]) Die Weiterentwicklung des Rehabilitationsgedankens: Löschung (Streichung) und Entfernung von Eintragungen im Strafregister ist gesondert zu erörtern (unten VI). Bei ihr handelt es sich nicht um Strafaufhebung. — Zur Geschichte und zum überkommenen Rehabilitationsbegriff Schiller: a. a. O. 1ff. und namentlich Delaquis: Reh. im StR. 12ff., 101ff.

[2]) In der schweizerischen Literatur, allerdings vor allem im Hinblick auf die Löschung und Entfernung von Strafregistereinträgen, besonders betont von Delaquis: z. B. Gef.-Verein, 29, Heft 1, 41ff., 63ff.

[3]) Lüthi: JZ. 20, 2. — Nicht alle schweizer. Rechte kennen die Rehabilitation durch den Richter. In Basel § 22 entscheidet der Regierungsrat. In St. Gallen StPO. Art. 221, im Aargau, Ges. von 1854 über Rehabilitation, § 1, im Thurgau, Ges. von 1866 betr. die Begnadigung, Rehabilitation usw., § 12, im Wallis StPO. Art. 432 liegt die Entscheidung beim Großen Rat. Der Zusammenhang der Rehabilitation mit der Begnadigung i. e. S. ist in diesen Rechten mehr betont.

ungen die Einstellung in der bürgerlichen Rechtsfähigkeit, die Amtsentsetzung, das Berufs- und Gewerbeverbot, die Entziehung der elterlichen Gewalt und der Vormundschaft nicht als Strafen, sondern als Maßnahmen auf, so ergibt sich eine befriedigende Begrenzung des Satzes, daß die Gnade für die Regel Maßnahmen nicht berühren soll (oben § 89 V): Da Maßnahmen so lange — aber auch nur so lange — dauern sollen, als sie für den Täter und die Gesellschaft notwendig sind, so ist für einen Gnadenakt i. e. S. kein Raum. Da aber bei der Rehabilitation auf die wiedererlangte Eignung und Besserung des Täters abgestellt wird, soll man die Wiedereinsetzung auch gegenüber den hier in Betracht kommenden Maßnahmen zulassen (oben § 49 i. f.).

II. Die Rehabilitation als Strafaufhebungsgrund sollte, soweit es sich um materielles Recht handelt, ihre Ordnung im Allgemeinen Teil der Strafgesetzbücher finden. Das ist in den geltenden Rechten nur teilweise der Fall. Im Prozeßrecht ist das materielle Rehabilitationsrecht im Zusammenhang mit dem Verfahren[1]) geregelt im Bund StPO. Art. 175ff., in Zürich StPO. §§ 495ff., Bern StPO. Art. 566ff., St. Gallen StPO. Art. 221, im Tessin StPO. Art. 280ff., in Wallis StPO. Art. 430ff., Neuenburg StPO. Art. 529ff. und Genf StPO. Art. 483ff.[2]). In Sondergesetzen treffen die Ordnung Zug: Ges. vom 27. Dezember 1871 über bedingte Freilassung, Begnadigung und Rehabilitation (§ 14ff), Aargau: Ges. vom 15. März 1854 über die Rehabilitation peinlich Verurteilter (§§ 1ff.) und Thurgau: Ges. vom 30. Mai 1866 betr. die Begnadigung, Rehabilitation und gerichtliche Strafverwandlung (§§ 12ff.)[3])

In Glarus und Solothurn fehlen strafrechtliche Rehabilitationsnormen[4]). Von der strafrechtlichen Rehabilitation ist die Rehabilitation im Schuldbetreibungsrecht gemäß Art. 2 II des BGes. vom 29. April 1920 betreffend die öffentlich-rechtlichen Folgen der fruchtlosen Pfändung und des Konkurses zu unterscheiden[5]). Bei ihr

---

[1]) Das Verfahren gelangt hier nicht zur Darstellung; darüber Schiller: a. a. O. 62ff. — Delaquis: Rehabilitation im StR. 224ff.; vgl. auch BE. 49 I, Nr. 26.

[2]) Über Genf Logoz: Z. 24, 39ff.

[3]) Texte bei Stooss: Strafgesetzbücher, 265ff. und namentlich bei Delaquis und Polec: a. a. O. 369ff. und Delaquis: Materialien (1906), 62ff.

[4]) Dazu Schiller: 8.

[5]) Art. 1 III leg. cit.: Einstellung im Stimmrecht gegenüber fruchtlos gepfändeten Schuldnern und Konkursiten ist bis auf die Dauer von 4 Jahren möglich, wenn gerichtlich festgestellt wird, daß der Schuldner seinen Vermögensverfall durch erhebliches Verschulden verursacht hat; Art. 2: „Die Kantone können ... an die fruchtlose Pfändung und den Konkurs öffentlich-rechtliche Folgen (wie Unfähigkeit zur Bekleidung öffentlicher Ämter, zur Ausübung patentierter Berufsarten usw.) knüpfen. — Die Aufhebung solcher Rechtsfolgen hat jedoch einzutreten, wenn der Konkurs widerrufen wird, oder wenn sämtliche zu Verlust gekommenen Gläubiger befriedigt sind oder der Rehabilitation beistimmen.“ Dazu

kommen nur ökonomische Gesichtspunkte in Betracht, nicht eine Prüfung der Frage, ob jemand der Wiederverleihung von entzogenen Rechten persönlich würdig ist.

III. Bei der Verschiedenheit der geltenden Rechte ist es schwer, den Wirkungsbereich der strafrechtlichen Rehabilitation allgemein festzustellen. Ausgangspunkt ist die Wiederverleihung der strafweise entzogenen bürgerlichen Rechtsfähigkeit. Die Rehabilitation richtet sich nach dem Umfang, den die Strafe: Einstellung in der bürgerlichen Rechtsfähigkeit in der einzelnen Gesetzgebung hat (oben § 66 III/IV). Die Wiedereinsetzung umfaßt alle durch die Einstellung entzogenen Berechtigungen. Die Wiederverleihung geschieht entsprechend der Aberkennung grundsätzlich im ganzen Umfange[1]). Nur St. Gallen StPO. Art. 221 III macht eine Ausnahme: Die Rehabilitationsbehörde kann den im übrigen Rehabilitierten noch weiter von der Wählbarkeit in Behörden und Beamtungen ausschließen.

Die meisten Rechte begnügen sich daher damit, von der Wiederverleihung der bürgerlichen Rechte (droits civiques, politiques) zu sprechen. Einige Gesetze umschreiben den Umfang der Wiedereinsetzung im einzelnen, z. B. BStPO. Art. 175 II: Aufhebung der Unfähigkeit, welche aus der Entziehung entstand, sowie derjenigen, die aus der Amtsentsetzung oder dem Berufs- oder Gewerbeverbot erfolgte. Ähnlich bestimmt Zürich StPO. § 495[2]). Waadt Art. 86 nennt einzeln die Wiederverleihung der bürgerlichen Rechte, der väterlichen Gewalt, der Wählbarkeit zu einem Amte, des Rechts zum Berufs- und Gewerbebetrieb[3]). Daß bei der Rehabilitation gegenüber einer Amtsentsetzung oder gegenüber einem Entzug der Vormundschaft nicht das Amt oder die Stelle wieder verliehen wird, ist selbstverständlich. Nur das Recht, neuerdings gewählt oder bestellt zu werden, entsteht wieder[4]).

IV. Für eine Rehabilitation gelten folgende Voraussetzungen:

1. Seit Erstehung der Hauptstrafe oder seit einer die Hauptstrafe aufhebenden Begnadigung muß eine bestimmte Zeit verstrichen sein, während welcher der Rechtsentzug wirksam war, z. B. nach BStPO. Art. 177 drei Jahre. Nach den meisten Gesetzen darf ein abgewiesenes

---

Tanner: Die öffentlich-rechtlichen Folgen (Ehrenfolgen) der fruchtlosen Pfändung und des Konkurses, Zürcher Diss. (1924), 67ff. und zur Frage allgemein Logoz: Essai sur la réhabilitation, droit commercial et droit pénal, Genfer Diss. (1911); vgl. auch oben § 66 II und Schiller: 12f.

[1]) Schiller: a. a. O. 76.

[2]) Zürcher Bl. 20, Nr. 201: Voraussetzungen für die Wiederverleihung des Rechtes zum Berufs- und Gewerbebetrieb.

[3]) Répertoire vaudois, 234. — Weitere kantonale Einzeldaten bei Stooss: Grundzüge, 1, 465. — Schiller: 77ff.

[4]) Schiller: 80f.

Rehabilitationsgesuch erst nach Ablauf einer weitern Frist wieder eingebracht werden, z. B. BStPO. Art. 180: zwei Jahre[1]).

2. Der Gesuchsteller muß nachweisen, daß er sich seit der Erstehung der Strafe — nach andern Rechten, z. B. Zürich StPO. § 495 I, seit Erlaß des Urteils — wohlverhalten, namentlich seit der Straferstehung nicht neuerdings ein Delikt verübt hat (Appenzell A.-Rh. Art. 24 II). Mehrere Gesetze schließen bei mehrfach Bestraften die Rehabilitation überhaupt aus (Bern StPO. Art. 566, Aargau, Rehabilitationsges., § 3 lit. b, Thurgau. lex cit., § 13 lit. b, Wallis StPO. Art. 436, Genf StPO. Art. 483).

3. Einige Rechte fordern, daß der Gesuchsteller (nach Möglichkeit) die Prozeßkosten bezahlt und den gestifteten Schaden ersetzt hat: Luzern § 83 lit. c, Freiburg Art. 51 I, Basel § 22. Schwyz § 23 lit. b und Obwalden Art. 44 Ziff. 3 fordern überdies die Bezahlung einer verhängten Geldstrafe.

V. Der eidg. E. hat, gesetzestechnisch richtig, das materielle Rehabilitationsrecht im Allgemeinen Teil, Art. 73ff., geordnet. Er hält die verschiedenen Wiedereinsetzungen — in die bürgerliche Ehrenfähigkeit (Art. 48 und 73), in die Wählbarkeit zu einem Amte (Art. 49 und 74), in die elterliche Gewalt und die Fähigkeit, Vormund zu sein (Art. 50 und 75), in das Recht, einen Beruf, ein Gewerbe, ein Handelsgeschäft wieder zu betreiben (Art. 51 und 76) — auseinander. Seit dem Urteilsvollzug oder seit dem Erlaß der Hauptstrafe durch Begnadigung (Art. 78 Ziff. 1) müssen mindestens 3 Jahre verstrichen sein. Bei Verurteilung zu Verwahrungsanstalt kann eine Rehabilitation nicht früher als 5 Jahre nach der endgültigen Entlassung erfolgen (Art. 78 Ziff. 2). Bei Abweisung eines Wiedereinsetzungsgesuches kann der Richter verfügen, daß das Gesuch binnen einer Frist, die zwei Jahre nicht übersteigen soll, nicht erneuert darf werden (Art. 78 Ziff. 3).

Durchgängig wird vorausgesetzt, daß das Verhalten des Täters die Rehabilitation rechtfertigt und daß er den gerichtlich oder vergleichsweise festgestellten Schaden, soweit es ihm zuzumuten war, ersetzt hat[2]). Für die Aufhebung des Berufs- und Gewerbeverbotes wird besonders bestimmt, daß ein weiterer Mißbrauch nicht befürchtet werden darf[3]).

VI. Die Kriminalpolitik erstrebt eine Weiterentwicklung des Rehabilitationsinstitutes: die Tilgung der rechtlichen und ge-

---

[1]) BE. 49 I, Nr. 26. Zusammenstellung der kantonalen Fristen bei Stooss: Grundzüge, 1, 463f.

[2]) Ergänzung des E. 1918 durch Anträge der nat.-rätlichen Kommission; vgl. Delaquis: Z. 35, 45; 36, 127.

[3]) Zum E.: Prot. II. ExpKom. 1, 432ff.; 2, 114ff.; 8, 40ff.; die eingangs erwähnten Schriften von Delaquis; Logoz: Z. 24, 44ff. — Mattli: (Lit. zu § 86), 144ff. — Richter: eodem, 80ff.

setzlichen Wirkungen des Strafurteils[1]). Unter den schweizerischen Rechten hat zuerst Neuenburg in der StPO. von 1893 einen solchen Schritt unternommen: Art 537 läßt mit der Rehabilitation das Strafurteil entfallen („elle efface la condamnation et fait cesser pour l'avenir toutes les incapacités qui en résultaient"). Nach Art. 539 II, III wird diese Tilgung im Strafregister vermerkt, und die Registerauszüge dürfen die Verurteilung nicht mehr erwähnen. Zu beachten ist jedoch, daß Art. 529 I eine Rehabilitation nur zuläßt, wenn das Urteil auf Zuchthaus oder auf Einstellung in der bürgerlichen Rechtsfähigkeit lautet[2]).

Dieses System geht über den Gedanken, daß die Rehabilitation lediglich die Wiederverleihung bestimmter Rechte und Fähigkeiten sein soll, weit hinaus. Die Rehabilitation soll, wenn auch nicht zur Austilgung eines Strafurteils — was nicht möglich ist — führen, so doch zur Ausmerzung des Strafregistereintrags[3]), so daß der Täter nicht mehr als vorbestraft gilt. Eine Durchbildung dieses Gedankens bringt der eidg. E. Art. 77, 381, 382 und 355 (Rückwirkung). An ihn schließen sich die §§ 504ff. der zürcher. StPO. von 1919 und, in einfacherer Ausgestaltung, der Art. 52 des freiburgischen StGB. an. Nach E. Art. 77 kann der Richter auf Gesuch des Verurteilten bei Wohlverhalten und Schadensdeckung nach Möglichkeit die Löschung eines Strafregistereintrags verfügen, wenn seit dem Urteilsvollzug bei Zuchthaus oder Verwahrungsanstalt mindestens 15 Jahre, bei andern Strafen oder Maßnahmen mindestens 10 Jahre verflossen sind. Gelöschte Eintragungen sind, unter Hinweis auf die Löschung, immerhin noch den Strafbehörden mitzuteilen, wenn die Person, über die Auskunft verlangt wird, Beschuldigter ist (Art. 382 Ziff. 2). Nach weitern 5 Jahren sind die „gelöschten" Eintragungen von Amtes wegen zu entfernen, wenn seit der Löschung keine neue Verurteilung erfolgt ist[4]).

---

[1]) Namentlich auch die JKV. hat sich für diese Entwicklung eingesetzt; vgl z. B. Mitteilungen, 13, 547ff.

[2]) Rehabilitation ist danach nicht möglich bei einer Verurteilung zu Gefängnisstrafe, mit der die Einstellung in der Rechtsfähigkeit nicht verbunden war. Kritik dazu von Schiller: a. a. O. 82ff. Die neuenburg. Ordnung geht auf das französische Ges. vom 14. Aug. 1885, relative aux moyens de prévenir la récidive (libération conditionnelle, patronage, réhabilitation), StPO. Art. 634, zurück. — Delaquis und Polec: Materialien, 119ff., 131ff.

[3]) Über das Strafregister, namentlich im Zusammenhang mit dem Rehabilitationsgedanken, Gautier: Z. 18, 35ff. — Movtchanovski: a. a. O. 142ff. — E. Zürcher: JZ. 10, 118ff. — Delaquis: Z. 25, 99ff., 296ff.

[4]) In Zürich erfolgt von Amtes wegen nach 12 bzw. 8 Jahren seit dem Strafvollzug oder einer bedingten Entlassung Streichung, wenn der Verurteilte kein neues Vergehen begangen hat. Ein Antrag des Verurteilten wird gefordert, wenn er in der Zwischenzeit wegen eines fahrlässigen oder eines „ganz geringfügigen vorsätzlichen Vergehens" bestraft wurde (§ 504). Nach weitern 5 Jahren erfolgt,

§ 91. Andere Strafaufhebungsgründe.

Literatur. Angaben zu § 86. — STOOSS: Strafgesetzbücher, 271f.; Grundzüge, 1, 466ff. — DELAQUIS: Gef.-Verein, 29, Heft 1, 41ff. — SCHOETENSACK: VD. Allg. Teil, 2, 435ff., 467ff.

Zahlreiche weitere Aufhebungsgründe finden sich in den Strafgesetzbüchern verstreut. Sie weisen in andere Gebiete hinüber und sind hier zum Teil nur anzudeuten.

I. Der Rücktritt vom (unvollendeten) Versuch führt regelmäßig zur Straflosigkeit (oben § 42). Gnade ergeht für Recht[1]). Auch der Lohngedanke kommt hier und in einigen der folgenden Fälle zur Geltung[2]).

II. Zu unterscheiden ist tätige Reue beim vollendeten Versuch und beim vollendeten Delikt. Im erstern Fall erfolgt regelmäßig nur eine Strafmilderung- oder -minderung, doch sehen einige Gesetze Straflosigkeit vor (oben § 42).

Übt der Täter nach vollendetem Delikt tätige Reue, so ergibt sich gleichfalls fast durchgängig nur eine Strafminderung oder -milderung (oben §§ 76 I, 77 II und III). Im Allgemeinen Teil des Strafgesetzes sieht wohl nur Graubünden § 50 I Ziff. 8 und II die Möglichkeit vor, den Täter straflos zu lassen, wenn er, ohne zu wissen, daß er des Verbrechens verdächtigt wird, aus freiem Antrieb die Folgen seiner Tat zu verhindern oder den verursachten Schaden zu vergüten sich bestrebt hat[3]).

Dagegen finden sich mehrfach im Besondern Teil der Gesetze Vorschriften, die eine tätige Reue trotz Vollendung des Deliktes strafaufhebend wirken lassen[4]). Typische Beispiele sind: die Möglichkeit der Strafbefreiung nach Zürich § 76 bei den Teilnehmern an einem Auf-

---

auf Antrag des Verurteilten, der sich gut gehalten hat, die Entfernung (§ 506). Ausdrücklich bestimmt § 507, daß bei geschehener Entfernung die Verurteilung fortan als nicht geschehen betrachtet wird. Zu den §§ 504ff. STRÄULI: Kommentar StPO., 314ff.; Zürcher Bl. 20, Nr. 203 und 22, Nr. 104, auch JZ. 19, 346, Nr. 310 (Streichung und Entfernung von Registereinträgen für vor Inkrafttreten der neuen StPO. ausgefällte Strafen). Vgl. ferner VO. des Reg.-Rates vom 2. Juli 1921 über die Strafregister (Zürcher. GesSlg. 32, 119ff.), §§ 16—19. — Über Löschung und Entfernung von Registereintragungen über Maßnahmen und Strafen gegenüber jugendlichen Rechtsbrechern nach dem eidg. E.: unten § 93 IV 4.

[1]) Vgl. noch RICHTER: (Lit. zu § 86), 92ff.

[2]) DELAQUIS: Gef.-Verein, 29, Heft 1, 44ff.

[3]) STOOSS: Grundzüge, 1, 466f.

[4]) Das sog. Absehen von Strafe in besonders leichten Fällen und die Möglichkeit, den Täter bei provozierter Beschimpfung und bei unmittelbarer Erwiderung einer Beschimpfung straflos zu lassen, fasse ich nicht als Aufhebungs-, sondern als Strafausschließungsgründe — fehlendes staatliches Interesse an einer Bestrafung — auf (oben § 38); a. M. STOOSS: Grundzüge, 1, 468. — RICHTER: a. a. O. 117ff. nimmt für den Retorsion Übenden einen Strafausschließungsgrund, für den Ersttäter einen Aufhebungsgrund an (120).

ruhr, denen keine Gewalttätigkeit zur Last fällt, und die sich auf Abmahnen eines Beamten oder Bürgers entfernen, ferner die fakultative Strafbefreiung des Brandstifters nach § 218, wenn der Fall ganz unbedeutend ist und der Täter aus eigenem Antrieb das Feuer löschte oder die Löschung veranlaßte. Aus dem eidg. E. sind hervorzuheben die obligatorische Strafbefreiung des Täters, der das Zustandekommen eines Zweikampfes nachträglich verhinderte (Art. 114 Ziff. 2), ferner des Verführers, der die Verführte heiratet (Art. 171 II, 172 II). Nach Art. 272 ist Strafbefreiung möglich bei der freiwilligen Berichtigung eines Zeugnisses, wenn sie erfolgte, bevor ein Rechtsnachteil für einen andern entstanden war[1]).

III. In Graubünden § 50 I Ziff. 9 und II kann auch die Selbstanzeige — ebenfalls eine Art tätiger Reue — als Strafaufhebungsgrund wirken[2]). Im übrigen wirken Selbstanzeige und Geständnis regelmäßig strafmindernd oder -mildernd[3]).

IV. Auch freiwillige Schadensdeckung kann ein Symptom der Reue sein. Allgemein wirkt sie strafmindernd oder -mildernd. Darüber hinaus wird aber vereinzelt auch die Möglichkeit der Strafbefreiung vorgesehen, z. B. in Graubünden § 50 I Ziff. 8 und II, § 166 (bei Diebstahl), Zug § 33 (bei Vermögensdelikten), Schwyz § 74 I (bei Diebstahl, wenn die Gutmachung erfolgte, ehe die „amtliche Anzeige" zur Kenntnis des Diebes gelangte)[4]), Baselstadt PolStG. § 16 (bei Übertretungen), Neuenburg Art. 81 (bei bestimmten Vermögensdelikten).

V. Waadt Art. 18 und Neuenburg Art. 21 machen, was als eine Art Gnadenakt zu würdigen ist, hohes Alter zu einem Strafaufhebungsgrund. Der zu Zuchthaus oder Gefängnis Verurteilte, der 80 Jahre alt geworden ist, wird durch Gerichtsentscheid in die Freiheit entlassen, wenn er wenigstens 5 Jahre seiner Strafe — in Neuenburg wenigstens einen Dritteil der Strafzeit — erstanden hat.

VI. Im Tessin wirkt die Verzeihung des Verletzten (remissione della parte offesa) als Strafaufhebungsgrund. Sie zerstört bei Antragsdelikten das Strafantragsrecht, doch versagt sie, wenn der Beschuldigte sich weigert, die Verzeihung entgegenzunehmen (Art. 73 lit. c, Art. 75). In den im Besondern Teil genannten Fällen hebt die Verzeihung die Strafe auf (Art. 79 lit. d)[5]). Das führt hinüber zu

---

[1]) Die Einzelheiten gehören in den Besondern Teil.

[2]) Text: Wenn der Täter, „da er leicht hätte entfliehen oder unentdeckt bleiben können, sich selbst angegeben und das Verbrechen bekannt hat."

[3]) RICHTER: a. a. O. 125ff.

[4]) RICHTER: 123, mit teilweise unrichtigen Angaben über Fälle ganzen Straferlasses bei Schadensdeckung; vgl. oben § 85 I 2.

[5]) Vorbild der tessinischen Ordnung ist Art. 88 des italienischen StGB.; dazu z. B. FLORIAN: Trattato di Diritto Penale (seconda ed.), 1, II. Teil, 367ff. — RICHTER: a. a. O. 128f.

VII. dem Rückzug eines gestellten Strafantrages bei den Antragsdelikten. Faßt man den Strafantrag als eine Strafbarkeitsbedingung auf, so entsteht der staatliche Strafanspruch erst mit der Antragstellung (oben § 28 I). Das Recht zum Rückzug des Antrages gibt dem Antragsteller die Möglichkeit, den Staat zum Verzicht auf die Geltendmachung und Durchführung des Strafanspruches zu veranlassen. Der Rückzug des Antrags wirkt daher als Strafaufhebungsgrund[1]).

---

[1]) Ausdrücklich hat z. B. Schaffhausen § 80 die Zurücknahme des Strafantrages bei den Aufhebungsgründen eingestellt. Über die Ausgestaltung des Rücktrittsrechtes oben § 28 IV 5. Vgl. RICHTER: a. a. O. 129ff., 134, der den Strafantrag als Prozeßvoraussetzung ansieht. Von diesem Standpunkt aus zerstört die Rücknahme eines Strafanspruchs das Strafklagerecht. Damit entfällt aber auch materiell die Strafbarkeit. Bei der Auffassung des Antrages als einer bloßen Prozeßvoraussetzung ergibt sich gegenüber dem Text der Unterschied, daß schon der Verzicht auf eine Antragstellung einen Aufhebungsgrund darstellt; vgl. Schaffhausen § 80 III.

Dritter Teil.

Besondere strafrechtliche Gestaltungen.

Vorbemerkung.

Die allgemeinen Normen der Strafgesetze gelten grundsätzlich für alle Rechtsbrecher und für alle Delikte. Bei gewissen Gruppen von Tätern und bei gewissen strafbaren Handlungen weicht aber die strafrechtliche Behandlung so bedeutend von der Norm ab, daß eine Herauslösung aus dem allgemeinen Strafgesetz erwogen werden muß[1]). In besonderm Maße trifft das für zwei Gebiete zu:

1. für die von jugendlichen Personen verübten Delikte. Nach der heutigen Entwicklung ist das sog. Jugendstrafrecht eine eigenartige Verbindung von Straf- und Maßnahmenrecht, wobei Erziehungs- und Fürsorgegedanken stark in den Vordergrund treten. Vereinzelt ist die moderne Gesetzgebung dazu gelangt, das ganze Gebiet des Jugendschutzrechtes — Schutz jugendlicher Personen gegenüber verbrecherischen Angriffen, Behandlung verbrecherischer, verwahrloster und gefährdeter Jugendlicher, besonderer Jugendgerichtsprozeß, Erziehungs- und Besserungsanstalten für Jugendliche — in Sondergesetzen zusammenzufassen. Von besonderer Bedeutung ist hier der englische Children Act von 1908 geworden[2]).

---

[1]) Diese Herauslösung ist längst für das Militärstrafrecht vollzogen. Der „Soldat“, der ein Delikt verübt, untersteht den militärrechtlichen Gesetzen, die Sonderrecht — nicht etwa Ausnahmerecht — darstellen. Dieses sonderrechtliche Strafrecht ist hier nicht weiter zu erörtern. — Sonderrechtlich gestaltet ist vielfach auch das Übertretungsstrafrecht (besondere Polizeistrafgesetze, Ordnung in der Nebengesetzgebung). Hier besteht aber eine gewisse Tendenz zur ganzen oder teilweisen Überführung dieses Sonderrechts in das allgemeine Strafrecht. Das muß namentlich befürworten, wer zwischen Verbrechen und Vergehen einerseits, Übertretungen anderseits nur einen Quantitäts-, nicht einen Qualitätsunterschied anerkennt (oben § 19 II).

[2]) Deutsche Übersetzung von Rosenfeld in der Sammlung außerdeutscher Strafgesetzbücher, Nr. 27 (1909); vgl. ferner Atherley, Jones und Bellot: The law of children and young persons (1909). — Struve: Die strafrechtliche Behandlung der Jugend in England (1914; mit reichen Lit.-Angaben). Über spätere Ergänzungen des Children Act von 1908 siehe Wegner: ZgesStRW. 45, 161ff. Es ist daran zu erinnern, daß England kein allgemeines StGB. besitzt. — Als Beispiele sind weiter zu nennen das deutsche Jugendgerichtsgesetz vom 16. Februar 1923 (abgedruckt in seinen materiellrechtlichen Bestimmungen z. B. bei Frank: Kom-

Diese Tendenz kommt bereits in einigen kantonalen Rechten zur Geltung (unten §§ 92—94).

2. für die Ordnung der Verantwortlichkeit bei Preßdelikten. Ihre Gestaltung in besondern Preßgesetzen — zusammen mit den übrigen Teilen des Preßrechts — muß geprüft werden (unten § 95).

Erster Abschnitt.

Behandlung jugendlicher Rechtsbrecher.

Literatur zum ganzen Abschnitt: Aus der überreichen juristischen, kriminalpolitischen, soziologischen und pädagogischen Literatur sind von schweizerischen Bearbeitungen hervorzuheben: Stooss: Grundzüge, 1, 176ff. (teilweise durch die Entwicklung überholt); Z. 23, 337ff.; 28, 233ff.; Österreich. Z. f. StR. 5, 58ff. — Zürcher: Z. 22, 105ff.; Jahresversammlung 1908 des schweizer. Lehrervereins, Kinderschutz und Jugendstrafrecht, Schweiz. Pädagog. Z. 1909, Heft 4. — Hafner und Zürcher: Gefängniskunde (1925), 347ff. — Hafter: StR. und Schule, Sep.-Abdruck Pädagog. Z. (1906); Jugendgerichte, Verhandl. des schweizer. Jur.-Vereins (1909). — Haldimann: L'enfance vicieuse et la législation pénale, Berner Diss. (1896). — Tuscher: Criminalité infantile, Lausanner Diss. (1904). — Gallacchi: I delinquenti minorenni nel diritto penale, Zürcher Diss. (1906). — Junod: Enfants moralement abandonnés et jeunes délinquants, Lausanner Diss. (1907). — Hasler: Die jugendlichen Verbrecher im Straf- und Strafprozeßrecht, Zürcher Diss. (1908). — Gilliard: Protection de l'enfance abandonnée et de la jeunesse exploitée (1908). — Silbernagel: Ein Beitrag zur Kinderschutzgesetzgebung (1908); Bekämpfung des Verbrechertums durch Rettung jugendl. Delinquenten (1911). — Knabenhans: Erziehungs- und Besserungsanstalten für verwahrloste Kinder und jugendl. Rechtsbrecher in der deutschen Schweiz, Sep.-Abdruck aus dem Jahrbuch der schweizer. Gesellsch. für Schulgesundheitspflege (1912). — Troyano: Juridictions spéciales pour les mineurs et mise en liberté surveillée, Genfer Diss. (1912). — Gervai: Die Beziehungen des Kindes und Jugendlichen zum Verbrechen, Zürcher med. Diss. (1914). — Grandchamp: Contribution à l'étude de la réforme du droit pénal de l'enfance dans le canton de Vaud, Lausanner Diss. (1921). — Jud: Ursachen der Verwahrlosung und Kriminalität der Jugendlichen, Berner Diss. (1923). — v. Overbeck: Jugendfürsorge und Strafrechtspflege, in der Festgabe für Hertling (1913), Sep.-Abdruck. — Scherrer: Jugendschutz und Strafrechtspflege im Kanton St. Gallen (ohne Jahreszahl).

---

mentar deutsches StGB. 15. Aufl., 156ff.), zusammen mit dem Jugendwohlfahrtsgesetz vom 9. Juli 1922; ferner Kommentar der Reichsgerichtsräte zum deutschen StGB., 3. Aufl. (1925), 282ff. — v. Hippel: Deutsches StR. 1, 559ff. Vgl. weiter den österreichischen E. von 1907 betreffend die strafrechtliche Behandlung und den Schutz Jugendlicher; Sammlung außerdeutscher Strafgesetzbücher (1908) und das österreichische Ges. vom 25. Januar 1919 über die Errichtung von Jugendgerichten. — Weitere Daten zur Rechtsvergleichung z. B. bei Lenz: Das Jugendstrafrecht, Sep.-Abdruck aus den Schriften des 1. österreich. Kinderschutzkongresses (1907); Anglo-amerikanische Reformbewegung im StR. (1908), 197ff. — Lilienthal: VD. Allg. Teil, 5, 103ff. — Collard: La protection de l'enfance, Commentaire de la loi (belge) du 15 mai 1912; deutsche Übersetzung des belgischen Gesetzes in der Sammlung außerdeutscher Strafgesetzbücher, Nr. 37 (1912). Zum belgischen Gesetz auch Logoz: Z. 26, 57ff.

Ferner: HÜRBIN: Z. 1, 39ff.; 23, 184ff. — LADAME: Z. 3, 524ff. — DAVID: Z. 6, 401ff. — VÖLLMY: Z. 11, 81ff. — STRÄULI: Z. 16, 359ff. — GAUTIER: Z. 24, 119ff. — LOGOZ: Z. 26, 57ff.; 27, 61ff. — VEILLARD: Z. 34, 247ff. — BALSIGER: Z. 37, 35ff. — E. ZÜRCHER: JZ. 16, 20ff. — SPOENDLIN: JZ. 19, 5ff., 21ff. — BECK. HAFTER und FAVRE: Gef.-Verein, 24 (1906) I, 1ff. — Bericht über den I. schweizer. Informationskurs in Jugendfürsorge (1908). — Verhandlungen des I. schweizer. Jugendgerichtstages (1912). — Schweizer. Jahrbuch für Jugendfürsorge, hgg. von der Vereinigung für Kinder- und Frauenschutz (1912ff.).

§ 92. Kinder.

I. Ein durchgebildetes besonderes Jugendstrafrecht besitzen längst nicht alle Kantone. Die Bestimmungen über den jugendlichen Rechtsbrecher werden im StGB. meistens noch mit den Normen über Zurechnungsfähigkeit, Unzurechnungsfähigkeit und verminderte Zurechnungsfähigkeit verknüpft. Das ist zunächst verständlich. Geht man davon aus, daß zurechnungsfähig und strafrechtlich verantwortlich ist, wer zur Zeit der Tat fähig ist, das Unrecht seiner Tat einzusehen und gemäß seiner Einsicht sich zu verhalten (oben § 22 I), so kann man überlegen, daß der junge Mensch sich körperlich, geistig und seelisch noch in einem Entwicklungsstadium befindet, das die Zurechnungsfähigkeit ganz oder teilweise ausschließt. Allein diese Überlegung ist viel zu einseitig und zu formal. Sie muß auch häufig mit den Tatsachen in Widerspruch treten. Es ist gar keine Rede davon, daß Jugendliche — etwa bis zum 18. Altersjahr —, wenn sie ein Delikt verüben, sich allgemein im Zustande der Unzurechnungsfähigkeit oder auch nur verminderter Zurechnungsfähigkeit befinden. Wenn man, was notwendig ist, den jungen Menschen strafrechtlich anders als den zu einer gewissen körperlichen und geistigen Reife gelangten Rechtsbrecher behandeln will, muß man die Ordnung auf einer andern Grundlage suchen[1]:

Gewiß fehlt beim jungen Menschen häufig die Schuld oder sie ist vermindert, weil er regelmäßig hemmungsloser und uneinsichtiger als der Erwachsene ist. Entscheidend aber ist, daß die auf den erwachsenen Verbrecher gemünzten strafrechtlichen Reaktionen gegenüber dem Jugendlichen versagen. Die regulären Freiheitsentziehungen, der Aufenthalt in den Strafanstalten sind Gift für ihn. Nach richtiger Anschauung kann es sich freilich nicht darum handeln, gegenüber dem jugendlichen Rechtsbrecher die Strafe überhaupt auszuschließen. Schuldhaft kann auch der Jugendliche handeln, und er soll dafür bestraft werden. Aber die Gestaltung der Strafe soll anders sein als gegenüber dem Erwachsenen und neben oder unter Umständen an die Stelle besonderer Erziehungsstrafen sollen fürsorgliche Maßnahmen treten.

So ergeben sich gesetzgeberisch zwei Hauptpunkte:

---

[1]) STRÄULI: Kommentar zürcher. StPO. § 379, N. 1. — STOOSS: Grundzüge, 1, 187ff.

1. Obschon eine solche Ordnung immer problematisch ist, kommt man nicht darum herum, die Zeit des Jugendalters im Strafrecht zahlenmäßig zu umgrenzen. Regelmäßig gelangen die geltenden Rechte zu einer Dreiteilung: Kindesalter, jugendliches Alter i. e. S., Übergangsalter.

2. Für jede dieser 3 Altersstufen muß ein verschiedenes Behandlungssystem Platz greifen[1]).

II. Den Zeitraum des Kindesalters setzen die schweizerischen Rechte sehr verschieden fest, was ein besonders schlimmes Zeichen der Zersplitterung ist.[2]) Allgemein gilt für diese Stufe, daß das rechtbrecherische Kind strafrechtlich nicht zur Verantwortung gezogen wird. Es ist überhaupt nicht im Sinne des Strafrechts deliktsfähig. Die Frage nach der Zurechnungsfähigkeit ist richtigerweise gar nicht aufzuwerfen. Juristisch kann man eine unwiderlegbare gesetzliche Vermutung annehmen, daß der Mensch, der ein gewisses Alter noch nicht erreicht hat, gar nicht delinquieren kann.

1. Von einer zahlenmäßigen Begrenzung sieht nur Schwyz ab. § 31 lit. a bestimmt lediglich, daß gegenüber Jugendlichen, deren mangelhafte Entwicklung jede reifere Einsicht ausschließt, Kriminalstrafen nicht verhängt werden können. In § 46 lit. a wird die Jugend als Strafmilderungsgrund bezeichnet. Bei dieser — ganz unbefriedigenden — Ordnung bleibt die Entscheidung in jedem Einzelfall dem freien Richterermessen überlassen.

2. Bis zum zürückgelegten 10. Altersjahr reicht die Periode der Kindheit in Graubünden PolStG. § 5, wodurch StGB. § 45 Ziff. 1 aufgehoben ist, im Tessin Art. 49, in Neuenburg, loi du 31 mai 1917 concernant la répression des délits commis par les mineurs[3]) und in Genf, loi du 4 octobre 1913 instituant une Chambre pénale de l'enfance, Art. 25 I[4]).

3. Beim zurückgelegten 12. Altersjahr setzen die Grenze an das BStG. Art. 30 I, Zürich § 45 I und StPO. § 366, Glarus § 29 I, Zug § 27 I, Freiburg Art. 10 I, Solothurn § 42 I, Appenzell A.-Rh. Art. 37 I, Thurgau § 21.

4. Appenzell J.-Rh. Art. 27 läßt die Grenze bis zum zurückgelegten 13. Jahr reichen.

5. Auf das zurückgelegte 14. Jahr gehen Luzern § 46 und PolStG. § 33, Obwalden, Novelle von 1908, Art. 34 (Zurechnung „in der Regel"

[1]) Vgl. Troyano: a. a. O. 100ff.

[2]) Die Daten bei Stooss: Grundzüge, 1, 176ff. und bei v. Lilienthal: VD. Allg. Teil, V, 131 sind zum Teil durch die gesetzgeberische Entwicklung überholt. Vgl. ferner Gallacchi: a. a. O. 16.

[3]) Darüber Courvoisier: Z. 33, 169f., vgl. auch ZschwR. NF. 38, 64f.

[4]) Über das genferische Gesetz Z. 34, 119f. — Gautier: Z. 24, 119ff. (über die Entwürfe). — Logoz: Z. 27, 61ff.

ausgeschlossen)[1]), Baselstadt § 31 (Novelle von 1911), Schaffhausen § 31 I (Novelle von 1906), St. Gallen Art. 24 I, Waadt Art. 51 Ziff. 1[2]) und Wallis Art. 89.

6. Beim zurückgelegten 15. Jahr setzt Aargau § 45 lit. a die Grenze an. Es nimmt Fehlen des „freien Willens" an, insofern die noch nicht Fünfzehnjährigen „nicht einen besonders entwickelten Verstand und einen hohen Grad von bösem Willen verraten". Der alte Satz: malitia supplet aetatem tritt hier hervor[3]). Nach ihm ist der frühreife Bösewicht zurechnungsfähig und strafbar.

Bern, Ges. von 1897 über das Armen- und Niederlassungswesen, § 89 I geht ebenfalls bis zum zurückgelegten 15. Jahr, und das Armenpolizeigesetz von 1912 Art. 7 erklärt hinsichtlich der sog. Armen-Disziplinarvergehen (Bettel usw.) Kinder unter 16 Jahren für nicht strafbar. Diese Vorschriften haben Art. 44 des StGB., der die Grenze auf das zurückgelegte 12. Altersjahr festsetzte, aufgehoben.

III. Das Kind ist dem eigentlichen Strafrecht entzogen. Es soll soweit als möglich auch vor einem Eingreifen der strafprozessualen Behörden bewahrt bleiben. Dagegen müssen Maßnahmen Platz greifen, wenn sie um des Kindes oder der Allgemeinheit willen notwendig sind. Sie sollen möglichst von den Schul- und Vormundschaftsbehörden ausgehen. Diese in den Kantonen verschieden gestaltete Fürsorgetätigkeit kann hier nicht im einzelnen erörtert werden. Bemerkenswert war seinerzeit das neuenburgische Gesetz vom 23. September 1893 concernant la discipline scolaire et les arrêts de discipline: Das Schulkind, das ein Delikt verübte, konnte vom Friedensrichter zu Arrest verurteilt werden, der durch die Schulbehörde im Schulhaus unter Beschäftigung mit Schulaufgaben vollzogen wurde[4]). Nach Bern, Armengesetz von 1897, § 89 II, III untersucht der Regierungsstatthalter gegenüber rechtbrecherischen Kindern den Sachverhalt. Der Regierungsrat kann auf den Antrag des Statthalters das Kind in einer Familie versorgen oder es einer Erziehungs- oder Besserungsanstalt übergeben. Ist eine solche Maßnahme nicht geboten, so kann das „fehlbare Kind" durch die Schulkommission mit Schularrest oder mit Verweis bestraft werden. In Zürich StPO. § 382 I sind Anzeigen wegen Polizeiübertretungen von Kindern im schulpflichtigen Alter der Schulpflege zum Zwecke der Untersuchung und disziplinaren Bestrafung zu erstatten. Die Schulpflege bringt die gemäß der Schulordnung zulässigen Straf-

---

[1]) Dazu Hafter: Z. 21, 355. [2]) Vgl. Répertoire vaudois, 15ff.

[3]) Über diesen berühmten, strafrechtlich auf die Carolina zurückweisenden Satz vgl. z. B. v. Bar: Gesetz und Schuld, 2, 66f.

[4]) Haldimann: L'enfance vicieuse, 74ff. — Hafter: StR. und Schule, 7, 17. Siehe jetzt das Ges. vom 31. Mai 1917 concernant la répression des délits commis par les mineurs; unten § 93 III 3.

mittel zur Geltung. Das hat auch zu gelten, wenn ein noch nicht 12jähriges Schulkind eine als Verbrechen oder Vergehen bedrohte Tat verübt hat. Daneben kommen vormundschaftliche Maßnahmen in Betracht[1]).

IV. Am eidg. E. ist zunächst wichtig, daß er das gesamte sog. Jugendlichen-Strafrecht aus der bisherigen Verbindung mit den Normen über die Zurechnungsfähigkeit völlig herausgelöst hat. In einem besondern Abschnitt, am Schlusse des Allgemeinen Teils, ordnet er die „Behandlung der Kinder und der Jugendlichen." Der Abschnitt verbindet Maßnahmen — die im Vordergrund stehen — mit einem System besonders gearteter Strafen. Über die Kinder bestimmen die Art. 80 bis 86[2]): Das Kindesalter, das Alter der grundsätzlichen Deliktsunfähigkeit, reicht bis zum zurückgelegten 14. Lebensjahr. Die rechtbrecherische Tat eines Kindes wird nach rechtlichen Gesichtspunkten nur untersucht, wenn das Kind das 6. Altersjahr zurückgelegt hat. Die von den Kantonen zu bezeichnende Behörde des Wohnsitzes oder des Aufenthaltsorts des Kindes — nicht des Tatortes — (Art. 390 I, 393) hat den Sachverhalt festzustellen. Sie hat ferner über den körperlichen und geistigen Zustand des Kindes und über seine Erziehung genaue Berichte, in allen zweifelhaften Fällen auch einen ärztlichen Bericht einzuziehen (Art. 81). Auf diesen Grundlagen ergeben sich folgende Behandlungsmöglichkeiten:

1. Sittlich verwahrloste, sittlich verdorbene oder gefährdete Kinder werden in einer Erziehungsanstalt versorgt oder einer vertrauenswürdigen Familie zur Erziehung unter behördlicher Aufsicht übergeben. Das Kind kann auch der eigenen Familie zur Erziehung unter Aufsicht der Behörde überlassen werden (Art. 82).

2. Bei kranken oder sonst einer besondern Behandlung bedürftigen Kindern, wird die erforderliche Behandlung — Einweisung in Heilanstalten — angeordnet (Art. 83).

3. Kinder, bei denen keine der vorgenannten Voraussetzungen zutreffen, werden, wenn die Behörde sie fehlbar findet, mit Verweis oder mit Schularrest bestraft (Art. 84). Der Strafgedanke kommt also zur Geltung. Aber um Kriminalstrafen handelt es sich nicht. Eine Eintragung in das Strafregister unterbleibt (Art. 379, argumentum e contrario).

4. Ergänzend bestimmt Art. 85, daß Eltern, die ihre Pflicht gegen das Kind vernachlässigt haben, eine Ermahnung oder Verwarnung zu erteilen ist. Eine Verweisstrafe liegt darin nicht (oben § 61 IV)[3]).

---

[1]) Sträuli: Kommentar StPO. § 366, N. 3—6 und Noten zu § 382.

[2]) Die Kantone haben die für die Behandlung der Kinder zuständigen Behörden und das Verfahren zu bestimmen. Der E. stellt Leitsätze dafür in Art. 390, 392—394 auf.

[3]) Zu denken ist namentlich an einen Hinweis der Eltern auf die Bestimmungen der Art. 283—285 ZGB. über das behördliche Einschreiten gegen Eltern (Entziehung der elterlichen Gewalt usw.); vgl. Grob: Das Recht des Kindes auf die

Die Verjährungsbestimmungen sind gegenüber rechtbrecherischen Taten von Kindern ausgeschaltet. Dagegen kann nach Art. 86 von jeder Maßnahme abgesehen werden, wenn seit der Tat 6 Monate verstrichen sind[1]).

§ 93. Jugendliche.

I. Für die Umgrenzung der zweiten Altersstufe ergibt sich, wiederum mit arger Zersplitterung:

1. Schwyz und Aargau kennen keine besondere zweite Periode. Die allgemein gefaßten Bestimmungen über die Unzurechnungsfähigkeit Jugendlicher und über die ihnen zukommende Strafmilderung gelten (Schwyz §§ 31 lit. a, 46 lit. a; Aargau §§ 45 lit. a, 44 lit. a: Milderung bei Jugend unter 20 Jahren).

2. Die Periode umfaßt das 10.—14. Altersjahr in Graubünden PolStG. § 5 und im Tessin Art. 50 § 1[2]). Das Genfer Jugendgerichtsgesetz von 1913 und das erwähnte Jugendgesetz von Neuenburg von 1917 nehmen 10—18 Jahre an.

3. Vom 12.—16. Jahr dauert die Periode nach BStG. Art. 30 I, Zürich StPO. § 367 Ziff. 1, Glarus § 29 II, Zug § 27 II, Appenzell A.-Rh. Art. 37 II und Thurgau § 21.

4. Das 12.—18. Jahr nehmen Freiburg Art. 11 I und Solothurn § 42 II als Zwischenstufe an.

5. Appenzell J.-Rh. Art. 27 läßt die zweite Periode vom 13.—16. Jahr gehen. In Bern Art. 45 I umfaßt sie nur das 15.—16. Jahr (oben § 92 II 6).

6. Vom 14.—18. Jahr geht die Zwischenstufe in Luzern § 47 I und PolStG. § 34, Schaffhausen § 31 IV (Novelle von 1906), Baselstadt § 32 I, Waadt Art. 53 und Wallis Art. 90.

7. Obwalden Art. 34 bis I (Novelle von 1908) nimmt 14—20 Jahre, St. Gallen Art. 24 II 14—17 Jahre an[3]).

II. Die Mehrzahl der Rechte stellt heute noch für diese sog. kritische Periode (Stadium der problematischen Reife) nach dem französischen Vorbild[4]) auf das intellektuelle Unterscheidungsvermögen

---

Fürsorge der Eltern, Zürcher Diss. (1912), 36ff., 70ff. — MÜLLER: Das staatliche Eingreifen in die Elternrechte zum Schutze der Person des Kindes, Zürcher Diss. (1923), 29ff. — EGGER und SILBERNAGEL: Kommentare zum Familienrecht, Art. 283ff. (reiche Lit.-Angaben über den Kinderschutz bei SILBERNAGEL, 145ff.); vgl. auch oben § 69.

[1]) Zum E. namentlich STOOSS: Motive VE. 1893 17f.; Prot. I. ExpKom. 1, 40ff. — ZÜRCHER: Erläuterungen VE. 1908, 28ff.; Prot. II. Exp Kom. 1, 53ff., 188f.; 5, 418ff.; 9, 344ff. [2]) Über die Verhältnisse im Tessin GALLACCHI: a. a. O. 42ff.

[3]) Zu St. Gallen JZ. 22, 88, Nr. 16.

[4]) Französischer C. p. Art. 66, 67 (s'il est décidé qu'il a agi sans — ou avec — discernement); dazu z. B. ROUX: Cours de Droit pénal, 167ff. — HASLER: a. a. O. 1ff.

(discernement) ab. Der Richter hat im Einzelfall festzustellen, ob der jugendliche Täter die zur Erkenntnis der Strafbarkeit seiner Handlung erforderliche Fähigkeit (Einsicht, Urteilskraft, geistige Ausbildung) besaß oder nicht. Je nachdem hat der Richter sein Urteil zu gestalten:

1. Verneint er das Unterscheidungsvermögen, so ergibt sich die Unzurechnungsfähigkeit des Jugendlichen. Seine Bestrafung erscheint nicht möglich[1]). Dagegen müssen sichernde und fürsorgliche Maßnahmen erwogen werden, die von den Gesetzen in reicher Mannigfaltigkeit vorgesehen werden: Überweisung des Jugendlichen an die Familie zu häuslicher Zucht, an die Vormundschafts- und andere Verwaltungsbehörden zur Versetzung in Erziehungs- und Besserungsanstalten usw.[2]).

2. Bejaht der Richter dagegen das Unterscheidungsvermögen, so muß er folgerichtig zu einer Bestrafung des Täters gelangen. Das jugendliche Alter wirkt jedoch als Strafmilderungsgrund, worüber die meisten Gesetze ausführliche Normen aufstellen. Besonders häufig sind Ausschluß oder Ermäßigung der schweren Strafen, der Todes- und der Zuchthausstrafen[3]).

Für die Durchführung dieses Systems ist Freiburg Art. 11 II—IV und 43 hervorzuheben. Im Vordergrund steht die Strafmilderung. Die verhängte Strafe soll in einer vom Staatsrat bestimmten Anstalt und mit möglichster Berücksichtigung des jugendlichen Alters des Verurteilten vollstreckt werden (besondere Jugendlichen-Abteilung in der Strafanstalt)[4]). In jedem Falle, sowohl bei Freisprechung wie bei Verurteilung eines Jugendlichen, hat der Richter die Angelegenheit dem Staatsrat zur Entscheidung darüber vorzulegen, ob der Täter in einer Erziehungs- oder Besserungsanstalt oder in einer vertrauenswürdigen Familie unterzubringen ist. Diese Maßnahme, die einer eventuellen Strafe stets nachzugehen hat, kann nur bis zur Mündigkeit des Jugendlichen dauern. — Bemerkenswert ist an dieser Ordnung die Verbindung von Straf- und Maßnahmenrecht.

III. Das Unzulängliche der überkommenen Ordnung wird heute fast allgemein anerkannt.

---

[1]) Einzig Luzern § 47 II und PolStG. § 34 II, wo vom Fehlen „hinlänglicher Unterscheidungskraft“ gesprochen wird, gelangt nur zur Freisprechung von einer Kriminalstrafe. Der Jugendliche wird korrektionell zu Gefängnis von 1 Woche bis zu 6 Monaten verurteilt. Das ist eine nicht verständliche Inkonsequenz.

[2]) Übersicht über die kantonalen Ordnungen bei Stooss: Grundzüge, 1, 180ff., dessen Angaben heute allerdings teilweise durch neuere Gesetze überholt sind; vgl. unten III, ferner Gallacchi: a. a. O. 16ff.

[3]) Einzeldaten bei Stooss: Grundzüge, 1, 183ff.

[4]) Bemerkungen zum freiburgischen VE. 1922, 12. Der Gedanke führt weiter, zur Schaffung besonderer Jugendgefängnisse. Über solche besondern Anstalten vgl. z. B. Herrmann: Das hamburgische Jugendgefängnis Hahnöfersand, 2. Aufl. (1926).

Es ist ungenügend, für die Kennzeichnung der zweiten Altersstufe nur auf den mangelhaften Intellekt, das discernement, abzustellen. Die Gesamtpersönlichkeit des jugendlichen Rechtsbrechers: seine Intelligenz, sein Gefühlsleben, sein Charakter, seine Erziehung muß untersucht werden.

Es ist unbefriedigend, den als deliktsfähig erkannten Jugendlichen grundsätzlich mit den gleichen Strafen wie den erwachsenen Verbrecher zu treffen und ihm lediglich Milderung zu gewähren. Nach dem Stand der Erfahrungen sollte die Anschauung, daß Zuchthaus und Gefängnis für den Jugendlichen wirkungslos und schädlich sind, feststehen. Anderseits soll man aber für das Jugendlichenrecht auch nicht den völligen Verzicht auf Strafen fordern. Die Lösung liegt zwar in erster Linie in einem Maßnahmenrecht. Daneben ist aber für die Behandlung des schuldigen Jugendlichen ein besonderes Strafensystem zu gestalten.

Unter dem Einfluß der eidg. Entwürfe (unten IV) haben neuere kantonale Rechte ihr Jugendlichen-Strafrecht in diesen Richtungen mehr oder weniger weitgehend reformiert[1]):

1. Freiburg Art. 11 I läßt wenigstens nicht mehr ausschließlich das Moment der rein intellektuellen Unterscheidungsfähigkeit maßgebend sein. Die dem eidg. E. Art. 10 (Unzurechnungsfähigkeit) nachgebildete Formel: wenn der Täter (infolge seiner Jugend) nicht fähig war, das Unrecht seiner Tat einzusehen oder nach dieser Einsicht zu handeln, berücksichtigt außer Intelligenzmängeln auch andere psychische Entwicklungshemmungen und Störungen (oben § 33 III 1)[2]).

2. Als die zwei Hauptbeispiele für die Durchbildung eines besondern Jugendlichenrechts sind Zürich und Genf näher zu betrachten:

Zürich StPO. §§ 367, 373, 379f. stellt bei den 12—16 Jahre alten Rechtsbrechern[3]) nicht mehr auf die Unterscheidungsfähigkeit, sondern auf die Gesamtpersönlichkeit und die Familienverhältnisse des Täters ab. Auf dieser Grundlage hat der Richter festzustellen, ob der junge Mensch fehlbar[4]) gehandelt hat oder nicht. Im letztern Fall werden die Akten, wenn der Jugendliche verwahrlost oder sittlich gefährdet ist, der Vormundschaftsbehörde überwiesen, die fürsorgliche Maß-

---

[1]) Die Daten bei GALLACCHI: a. a. O. 68ff. sind heute zumeist überholt.

[2]) Zu kritisieren bleibt, daß das Freiburger StGB. die Kennzeichnung des Jugendalters immer noch mit dem Begriff der Unzurechnungsfähigkeit verquickt; oben § 92 I.

[3]) Zürich nennt die auf dieser Stufe stehenden Rechtsbrecher „Kinder".

[4]) Ebenso wie im eidg. E. Art. 84 und 93 Ziff. 1 I wird der Ausdruck schuldhaft vermieden. Das ist nicht zu billigen, weil es zu Mißverständnissen führt. Der schuldige Jugendliche soll bestraft werden. Wenn ihn andere Strafen treffen als den erwachsenen Rechtsbrecher, so rechtfertigt das nicht, von einer „Schuld" nicht zu sprechen.

nahmen treffen kann[1]). Gegenüber fehlbaren Kindern ergeht dagegen ein Urteil (§ 379). Der Richter erkennt „unter Würdigung des Charakters und der persönlichen Eigenschaften des Kindes sowie des Tatbestandes" auf eine der folgenden Maßnahmen: Verweis, Überweisung an die Schulpflege zu disziplinarer Bestrafung oder an die Vormundschaftsbehörde, Schadensdeckung durch eigene Arbeit, Einweisung in ein besonderes Gebäude bis zur Dauer von 8 Tagen unter Aufsicht eines Erziehers (Arrest), Unterbringung in einer Familie oder einer Erziehungs-, Heil- oder Verwahrungsanstalt. Die „Maßnahmen" können miteinander verbunden werden. Ausdrücklich erklärt § 379 III, daß das gerichtliche Erkenntnis nicht als Strafurteil zu gelten hat, und aus § 503 Ziff. 2 ergibt sich, daß die gegenüber Kindern verhängten „Maßnahmen" nicht in das Strafregister aufzunehmen sind[2]). Daß der § 379 die gegenüber dem fehlbar — schuldig — befundenen 12—16jährigen verhängten Maßregeln insgesamt als Maßnahmen, unter Vermeidung des Strafbegriffes, bezeichnet, ist nicht gerechtfertigt. Wenigsten zum Teil handelt es sich um Strafen (Verweis, disziplinare „Bestrafung", Arrest). Daß sie im Dienste der Erziehung und nicht der Rache oder des alten Vergeltungsgedankens stehen, hebt ihren Strafcharakter nicht auf. Die zürcherische Ordnung steht noch im Zeichen der Unabgeklärtheit. Sie läßt gegenüber den 12—16jährigen bestimmte Strafen zu, nennt sie aber offiziell Maßnahmen. Das kriminalpolitische und gesetzgeberische Ziel muß aber, auch im Jugendlichenrecht, die Unterscheidung sein (oben § 49, namentlich III). — Besonders eigenartig ist, daß bei Polizeiübertretungen von 12—16jährigen die Reaktion deutlicher Strafcharakter hat, als wenn es sich um Verbrechen oder Vergehen handelt. Nach § 382 werden die Übertretungen von Kindern im schulpflichtigen Alter durch die Schulpflege disziplinarisch „bestraft". Gegenüber schulentlassenen Kindern findet dagegen das gewöhnliche Übertretungsverfahren Platz, wobei statt auf eine gleichfalls zulässige Buße auf einen Verweis erkannt werden kann[3]).

---

1) Sträuli: Kommentar StPO. § 380, N. 2; § 379 N. 9; VO. des Reg.-Rates vom 10. Juli 1919 über das Strafverfahren und den Vollzug gerichtlicher Strafen und Maßnahmen gegenüber Kindern und Jugendlichen, §§ 7, 8 (Bestellung eines Fürsorgers, Beistandes oder eines Vormundes); Ges. vom 24. Mai 1925 über die Versorgung von Jugendlichen usw. (vgl. oben § 81 II 2), §§ 1—4 (zwangsweise Versorgung in einer Familie oder in einer Anstalt).

2) Sträuli: Kommentar StPO., Noten zu § 379.

3) Aus der zürcher. Praxis: Für die Frage, ob ein Kind oder ein Jugendlicher den besondern — materiellrechtlichen und prozessualen — Bestimmungen des Jugendstrafrechts untersteht, ist maßgegend das Alter zur Zeit der Tatbegehung, nicht das Alter zur Zeit der Untersuchung oder der Beurteilung (Zürcher Bl. 21, Nr. 103; 22, Nr. 103 mit Hinweisen auf die früher abweichende Praxis; vgl. auch JZ. 19, 283, Nr. 55 und Bauhofer: eodem, 18, 221ff.). Eine bedingte Verurteilung zu den „Maßnahmen" des § 379 ist unzulässig (Zürcher Bl. 20, Nr. 10;

Das Genfer Jugendgerichtsgesetz vom 4. Oktober 1913 (oben § 92 II 2), das auf Jugendliche zwischen 10 und 18 Jahren zur Anwendung gelangt, bringt nach der Absicht des Gesetzgebers gegenüber dem jugendlichen Täter ebenfalls nur Maßnahmen zur Geltung, die nicht in das Strafregister eingetragen werden (Art. 24). Es wird ausschließlich darauf abgestellt, ob nach der Persönlichkeit des Täters genügende Gründe für die Verhängung von Maßnahmen vorliegen (Art. 15 II). Diese Maßnahmen sind nach Art. 15 III, V, 16—18: la mise en liberté surveillée[1]), die an die amerikanisch-englische probation anknüpft; la transmission des renseignements recueillis à la commission officielle de protection des mineurs; l'internement dans une maison d'éducation correctionnelle, ou de discipline, ou dans une colonie pénitentiaire (!); le renvoi du dossier à l'autorité administrative en vue du placement d'un enfant anormal ou malade dans un hospice ou un établissement approprié. Eine Maßnahme kann jederzeit durch eine andere ersetzt oder mit einer andern verbunden werden. Bei schweren Polizeiübertretungen kann — außer Buße, die in jedem Falle zulässig ist — Polizeiarrest verhängt werden, dessen Vollzug möglichst nicht in einem Gefängnis und getrennt von Erwachsenen erfolgen soll (Art. 27)[2]). Auch dem Genfer Gesetz gegenüber gilt der Vorwurf, daß es ausschließlich von „Maßnahmen" spricht, tatsächlich aber zum Teil auch Strafen — internement dans une colonie pénitentiaire, amende, arrêts de police — vorsieht. Wie in Zürich ist der Unterschied zwischen Strafe und Maßnahme verwischt.

3. Das schon erwähnte neuenburgische Gesetz von 1917 hält Strafen und Maßnahmen besser auseinander: Es sieht für den moralisch verwahrlosten Jugendlichen die Versorgung in einer Familie oder einer geeigneten Anstalt vor. Für den keiner besondern Behandlung bedürftigen jugendlichen Rechtsbrecher sind dagegen als Strafen Verweis, Buße, Disziplinararrest, prison civil, in schweren Fällen aber auch die ordentlichen Freiheitsstrafen, die gemildert werden (Art. 16) vorgesehen. Die 10—18jährigen werden nicht durch den Richter, sondern durch die Vormundschaftsbehörde beurteilt.

4. Ansätze zu einem besonders gestalteten Jugendstrafrecht mit dem Ziel, Maßnahmen in den Vordergrund zu stellen und ein besonderes Strafensystem zu gestalten (z. B. Verweis, Stellung unter behördliche Aufsicht) finden sich in Baselstadt § 33, Schaffhausen § 31 (Novelle

---

JZ. 17, 108, Nr. 83). Bei von „Kindern" verübten Delikten gilt durchgängig die 5jährige Verjährungsfrist gemäß StGB. § 52 lit. c (Bl. 22, 341; JZ. 19, 364, Nr. 330). Vgl. ferner SPOENDLIN: JZ. 19, 5ff.

[1]) Dazu namentlich TROYANO: Juridictions spéciales pour les mineurs, 119ff.

[2]) Zu den Genfer Bestimmungen: GAUTIER: Z. 24, 152ff. — LOGOZ: Z. 27, 71ff., 62ff.

von 1916), Appenzell A.-Rh. Art. 37 II, III und StPO. Art. 97—101 (besondere Jugendgerichtsbarkeit), Appenzell J.-Rh. Art. 27 und in St. Gallen Art. 24, das gleichfalls in der StPO. von 1912 das Jugendgericht eingeführt hat (vgl. namentlich Art. 10, 162—174, 231)[1]).

IV. Die bunte Mannigfaltigkeit der kantonalen Ordnungen zeigt, wie unabgeklärt die Frage der Behandlung der Jugendlichen — insbesondere in der Zeit der sog. kritischen Periode — noch ist. Verglichen mit den geltenden Rechten zeigt der eidg. E. mehr Folgerichtigkeit und namentlich eine deutlichere Unterscheidung zwischen Maßnahmen und Strafen (Art. 87—96): Das jugendliche Alter umfaßt den Zeitraum vom 14. bis zum zurückgelegten 18. Jahr[2]). Entsprechend der bei den „Kindern" vorgesehenen Behandlung (oben § 92 IV) ergibt sich:

1. Für sittlich verwahrloste, sittlich verdorbene oder gefährdete jugendliche Rechtsbrecher kommt in erster Linie die Maßnahme der Einweisung in eine Rettungsanstalt in Betracht. Der Richter kann es aber auch mit der Übergabe an eine vertrauenswürdige Familie zur Erziehung unter behördlicher Aufsicht versuchen. Bei Nichtbewährung ordnet er die Anstaltsversorgung an, die mindestens 1 Jahr und im übrigen so lange dauert, als die Erziehung es erfordert. Mit dem zurückgelegten 20. Jahr wird der Zögling endgültig entlassen (Art. 88). Jugendliche, die sittlich so verdorben sind, daß die Rettungsanstalt sie nicht aufnehmen kann, ferner jugendliche Täter eines sehr schweren Verbrechens werden einer Korrektionsanstalt übergeben, in der sie bis zu ihrer Besserung, jedoch mindestens 3 und höchstens 12 Jahre bleiben (Art. 89)[3]).

Wichtig ist, daß der Richter jederzeit die Möglichkeit hat, einen Wechsel der getroffenen Maßnahmen — Familienerziehung, Rettungs-, Korrektionsanstalt — zu verfügen, wenn die Verhältnisse es erfordern (Art. 90 und 88 III)[4]).

---

[1]) Dazu SCHERRER: Jugendschutz und Strafrechtspflege im Kt. St. Gallen (ohne Jahreszahl).

[2]) Für das besondere, kantonal zu gestaltende Verfahren gegenüber Jugendlichen stellen die Art. 391—394 Leitsätze auf (Verfahren vor Jugendgerichten, Jugendschutzämtern, vormundschaftlichen Behörden).

[3]) In die Korrektionsanstalt kommt also auch der nicht „sittlich Verdorbene", der ein sehr schweres Verbrechen, z. B. einen Mord beging. Das ist nicht einwandfrei. Ist ein solcher Täter normal und handelte er schuldhaft, so müßte er bestraft werden. Die Bestimmung des Art. 89 ergab sich deshalb, weil man in solchen Fällen die im Art. 93 für Jugendliche vorgesehenen Strafen nicht für ausreichend hielt; Prot. II. ExpKom. 1, 74, 82ff.; 9, 177ff., 395f. — Die Kantone haben für die erforderlichen Anstalten zu sorgen. Bundesbeiträge sind vorgesehen (Art. 408, 410, 411). Über die Korrektionsanstalt des E. namentlich HÜRBIN: Z. 23, 192ff. und STOOSS: eodem, 337ff.

[4]) Siehe schon das Genfer Jugendgerichts-Gesetz, Art. 15 V.

Der Zögling kann aus der Rettungs- und der Korrektionsanstalt durch die Aufsichtsbehörde der Anstalt vorzeitig bedingt entlassen werden (Art. 91). Die bedingte Entlassung steht unter ähnlichen Bedingungen, wie sie in Art. 36 Ziff. 2—4 für die aus dem Zuchthaus oder dem Gefängnis bedingt Entlassenen aufgestellt sind.

2. Bei kranken oder sonst einer besondern Behandlung bedürftigen Jugendlichen ordnet der Richter die entsprechende Behandlung — in einer Heilanstalt z. B. — an (Art. 92).

3. Der sog. normale Jugendliche, der weder krank, noch sittlich verwahrlost, verdorben oder gefährdet ist und der „kein sehr schweres Verbrechen" verübt hat[1]), wird bestraft (Art. 93). Als Strafmittel kommen nur Verweis und Einschließung von 3 Tagen bis zu 1 Jahr zur Anwendung[2]). Die Einschließung wird in einem Gebäude vollzogen, das nicht als Strafanstalt oder Arbeitsanstalt für Erwachsene dient[3]). Die Möglichkeit besteht, die Einschließung unter Ansetzung einer Probezeit aufzuschieben (bedingte Verurteilung; Art. 93 Ziff. 2)[4]). Eine eigentliche Vollstreckungsverjährung kommt bei der Einschließungsstrafe nicht in Betracht. Dagegen bestimmt Art. 93 Ziff. 3, daß sie nicht mehr zu vollziehen ist, wenn der Vollzug binnen 3 Jahren nicht erfolgte. Ferner kann der Richter von jeder Maßnahme absehen, wenn seit der Tat die Hälfte der für die Verfolgung geltenden Verjährungsfrist abgelaufen ist[5]).

4. Gleich wie im Verfahren gegen Kinder (oben § 92 IV 4) kann der Richter Eltern, die ihre Pflichten gegen den Jugendlichen vernachlässigt haben, eine Ermahnung oder eine Verwarnung erteilen (Art. 94).

Die Maßnahmen (und Strafen) gegenüber Jugendlichen, die eine als Verbrechen oder Vergehen bedrohte Tat verübten, sind in das Strafregister aufzunehmen (Art. 379). Eine Löschung des Registereintrages kann der Richter auf Gesuch des Täters anordnen, wenn seit dem Vollzug der Maßnahme (oder der Strafe) mindestens 10 Jahre verflossen sind, das Verhalten des Täters die Löschung rechtfertigt und er den gerichtlich oder vergleichsweise festgestellten Schaden, soweit es ihm zuzumuten war, ersetzt hat[6])[7]).

---

[1]) Hier wirkt sich die oben IV I erörterte Inkonsequenz aus.

[2]) Hasler: a. a. O. 68ff. nennt sie Zuchtmittel mit Strafcharakter. Richtig ist, von Strafen mit besonders betonter Erziehungstendenz zu sprechen. Über den Verweis im besondern Hasler: 92ff.

[3]) Die Kantone haben für geeignete Räume zu sorgen.

[4]) Der amerikanisch-englische Gedanke der probation tritt hervor.—Hasler: 74ff.

[5]) Zur Verjährungsfrage Hasler: a. a. O. 104ff.

[6]) Vgl. oben § 90 VI. Auch für die Eintragungen über Maßnahmen und Strafen gegenüber Jugendlichen gilt Art. 381 Ziff. 2 II: Entfernung gelöschter Eintragungen aus dem Register von Amtes wegen, wenn seit der Löschung wenigstens 5 Jahre verflossen sind und keine neue Verurteilung erfolgte.

[7]) Zum E. vgl. noch Stooss: Motive VE. 1893, 18ff.; Prot. I. ExpKom. 1 49ff. — Zürcher: Erläuterungen VE. 1908, 31ff.; Prot. II. ExpKom. 1, 70ff.

§ 94. Übergangsalter.

I. Die zahlenmäßige Begrenzung des Jugendalters kann im Einzelfall zu unbefriedigenden Ergebnissen führen. Ganz besonders für die Rechte, die die obere Grenze der zweiten Altersstufe tief ansetzen, entsteht das Bedürfnis, auch noch für eine dritte Jugendperiode besondere Bestimmungen zu schaffen. Der Übergang zur Anwendung der Bestimmungen, die für den erwachsenen Rechtsbrecher gelten, ist in jedem Falle schwierig.

Folgende geltenden Rechte sehen eine solche dritte Stufe, ein Übergangsalter, vor:

Bern Art. 48 und Thurgau § 41: 16—18 Jahre;

Zürich § 62 und StPO. § 367 Ziff. 2, Zug § 38: 16—19 Jahre;

St. Gallen Art. 24 VI: 17—20 Jahre;

Solothurn § 52, Baselstadt § 33a und Neuenburg, Jugend-Ges. von 1917, Art. 16: 18—20 Jahre;

Wallis Art. 92: 18—23 Jahre;

Tessin Art. 51 kennt sogar zwei weitere Stufen: 14—18 und 18—20 Jahre.

Andere Gesetze nennen die Jugend über das sog. Schutzalter hinaus wenigstens bei den Strafmilderungsgründen, z. B. Appenzell A.-Rh. Art. 38 und 47 lit. g, Appenzell J.-Rh. Art 35 lit. e.

II. Die Gesetze betrachten den Täter im Übergangsalter grundsätzlich als deliktsfähig. Sie lassen ihm nur Strafmilderung oder -minderung zuteil werden[1]). Nur Zürich hat in der StPO. von 1919 auch für diese Altersstufe ein besonderes Strafrecht gestaltet, was namentlich damit zusammenhängt, daß nach dem Zürcher Recht die zweite Periode schon mit dem vollendeten 16. Altersjahre abschließt. Nach § 383 StPO. ist zwar davon auszugehen, daß auf den 16—19jährigen das ordentliche Strafrecht, mit gewissen Milderungen (StGB. § 62), anzuwenden ist. Doch kann der Richter an Stelle von Buße oder Gefängnis einen Verweis erteilen oder den Jugendlichen zur Schadensdeckung durch eigene Arbeit verurteilen,

er kann ferner an Stelle einer Freiheitsstrafe (Zuchthaus, Arbeitshaus, Gefängnis) auf Buße oder Anstaltsversorgung erkennen[2]),

endlich können Bußen und Freiheitsstrafen unbeschränkt bedingt verhängt werden, wobei die anzusetzende Probezeit 5 Jahre nicht übersteigen darf.

189ff.; 2, 118ff.; 5, 427ff.; 9, 50, 166ff., 176ff., 395ff. Über die Anstalten für Jugendliche namentlich Beilagenband 1, 210ff., 318ff. (mit wichtigen Daten über die Jugendlichen-Kriminalität in der Schweiz).

[1]) Einzelne Daten bei Stooss: Grundzüge 1, 187.

[2]) Die Praxis versteht diese Bestimmung so, daß dem Richter im Einzelfall völlig freie Wahl unter den Strafarten und der Anstaltsversorgung zustehen soll (Zürcher Bl. 20, Nr. 200; JZ. 18, 212, Nr. 159).

Bei Polizeiübertretungen 16—19jähriger kann statt auf Buße auf Verweis erkannt werden (§ 385).

Aus der Erziehungs- und der Besserungsanstalt ist vorzeitige bedingte Entlassung möglich. Anderseits kann der Richter aber auch die im Urteil festgesetzte Einweisungsdauer nachträglich um höchstens 1 Jahr verlängern, wenn es zur Erreichung des Besserungszweckes notwendig erscheint (§§ 386, 387). Eigenartig bestimmt § 388: Der in eine Besserungsanstalt eingewiesene Jugendliche, der in dieser Anstalt nicht mit Aussicht auf Erfolg behandelt werden kann, ist neuerdings vor den Richter zu stellen, der daraufhin eine dem Vergehen des Täters angemessene Freiheitsstrafe ausspricht[1]).

Die Urteile gegen die 16—19jährigen, die ein Vergehen verübten, sind in das Strafregister einzutragen (§ 503 Ziff. 2).

III. Weniger als im zürcherischen Recht besteht für den eidg. E., der die zweite Altersstufe bis zum vollendeten 18. Jahr reichen läßt, Veranlassung, für das Übergangsalter ein besonderes Recht zu gestalten. Art. 79 stellt für den 18—20jährigen Rechtsbrecher immerhin fünf besondere Bestimmungen auf:

An Stelle lebenslänglichen Zuchthauses hat der Richter auf Zuchthaus nicht unter 5 Jahren zu erkennen.

Bei Delikten mit einer Freiheitsstrafe von bestimmter Mindestdauer ist der Richter nicht an diesen Strafsatz gebunden.

Liegen mildernde Umstände (Art. 61) vor, so kann statt auf Zuchthaus auf Gefängnis von 6 Monaten bis zu 5 Jahren und statt auf Gefängnis auf Haft erkannt werden.

Die Verjährungsfristen sind auf die Hälfte herabgesetzt[2]).

Die jungen Verurteilten sind, jedenfalls solange sie unmündig sind, von mündigen Gefangenen vollständig getrennt zu halten.

Aus Art. 87 im Zusammenhang mit Art. 392 Ziff. 2 ergibt sich der Schluß, daß auf den Täter, der zur Zeit der Tat ein Jugendlicher war, am Tage der richterlichen Beurteilung aber das 18. Jahr zurückgelegt hatte, nicht das Übergangsrecht Anwendung findet. Er wird materiellrechtlich und prozessual noch wie ein Jugendlicher behandelt[3]).

---

[1]) Weiteres aus der zürcherischen Praxis: Die Einweisung eines Jugendlichen in eine Erziehungs- oder Besserungsanstalt über den Zeitpunkt seiner Volljährigkeit hinaus ist zulässig (Bl. 23, Nr. 84; JZ. 20, 277, Nr. 194; abweichend noch Bl. 22, Nr. 158 und JZ. 20, 47, Nr. 47; siehe jetzt auch das Ges. vom 24. Mai 1925 über die Versorgung von Jugendlichen usw., §§ 1, 4). In einem Fall ist die Verurteilung eines Jugendlichen auf Grund falscher Personalangaben, die ihn als erwachsen erscheinen ließen, auf dem Revisionsweg aufgehoben worden (Bl. 20, Nr. 77). Vgl. ferner Spoendlin: JZ. 19, 5ff, 21ff. und namentlich auch Balsiger: Z. 37, 35ff. (Bericht des zürcher. Obergerichtes an die Justizdirektion über die Revision des Jugendstrafrechts).

[2]) Gemeint ist wohl nur die Verfolgungsverjährung.

[3]) Zum E. Zürcher: Erläuterungen VE. 1908, 36ff.; Prot. II. ExpKom. 1, 98ff., 106ff., 193ff.

Zweiter Abschnitt.

Preß-Strafrecht.

§ 95. Verantwortlichkeit für Preßdelikte.

Literatur. STOOSS: Strafgesetzbücher, 843ff.; Grundzüge, 1, 207ff.; Z. 7, 424ff.; 8, 75ff. — MUSSARD: Délits de publication (1882). — PACCAUD: Du régime de la presse en Europe et aux États-Unis, Lausanner Diss. (1887). — PACCAUD u. DAVID: Verhandlungen des Schweizer. Juristenvereins (1894). — DAVID: Z. 9, 1ff. — SCHMID: Die strafrechtl. Verantwortlichkeit für Preßvergehen, Zürcher Diss. (1894). — WETTSTEIN: Über das Verhältnis zwischen Staat u. Presse (1904). — KELLER: Die Haftung für Preßdelikte, Berner Diss. (1913). — ENDERLIN: Begriff und Schutz der Anonymität der Presse, Zürcher Diss. (1913). — HOAR: Das Preß-Strafrecht des schweizer. StG.-Entwurfes, Zürcher Diss. (1917). — MOREL: Z. 8, 1ff. — GUSTI: Z. 18, 409ff. — ZÜRCHER: Z. 38, 30ff. — v. OVERBECK: In der Festgabe für Lampert (1925), 115ff. — SCHOETENSACK: Gerichtssaal, 92, 191ff.

I. Nicht die Person des Täters wie im Jugendlichen-Strafrecht führt hier zu einer besondern Rechtsgestaltung. Aus eigenartigen Verhältnissen der Presse entsteht das Bedürfnis, bei den durch das Mittel der Druckerpresse verübten Delikten die allgemeinen Grundsätze der Schuld- und der Teilnahmelehre wenigstens teilweise auszuschalten: Bei der Herstellung und Ausgabe einer Druckschrift wirken regelmäßig eine Mehrzahl von Personen zusammen (Verfasser, Herausgeber, Redakteur, Drucker, Verleger). Mit den Bestimmungen der Schuldlehre und den gewöhnlichen Mitteln der strafprozeßualen Untersuchung ist häufig die einwandfreie Feststellung des Täters oder der Täter nicht erreichbar[1]). Als weiterer Hauptgrund für eine Sonderordnung kommt die namentlich bei der periodischen Presse häufige Anonymität in Betracht. Die Presse hat sich das Recht auf Anonymität dadurch erworden, daß sie sich selbst bereit erklärt, einen verantwortlichen Redakteur zu stellen[2]). Für ein vom Schuldprinzip beherrschtes Strafrecht erscheint ein Abgehen von den Regeln zunächst nicht unbedenklich. Im Interesse einer geordneten Rechtspflege und im Interesse der Freiheit der Presse muß man eine Sondergestaltung in den Kauf nehmen.

[1]) Nach zwei Richtungen entsteht Gefahr. Entweder gelangt der Richter überhaupt nicht zu einer Bestrafung, weil es ihm nicht gelingt, den eigentlichen Schuldigen festzustellen, oder er bestraft mit Hilfe von Vermutungen alle an der Entstehung eines Preßerzeugnisses Beteiligten; vgl. WETTSTEIN: Verhältnis zwischen Staat und Presse, 70ff. — SCHMID: a. a. O. 72ff., 95ff., 129. — BURCKHARDT: Kommentar BV. (2. Aufl.), 533f.

[2]) WETTSTEIN: Prot. II. ExpKom. 2, 461: „Das Strafrecht braucht einen Täter. Als solchen bietet sich der verantwortliche Redakteur. Er ist der strafrechtliche Vertreter der Presse. In ihm konsumiert sich die geschichtlich gewordene .... Selbstverwaltung und Selbstverantwortlichkeit der Presse.“ Über Begriff und Schutz der Anonymität der Presse namentlich ENDERLIN: a. a. O. passim.

Vorbild für das Preßsonderstrafrecht war zunächst die französische Preßgesetzgebung seit dem Ende des 18. Jahrhunderts[1]). Die Weiterentwicklung erfolgte namentlich durch die belgische Verfassung von 1831 (Art. 18 II), das belgische Preßgesetz von 1831 und durch das preußische Preßgesetz von 1851[2]). Im Anschluß an diese Gesetzgebungen hat sich in den Gesetzen zahlreicher Länder das System der stufenweisen Verantwortlichkeit, die „responsabilité par cascade", herausgebildet (unten V).

II. Für das geltende Recht ergibt sich zunächst aus Art. 55 der BV., daß der Bund ein Preßstrafrecht erläßt, soweit sich der Mißbrauch der Presse gegen die Eidgenossenschaft und ihre Behörden richtet (BStG. Art. 69ff.). Im übrigen steht die Gesetzgebung bei den Kantonen. Sie bedarf jedoch der Genehmigung des Bundesrates[3]).

1. Am deutlichsten kommt äußerlich die Sondergestaltung in denjenigen Kantonen zum Ausdruck, die die Verantwortlichkeit für Preßdelikte aus dem StGB. herausgelöst und sie in besondern Preßgesetzen geordnet haben. Das ist der Fall in Luzern: Gesetz vom 31. Christmonat 1848 über die Freiheit der Presse, in Freiburg: Gesetz vom 8. Mai 1925 über die Presse[4]), in Graubünden: Gesetz vom 13. Juli 1839 wider den Mißbrauch der Preßfreiheit, im Tessin: Preßgesetz vom 13. Juni 1834[5]), in der Waadt: Preßgesetz vom 26. Dezember 1832 mit einer Novelle vom 12. Februar 1898 das droit de réponse betreffend[6]) und in Genf: Gesetz vom 2. Mai 1827 concernant quelques dispositions pénales et de police relatives à la presse.

---

[1]) Vgl. Zimmermann: Die Grundbegriffe des französisch-belgischen Preßstrafrechts, Göttinger Diss. (1907). — Gusti: Grundbegriffe des Preßrechts (1909), 94ff.

[2]) Zimmermann: a. a. O., namentlich 58ff. — Gusti: a. a. O. 101ff. — Schmid: a. a. O. 100ff. — Keller: a. a. O. 60ff.

[3]) BE. 11, 421 u. 15, 53 erklärten, daß die Nichteinholung der bundesrätlichen Genehmigung nicht die Ungültigkeit und Unwirksamkeit eines kantonalen Preßrechtes zur Folge hat. Die Vereinbarkeit von Bestimmungen eines Preßgesetzes mit dem Prinzip der Preßfreiheit ist vom Bundesgericht im Einzelfalle zu würdigen; vgl. BE. 43 I, 42. Über die staatsrechtliche Frage der Genehmigung vgl. namentlich Burckhardt: Kommentar BV. (2. Aufl.), 537f., ferner BE. 2, 37: Die Genehmigung hat nur die Bedeutung, zu konstatieren, daß die kantonalen Gesetze keine mit der garantierten Preßfreiheit in Widerspruch stehenden Bestimmungen (unzulässige Präventivmaßregeln, Zensur, besonders harte Strafen usw.) enthalten.

[4]) Französischer Text des Entwurfes in der Z. 38, 131f. und dazu die Motive: eodem, 91ff. Über das Gesetz v. Overbeck: in der Festgabe für Lampert (1925), 115ff. — Schoetensack: Gerichtssaal, 92, 191ff.

[5]) Dazu BE. 5, 8ff.

[6]) Praxis im Répertoire vaudois, 190ff. Über die Novelle von 1898 Favey: Z. 12, 405ff., 451f.

2. In der Mehrzahl der Rechte finden sich die besondern Bestimmungen über die Verantwortlichkeit für Preßdelikte in den Strafgesetzbüchern: BStG. Art. 69—72, Zürich §§ 237ff., Bern Art. 240ff., Zug §§ 130ff., Solothurn §§ 182ff., Schaffhausen § 204, Appenzell A.-Rh. Art. 33ff., Appenzell J.-Rh. Art. 155f., St. Gallen Art. 193ff., Thurgau §§ 231ff. und Neuenburg Art. 430ff.

Baselstadt hat das Preßstrafrecht in der StPO. §§ 163ff. geordnet. Auch Glarus StPO. § 209 enthält materiellrechtliche Bestimmungen über die Verantwortlichkeit.

3. Keine Sonderbestimmungen haben Uri, Schwyz, Obwalden[1]), Aargau[2]) und Wallis. In diesen Kantonen sind die allgemeinen Bestimmungen über Schuld, Teilnahme usw. zur Anwendung zu bringen[3]). Der Verzicht auf eine besondere Ordnung bedeutet keineswegs eine Verletzung von Art. 55 der BV. Eine Pflicht, ein Preßsonderstrafrecht zu erlassen, besteht nicht[4]).

III. Das Preßdelikt stellt keinen selbständigen, für sich bestehenden Deliktstatbestand dar. Es liegt vor, wenn der Inhalt einer Druckschrift oder einer ähnlichen Vervielfältigung (unten IV) den Tatbestand einer strafbaren Handlung begründet. Nur das von dem Täter oder den Tätern zur Verübung eines bestimmten Delikts verwendete Mittel rechtfertigt — im Hinblick auf die eigenartige Entstehung des Preßerzeugnisses — den Gedanken einer besondern Ordnung der Verantwortlichkeit[5]).

---

[1]) Obwalden PolStG. Art. 68 verordnet: „Pasquille und solche Beschimpfungen, die durch schriftliche oder bildliche Darstellungen im Publikum verbreitet werden, sind an dem Urheber und wissentlichen Verbreiter mit ... Strafe ... zu belegen.“ Damit wird aber keine von der allgemeinen Norm abweichende Verantwortlichkeit geschaffen.

[2]) Die aargauische V. Art. 18 II erklärt: „Es ist ein Preßgesetz zu erlassen.“ Ein solches Gesetz ist nicht ergangen. Dazu Gross: Zentralbl. für Staats- u. Gemeindeverwaltung, 24, 227.

[3]) Stooss: Grundzüge, 1, 212 meint, die Anwendung der allgemeinen Grundsätze sei vorzuziehen, wenn sich nicht eine mit den strafrechtlichen Grundregeln im Einklang stehende Sonderordnung finden lasse. Der VE. Stooss von 1894, Art. 13 II verzichtete auf ein Sonderrecht und erklärte die Bestimmungen über die Teilnahme auch auf Preßdelikte für anwendbar. Dazu Stooss: Motive VE. 1894, 130f.; Prot. I. ExpKom. 2, 97ff., ferner — für die Sonderregelung — Morel: Z. 8, 1ff. — David: Z. 9, 1ff. (gegen das belgische System).

[4]) BE. 15, 52f.; 32 I, 457.

[5]) Daß ein durch die Presse verübtes Delikt sich regelmäßig in breiter Öffentlichkeit auswirkt, ist, entgegen andern Annahmen in der Literatur, kein Grund zur Aufstellung besonderer Verantwortlichkeitsnormen. Die Tatsache der „öffentlichen“ Begehung kann höchstens bei der Strafe als qualifizierendes Moment verwendet werden; z. B. Zürich § 161 lit. a, Glarus § 155 lit. b (Straferhöhung bei durch die Presse verübten Ehrverletzungen). — Stooss: Z. 7, 425 und namentlich Schmid: a. a. O. 4ff.; vgl. auch unten S. 434 und Anm. 3.

Eine allgemeine begriffliche Umgrenzung der „Preßdelikte" kann nur lauten: Es sind Gedankenäußerungen, die einzelne Deliktstatbestände durch das Mittel der Druckerpresse erfüllen. Alle sog. Gedankenäußerungsdelikte: Ehrverletzungen, Aufforderung zu Verbrechen, gewisse Fälle von Hoch- und Landesverrat (politische Delikte), unzüchtige Darstellungen, ja unter Umständen auch Betrug, unlauterer Wettbewerb usw. sind durch das Mittel der Presse begehbar[1]). Zunächst ergibt sich die gesetzgeberische Frage, ob grundsätzlich alle derart verübten Gedankenäußerungsdelikte dem besondern Preßstrafrecht zu unterstellen sind, oder ob sich Beschränkungen empfehlen. In der Literatur und der Gesetzgebung gehen die Meinungen weit auseinander[2]).

1. Ältere Gesetze stellen eine Liste der Preßdelikte auf. Das waadtländische Preßgesetz von 1832 nennt: outrage à la religion, outrage aux bonnes moeurs, diffamation et injure, divulgation de faits relatifs à la vie intérieure et domestique d'un citoyen, provocation directe à un crime ou à un délit (Art. 8—17, 19, 20). Ausgeschlossen sind dagegen in der Waadt Delikte, zu deren Vollendung außer der Gedankenäußerung noch weitere Erfolge notwendig sind, z. B. Betrug und Erpressung.

Auch das Genfer Gesetz von 1827, Art. 1—5, 26 II zählt einzelne Tatbestände auf: offense, provocation directe à un crime ou un délit contre la sûreté de l'État ou contre la paix publique, calomnie[3]).

2. Auf die durch die Presse verübten Ehrverletzungen wird die besondere preßrechtliche Verantwortlichkeit beschränkt in Glarus StPO. § 208, 209, Schaffhausen § 204 und Thurgau §§ 231—233.

3. Die Mehrzahl der schweizerischen Rechte erklärt dagegen das Preßstrafrecht schlechthin auf durch das Mittel der Druckerpresse verübte Verbrechen und Vergehen oder, z. B. Zürich, Zug, Freiburg, Solothurn, noch allgemeiner auf strafbare Handlungen, die durch die Presse verübt werden, anwendbar. Es ist Sache der Auslegung und der gerichtlichen Praxis, den Bereich im einzelnen zu bestimmen. Da z. B. nach Zürich § 2 die Bestimmungen des StGB. nur auf Verbrechen und Vergehen Anwendung finden, kann jedenfalls nie eine Übertretung unter dem besondern Preßstrafrecht stehen. Im übrigen aber sind nach den Gesetzen mit allgemeiner Fassung grundsätzlich

---

1) BE. 15, 53 meint, die Vergehen werden nicht zahlreich sein, „welche nicht gedenkbarer Weise (zum Mindesten in der Form der intellektuellen Urheberschaft) auch durch das Mittel der Druckerpresse begangen werden könnten"; vgl. auch Liste der Delikte, die als Preßvergehen in Betracht kommen, bei SCHMID: 29f., ferner KELLER: 129ff.

2) SCHMID: 8ff.

3) Weitere Daten bei SCHMID: 10ff., 16ff.

alle durch die Presse verübten Gedankenäußerungsdelikte als Preßdelikte anzusprechen[1]).

IV. Regelmäßig wird nicht nur die eigentliche Druckschrift, das Erzeugnis der Druckerpresse, dem besondern Preßstrafrecht unterstellt. Es gilt auch für andere, ähnliche Vervielfältigungen. Das BStG. Art. 72 stellt gleich Delikte, welche „mittelst des Kupferstiches, Steindruckes oder ähnlicher Mittel verübt werden". Zürich § 240 nennt Kupfer- oder Stahlstiche, Steindrucke, Holzschnitte, Photographien oder ähnliche Vervielfältigungsmittel[2]).

Bei der heutigen Entwicklung mechanischer Vervielfältigungsarten ist die Tragweite dieser Bestimmungen nicht ganz leicht festzustellen. Entscheidend muß immer sein, daß bei der Herstellung und der Ausgabe eines solchen Erzeugnisses notwendig oder ganz regelmäßig eine Mehrzahl von Personen, denen gegenüber die Feststellung der Verantwortlichkeit Schwierigkeiten bereitet, beteiligt sind. Das trifft bei Hektogrammen und ähnlichen Vervielfältigungen nicht zu.

Auf die Zahl der Vervielfältigungen und darauf, ob sie für eine breitere oder engere Öffentlichkeit oder nur für einen privaten Kreis bestimmt sind, kann grundsätzlich nichts ankommen[3]).

V. Die geltenden Rechte folgen, soweit sie ein besonderes Preßstrafrecht geschaffen haben, in der Hauptsache dem bereits genannten belgischen System der stufenweisen Verantwortlichkeit (successive und ausschließliche Verantwortlichkeit). Es besteht darin, daß, wenn der Urheber eines Preßangriffes nicht vor den Richter gestellt werden kann, in einer gesetzlich bestimmten Reihenfolge andere an der Herstellung und der Herausgabe des Preßerzeugnisses beteiligte Personen strafrechtlich verantwortlich gemacht werden. Regelmäßig schließt die Bestrafung des Vormannes die Bestrafung des Nachmannes

---

[1]) Beschränkungen ergeben sich z. B. für Zürich auch aus StPO. §§ 298ff.: Das besondere, mit der Gestaltung der preßrechtlichen Verantwortlichkeit zusammenhängende prozessuale Ermittlungsverfahren ist nur für durch die Presse begangene Ehrverletzungen, nicht für andere „Preßdelikte" vorgesehen. Tatsächlich kommt wohl auch in Zürich das besondere Preßstrafrecht nur bei Ehrverletzungen zur Geltung.

[2]) Weitere Daten bei Stooss: Strafgesetzbücher, 843ff.

[3]) Abweichend Zürcher Bl. 7, 10f., wo als maßgebend bezeichnet wird, daß eine Mehrzahl von Exemplaren ins Publikum gelangt und für dieses bestimmt ist. Ebenso JZ. 10, 397, Nr. 108: Entscheidend soll darnach sein, ob eine Druckschrift für die Öffentlichkeit (das Publikum) bestimmt ist. — Das Bundesgericht hat bei der Prüfung der Frage nach der Garantie der Preßfreiheit (BV. Art. 55) erklärt, daß die der Presse gewährleistete Freiheit das Moment der Öffentlichkeit (l'élément de la publicité) voraussetzt. Im Einzelfall sei zu prüfen, ob eine gewisse Zahl von Exemplaren für einen mehr oder weniger großen Leserkreis ausgegeben wurde (BE. 31 I, 393). Was bei der Prüfung der Frage nach der Garantie der Preßfreiheit zutreffen mag, braucht jedoch für die andere Frage der besondern strafrechtlichen Verantwortlichkeit nicht entscheidend zu sein.

aus[1]). Die Tendenz geht jedoch immer auf Feststellung des eigentlichen Täters, des Verfassers. Das System wirkt sich namentlich auch im Prozeß aus[2]).

In der Aufstellung der Liste der zur Verantwortung zu ziehenden Personen und in der Reihenfolge sind die Gesetze uneinheitlich. Als Regel kann die Liste: Verfasser, Herausgeber, Verleger, Drucker gelten (z. B. BStG. Art. 69, Zürich § 238, Luzern Preßgesetz § 2, Schaffhausen § 204, Baselstadt StPO. § 163). Solothurn § 183 nennt anschließend auch noch den gewerbsmäßigen Verbreiter, Waadt, Preßges. Art. 28 den Verkäufer und Verbreiter schlechthin, Bern Art. 246 und St. Gallen Art. 194ff. haben mit der Liste: Verfasser, Redakteur, Verleger oder Herausgeber, Drucker wohl vor allem die Zeitungspresse im Auge[3]). Das neue freiburgische Preßgesetz Art. 2 beschränkt die besondere Verantwortlichkeit auf Zeitungen und Zeitschriften[4]). Die Verantwortlichkeit der dem Verfasser nachgehenden Personen tritt regelmäßig nur ein, wenn Herausgabe und Verbreitung der Druckschrift ohne Wissen und Willen des Verfassers erfolgte, oder wenn dieser nicht ermittelt oder nicht vor die inländischen Gerichte gestellt werden kann (z. B. BStG. Art. 69, Zürich § 238[5]). Einen Einbruch in das System der rein subsidiären Haftbarkeit der dem Verfasser nachgehenden Personen bedeutet § 164 der baselstädtischen StPO. Darnach können nach den allgemeinen Grundsätzen über die Teilnahme nach richterlichem Ermessen neben dem Verfasser auch Herausgeber, Verleger, Drucker und Verbreiter bestraft werden, wenn ihnen die „Strafbarkeit der betreffenden Schrift oder bildlichen Darstellung bekannt war oder vernünftigerweise nicht von ihnen übersehen werden konnte".

Das Bundesgericht hat das System der stufenweisen Verantwortlichkeit wiederholt charakterisiert und im Hinweis auf BV. Art. 55 (Garantie der Preßfreiheit) als verfassungsgemäß bezeichnet[6]).

VI. Zu zahlreichen Einzelfragen hat namentlich die Praxis Stellung genommen:

---

[1]) Stooss: Grundzüge 1, 208f. — Schmid: a. a. O. 100ff. — David: Z. 9, 4ff. — Wettstein: a. a. O. 31ff. — Keller: a. a. O. 68ff.

[2]) Er ist hier nicht im einzelnen darzustellen. Als Beispiel vgl. Zürich StPO. §§ 298ff. und dazu Sträuli: Kommentar. Grundzüge: Die Untersuchung zielt zunächst auf die Ermittlung des verantwortlichen Verfassers ab, wenn er nicht bekannt ist. Zu diesem Zwecke ist bei nicht periodischen Druckschriften der Herausgeber oder Verleger, bei periodischen der als verantwortlich zeichnende Redakteur als Zeuge zu vernehmen (§ 298). Diesen Personen steht das Zeugnisverweigerungsrecht zu, wenn sie erklären, die Verantwortung selbst übernehmen zu wollen (§§ 299, 300). Zum freiburg. Gesetz v. Overbeck: a. a. O. 119f.

[3]) Weitere Daten bei Stooss: Grundzüge, 1, 208f.

[4]) v. Overbeck: a. a. O. 117ff. [5]) Dazu BE. 15, 47.

[6]) BE. 2, 37f.; 15, 45f. (zum luzern. Preßgesetz); 32 I, 457f. (zu Zürich); vgl. auch Fleiner: Bundesstaatsrecht, 376.

1. Soweit das System der stufenweisen Verantwortlichkeit sich auswirkt, sind die Grundsätze über die Teilnahme ausgeschaltet. Sie kommen dagegen zur Geltung gegenüber mehreren Verfassern und gegenüber dem Anstifter und Gehilfen eines Verfassers[1]).

2. Ist der einwandfrei festgestellte Verfasser einer Druckschrift vor dem Erlaß eines Urteils gestorben, so kommt die (subsidiäre) Haftung der Nachmänner nicht mehr in Betracht[2]). Das ist deshalb richtig, weil auch das belgische System auf die Bestrafung des eigentlichen Täters abzielt. Mit seinem Tod erlischt der Strafanspruch.

3. Steht die Haftung des Verlegers nach der Stufenfolge des belgischen Systems in Frage und ist eine juristische Person Verleger, so sind die Willensorgane der juristischen Person, z. B. die Mitglieder des Verwaltungsrates, zur Verantwortung zu ziehen[3]). Das ergibt sich aus dem im heutigen Recht geltenden Satz, daß der juristischen Person die Delikts- und Straffähigkeit nicht zukommt (oben § 14 II, III).

4. Die meisten geltenden Rechte führen in der Liste der preßrechtlich verantwortlichen Personen den Redakteur nicht ausdrücklich auf (oben V). Die zürcherische Praxis zu StGB. § 238 versteht unter dem „Herausgeber" auch den „Redakteur", weil er derjenige ist, der — bei einer Zeitung oder Zeitschrift — die Einzelbeiträge zu einem Ganzen vereinigt und nach einem bestimmten Plane zum Druck und zur Veröffentlichung bringt[4]).

5. Im übrigen kommt die Verantwortlichkeit nach dem belgischen System nur gegenüber den in der Liste des einzelnen Gesetzes ausdrücklich genannten Personen zur Geltung. Sie erstreckt sich nicht auf andere bei der Herstellung oder Verbreitung des Preßerzeugnisses mitwirkende Personen, z. B. den Setzer, den Korrektor, den Kolporteur[5]). Damit ist nicht ausgeschlossen, daß eine solche Person, ein Kolporteur z. B., nach den allgemeinen Bestimmungen über Ehrverletzungen strafbar ist, wenn er das Preßerzeugnis mit eigener Beleidigungsabsicht verbreitet hat[6]).

6. Besondere Bedeutung kommt beim Preßdelikt der Frage nach dem Begehungsort zu. Das gesetzgeberische Ziel ist der Ausschluß

[1]) BE. 2, 38. [2]) Zürcher Bl. 8, Nr. 65; 17, Nr. 139.

[3]) Zürcher Bl. 2, Nr. 274.

[4]) Zürcher Bl. 6, 105; 17 Nr. 35 (wo Herausgeber und Verleger verwechselt werden); JZ. 4, 67, Nr. 230; vgl. auch Zürich StPO. §§ 298, 299.

[5]) Zürcher Bl. 7, Nr. 6. — Krebs: Straf- und Strafprozeßgesetze für den Kt. Bern, N. 1 zu StGB. Art. 246. Solothurn § 183 und Waadt, Preßges. Art. 28 unterstellen auch den (gewerbsmäßigen) Verbreiter der besondern preßrechtlichen Verantwortlichkeit.

[6]) Zürcher Bl. 7, 10ff.; BE. 27 I, 450; 35 I, 348. Ferner z. B. das bündnerische Preßgesetz, § 4: „Wer eine als strafbar erkannte Druckschrift oder bildliche Darstellung absichtlich verbreitet, soll als Gehilfe des Vergehens angesehen und, je nach Maßgabe seiner Schuld, bestraft werden."

des sog. fliegenden Gerichtsstandes. Die Entwicklung der Praxis und der neuern Gesetzgebung ist oben § 17 IV 2 dargestellt[1]).

7. In einigen Preßstrafrechten findet sich das Gebot, daß jede im Kanton herausgegebene Druckschrift den Namen des Druckers tragen soll. Die Unterlassung wird mit Buße bedroht (z. B. Zürich § 241; Bern Art. 240, wonach Redakteur, Verleger und Drucker zu nennen sind[2]); Luzern, Preßgesetz § 4; Genf, Preßgesetz Art. 19, 25). Diese Vorschriften sollen die Verfolgung eines Preßdeliktes sicherstellen und Preßdelikten vorbeugen.

8. Vorbeugende Tendenz liegt z. B. auch in der Vorschrift Zürich § 242. Nach ihr kann eine Druckschrift, durch die ein Vergehen verübt wird oder die den Namen des Druckers nicht trägt, vorläufig — d. h. der Durchführung eines Strafprozeßes vorgehend — beschlagnahmt werden[3]). Damit soll die weitere Ausbreitung eines Deliktes verhindert werden. Die im § 242 überdies vorgesehene Wegnahme der noch vorhandenen Exemplare einer Druckschrift, die der Richter im Urteil aussprechen kann, ist nur ein Anwendungsfall der Einziehung (oben § 65)[4]).

9. Eine besondere Art der Reaktion gegenüber Preßdelikten kann auch im sog. Berichtigungszwang, genauer in der zwangsweise durchsetzbaren Berichtigungspflicht der periodischen Presse liegen. Grundlage ist das schutzwürdige Interesse von jedermann, daß nichts Unwahres über ihn in der Presse steht. Die Berichtigungspflicht besteht auch, wenn die zu berichtigende Pressemitteilung das Strafrecht nicht berührt. Ist aber durch die Mitteilung ein Delikt, z. B. eine Ehrverletzung, verübt worden, so ist denkbar, daß die Preßberichtigung als Genugtuung wirkt und unter Umständen den Verzicht auf eine Strafverfolgung veranlaßt. Unter den schweizerischen Rechten kennen den Berichtigungszwang nur Bern Art. 241, 242[5]), Tessin, Preßgesetz Art. 20[6]) und Waadt, Novelle vom 12. Februar 1898 zum Preßgesetz[7]).

---

[1]) Dazu noch das neue freiburgische Preßgesetz von 1925, Art. 3. — v. Overbeck: a. a. O. 120ff.

[2]) Diese Nennungspflicht besteht nicht bei Drucksachen, die bloß den Bedürfnissen des Gewerbes und Verkehrs, des geselligen und häuslichen Lebens dienen. Auch die zürcherische Praxis wendet den § 241 nur mit dieser Einschränkung an; vgl. auch Neuenburg Art. 433 II.

[3]) Zuständig zu einer solchen Beschlagnahmeverfügung ist bei ehrverletzenden Druckschriften der bezirksgerichtliche Untersuchungsrichter; Zürcher Bl. 2, Nr. 142; JZ. 19, 364, Nr. 332.

[4]) Ähnliche Bestimmungen über Beschlagnahme und Einziehung haben Bern Art. 244, 245; Luzern, Preßgesetz §§ 5, 6; Solothurn § 187; St. Gallen Art. 198.

[5]) Kehrli: Der Berichtigungszwang im bern. StR. Berner Z. 61, 353ff.

[6]) Bemerkenswert ist die Fassung: „Senza rinunciare al diritto di procedere in via giuridica, chiunque è provocato in fogli periodici . . . ha diritto alla risposta . . .“

[7]) Besonders ausführliche Regelung; Z. 12, 451f., auch 405ff.

VII. Der eidg. E. 1918 hat das besondere Preßstrafrecht im Allgemeinen Teil, anschließend an die Teilnahmebestimmungen, geordnet (Art. 26). Damit kommt zum Ausdruck, daß dieses Sonderrecht bei jeder durch das Mittel der Druckerpresse verübten strafbaren Handlung zur Geltung gebracht werden soll[1]).

1. Art. 26 des E. 1928 betont zunächst das Verschuldungsprinzip: Für ein Preßdelikt ist — „unter Vorbehalt der nachfolgenden Bestimmungen" — der Verfasser allein verantwortlich. Im weitern kommt dann das System der stufenweisen Verantwortlichkeit zur Geltung. Der E. unterscheidet:

Bei nichtperiodischen Druckschriften (Büchern usw.) ist, wenn die Veröffentlichung ohne das Wissen oder gegen den Willen des Verfassers stattfand, der Verleger und, wenn ein solcher fehlt, der Drucker als Täter strafbar (Art. 26 Ziff. 2)[2]).

Bei in einer Zeitung oder einer Zeitschrift erschienenen Artikeln haftet der als verantwortlich zeichnende Redakteur, wiederum als Täter[2]), jedoch erst dann, wenn der Verfasser nicht ermittelt oder in der Schweiz nicht vor Gericht gestellt werden kann, oder wenn die Veröffentlichung ohne sein Wissen oder gegen seinen Willen stattfand (Art. 26 Ziff. 3 I). Der Redakteur ist zur Nennung des Verfassers nicht verpflichtet. Weder gegen ihn, noch gegen den Drucker und sein Personal, noch gegen den Herausgeber oder Verleger sind prozessuale Zwangsmittel zulässig, um den Verfasser zu ermitteln. Bei Verbrechen und Vergehen gegen den Staat und die Landesverteidigung findet diese Beschränkung jedoch keine Anwendung (Ziff. 3 II).

Bei Zeitungs- oder Zeitschrift-Inseraten gilt besonders, daß, wenn der Einsender nicht ermittelt werden kann, die für den Anzeigenteil verantwortliche Person als Täter bestraft wird. Ist ein Inseraten-Redakteur nicht genannt, so sind der Verleger oder der Drucker strafbar. Für die Buße, zu der ein verantwortlicher Inseratenredakteur verurteilt wird, haftet auch der Verleger[3]).

2. Art. 26 Ziff. 6 läßt die durch das Mittel der Druckerpresse verübten Delikte allgemein in einem Jahr von der Veröffentlichung der Druckschrift an gerechnet verjähren[4]).

[1]) Die nationalrätliche Kommission will dagegen das besondere Preßstrafrecht auf die durch das Mittel der Druckerpresse verübten Ehrverletzungen beschränken; vgl. Delaquis: Z. 36, 118. Die Frage ist noch unabgeklärt. Gegen den Kommissionsbeschluß hat sich der Verein der Schweizer Presse ausgesprochen; Z. 38, 90f. Er tritt für die Ausdehnung auf alle Gedankenäußerungsdelikte ein.

[2]) Zu beachten ist auch hier die Tendenz, das Verschuldungsprinzip hervorzuheben. Darin liegt der Hauptunterschied des E. gegenüber dem herkömmlichen belgischen System.

[3]) Das ist strafrechtlich nicht unbedenklich. Das Verschuldungsprinzip geht dabei verloren; vgl. oben § 60 I.

[4]) Die allgemeine Abkürzung der Verjährungsfrist wird mit der „kurzlebigen

3. In Ziff. 5 des Art. 26 ist ausdrücklich bestimmt, daß die wahrheitsgetreue Preßberichterstattung über die öffentlichen Verhandlungen einer Behörde straflos bleibt[1]).

4. Die Bestimmungen über die preßrechtliche Verantwortlichkeit finden ihre Ergänzung in Art. 349, der folgende Gebote, deren Verletzung bestraft wird, aufstellt:

Auf Druckschriften ist der Name des Verlegers und Druckers und der Druckort anzugeben. Die Vorschrift gilt nicht für Preßerzeugnisse, die lediglich den Bedürfnissen des Verkehrs, des Gewerbes oder des geselligen oder häuslichen Lebens dienen.

Auf Zeitungen und Zeitschriften sind überdies der oder die verantwortlichen Redakteure zu nennen.

5. Art. 366 bestimmt für die im Inland verübten Preßvergehen den Gerichtsstand (oben VI 6 und § 17 IV 2). Die Vorschrift der BV. Art. 67, wonach bei Preßdelikten eine Pflicht zur interkantonalen Auslieferung nicht besteht, wirkt sich in Art. 371 des E. aus. Im Gegensatz zu der hier grundsätzlich vorgesehenen allgemeinen Rechtshilfe- und Zuführungspflicht soll gelten, daß der einem andern Kanton zugeführte Beschuldigte nicht wegen eines Preßdeliktes verfolgt werden darf, es sei denn, daß der zuführende Kanton die Zuführung wegen eines solchen Delikts ausdrücklich bewilligt hat. Ziff. 2 II erklärt jedoch, daß aus der Nichtzuführung für den verweigernden Kanton die Pflicht entsteht, auf dem Wege des stellvertretenden Strafrechts die Beurteilung oder Bestrafung eines Beschuldigten oder Verurteilten selbst zu übernehmen[2]). Bemerkenswert an dieser Ordnung ist besonders die Gleichstellung des Preßdeliktes mit dem politischen Verbrechen[3]).

Natur“ der Presseäußerungen begründet; vgl. z. B. Prot. II. ExpKom. 2, 463. Für die Tagespresse mag das zutreffen, bei Büchern ist die Richtigkeit der Überlegung zweifelhaft; vgl. auch die Bedenken von GAUTIER: Z. 30, 14. Schon heute läßt Bern StPO. Art. 9 I die Preßdelikte in 6 Monaten verjähren.

[1]) Oben § 37 II und die dort genannte Literatur.

[2]) Dazu ZÜRCHER: Erläuterungen zum 3. Buch des VE., 15 u. Prot. II. ExpKom. 8, 83ff.; 9, 327ff.

[3]) Zum Preßrecht des E. vgl. noch ZÜRCHER: Erläuterungen VE. 1908, 190ff.; Prot. II. ExpKom. 2, 456ff.; 3, 91ff.; 7, 251ff., 381f.; 8, 182ff.; 9, 40ff. — HAFTER: Bibliopraphie zum VE. (1908), 125f; Bibliographie (1912), 74. — ZÜRCHER: Bibliographie (1924), 40f. — KELLER: a. a. O. 85ff., 161ff. — ENDERLIN: a. a. O. 64ff. — HOAR: a. a. O. passim.

Sachverzeichnis.

Die Zahlen verweisen auf die Seiten.

Rechtsfälle aus dem Strafrecht. Mit einer kurzen Anleitung zur Bearbeitung von Strafrechtsfällen. Von Dr. **James Goldschmidt,** ord. Professor an der Universität Berlin. („Sammlung von Rechtsfällen zum Gebrauch bei Übungen", Band III.) (77 S.) 1925. RM 2.40

Beiträge zur Lehre von der Revision wegen materiellrechtlicher Verstöße im Strafverfahren. Von Dr. **Hermann Mannheim,** Privatdozent an der Universität Berlin. („Abhandlungen aus der Berliner Juristischen Fakultät", Band III.) (243 S.) 1925. RM 15.—

Das Strafgesetzbuch für das Deutsche Reich. Mit Kommentar. Von Dr. jur. et phil. **Ernst Schwartz,** Altona. (830 S.) 1914. RM 25.—

Der Prozeß als Rechtslage. Eine Kritik des prozessualen Denkens. Von Dr. **James Goldschmidt,** ord. Professor der Rechte an der Universität Berlin. („Abhandlungen aus der Berliner Juristischen Fakultät", Band II.) (613 S.) 1925. RM 48.—

Untersuchungen zum Problem des fehlerhaften Staatsakts. Beitrag zur Methode einer teleologischen Rechtsauslegung. Von Dr. **Ernst von Hippel,** Privatdozent an der Universität Heidelberg. (155 S.) 1924. RM 7.50

Allgemeine Staatslehre. Von Prof. Dr. **Georg Jellinek,** zuletzt Professor der Rechte an der Universität Heidelberg. Dritte Auflage unter Verwertung des handschriftlichen Nachlasses durchgesehen und ergänzt von Dr. Walter Jellinek, Professor der Rechte an der Universität Kiel. Vierter, um ein durchgesehenes Verzeichnis der Neuerscheinungen vermehrter, unveränderter Neudruck der Ausgabe von 1914. (879 S.) 1922. RM 20.—

Das Völkerrecht. Systematisch dargestellt von **Franz von Liszt.** Zwölfte Auflage. Bearbeitet von Dr. **Max Fleischmann,** ord. Professor an der Universität Halle. (784 S.) 1925. RM 30.—; gebunden RM 34.50

Handbuch der Verfassung und Verwaltung in Preußen und dem Deutschen Reiche. Von **Graf Hue de Grais †,** Wirkl. Geh. Oberregierungsrat, Regierungspräsident a. D. 23., völlig umgearbeitete Auflage, herausgegeben von Graf **Hue de Grais,** Regierungsdirektor in Frankfurt a. d. O., Dr. **Hans Peters,** Privatdozent an der Universität in Breslau, unter Mitwirkung von Dr. **Werner Hoche,** Oberregierungsrat im Reichsministerium des Innern in Berlin. Erscheint im Juni 1926.

Enzyklopädie der Rechts- und Staatswissenschaft

Herausgegeben von

Dr. Eduard Kohlrausch
Professor an der Universität Berlin

Dr. Walter Kaskel
Professor an der Universität Berlin

Dr. Arthur Spiethoff
Professor an der Universität Bonn

Die Enzyklopädie der Rechts- und Staatswissenschaft bietet dem Studierenden kurze Anleitungen zum Lernen, die eine Grundlage für das Studium auf allen Einzelgebieten darstellen und durch die lesbare Form, in der der Lehrstoff behandelt wird, weitgehende Anregungen zur selbständigen Weiterarbeit vermitteln. Die Enzyklopädie ist somit in erster Linie ein kurzgefaßtes Studenten-Lehrbuch. Die behandelten Materien schließen sich eng an die regelmäßig im akademischen Lehrplan erscheinenden Lehrfächer an, so daß jedes Kapitel auch von dem Dozenten seinen Vorlesungen als Abriß zugrunde gelegt werden kann.

Das Unternehmen setzt sich in der folgenden Weise zusammen:

Rechtsphilosophie

*1. **Rechtsphilosophie.** Von Professor Dr. **Max Ernst Mayer †,** Frankfurt a. M. (104 S.) 1922. RM 4.—

Rechtsgeschichte

2. **Römische Rechtsgeschichte und System des Römischen Privatrechts.** Von Prof. Dr. **Paul Jörs †,** Wien.

3. **Römischer Zivilprozeß.** Von Prof. Dr. **Leopold Wenger,** München.

3a. **Römische Rechtsgeschichte im Mittelalter.** Von Geh. Justizrat Prof. Dr. **Emil Seckel †,** Berlin und Prof. Dr. **Erich Genzmer,** Königsberg.

4. **Deutsche Rechtsgeschichte.** Von Prof. Dr. **A. Zycha,** Bonn.

*5. **Grundzüge des deutschen Privatrechts nebst Anhang: Quellenbuch.** Von Prof. Dr. **Hans Planitz,** Köln a. Rh. Mit 2 Abbildungen. (202 S.) 1925. RM 8.70

*6. **Rechtsentwicklung in Preußen.** Von Prof. Dr. **Eberhard Schmidt,** Kiel. (47 S.) 1923. RM 1.80

Zivilrecht und Zivilprozeß

*7. **Bürgerliches Recht.** Allgem. Teil. Von Geh. Justizrat Prof. Dr. **Andreas von Tuhr,** Zürich. Zweite, unveränderte Auflage. (72 S.) 1926. Etwa RM 2.80

*8. **Bürgerliches Recht der Schuldverhältnisse.** Von Prof. Dr. **Heinrich Titze,** Berlin. Zweite Auflage. Erscheint im Herbst 1926.

*9. **Bürgerliches Recht. Sachenrecht.** Von Prof. Dr. **Julius von Gierke,** Halle a. S. (175 S.) 1925. RM 6.60

*10. **Bürgerliches Recht. Familienrecht.** Von Prof. Dr. **Heinrich Mitteis,** Heidelberg. (71 S.) 1923. RM 2.80

*11. **Bürgerliches Recht. Erbrecht.** Von Prof. Dr. **Julius Binder,** Göttingen. (89 S.) 1923. RM 3.20

*12. **Handels- und Wechselrecht.** Von Geh. Hofrat Prof. Dr. **Karl Heinsheimer,** Heidelberg. (99 S.) 1924. RM 3.60

*13. **Privatversicherungsrecht.** Von Geh. Hofrat und Geh. Justizrat, Prof. Dr. **Victor Ehrenberg,** Göttingen. (30 S.) 1923. RM 1.50

*14. **Urheber- und Erfinderrecht.** Von Geh. Hofrat Prof. Dr. **Philipp Allfeld,** Erlangen. (27 S.) 1923. RM 1.40

*15. **Internationales Privatrecht.** Von Prof. Dr. **Karl Neumeyer,** München. (39 S.) RM 1.60

16. **Einwirkungen des Friedensvertrages auf die Privatrechtsverhältnisse.** Von Prof. Dr. **Josef Partsch †,** Berlin.

17. **Zivilprozeßrecht.** Von Geh. Hofrat Prof. Dr. **Ernst Jaeger,** Leipzig.

*18. **Konkursrecht.** Von Geh. Hofrat Prof. Dr. **Ernst Jaeger,** Leipzig. (170 S). 1924. RM 6.90

*19. **Freiwillige Gerichtsbarkeit.** Von Prof. Dr. **Friedrich Lent,** Erlangen. (30 S.) 1925. RM 2.70

Strafrecht und Strafprozeß

20. **Strafrecht.** Von Prof. Dr. **Eduard Kohlrausch,** Berlin.

*21. **Strafprozeßrecht.** Von Geh. Hofrat Prof. Dr. **Karl von Lilienthal,** Heidelberg. (103 S.) 1923. RM 3.20

(Siehe auch umstehend.

Printed by Printforce, the Netherlands